U0542800

千江有水千江月

张晖纪念文集

张霖 编

南京大学出版社

图书在版编目(CIP)数据

千江有水千江月:张晖纪念文集/张霖编.—南京:南京大学出版社,2023.3
ISBN 978-7-305-26763-5

Ⅰ.①千… Ⅱ.①张… Ⅲ.①张晖(1977—2013)-纪念文集 Ⅳ.①K825.6-53

中国国家版本馆 CIP 数据核字(2023)第 026173 号

出版发行	南京大学出版社
社　　址	南京市汉口路 22 号　　邮　编　210093
出版人	金鑫荣
书　　名	千江有水千江月:张晖纪念文集
编　者	张霖
封面题签	张宏生
责任编辑	石　旻
审读编辑	李　亭
责任校对	郭艳娟
装帧设计	寒　雪
照　　排	南京紫藤制版印务中心
印　　刷	江苏凤凰盐城印刷有限公司
开　　本	718×1000　1/16　印张 34.25　字数 477 千
版　　次	2023 年 3 月第 1 版　2023 年 3 月第 1 次印刷
ISBN	978-7-305-26763-5
定　　价	120.00 元

网　　址:http://www.njupco.com
官方微博:http://weibo.com/njupco
官方微信:njupress
销售咨询热线:(025)83594756

* 版权所有,侵权必究
* 凡购买南大版图书,如有印装质量问题,请与所购图书销售部门联系调换

目　次

时代的声光
　　——记张晖和张晖奖学金（代序） ……………… 周欣展　001

论"国粹"与"香艳"
　　——民国初年南社与抒情文学传统的发现与重构 …… 陈建华　001
由《唐诗解》到《汇编唐诗十集》：论唐汝询的唐诗选学 …… 陈国球　033
词学反思与强势选择
　　——马洪的历史命运与朱彝尊的尊体策略 ………… 张宏生　059
重审中国的"文学"概念 ……………………………… 张伯伟　072
情景交融与古典诗歌意象化表现方式的成立 ………… 蒋　寅　103
论桐城派的现代转型 …………………………………… 王达敏　135
晚明竟陵派钟惺、徐波交游诗文汇次 ………………… 严志雄　154
王国维《壬子三诗》稿本考论 ………………………… 彭玉平　187
《桃花扇》西游记
　　——从《容美纪游》看明清之际西南土司的认同政治与文化经营
　　　……………………………………………………… 胡晓真　216
俞樾晚年诗作与过渡时代的文学感知 ………………… 徐雁平　241
属辞比事：判例法与《春秋》义例学 ………………… 刘　宁　269
落叶哀蝉曲：珍妃之死、香草美人、家国之喻 ……… 吴盛青　285

沈尹默《寺字韵唱和诗》的文献学视角 …………… 张　剑　307
从《双笠图》到《孤笠图》：论周济、汤贻汾之交谊及其词史意义
　　………………………………………………… 沙先一　326
当时事进入新戏
　　——《孽海波澜》与北京济良所 ………… 杨　早　凌云岚　345
龙榆生与现代词学目录学的建立 ………………… 傅宇斌　373
旧而能新：女诗人施淑仪的世界 ………………… 维　舟　397
论刘峻《自序》及其在骈文史上的回响 ………… 龚　敏　416
"深美闳约"：张惠言的词学典范理论及意义 …… 闵　丰　435
新见戈载《翠薇花馆词》三十四卷本考释 ……… 李　芳　452
曾国藩的读书功程与诗文声调之学的内化 ……… 陆　胤　467
词体革命：创作思路与理论建构 ………………… 倪春军　494

附录

可敬的小书
　　——张晖和《帝国的流亡》 ………………… 曾　诚　521
张晖读书生活散记 ………………………………… 张　霖　526

后记 ……………………………………………… 张　霖　534

时代的声光

——记张晖和张晖奖学金（代序）

周欣展

一

2022年，南京大学中文系（现为文学院）98级同学毕业20周年之际，适逢母校建校120周年，在北京和杭州工作的部分校友捐赠100万元，以其95级学长张晖的名义设立了奖学金，为校庆献上了一份特别的贺礼。我当年兼职学生工作，与张晖和98级同学交往较多，深感有缘。此时此刻，往事历历在目，仿佛又回到与同学们相聚于浦口、鼓楼两地校园的美好岁月。

张晖（1977—2013）是上海崇明人，出身于一个清贫的乡村工农家庭，1995年考入南京大学中文系，一学期后（1996年初）入选第一届文科强化班（由中文系管理，张伯伟为负责人）。文科强化班是南大加强人文学科人才培养工作的一项创新举措，其贯通文史哲三个学科的综合性课程体系，来自文史哲三系的专聘教师，三年级自由分科导师制，以及校系两级提供的多种优惠政策，让同学们受益匪浅，对于张晖这样极具学术潜力的学生的成长更是特别富有成效的。

本科三年级时，张晖在张宏生老师指导下完成了近20万字的学年论文《龙榆生先生年谱》，显示出出类拔萃的科研能力。著名文史学者、北京大学历史系吴小如先生在《张晖著〈龙榆生先生年谱〉》一文中说：

以这部《年谱》的功力而言，我看即此日其他名牌大学的博士论文也未必能达到这个水平。甚至有些但务空谈、不求实学的所谓中年学者也写不出来，因为当前中、青年人很少能耐得住这种枯燥与寂寞，坐得住冷板凳。我为南京大学出了这样的人材而感到由衷骄傲和庆幸。(1999年7月31日《文汇读书周报》)

这段话常被引用，已广为人知。但还应补充的是，吴小如先生在这篇文章的最后一段说：

然而张晖君来信殷殷关注的不是他本人的这部《年谱》是否能有出版机会，而是嘱我设法打听，是否有好心的出版社肯把榆生先生的诗词遗作公开出版。这种纯粹为抢救和弘扬老一辈学者创作遗产的公心着实令人感佩。张君的《年谱》尚须略加修改以臻于完善，而其拳拳用心则令人兴"今之古人"之叹。故作此小文表而出之。

由此可见，张晖不仅学业有成，而且志在淑世，笃于情义。这才是一个真实、完整的张晖，也是张晖的特别优秀之处。因为天才固然令人赞叹，而后天养成的宝贵品格更能体现人性的光辉。

鉴于张晖的品学兼优，中文系在其读研期间请他担任了98级本科学生的辅导员，希望发挥其榜样的力量。一天傍晚，他和我坐学校班车在暮色苍茫之中通过长江大桥到浦口校区召开班会，他在讲台上面对百名学生讲话，声音不大，也不见演讲者常有的兴奋，但温文尔雅，表达清晰有致，颇具为人师表的上佳气质。虽然张晖做辅导员的时间不长，平日不会也不愿做自我宣传，很多学弟学妹对其为人治学的了解并不很深入，但后来在南京大学任教的卞东波(1996级)、童岭(1999级)，在清华大学任教的顾涛(1996级)，在复旦大学任教的刘娇(1998级)，在北京师范大学任教的刘利群(1999级)，在苏州大学任教的顾迁(2000级)等同学走上学术道路都受到这位学长的积极影响。

二

张晖研究生阶段的学习仍然一如既往地勤奋努力,毕业论文《晚清词学考论》得到答辩老师的一致好评,并被评为学校和江苏省的优秀硕士论文。在南大中文系学习七年之后,经周勋初、张宏生两位老师的推荐,他进入香港科技大学师从陈国球教授攻读博士学位,毕业后在中国社科院文学所工作,其间又赴台北"中央研究院"在严志雄研究员指导下从事博士后研究。随着游学历程的延伸和学术交往群体的扩展,张晖的学术有了扎实而迅速的开拓、升华,在近现代学术思想史、文学理论批评史、明清诗词等领域都取得了丰硕成果。从2001年到2015年的15年间,其出版的著作和遗著已有15种之多:

1.《龙榆生先生年谱》,学林出版社2001年版(增订本由上海古籍出版社2020年出版)

2.《量守庐学记续编:黄侃的生平和学术》(编),生活·读书·新知三联书店2006年版

3.《诗史》,台湾学生书局2007年版

4.《清词的传承与开拓》(与沙先一合著),上海古籍出版社2008年版

5.《施淑仪集》(点校),人民文学出版社2011年版

6.《中国"诗史"传统》,生活·读书·新知三联书店2012年版(修订版于2016年出版)

7.《无声无光集》,浙江大学出版社2013年版

8.《朝歌集》,张霖编,浙江大学出版社2013年版

9.《陈乃文诗文集》(整理),上海社会科学院出版社2013年版

10.《忍寒庐学记:龙榆生的生平与学术》(编),生活·读书·新知三联书店2014年版

11.《帝国的流亡:南明诗歌与战乱》,中国社会科学出版社2014年版

12.《张晖晚清民国词学研究》,张霖编,南京大学出版社2014年版

13.《易代之悲:钱澄之及其诗》,人民文学出版社2014年版

14.《中国文学的抒情传统:陈世骧古典文学论集》(编),生活·读书·新知三联书店2015年版

15.《龙榆生全集》(主编),上海古籍出版2015年版

才力、品格、机遇等方面的优异条件极其难得地在张晖的身上汇聚,使其成为对中国古代文学研究的发展格局能够产生重要作用的新一代学者中的一位核心人物,其前程的不可限量得到海内外师友们的公认。而学术与人格的相互促进和高度统一也使得他在学术界颇具亲和力和感召力,赢得了越来越广泛的声誉。

三

2009年4月,95级文科强化班同学在毕业10周年之际回母校与张伯伟、高华、潘志强、俞士玲等老师欢聚,随后张晖和张霖、刘洋等同学又像当年那样到寒舍闲谈,知其压力很大,工作极忙。2013年1月2日,张晖在电子邮件中告知新出两部著作《中国"诗史"传统》和《无声无光集》,又说:

> 我和张霖最近都好,就是忙。感觉压力大。一方面压力来自体制,另一方面最主要的也是学术本身的压力。怎样才能进入较好的学术境界,是我们努力追求的。在北京尤其不易。我手边差不多已经完稿的有《帝国的流亡:南明诗人与诗歌》、《易代之悲:钱澄之及其诗》两部书稿,仍在打磨,希望每一本书都能提升一些境界。完成之后,将开始写作《帝国的风景》等,都是围绕17世纪明清之际展开的。准备40岁左右完成《帝国三部曲》的写作。

从中可见他的异常勤奋和不断超越自我的严格要求。同时,我也感到,一个人越是怀有真善美的理想追求,越是情感真挚,对世间之假恶丑

也就会越敏感、越深知，也就会越忧世、越沉重。但可贵的是，张晖并没有怨天尤人，也没有消沉、懈怠，而是把理想与现实之间的反差转化为学术研究的内驱力以及学术思想升华的契机，充分体现了自强不息的巨大精神力量。

南大中文系先贤黄侃先生曾引《老子》中语说："死而不亡者寿。"黄侃即是这样的杰出学者，张晖也同样如此。张晖是因罹患急性白血病于2013年3月15日在北京遽然去世的。从入院检查到治疗无效而去世仅仅一天的时间。张晖的一生，真可谓为学术而生，为学术而死。当时，惊悉噩耗的众多师友从南京、香港、台北等地赶来与他告别，不相识的人们也为英才早逝而痛惜万分。从报刊、网络上不断发表的众多悼念文字中，我们看到学术上的张晖睿智、坚毅、勤奋、谦虚，富有远见卓识、团队精神……我们看到生活中的张晖诚恳、温厚、笃情、幽默，细心周到、助人为乐，保持着一颗珍贵的赤子之心……在师友们的心中，张晖是多么生动、亲切。

张晖去世的第二天，中文系99级的赵婷在南大小百合网络论坛的中文系版发帖悼念，很多学生纷纷跟帖，表示哀悼、崇敬之情，成为论坛的十大话题。2022年，98级同学慷慨解囊，同时也得到学校有关领导、院系部门的大力支持，以其学长的名义设立了南京大学张晖奖学金，将在次年张晖逝世10周年之际评选颁发。可见张晖依然活在母校师生的心中。

2022年5月18日，张晖的大学同班同学马燕首先在《扬子晚报》的新媒体"紫牛新闻"做了题为《毕业20年，他们为何悄悄捐资100万元，为已故学长张晖设同名奖学金？》的详细报道。随后"交汇点新闻"（5月19日）原文转载。《中国青年报》微信公众号（5月25日）、光明网（5月25日）、共青团中央微信公众号（5月26日）也据马燕的文章做了相关报道。

已经退休的赵宪章老师（张晖在南大读书时的中文系主任）在他的微信公众号"稷下问学"发布了《以学生张晖命名的100万奖学金在南大设立》的消息，原文转载了马燕的报道，并加了如下按语：

这则新闻有两点表述深以为然,值得点赞:

1. 捐赠者说:"其实我跟张晖学长不是特别熟——他去世时,我也没什么钱,就买了他的一本书。"而今,40出头的他们事业有成,已是社会的中坚力量。他说,到了这个年龄才发现,除了自身的努力和机缘,南大以及中文系的滋养,更是他们在社会上立足、成功的精神支柱。"南大给我们的,不仅是知识,还有一种精神上的潜移默化。南大教我们有独立的思想,不人云亦云、随波逐流,教我们淡泊名利,让我们成为一群有情有义的人,这都是人生中最富足的部分。"

2. 张晖研究学术,不是"两耳不闻窗外事",而是注重学术研究的现实意义。他认为,"学术不是让人来逃避现实的,而是让人深入思考,更好地面对现实的一种方式","好的人文学术,是研究者能通过最严谨的学术方式,将个人怀抱、生命体验、社会关怀等融入所从事的研究领域,最终以学术的方式将时代的问题和紧张感加以呈现"。

这两点确实是总结张晖的学术理想和南大的人才培养特点的画龙点睛之笔。所以,在获知中文系98级校友捐款设立南京大学张晖奖学金的消息后,当时身在香港的张宏生老师认为这一举措是对张晖的最好纪念,也是南大精神的发扬;陈国球老师也表示非常感动,并对南大的向学之风表示敬佩。中文系97级同学杨克铨在微信里说,这是迄今看到的关于120周年校庆最温暖、最有意义、也最我南style的活动了。作为中文系的老学生,我也为学弟学妹们的义举倍感骄傲,它和张晖的道德文章一起焕发出这个时代最美好的声光。

论"国粹"与"香艳"

——民国初年南社与抒情文学传统的发现与重构

陈建华

一、前言:《国粹学报》与南社文学

民国初年报纸副刊与杂志风起云涌,仅1914年即出现《礼拜六》、《中华小说界》、《眉语》等三十余种文艺杂志,前所未有地熔文学、美术、戏剧乃至电影于一炉,晚清报刊"新媒体"至此别开新面。①在"共和"观念驱动下,知识人与印刷资本、大众消费合力从事都市日常生活现代性的建设。此时小说已占据文学生产的龙头地位,1915年梁启超在《告小说家》一文中指出"侦探"与"艳情"这两种小说盛行于时,并厉声直斥它们"诲盗"、"诲淫"。② 此前十余年梁氏发表《论小说与群治之关系》倡导"小说界革命",文中即有"诲盗"、"诲淫"之论,其时所痛斥的是《水浒》与《红楼梦》,认为它们代表中国"旧小说",是"中国群治腐败之总根原"。③ 嗣后"小说界革命"发展迅猛,以政治小说、理想小说、谴责小说为主流,奏出晚清时期救亡启蒙的主旋律,关于晚清小说的成就与梁氏的功绩在

---

① 参黄旦《"新报之事,今日之事":上海进入新媒体时间——初期〈申报〉与上海研究之一》,见黄旦主编《城市传播:基于中国城市的历史与现实》(上海:上海交通大学出版社,2015),第223—236页。

② 梁启超《告小说家》,载《中华小说界》第2卷第1期(1915年1月),第1—3页。

③ 梁启超《论小说与群治之关系》,载《新小说》第1期(1902年11月),第1—4页。

近现代文学史上已有定评。至民初他重弹"海盗"、"海淫"的旧调,尽管为一己之见,而从"侦探"与"艳情"小说的盛行这一点来看也可知时过境迁,文学不再高呼"革命"而诉诸娱乐消费与抒情满足,显出以改良手段进行文明规训的社会功能,可见由"共和"带来的意识形态与文学风尚的转型。

1912年徐枕亚的《玉梨魂》在《民权报》上连载,次年出版单行本而风靡一时,被视为民初"艳情"小说的典范;1914年徐枕亚创办《小说丛报》,与吴双热继续发展"艳情"风格,《小说丛报》也被称为鸳鸯蝴蝶派大本营。民初与"艳情"小说同样风行一时的另有"香艳"文学,与"艳情"风格相近,主要著作和杂志除了1910年出版的王均卿的《香艳丛书》及1914年创刊的由王氏主编的《香艳杂志》,另有1913年汪石庵主编的《香艳集》,1914年胡寄尘主编的《香艳小品》杂志、周瘦鹃编撰的《香艳丛话》等。其他以"香艳"标榜的创作与批评在在皆有,不胜枚举。

清末民初各种社会思潮此起彼伏,各竞雄长,复古或国粹为主潮之一。《玉梨魂》虽是小说,却如夏志清所说传承了中国自楚骚至《红楼梦》的"伤感—艳情"传统,甚至加入骈文元素,受复古氛围所笼罩自不待言,"香艳"文学也不能外。然而具体来说,徐枕亚、王均卿、胡寄尘和周瘦鹃皆为南社社员,文学主张与实践多少有其"国粹"的思想渊源。

晚清国粹派以1905年黄节、邓实创办的《国粹学报》及国学保存会最具影响力,其会员大多是南社成员。[①] 郑师渠考察了早期国学保存会,23位成员中有16位是南社成员。[②] 孙之梅指出:"近代数十年的国

---

① 关于清末民初的国粹思潮与《国粹学报》,学者多有论述,如郑师渠认为晚清国粹派不仅不"封建"、"保守",反而是"资产阶级民主革命思潮在传统的学术文化领域的延伸",见郑师渠《晚清国粹派——文化思想研究》(北京:北京师范大学出版社,1997),第2页。另参林香伶《历史记忆的现代性意涵——论〈国粹学报〉的史传书写》,见《反思、追索与新脉:南社研究外编》(台北:里仁书局,2013),第171—226页;Tze-ki Hon, *Revolution as Restoration: Guocui Xuebao and China's Path to Modernity, 1905-1911* (Leiden: Brill, 2013)。

② 参孙之梅《南社研究》(北京:人民文学出版社,2003),第231—234页。书中引述了郑师渠的考察结果并有所辨证。另参林少阳《章炳麟与清末における「南」言说》,载《华南研究》第1号(2014年2月),第58—59页。

粹思潮中,南社是其中不可忽视的力量,表现出持续不断的国粹情结。"①林少阳从章太炎的"南方"言说的角度分析了《国粹学报》与南社之间在精神上的紧密联系。②"南社"的命名确具地缘政治色彩,有其反清反专制的意涵,其中上海的在地政治条件及文化资源也起了关键作用。章氏在《国粹学报》上发表了大量有关语言文字、史学、文学等方面的文章,说他是南社的精神导师并不为过,虽然他始终未挂名于南社。

如邓实所声称:"夫一国之立,必有其所以自立之精神焉,以为一国之粹,精神不灭,则国亦不灭。"③以"国粹"为号召,事实上是在留日学生及革命派的"种族革命"与"社会革命"的理论基础上从事史学、学术史与文化传统的重构,以回应时代挑战。在这些方面南社成员黄节、陆绍明、马叙伦、陈去病等人发表了许多言论,但南社主要是文学团体,因此《国粹学报》与南社文学或文学南社的关系极其复杂,尚有探讨的空间。

南社的文学主张与实践千姿百态,但共同遵循了"国粹"的思想与文化的基本方针,简言之有这么几点:首先,在晚清反清革命的历史条件下,对汉语汉字进行强调以凸显其语言本体与文化主体的地位。1908年章太炎在《驳中国用万国新语说》一文中驳斥吴稚晖等人的历史虚无主义,指出取消汉字不啻灭绝中国的历史与文化,而他与国粹派所面临的要务正在于借汉文典籍唤醒民族的历史记忆,重新发现民族历史的精髓而重建文化主体。其次,无论是刘师培的"文笔说"还是章太炎的"师法魏晋",都确认中国的"言志"文学传统,如南社的诗歌成就所示,正是通过浪漫激情的集体感染完成了对于民族"想象共同体"的文学建构。④因此,文学属于情感的、美的领域,是南社同人的共识。再次,以"国粹"为主体迎受外来文化,使传统得以激活更新而与世界人文价值接轨。许

---

① 孙之梅《南社研究》,第255页。
② 林少阳《章炳麟と清末における「南」言説》,第49—70页。
③ 邓实《鸡鸣风雨楼独立书》,载《政艺通报》癸卯第24号(1903年)。
④ 参张春田《革命与抒情——南社的文化政治与中国现代性》(上海:上海人民出版社,2015),第288—356页。

守微的《论国粹无阻于欧化》一文的标题就把这一点表达得十分明显。①

其实如邓实在《国学真论》中将"国学"与"君学"相对立，②反对专制是南社对待历史遗产的基本立场，渗透着近代民主共和的价值观。1905年黄节《国粹学报叙》："凡欲举东西诸国之学，以为客观，而吾为主观，以研究之，期光复乎吾巴克之族，黄帝、尧、舜、禹、汤、文、武、周公、孔子之学而已"。稍后高旭在《学术沿革之概论》中也有"对于内有之学，其惟用主观主义乎？对于外来之学，其惟用客观主义乎？"的论调，而把反专制这一层发挥得更透彻："中国学术思想不进步，其原因何在乎？在政体之专制。泰西学术思想日以进步，其原因何在乎？在政体之文明。文明国宪法上定有条例，许人民以三大自由，所谓言论自由，思想自由，出版自由。"③

在国粹与西化的两端仍有游移与选择的幅度，对于主客体的侧重程度因人而异，高旭又说"吸收与保存两主义并行"，对于主客体关系做另一种表述。但是不管怎样，强调国粹的文化本位是南社的基本立场，遂造成其文化保守的性格特征，这与五四的反传统立场形成鲜明对照。尤其民国成立之后许多南社成员转向大众文化生产，这一文化保守主义在维护城市经济秩序与中产阶级的伦理价值方面扮演了关键角色。

《国粹学报》与南社的文学之间有很多空白。政治上《国粹学报》具反清革命倾向，不少同盟会会员加入了南社，但是迄今被忽视的一个吊诡现象是，为《国粹学报》撰稿的包括郑孝胥、王闿运、严复、王国维、陈三立、郑文焯、范当世、樊增祥、易顺鼎、罗瘿公、况周颐等，他们既非南社社员，政治上也不革命甚或反革命，甚至在民初大多成了遗民。这些人皆为当世名士，并不参与国粹派的学术讨论，所发表的多为文学作品。他们主张"复古"而与国粹派走在一起，另一方面《国粹学报》也借重他们的名气，为杂志造势。有意味的是《国粹学报》于1911年11月停刊，此时

---

① 许守微《论国粹无阻于欧化》，载《国粹学报》第7期（1905年8月）。
② 邓实《国学真论》，载《国粹学报》第27期（1907年4月）。
③ 见杨天石、王学庄《南社史长编》（北京：中国人民大学出版社，1995），第45页。

正发生辛亥革命,事实上此后"国粹"与"复古"就分道扬镳、阵线分明了。

1912年高燮、高旭等成立国学商兑会,几乎清一色南社人。高旭声言"今幸民族朝政,顿异曩昔,则吾社之宗风大畅而未尽者,非政治之发扬,乃在道德与文美耳",主张以"促进道德,增进文美"作为"培养其本根"。① 如果说《国粹学报》所进行的国学整理受到"种族革命"的驱动,那么民国建立之后国学的任务应当转向共和政治及其文化建设。的确国学商兑会从当初国学保存会一路而来,在新形势下继续"国粹"路线,更显出南社色彩。

上述这些复古人士大多是晚清文坛的代表,在文学上对南社产生影响。1911年贾璧云在北京演出,以其旦角的出色表演得到易实甫、樊增祥、罗瘿公等人的赏识,他们在《亚细亚报》、《庸言》等报刊上大力揄扬。同时上海柳亚子、胡寄尘等人在《民声日报》、《太平洋报》上极力推崇冯春航,于是南北两地形成"贾党"和"冯党"。双方在报纸杂志上大打笔战,以致有人认为是南方革命派与北方官僚派之间的斗争。② 另一个例子是南社内部的柳亚子的"宗唐派"与姚鹓雏的"宗宋派"之争,为姚所称赞的范当世、郑孝胥、陈三立等同光体诗人都曾是《国粹学报》的作者。

南社研究一向以诗歌为主,即以诗歌选集的《南社丛刊》为主要依据,但是最近学者提出南社与小说的关系,③引起有关南社的性质及柳亚子的领导角色等问题,还有待讨论。如包天笑是早期南社社员,1910年第三次雅集时被推举担任"庶务"一职。④ 而1904年狄葆贤创办《时报》后不久,包即为主笔之一。据季家珍的研究,包天笑和陈冷血等人为开辟"中间社会"的舆论空间做出了贡献,⑤包天笑也最早从事大众文化

---

① 见杨天石、王学庄《南社史长编》,第300页。

② 参刘汭屿《梨园内外的战争——20世纪第二个十年上海京剧界之冯贾"党争"》,载《文艺研究》2013年第7期,第101—110页。

③ 姜国《南社小说研究·初探》(长春:吉林大学出版社,2012)。

④ 见杨天石、王学庄《南社史长编》,第166页。

⑤ Joan Judge, *Print and Politics: "Shibao" and the Culture of Reform in Late Qing China* (Stanford: Stanford University Press, 1996).

生产，1909年创办《小说时报》，1911年创办《妇女时报》，因此被誉为"通俗文学之王"。①1907年《小说林》杂志创刊，包即为撰稿人之一。该刊主编黄人也属早期南社社员，在文学理论与文学史教育等方面皆有建树，②他认为"文学则属美之一部分"，③在《小说林发刊词》中提出"小说者，文学之倾于美的方面之一种也"，④首先强调小说的感情与审美功能，与梁启超一派把小说当作救亡启蒙之具的理论大相径庭。

《国粹学报》很少有关小说方面的论述，几乎听不到包天笑、黄人等人的声音。值得注意的是1910年在《国粹学报》后期王国维连续发表了《优语录》、《宋大曲考》、《录曲余谈》等有关戏曲史的文章。王氏主张"复古"，而对戏曲、小说的研究已体现了现代观念。早在1904年，王国维在《红楼梦评论》中就提出"美术中以诗歌、戏曲、小说为其顶点"，并与梁启超唱反调，认为《红楼梦》"为我国美术上之唯一大著述"，由其最能体现"美术之目的"，给痛苦的人生带来"解脱"与"慰藉"，所谓"使吾人超然于利害之外，而忘我与物之关系"。⑤又在《论哲学家与美术家之天职》中说："甚至戏曲、小说之纯文学，亦往往以惩劝为旨，其有纯粹美术上之目的者，世非惟不知贵，且加贬焉。"⑥王的"美术"论述对刘师培、鲁迅等人都产生过影响，而在黄人那里也得到某种呼应。

南社是全国性文学社团，民国建立后发展迅速，成员达千余人。因此对于他们的文学面貌须避免标签化，而应当在整个清末民初错综复杂的文学场域中做具体考察。这也适用于本文对民初"香艳"的探讨。而对于南社成员来说，有不同程度的现代价值的体现，这和他们的"国粹"

---

① 栾梅健《通俗文学之王包天笑》(上海：上海书店出版社，1999)，第184页。
② Milena Dolezelová-Velingerová and M. Henry Day，"Huang Moxi 黄摩西 (1866-1913): His Discovery of British Aesthetics and His Concept of Chinese Fiction as Aesthetic System," in Chiu Ling-yeong with Donatella Guida eds., *A Passion for China: Essays in Honor of Paolo Santagelo for His 60th Birthday* (Leiden: Brill, 2006), p. 93.
③ 王永健《"苏州奇人"黄摩西评传》(苏州：苏州大学出版社，2000)，第165—168页。
④ 摩西(黄人)《小说林发刊词》，载《小说林》第1期(1907年6月)，第3页。
⑤ 王国维《红楼梦评论》，载《教育世界》第76、77、78、80、81号(1904年6—8月)。
⑥ 王国维《论哲学家与美术家之天职》，载《教育世界》第99号(1905年5月)。

意识是分不开的。

二、"香艳"与"情"的进化

"香艳"与"艳情"相近,类型不同,皆源自古典诗歌谱系。"香艳"一词见诸古典,如唐代诗人许浑《赠杜补阙》:"柳滴圆波生细浪,梅含香艳吐轻风"。以"香艳"形容梅花色香,自然与名花美人结缘。五代王仁裕《开元天宝遗事》:"明皇与贵妃幸华清宫,因宿酒初醒,凭妃子肩同看木芍药,上亲折一枝,与妃子递嗅其艳,帝曰:不惟萱草忘忧,此花香艳,尤能醒酒。"由是出现于爱情的场合不足为奇。在文学上"香艳"与"香奁"是近亲,如《平山冷燕》第一回:"[天子]忽欣然拍案曰:细细观之,风流香艳,果是香奁佳句。"李伯元《二十年目睹之怪现状》第三十九回:"这种香艳词句必要使它流入闺阁才好。"

这些属于"香艳"的一般使用,其意涵与诗歌的类型发展有关。文学史上自屈原以来,"香草美人"向来属"抒情传统"中重要部分,在儒家"发乎情,止乎礼"的教条约制下,爱情表现带上政治或道德的面具。然而私人感情很难永远被集体化。如《玉台新咏》声称所收作品皆为"艳歌",据章培恒先生考证,此集为陈后主宠妃张丽华所编纂。①《四库全书总目》该书提要说萧纲"为太子,好作艳诗,境内化之",批评该集所收"虽皆取绮罗脂粉之词,而去古未远,犹有讲于温柔敦厚之遗,未可概以淫艳斥之"。② 一面维持"温柔敦厚"的儒家诗教,一面对"绮罗脂粉"或"淫艳"的"艳诗"加以排斥。

"艳诗"表现私情且有"绮罗脂粉"或"淫艳"倾向,某种意义上从"香草美人"的政治隐喻模式分离出来。历代文人如唐代白居易、元稹、李商隐、杜牧等对"艳诗"皆有所染,有趣的是《四库全书》收录他们的文集,而提要在批评中却转弯抹角,旁敲侧击,似心有戚戚不忍赶尽杀绝。尽管

---

① 章培恒《〈玉台新咏〉为张丽华所"撰录"考》,载《文学评论》2004年第2期,第5—17页。
② 永瑢等《四库全书总目》(北京:中华书局,1981),第1686—1687页。

如此，对于后来出现的韩偓的"香奁体"，即属"艳诗"中专写闺房私情的一脉则不见收录。至近世典型例子是王彦泓，他的《疑雨集》发展了"香奁体"，侧重爱恋中男女的感官与心理刻画，所谓"沉博艳丽，无语不香，无愁不媚"。清代朱彝尊说："诵之感心娱目，回肠荡气。"王彦泓的诗在清代引起激烈争论，当然占上风的仍是卫道一派，如沈德潜在编选《国朝诗别裁集》时，以"温柔敦厚"为准则，"如王次回《疑雨集》之类，最足害人心术，一概不存！"①另如黄仲则在清代颇有名声，而对他的那些"放浪酣嬉"、"鸩酒好色"的"艳诗"，有人心知其好却讳莫如深，有人则加以排斥。②"香奁体"之所以遭排斥，是由于它不像"艳诗"那样与"温柔敦厚"的诗教尚有通融的余地，却更具窥私色欲甚至颠覆伦理秩序与审美典律的倾向，而对正统诗学形成挑战。

明末清初陈维崧的《妇人集》里提到王彦泓"以香奁艳体盛传吴下"，③在诗的谱系里这"香奁艳体"蕴含后来的"香艳"，而王彦泓可说是创始者。在民初"香艳"大行其道，像小说《玉梨魂》一样，已意味着现代境遇中对抒情传统的重构，但不那么哀情伤感。"香艳"显然与"文以载道"的正统观念背道而驰，是突破儒家道德教条的结果，这跟反专制的共和潮流是一致的。这里所尊重的是个人及其自由表达的权利，所肯定的是人性的复杂性；赞赏情爱体验与私密空间的艺术探索，对于感情领域则意味着一种开放和解放。在艺术上以是否产生深刻的感动为衡量标准，而追求刺心透骨的感官则开拓了一种新的审美范畴。换言之，对"香艳"文学的提倡标志着对中国文学的重新评估，造成"抒情传统"的自我更新，是一种确立"纯文学"的现代尝试。

这里涉及抒情传统的现代转型问题，如郑曼陀的一幅月份牌图画，

---

① 参耿传友《王彦泓诗论——兼及文学史研究的观念问题》，薪火学刊编辑部编《薪火学刊》第2辑（上海：复旦大学出版社，2015），第91—119页。
② 叶倬玮《抒情传统与现代——黄仲则诗在民国》，载《淡江中文学报》第29期（2013年12月），第408—414页。
③ 虫天子（王均卿）编《香艳丛书》（北京：人民文学出版社，1994），第103页。

画有一个时尚女郎在读《天演论》,①这或许引起饶有兴味的问题:她在想什么?"天演"观念对女界产生怎样的影响?人的感情是否也在"进化"?是怎样"进化"的?众所周知,严复翻译的《天演论》给中国社会思想带来了巨量影响,这幅图也可看作是一明证。有关《天演论》影响的论述可谓汗牛充栋,却少有涉及"感情结构"方面变化的探究。事实上从"情"到"爱"的语义转变,一夫一妻的制度移植,由于照相、石印、电影等视觉技术给情感表现带来的变化,甚至由于声光化电与生物、生理、心理方面的知识转型,都会使感情的体验与表述方式发生变化。关于抒情传统的现代表现,学者做了不少研究,而探究清末民初感情领域里的"进化"话语及各种嬗变征候,有助于对这一历史时段的认识。

郑曼陀《女子读天演论》

---

① 王娅蕾《海上·光影·年华——月份牌艺术在中西文化冲突中的缓冲作用及其地位问题》,见20世纪中国艺术史文集编委会编《艺术的历史与事实》(成都:四川美术出版社,2006),第395页。作者谓郑曼陀此图发表"时间约在1910年",此推断可能略早。另参 Ellen Johnston Laing, *Selling Happiness: Calendar Posters and Visual Culture in Early Twentieth-Century Shanghai* (Honolulu: University of Hawai'i Press, 2004), pp. 116-126. 此书谓郑曼陀最早于1914年在上海张园展出四幅仕女画之后著称于时。郑氏作品见刊于各种杂志,皆在1914年或之后。

从人类进化的角度来重新认识"情",见诸1915年胡无闷主编的女性杂志上的《莺花杂志慨辞》:

> 呜呼,吾人何不幸而有此心也!有心斯有知(知实由于脑中,人误以为心,沿用已久,故仍之),有知斯生分别,有分别斯生悲乐,悲也乐也,是谓之情。木石无知,是以无情。禽兽鱼鳖昆虫之属,有知矣,有情矣,惟其为知也简,故其为情也狭。而吾人者,自植物演进而为动物,自动物演进而成原人,又自原人演进而至今世之人类。历无量数之劫,阅万千亿兆之年,才臻斯境。其知其情之程度,自远胜于蠢蠢之动物,而超出于浑浑之原人。①

"伤感—艳情"的抒情传统在中国源远流长,而在理论层面上"情"一向受到儒家"温柔敦厚"的伦理原则的规范,宋明以来流行"性理"之学,"情"更遭到压抑。至晚明以降,由于李卓吾、汤显祖、冯梦龙等人的反拨,"情"突破了"理"的藩篱,而通过《三言》、《牡丹亭》、《红楼梦》等更确立了"情"的话语体系,这也是小说戏曲在日益发展的世俗文化中愈益扮演重要角色之故。

《莺花杂志慨辞》似在说明人类比"动物"、"原人"远为优越,今天看来无甚高论,但所谓"吾人者,自植物演进而为动物,自动物演进而成原人,又自原人演进而至今世之人类",显然受到"进化"论启发,这在当时却属新见,且着重证明的是"情",已在人类进化史中确定其普世价值。实际上《莺花杂志》的主编胡无闷女士"本世家女,生长燕京","其所著《衾艳丛话》一书,尤为海内所推重"。② 而杂志上刊登的大多选辑自旧时典籍,内容属"香艳"性质。在这一语境中《慨辞》不啻在证明"香艳"文学的普世价值。

---

① 无名氏《莺花杂志慨辞》,载《莺花杂志》第1期(1914年或1915年),第1页。据同期胡无闷《玉屑清言》中孙静庵引言,署"甲寅冬月",当在1914年冬季,故可以推算杂志约创刊于1914年底或1915年初。

② 独笑《客串胡无闷女士小传》,载《余兴》第13期(1916年1月),第30—31页。

在"心斯有知"之后作者特意说明"知实由于脑中,人误以为心",这与当时被普遍接受的人脑与感知结构的新认识有关。再来看包天笑为周瘦鹃编撰的《香艳丛话》一书所写的序文:

> 乌乎,吾人自仆缘尘球以来,借匪色盲臭塞之徒,无背于识性,则爱憎又宁有异致哉。须知一切形气思虑中物,不能自有,赖觉知而后有。以官接象,即意成知,真幻亦纷无定论耳。譬诸入众香之国,万艳之丛,令人怡悦欢忻,不可方物,果何为而然乎?则曰:有以太者,目不得而见,鼻不得而臭,而能导兹异香奇艳,以入于人之眼帘鼻观。凡此脑络所会,受此激荡,如电报机,引达入脑,而遂生种种感觉,好色恶臭,君子无慊,岂不然哉。故虽襁褓孩提之子,见夫奇花初胎,色之灿烂,而味之芬馥,无不心焉好之,是将谓大化之所鼓荡,而进化学者所有事欤。而不观今之动植物家,恒言两性相吸之理,以色香为媒介,此其理尤显而易著,矧为倮虫之长乎。瘦鹃辑《香艳丛话》竟,属我一言以弁首,乌乎瘦鹃,将夺以太之功用,而寄诸文字耶。天笑生序于绛香绿艳之楼。

此文也是以进化原理对于人的感知系统做一种解说,使用了许多晚清传教士和日本留学生所传播的新名词。"以太"指一种统辖宇宙万物生命的本源,谭嗣同将其结合"脑气筋"、"电"的理论支起他的"仁学"建构。① 又如"进化学者"、"动植物家"也来自报刊传播的新知识,前此十年,《新民丛报》有日本丘浅治郎的《进化论大略》一文,讲动植物的进化原理。② 同一期另有内明的《心理学纲要(续三十七号)》,谓耳目口鼻的

---

① 参 Ingo Schäfer, "Natural Philosophy, Physics and Metaphysics in the Discourse of Tan Sitong: The Concepts of Qi and Yitai," in Michael Lackner, Iwo Amelung and Joachim Kurtz, eds., *New Terms for New Ideas: Western Knowledge and Lexical Change in Late Imperial China* (Leiden: Brill, 2001), pp. 258-269.

② 丘浅治郎《进化论大略》,载《新民丛报》第46—48号合本(1903年2月),第175—191页。

感官皆受大脑神经系统的控制,末梢神经"传外界之刺激于脑,又传脑之命令于身体,故末梢神经譬则电信线,自各部向中央,为种种之报告"。①这和包氏所说的"凡此脑络所会,受此激荡,如电报机,引达入脑,而遂生种种感觉"没什么不同。其实在19世纪后半期合信在《全体新论》中就声言脑是身心的主宰,掌控着人体的血脉骨肉,②至韦廉臣的《格物探源》把人脑比作神奇的电气。③所以内明的《心理学纲要》中所讲无甚新意,只是所使用的概念不同,如"脑气筋"变换成"神经系统"之类。

然而包天笑把"以太"、"电报机"、"脑络"、"大化"、"觉知"等语词不中不西地杂糅在一起,成为一种独具风格的诗化的表述。至于说周瘦鹃"将夺以太之功用,而寄诸文字耶",似是故弄玄虚,实际上把《香艳丛话》置于近代知识转型的背景中,已赋予其一种"进化"的特质。同时包氏也在形塑一种新时代具有复杂感知结构的读者主体,而由"以太"所主宰的"香艳"世界对他们自然充满魅力。

与情感的"进化"认识相关,清末民初对于"脑"的理论的接受引起与传统的"心"的概念之间的取代或调适,牵涉对照相、石印等视觉与印刷技术的接受与挪用,也影响到图像与文学话语的表述。这是个值得探讨的课题,笔者在别处略有论述。④

三、《香艳丛书》的现代导向

1909年王均卿主编的《香艳丛书》由国学扶轮社出版,从历史典籍中辑选出335种著作,分20集,涵盖诗词、小说、散文、笔记等各类文体。

---

① 内明《心理学纲要》,载《新民丛报》第46—48号合本(1903年2月),第197—204页。
② 参张宁《脑为一身之主:从"艾罗补脑汁"看近代中国身体观的变化》,《"中央研究院"近代史研究所集刊》第74期(2011年12月),第1—40页。
③ 韦廉臣《格物探源·论脑》,《教会新报》(台北:京华书局,1968年影印本),第2464页。
④ 参陈建华《电影与脑:主体意识的视觉建构——以周瘦鹃小说〈红颜知己〉为中心》,载黄爱玲主编《中国电影溯源》(香港:香港电影资料馆,2011),第251—263页;《从"心"到"脑"——现代中国思想主体的语言建构》,《二十一世纪》第123期(2011年2月),第123—128页。

把过去一向受正统文学观念所排斥的边缘性作品汇集在一起,已是受到一种新的时代观念的驱动,乃基于一种对于复杂人性与文学价值的新认识。这一结集犹如文学弱势群体的一次嘉年华狂欢,对于文学正统与正典而言不啻是一种历史性反击。

关于王均卿的生平情况不很清楚。郑逸梅《南社丛谈》有其小传,称王是"浙江吴兴人。前清明经,擅词章。寓居沪上,主进步书局、国学扶轮社辑政有年。后又为中华、文明二书局编刊各家诗文集及楹联尺牍甚多"。① 1911年王均卿作《无题》诗一组,前面小序有"廿年房老,学界厕身,十载书佣,商场涸迹,保存谬附,托素业于陈编(发起国学扶轮社于海上,搜幽索秘,刊行名人诗文集笔记约百余种)"等语,②可推知他在二十世纪初在上海以书局编辑工作为生,所谓"保存谬附",即附属于黄节、邓实的国学保存会,由此可见他发起的国学扶轮社的思想起点。

《香艳丛书》不仅对于中国抒情文学史具重要意义,也从社会史角度展示了男女私密生活空间及其心态与感情的历史。收入的作品从汉唐以降至其当代,以明清时期最多,当代的如王韬的《淞滨琐话》、樊增祥的传诵一时的《彩云曲》和知识女性徐畹兰的《夔华室诗选》,可见广采博收的特点。不过如招招舟子的《问苏小小、郑孝女、秋瑾、松风和尚何以同葬于西泠桥,试研究其命意所在》一文的奇特标题所隐含的,文中叙及"秋侠""以不羁之才,罹无端之狱","岂知缇骑来催,竟目为钩党,遂令爱书骤定,同殉于市曹",其实在凭吊秋瑾,也即此文的"命意所在"。另如失名的《自由女请禁婚嫁陋俗禀稿》等文,其实并不香艳,却透露出与反清革命及时代的精神联系。

书中收录大量女性传记,从后妃、才女、妓女、女伶到女盗、妖妇等,相对于正统史传皆属另类,如孙棨《北里志》、崔令钦《教坊记》等今已脍炙人口。从《十国宫词》到《启祯宫词》,历代宫词成为重要一类。其实这

---

① 郑逸梅《南社丛谈》(上海:上海人民出版社,1981),第100—101页。
② 新旧废物《无题(辛亥岁暮作有序)》,《香艳杂志》第3期(约1914年12月),第521—522页。页码均据《香艳杂志》影印本(北京:线装书局,2007)。关于《香艳杂志》各期出版日期参照马勤勤《〈香艳杂志〉出版时间考述》,《汉语言文学研究》2013年第3期,第60—66页。

类诗不一定那么香艳，从中却可听到对于被压抑女性的同情之声。

对于知名的艳体或香奁体作品，如《玉台新咏》、李商隐、温庭筠、韩偓、王彦泓等的作品，大约因为容易见到，此书皆未收。收入的如黄公辑的《瑶台片玉》则更显露率性痴情的香艳情调。显得突出的是存女性书写的作品如庄莲佩《盘珠词》、许夔臣《香咳集选存》、佚名《闺墨萃珍》等数不在少，如陈维崧的《妇人集》主要记载明清之交的妇女事迹，其中夹杂着女子作品，这些属《香艳丛书》中最为珍贵的部分。

诸如余怀《板桥杂记》、赵执信《海鸥小谱》、梦畹生《粉墨丛谈》、萝摩庵老人《怀芳记》、珠泉居士《雪鸿小记》、王韬《海陬冶游录》等为数甚夥，多为文人自道其风流往迹，记录了各地各时期妓界伶人的生活情状与文人心态。

吴下阿蒙编的《断袖篇》记有关历代同性恋的事情，沈德符的《敝帚斋余谈》中有关春宫画、双性变性之类的内容，则属于性史方面的记载。

有一些涉及对女性的规训，如《今列女传》、章学诚《妇学》之类。有些文字带有游戏性质，如陆圻的《新妇谱》对过门新妇做了种种严厉规定，而芙蓉外史的《闺律》则反其道而行之，从妻子角度对丈夫做出种种同样严厉的规定。失名的《惧内供状》自述惧怕老婆的种种情状，穷形极状，令人忍俊不禁。

同样涉及家庭的男女关系，如明末吴人的《三妇评牡丹亭》汇集三位女子对《牡丹亭》的批评，极其珍贵。另一类如冒襄《影梅庵忆语》、陈孟楷《香畹楼忆语》、孙瘦梅《小螺庵病榻忆语》等，对亲爱者的追忆悲悼，更多细腻深切的情感表现。这一类从"悼亡诗"发展而来，多少带有自传和闺房文学的成分，有关《红楼梦》的一些阐释与评点文字也具相似性质。

《香艳丛书》中不乏对名花的欣赏与品题之作，如《百花弹词》、《看花述异记》、《牡丹荣辱志》，乃至菊花、芍药等各种花谱之类。花被当作美人的象征或文人的自我投影，也作为增强感情表现的修辞手段及美学意趣。文人爱花体现了自然之性及对闲适生活的追求。

以上仅对一些主要类别做粗略评述而不及具体作品内容。正如王均卿的骈文序言有"盖情之所钟，正在吾辈，而纤不伤雅"，"群雌粥粥，非夺婿于瑶光"等语,说明"香艳"合乎传统儒家的男女伦理秩序与审美原则,所谓"须知比兴温柔,宣尼未经删削",即使圣人也不反对"香艳"。这些虽是门面话,作者也无意否定儒家传统,但最后表示:"妄言妄听,编者只借古以鉴今。见智见仁,读者毋玩华而丧实。"①揭示出编书的目的是古为今用,这取决于当今读者的觉悟与评判,这一点令作者耿耿于怀,遂提醒读者不要玩忽于华丽的表面而应当领会其实质。

作为另类抒情文学的首次大规模结集,《香艳丛书》总体上萌生出一种现代价值观念,与《国粹学报》同样是整理国故之雏形。今天看来其内容上大多体现了男性对纤弱女性的物恋化欣赏或闺房空间美学化的倾向,仍是农耕时代男女经济地位及其伦理秩序的体现。然而"香艳"所含的情欲要素更易感动人心,也更具颠覆性,含有突破传统的可能。《香艳丛书》第一部是程羽文的《鸳鸯牒》,首先是明末诗人谭友夏的话:"古今多少才子佳人,被愚拗父母板住,不能成对,赍情而死,乃悟文君奔相如,是上上妙策。"这样等于在鼓励私奔的话语出现在开卷伊始,又正值社会上流行男女自由结婚学说的时候,对于编者"借古以鉴今"的宗旨不啻是个样本。这个《鸳鸯牒》说如果武则天与魏武帝或与金海陵王成双作对,才算旗鼓相当的绝配。但好笑的是它往往将一女配数男,如"杭妓周韶,澹远潇迥,有迈俗之思。宜操茶具,暂配陶学士,邮亭煮雪。而后念观音般若经,终配蔡君谟斗茗"②。虽然似在乱点鸳鸯谱,属游戏文章,但某种程度上反映了对待女性的开放态度。

第一集中陈维崧的《妇人集》记载了大量明清之交的妇女事迹,赞扬她们超乎寻常的品行与才情。如王彦泓的女儿王朗"尤长小词,为古今绝调",认为某首词中"抱月怀风"四字远胜李清照的"绿肥红瘦"。③ 又如这一则:

---

① 虫天子《香艳丛书》,第1—2页。
② 虫天子《香艳丛书》,第4页。
③ 虫天子《香艳丛书》,第103—104页。

松陵吴氏(名银姊)与邻邑王生,以才艺相昵。后事露,庭鞫,氏板所供状洒洒数千言,颇露致语,一时争传诵焉。(辞多不载,中有云:"昔淡眉卓女,服缟素而奔相如,汉皇弗禁;红拂张姬,著紫衣而归李靖,杨相不追。古有是事,今亦宜然。"盖表放诞于闺房,寄清狂于蠓黛矣。)①

在法庭上银姊引用卓文君和红拂女之例为自己的自由恋爱辩护,也是个出格女子,而"放诞"、"清狂"的温婉评语含有些许同情。至于书中众多女性书写作品直接传达她们的心声,也闪烁着民主性光彩。

1914年王均卿创办的《香艳杂志》颇具女性色彩,在《香艳丛书》之后继续提升妇女地位。该刊除王均卿、高太痴等数位男编辑之外还有两位女编辑,一位即上文提到的鬘华室主徐畹兰,另一位为平等阁主俞佳钿。第一期上刊登了她们的照相,杂志中分别有两人的《鬘华室诗话》和《平等阁笔记》专栏。另外《闺雅》专栏也是妇女发表诗文作品的园地,也有为当代京昆伶人与妓女写的传记。同时杂志也具南社色彩,作者包括陈去病、李叔同、柳亚子、黄人、汪精卫、王钟麒等,作品被置于《艳丛》栏目中,几乎被贴上"香艳"的标签。其实这并不奇怪,南社人声称继踪明末几社、复社的名士风流,艳情浪漫与矢志革命齐头并进,苏曼殊是南社人心目中的人格楷模,他的"吃花酒"艳事为人津津乐道。正如张光厚《再与柳亚子书》所言:"若夫红袖添香,才人韵事;乌云对镜,英雄快心。说剑花前,原不相碍。"如卢文云指出,这代表了南社人的"共识"。②

民国成立后"党争"不已,共和政体实践举步艰难,而在二次革命失败后,像多数南社人一样,王均卿对国事表示失望,又觉得无能为力。他自号"新旧废物",即所谓"不新不旧,不隐不仕,不党不会,不求不忮,不老不少,不生不死,无以名之,废物而已"。看似低调中性,却给"香艳"披

---

① 虫天子《香艳丛书》,第125页。
② 卢文云《中国近代文化变革与南社》(北京:社会科学文献出版社,2008),第284页。此书中对于南社人的英雄美人、文酒诗剑的生态与心态有专章论述,见第237—311页。

上某种政治色彩,反映了大多南社人所处的进退失据的状态。如《吴木兰女士被捕记》一文叙述了全国女子同盟会会长吴木兰在二次革命失败后被捕,而她在狱中大义凛然,表现了无畏不屈的精神。① 然而较为复杂的是王均卿的《代上海妓界致留东诸伟人书》的戏谑之文。② "留东诸伟人"指陈其美等人,辛亥时上海光复后陈氏出任沪军都督,二次革命时为讨袁军首领,失败后逃亡日本。此文借妓女之口说:"犹忆辛亥起义,诸君遘风云之会,妾等缔露水之缘;朝朝寒食,夜夜元宵,和酒无虚时,枕席无虚夕。吸国民之膏血,供我辈之缠头,共和幸福,惠我良多。去岁讨袁树帜,战衅开于沪上,攻守密议,得闻绮筵,烽火连天,不离妆阁,妾等金钱饱饫,宠幸厚叨。"这等于在揭露腐败作风,"吸国民之膏血"即作者所表达的谴责。但另一方面"官僚得意派之至沪者,过从颇亦不鲜。颐指气使,官腔充足,承奉颜色,殊非易事……悭吝性成,小小点缀,已形德色,比诸君等之坦白易与,挥霍自由,真不啻小巫之见大巫也"。这一段形容那些属于袁党的"官僚得意派"皆龌龊虚伪,相比之下那些"坦白易与"的革命党人是较为可爱的。最后"试看今日之域中,已是谁家之天下?聚九州之铁,铸错已成;炼五色之石,补天难必",对于袁氏愈益猖狂而共和无望的局势表示悲观。

"铸错已成"一语值得玩味。"错"在哪里?对此南社诸人深感痛苦而反复思量,王均卿认为根子出在"革命",人心由是变得暴戾,诚信丧失,也是受了外来影响的结果,他主张回到"国粹"。他在《新彤史弁言》中说:"自欧化输入,夫妇平权、婚姻自由之说喧腾于皮傅西学之口,而其毒乃浸淫于女界。"③所谓《新彤史》是通过搜罗遗闻,编纂文献,为女性书写新史,也即"保存国学"宗旨的体现。而刊登闺阁名媛传记意在为女

---

① 《吴木兰女士被捕记》,《香艳杂志》第 1 期(约 1914 年 6 月),第 61—62 页。
② 新旧废物《代上海妓界致留东诸伟人书》,《香艳杂志》第 1 期(约 1914 年 6 月),第 27—28 页。
③ 王文濡《新彤史弁言》,《香艳杂志》第 1 期(约 1914 年 6 月),第 19 页。

性树立"懿行"楷模,①如薛锦琴、吴孟班、华吟梅等人的传记所示,对于她们接受新教育、游学海外以及积极参与公共事务等方面,王氏皆极力表彰,因此他反对"欧化"其实是试图在新旧道德之间做某种平衡和调适。可说明这一点的是《海外艳闻》栏目所刊登的内容大多从外刊翻译过来,如不断介绍法国巴黎的"淫奢"风尚,对于流行的"裸足"、"时装"、"高跟鞋"以及女性如何保持美容和身材等,皆津津乐道。关于这些方面笔者在别处有所论述,②说明《香艳杂志》是新旧杂陈,不乏拥抱现代的姿态。

四、《香艳小品》:抒情传统的内延

郑逸梅在《民国旧派文艺期刊丛话》中曰:"《香艳小品》是广益书局发行的一种月刊。胡寄尘主编。……同时尚有《香艳集》,相辅而行,不定期刊,出了二集。时期在一九一三年间。"③此著录略有误,据《香艳小品》第一期朱目的序文,末尾署"甲寅春三月",即 1914 年阴历三月,故该杂志当创刊于 1914 年,上海图书馆馆藏有三期。④笔者未见《香艳集》期刊,所见的《香艳集》为 1913 年 11 月由广益书局出版的单行本。《香艳小品》第一期载胡寄尘序文曰:"阳湖汪君石庵,尝编《香艳集》,多取材于余。其书既成,余箧中所藏弆犹多,南海何君仲琴索之去,益以他处所搜罗,及四方友朋所投赠,遂编《香艳小品》。余得古近人零星文字,多分类理而藏之,不独香奁,香奁其一也。今是稿已藉何君为之次第刊行,余将谋及其他。"胡寄尘早年"负笈上海育才中学,喜阅徐光启、利玛窦诸人

---

① 《香艳杂志》第 1 期末页有《征文条例》,列出六条"宗旨":"表扬懿行"、"保存国学"、"网罗异闻"、"搜辑轶事"、"提倡工艺"和"平章风月"。
② 参陈建华《"共和"主体与私密文学——再论民国初年文学与文化的非激进主义转型》,载《二十一世纪》第 152 期(2015 年 12 月),第 70—74 页。
③ 见魏绍昌《鸳鸯蝴蝶派研究资料》(上海:上海文艺出版社,1984),第 373—374 页。
④ 此据上海图书馆上海科学技术情报研究所《全国报刊索引》编辑部《民国时期期刊全文数据库(1911—1949)》。

译撰书籍,思想新颖,且有攘夷革命之志。辛亥武昌起义,他助柳亚子编《警报》,又和亚子结金兰契",①两人同是早期南社社员。

据胡氏序文,他年轻时爱好科学,有志革命,也喜好搜集香艳文字。搜集的资料汪石庵取去编了《香艳集》,剩余的又给何仲琴编成《香艳小品》,此书笔者未见,胡氏又自编《香艳小品》杂志,可见一时蔚然成风。这多半是受了《香艳丛书》的影响,《香艳小品》第三期有王均卿的《题词》,有"只有爱情磨不去,臣忠子孝此胚胎","我爱美人如爱国,端庄流丽旧山河"等句,不无某种来自他所编刊的《香艳杂志》的政治意涵的投影。但《香艳集》、《香艳小品》似乎启动了民初的"香艳"潮流,胡寄尘扮演了关键角色,也自具特色,值得关注的是朱目的《香艳小品序二》中一段:

> 余尝谓天地之大,惟情不朽。盖人类以及于草木鸟兽,无往而不情也。情之厚者为名臣孝子,情之极者为才子美人。其所以能千秋而后使人景仰不已者,非文字之灵,曷克臻此?文字中感人深且易者,舍香艳莫属。昔孔子删诗,不废郑卫,殆是意欤?方今国学陵夷,欧风东渐,后生小子,几不知文字为何物。且人类交际,相率以伪。情之一字,渐将漫灭。……是编一出,有益于世,实非浅鲜,不仅保存国粹已也。

传统"情"的话语在民初复活,在这里成为惟一普世的人文价值。"人类"一词已含世界文明进化的语境,这在上文曾言及。在作者看来提倡"香艳"具紧迫性,甚至达到救亡图存的高度。香艳"文字"最能感动人,属于"国粹"而须"保存";由于"欧风"盛行,年轻人"不知文字为何物"。如此强调"文字"是国粹派的根本主张,事实上在民初语言改革的争论如火如荼,其中不乏废除汉字的主张。所谓"人类交际,相率以伪"则含有对当时政治乱象的思索,并认为"伪"是病源所在,而须以真"情"

---

① 见郑逸梅《南社丛谈》,第227—228页。

来补救，这看法在南社当中也相当有代表性。

所谓"传统的创新"（the invention of tradition）指某种被遗忘的文化传统在新的历史条件下被激活与重建。这是个普遍的文化现象，学者于此颇多论述。① 从心理学角度而言，这也是历史记忆重返人生舞台而上演新的活剧。在全球时代，民族文化传统的再生更具语言与观念的跨文化旅行特征，如"香艳"文学在民初走红，意味着抒情传统的现代重构，为"人类"的普世价值所激活，乃拜赐于当时流行的"进化"观念。当然"香艳"鼻祖王彦泓也受到民初作家的追捧，有趣的是几乎同时，日本的颓废作家永井荷风把王氏称作中国的波德莱尔。② 在传统创新的理论中有一种所谓的"比萨效应"（pizza effect），缘自意大利比萨在美国走红，而回传到本土，由是改变了比萨原先的低微身份。但永井荷风的说法并未回馈到中土，遂错过"比萨效应"。事实上正是《香艳杂志》首先发现了波德莱尔，在第四期上有《专爱丑妇人之怪癖诗人》这一则，波德莱尔被译成"抱特来露"，说他在巴黎街头"遇黑奴妇人或侏儒若残废，辄尾随之，必与之通情愫乃已"。③ 虽然这样的描画过于简单，不过对于波德莱尔而言，"香艳"不失为进入中国的正途。

"香艳"文学的流行时间并不长，而传统的更新是一个开展过程。如果把《香艳集》《香艳小品》与《香艳杂志》进行比较，那么可呈现这一过程中内延与外拓的不同态势。同样具"国粹"的文化保守的底色，但在现代性趋向上显出缓急张弛的不同步调。《香艳集》与《香艳小品》代表"内延"态势，大致沿着《香艳丛书》的路向继续挖掘香艳作品，限定在文学与审美的范围，有表彰奇节瑰行的后妃、贤妇、妓女的传记及少量女性作品，但主要表现文人对女体的旖旎想象，在私密空间内部回旋与延展，类型方面尝试新的品种、母题与表现手法，对感情与美学做某些细化与深

---

① 参 E. J. Hobsbawm and T. O. Ranger, eds., *The Invention of Tradition* (New York: Cambridge University Press, 1983. 此论文集收入多篇论文探讨各种传统的创新现象，书名"传统的创新"这一词在人文学界广为传播。
② 参王彦泓著，郑清茂校《王次回集》(台北：联经出版社，1984)，第5—10页。
③ 乌蛰庐《专爱丑妇人之怪癖诗人》，《香艳杂志》第4期（约1915年1月），第703页。

化的探索。《香艳杂志》可视为"外拓"态势,一个明显区别是它不无济世的问题意识,仍为"革命"记忆所缠绕,尤其是《新彤史》切入男女平权的时代潮流,通过香艳传统的更新为女性确立新的文明守则,借此推进新的社会秩序。杂志所设置的栏目在通常的诗词小说戏曲之外,如《海外艳丛》输入外刊讯息,《女界新闻》《工艺栏》介绍有助于妇女职业的技艺知识,《游戏栏》涉及时下演艺界与妓界的女性,因此与社会现实的联系较为密切。

《香艳集》中约二十篇作品,体量不大,有清世祖和纪昀所作的后妃传记;从沈复的《浮生六记》中选出《闺房记乐》而重刊,似乎视之为拓展家庭私密情感表现的模板;明末叶绍袁的《窈闻》,是一篇悼亡题材的佳作,未被《香艳丛书》收入,二十世纪三十年代由朱剑芒收入《美化文学名著丛刊》;[①]另有《新闻中十二曲》、《美人六咏》、《西厢记酒令》等,继续在开拓"香艳"一路。集中收入胡寄尘、潘飞声、俞剑华、谈善吾等南社人的作品,然而置于卷首的《十忆集》、《玉孃曲》、《彩云外史》这三篇则是同光派诗人樊增祥的名作,显见编者不拘派别,也的确代表了《香艳集》的艺术水准。所谓"十忆"即忆行、忆坐、忆饮、忆歌、忆睡、忆妆等十种美人情态,大多出自女性口吻。如《忆饮》:"莲子深杯上口甜,小桃双颊露红酣。寻常不道相思酷,倚醉含娇说二三。"《忆颦》:"闲情无那上眉头,桂叶双描满镜秋。欲得郎怜娇不语,手拈裙带学春愁。"这类描绘不外乎塑造一种为男性所欣赏怜爱的客体化形象,虽然不乏精微的心理刻画和创新意识。文学中突出记忆的心理表现的如明末清初张岱《陶庵梦忆》、冒襄《影梅庵忆语》等,大约也是一种近代现象,在风流往迹的记述中带有虚拟性,别有如梦似幻、荡气回肠之致。

《香艳丛书》载有易顺鼎的《赋六忆》词,回忆女子"来"、"坐"、"食"、"眠"、"立"与"去"的六种神态,[②]可见晚清时这一体式的流行,而樊增祥声言他的《十忆集》本是"戏和宋人李元膺"之作,一和再和,欲罢不能,多

---

① 朱剑芒编《美化文学名著丛刊》(上海:世界书局,1935),第 1—25 页。
② 易顺鼎《赋六忆》,虫天子《香艳丛书》,第 5829—5831 页。

达二百首。樊氏进士出身,官至甘肃布政使、护理两广总督,可说是身处宦途要津的当世名公,这么对"香艳"情有独钟,也有一番表白,在《再和李元膺十忆诗》中说:"余学诗自香奁入,《染香》一集流播人间,十九寓言,比于漆吏。良以僻耽佳句,动触闲情,不希庑下之豚,自吐怀中之凤。少工侧艳,老尚童心,往往撰叙丽情,微之、义山,勉焉可至,若《疑雨集》、《香草笺》,则自谓过之矣。"①时值民国,樊氏以"遗民"自居,对"香艳"如此沉溺或许是一种道德颓废的表征,不过他说最初自己学诗即步入"香奁"一路,所谓"不希庑下之豚,自吐怀中之凤",意谓不在乎是否列于圣人之门墙,而更愿做个适性的诗人,这是他一向的选择。其实他所提到的有元稹、李商隐、王彦泓与黄任,说明"香艳"是个复杂的谱系,对他来说其中仍有高下取舍之分,其间仍有美学与道德的微妙张力。

樊氏又作《广李元膺十忆诗》,更另创忆羞、忆倦、忆嗔、忆喜、忆浴、忆食、忆洁、忆香、忆学、忆绣等十种情态,其中《忆浴》涉及对女性身体的情色想象,如第三首:"宽褪罗衣玉色鲜,兰汤莫遣湿双莲。那能不称檀奴意,自抚凝脂亦自怜。"第四首:"薄晚郎归绮户扃,侍儿守户立竛竮。琐窗严密无窥处,时听香罗蘸水声。"②其实这些表现还是很有分寸,比起元稹和李商隐更为显豁与精细,至于樊氏自己说比王彦泓有所"过之",其实他更讲究婉约含蓄,在荡人心目方面是逊于王彦泓的。

《香艳小品》的内容比《香艳集》远为丰富,如陈去病、柳亚子、李叔同、高旭、胡寄尘、姚鹓雏、朱鸳雏、姚光、傅专(尃、専)、王蕴章、吕碧城等南社的诗人才子们一一在场,不啻展览了南社的风流情怀,与他们慷慨激昂表达革命爱国的诗歌作品形成有趣而不无启示的对照,而从"香艳"角度来理解南社,不仅更为全面,也更为切实。此时的南社正处于新的危机时刻,共和宪政的实践与梦想随着宋教仁被刺和二次革命的失败而破灭,反袁政治抗争又遭到血腥摧残,悲愤之余感到无所作为是当时南社人的普遍状态。在这种情况下他们为避免政治敏感而创办文艺杂志,

---

① 汪石庵编《香艳集》(上海:广益书局,1913),第7页。
② 汪石庵编《香艳集》,第17页。

与《香艳小品》同时出现的《游戏杂志》、《民权素》、《小说丛报》、《礼拜六》、《女子世界》、《春声》、《小说大观》等也皆由南社文人主政。其中《香艳小品》的特别之处在于它主要是个较纯粹的诗歌平台,从上列名单可见作者皆社中精粹分子,以诗文名家,是南社雅集唱和的主力。因此对于这一部分诗人而言,"香艳"不只具象征意义,也是他们发现、展示与重构自我的舞台。

第三期上的《今女杰传》栏目中陈去病的《徐自华传》叙述传主与秋瑾之间的革命友情。傅专的《周福贞传》和《毛芷香传》讲述她们因为支持唐才常的反清革命而献身的事迹。纪念革命对于南社是题中应有,而这些传记更旨在树立新女性楷模。《今女杰传》专栏与《香艳杂志》的《新彤史》性质相似,傅氏的两篇传记也出现在《新彤史》中,但《香艳小品》是偶一为之,不像《香艳杂志》那样明示其文化保守的议程。

上文引了朱目序文中"保存国粹"的说法,而在胡寄尘的《香艳小品序一》中所突出的是"美人":"看世上美人,不如看画中美人;看画中美人,不如看书中美人。"有趣的是《香艳小品》也刊登"画中美人",如《东方美人》图与裸体的《西方美人》图,还有英国画家的表现爱情或家庭之乐的绘画作品,与大众传媒各种"美人"的文化商品的潮流汇合,但胡氏坚持文字的优越性,当然合乎"国粹"的"文美"立场。事实上《香艳小品》中的诗作如徐笑云《无题集王次回疑雨集句》、梦鸥《无题用玉溪韵》、人菊《有忆集义山句》、道非《追悼亡妻韫玉集定庵句》等,[①]从李商隐、王次回到龚自珍,或集句或次韵,好似在展示他们的"香艳"谱系。

"香艳"文学中美人无时不在,的确占杂志中心舞台的是"美人"。《香艳小品》中有不署姓氏的《减字木兰花·美人十咏》,分别题"美人发"、"美人目"、"美人脸"、"美人颈"、"美人乳"、"美人趺"等。此前在王均卿的《香艳丛书》中有吴江名闺叶小鸾的《艳体连珠》以发、眉、目、唇、

---

① 徐笑云《无题集王次回疑雨集句》,《香艳小品》第3期(1914),第1页;梦鸥《无题用玉溪韵》,前书,第2—3页;人菊《有忆集义山句》,前书,第4页;道非《追悼亡妻韫玉集定庵句》,前书,第5—6页。

手、腰、足、全身为题,描画美人情态。① 在民初像"美人十咏"属一种次类型,有不少仿效之作,这与照相技术带来的"聚焦"及面部"表情"感知方式有关。这类作品中女体成为男性的物恋与狂想的对象,有时传达了现代气息。如《美人跌》:"弓弯贴地,曾与郎肩相并未,一握香钩,钩起人间万种愁。 而今天足,六寸肤圆怜软玉,软玉温香,恰似情苗逐日长。"②前后两阕分别表示小脚与天足的两个时代,古典文学里文人对女性小脚与弓鞋津津乐道,此词告别小脚而倾情于天足,在男性情趣上或许换汤不换药,但拥抱新时代的态度是更为健康的。

以"百美"为题也是在民初发展的新类型。"百美"渊源于明清以来青楼选美的"百美图",如晚清《镜影箫声初集》(1887)和《海上青楼图记》(1892)是明清青楼"百美图"传统的延续。另一种"百美"不限于青楼而指所有美女,如颜希源的《百美新咏图传》初刻于1787年(乾隆五十二年),从历史记载中选出百名女子,从汉代李夫人到传说中的嫦娥、织女,一一加以绘图和品题,反映了男性的伦理价值与审美意趣,至今尚有《华三川绘新百美图》,说明这一形式为大众喜闻乐见,也可见各时代性别观念的变迁。"百美"类型不见于《香艳丛书》,因此《香艳小品》登刊颜希源的《百美新咏》好似追本溯源挖掘出这一类型,而湘湖仙史的《沪上百美新咏》为上海百名妓女各作一绝句,就是这一类型的后续之作。

早些时候,如包天笑主编的《小说时报》以彩色女郎作封面,文艺杂志纷纷仿效,还有流行于文化市场的月份牌、百美图等都致力于"新女性"的形象塑造,现身于公共空间的不再是妓女,而是居家妇女或女学生,如骑马、游泳、驾驶汽车或飞机等表现成为传达都市现代化生活方式与美好未来愿景的新范式。《香艳小品》显然疏离于这种商业化潮流,主要反映了对"香艳"传统的文学兴趣。

上文提到的冯贾"党争"在《香艳小品》中得到反映。姚鹓雏、叶楚伧

---

① 叶小鸾《艳体连珠》,虫天子《香艳丛书》,第143—145页。
② 《减字木兰花·美人十咏》,《香艳小品》第2期(1914),第3页。

的联句诗《春郎曲》对冯春航推崇备至,并刊出冯的化装照片,另有藐庐的《梅郎曲》是对梅兰芳的捧角之作,但是为何同时也刊登了易实甫的《贾郎曲》?事实上1913年6月,属于时报报系由包天笑主编的《小说时报》发行题为《璧云集》的增刊,内含易实甫《贾郎曲》及樊增祥、罗瘿公等唱和之作,为贾璧云造足舆论。冯党不甘示弱,在7月由柳亚子、胡寄尘主编的《春航集》出版。一时间双方党同伐异,不可开交。从时间上看约半年之后,《香艳小品》却收入属于敌党的易顺鼎之作,这场"党争"似乎没有像一般认为的那么水火不容。

正当袁世凯愈益走向专制且南社屡遭挫折之时,柳亚子等南社诸人却如此热衷于冯贾"党争",看似政治上消极,却有自身内在的逻辑。1912年4月《太平洋报》创刊,柳亚子与叶楚伧等人发起组织文美会,"以研究文学、美术为目的",嗣后文美会并入了高燮、高旭等成立的国学商兑会,如果照高旭"吾社之宗风大畅而未尽者,非政治之发扬,乃在道德与文美耳"的说法,那么《太平洋报》上出现大量观剧捧角的文章,正是"文美"的表现。某种意义上如冯叔鸾所说:"革命以还,贵贱之阶级稍稍化除,海上诸名士乃有引冯、贾诸名伶而与之游者,且从而诗词揄扬,相倡以党。"①这么说文人与伶人结党,是共和观念的体现。当然所捧者不止冯春航,如杨杏佛《与柳亚子书》云:"铁厓颠倒于凤仙、子和,痴也;而足下之倾倒于冯春航,亦痴也。借人颜色,浪费笔墨,固已痴不可言,而仆以傍观强作解人,则更痴之又痴矣。"②对于柳亚子等人的"颠倒"、"倾倒"颇含感慨,却不得已以"痴"自况,也道出南社人以"风流"自许的情态。不光在对待冯、贾方面南社诸人的意见不一致,在对待同光体方面,除了姚鹓雏,高旭也不同意柳亚子对于陈三立、郑孝胥的批评,提出"欲为诗世界大人物",须"不分派别,必沟两界而通之,庶乎其为集大成也"。③因此在这样的脉络中来看《香艳小品》,正体现了南社对于"文

---

① 冯叔鸾《啸虹轩剧谈》(上海:中华图书馆,1914),第6页。
② 杨天石、王学庄《南社史长编》,第286页。
③ 杨天石、王学庄《南社史长编》,第271页。

美"的追求及其所含的去政治化倾向。

五、《香艳丛话》：抒情传统的外拓

1911年在《小说月报》上发表"改良新剧"《爱之花》，周瘦鹃声名鹊起，至1914年在《礼拜六》周刊发表了大量翻译与创作，尤其是那些描写青年男女或含自传性的追求自由爱情而不遂的"哀情"小说，赚足读者眼泪。而在1914年年底出版的《香艳丛话》以诗话形式大大拓展了"香艳"的现代边界，标志着抒情传统的突变。首先周氏通过书前十几页三十余幅图像精心拼凑时尚香艳元素并刻意自我时尚化（self-fashioning），把自己包装成一个现代爱情和爱美的化身，为大众文化创造了一种新的传媒范式。

如《瘦鹃二十岁小影》所示形象为：西装革履，领口系蝴蝶结，胸前别花，戴金丝眼镜，神色略忧郁。其实因为生了一场怪病，他头发眉毛都已脱落，外出时要戴帽子和墨镜，而这幅丁悚的画像把他包装成一个时髦俊男。另有托尔斯泰、狄更斯、司各脱的照片，等于请世界文豪来站台，在世界视域中衬托出他自己的作家身份。

两张周氏分别穿中式和西式女装的照片，题为《愿天速变作女儿图》。他悲叹身为男子的种种苦楚，由是"颇欲化身作女儿，倏而为浣纱溪畔之西子，倏而为临邛市上之文君，使大千世界众生悉堕入销魂狱里，——为吾颠倒，——为吾死"。给自己戴上"倾国倾城"的面具，正体现了"香艳"的精髓，无怪乎这一副时髦明星的做派，据王钝根的《周瘦鹃小史》，由于周瘦鹃在《礼拜六》发表大量作品，其"言情小说专家之名大振，少年男女，几奉之为爱神，女学生怀中，尤多君之小影"。[①] 还有《瘦鹃之家》图，由客厅、书房、卧室等四张照片组成，颇似一个中产阶级的气派。周氏出身贫苦，经过他的笔耕打拼成为作家，才在不久前离开老城厢里的简陋居屋而搬进较为体面的住处。

---

① 钝根《本旬刊作者诸大名家小史》，《社会之花》第1期（1924年1月），第3页。

另有几张当红新剧演员陆子美、凌怜影的照片。有一张周瘦鹃与凌怜影合影,题为"是盈盈姊妹花"。凌为旦角,剧评家马二先生(冯叔鸾)对他推崇备至,在冯党、贾党之外另立凌党,耸动一时。① 1913 年 12 月周瘦鹃的《爱之花》被改编成《儿女英雄》,由新民新剧社演出,凌怜影参演,周因此与他相熟。另有多幅中西式男女爱情图、拿破仑之妻等西方美人图等。这些图像与当时的文学文化时尚打成一片,突显了"香艳"的女性特征。

周瘦鹃在 1917 年方加入南社,但为《香艳丛话》作序的包天笑、王钝根、吴梅及数十位为此书题词的如陈蝶仙、叶楚伧、程善之等皆为南社中知名者。书中所论诗文作者凡属南社的,周氏也一一指出。

《香艳丛话》属传统诗话,周氏声称以体现"新艳体诗"为宗旨,却不限于诗歌,包括散文和笔记,加上自己的评点,还有大量根据中外爱情及相关文学作品写成的故事。之所以说此书拓展了"香艳"传统,有几个新特点:第一是凸显女性,呼应了自由恋爱的时代要求,多处突破传统道德束缚;第二是具时代气息,所收录的以近当代内容为主;第三是中西合璧,收录了许多欧美的香艳文学作品或新闻报道;第四是不拘类型,从中外传媒多方取材,甚至包括报纸广告。

像当时"香艳"风尚一样,此书大量收罗出自女性的爱情抒发,无论是闺秀名媛、普通妇女还是妓女。如苏婉仪与王廉叔结婚一年之后,王为了功名前途在邻郡读书,苏写了《四时思夫曲》,有句云:"盈盈十六字王昌,便觉私心暗属郎。依旧抛人闲处住,问君何事早求凰。"意谓结了婚却让我独居,既然这样何必要早结婚呢?② 又如这一则:"金陵妓朱斗儿,号素娥,送所欢于江干,题绝句云:'扬子江头送玉郎,离思牵挽柳丝长。柳丝挽得吾郎住,再向江头种几行。'又托所欢买束腰,其人以书问尺寸,斗儿答之云:'既许红绫帕,何须问短长?纤腰君抱过,尺寸自思

---

① 冯叔鸾《凌党宣言书》,《啸虹轩剧谈》,第 6 页。
② 周瘦鹃《香艳丛话》(上海:中华书局,1914)卷一,第 10 页。

量。'"①这两首小诗率真自然,与传统佳作相比并不逊色。确实,"发现"大量被历史湮没的女性作品,并让她们"发声",是清末民初"香艳"文学时尚的主流,这种富于民主倾向的文化政治是完全应当肯定的。

《香艳丛话》的"新"意具有广泛内容,如亚侠的五首诗中其四云:"妾喜西洋画,相看总是春。入深还出显,弄色太撩人。"其五:"妾绣回文锦,郎翻西字书。书中有花体,相较妾难如。"②正如周氏收录了脍炙人口的黄遵宪的《今别离》并为之赞不绝口一样,透过亚侠的情诗可看到中西文化交流的背景以及编选者的现代性倾向。某种意义上"香艳"是一种美人崇拜,美人被赋予一种传播现代性的角色,更多体现在日常生活方面,如这一则:"有正时装仕女新信笺,笺端俱有题句,绝工丽,闻是包公毅先生手笔。其题《绒线手工图》云:'扣成千万结,结结是相思。'《湖丝阿姐图》云:'春丝抽不尽,宛宛是侬心。'《听电话图》云:'飞来天外缠绵意,诉尽人间宛转心。'《拍网球图》云:'漫掷相思子,轻抛如意珠。'又题上海新髻式八种云:'堆云托月、绿云锁凤、东来鬓影、绿鬓堆云、样翻堕马、双鸳戏影、云鬟倭堕、舞凤堆鸦,诸名亦典雅可喜,美人头上,端合享此佳名。'"③由此可见《香艳丛话》的取材极其广泛,更多从各种近代个人著述与报刊上截取材料,通过"香艳"的私密窗口与时代变革的风云相扣联,更体现了当代特征,或者说建构了一种现代性。

与其同人相比,周瘦鹃的文学视域更为开阔,在众多报刊上发表的大量创作与翻译中包括介绍世界电影方面的发展现状,诸如世界"名人风流史"之类也无不贯穿着男女平权、自由恋爱等现代观念。同样在《香艳丛话》中有着许多来自海外的奇谈珍闻,如"巴黎有某夫人者,所欢最多,一日忽发奇想,印其所爱者十人之肖影于指甲上,以慰相思。歌舞场中,人每见其玉葱纤纤,均意中人小影,影里情郎,面目如画。闻巴黎女

---

① 周瘦鹃《香艳丛话》卷一,第9页。
② 周瘦鹃《香艳丛话》卷一,第2页。
③ 周瘦鹃《香艳丛话》卷一,第13页。

界,近已盛行此风云"。① 对于当时向往自由恋爱的女性来说,这样的浪漫故事无疑具有鼓动作用。尤其出格的如这一则:

> 苏格兰人富于爱情,情波横溢时起狂澜,遂发生种种之奇闻,而尤以情界中人邮书之新法为最奇妙。有因家庭专制,不能遂其燕婉之私者,甚且名花深锁,一面无由。其情人乃使家畜之鸽,传递情书,鸽驯而忘机,书札往来,又各有特别之符号,故其事秘而不至泄漏。……英国德哀河畔之新堡,市廛至繁盛,有密司雪梨痕者,艳名噪一时,与邻人子相悦也,以其贫,女父母深恶之,至杜绝两人之交接,并书信自由之权,亦不得请。邻人子乃托友人向女处借书一册,翌日还之。间一日,则又往借焉。往来既频,女父母不能无疑,细视其所还书,亦无甚疑窦。不知书中固有两人血泪所成之情书,附其中也。书不以字,以暗记,暗记之读法,不以横,以纵,如中国书然,故女父母亦猝不之觉也,后卒以此演成红拂私奔之结果。②

这一则里有好几个故事,大约是周氏根据多种资料来源编制的,实在非常奇特,却多少与"私奔"有关,明确带有反抗专制的意思。在中国当时的语境里这样的故事具有现实意义。其实《香艳丛话》中这类故事还有不少,都体现出相当强烈的民主精神。

余论

自甲午之后中国思想、社会与文化急速转型,如在民初仅三四年间就出现三四十种大多由南社文人主政的文艺杂志,与文学、美术、戏剧与电影汇成前所未有的"新媒体",标志着由"革命"到"共和"的转向,从政治体制、文化思潮、文艺范式及社会与知识力量的运动等视角来观察现

---

① 周瘦鹃《香艳丛话》卷一,第6页。
② 周瘦鹃《香艳丛话》卷一,第37—39页。

代性展开都具有重要意义。文学抒情传统在民初走到社会文化生活的前台,在动员与形塑国民感情共同体而推进"国粹"本位的社会改良议程方面扮演了关键角色。如由徐枕亚《玉梨魂》开启的鸳鸯蝴蝶派所示,抒情传统由"国粹"理念所唤醒,而小说成为其熔铸改造的主要载体,相形之下"香艳"诗歌则居于次要地位,这一文学中雅俗阶位的升降已意味着某种现代变革。

抒情传统的更新固然来自"国粹"观念的驱动,然而其发展则受到印刷资本和消费市场等各种外在条件的制约,尤其在全球文化交通的语境中,更为社会与文化的现代化趋势所左右。"香艳"类型仅风行数年便淡出,某种程度上反映了文学市场适者生存的铁律,而上述传统与现代的"内延"与"外拓"的两种转换形态也能说明问题。《香艳集》与《香艳小品》重在"香艳"类型自身的母题、修辞和种类的挖掘、借鉴或移植,其创新限于传统的边界之内,因此这种"内延"方式在探索私情空间与丰富感官方面朝纵深延伸,然而缺乏自我更新的活力,与社会较少互动而难以在现代传媒中获得生存。相形之下《香艳杂志》尤其是《香艳丛话》以"外拓"方式在国粹与西化之间取一种能动姿态,由于周瘦鹃从翻译切入并汲取外来资源,对人性的演绎与男女平权的共和精神相契合,因此较少受到"香艳"的内在典律的牵制,能运用多种形式适应大众的需求。

抒情传统的内延与外拓也体现在小说方面,如徐枕亚与周瘦鹃皆以哀情小说著称于时。《玉梨魂》写寡妇守节,看似与提倡自由恋爱的时代脱节,但浓烈描绘她的情欲觉醒则突破了"艳情"的伦理底线,且在运用书信体、照相写实及悲剧精神方面相当西化,这也是该小说能赢得广大青年读者的原因。但徐枕亚后来的创作强化了他的文化保守倾向,如《双鬟记》描写两个丫鬟如何施展计谋打翻旧家庭尊卑秩序,最终以全家死亡收场。这种以丫鬟为主角与家庭叙事空间实即以《红楼梦》为蓝本追求形式创新,属于传统"内延"的方式,虽在描写旧家庭腐朽,却缺乏人性的深刻性。周瘦鹃的哀情小说多为短篇,相当多产,有人认为是受了徐氏的"毒"。但在周氏那里,文言与白话兼用,创作与翻译互动,主题贴近当代城市生活,各等人物应有尽有;在景物描写、情节结构、叙事人称等方面借鉴欧美小说的技巧,抒情传统主要表现为女子容貌与体态的描写以及感情的心理刻画,而书信、日记也是常用的形式。由于多样的主题与形式,抒情传统是被打碎了的,这种"外拓"的结果下,抒情传统化整为零,也有被化解的危险。

如国粹与西化的吊诡关系,拜赐于人类感情的进化观,抒情传统得以复活,另一方面也映现了香艳文学中与现代价值不合的东西,如男性的窥私欲与物恋癖,及将女性客体化或对柔顺女性的美学化等。然而香艳文学遭到另一种现代性的强势侵入,即来自五四新文化的排斥。1919年钱玄同、周作人等人在《新青年》杂志发表了一系列文章指斥鸳鸯蝴蝶派小说毒害青年,如周作人《论"黑幕"》一文说:"到了袁洪宪时代,上下都讲复古,外国的东西便又不值钱了。大家卷起袖子,来做国粹的小说,于是《玉梨魂》派的艳情小说,《技击余闻》派的笔记小说,大大的流行。"①至二十世纪二十年代初茅盾、郑振铎等人猛烈攻击旧派。如郑氏说:"香艳体的小说杂志《礼拜六》……居然有复活之状态。他们一复活,多少的青年男女的思想与行动,就要受他们的断送了。"②这种代表工具理性和历史进步的革命思潮在后来不断被强化,在二十世纪五六十年代大陆的中国现代文学史中鸳鸯蝴蝶派被定性为"反五四逆流"而遭到批判。

其实抒情传统并没有也不可能消亡,即使在革命文学当中,如茅盾的长篇小说《虹》是"革命加恋爱"类型的代表作,书中刻画革命战士梅行素是个"无可疵议的东方美人",是"温柔的化身",而且用"拥鬟含睇"、"幽怨缠绵"、"薄命之感"的修辞来形容,③大有"香艳"的流风遗韵。的确如果按照新文化的反传统逻辑,抒情传统随时都会被革命的"宏大叙事"所吞噬。从这一点来看,正是民初南社诸人在从事都市大众文化时

---

① 仲密《论"黑幕"》,《每周评论》第4号(1919年1月),第2、3版。亦收录于《新青年》第6卷第2号(1919年2月),第162—165页。
② 西谛《杂谈》,《文学旬刊》第2号(1921年5月20日),第4版。
③ 参陈建华《革命与形式——茅盾早期小说的现代性展开》(上海:复旦大学出版社,2007),第204—210页。

皆遵循"国粹"本位的中西融合的方针,如最初《小说月报》声称"缀述旧闻,灌输新理"与《妇女时报》的"改良恶风俗"、"发扬旧道德"、"灌输新智识",①对民国时期上海文化的发展影响深远。以周瘦鹃为例,二十世纪二十年代初声称《礼拜六》周刊以"新旧兼备"为宗旨,②后来相继创办《紫兰花片》、《紫罗兰》杂志,以洋花命名而糅合名花美人的传统美学,遂引领杂志界时尚潮流。至1943年《紫罗兰》复刊,仍声称"趣味与意义兼顾,语体与文言齐收",③可见仍不放弃"文言",继续其"国粹"的文化政治。

民初"香艳"文学时尚似昙花一现,却意味深长,它犹如一枚切片,从中折射出民初社会意识、文坛风气、出版传播、知识人身份的急剧变动,卷入政治与美学、阶级与性别等议题。有些方面,如"香艳"文本的情感与美学方面在本文中未能做充分分析与展开。就"香艳"、"国粹"与南社之间的关系而言,须强调的是,"香艳"文学所表现的是情感与欲望的私密空间,在民初被召唤到前台,标志着对于复杂人性与文学特质的新认识,与反专制的共和议程相呼应。在南社人的普遍认知中,"国粹"以文字为根基,"香艳"文学则代表了文字的精粹;同时,含情欲表现的"香艳"文学是极其个人的,这对于理解南社的集体人格来说也具核心意味。因此"香艳"为我们提供了另一个视角:南社文人在民初的去革命化与其说如一般所认为的是"颓唐"或"堕落",毋宁说是出自一种主动的抉择,而他们投身于都市大众文化的转向,④对于知识人的现代运动及其身份建构也具深刻的意义。

---

① 《编辑大意》,《小说月报》第1期(1910年7月),无页码;《编辑室之谈话》,《妇女时报》第18期(1916年6月),第96页。

② 《小说界消息》,《申报·自由谈小说特刊》1921年2月13日,第14版。

③ 编者《写在紫罗兰前面》,《紫罗兰》第1期(1943年10月),第8页。

④ 参陈建华《"共和"的遗产——民国初年文学与文化的非激进主义转型》,《二十一世纪》第151期(2015年10月),第56—61页。

由《唐诗解》到《汇编唐诗十集》：
论唐汝询的唐诗选学[*]

陈国球

一、前言

  有明一代,文学思潮以复古为主导,希望透过对古代正典作品的认识,寻绎最佳的创作方法,以完成可与古人并肩的作品为理想。无论这个创作的最终目标是否能达致,过程中要深入古代作品,做出梳理分析,尝试定其高下优劣,种种努力,就留下不少深刻的文学史思考。现今中国文学史的规模和思考框架,其主要部分可说与明代复古派的不懈探索息息相关。[①] 这些探索当中又以选本的编辑以及所引发的讨论,最为关键,例如唐诗分"初、盛、中、晚"四期,唐诗的大家、名家、正宗等观念,由明初高棅(1351—1423)《唐诗品汇》发其体例,复古派不断讨论深化,以后论者无论赞成或反对,都不能绕过。高棅又从《品汇》再精选诗篇为《唐诗正声》。后来复古派的领袖李攀龙(1514—1570)以更严刻的高标准进行唐诗编选,以他的名义而流传的《古今诗删》与《唐诗选》又成为热议的中心。论唐诗者都深受这些选本的影响。在高、李选本带动的复古

---

[*] 2002年秋,张晖自南京到香港科技大学从游,从词学转进文论研究,至2005年12月以论文《中国文学批评史上之"诗史"概念》毕业。数年间师生同门群居讲习,谈诗论学,每有会意,各有所得。本文所论,略见当日教学相长之迹,载此以为纪念。

① 参考陈国球《明代复古派唐诗论研究》(北京:北京大学出版社,2007)。

主潮以外，晚明时期出现了另一个形成新风气的重要选本——竟陵派领袖钟惺(1574—1625)、谭元春(1586—1637)合编的《诗归》。该书由古诗、唐诗两个部分组成，唐诗部分又曾单独刊行，受欢迎的程度不亚于《唐诗正声》及《唐诗选》。

由于明代出版业的兴盛，这些重要选本既是明代学诗者的重要参考，其印刻流通的机会自然不少；而附加于这些选本之上，带有注释或评论性质的不同版本，以至不同编选者再加修订、补充的新版本，纷纷涌现。例如在高棅选之上衍生出来的就有黄氏《唐诗品汇选释断》、董斯张《增订唐诗品汇》、佚名《唐诗品汇七言律诗》、俞宪《删正唐诗品汇》、吴勉学《选诗唐诗正声选》、桂天祥《批点唐诗正声》、郭濬《增订评注唐诗正声》等等。① 李攀龙的唐诗选本情况更加复杂纷纭，由此派生的各种评注、增删版本异常众多，学界研究者不少。② 在此之余，我们还发现明代中晚期以还，出现了不少"汇编式"的唐诗选本，例如万历十一年(1583)，赵完璧(？—？，嘉靖、万历间人)合编元代杨士弘《唐音》及高棅《唐诗正声》而成《唐诗合选》，可算是汇编式唐诗选本的先声。③ 其后沈子来[？—？，万历八年(1580)进士]又有《唐诗三集合编》，整合杨士弘《唐音》、高棅《唐诗正声》，以及题李攀龙选的《唐诗选》而成，于万历三十九年(1611)编成，天启四年(1624)出版。④ 此外，更值得注意的是唐汝询先后两个唐诗选本——《唐诗解》与《汇编唐诗十集》。二者都可以被归

---

① 参考申东城《〈唐诗品汇〉研究》(合肥：黄山书社，2009)，第359—360页；金生奎《明代唐诗选本研究》(合肥：合肥工业大学出版社，2007)，第94页。

② 有关李攀龙编选唐诗的有关问题，可参考许建昆《李攀龙文学研究》(台北：文史哲出版社，1987)；杜治国《确立诗歌的正典——李攀龙诗论、选本及创作研究》(香港：香港科技大学人文学部博士论文，2004)；蒋鹏举《复古与求真：李攀龙文学研究》(北京：中国社会科学出版社，2008)；金生奎《明代唐诗选本研究》，第104—108页；许建业《晚明题李攀龙编〈唐诗选〉版本流传情况及其诗学意义》(香港：香港教育大学博士论文，2017)。

③ 参考陈伯海、朱易安《唐诗书录》(济南：齐鲁书社，1988)，第55页；孙琴安《唐诗选本提要》(上海：上海书店出版社，2005)，第137—138页。

④ 沈子来编，沈恺曾重订《唐诗三集合编》(明天启四年吴兴沈氏宁远山房刊清康熙二十七年修补本)。

类为晚明的唐诗汇编本,而各有其样式。其中《唐诗解》较早编成,颇受学界关注;稍后成编的《汇编唐诗十集》,因为流通未广,至今未见有深入的讨论。然而我们认为后者是唐诗选本学史上别具特色的一种,不宜忽视。本文将探索二者之间的发展演化之迹,尤其重点析论《汇编唐诗十集》在选本学上之意义。

二、唐汝询生平与唐诗选

唐汝询(1565—1659),字仲言,号酉阳山人,松江华亭人。① 他是晚明一位传奇人物,五岁开始双目失明,靠父兄口授诗文而成才,当世就被视为"异人"②。陈衍(1586？—?)《唐仲言李公起》一文对他的生平有比较详细的记载:

> 唐仲言,名汝询,华亭人。世业儒。仲言生五岁而瞽。未瞽时,聪颖绝伦。方在乳保,即能识字,读《孝经》成诵。及瞽,但默坐,听诸兄咕哔,而暗识之。积久,遂淹贯。婚冠既毕,年方盛壮,益令昆弟辈取六经子史以及稗官野乘,皆以耳授。颠末原委,默自诠次,纯颣瑕瑜,剖别精核。盖从章句之粗,以冥搜微缈,心画心通,罔有遗坠矣。于是遂善属文,尤工于诗。海内人士,踵门造谒,仲言每一晋

---

① 唐汝询生卒年参考朱福生《唐汝询生卒年考》,载《滁州学院学报》2013年第4期(8月),第36—38页。有关唐氏生平的近年研究,除朱福生文外,尚有薛宝生《唐汝询〈唐诗解〉研究》(兰州:西北师范大学硕士论文,2010),第一章《唐汝询及〈唐诗解〉概说》,第4—16页;雷恩海《唐汝询生平考述暨著作钩沉》,载《兰州大学学报》第39卷第5期(2011年9月),第25—30页;杨彦妮《审听哀问的姿态:明代文士唐汝询》,《书城》2011年第9期(9月),第59—64页。

② 如钱谦益《列朝诗集小传》有《唐瞽者汝询》,说他"笺注唐诗,援据该博,亦近代一异人也"。张岱《琅嬛文集》有《五异人传》,其中介绍唐汝询说:"其所著有《唐诗解》、《人物考》诸书,援引笺注,虽至隐僻之书,无不搜到。"陈继儒《唐诗解序》也说:"余纂有《十异人传》,仲言唐君其一也。"分见钱谦益《列朝诗集小传》(上海:上海古籍出版社,1983),第527页;张岱《琅嬛文集》(长沙:岳麓书社,1985),第188页;陈继儒《唐诗解序》,见唐汝询《唐诗解》(《四库全书存目丛书》影印明万历四十三年杨鹤刻本)卷前,序第1上页。

接,历久不忘。与之商榷今古,超迈谐畅;继以篇什,语新韵协,千言百首,成之俄顷,而音吐铿然,使听者忘疲。子侄门徒辈,从旁抄录,一字亥豕,辄自觉察,不可欺也。间亦出游。凡中原吴楚之区,山川里道,亦能记忆,为客述之。予尝邂逅之于金陵,见仲言貌甚寝而心极灵,虽十有目者,不能一当其瞽,异而敬礼焉。再读其《唐诗解》,其所掇入古文以为笺注者,自习见以及秘异,遡流从源,搜罗略尽,然必先经后史,不少紊淆;虽诗赋之属,所援引亦从年代次序之,如某字某句,秦汉并用,则必博采秦人,不以汉先。详赡致精,有若此也。所著有《编蓬集》、《姑蔑集》,及《唐诗解》共若干卷,行于世。然其造就,未有已也。当予晤言时为万历戊午,仲言年四十余矣。①

可知他不单娴熟书卷,又擅于诗文创作,著有《编蓬集》、《姑蔑集》等。他还编选了《唐诗解》,陈衍对其中的笺注诠解有很高的评价。事实上,这是一个别具特色的唐诗选本,下文再有析论。《四库全书总目》的《编蓬集》、《后集》提要指出唐汝询另编有《唐诗十集》。②

然而,《四库全书总目》的《十种唐诗选》提要又引王士禛《居易录》之说,谓金陵有刻《唐诗十集》,假冒为王士禛手订,并有王氏序,表示"奉此为金科玉律"。及王氏访得是书:

---

① 陈衍文载黄宗羲《明文海》(北京:中华书局影印涵芬楼藏本,1987)卷四〇四,第9页上—10页上。据《静志居诗话》记载:陈衍,字盘生,闽县人,有《大江集》,曾与徐𤊹(1563—1639)入曹学佺(1574—1646)的阆风楼诗社。见朱彝尊著,姚祖恩编,黄君垣校点《静志居诗话》(北京:人民文学出版社,1990),第568页。

② 《四库提要》以一贯对明代复古派的轻视态度批评唐汝询的文风:"《编蓬集》十卷,《后集》十五卷,明唐汝询撰。汝询,字仲言,华亭人。五岁而瞽,父兄抱膝上授以《三百篇》及唐诗,无不成诵。旁通经史,尝撰《唐诗解》、《唐诗十集》等书,援据赅博,当时目为异人。惟其兄汝谔笃嗜王、李之学,故汝询所作亦演七子流派,开卷即《拟古十九首》,次以《拟古》百篇、《感怀》四十六首,皆沿袭窠臼,貌似而神非。《后集》附杂文数十篇,其三五七言、四六八言、一字至十字诸杂体,尤伤纤巧也。"见纪昀等著,四库全书研究所整理《钦定四库全书总目(整理本)》(北京:中华书局,1997),第2507—2508页。

> 阅之,乃标华亭唐汝询仲言名,大旨在通高漫士、李沧溟、钟退谷三选之邮,而以汝询《诗解》附之,强分甲乙丙丁等目,浅陋割裂,可一笑也。①

提要在此引文之后再补充说:

> 然则是书未出以前,先有伪本矣。今伪本已不传,盖辨之早也。②

《四库全书总目》两处的讲法,并不清晰:前说唐汝询编有《唐诗十集》,后引《居易录》谓金陵刻《唐诗十集》是"伪本",又谓"今伪本已不传",很可能四库馆臣未见过这一个选集。不过,《四库全书总目》所引《居易录》的话并不完整,王士禛还有下文说明,指出这是两个不同的总集,只是集名刚巧相同:

> 门人盛侍御珍示方为予校刻《唐诗十种选集》,集名适同,虑其乱真,且误后学,当寄书使正之。③

据此,则《唐诗十集》(笔者按:即《汇编唐诗十集》)和《唐诗十种选集》(笔者按:《四库全书总目》作《十种唐诗选》)都可以是"真本"。王士禛说访得《唐诗十集》,上题唐汝询之名,他没有提及是否见到伪冒自己的序。无论如何,王氏的讲法也可以被诠释为:《唐诗十集》并非唐汝询所编,而是书商集合高棅、李攀龙、钟惺所编,再附上唐汝询之《唐诗解》的意见,"浅陋割裂,可一笑也"。

究竟唐汝询有没有编成《唐诗十集》?据王重民《中国善本书提要》

---

① 纪昀等著,四库全书研究所整理《钦定四库全书总目(整理本)》,第 2722 页。王氏说见《居易录》,王士禛著,袁世硕主编《王士禛全集》(济南:齐鲁书社,2007),第 5 册,第 4091 页。
② 纪昀等著,四库全书研究所整理《钦定四库全书总目(整理本)》,第 2722 页。
③ 王士禛《居易录》,王士禛著,袁世硕主编《王士禛全集》,第 5 册,第 4091 页。

记载,此集有北京大学藏本,原题"华亭唐汝询仲言补评,男孟庄孝先校,新安吴宪周侯度参订";前有张鼎序及唐汝询自序,并无《居易录》提到的"王士禛序"。王重民以为所见本为天启(1621—1627)刊本,若无错判,则王士禛(1634—1711)还未出生。①《居易录》提到伪冒王士禛手订及撰序的金陵本《唐诗十集》,假使真的存在,也只可能是王士禛成名以后的事了。② 事实上,今存唐汝询晚期所撰笔记小说《酉阳舌琐》,前有吴恬立写于康熙庚戌年(1670)的序,当中提到唐汝询的三种重要著作说:

> 所著《编蓬集》,古致淋漓,识者奉为风雅之遗音;其所解唐诗,追古人志意,论古人时世,分章接句,身立百世之下,起百世上之作者,宛然如生,罔不惊其开天之解;其集《汇编》,辟钟、谭之邪僻,挽后学之浮趋,明规判矩,返既倒之狂澜,使骚坛之正体屹然不易,咸相乐有,指其有功于诗教,盖三唐以来一人也。③

据序文所述,吴恬立的父亲是唐汝询的好友,自己又曾当面就教请益。文中提及《汇编》应是其亲历见闻,据他的描述,看来与王重民所记的唐诗选本同源。此外,现存乾隆二十四年(1759)刊唐汝询《编蓬集》,有唐氏后人元素的《重订编蓬集略》,当中介绍唐汝询的著作,也包括《唐诗十集》:

> 既而融会贯通,出所淹洽者,而发为著述,见为咏歌。所有《编蓬集》、《唐诗解》、《唐诗十集》、《可赋亭集咏》等书,俱为通人所赏识。当时名公巨卿捐资刊刻。④

---

① 王重民的判断依据可能就是卷前唐汝询天启癸亥(三年,1623)序。见王重民《中国善本书提要》(上海:上海古籍出版社,1983),第463页。
② 据孙琴安所记,有题唐汝询撰,蒋汉纪增释,王士禛重订之《汇编唐诗》,但书前[后]无序、跋,显然不是王士禛所听闻,有王序的版本。见孙琴安《唐诗选本提要》,第174页。
③ 吴恬立《酉阳舌琐原序》,载唐汝询《酉阳舌琐》(清康熙书三味楼刊本),第1上—1下页。
④ 唐元素《重订编蓬集略》,载唐汝询《编蓬集》(《四库全书存目丛书》影印明万历刻清乾隆二十四年唐元素重修本)卷前,第1上页。

从有通家交谊的晚辈以至族孙的记载,可见唐汝询的确编有《汇编唐诗十集》。再者,由本文以下讨论可以见到这个选集当中的论点,有许多与唐汝询生平相关以及与其他论述互相呼应的地方,可以作为内证。① 因此,我们可以肯定现存的《十集》的原编者就是唐汝询,而不是完全由书商割裂剪裁以射利的"伪本"。

三、不称"选"而称"解"的《唐诗解》

唐汝询的著作中,以《唐诗解》最受学界关注。一方面此书的排印本经王振汉整理,于2001年由河北大学出版社出版,由是流通较广,研究者参详比较方便;另一方面有关唐诗选本研究近年亦渐渐兴盛,《唐诗解》作为反映晚明诗学普及化的流行选本,确有其特色,值得进一步分析。② 本文重点在唐汝询下一阶段的选本《汇编唐诗十集》,《唐诗解》可

---

① 许建业在其博士论文中也论及《汇编唐诗十集》之真伪,当中举出不少内在线索,可以说明此书确为唐汝询所编著,见许建业《晚明题李攀龙编〈唐诗选〉版本流传情况及其诗学意义》,第290—291页。

② 有关《唐诗解》的研究,除前述薛宝生《唐汝询〈唐诗解〉研究》及雷恩海《唐汝询生平考述暨著作钩沉》以外,尚有王振汉、范海玉《唐汝询及其〈唐诗解〉》,载《河北大学学报》第24卷第4期(1999年12月),第13—17页;肖振宇《唐汝询古诗鉴赏评说》,载《淮海工学院学报》第5卷第3期(2007年9月),第40—42页;雷恩海、薛宝生《〈唐诗解〉之成书与〈唐诗品汇〉的渊源关系》,载《江西师范大学学报》第44卷第5期(2011年10月),第101—107页;薛宝生《唐汝询〈唐诗解〉选注及注、解唐诗的是非得失》,载《渭南师范学院学报》第27卷第9期(2012年9月),第56—59页;薛宝生《明末唐诗选本评判与〈唐诗解〉选诗标准之生成》,载《渭南师范学院学报》第29卷第1期(2014年1月),第52—57页。再者,近年有关明代唐诗选本之研究,亦多兼及《唐诗解》,如申东城《〈唐诗品汇〉研究》,第八章第二节《"一遵〈品汇〉之例"的唐汝询〈唐诗解〉》,第317—324页;郑子运《明末清初诗解研究》(南京:凤凰出版社,2010),第二章第二节《唐汝询〈唐诗解〉》,第60—70页;陈颖聪《从复古到性灵——高棅的诗歌理论及其影响与流变》(广州:广东人民出版社,2012),第三章第四节《唐汝询的〈唐诗解〉》,第96—104页,第五章第三节《唐汝询对体裁认识的调整》,第244—250页。

视为其奠基石。以下我们先扼要析述其宗旨、编选体例与选学意义。①

《唐诗解》卷前有陈所蕴万历乙卯(四十三年,1615)仲夏序,文中提到"杀青既竟,出以示不佞,因请以一言弁首简",因此本书编成刊行大概就在这一年。这时期复古派领袖如王世贞(1526—1590)、后劲如胡应麟(1551—1602)等,虽然已经离世多年,但文坛上最风行的唐诗选本,还是复古派推尊的高棅《唐诗品汇》和《唐诗正声》,以及题李攀龙编的《唐诗选》。② 唐汝询就是以这些选本作为他的依据,他在书中《凡例》其中两条做出说明:

> 诸家诗散佚汗漫,廷礼之选已无遗珠,故是编悉掇《品汇》之英,不复外索。虽盛唐诸公间有一二参入,而中晚及初,一无采焉。至若白香山之《长恨歌》,搜之本集,然亦寥寥无几矣。
>
> 选唐诗者,无虑数十种,而正法眼藏无逾高、李二家。然高之《正声》,体格綦正而稍入于卑;李之《诗选》,风骨綦高而微伤于刻。余欲收其二美,裁其二偏,因复合选之,得若干首。令观者驾格于高,而标奇于李,其于唐诗,或庶几矣。③

可知就选材范围而言,唐汝询基本上以《唐诗品汇》所选五千余首为本,只酌量作了非常有限的增补。至于选取方向,则参酌高、李之选,就前者所选的"体格之正",后者之"风骨之高"做出综合调节。事实上,《唐诗正声》选入诗人 138 位,诗 931 篇;而《唐诗选》选诗人 128 位,诗 465

---

① 本文引用唐汝询《唐诗解》,以《四库全书存目丛书》影印吉林大学图书馆藏明万历四十三年(1615)杨鹤刻本为据。

② 有关李攀龙的诗选问题,请参阅第 34 页注 2。至于唐汝询所谓李攀龙《唐诗选》,据《唐诗解》卷前《援引书目》列有《蒋一葵于鳞唐诗选注》,他的根据应该就是通行的蒋一葵笺释本,而不是李攀龙《古今诗删》的"唐选"部分。见唐汝询《唐诗解·援引书目》,第 24 上页。

③ 唐汝询《唐诗解·凡例》,第 2 下—3 上页。

篇;《唐诗解》则选诗人201位,诗1548篇。① 比对之下,可见唐汝询在整合高、李二选时,从《唐诗品汇》选采不少作品以做补充。《凡例》还记载了他对《唐诗品汇》的体例的变通改易。无论如何,就诗选所表达的诗学观念来说,主张"体格正"、"风骨高",以盛唐为尚,这些复古派方向在《唐诗解》中并没有改变。②

《唐诗解》在明代选本学史上的意义,最重要的是其中的"解"。《凡例》中对此有所说明:

> 乃不称"选"而称"解",就予意所重云。
> 是编之"解"有二:属辞比事,则博引群书,遵李善注《文选》之例;揣意摹情,则自发议论,遵朱氏传《诗》之例。其或援引不赅,疏解未当,则畸人耳食有限,玄晏壁藏易穷,请以俟夫博雅君子。③

唐汝询指出此编的"解"是"予意所重",而"解"的方式有两种:一是根据典籍群书解释词义或用事之本源,以李善注《文选》为楷模;二是依个人理解,揣度诗中情意,以朱熹诠释《诗经》为榜样。前一种"解",主要见于选录诗篇中的句中夹注,《凡例》还有说明其"引注之法有三":

> 凡诗中用事,即引本事以解之者,曰"正注";溯流寻源,至博采他书以相证者,曰"互注";字释句解,必求剖析其义而无害其文者,曰"训注"。"正注"、"互注",非陈隋以上之书不列于篇;而"训注"则自唐宋暨国朝,间为采入,然必按诸本籍,参互古书,终不敢以口吻

---

① 《唐诗解·援引书目》之列并无《唐诗正声》。本文所据《唐诗正声》为高棅选,桂天祥批点《批点唐诗正声》(明嘉靖刊本);所据《唐诗选》为题李攀龙选,蒋一葵笺释《唐诗选》(《四库全书存目丛书》影印清华大学图书馆藏明刻本)。

② 唐汝询沿用《唐诗品汇》界定的初、盛、中、晚"四唐分期"为论,据此《唐诗解》选录诗篇的比例大概为:初唐11.8%,盛唐53.8%,中唐27.7%,晚唐5.3%,其余("有姓氏无字里"、"无姓氏"等)1.9%。入选的盛唐诗所占比例超过一半。

③ 唐汝询《唐诗解·凡例》,第3上—3下页。

为策府也。①

以下再补充解说其引述子史诗赋、古今地理、诸家诗话等的条例准则,非常细致。这些格局规模,大致可以反映明代诗学论述朝向知识化发展的趋向。至于第二种"解"应该是唐汝询此编的重心。朱熹诠释《诗经》之特色是:不受毛传郑笺之局限,以己意寻绎《诗经》之微词奥义。②大概这也是唐汝询"揣意摹情"的心态,具体例子如卷四一解说杜甫《秋兴》八首之三("千家山郭静朝晖"):

> 此叹己之不遇也。言晓光清朗,而独坐于江楼山翠之中,见渔人信宿而不去,燕子深秋而未归,既若我之淹留矣。而观诸古人,则愈有可慨者。彼匡衡一上疏而超迁,我则一论房琯而被黜,是我之功名薄也;刘向讲经以显荣,我则著书以发愤,是与我心事相违也。非惟不及古人,即同学少年,得意而驰骋于京师者众矣;我独守此江楼之寂寞乎?③

这是《唐诗解》最典型的解说。开端先说明诗旨:"此叹己之不遇也。"接着就"揣意摹情",模拟这个诗中的"己"——抒情的"我"——进入文本世界;以叙事的方式,对诗中意象情景做出串联讲解。这种解说的好处是简单明了,思路如流水般顺畅,读者很容易随之领会"叹己之不

---

① 唐汝询《唐诗解·凡例》,第 3 下页。
② 朱熹《〈吕氏家塾读诗记〉后序》说:"《诗》自齐、鲁、韩氏之说不传,而天下之学者尽宗毛氏。毛氏之学传者亦众,而王述之类,今皆不存。则推衍毛说者,又独郑氏之笺而已。唐初诸儒为作疏义,因讹踵陋,百千万言,而不能有以出乎二氏之区域。至于本朝刘侍读、欧阳公、王丞相、苏黄门、河南程氏、横渠张氏始用己意,有所发明。虽其浅深得失有不能同,然自是之后,三百五篇之微词奥义乃可得而寻绎,盖不待讲于齐、鲁、韩氏之传,而学者已知《诗》之不专见于毛、郑矣。"见朱熹《晦庵先生朱文公文集》(台北:大化书局,1985影印和刻本)卷七六,第 6 下—7 上页。
③ 唐汝询《唐诗解》卷四一,第 21 上页。

遇"的主旨。但缺点正在于阅读诠解的过程太顺畅而无波澜,原来律诗中透过时空跳接、意象对照与并置等产生张力的技艺手段,以及由此而生的经验深度与美感,就一一流失。① 这就是说,以诗学往更加精微深化发展的理想而言,《唐诗解》的贡献不算多;它的重要成绩是为更多的读者打开通往诗歌世界的便捷通道,这又是明代诗学通俗化过程的一种表现。从这个诗学趋势来看,复古派讲求方圆规矩,标榜正格典律,让追随者易于遵循,也是其盛行不衰,尤其深入民间知识世界的有利因素。②

万历四十三年(1615),《唐诗解》编成付梓,其中主要出资刻印的是当时的侍御史杨鹤(？—1635)。杨鹤非常欣赏唐汝询,特别向湖广同乡钟惺推荐这位失明的布衣诗人。当时钟惺正和谭元春积极筹划《诗归》的刊行,③却在两年后与唐汝询在南京见面两次,《隐秀轩集》中还有一篇《赠唐仲言序》,记述他对唐汝询的印象:"察其审听哀问之状,为悯默心酸久之。"④文中说唐汝询"又注古之为诗文者",但没有提及《唐诗解》的书名,也完全不提二人论诗意见有无差异。钟惺关心的,似乎只在于唐汝询之"以其心听命于其耳,以其耳听命于人之口"的积学过程。万历四十五年(1617),也就是钟、唐二人见面的同一年,《诗归》面世,而且立即风行天下。据朱彝尊《静志居诗话》所记:"《诗归》出,而一时纸贵。"邹漪《启祯野乘》说:"当《诗归》初盛播,士以不谈竟陵为俗。"钱谦益《列朝诗集小传》所说更夸张:"《古今诗归》盛行于世,承学之士,家置一编,奉

---

① 仇兆鳌注杜诗说:"朱子《诗经集传》多顺文解义,词简意明。唐汝询解唐诗,亦用此法,但恐敷衍多而断制少耳。今注杜诗,间用顺解,欲使语意贯穿融洽。"见仇兆鳌《杜诗详注》(北京:中华书局,1979),第609页。

② 参考简锦松《论明代文学思潮中的学古与求真》,《古典文学》第八集(1986年4月),第315—330页。

③ 参考陈广宏《钟惺年谱》(上海:复旦大学出版社,1993),第158页;陈国球《引古人精神,接后人心目——〈唐诗归〉初探》,《岭南学报》(香港)新第1期,1999年10月,第375—416页;邬国平《〈诗归〉成书考》,载《竟陵派与明代文学批评》(上海:上海古籍出版社,2004),第60—70页。

④ 钟惺《赠唐仲言序》,载钟惺著,李先耕、崔重庆标校《隐秀轩集》(上海:上海古籍出版社,1992),第307—308页;参考杨彦妮《审听哀问的姿态——明代文士唐汝询》,第59—64页。

之如尼丘之删定。"①

钟惺和谭元春编选《诗归》,目的是抗衡复古派诗学。② 在明代文化环境中,以诗选带动诗风是非常有效的方法。复古思潮主导明代文学思潮,直接与《唐诗品汇》、《唐诗正声》以及《古今诗删》、《唐诗选》的盛行相关。唐汝询的《唐诗解》受到关注,也是因为它从高、李选本派生而来。然则唐汝询如何面对由《诗归》掀动的新的风向?

四、《汇编唐诗十集》的编辑宗旨和体例

《唐诗解》大概比钟、谭《诗归》早两年面世。唐汝询的目标是进一步完善复古派大有影响的两个选本,"收其二美,裁其二偏","令观者驾格于高,而标奇于李","其于唐诗,或庶几矣";而"揣意摹情"的诗解,是作为普通读者的引路指南,尽量帮助读者进入复古派所构筑的诗学世界。虽然他请得同乡陈继儒(1558—1639)为他撰序,又得杨鹤出资刊刻推广,但从现存版刻记载所见,《唐诗解》的流行程度还是远远不及题李攀龙选的《唐诗选》。③ 可与《唐诗选》比拼的唯有《诗归》。据金生奎所考,自万历四十五年(1617)到明末之间二十六年中,《诗归》刻板平均三年一次,刊刻频率几乎可以与《唐诗选》媲美。④ 在这个新的风潮面前,唐汝询的应对方式是,将《诗归》收编入他的新选本《汇编唐诗十集》。

唐汝询在《诗归》初刊之后六年,即天启三年(1623)秋天完成了这个

---

① 朱彝尊《静志居诗话》,第 502 页;邹漪《启祯野乘》(台北:明文书局,1992),第 291 页;钱谦益《列朝诗集小传》,第 570 页。当时钟、谭的追随者视《诗归》为"尼丘之删定"之说,先见于唐汝询《汇编唐诗十集》,请见下文引录。

② 参考陈国球《明代复古派唐诗论研究》,第五章《复古派的反响——钟惺、谭元春选〈唐诗归〉》,第 232—273 页。

③ 有关《唐诗选》的版刻记载可参杜治国《确立诗歌的正典——李攀龙诗论、选本及创作研究》,第 526—551 页;金生奎《明代唐诗选本研究》,第 104—108 页;以及许建业《晚明题李攀龙编〈唐诗选〉版本流传情况及其诗学意义》,第 37—41 页。

④ 金生奎《明代唐诗选本研究》,第 119 页。

规模倍于《唐诗解》,比《唐诗归》——《诗归》的唐代部分——也多一千余首的《汇编》本。① 唐汝询在自序中解释他的编辑理念,提到自己读高、李诗选的经验:

> 余少习廷礼《唐诗正声》,爱其体格纯正,而高华雄浑或未之全。及读于鳞《唐诗选》,则高华而雄浑矣,犹恨偏于一而选太刻,俾秀逸者不尽收。②

回看《唐诗解》,其《凡例》说"高之《正声》,体格綦正而稍入于卑;李之《诗选》,风骨綦高而微伤于刻",和这里的论点相近。只是《汇编·自序》在复古派所推尊的"体格纯正"、"高华雄浑"之外,还提出新的风格考虑——"秀逸",而这种风格正是钟、谭《诗归》的宗尚:

> 及读伯敬《唐诗归》,则秀逸矣,而索隐钩奇,有乖风雅;字评句品,竟略体裁。③

唐汝询指出"是三选各有所至,而各有所未至"。当然三选之中,他对钟、谭之选的批评还是最激烈的。他认为《诗归》之盛行带来诗坛分歧乱象,有待救济:

> 伯敬之选《诗归》也,于古则黜《昭明》,于唐则排高、李,一切以为庸且套,而删夷殆尽。其书始出,少年宗之,且以为尼父之删述。乃李、王旧社诸贤,未弃鸡肋,则又以为外道而共摈之。二说纷拏而莫之解。余谓高、李所选,风格森典,李唐之二南;伯敬所收,奇新跌

---

① 《唐诗解》选诗1548首,《唐诗归》(据明乌程闵氏朱黑蓝三色套印本)选诗2243首,《汇编唐诗十集》(据明天启年间吴天祥梓刻本)选诗3398首。
② 唐汝询《汇编唐诗十集·自序》,第1上—1下页。
③ 唐汝询《汇编唐诗十集·自序》,第1下页。

宕,唐风之变什。存变去正,既非其宜;开明广聪,亦所当务。①

在唐汝询心中,复古派讲求体格,崇尚高华雄浑的诗风,仍然是诗之"正";钟、谭之"秀逸"或者"奇新",只能视作诗之"变"。不应"存变去正",但可追求更开放更宽阔的诗歌道路,所以他要汇合三家,以为互补:

> 于是取三家而合之,并余所翼高、李而作《解》者,别其异同,定为十集。复采高、李之旧评而补其缺,汰钟说之冗杂而矫其偏,庶几高之纯雅、李之高华、钟之秀逸,并显而不杂,而所谓庸者、套者、偏僻者,各加议论以标出之,令后之来者不堕其轨辙,于诗不无小补焉!②

上文提到《唐诗解》意欲"收其二美,裁其二偏",方法是"复合选之,得若干首"。然而"复合选之"的方式并没有清晰揭示,大抵上是唐汝询根据个人理解高、李二选的"美"与"偏"而做取舍,其结果就是编成一个新的唐诗选本。比起《唐诗解》,《汇编唐诗十集》的工序可复杂多了,因为它要综合三方面之"长"而弃其"短",尤其新增的一方本来就是要与复古派的高、李诗选争衡的"另类"诗风,再加上他还预备把自己的《唐诗解》也收容其中,如何措置安排才能达到这一更复杂的"复合选之"的目标,的确要多费思量。

唐汝询于是新创一种非常精巧的"复合"方式。《汇编唐诗十集·凡例》第一则说:

> 是编合四家选以成书,说见各集之首。"高"分为五:《甲》、《乙》、《丙》、《丁》、《戊》,尽之矣。"李"分为四:《甲》、《乙》、《己》、《庚》,尽之矣。"钟"分为五:《甲》、《丙》、《己》、《辛》、《壬》,尽之矣。余《诗解》分合诸家,而别其特出者为《癸集》。③

---

① 唐汝询《汇编唐诗十集·自序》,第1下—2上页。
② 唐汝询《汇编唐诗十集·自序》,第2上—2下页。
③ 唐汝询《汇编唐诗十集·凡例》,第1上页。

唐汝询把高、李、钟谭与自己共四家诗选,按他所辨识的不同风格分配入由《甲集》到《癸集》共十集之中。每一集开卷,先有一段文字说明该集的特点。由于这些说明对理解《汇编唐诗十集》的选学观念有其重要性,我们先摘抄各段说明文字,再以表列方式稍作梳理。

《甲集》,体之纯粹者也。凡高廷礼《唐诗正声》、李于鳞《唐诗选》、钟伯敬《唐诗归》,参三家而合者汇此。不称四家者,予《诗解》与李本无异同耳。

《乙集》,纯正中有气骨者也。凡廷礼《正声》与于鳞《选》合者汇此。高本吴逸一评,李本蒋仲舒笺释间采一二。

《丙集》,纯正中之森秀者也。凡《正声》与《诗归》合者汇此。钟、谭有评,吴评则间采矣。

《丁集》,典雅中主神韵者也。凡高廷礼《正声》除合李、钟而为余所解者,裒为一帙,吴逸一评几全载矣。

《戊集》,体之一于平者也。凡高廷礼《正声》与诸家合者为《甲集》,与于鳞合者为《乙集》,与伯敬合者为《丙集》。除二家外,而为余所解者为《丁集》。其不为余所笺释而附刻《唐诗解》者,此集是也。吴逸一有评,余稍加点缀,知纯正不可偏废云。

《己集》,雄浑中深秀者也。凡于鳞与伯敬合者汇此。

《庚集》,体主气格者也。凡于鳞《选》分附于高,合载乎钟,而别其特出者,自为一帙。蒋仲舒笺虽不甚佳,而行世已久,间采以附。

《辛集》,体主清新,合乎风雅者也。凡《诗归》与余《诗解》合者汇此。

《壬集》,诗之变体也。凡《诗归》与三家合者,分附诸集;而别其特出者,自为一编。原本以人次,而此以体分,不以二于三家也。其评之虚泛而无关于诗者,稍删一二;其偏僻而有害于诗者,则置辨焉。傥二君以僭妄罪我,其何敢辞?以疏浅罪我,则海内有识者在。

《癸集》,风雅之平调也。余作《唐诗解》,本借人目、假人腕以成书,无从遍阅有唐全帙,聊就《品汇》采掇,以补高、李之不足。今编合钟、谭者为《辛集》矣。余篇寥寥,业同敝帚,徒以庄儿少所呻哦,不忍弃去。因与宗侄元常品评笺释,以满十集,适资钟、谭一捧腹耳。假我数年,得尽读唐人诸集,当别采新声,成一家言,未肯谓高、李、钟、谭四君选外无诗也。若《癸集》所载,肤易平直,指南初学可矣,名世之选,要不在此。①

唐汝询在每集的说明中交代了几个要点:一、该集的主要风格;二、高棅的《唐诗正声》、题李攀龙的《唐诗选》、钟谭的《唐诗归》、唐汝询的《唐诗解》四种选本,是否该集的选取来源;三、该集选诗的主要评点依据。据此可以整理成下表:

集	选本来源				风格	评点主要依据②
甲	高	李	钟	唐	体之纯粹	(钟、谭;唐汝询)
乙	高	李		唐	纯正中有气骨	吴逸一;蒋一葵
丙	高		钟		纯正中之森秀	钟、谭;吴逸一
丁	高			唐	典雅中主神韵	吴逸一
戊	高			唐	体之一于平	吴逸一、唐汝询
己		李	钟	唐	雄浑中深秀	(蒋一葵;钟、谭;唐汝询)
庚		李		唐	体主气格	蒋一葵
辛			钟	唐	体主清新,合乎风雅	钟、谭;唐汝询
壬			钟		诗之变体	钟、谭;唐汝询
癸				唐	风雅之平调	唐汝询、唐元常

《甲集》说明谓"予《诗解》与李本无异同",可见唐汝询最为认同的是

---

① 唐汝询《汇编唐诗十集》,各集说明均见当集卷首。
② 《甲集》与《己集》说明并无提及评点依据,括号内所列为笔者检阅该集所见。《汇编唐诗十集》卷前有《选评诸公姓氏》,当中说明吴山民(逸一)"有《正声》评",蒋一葵(仲舒)"注于鳞《唐诗选》",钟、谭是《诗归》中的评点。事实上《选评诸公姓氏》列有评点者46人,各集说明只是举出主要依据,而每集都有"唐云"(即唐汝询的评语)。

李选,只是稍嫌李选过于苛刻,要酌加补充;至于高选的纯正典雅,是复古诗学的主要框架,只嫌有部分选取不够精审。这些意见在早前编成的《唐诗解》已有申述,《汇编唐诗十集》则以分集的具体方式显示出来。新增的《唐诗归》元素,据分集说明可以见到唐汝询心中实有五类:一、与复古主张无异的"体之纯粹";二、靠近高选而显出"森秀";三、靠近李选而显出"深秀";四、可以补充复古诗风的"清新";五、相对于"正"的"变体"。这是针对当时大众读者簇拥《诗归》之狂热风潮的一种策略。唐汝询以"解构"方式作诠释,向读者指出钟、谭选诗之可取者仍然没有离开高、李的范畴,只是当中的"变体"部分,需要小心阅读,知所取舍。

五、《汇编唐诗十集》中的《唐诗归》:以七言律诗为例

从分集格局和各集说明所见,唐汝询是试图将钟、谭选诗收编在复古派的框架之内。实际上,《唐诗归》是唐汝询最费心用力处理的部分。我们要留心,《汇编唐诗十集》的各集篇幅并不相同。由《甲集》到《癸集》共40卷,《甲》、《乙》、《丙》、《己》、《辛》等集,只各占1卷;占2卷的有《戊》、《庚》两集;占4卷的有《丁集》和《癸集》;而单单《壬集》则占了23卷。《壬集》以不成比例的篇幅去收纳钟、谭所选的"变体",在本集说明中特别提到处理钟、谭评语的方法:"其评之虚泛而无关于诗者,稍删一二;其偏僻而有害于诗者,则置辨焉。"由此看来,《壬集》就是唐汝询与钟、谭交锋最激烈的场域。

其中一个明显的例子就是张谓七律的选录与评论。唐汝询在《壬集》载录《唐诗归》所选的《春园家宴》和《西亭子言怀》两首之后,再摘记钟惺评语:

> 七言律诗家所难,初、盛唐以庄严雄浑为长,至其痴重处,亦不得强谓之佳。耳食之夫,一概追逐,滔滔可笑。张谓变而流丽清老,可谓善自出脱。刘长卿与之同调,俗人泥长卿为中唐,此君盛唐也,犹不足服其口耶?且初唐七言律,尽有如此风致者,因思"气格"二

字,蔽却多少人心眼,阻却多少人才情!①

七言律诗在明代诗学中,别有其意,笔者于《明代复古派唐诗论研究》中曾以专章讨论,"七律之难"就是其中一个重要议题。复古派试图从七律在唐代发展的过程中辨识此一诗体的典范正宗,提出了不同的方案,争论"七律第一"谁属。②结果当然是没有统一意见,但大体而言,由"应制"、"早朝"等主题的初、盛唐佳作所树立起的高华典丽,李颀《送魏万之京》、《题卢五旧居》等作所表现出的调清词畅,杜甫《秋兴》、《登高》等作所呈现的沉郁顿挫,就是复古派所推许的几个主要类型。例如胡应麟对李攀龙诗的归纳就很有代表性:

> 于鳞七言律所以能奔走一代者,实源流《早朝》、《秋兴》,李颀、祖咏等诗。大率句法得之老杜,篇法得之李颀。③

钟、谭等刻意抬举"出脱"的类型,以张谓诗的"流丽清老"为例,抗衡复古派所尊尚的"庄严雄浑"(相当于应制类的高华典丽和杜甫的沉郁顿挫),据钟、谭的理解,从初唐、盛唐到中唐,都有这类值得注意的风格。追随复古派的"耳食之夫"被"气格"二字蒙蔽了。④唐汝询在引录钟惺之说后,记下大段的"唐[汝询]云"来回应:

> 钟、谭一部诗选,不过欲洗尽"气格"二字,殊不知唐之开、天,明

---

① 唐汝询《汇编唐诗十集》,《壬集二十》,第9下页。
② 陈国球《明代复古派唐诗论研究》,第二章《明代复古派论唐代七言律诗》,第65—105页。
③ 胡应麟《诗薮》(上海:上海古籍出版社,1979),第170页。
④ 笔者在《复古派选本的反响》一文中有专节讨论《唐诗归》中"应制诗"的选取和刻意标举"出脱"之诗的意义,请参阅陈国球《明代复古派唐诗论研究》,第五章《复古派选本的反响》,第二节《唐诗归》中的"应制诗"与相关问题》,第242—247页;第五节《"出脱":诗史上的别出之调》,第255—261页。

之嘉、隆,一段太平景象,具自此中陶出。气格实时运使然,非盛唐诸公、近代七子,短于彼而局于此也。然气格何尝阻人才情,掩人心目?如张谓二诗,纤巧流丽,可谓不尚气格矣。然"铜柱"、"星轺",浑浑噩噩,曷尝在"南园"、"西亭"下乎?说诗要中至,不宜偏枯,余所以必存高、李选者,岂惟为盛唐忠臣?抑不敢以衰飒待当世,识者当不以为迂。①

唐汝询的回应有两个层次:首先是"气格"与"时运"的关系。文章与时世有所关联之说,早有传统。复古派诗论本就究心诗歌历史的发展,往往从更宏阔的角度试图解释变化之因。② 唐汝询也是从这个角度说明诗风与时势有关,盛唐气象与明代七子之"气格"有其时代因素。他再指出张谓既是盛唐诗人,他的诗除了《壬集》所选两首"不尚气格"的诗外,也有如"铜柱珠崖道路难"(《己集》:《杜侍御送贡物戏赠》)、"星轺计日赴岷峨"(《癸集》:《别韦郎中》)等浑厚质朴、严肃正大的七律,合乎盛唐之"时运"。第二个层次关联到论诗的态度问题。"说诗要中至",这包括对讨论对象的真正了解和支持("为盛唐忠臣"),以及对说诗与选诗者所处之境界有反思能力("以待当世")。

《唐诗归》凡36卷,诗2243首,其中选录最多的是杜甫,共6卷,316首,差不多是初唐5卷所有诗人作品的总和(337首),比晚唐4卷的261

---

① 唐汝询编《汇编唐诗十集》,《乙集》,第16下—17上页。
② 例如七子的前驱李东阳(1447—1516)就说:"文章固关乎气运,亦系于习尚。"王世贞也说:"此虽人力,自是天地间阴阳剥复之妙。"王世懋(1536—1588)又说:"直风会使然耳,览者悲其衰运可也。"胡应麟所论更多,《诗薮》说:"周、汉之交,实古今气运一大际会。""盛、中、晚,界限斩然,故知文章关气运,非人力。""李、何一振,此道中兴,盖以人事则鉴戒大备,以天道则气运方隆。"分见李东阳著,李庆立校释《怀麓堂诗话校释》(北京:人民文学出版社,2009),第116页;王世贞著,罗仲鼎校注《艺苑卮言校注》(济南:齐鲁书社,1992),第176页;王世懋《艺圃撷余》,见何文焕编《历代诗话》(北京:中华书局,1981),第780页;胡应麟《诗薮》,第3、59、214页。又有关复古派诗论与文学史意识的关系,参考陈国球《明代复古派唐诗论研究》,第285—301页。

首为多。① 复古派亦非常关注杜甫,②但观点却各有偏重,甚至是异多同少。《壬集》正好把这些分歧突出,在回护与批驳之间,唐汝询的观点就更加鲜明。在本集所选杜甫七言律诗之始,他就宣明：

> 唐云：读子美七言律,如八音并奏,清浊高下,种种具陈。今钟、谭选二十余篇,并采其温细,去其雄浑,是知笙箫之和,不知钟鼓之壮;又主议论,去其声调,则黄钟大吕之音亡矣。聋俗不察,逐时趋名,故辨之于首。③

唐汝询指出钟、谭的"独到眼光"（"采其温细,去其雄浑"、"主议论,去其声调"）正是其偏狭之处,警告读者不要"逐时趋名",以为《诗归》之说可信。以下在所选杜诗附见的评语中,就多番提出针锋相对的驳辩,如："钟云：结得深细,七言律更难。唐云：绝不深细。"（《题郑县亭子》）"钟云：真雄,真浑,真朴。不得不说他好。谭云：无一句不是望岳。唐云：一篇游山记,似乏真精神耳。"（《望岳》）"钟云：深于观物,心目静甚。唐云：峡自流,鹭自浴,花自发,各适其适,若不慰我之愁者,故有'非世情'等语。钟、谭隔靴搔痒,何尝得诗意。"（《愁》颔联"盘涡鹭浴底心性,独树花发自分明"）当然,两方意见最重要的差异,就在于七律正典的判断,《壬集》中有钟、谭极力推许的杜甫诗《覃山人隐居》,诗后载钟惺、谭元春的总评：

> 钟云：深心高调,老气幽情,此七言律真诗也。汩没者谁能辨

---

① 参考陈国球《明代复古派唐诗论研究》,第239页;吴翊良《钟惺、谭元春〈唐诗归〉选评杜甫诗研究——以杜诗各体为观察核心》,《台南科技大学学报》第34卷第2期(2009年9月),第23—40页。由于选用不同版本,二者于诗篇的统计有小差异,但主要论点不受影响。本文以前者为据。

② 有关复古派对杜甫诗的评论,可参考陈英杰《明代复古派杜诗学研究》(台北：台湾学生书局,2018)。

③ 唐汝询《汇编唐诗十集》,《壬集二十》,第10上页。

之?谭云:此老杜真本事,何不即如此作律,乃为《秋兴》、《诸将》之作,徒费气力,烦识者一番周旋耶?①

唐汝询的回应是:

只作如此律,无复有《秋兴》,不成为老杜矣!又云:半是拗体而不专用古,稍涉议论而风韵自超,亦子美杰作,但其惊人处不在此。②

对于钟、谭所推许的杜诗,唐汝询并不贬抑("亦子美杰作"),但他提醒读者杜甫七律另有其"惊人处",杜甫之为杜甫,正在于《秋兴》之作。检之《甲集》所选录杜甫《秋兴》"昆明池水汉时功"一首,有以下的引述:

钟云:《秋兴》偶然八首耳,非必于八也。今人诗拟《秋兴》已非矣,况舍其为"秋兴"而专取盈于八首乎?胸中有八首,便无复"秋兴"矣。杜至处不在《秋兴》,《秋兴》至处亦非以八也。今取此一首,余七首不录,说见《诗砭》,予与谭子分谤焉。又云:此诗不但取其雄壮,而取其深寂。③

很明显钟惺知道单举《秋兴》一首而不取其余七首,会招来谤议,但他认为必须坚持。于此唐汝询的回应比较简单,只评说若以"深寂"为论,则其余七首不见得没有此特质:

七首中岂无一首深寂,要亦英雄欺人耳。④

---

① 唐汝询《汇编唐诗十集》,《壬集二十》,第17下页。
② 唐汝询《汇编唐诗十集》,《壬集二十》,第17下页。
③ 唐汝询《汇编唐诗十集》,《甲集》,第13上—13下页。
④ 唐汝询《汇编唐诗十集》,《甲集》,第13下页。

围绕同一议题,还有《丙集》杜甫《夜》诗后的交锋:

> 钟云:同一清壮而节细味永,按之有物,觉"老去悲秋"、"昆明池水"等作皆逊之。①
> 唐云:《秋兴》首篇与此足敌。喜雄壮者采彼,嗜纤细者取此。终不可定伯仲。②

唐汝询认为钟、谭标举"纤细"没有问题,这是个别的选择,而《夜》诗的确可与《秋兴》首篇匹敌。然而,"雄壮"也是一个正确的选择,不应被取代。再参看《辛集》载录杜甫《小寒食舟中作》诗后的驳辩,更见有总结意味:

> 钟云:予于选杜七言律似独与世异同。盖此体为诸家所难,而老杜一人选至三十余首,不为严且约矣。然于寻常口耳之前,人人传诵、代代尸祝者,十或黜其六七。友夏云:既欲选出真诗,安能顾人唾骂,留此为避怨之资乎?知我者,老杜;罪我者,从来看诗之人也。
> 唐云:伯敬选杜,黜其高华,存其清澹;黜其虚响,存其沈实,谓非一家言不可。今凡与诸家合者无论,论其特拔,《壬集》所载二十一首是也。若"南极老人"之温细,"舍南舍北"之真率,"城尖径仄"之奇古,"山木苍苍"之清真,具惬人意。他如"扑枣"之俚,"二鹰"之庸,"醉如泥"之熟烂,"雨翻盆"之浅直,谓得杜真诗可乎?杜常云"为人性癖耽佳句,语不惊人死不休","老去诗篇浑漫兴,春来花鸟莫深愁",然则"漫兴"非子美得意作也,苟去其佳什,录其"漫兴",子美有灵,不必谓钟君知我也。且选杜原无定论,譬都下□匹铺,有绫锦,有绸绢,有布素。好华者重绫锦,嗜朴者市布素。嗜则随人,货

---

① 唐汝询《汇编唐诗十集》,《丙集》,第55下页。
② 唐汝询《汇编唐诗十集》,《丙集》,第55下—56上页。

无真假。今如钟论,是已嗜布素而指绫锦之为伪货也。如此看杜,安定真假乎?且钟、谭极诋者《秋兴》,《秋兴》篇各沈实,何尝虚响?要由二君嗜好之偏,不知高华之足贵耳,岂从来读杜诗者固皆盲聋耶?①

钟、谭表示他们选择与常人不同,因为所选的是"真诗",杜甫应会认同;他们不怕"从来看诗之人"的唾骂。言下之意是这些"从来看诗之人"不懂什么是"真诗"。唐汝询则指出钟惺等只是"一家言",他们的选择不一定得到杜甫的认可。唐汝询提到的"黜其虚响,存其沈实",出自钟、谭另一则"录此黜彼,以存真诗"的议论,见于《己集》杜甫《九日蓝田崔氏庄》诗后。② 该处唐汝询的回应是:先细心检视杜甫诗,可知以钟惺所定义的"沈实"和"虚响"为论并不恰当;再指出钟、谭所要"存"的,也谈不上"真诗"。③ 回到《辛集》此处的讨论,唐汝询说明问题在于"二君嗜好之偏",而非"从来读杜诗者固皆盲聋"。他以买布为喻,说各人可以据自己品味作选择,"高华"的风格仍是"足贵"的。

唐汝询的态度清晰,立场明确。在钟、谭标举的新风尚面前,提醒读诗者不要轻言抛弃复古派多年来建立的唐诗正典,这也是他在自序所说:"存变去正,既非其宜;开明广聪,亦所当务。"实际上,唐汝询务求"开

---

① 唐汝询《汇编唐诗十集》,《辛集》,第22下—23下页。
② 钟云:"凡雄浑者贵沈,此诗及'昆明池水'胜于'玉露凋伤'、'风急天高',盖以此。王元美谓七言律虚响易工,沈实难至,似亦笃论;而专收四诗为唐七言律压卷,无论老杜至处不在此,即就四诗中已有虚响、沈实之不同矣。不知彼以何者而分虚响、沈实也。特录此黜彼,以存真诗。"见唐汝询《汇编唐诗十集》,《己集》,第20下页。
③ 唐云:"四诗虚响、沈实,本足相当。今如钟论,岂以写景为虚响,布情为沈实耶? 则'织女石鲸'、'莲房菰米',未见其沈实也。'万里悲秋'、'百年多病',未见其虚响也。若为情景中各有虚响、沈实,则'吹帽'何沈?'系舟'何虚?'蓝水'何佳?'□江'何丑也?'无边落木'语雄而沈,'波浪兼天'调清而细,乌在其一于虚响也。余尝与俞仲茅论《秋兴》,仲茅曰:我最不喜'关塞极天'一联,与上不续。余友吴逸一亦谓:'江湖满地一渔翁'句无解。郭美命以'吹帽'、'正冠'为累句。如三公论,则钟所存者,亦非真诗矣。"见唐汝询《汇编唐诗十集》,《己集》,第20下—21上页。

"明广聪"的想法,不仅显示在七律的讨论之中,在讨论其他诗体时也可以见到。例如同在《壬集》的王适七言古诗《古别离》诗后,他表示:

> 五古至唐而滥,七古至唐而整,整者宜备其体,不当偏于所好。于鳞喜高华,所收大都咏古;伯敬怜秀媚,所采半是闺情。余姑裒为一帙,俟论定而取舍之,七古其庶几乎。①

对于李攀龙选本之主"高华"以至钟惺的崇"秀媚",唐汝询都可以接受。又如《辛集》选的是《唐诗归》与《唐诗解》相合的"体主清新,合乎风雅者",在辑录岑参《奉送李太保兼御史大夫充渭北节度使》、《巴南舟中夜事》两首五言律诗之后,"唐云":

> 盛唐所尚不出二种:一则高华,一则清逸。岑二作兼之,安可谓高、李选外无诗也。②

他就是要从高、李二选之外,钟、谭所选之中,找到一些可以接受的风调。

从行文语气看来,唐汝询论七律以外的诗体时立场更宽松,对钟、谭态度更为包容。例如专主李选的《庚集》,于宋之问五言律诗《送沙门弘景道俊玄奘还荆州应制》诗后,又有"唐云":

> 延清五律本是轻清,于鳞所选乃极重浊,非受气格之累乎?伯敬之訾,殆难免矣。③

他在末二联"荆南旋杖钵,渭北限津梁"以及"何日纡真果,还来入帝乡"之下,分别夹评为"拙"、"更拙"。他的意见应该是:题李攀龙编的《唐诗

---

① 见唐汝询《汇编唐诗十集》,《壬集十》,第2下页。
② 见唐汝询《汇编唐诗十集》,《辛集》,第19下页。
③ 见唐汝询《汇编唐诗十集》,《庚集下》,第14上页。

选》并未照顾到宋之问五律的"轻清"本色,反而选入"浊"、"拙"的作品。基此,他认为钟、谭对李选的批评,不无道理。

总合而言,我们见到唐汝询是一个相当有主见的复古派追随者。他认同由《唐诗正声》到《唐诗选》的宗尚,但对于由《唐诗归》带动的新兴趣味,也会有条件地吸纳。十集之中,其收编钟、谭的方式或许有松紧不一的差异,但唐汝询还是尽其努力地"开明广聪"。

六、余话:诗学协商与收编的新形式

明代诗学以复古派思潮的影响最为深远,这又与配合复古派诗论的唐诗选本之流行,互为因果。到了竟陵派崛兴,钟惺、谭元春别出心裁,专意与复古派抗衡,以"引古人之精神,以接后人之心目"为号召,编成《诗归》,倾动一时,景从者众。作为复古诗学诠释者的唐汝询,早已编成《唐诗解》以应世,忽然爆发的《唐诗归》风潮,大概予他很大的冲击。他虽然曾与钟惺有诗学往来,却不肯随便改弦易辙,反而构思出一套收编新思潮于已有体制的方法。

唐汝询在编选《唐诗解》的时候,已曾尝试"复合选之"的方式,以高棅所编《唐诗品汇》为基础,兼采高棅之《唐诗正声》与题李攀龙之《唐诗选》而为一,再透过"揣意摹情"的"评解",作为读唐诗者的向导。然而钟、谭《唐诗归》鼓动的风潮,方向与性质大异于复古派,再要"复合选之",就不能如《唐诗解》的大而化之,融成一体。于是他设计出一个看来相当复杂的文本架构,以分集选诗的方式,将他所理解的唐诗品格风调,按照高、李、钟谭选本的各种诗学特质和主张,予以分解重组,制造出一个可以多角度、多层面显示的文本。换句话说,《汇编唐诗十集》的分集方式,其实是唐汝询诗学认知理念的外现架构。过去文学选本要宣明诗学理念,一般会透过卷前卷后的序跋、诗篇之筛汰采选,以至诗句的夹注圈点及诗篇的总评等方式显示。这些技艺也见于《汇编唐诗十集》之中,但它更以一种特殊的文本结构,展示诗歌风格如何被分解梳理,又能显示出明确的价值取向,可说是中国诗学论述与选本之学的崭新形式,非常值得珍视。

　　当然这种多层次多面向的文本结构，也有其短处，因为它不利于传统选本已经建立的阅读习惯。譬如要读当中所选的个别诗人诗作，就要到各集分别检索，非常不方便。唐汝询显然明白这个缺点，于是他特别编成一个总目，作为补充。他在《凡例》第四则说：

　　　　全唐诸人散见十集，如钱之无贯。而初、盛、中、晚，亦难概分，特立目录以统摄之，经以体分，纬以代次，题下悉注诸集，令读者一展卷而四唐在目，十集井如。其题繁而难具载者，间删数字，诗归人备，一遵其序，诸本不无先后云。①

　　唐汝询的想法是沿用由高棅《唐诗品汇》以来的分体和分期的方式编成总目，作为辅助工具，供读者按习惯检索，以补救诗篇离散的现象。

　　我们注意到《汇编唐诗十集》的文本架构的新形式，也留意到它的设计是为了让不同的诗学理念可以在文本之内形成一个可协商的空间。本文又以七言律诗为例，揭示唐汝询如何收编《唐诗归》的诗学观念：一方面巩卫复古派的诗学宗旨，同时也尝试拓展其诗学疆界。衡之"开明广聪"的说法，唐汝询是试图在他的新选本中容纳更多元的声音。然而我们也留意到《汇编唐诗十集》的流通并不广远，它的版刻的纪录不多，其创新的架构后来也少见追随仿效。这样看来，唐汝询的试验不算非常成功，没有造成很大的影响。不过，如果我们从唐诗选本的设计意念和编选的态度来看，《汇编唐诗十集》的尝试在在有其理论与历史的意义。它见证了明代复古诗学的发展、流播，以及与不同诗学主张的竞争过程，在中国诗学批评史上留下不可磨灭的痕迹。

---

　　① 见唐汝询《汇编唐诗十集·凡例》，第1下页。

词学反思与强势选择

——马洪的历史命运与朱彝尊的尊体策略

张宏生

一、问题的提出

马洪字浩澜,号鹤窗,是明代正德、嘉靖年间的著名词人,创作态度非常严谨,"四十余年,仅得百篇"①。明人对其评价非常高,如杨慎《词品》卷六评云:"马浩澜洪,仁和人,号鹤窗,善诗咏,而词调尤工。皓首韦布,而含珠吐玉,锦绣胸肠,褎然若贵介王孙也。"②徐伯龄《蟫精隽》卷十一云:"马浩澜名洪,号鹤窗,杭之仁和人。善诗词,极工巧。……予与鹤窗、清溪偕出菊庄之门,而鹤窗能大肆力于学问,既得诗律之正,复臻诗余之妙,人以与清溪齐名云。"③又聂心汤《(万历)钱塘县志》:"马洪……善为声诗,有长庆风致。其词调尤极妍丽。"④

---

① 马洪《花影集自序》,转引自杨慎《词品》卷六,《词话丛编》(北京:中华书局,1986),第 1 册,第 530 页。
② 杨慎《词品》卷六,《词话丛编》,第 1 册,第 532 页。
③ 徐伯龄《蟫精隽》卷十一,《景印文渊阁四库全书》(台北:台湾商务印书馆,1986),第 867 册,第 147 页。按田汝成《西湖游览志余》卷十三亦引徐语,文字略有不同:"鹤窗与陆清溪偕出菊庄之门,而清溪得诗律,鹤窗得词调,异体齐名,可谓盛矣。"《景印文渊阁四库全书》,第 585 册,第 459 页。
④ 聂心汤《(万历)钱塘县志·纪献·文苑》(光绪十九年刻《武林掌故丛编》本),第 21 页上。

但是，到了清代的朱彝尊，评价就为之一变："明初作手，若杨孟载、高季迪、刘伯温辈，皆温雅芊丽，咀宫含商。李昌祺、王达善、瞿宗吉之流，亦能接武。至钱唐马浩澜以词名东南，陈言秽语，俗气薰入骨髓，殆不可医。"①这段话影响清人甚深，如晚清陈廷焯就跟着说："词至于明而词亡矣。然三百年中岂无合作？……明初如刘伯温、高季迪、杨孟载之流，尚沿虞伯生、张仲举之旧，无害风雅；至文徵明、杨升庵辈，风格虽低，犹堪接武。自此而后，如马浩澜辈，陈言秽语，读之欲呕。"②陈廷焯基本上是常州词派的思路，和朱彝尊流派不同，所以，其中应该排除了党伐声气，而体现的是清人，特别是康熙之后词坛的普遍看法。一直到现代，王易写《词曲史》，对马洪也是如此评价。③

为什么明人和清人的评价如此不同？朱彝尊为什么要如此激烈地反对马洪的词？朱彝尊对马洪的批判，导致了什么结果？这些，就是本文要回答的问题。

二、马洪之俗何谓？

朱彝尊对马洪的批评，主要是"俗"，所谓"陈言秽语，俗气薰入骨髓"，这是一个很重的否定。

雅俗之辨在中国源远流长，最初是与西周礼乐制度暨政治制度相联系的，表现为雅言雅乐和俗言俗乐的对立。至春秋时期，随着社会的动荡和分化，雅俗观念也得到重新阐释，偏离了音声和政治，引进了人格和

---

① 朱彝尊《词综·发凡》，《词综》（上海：上海古籍出版社，1999）卷首，第 12 页。
② 陈廷焯《云韶集》卷十二。同样的看法，也表现在这位批评家的《白雨斋词话》卷三，惟文字略有不同："词至于明而词亡矣。伯温、季迪，已失古意。降至升庵辈，句琢字炼，枝枝叶叶为之，益难语于大雅 。自马浩澜、施阆仙辈出，淫词秽语，无足置喙。明末陈人中能以秾艳之笔，传凄婉之神，在明代便算高手。"（唐圭璋《词话丛编》，第 4 册，第 3823 页）又对此表示费解："马浩澜亦有《花影词》三卷，陈言秽语，又出浪仙之下。而当时并负词名，即后世犹有称述之者，真不可解。"（《白雨斋词话》卷六，唐圭璋《词话丛编》，第 4 册，第 3923 页）
③ 如王易说："其词非无冶情秀句，但气骨轻浮，境语凡近，故朱氏谓其俗不可医。"《词曲史》（南京：江苏教育出版社，2005），第 255 页。

文化的内涵，从而形成了新的雅俗观。不过，直到这时，严格说来，这一观念还没怎么进入文学领域。引起文学领域的关注，主要还是在魏晋南北朝时期，由于形成了文章不朽的思想，魏晋南北朝的文人非常注重文体艺术风格的辨析，因而雅俗观念渐渐成为时人品评文章的基本观念，成为人们认识文学发展规律的重要参照。后来，经过唐代的蕴积，宋人对雅俗观念的理解又进入了一个新阶段，关于雅俗的关系，也不再是二元对立，而是良性互动了。① 只有在这样一个大背景下，才能深入了解词的雅俗之辨，因为词的雅俗之辨正是宋代所提出来的新命题。

以"雅"、"俗"来论词，几乎伴随着宋代词的蓬勃兴盛的局面同时展开。众所周知，随着二十世纪敦煌宝藏为学术界所关注，沉埋千年的敦煌曲子词向世人昭示出词的早期风貌，即几乎和一切文学样式一样，词在一开始也是源于民间的，因而带有不少民间文学的鲜明特征，包括感情的直截了当，语言的通俗平实等。同样，像一切文学样式一样，它也有一个由俗向雅发展的过程。事实上，从晚唐五代开始，经过花间词人和南唐君臣等，词的雅化过程一刻也没有停止。进入宋代，随着文人的大规模介入，这一趋势更加明显。柳永俗词的出现，或许反映了社会上的一定要求，因而颇受欢迎。但是，在宋代士大夫意识进一步加强，甚至成为中国传统社会发展主流的情形下，词的雅化已是大势所趋，所以，我们就看到宋代社会上几乎众口一词的对柳永的批评。在北宋，柳永由于吏

---

① 宋代的著名文人都喜欢讨论雅俗的问题，如苏轼说："可使食无肉，不可使居无竹。无肉令人瘦，无竹令人俗。人瘦尚可肥，俗士不可医。"[《於潜僧绿筠轩》，《苏轼诗集》（北京：中华书局，1982）卷九，第2册，第448页]黄庭坚也说："余尝为少年言：士大夫处世可以百为，唯不可俗，俗便不可医也。"[《书缯卷后》，《黄庭坚全集》（成都：四川大学出版社，2001），第2册，第674页]可是他们师弟也都主张以俗为雅。苏轼："诗须要有为而作，用事当以故为新，以俗为雅。"[《题柳子厚诗》，《苏轼文集》（北京：中华书局，1986），第5册，第2109页]黄庭坚《再次杨明叔韵序》："以俗为雅，以故为新，百战百胜。"（《黄庭坚全集》，第1册，第126页）按，关于雅俗观念发生发展的历史，参看王齐洲《雅俗观念的演进与文学形态的发展》，载《中国社会科学》，2005年第3期。

部不放改官而和晏殊的一番对话,①其中所体现的雅俗之辨,已经广为人知。苏轼由于弟子秦观学习柳永句法而进行的批评,即对俗词侵入其雅化阵容的警惕,②也经常见之于论述。其他,如陈师道指出柳永"骪骳从俗"③、李清照指责柳永"词语尘下"④、徐度批评柳永"多杂以鄙语"⑤,都可以联系起来看。到了南宋,对柳永的批评更是趋于明显,或曰"浅近卑俗"⑥,或曰"词格固不高"⑦,或曰"有鄙俗语"⑧。这些,都体现出宋代追求雅化的总体倾向,也体现了从大晟词人到姜夔、吴文英等的基本追求。

总的来说,从宋代开始,人们所体认的"俗"的概念,基本上就是和柳永的创作联系在一起的,其基本内涵,是由于语言的浅近直白而导致的对已建构好的文人规范的背离,这种抒情方式因此也被理解为格调不

---

① 张舜民《画墁录》:"柳三变既以词忤仁庙,吏部不放改官,三变不能堪,诣政府。晏公曰:'贤俊作曲子么?'三变曰:'只如相公亦作曲子。'公曰:'殊虽作曲子,不曾道"彩线慵拈伴伊坐"。'柳遂退。"(《丛书集成初编》本,北京:中华书局,1985,第 20 页)

② 黄昇《唐宋诸贤绝妙词选》卷二:"秦少游自会稽入京见东坡,坡云:'久别当作文甚胜,都下盛唱公"山抹微云"之词。'秦逊谢。坡遽云:'不意别后公却学柳七作词。'秦答曰:'某虽无识,亦不至是。先生之言,无乃过乎?'坡云:'"销魂当此际",非柳词句法乎?'秦惭服。然已流传,不复可改矣。"(《四部丛刊》本,第 10 页)按,关于这一记载,吴世昌先生指出是出于后人的编造,编造者"不知道《满庭芳》词调,下片首二字是一句一韵。所以'销魂当此际'这五个字并不是一句,根本不该一起读。'魂'字押上片的'门'、'尊'、'纷'、'村',又押下片的'分'、'存'、'痕'、'昏'。'当此际'三字不断句,连下文读作'当此际香囊暗解,罗带轻分'。所以根本不存在'销魂当此际'这种近乎柳永的口气,让别人议论。"吴先生的观察是非常敏锐的,但是根据《钦定词谱》总结宋人《满庭芳》的创作,下片首二字可以押韵,也可以不押韵。即使押韵,也可以断成:"销魂。当此际,香囊暗解,罗带轻分。"是则或者和原来的理解区别不大。姑录吴先生之说以为参考,见吴世昌《有关苏词的若干问题》,载《文学遗产》1983 年第 2 期。

③ 陈师道《后山诗话》,何文焕辑《历代诗话》(北京:中华书局,1981),第 311 页。

④ 李清照《词论》,王延梯《漱玉集注》(济南:山东文艺出版社,1984),第 117 页。

⑤ 徐度《却扫编》(《丛书集成初编》本)卷下,第 172—173 页。

⑥ 王灼撰,岳珍校正《碧鸡漫志校正》(成都:巴蜀书社,2000)卷二,第 36 页。

⑦ 陈振孙撰,徐小蛮、顾美华点校《直斋书录解题》(上海:上海古籍出版社,1987)卷二十一,第 616 页。

⑧ 沈义父《乐府指迷》,唐圭璋《词话丛编》,第 1 册,第 278 页。

高。至于内容,则并没有根本的区别,即如柳永遭到晏殊诟病的那首词,和包括晏殊在内的许多词人的作品,其实并没有本质的不同。

不过,秉持这一观点反观马洪的词,尽管也被朱彝尊批评为"俗",情形却颇为不同。马洪的词,据其自述,大约有一百首左右。今其《花影集》仍未发现,不知是否尚存世间。《全明词》搜罗各种文献,仅辑得其词16首,今再检其他文献,复得13首①,合计有29首,不足其词总数的百分之三十,不过,尝鼎一脔,大约也可在一定程度上反映其创作的风貌。考察他的所有作品,大约可以分为三类,一类是男女情爱词,一类是山水纪胜词,一类是友朋交游词。用发展到晚清已经建构好了,并被多数人同意的批评观念来看,尽管马洪的这些词不一定算是什么佳作,却也和柳永一派的俗词风格相去甚远。如果说,朱彝尊所批评的"秽语"指的是淫媟之言,则我们在马洪的词中并没有发现这一类描写,至少没有什么露骨的描写,如其《海棠春·春日》:"越罗衫薄轻寒透。正画阁、风帘飘绣。无语小莺慵,有恨垂杨瘦。 桃花人面应依旧。忆那日、擎浆时候。添得莫愁牵,只为秋波溜。"②写得很工致,却有似曾相识之感。所以,"陈言秽语"四字,也许应该联系起来,做另外一种解释,意思是摇笔即来,缺少独创性,没有真性情,包括太工致了,有时也是一种俗。

因此,朱彝尊在建构其词学思想时,将马洪拿出来作为反面对象进行批判,用意超过了同时的不少批评家。在他看来,明词的俗,不仅是一般人所体认的似曲,更主要的是"意俗"。倘若能够从这一方面入手,唤起作家们普遍的注意,则清词的发展就能走上一条康庄大道了。朱彝尊

---

① 这13首是《南乡子·西湖十景》、《虞美人》、《小重山·西湖》,以上见田汝成《西湖游览志余》卷十三,《景印文渊阁四库全书》,第585册,第459—461页。又《画堂春》,见同书卷十二,第456页。按,检索2006年1月之前诸补《全明词》的文章,仅见余意《〈全明词〉漏收1050首补目》一文提及补马洪词,云:"马洪词已见《全(明词)》第一册249页,今据田汝成《西湖游览志余》卷十二补入一首,词目为:《画堂春》'萧条书剑困埃尘'。"但是,或许出于偶误,余氏仅注意到《西湖游览志余》卷十二中有一首可补马洪词,却忽略了卷十三还有12首。谨录于此,以为参考。余意文见《上海大学学报》,2006年第1期。

② 饶宗颐初纂,张璋总纂《全明词》(北京:中华书局,2004),第1册,第250页。

所论的，其实也体现着词发展到南宋的一个基本脉络，只是他更加具有词史的意识和批评的眼光而已。

三、朱彝尊批马之用意

讨论朱彝尊对马洪的批评，必须和他对整个明词的看法结合起来。朱彝尊对明词，基本上持否定态度，认为"词自宋元以后，明三百年无擅场者"①。并进一步把这种状况的形成，归咎于《草堂诗余》的盛行："古词选本，若《家宴集》、《谪仙集》、《兰畹集》、《复雅歌辞》、《类分乐章群公诗余后编》、《五十大曲》、《万曲类编》及草窗周氏选，皆轶不传，独《草堂诗余》所收最下最传，三百年来学者守为兔园册，无惑乎词之不振也。"②这种看法，又不仅是朱彝尊个人的，如当时高佑钯也说："词始于唐，衍于五代，盛于宋，沿于元，而榛芜于明。明词佳者不数家，余悉踵《草堂》之习，鄙俚亵狎，风雅荡然矣。"③

《草堂诗余》是南宋人所编，其后一直流行，发展出不同的版本，仅明本就有35种之多。不过，大致说来，可以分为分调和分类两种，其中又以分类本更为流行。分类本分为前后两集，前集分春、夏、秋、冬四景，后集分节序、天文、地理、人物、人事、饮馔器用、花禽七类。每一类下面又分若干子目，如春景类下有初春、早春、芳春、赏春、春思、春恨、春闺、送春等八个子目，节序类下有元宵、立春、寒食、上巳、清明、端午、七夕、中秋、重阳、除夕等十个子目。这样分类的原因，清人宋翔凤已经指出："《草堂》一集，盖以征歌而设，故别题春景、夏景等名，使随时即景，歌以

---

① 朱彝尊《水村琴趣序》，《曝书亭集》（《四部丛刊》本）卷四十，第6页下。
② 朱彝尊《词综·发凡》。按朱彝尊这段话颇有经典的意味，如《御选历代诗余》纪昀等的按语就说："向来选本，若《家宴集》、《谪仙集》、《兰畹集》、《复雅歌辞》、《类分乐章群公诗余后编》及草窗周氏选，皆佚不传，惟顾从敬所编《草堂诗余》盛行数百年，而持择未当，识者病之。"这段话，即全从朱氏而来。见沈辰垣等《御选历代诗余》，《景印文渊阁四库全书》，第1491册，第13页。
③ 高佑钯《迦陵词全集序》，《迦陵词全集》（《四部丛刊》本）卷首。

娱客。题吉席庆寿,更是此意。其中词语,间与集本不同。其不同者恒平俗,亦以便歌。以文人观之,适当一笑,而当时歌伎,则必需此也。"①可见,《草堂诗余》有着非常明确的实用性,在词作为音乐文学发展的过程中,价值不容忽视,也正因为此,能够轻而易举地形成类型化,成为社会大众参详甚至模仿的范本。②

在另外一篇文章中,我曾经指出:"马洪的词经常有应景之作,不仅每成套路,而且容易使用,便于模仿,如他诸多的写春景春情的词,就没有什么新意,屡见征引的《南乡子》十首写西湖十景,连缀景物,不过是宋代以来诗人墨客惯常歌咏的题目,近似南宋开始盛行的'应社'之作。"③所以,马洪的不少作品,正可以看作《草堂诗余》一书在明代的某种象征,而朱彝尊的批判马洪,其实也是醉翁之意不在酒,矛头仍然是指向《草堂诗余》的。在朱彝尊看来,纠正了这种倾向,当然也就解决了词创作的不少问题。

说到这一点,又必须和朱彝尊的词学宗尚结合起来。虽然在一首词中,他说自己:"不师秦七,不师黄九,倚新声玉田差近。"④其实还少说了一个姜夔。在《词综·发凡》中,朱彝尊对姜夔给予了极高的评价:"世人言词,必称北宋,然词至南宋始极其工,至宋季而始极其变。姜尧章氏最为杰出。"⑤事实上,姜夔的词作正是靠了朱彝尊的发掘,才以比较完整的风貌出现在世人的眼中,如果说,《词综》一书对其他词人可算是选本的话,则对姜夔来说,就是当时所能找到的所有作品了。仔细考察《词综·发凡》,我们还看到了一个有趣的现象,即朱彝尊在感慨宋词亡佚甚

---

① 宋翔凤《乐府余论》,唐圭璋《词话丛编》,第3册,第2500页。
② 关于《草堂诗余》的有关问题,请参看孙克强《清代词学》(北京:中国社会科学出版社,2004),第五章《明代及清初词学》。
③ 参看拙作《清代词学中的明词观》,见陈飞、张宁主编《新文学(第二辑)》(郑州:大象出版社,2004年)。
④ 朱彝尊《解珮令·自题词集》,《曝书亭集》卷二十五,第12页上。
⑤ 朱彝尊《词综·发凡》,《词综》卷首,第9页。

多时,举出这样一件事:"公谨赋《西湖十景》,当日属和者甚众,而今集无之。"①我们还不知道,朱彝尊说这番话的意思,是指他本人曾看到周密的《西湖十景》,而今本周密词集未有收录,还是他本人也没有看到,只是知道有这种记载。但《全宋词》所收周密词,一开篇即是《木兰花慢·西湖十景》,序云:"西湖十景尚矣。张成子尝赋《应天长》十阕,夸余曰:'是古今词家未能道者。'余时年少气锐,谓此人间景,余与子皆人间人,子能道,余顾不能道耶?冥搜六日而词成。成子惊赏敏妙,许放出一头地。"②由此得知,写"西湖十景"词,是南宋人的风气,周密尚是见张成子之作,而兴起的争胜之心,而按照朱彝尊的说法,则周密本人的词,也有不少人争相唱和。这就证明了,马洪写作这一类的词,其实是在前人的作品里打转,要想体现新意,实在很困难,则所谓"陈言秽语",实在是有感而发。

周密总结自己的创作时说:"间作长短句,或谓似陈去非、姜尧章。"③就学习姜夔这一点而言,其实不仅周密,南宋末年的不少词人都是如此。姜夔本人写词,就很喜欢以西湖为背景,著名的《念奴娇》写荷花荡,就是因为"揭来吴兴,数得相羊荷花中,又夜泛西湖,光景奇绝,故以此句写之"④。姜夔在南宋的最佳传人张炎也是非常长于写西湖,如其《南浦·春水》:"波暖绿粼粼,燕飞来,好是苏堤才晓。鱼没浪痕圆,流红去、翻笑东风难扫。荒桥断浦,柳阴撑出扁舟小。回首池塘青欲遍,绝似梦中芳草。 和云流出空山,甚年年净洗,花香不了。新绿乍生时,孤村路、犹忆那回曾到。余情渺渺。茂林觞咏如今悄。前度刘郎归去后,溪上碧桃多少。"⑤沈祖棻评其上片云:"起三句写景如画,便觉春光骀

---

① 朱彝尊《词综·发凡》,《词综》卷首,第9页。
② 唐圭璋《全宋词》(北京:中华书局,1965),第5册,第3264页。
③ 周密《弁阳老人自铭》,朱存理编《珊瑚木难》卷五,转引自史克振《草窗词校注》(济南:齐鲁书社,1993)附录,第256页。
④ 姜夔《念奴娇》序,夏承焘《姜白石词编年笺校》,《夏承焘集》(杭州:浙江古籍出版社、浙江教育出版社),第3册,第6页。
⑤ 张炎《南浦·春水》,张炎撰,吴则虞校辑《山中白云词》(北京:中华书局,1983),第1页。

荡,春水溶溶,如在目前。咏物之最上乘,所谓取神者也。'鱼没'句,体物极工细。'流红'句,翻陈出新,用意更进一层。'荒桥'二句,暗点荒凉,其宋邦沦覆以后之作欤？'回首'二句,用谢灵运梦惠连而得'池塘生春草'之句事,如此活用,极融化变幻之奇,刘熙载《艺概》所谓'实事虚用'也。"①沈氏所论,正体现出张炎是"与白石老仙相鼓吹"②,这些作品,都能体现出姜夔所提倡之"清空骚雅"的词风。

所以,当朱彝尊以"陈言秽语"批评马洪的时候,他的心中是有姜夔,以及受姜夔影响的张炎诸人的影子的,他所指出的马洪的俗,背后正是姜夔的雅。而姜夔的雅,也正如清人经常说的,是在神不在貌的,正如马洪的俗,照朱彝尊的看法,其实也是俗在神。而且,我们也注意到,朱彝尊是浙江人,他所批评的马洪是杭州人,喜写西湖之景,他所推崇的南宋词人如姜夔、张炎等,也喜写西湖之景,将这些对照起来看,也许并不是偶然的。不过,我们也有必要指出,马洪的词,其实并不是像朱彝尊所说的那样不堪。他的创作中,固然可能有句意陈熟之病,但我们应该回到具体的历史场景中,看到在唐五代大量优秀作品未在社会上广泛传播的情况下,马洪的词,作为与文人生活密切相关的"当代文学",也有其存在的合理性。后人站在词史的高度上,可以称之为"小名家"③,而当时人却可能予以高得多的评价,否则,就无法解释为什么杨慎在其《词品》中一再称引,田汝成在其《西湖游览志余》中一再提及了。

四、强势选择之词史体现

如前所述,马洪词在明代评价甚高,而到清代,就开始走下坡路。走下坡路的标志,不仅在于评价的降低,还表现在人们对其作品的蔑视,以至于他的《花影集》完帙似乎已经失传。2003年出版的《全明词》固然没

---

① 沈祖棻《宋词赏析》(上海:上海古籍出版社,1980),第169页。
② 仇远《玉田词题辞》,张炎撰,吴则虞校辑《山中白云词》,第164页。
③ 参看张仲谋《明词史》(北京:人民文学出版社,2002)第三章第四节《马洪:词坛荒漠中的小名家》。

有收入这个集子,后来对《全明词》进行增补的学者,也未见发现这个集子。这一现象值得关注。

考察清代对马洪词的评价,康熙年间尚有不同看法。初刻于康熙十七年(1678),定本刻于康熙三十年(1691)的《词综》,其中批评马洪的言辞非常激烈,已见之前引,而这一段话,在清代也被反复引用,引用时,甚至不加出处,尽管也是古人引书通例,却也见出约定俗成,心照不宣,愈发体现出普遍性。举其著者,如田同之《西圃词说》[1]和陈廷焯《白雨斋词话》[2],都是如此。《词综》的出现,是清代词史发展中的一个具有标志性的事件,四库馆臣评云:"彝尊本工于填词,平日尝以姜夔为词家正宗,而张辑、卢祖皋、史达祖、吴文英、蒋捷、王沂孙、张炎、周密为之羽翼,谓自此以后,得其门者或寡。又谓小令当法汴京以前,慢词则取诸南渡。又谓论词必出于雅正,故曾慥录《雅词》,鲖阳居士辑《复雅》,又盛称《绝妙好词》甄录之当。其立说大抵精确,故其所选能简择不苟如此,以视《花间》、《草堂》诸编,胜之远矣。"[3]四库馆臣以《词综》和《花间》、《草堂》作比,认为"胜之远矣",并不是一件偶然的事。这标志着,从学术史的观点来看,发展到《词综》,以学习《花间》、《草堂》为宗尚的明人词风,得到了很大程度的清算,词学又开始了新的路向。

不过,我们也应该看到,这个所谓新的路向,其实也有一个过程。康熙年间,一直就有不同的声音。如陈维崧说:"马浩澜作词四十年,仅得

---

[1] 田同之《西圃词说》卷一:"明初作手,若杨孟载、高季迪、刘伯温辈,皆温雅芊丽,咀宫含商。李昌祺、王达善、瞿宗吉之流,亦能接武。至钱塘马浩澜以词名东南,陈言秽语,俗气熏人骨髓,殆不可医。周白川、夏公谨诸老,间有硬语,杨用修、王元美则强作解事,均与乐章未谐。"(唐圭璋《词话丛编》,第2册,第1454页)

[2] 陈廷焯《白雨斋词话》卷三:"词至于明,而词亡矣。伯温、季迪,已失古意。降至升庵辈,句琢字炼,枝枝叶叶为之,益难语于大雅。自马浩澜、施阆仙辈出,淫言秽语,无足置喙。明末陈人中能以秾艳之笔,传凄婉之神,在明代便算高手。然视国初诸老,已难同日而语,更何论唐、宋哉。"(唐圭璋《词话丛编》,第4册,第3823页)按陈氏虽然更改了朱彝尊的原字面,却保留了基本精神。

[3] 永瑢等《四库全书总目》(北京:中华书局,1965),第1825页。

百篇,昔人矜慎如此。今人放笔颓唐,岂能便得好句。"①编纂于康熙四十六年(1707)的《御选历代诗余》卷一百一十《明人姓氏》云:"马洪字浩澜,仁和人,善吟诗,词调尤工。有《花影集》。"又卷一百二十《词话》全引杨慎《词品》云:"钱塘马浩澜,号鹤窗,善咏诗,尤工词调。虽皓首韦布,而含吐珠玉,锦绣胸肠,褎然若贵介王孙也。"②于此可见,当时尚有人延续明人之见,对马洪给予较高评价。特别是《御选历代诗余》编纂于康熙四十六年,是时朱彝尊为领袖的浙西词派已经红透半边天,但该集仍然没有完全按照朱彝尊的意见品评作家,确定是非,可见在康熙年间,对明词,尤其是对马洪的看法,也还没有定于一尊。将《御选历代诗余》中对马洪的评价和朱彝尊的评价结合起来看,可以得知,康熙年间,还是一个众派分流的时候,尽管《御选》一书的批评倾向肯定不如《词综》那么鲜明。然而,到了康熙末年以后,情况似乎就发生了变化。

尽管谭献在总结清初词坛的时候说:"锡鬯、其年出而本朝词派始成……嘉庆以前,为二家牢笼者十居七八。"③对朱、陈二家在清词发展中所起的作用大加赞赏。但事实上,真正具有长远生命力和影响力的是朱彝尊。④ 至于陈维崧,一生才名甚大,才气过人,可是其所建立的流派,呈松散的发展状况,所以只能及身而止。朱彝尊就不同。朱彝尊所创建的浙西词派,如果从该派先驱曹溶算起,首先有朱彝尊、李良年等"浙西六家"大张旗鼓,然后有乾隆年间厉鹗等人的传承衣钵,开出新路。再往后,仍有吴中诸子如戈载等人倡导声律,还有吴江才子郭麐诸人笔走轻灵,使得浙派流风,绵绵不断,直到晚清近代,流风余韵,仍未断绝。这一过程,作为文学史的实际,并不能按照一般词史看待,因为,即使嘉庆以后,常州词派登上历史舞台,似乎具有了压倒一切的声

---

① 田同之《西圃词说》引,唐圭璋《词话丛编》,第 2 册,第 1465 页。
② 沈辰垣等《御选历代诗余》(杭州:浙江古籍出版社,1998),第 488、531 页。
③ 谭献《箧中词·今集》卷二。沈辰垣等编《御选历代诗余》(杭州:浙江古籍出版社,1998)附录,第 544 页。
④ 所以,谭献弟子徐珂在其《清代词学概论》第二章《派别》讨论清词派别时,就去掉了陈维崧:"有清一代之词,有二大别。一浙派,一常州派。"

势,但常州词派的发展,仍然是综合包容了以前的各种文学现象,获得了广泛的资源。朱彝尊所倡导的基本思路,因而不可能由于常州词派的强大而被取消。

  由此,我们不难发现这样一条文学史脉络,即马洪的声名由煊赫到沉寂,马洪的词作由传播四方到趋于失传,是由明到清词学思想的演变所导致的变化,其中,朱彝尊的词学思想在清代作为一种强势文化所产生的影响,又起了绝对的作用。这其实也是文学史上经常出现的一种现象,即一个作家的升沉起伏,除了他本人作品的价值之外,也往往与一些处于文学史发展的关键时刻的重要人物有关。受到这些人物的褒扬,可能从此确立显赫地位,而如果成为被否定的对象,则往往会带来截然不同的命运。处在强势人物的影响之下,不虞之誉和求全之毁,似乎都难以避免。即如陈廷焯所言:"吴梅村词,虽非专长,然其高处,有令人不可捉摸者,此亦身世之感使然。否则徒为'难得今宵是乍凉'等语,乃又一马浩澜耳。"①其实,词中缺少身世之感者,岂止一个马洪,而且,词之为体,路向多端,也并不一定都要有身世之感。陈廷焯专门挑出马洪来作为反面例证,恐怕也是受到朱彝尊强势影响的结果。经典化不仅可以看出杰出作家地位确立的过程,也可以看出某些作家经过强势力量的选择,不断弱化的过程,而后者,正可以提供我们重加体认的空间。

结语

  马洪是明代的著名词人,创作态度极为审慎,自谓四十年来词作只有百首,但明人和清人对他的评价往往截然相反。而自朱彝尊在《词综》中对他进行激烈批评之后,清人基本上延续这种说法,认为他的词俗。不过,清人也许对马洪其人并无细致了解,首先时代上就出现混乱,把他放在杨慎、文徵明的后面来讨论,从而在考察明词史时出现脉络上的失察,马洪实际上生活在弘治、正德、嘉靖年间。从这一点,也可以看出,康

---

① 陈廷焯《白雨斋词话》卷三,唐圭璋《词话丛编》,第 4 册,第 3826 页。

熙之后对马洪的讨论，是笼罩在朱彝尊的看法之下的，朱彝尊在《词综》之中所发表的意见，已经成为人们讨论马洪时的强势思路。从这一基本思路出发，他们甚至懒得去清理基本事实，以至于对马洪的生平也不甚了了。从一个名满天下的词人，到基本面目模糊不清，甚至连词集都已经失传，这个巨大的反差，让我们看到了文学史发展的一些有趣的现象，即强势人物和理论所产生的巨大影响。如果照此做进一步深入考察，相信我们对文学史发展的脉络会有一些不同的认识。

重审中国的"文学"概念

张伯伟

一

今天国人自以为熟知的文学概念,也就是将想象性的、虚构性的、讲究语言艺术的书写文本看作"文学",其体裁四分为诗歌、小说、戏剧、散文,这在"文学"的概念史上,只有不到两百年的时间(如果不是严格地说只有一百年的话)。中国现代流行的文学概念,是以日本为中介,受西方(主要是英国)十九世纪中期 literature 概念的影响而形成。[①] 这是一个错综复杂的过程。以我有限的阅读而言,自从英国的雷蒙·威廉斯(Raymond Williams)在其《关键词:文化与社会的词汇》(1976)一书中,对英语"Literature"含义的演变做出梳理之后,特里·伊格尔顿(Terry Eagleton)《文学理论导论》(1983)、乔纳森·卡勒(Jonathan Culler)《文学理论入门》(1997)等书,无一不认识到"文学"是一个变动的概念。所以,百年前中国学术界所接受的,只是欧美自十九世纪以来逐步成为主流的"文学"概念。在此之前,这一概念泛指置于书架上的所有著作,意

---

① 鲁迅在《门外文谈》(1934)中说:"现在新派一点的叫'文学',这不是从'文学子游子夏'上割下来的,是从日本输入,他们的对于英文 Literature 的译名。"《且介亭杂文》(北京:人民文学出版社,1975),第 76 页。

味着文雅和博学。"English literature"中赫赫有名者,即便在十九世纪初期英国人的心目中,其代表竟是物理学家牛顿爵士(Sir Isaac Newton)和医生洛克(John Locke)。① 而在二十世纪后半叶,"literature"一词受到诸如"writing"(书写)或"communication"(传播)等概念挑战的原因,正是"试图恢复那些被狭义的 literature 所排除的普遍通用之意涵"②。所以,伊格尔顿在回答"什么是文学"的时候说:"如果仔细阅读火车时刻表不是为了换车,而是为了在心中激起对现代生活的速度和复杂性的一般思考,我可以说那就是在把它当文学读。"③而在本世纪出版的贝内迪克特·耶辛(Benedikt Jeßing)和拉尔夫·克南(Ralph Köhnen)《文学学导论》(2007)中,"文学的体裁类型"已经从传统的抒情诗、戏剧、叙事散文(小说)扩展到书信、日记、自传、游记、新闻报道、论说文甚至天气预报和广告等,原因就是,"在各种不同文学理论和美学纲领潮流的影响下,二十世纪出现了**文学概念的扩大化**"④,"在二十世纪七十年代之后,应用文本日益成为**文学学研究的对象**"⑤。所以卡勒认为:"文学就是一个特定的社会认为是文学的任何作品,也就是由文化权威们认定可以算作文学作品的任何文本。"它"不是具体的特性,而只说明不同的社会群体对它的不断变化的标准"。⑥ 上述三段文字分别出于英国、德国和美国学者之笔,皆属于"导论"性质的著作,体现的也是欧美学术界在近几十年的主流认识。不需要再更多地引经据典,我们就可以发现,在西方"文学"概念的传统中,广义的、包括许多应用性文字在内的、大写的

---

① 参见雷蒙·威廉斯著,刘建基译《关键词:文化与社会的词汇》(*Keywords: A vocabulary of culture and society*,北京:生活·读书·新知三联书店,2016),第316—317页。

② 雷蒙·威廉斯著,刘建基译《关键词:文化与社会的词汇》,第320页。

③ Terry Eagleton, *Literary Theory: An Introduction* (Oxford: Basil Blackwell Publisher Limited, 1983), p.9.

④ 贝内迪克特·耶辛、拉尔夫·克南著,王建、徐畅译《文学学导论》(*Einführung in die Neuere deutsche Literaturwissenschaft*,北京:北京大学出版社,2016),第115页。

⑤ 贝内迪克特·耶辛、拉尔夫·克南著,王建、徐畅译《文学学导论》,第123页。

⑥ 乔纳森·卡勒著,李平译《文学理论入门》(*Literary Theory: A Very short Introduction*,南京:译林出版社,2013),第23页。

"Literature"的含义,无论是时间上还是空间上,都远远超过狭义的"literature"的含义。但这些基本知识在中国,仅仅限于文学理论界的关心和讨论,对于文学研究几乎没有任何影响。这是因为,从事理论工作的"巨人"往往是实践方面的"矮子",而从事具体研究的"教授"又常常甘做理论课程的"差生"。① 这种极大的对峙造成了我们对于包括中国传统"文学"概念在内的许多问题的理解和认识,还停留在百年以前的水平,亟需重新予以审理。

二

几乎所有的中国文学批评史著作都要梳理"文学"一词在传统文献中的含义,其取得的成绩有目共睹,但本文的重心不是在先贤"功劳簿"的巨帙上再添加浓墨重彩的一笔,借用兰色姆(J. C. Ransom)的话说:"时光的飞逝不允许我们将它浪费在忸怩作态的谦虚上。我认为批评存在于未来而非过去,而我们的批评工具远非尽善尽美。"②我想以两部书为例概括以往的研究模式,这就是郭绍虞和罗根泽的两部《中国文学批评史》。郭著在"总论"中将中国文学批评的发展划分为三期,"一是文学观念演进期",其中又分为三个阶段:"周、秦为一期,两汉为一期,魏、晋、南北朝又为一期。"③其根据就是"文学"的不同含义和人们的不同认识,

---

① 如果同意旁观者清的道理,我们不妨听听美国学者的批评,尽管可能有"偏见"。比如理查德·特迪曼(Richard Terdiman)说:"中国学术界在文学史上盛产实证性的研究。"(《萌在他乡:米勒中国演讲集·编者的话》,国荣译,南京:南京大学出版社,2016,第 2 页)宇文所安(Stephen Owen)说:"中国古代文学研究者欠缺理论意识。"(卞东波《宋代诗话与诗学文献研究·后记》引述,北京:中华书局,2013,第 440 页)包弼德(Peter K. Bol)说:"大陆出版的最有价值的书是古籍整理,而不是研究著作。"(王希等《开拓者:著名历史学家访谈录》,北京:北京大学出版社,2015,第 254 页)

② 约翰·克罗·兰色姆著,王腊宝、张哲译《新批评》(*The New Criticism*,南京:江苏教育出版社,2006)"前言",第 4 页。

③ 郭绍虞《中国文学批评史》(百花文艺出版社,1999),上卷,第 4—5 页。案:该书根据商务印书馆 1934 年版上册、1947 年版下册重印。

概括地说,周、秦时期"兼有文章博学二义";两汉时期"把'文'与'学'分别而言了,把'文学'与'文章'分别而言了";魏、晋、南北朝"较两汉更进一步","'文学'一名之含义,始与近人所用者相同","更有'文'、'笔'之分:'笔'重在知,'文'重在情;'笔'重在应用,'文'重在美感。始与近人所云纯文学、杂文学之分,其意义亦相似"。① 至此,中国传统文学观念的演进也就完成。总之,这是循着历史线索做纵向的梳理。虽然难免粗糙,断语亦不尽确当,但这一探索方向奠定了绝大多数后来者的基础,甚至成为后人研究思路的轨辙。其基本特征是:就名词而言,涉及文学、文章、文、笔;就时段而言,结束在唐以前;②而就参照系而言,则是西方十九世纪形成的主流文学观(所谓"近人所用"、"近人所云")。与郭著不同,罗根泽采用了横向剖析的方法,在《绪言》中将"文学"的概念分为"广义的"(取章太炎《国故论衡》说)、"狭义的"(取萧子显《南齐书·文学传论》说)和"折中的"(取宋祁《新唐书·文艺传》说,未必恰当),并宣称自己所取的是"折中",既不同于"广义"、"狭义"以及宋祁,也不同于中国传统和西洋学说,这是一种截断众流、独抒己见的新说,③反而对后世的影响较弱。多数研究者采用的是郭著的思路,即历史梳理的方式,这与西方概念史的研究路径,在方向上也是一致的。本文也将以这一路径对"文学"概念重加检讨。

　　以往的研究主要有二失:一是将名词的演变等同于概念的演变(如文学→文章→文笔),二是将文献的胪列取代了意义的剖析。无论是广义的还是狭义的,表达"文学"这一概念的名词绝不仅仅限于文学、文章或文笔,而概念的内涵也绝不仅仅表现为名词的演变。从某种意义上看,我们可以把文学当作一个较为上位的概念,其中包含了若干单个概

---

① 郭绍虞《中国文学批评史》,上卷,第5—6页。
② 郭绍虞在1927年写的《文学观念与其含义之变迁》一文,将考察范围延伸到唐宋时代的"文"、"道"关系。收入其《照隅室古典文学论集》(上海:上海古籍出版社,1983),上编,第88—104页。
③ 罗根泽《中国文学批评史(一)》(上海:上海古籍出版社,1984),第3—4页。案:此书第一分册最早由商务印书馆1942年版,后来多次重印。

念,如文学、文章、文笔、诗文、文道等。单个概念本身有其含义的变化,而不同概念之间又有并置或替换。这整个过程就构成了中国文学概念的变迁,考察其衔接点(往往也意味着转折点)并注意其在语境中的涵义就是本文的重心。

以"文学"的词源来说,最早见于《论语·先进》,与德行、言语、政事并列云:"文学:子游、子夏。"①这里有两方面的意义需要剖析,首先是"文学"一词的含义,经过郭绍虞对古人注释的选择,人们通常接受了宋人邢昺的说法,即"文章博学"②。但这更多反映的是宋人对"文学"一词的理解,未必合于周秦时代人们的认识。所以我更愿意选择较为早期的注释,比如范宁云:"文学,谓善先王典文。"皇侃承之云:"文学指是博学古文。"③乃泛指古代流传下来的文献,精通者便可称为文学之士,子游、子夏即为其例。如果想要具体化一些,根据周代的教学内容,如《礼记·王制》所说的"顺先王《诗》、《书》、《礼》、《乐》以造士"④,以及《史记》记载的"孔子以《诗》、《书》、《礼》、《乐》教"⑤,在孔子的心目中,儒家"六艺"(《诗》、《书》、《礼》、《易》、《乐》、《春秋》)可以当作"文学"的杰出代表。这与欧洲中世纪到浪漫主义兴起之前"literature"(或法文 litérature、拉丁文 litteratura)的词义——"通过阅读所得到的高雅知识"⑥——也大致相同。在二十世纪以前的中国,"文学"一词的含义虽然有所变化,但上述意涵一直保留在这个词汇中。另外一个需要剖析的意义,是"文学"与德行、言语、政事的次序轻重。最早指出"四科次第"的是皇侃,这个次第也正反映了在教学体系中的轻重缓急。然而实际上,在《论语》的不同传本

---

① 皇侃撰,高尚榘校点《论语义疏》(北京:中华书局,2013)卷六,第267页。
② 邢昺《论语注疏》卷十一,阮元校刻《十三经注疏》(北京:中华书局,1980),下册,第2498页。
③ 皇侃撰,高尚榘校点《论语义疏》卷六,第267—268页。
④ 孔颖达《礼记正义》卷十三,阮元校刻《十三经注疏》,上册,第1342页。
⑤ 司马迁《史记·孔子世家》(香港:中华书局香港分局,1969),第1938页。
⑥ 雷蒙·威廉斯著,刘建基译《关键词:文化与社会的词汇》,第314页。案:威廉斯还指出,在十八世纪中叶以前,"literature"的意涵实际上等同于"literacy","指的是阅读的能力及博学的状态"(第315页)。

中本来就有不同的次第,《史记·仲尼弟子列传》中"政事"在"言语"前,刘宝楠《论语正义》认为"当出《古论》"①。程树德《论语集释》引用的多种文献表明,四科次第另有德行、政事、文学、言语者,还有德行、文学、政事、言语者,②皇侃勉强解释,实无必要。孔门教学,四者贯通,岂有空讲德行而不顾政事、文学?又岂有专讲文学而忽略德行、言语?《论语·述而》云:"子以四教:文、行、忠、信。"李充释曰:"其典籍辞义谓之文。"③也就是等同于一切文献总称的"文学",以"四教"勉强与"四科"相匹配,则"行"为"政事","忠"为"德行","信"为"言语",哪里有什么一成不变的轻重缓急?要是按"四教"之序,我们岂不可以说,孔子最重视的是"文学"?

"文学"一词产生分化,也就是从中析出"文辞"的意涵是在汉代,以此构成的"文章"一词也因此而获得了新义。《论语》中已有"文章",如子贡云"夫子之文章,可得而闻也",尽管皇侃解释为"文章者,六籍也",也就是儒家"六经"④,"六籍者有文字章著焕然,可修耳目,故云'夫子文章可得而闻也'"⑤,但这个解释将"文章"等同于"文学",是不确的。值得重视的解释出自朱熹:"文章,德之见乎外者,威仪文辞皆是也。"⑥不仅指借语言表现出的孔子思想,也包括由其体貌或人格显示出的圣人气象。而在汉代,"文章"一词便减省了"威仪"的含义,而突出了"文辞"的意义。《汉书·公孙弘卜式兒宽传赞》云:"汉之得人,于兹为盛。儒雅则

---

① 刘宝楠撰,高流水点校《论语正义》(北京:中华书局,1990)卷十一,第441页。案:皇侃《论语义疏》以《鲁论》为据。西汉时代所传《论语》有《古论》、《鲁论》和《齐论》,文献上虽然没有明确记载司马迁所学之《论语》为哪一种,仅记载他从孔安国学《古文尚书》,但《史记·仲尼弟子列传》中说:"论言弟子籍,出孔氏古文近是。余以弟子名姓文字悉取《论语》弟子问。"明确说明他所用《论语》乃"出孔氏古文"本。所以,刘宝楠的意见是可取的。
② 程树德撰,程俊英、蒋见元点校《论语集释》(北京:中华书局,1990)卷二十二,第742页。
③ 皇侃撰,高尚榘校点《论语义疏》卷四,第172页。
④ 班固《两都赋·东都赋》云:"盖六籍所不能谈,前圣靡得言焉。"李善注:"六籍,六经也。"(萧统《文选》卷一,日本京都:中文出版社,1972,第10页)
⑤ 《论语·公冶长》,皇侃撰,高尚榘校点《论语义疏》卷三,第110页。
⑥ 朱熹《论语集注》卷三,《四书章句集注》(北京:中华书局,1983),第79页。

公孙弘、董仲舒、儿宽……文章则司马迁、相如。"①"文章"与"儒雅"的相对，就是"文"与"学"的相对。而如果要将这里的"文章"做具体化的理解，最当之无愧的代表就是辞赋，《汉书·艺文志》就著录了司马迁赋八篇、司马相如赋二十九篇。此后，具备了新义的"文章"一词就普遍使用开来。这一现象已经被学术界注意到，而另外应该注意到的现象是，出现了可以置换"文学"的名词，这就是《汉书》中的"艺文"。班固面对的"百年之间，书积如山"②的大量文献，经整理后有"六略三十八种，五百九十六家，万三千二百六十九卷"③，如果援用现成的名词来表示所有的文献，就是"文学"，而班固乃新创"艺文"以代之。所有文献中最重要的是前三类："六艺"代表"学"也就是"艺"，"诗赋"代表"文"，而"诸子"则介于"学"与"文"之间（后面"兵书"、"数术"、"方技"三类亦属于"学"）。这也导致了在后来的分歧，如《文心雕龙》列《诸子》，明确属于"文"，而《文选》则以"老、庄之作，管、孟之流，盖以立意为宗，不以能文为本"④为由不入其书。《汉志》六类文献中，五类据文献内容（说什么）而划分，惟"诗赋"据其表达方式（怎么说）而独立为类。不仅于此，《诗赋略》再分五种，除歌诗一种外，又析为屈原赋、陆贾赋、孙卿赋、杂赋四种，也同样是据表达方式之异区分。按照章太炎的说法，"屈原方情；孙卿效物；陆贾赋……盖纵横之变也"⑤。顾实本其说而发挥云："屈原赋之属，盖主抒情者也。""陆贾赋之属，盖主说辞者也。""孙卿赋之属，盖主效物者也。"⑥皆从如何结撰成篇的角度来区分。假如这些说法能够再现班固的用意，则《诗赋略》对于文学的认识，已经非常重视其表达方式。自"艺文"之后，至《隋书》而再立"经籍"之名，也是用以括称所有文献。从此以后，概指历代或一代文献的总称就多为艺文、经籍以及后来的文献、四库

---

① 班固《汉书》（北京：中华书局，1962）卷五十八，第2634页。
② 刘歆《七略》，《文选》卷三十八任昉《为范始兴作求立太宰碑表》李善注引，第532页。
③ 班固《汉书》卷三十，第1781页。
④ 萧统《文选序》，《文选》卷首，第2页。
⑤ 庞俊、郭诚永《国故论衡疏证》（北京：中华书局，2011）中之六《辨诗》，第593页。
⑥ 顾实《汉书艺文志讲疏》（上海：上海古籍出版社，1987），第173、177、181页。

或古今图书等,再也不用"文学"一词。

到了魏晋时代,类似现代人理解的文学作品的概念,普遍用"文"或"文章"来总称。曹丕《典论·论文》,陆机《文赋》,荀勖《杂撰文章家集叙》,挚虞《文章志》、《文章流别集》、《文章流别论》,傅亮《续文章志》等,都是专论文学创作、汇聚文学作品以及纂集文人小传的著作。衍至南朝,其书更多,最著名的当然是《文心雕龙》和《文选》。而"文学"一词,其意涵已经变成了"文与学"或"文兼学"。《世说新语》有《文学》篇,现存本共104则,很显然,前65则为"学",自"文帝尝令东阿王七步作诗"始为"文"。王世懋在第65则下云:"以上以玄理论文学,文章另出一条,从魏始。盖一目中复分两目也。"李慈铭在第66则下云:"案临川之意分此以上为'学',此以下为'文'。然其所谓'学'者,清言、释、老而已。"①《南齐书·文学传》共载十人,自丘灵鞠以下六人偏于"文",崔慰祖以下四人偏于"学"。其《论》为文学批评史上的重要文献,使用的名词皆为"文章",绝不用"文学":一云"文章者,盖情性之风标,神明之律吕也",二云"在乎文章,弥患凡旧,若无新变,不能代雄",三云"今之文章,作者虽众,总而为论,略有三体"。综合而言是"文章","流分条散"则为不同体裁,如诗(四言、五言、七言)、赋、颂、章表、碑、诔、谐隐等,并强调五言诗在各体中最为时尚,即"五言之制,独秀众品"②。《梁书·文学传》明言其记载范围,是"文兼学者"③。《陈书》承之,自叙《文学传》亦以"学既兼文"者而"备于此篇"④。但值得注意的是,"文"的比重已压过了"学",凡入《文学传》者,都有文集传世。梁代阮孝绪撰《七录》:"四曰《文集录》,纪诗赋。"⑤后来《隋书·经籍志》的"集部"之名,便承此而来。以"文集"为类名,就是文集兴盛的反映。其以"诗赋"代表各类文章,也是因为这两种

---

① 引自刘强《世说新语会评》(南京:凤凰出版社,2007),第145—146页。
② 萧子显《南齐书·文学传论》(北京:中华书局,1972),第907—908页。
③ 姚思廉《梁书·文学传》(北京:中华书局,1973),第686页。案:《文学传论》为"陈吏部尚书姚察曰"云云,可知该传采用了其父旧稿,能够代表南朝人对"文学"一词的理解。
④ 姚思廉《陈书·文学传》(北京:中华书局,1972),第453—454页。
⑤ 魏徵等《隋书·经籍志》(北京:中华书局,1973),第907页。

体裁是艺术语言最为活跃的写作。后代皆沿此思路,至宋人邢昺将"文学"解释为"文章博学",同样分释"文"与"学"。与周秦时代相比,这一名词中文章的比重不断提升,但博学的含义始终保存其间。① 唐代的诗赋文章高度繁荣,作者林立,史书为这些人作传,为了有所突出,所以不再用"文学传",《旧唐书》改用《文苑传》,虽是借用《后汉书》、《魏书》、《北齐书》、《北史》②以来的旧称,但内容更为纯粹,皆属文人传记,等同于采录文集精要的《文苑英华》之"文苑"。《新唐书》则改为《文艺传》,"但取以文自名者"③。直到晚明张岱撰《石匮书·文苑列传》,"叙次文人,半收寒士,亦见文章一道,断非资格科名所能限量者也"④,不仅以"文人"区分于"学者",而且更重视创作了伟大作品的穷阎白屋之士。

三

沈约《宋书》未列《文学传》,其《谢灵运传论》就相当于萧子显的《南齐书·文学传论》。其中最值得注意的,是他提出了"文"与"非文"的区

---

① 郭绍虞《文学观念与其含义之变迁》认为:"至南朝,于是文学一名,即是'文章'之义,不复带有学术的意义了。"(《照隅室古典文学论集》,上编,第97页)案:我不能赞同郭先生的意见。萧子显《南齐书》有《文学传》而无《儒林传》,所以儒学、史学、三玄甚至数学方面的人才,也都列于其中。李延寿循其旧规而撰《南史》,虽然并列《儒林》、《文学》二传,但《文学传》中还是收入了一些专以儒学、史学、三玄见长的人物,其《论》则多采《南齐书》,故专用"文章"一词。关于此问题,日本京都大学兴膳宏教授《"文学"与"文章"》有很精彩的辨析,载《暨南学报》1989年第1期,可参看。

② 李延寿《北史》为通史,其《文苑传》乃增删北朝诸史(《魏书》、《齐书》、《周书》、《隋书》)而成,但亦有微妙变化,如其《论》多承《魏书》"史臣曰",却将原文"并编缃素,咸贯儒林"改为"并编缃素,咸贯辞林",显然加重了"文"而弱化了"学"。

③ 欧阳修、宋祁《新唐书·文艺传》(北京:中华书局,1975),第5726页。

④ 张岱《石匮书》卷二百五(北京:故宫出版社,2017),第3027页。案:后代史书中唯一的例外是《元史》,它将"儒林"和"文苑"合一,以"儒"代"儒林",以"学"代"文苑",新立"儒学"一目,强调"儒之为学一也……经艺、文章不可分而为二也",可以看作是对传统史书体例的"逸出",用《四库全书总目》的评价,则亦"不合前史遗规"(《四库全书总目》卷四六,北京:中华书局,1965,第415页)。

别,强调自觉地、有意识地"作文",这就是作品中的"音律调韵"问题:"若前有浮声,则后须切响。一简之内,音韵尽殊;两句之中,轻重悉异。妙达此旨,始可言文。"也就是说,只有对诗文音律有充分的认识和把握,写出的作品才谈得上"文"。此前文学史上固然有出类拔萃的作品,但只是"阖与理合,匪由思至"①。所以,沈约提出的就是要自觉遵守创作规范和技巧,以此区别于其他的"非文"撰作。而对于规范技巧的重视,是从曹丕开始的一段历史进程。

《典论·论文》指出:"夫文本同而末异。盖奏议宜雅,书论宜理,铭诔尚实,诗赋欲丽。"②从"本同"的角度认识,可以用"文"来命名;从"末异"的角度认识,又有不同的体裁所带来的不同的写作要求,分别为雅、理、实、丽。这既是一种作文规范,也代表了对"文"的新理解和新认识。作文规范一旦被作者和读者认可,写作者就会有意识地将自己的笔触控制在规范之中或超越于规范之外,读者会持同样的标准对各类文章判别其"妍蚩好恶",文学评论也由此而生。陆机《文赋》对作文的技巧和规范十分重视,他说:"普辞条与文律,良余膺之所服。"③先师程千帆释曰:"辞条即文律,谓为文之法式也。"④虽然陆机对具体法式的论述还颇为笼统,但用"条"、"律"等法律术语来论文,显然试图建立起文章规范的权威性。合乎规范就是"文"或"佳文",不合规范就是"非文"或"恶文"。这就逐步使人们普遍认识到,文章不是随意的文字组合,而是透过"技"、"术"的精心设计,是需要学习和掌握的。陶渊明《责子诗》描述他家二公子"阿宣行志学,而不爱文术"⑤,说明作"文"应有其"术"。钟嵘《诗品序》中说"至若诗之为技,较尔可知"⑥,可以根据"诗"之"技"较其优劣。

---

① 沈约《宋书》(北京:中华书局,1974)卷六十七,第 1779 页。
② 萧统《文选》卷五十二,第 714 页。
③ 萧统《文选》卷十七,第 228 页。
④ 程千帆《文学发凡》(成都:金陵大学文学院中国文学系丛书第二种,1943)卷下,第 10 页。案:此书后来易名为《文论要诠》,又更改为《文论十笺》。
⑤ 逯钦立校注《陶渊明集》(北京:中华书局,1979)卷三,第 106 页。
⑥ 曹旭《诗品集注》(上海:上海古籍出版社,1994),第 66 页。

所以沈约从规范技巧的角度区分"文"与"非文",不是一种偶然的现象,而是一种群体的自觉。在刘勰《文心雕龙》中,就专列《总术》篇讨论掌握(总)文术(术)的重要,并通过这一讨论,将文章与口语或不经意的文字之别凸显出来。作文的运思组织如同雕龙一般复杂精美,施友忠(Vincent Yu-chung Shih)在1959年曾经把《文心雕龙》译为 *The Literary Mind and the Carving of Dragon*,如果允许我僭妄地改动一下,就想把"and"改为"as",让"文心和雕龙"变成"文心如雕龙"。刘勰指出:"予以为发口为言,属笔曰翰。"口头表述者为言,笔墨描写者为翰,这反映了刘勰对于文采的重视。"翰"原指翠鸟的羽毛,晋以来常借此形容富有文采的作品,如李充有《翰林》五十四卷,又有《翰林论》三卷,其中评潘岳诗"如翔禽之有羽毛"[①];王俭撰《七志》,"三曰《文翰志》,纪诗赋"[②];萧统《文选序》以"义归乎翰藻"[③]作为史赞的选文标准之一;《隋书·经籍志》描述总集的功能是"采摘孔翠"[④]。可见这是时代风尚。刘勰也不轻忽文采,故云"圣贤书辞,总称文章,非采而何?"[⑤]但一味追求辞藻华美如时尚所趋者,只是"各竞新丽,多欲练辞"而"莫肯研术",无法鉴别优劣,甚至以劣为优,就不可能写出好作品,所以他一再强调"术"的重要:"才之能通,必资晓术……执术驭篇,似善弈之穷数;弃术任心,如博塞之邀遇。"毕竟"文体多术,共相弥纶",辞采华丽只是其中一端。[⑥] 前人从辨析传统文学观念的角度涉及《总术》篇时,将注意力过多集中到以有韵、无韵为"文笔"之分,有人甚至误认为刘勰是赞同其说的。[⑦] 对晋、宋以来"文笔说"予以重视,缘于清代阮元在广东学海堂策问,其《揅经室三

---

① 钟嵘《诗品》卷上"潘岳"条引,曹旭《诗品集注》,第140页。
② 魏徵等《隋书·经籍志》,第906页。
③ 萧统《文选》卷首,第2页。
④ 魏徵等《隋书》卷三十五,第1089页。
⑤ 王利器《文心雕龙校证·情采》(上海:上海古籍出版社,1980),第205页。
⑥ 王利器《文心雕龙校证·总术》,第267—268页。
⑦ 例如,逯钦立《说文笔》指出,"以有韵无韵分的文笔说"成为"后代的文评家评文的恒式",并举出其代表为《文心雕龙》、《文笔式》、《文镜秘府论》等。见其《汉魏六朝文学论集》(西安:陕西人民出版社,1984),第355页。

集》卷五的《学海堂文笔策问》由其子阮福拟对,可窥一斑。章太炎《国故论衡·文学总论》又驳斥阮说,遂引起研治文学批评史学者的注意,断言文、笔之分代表了文学观念演进的一个重要标志,并将"文"附会为从日本进口的"纯文学"说,而将"笔"看成是"杂文学"。① 这是对"文笔说"意义的不加节制的夸大,也是不合史实的。由于魏晋以来各体文章的涌现,为了方便称说,遂以有韵者为"文",无韵者为"笔","文笔"即代表有韵无韵的各体文章,也能够作为文集的代名词。《魏书·文苑传》记温子昇死后,宋游道"为集其文笔为三十五卷"②;《陈书·文学传》记江德藻"所著文笔十五卷",许亨在"梁太清之后所制文笔六卷",又记陆琰"所制文笔多不存本,后主求其遗文,撰成二卷"③,等等。刘勰也是在这个意义上看待"文"和"笔",他说自己"论文叙笔,则囿别区分"④,其书要分别论述各体文章。但只要是文章,无论"文笔",都有其规范技巧,故云"文场笔苑,有术有门"⑤;而文章的结构顺序,也是"情趣之指归,文笔之同致也"⑥,拥有共同的追求。诚如黄侃所云,刘勰"不以文笔为优劣",故倡言"与其屏笔于文外,而文域狭隘,曷若合笔于文中,而文囿恢弘"⑦,正是针对时人强硬区分"纯文学"与"杂文学",并且扬纯抑杂之弊。

刘勰对"文"的剖析是:"立文之道,其理有三:一曰形文,五色是也;二曰声文,五音是也;三曰情文,五性是也。……故情者,文之经,辞者,理之纬;情正而后纬成,理定而后辞畅,此立文之本源也。"形文、声文都依赖"文术"的制作,缺少视觉和听觉上的美感,就不成其文,故作为"理之纬"的"辞"成了区别"文"与"非文"的标准。作"文"的根本在于情,"为

---

① 参见郭绍虞《文学观念与其含义之变迁》,《照隅室古典文学论集》,上编,第95—99页。
② 魏收《魏书》(北京:中华书局,1974)卷八十五,第1877页。
③ 姚思廉《陈书》(北京:中华书局,1972)卷三十四,第457、459、461页。
④ 王利器《文心雕龙校证·序志》,第295页。
⑤ 王利器《文心雕龙校证·总术》,第268页。
⑥ 王利器《文心雕龙校证·章句》,第219页。
⑦ 黄侃《文心雕龙札记》(上海:华东师范大学出版社,1996),第267页。

情而造文"值得推崇,但"为文而造情"①也不失为文,作为"文之经"的"情"是区别"佳文"与"恶文"的标准。前者在于判断是与非,后者在于判断优和劣。语言材料只有用具备俪对、音律的方式表现,才可以称作"文",俪对和音律只有在感情的驱动下完成,才能够满足"佳作"的要求,也就是刘勰"形文"、"声文"、"情文"三位一体之意。

以语言形式上的要求判定"文"与"非文",一直延续到初盛唐时代,仍然从形文和声文方面衡量。语言材料只有通过特定的组织程序来构造,才称得上是"文"。比如《文笔式》云:"名之曰文,皆附之于韵。韵之字类,事甚区分。缉句成章,不可违越。若令义虽可取,韵弗相依,则犹举足而失路,弄掌而乖节矣。"②这里的"韵"指声律,含有韵字和四声,在一篇作品中,无论文笔("笔之四句,比文之二句"),都有此要求。标准就是对"韵"的规则"不可违越"。假设立意甚佳而声律失当("义虽可取,韵弗相依"),也不成其作品。形文方面也有类似标准,上官仪《笔札华梁》指出:"在于文章,皆须对属。其不对者,止得一处二处有之。若以不对为常,则非复文章(若常不对,则与俗之言无异)。"③能够称为作品,在语言上就必须与"俗之言"相区别,仅以"俗之言"连缀就"非复文章"。唐人还引用萧绎《诗评》云:"作诗不对,本是吼文,不名为诗。"④如果不能对偶,即便是韵语,也不能"名为诗";就算是"文",也是吼文。所以同样是文,若设置不当,则属"文病"。崔融《唐朝新定诗格》云:"凡为文章诗赋,皆须对属,不得令有跛眇者。"⑤此处所举"跛"、"眇"就是两种诗病。王昌龄《诗格》云:"凡文章不得不对。上句若安重字、双声、叠韵,下句亦然。"如果不是这样,就会产生"离支"和"缺偶"之病⑥。唐代科举考试,

---

① 王利器《文心雕龙校证·情采》,第205—206页。
② 张伯伟《全唐五代诗格汇考》(南京:江苏古籍出版社,2002),第97页。
③ 张伯伟《全唐五代诗格汇考》,第67页。
④ 旧题王昌龄《诗格》引,张伯伟《全唐五代诗格汇考》,第171页。
⑤ 张伯伟《全唐五代诗格汇考》,第135页。
⑥ 张伯伟《全唐五代诗格汇考》,第171页。

自高宗调露二年四月刘思立"奏请帖经及试杂文,自后因以为常式"①,所谓"杂文",即指诗赋,在当时就是律诗、律赋。因为有格律、声韵的客观标准,主考官以此定是非,举子也就究心于病犯、对偶,用独孤及批评时人的话说,就是"以八病、四声为桎梏,拳拳守之,如奉法令"②。"文"与"非文"、"诗"与"非诗"的区别,至此而深入人心。

四

在这样的背景下,我们才可以理解和认识韩愈对"文"与"道"关系的强调。通行本《论语》以德行、言语、政事、文学为序,皇侃已指出其中含有缓急之别,尚未以价值论高低。姚思廉《陈书·文学传》"史臣曰"则说:"昔仲尼之论四科,始乎德行,终于文学,斯则圣人亦所贵也。"③认为四科并举,正体现了孔子对文学的重视。然而韩愈却发表了与前人的不同意见:"德行科最高者……言非事文辞而已,文学科为下者。"④他理解的"文学",已经在相当程度上偏于"文辞"了,这还影响了欧阳修和宋祁,《新唐书·文艺传》即云:"夫子之门以文学为下科。"⑤韩愈眼中的"文",铺天盖地者是当时的流行之作,即讲求声律病犯的律诗和骈四俪六的时文,这些都是形式感很强的作品,在注重规范技巧的同时,对于文章所应具的伟大的道德感是轻忽的。与韩愈相先后,已有公开的批评之声。如贾至《议杨绾条奏贡举疏》云:"考文者以声病为是非,而惟择浮艳,岂能知移风易俗、化天下之事乎?"⑥又刘峣《取士先德行而后才艺疏》云:"国

---

① 王溥《唐会要》(上海:上海古籍出版社,1991)卷七十六《贡举中·进士》,第1633页。
② 独孤及《检校尚书吏部员外郎赵郡李公中集序》,《毗陵集》卷十三,《四部丛刊》影印亦有生斋校刊本。
③ 姚思廉《陈书》卷三十四,第473页。
④ 旧题韩愈、李翱《论语笔解》卷下,《景印文渊阁四库全书》(台北:台湾商务印书馆,1986),第196册,第15页。
⑤ 欧阳修、宋祁《新唐书》卷二百一,第5726页。
⑥ 董诰《全唐文》(上海:上海古籍出版社,1990)卷三百六十八,第1652页。

家以礼部为孝秀之门，考文章于甲乙，故天下响应，驱驰于才艺，不务于德行。"①作为主管国家教育的最高学官——国子祭酒，韩愈对文学怀有很高的理想和期待，既云"国朝盛文章，子昂始高蹈"②，又云"李杜文章在，光焰万丈长"③，也因此对以追求"声病"和"浮艳"为鹄的的文学现状深恶痛绝。他更是在一种文化自觉的框架内思考文章应有的价值。当时最大的文化挑战就是佛教和道教，征服了社会的上层和下层——从帝王到民间。要能够与之抗衡，就要重建一个连贯的、伟大的道统，使文化承担者为"一"（士）而非"三"（外加僧道），同时要有能够体现、传承这一"道统"的"文"。这就是"尧以是传之舜，舜以是传之禹，禹以是传之汤，汤以是传之文、武、周公，文、武、周公传之孔子，孔子传之孟轲，轲之死，不得其传焉"的"道统"，和体现"先王之教"的始于《诗》、《书》、《易》、《春秋》的"文"④，并将这两者融汇为"文道合一"。只有与"道"相合的"文"，才是值得追求和推广的⑤。苏轼评价韩愈的历史功勋，也从这两方面着眼："文起八代之衰，道济天下之溺。"⑥韩愈努力实践"将蕲至于古之立言者"的文化理想，"惟陈言之务去"。这个"陈言"，不止于文法修辞，也包括流行理念。不仅要有"其观于人，不知其非笑之为非笑"的自信，而且要有"笑之则以为喜，誉之则以为忧"的自警，并通过教育途径，向弟子"告生以其道"，怀着绝望中的希望感叹"有志乎古者希矣！志乎古必遗

---

① 董诰《全唐文》卷四百三十三，第1958页。
② 韩愈《荐士》，钱仲联《韩昌黎诗系年集释》（上海：上海古籍出版社，1984）卷五，第528页。
③ 韩愈《调张籍》，钱仲联《韩昌黎诗系年集释》卷九，第989页。
④ 韩愈《原道》，阎琦《韩昌黎文集注释》（西安：三秦出版社，2004）卷一，第22页。
⑤ 从某种意义上说，韩愈的"文道合一"观念也是对刘勰重视"情文"的继承和发展，"道"在作品中不是以枯燥的、抽象的方式出现，而是裹挟着实际人生中真切的哀乐之感。葛晓音《论唐代的古文革新与儒道演变的关系》就指出，韩愈当时"视道德才学之士的不平之鸣为'道'的重要内容，推崇发自真性情的穷苦愁思之文"（《汉唐文学的嬗变》，北京：北京大学出版社，1990，第178页），其说可参。
⑥ 苏轼《韩文公庙碑》，郎晔《经进东坡文集事略》（香港：中华书局香港分局，1979）卷五十五，第878页。

乎今,吾诚乐而悲之",以期光大其说。尽管有如李翊这样"言不志乎利"的弟子可以"相为言之",但这有赖于坚定持久的人格修养,"无望其速成,无诱于势利,养其根而俟其实,加其膏而希其光"。① 所以真正继承韩愈的并非其门弟子,②而是两百多年后的欧阳修等古文家和宋代的理学家。经过宋人的阐发,形成了新的文学概念。

宋人的新的文学概念,其最为人熟知的表述是"文以载道",语出周敦颐《通书·文辞》:"文所以载道也。……文辞,艺也;道德,实也。……不知务道德而第以文辞为能者,艺焉而已。噫!弊也久矣!"③这段文字在表面上往往给人以重道轻文乃至否定文辞的印象,但如果注意到其立说的针对性,也就是其陈述中想要回应的问题是什么,距离真正理解其答案的目标就不远了。这是柯林武德(R. G. Collingwood)极为重视的作为人文学研究独特性的方法论问题——"问答逻辑":"除非你知道一个命题所回答的问题是什么,否则便不能说出它的意蕴。……每一个命题都回答一个与自身严格相关的问题。"④周敦颐在这里讨论的是"文辞",自南朝宋齐以来,人们为了区分"文"与"非文",关注的焦点集中在声文和形文,也就是"声律"和"丽辞"(借用《文心雕龙》的篇名);在唐代,由于进士科试律诗、律赋,无论举子还是考官,最关心的也是在声病、对偶方面。而在了解"文学是什么"之后,如果要提出向上一路,就必然追问"文学应是什么",也就是价值问题。韩愈提出了"文道合流"的观念,但正如欧阳修所说,"学者未始不为道,而至者鲜焉",很大的原因就是文章"难工而可喜,易悦而自足。……一有工焉则曰:吾学足矣。甚者至弃

---

① 韩愈《答李翊书》,《韩昌黎文集注释》卷三,第254—257页。
② 即便是亲承其音旨并蒙受其厚望的李翊,也没有任何证据表明他在道德或文章方面有什么突出表现,说他毫无表现似乎并不为过。
③ 周敦颐著,陈克明点校《周敦颐集》(北京:中华书局,1990)卷二,第35—36页。
④ 柯林武德著,陈静译《柯林武德自传》(*An Autobiography*,北京:北京大学出版社,2005),第35页。

百事不关于心,曰:吾文士也,职于文而已。此其所以至之鲜也"①。满足于文辞技巧的玩弄,而不识文章中有博雅、高尚、深闳、伟大者还大有人在,所以在周敦颐眼中,这一"弊也久矣"。如果说,在区分"文"与"非文"的问题上,将重心置于构成文章的技巧上有其必要,那么,在这个问题已得到共识的基础上,就应该对"文"做"进乎技"而上升至"道"的努力,这是对"技"的提升而不是否定。朱熹意识到有人误解"文以载道",解说时特加辨明曰:"或疑有德者必有言,则不待艺而后其文可传矣。周子此章,似犹别以文辞为一事而用力焉。"②"艺"指技巧,徒事技巧不仅"为文而造情",而且难以承担对人生社会的责任,也不能让读者通过阅读作品提升道德和文化修养。但"文辞"仍然别"为一事",要达到"美则爱,爱则传焉"③的优秀作品的层次,离不开在技巧上"用力"。所以,这不是对现时的文学追求的附和,而是意在用某种理想警醒人们应该追求什么样的写作。杜甫在宋代是诗圣,"如今言能诗无如杜甫",但在程颐看来,类似"穿花蛱蝶深深见,点水蜻蜓款款飞"一般的"闲言语"④,就属于可写可不写,不值得效仿,更无须迷恋。这与曹雪芹假借林黛玉之口教香菱学诗,告诫香菱对陆游"重帘不卷留香久,古砚微凹聚墨多"这类不失为描写细致、对偶工整、平仄协谐之作,"断不可看这样的诗"⑤,用意无二。我思考"文道合一"的观念,常常想起英国十九世纪末二十世纪初的阿诺德(Matthew Arnold)、艾略特(T. S. Eliot)、利维斯(F. R. Leavis)等人,他们都强调诗歌要"崇高而深湛地将思想应用于人生"⑥。

---

① 欧阳修《答吴充秀才书》,《居士集》卷四十七,《欧阳修全集》(北京:中国书店,1986),上,第321—322页。
② 周敦颐著,陈克明点校《周敦颐集》卷二,第36页。
③ 周敦颐著,陈克明点校《周敦颐集》卷二,第36页。
④ 程颐《伊川先生语四》,《河南程氏遗书》卷十八,程颢、程颐著,王孝鱼点校《二程集》(北京:中华书局,1981),第1册,第239页。
⑤ 曹雪芹《红楼梦》(北京:人民文学出版社,1964),第四十八回,第597页。
⑥ 参见雷纳·韦勒克(René Wellek)著,杨自伍译《近代文学批评史》(*A History of Modern Criticism*,上海:上海译文出版社,2009),第四卷,第228页。

用艾略特的话说:"文学之'伟大',不能单一地根据文学标准来确定;虽然我们必须记住,作品是否算得上文学,只能根据文学标准来确定。"也就是说,"艺术与非艺术之间的初步的取舍工作"可以用文学标准来衡量,而"断定是否'伟大'的工作,留待道德和神学方面考虑"①。所以,"伟大的传统"(借用利维斯的书名"*The Great Tradition*")不仅是文学传统,也是道德传统。这与唐宋时代"文道合一"的基本观念极为类似,但前者在批评史上有着体面的荣光,而百年前的中国学人,在五四运动强调个性解放的思潮淘洗下,对传统的"文道"观予以贬斥甚至"污名化"。如将中国文学传统观念分作"言志派"和"载道派"两派;将"言志派"看成是纯文学,"载道派"是杂文学;又将新文学看成是"言志派",旧文学是"载道派":两相对立②。甚至到今天,人们竟习惯于把"文以载道"等同于文学为政治服务,成为媚上或媚俗的标签。学者不能也不敢堂堂正正地为"文道合一"的观念正名,至少是为其历史地位正名。尽管在西方(至少在美国),一百多年前"老派的观点"对伟大文学传统的推崇,把文学研究看作进入民族心理深处的康庄大道,将与不朽作品的相遇看成"是一条提升道德和文化修养的必经之路……今天已被弃置一旁,无人垂怜"③。在哈罗德·布鲁姆(Harold Bloom)这位崇尚西方文学伟大作家和不朽作品的学者的眼中,社会中人文学趣味的堕落早已不堪提及,就是常青藤校园中"现时的大学文化,已经用欣赏维多利亚时代女人内裤取代欣赏查尔斯·狄更斯和罗伯特·勃朗宁",并且"实际上只是常规"。④ 用这样的眼光打量中国文学的伟大传统,以英国汉学家吴

---

① 参见雷纳·韦勒克著,杨自伍译《近代文学批评史》,第五卷,第318页。

② 参见周作人讲校《中国新文学的源流》(北京:人文书店,1932),第34、87页。案:郭绍虞在《文学观念与其含义之变迁》一文中说:"唐人与宋人之文学观,其病全在以文与道混而为一。"(《照隅室古典文学论集》上编,第100页)其观点类似,代表了时人的一般看法。

③ 参见芮塔·菲尔斯基(Rita Felski)著,刘洋译《文学之用》(*Uses of Literature*,南京:南京大学出版社,2019),第4页。案:此书英文本出版于2008年。

④ 哈罗德·布鲁姆著,黄灿然译《如何读,为什么读》(*How to Read and Why*,南京:译林出版社,2011),第8页。

芳思(Frances Wood)几年前出版的《中国的伟大书籍：从古代到现代》为例，她用十九世纪以前 literature 的通常含义来概指"书籍"，列入"伟大"行列的不仅有《三字经》、《唐诗三百首》和《芥子园画传》等"俗书"，而且有色情小说《肉蒲团》①，可谓给布鲁姆的论断提供了一项阅读旁证。但这除了能说明文化价值的混乱，还能说明什么呢？"老派的观点"之被抛弃，也许还受到二战时期犹太人集中营大屠杀的震惊："一个人晚上可以读歌德和里尔克，可以弹巴赫和舒伯特，早上他会去奥斯维辛集中营上班。"然而，这也激发了有责任感的学者，"希望精神力量能够转化为行为力量"，探索"在高雅文化的精神心理定势和非人化的诱惑之间，存在着怎样的尚不为人所知的纽带"，并且在我们的时代，倡导体现"文明的典型形态，拒绝廉价和喧嚣"的写作。② 美国批评家文森特·里奇(Vincent B. Leitch)曾引用左翼批评家弗兰克·兰特里夏(Frank Lentricchia)在《批评与社会变迁》(*Criticism and Social Change*)中的一个"马克思主义修辞"的命题，其结论是："这种对于'文学'的逐步限制与净化使文学越来越幼稚。"③也是意在对单纯以审美意义认识文学的纠偏。再看看伊格尔顿对诗的定义，除了人们熟知的"诗是虚构的、语言上有创造性的"之外，还加上"道德的陈述"，并且专门讨论了"诗和道德"。④

追溯"文道合一"的观念，可以上推到孟子和荀子。孟子强调"志"为气"帅"，由此修养而形成的"大勇"就不是不知"道"之勇或血气之勇，这一修养的关键是"勿正(不预期其效)、心勿忘(不间断)、勿助长(不急迫)"⑤，在韩愈就化为"无望其速成，无诱于势利"。荀子则举"子赣、季

---

① Frances Wood, *Great Books of China: From Ancient Times to the Present*, New York: Blue Bridge, 2017.

② 乔治·斯坦纳(George Steiner)著，李小均译《语言与沉默》(*Language and Silence*，上海：上海人民出版社，2013)，第3—5页。

③ 文森特·里奇著，王顺珠译《20世纪30年代至80年代的美国文学批评》(*American Literary Criticism from the Thirties to the Eighties*，北京：北京大学出版社，2013)，第387页。

④ 特里·伊格尔顿著，陈太胜译《如何读诗》(*How to Read a Poem*，北京：北京大学出版社，2016)，第32—40页。

⑤ 焦循《孟子正义》(北京：中华书局，1987)卷六《公孙丑上》，第203页。

路,故鄙人也,被文学、服礼义,为天下列士"①,说明文学是道德提升的凭借,在韩愈就推演为"《记》所谓离经辨志、论学取友、小成大成,自下而上升者也";其弟子李翱发挥道,"凡学圣人之道,始于文",最终达到德行,"斯入圣人之奥也"②,也把文学看成是提升道德的阶梯。《文心雕龙》首列《原道》、《征圣》、《宗经》,"道"、"圣"、"经"也是三位一体的。韩愈开始提倡的"文道合一",对孟、荀以来的传统说法有所继承,也有所变化。他的文道观的重要一面是对当代人写作之文的要求,其样板仍是儒家经典,但既然作为"文道合一"的样板,其典范意义就不仅在于"道",同时也在于"文"。所以到了宋代,在"文道合一"观念的不断强化之下,人们也就逐步重视对儒家经典作文"技法"的认识或再认识。陈骙《文则》一书,顾名思义就是"作文法则",他要总结的"文则",不同于此前"老于文者"(精通作文之人)的种种,因为这些人"有进取之累,所有告于我与夫我所得,惟利于进取"。此所谓"进取"即指科举,为了功名而作文,势必迎合当政者的口味,这不是作者心目中的理想之文。他崇尚的是"古人之作",即《诗》、《书》、二《礼》、《易》、《春秋》,从中归纳各种技巧法则。陈骙说的"二《礼》"指的是《礼记》和《仪礼》,但《周礼》的《考工记》和《礼记》的《檀弓》一样,其中的"文则"也得到了归纳。他的作为,在经学史和文学史上都是破天荒的创举,守旧之士有所非议也可想而知,但陈骙以自嘲的方式展示了其自信:"盖将所以自则也,如示人以为则,则吾岂敢!"③明人陈哲《书天台陈先生〈文则〉后》说:"六经之文……真文字之准则也。第则其文,而不求其所以文,吾恐口气虽似,元气索然,非善则者。"④"所以文"就是如何作文,其中蕴含大量技巧性质的诀窍。不过陈哲的话里已带有八股文气息,明清科举试八股,要旨即代圣人立言,为要"求其所以文",也就推动了用文学眼光看经学的风气。只是将儒家经

---

① 《荀子·大略篇》,王先谦《荀子集解》(北京:中华书局,1988),第508页。
② 旧题韩愈、李翱《论语笔解》卷下,《景印文渊阁四库全书》,第196册,第15页。
③ 陈骙《文则序》,王水照编《历代文话》(上海:复旦大学出版社,2007),第1册,第135页。
④ 王水照编《历代文话》,第1册,第194页。

典作为试场题目，最终结果不免"欲尊经术而反卑之"①。理学家也有同样的认识和实践，《诗经》"六义"，在汉唐经学解释的系统中，都与政教密切相关。孔颖达说："风雅颂者，皆是施政之名。……风雅之诗，缘政而作。政既不同，诗亦异体。"郑玄对赋比兴的解释也具有同样特征："赋之言铺，直铺陈今之政教善恶。比，见今之失，不敢斥言，取比类以言之。兴，见今之美，嫌于媚谀，取善事以喻劝之。"②但朱熹的再解释就完全是从诗歌写作的技法着眼的："赋者，敷陈其事而直言之者也。""比者，以彼物比此物也。""兴者，先言他物以引起所咏之词也。"③《孟子》原属子部，到宋代也上升为经，朱熹也同样注重其"文法"。他说："读《孟子》，非惟看它义理，熟读之，便晓作文之法：首尾照应，血脉通贯，语意反覆，明白峻洁，无一字闲。人若能如此作文，便是第一等文章。"又说："某因读《孟子》，见得古人作文法，亦有似今人间架。"④所以到宋末元初，就出现了"六经皆文"的观念。方回说："古之经皆文也，皆诗也。"⑤其所谓"古之经"即指"六经"。明初唐桂芳云："夫六经皆文也。"⑥林俊说："夫史子百家皆文也，六经，文之至也。"⑦李濂说："六经，文之至者也。"⑧清人王立道再进一步说："六经皆文法。"⑨这些议论大多不出于名公巨卿之口，恰恰表明它属于一般性认识，是"文道合一"观念作用下的必然结果，以至

---

① 毕仲游《理会科场奏状》，《西台集》卷一，《景印文渊阁四库全书》，第1122册，第4页。
② 以上俱见孔颖达《毛诗注疏》卷一，阮元校刻《十三经注疏》，上册，第271页。
③ 分别见朱熹《诗集传·周南》之《葛覃》、《螽斯》、《关雎》注，《诗集传》（上海：上海古籍出版社，1980），第3、4、1页。
④ 黎靖德编《朱子语类》（北京：中华书局，1986）卷十九，第436—437页。
⑤ 方回《赠邵山甫学说》，《桐江续集》卷三十，《景印文渊阁四库全书》，第1193册，第634页。
⑥ 唐桂芳《白云集序》，《白云集》卷首，《景印文渊阁四库全书》，第1226册，第774页。
⑦ 林俊《小录前序》，《见素集》卷六，《景印文渊阁四库全书》，第1257册，第52页。
⑧ 李濂《謷言四首》，《嵩渚文集》卷四十七，《四库全书存目丛书·集部》（济南：齐鲁书社，1997），第71册，第30页。
⑨ 王立道《具茨集·文集》卷四《拟重刊〈文章正宗〉序》，《景印文渊阁四库全书》，第1277册，第802页。

于轮到文坛诗林领袖如钱谦益说"《诗三百》,诗之祖也……六经,文之祖也"①,袁枚说"六经,文之始也"②的时候,已经完全引发不出新鲜效应了。也是在同样的思想脉络下,清人陈澧对孔门四科的高下做了全新的解读:"以文学承三科之后,非下也。"又云:"《诗》教兼四科也。"③又云:"文学为四科之总会,非下也。宋子京不识也。"④名义上是诠释古典,展示的却是后代新义。

五

前人研究文学概念的变迁,极为重视晋宋以来的"文笔说",以为展示了"文学性"的自觉,案诸文献,难以证实。这不过是当时人对各体文章的一个总称而已,唯一与"文学性"相关的材料,见于《金楼子·立言篇》,但反映的只是萧绎个人的"特见"也是"私见"。而另一个重要概念"诗文",却未得到学术界的重视。诗文的概念由"文笔"而来,冯班说:"南北朝人以有韵者为文,无韵者为笔,亦通谓之文。唐自中叶以后,多以诗与文对言。愚按:有韵无韵,皆可曰文,缘情之作则曰诗。"⑤按照冯班的认识,"诗文"对举要优于"文笔"对举。诗文是继文笔之后而起的概念,由于唐诗的高度繁荣,所以渐渐由"诗笔"取代"文笔";古文运动之后,"文"的概念常与古文相联系,于是"诗笔"又再演变成"诗文",成为一个新的总称各类文章或某人所有创作的概念。值得注意的是,在这样的一个概念中,人们也开始逐渐认识到其"文学性"(古人用"精"来表述)是

---

① 钱谦益《袁祈年字田祖说》,《初学集》(上海:上海古籍出版社,1985)卷二十六,第826页。
② 袁枚《与邵厚庵太守论杜茶村文书》,《小仓山房文集》卷十九,《小仓山房诗文集》(上海:上海古籍出版社,1988),第3册,第1544页。
③ 陈澧《东塾读书记》卷二,黄国声主编《陈澧集》(上海:上海古籍出版社,2008),第2册,第25—26页。
④ 陈澧《东塾读书论学札记》,黄国声主编《陈澧集》,第2册,第392页。
⑤ 冯班撰,何焯评,李鹏点校《钝吟杂录》(北京:中华书局,2013)卷四,第65页。

有差别的。韩愈《送孟东野序》云:"人声之精者为言,文辞之于言,又其精也。"①还只是区别口头语言(言)与书面语言(文)的精粗。司马光《赵朝议文稿序》云:"言之美者为文,文之美者为诗。"②这是在"文"中再提炼出更为精美者即"诗"。谢枋得《与刘秀岩论诗》总括二人语意云:"人之气成声,声之精为言,言已有音律,言而成文,尤其精者也……诗又文之精者也。"③宋末以下,这成为文人圈中的普遍认识,这里不妨稍作胪列。元好问《双溪集序》:"诗与文同源而别派,文固难,诗为尤难。"④郝经《与撒彦举论诗书》:"诗,文之至精者也。"⑤刘将孙《九皋诗集序》:"人声之精者为言,言之又精者为诗。"⑥唐桂芳《江村诗会跋》:"言之精者为文,文之精者为诗。"⑦朱同《送副使丁士温赴召诗序》:"夫言之精者为文,文之精者为诗。"⑧我们几乎可以把这句话视为套语,也正因为成了一句老生常谈,其中体现出来的观念就是一种共识。诗与文都是由语言材料构成的,"文"体现了第一个层次,即区别于"非文";"诗"体现了第二个层次,即区别于"一般的文"。诗是文学性的表现最为丰富、最为活跃的场域。

假如继续追问,"诗"究竟是怎样区别于"一般的文"? 在这个脉络下所做的回答,其深度就远远超过了以往的旧说。"诗言志"重心落在诗

---

① 阎琦《韩昌黎文集注释》卷四,第349页。
② 司马光撰,李文泽、霞绍晖点校《司马光集》(成都:四川大学出版社,2010)卷六十五,第3册,第1364页。
③ 谢枋得《叠山集》卷五,《景印文渊阁四库全书》,第1184册,第865页。
④ 姚奠中主编《元好问全集》(太原:山西人民出版社,1990)卷三十六,下册,第35页。
⑤ 郝经《陵川集》卷二十四,《景印文渊阁四库全书》,第1192册,第259页。
⑥ 刘将孙《养吾斋集》卷十,《景印文渊阁四库全书》,第1199册,第91页。
⑦ 唐桂芳《白云集》卷七,《景印文渊阁四库全书》,第1226册,第881页。案:唐桂芳与其父唐元、其子唐文凤在元末明初被时人称为"小三苏",祖孙三代对此也有同样见解。如唐元《艾幼清汝东樵唱诗跋》云:"言之精者为文,文之精者为诗。"(《筠轩集》卷十一,《景印文渊阁四库全书》,第1213册,第575页)唐文凤《文会堂记》云:"言之精者为文,文之精者为诗。"(《梧冈集》卷六,《景印文渊阁四库全书》,第1242册,第604页)
⑧ 朱同《覆瓿集》卷四,《景印文渊阁四库全书》,第1227册,第684页。

"说什么","情动于中而形于言"①,已经认识到"情"在"言志"过程中的根本作用,"诗缘情而绮靡"②,又进一步落实到"怎么说",字形贵在"绮",字音贵在"靡",成为刘勰所谓"形文"和"声文"的先导。当这些议论成为文学常识以后,诗文因其具备"规矩准绳"而成为"专门之学"(借用元好问《陶然集诗引》语),也因此而很容易将追求的目标转移到这些技术层面,于是韩愈起而拯救其惑溺,指出文学发展的向上一路,并由宋人完成这一使命。元好问在此基础上总论诗文云:"诗与文,特言语之别称耳。有所记述之谓文,吟咏性情之谓诗,其为言语则一也。……何谓本? 诚是也……故曰不诚无物。"③在钱谦益的理解中,元好问说的"不诚无物"是针对"不欢而笑,不疾而呻"④之弊而发,所以性情之"诚"是诗文共同之"本"。然而同样以情为本,诗情和文意无论是本质还是表达都有所区别。如果说人生是谜,那么,这种不能理解、无法逃避、万不得已、无可奈何之"情"最适合于诗的表达。钱谦益说:"所谓有诗者,惟其志意偪塞,才力愤盈……傍魄结轖,不能自喻,然后发作而为诗。"⑤他用"不能自喻"来形容这种感情的不可理喻、难以排遣,并且言之再三:"人不能解而己不自喻者,然后其人始能为诗,而为之必工。"⑥"必有深情畜积于内……朦胧萌折……于是乎不能不发之为诗,而其诗亦不得不工。"⑦并且也成为清人的一般观念。费锡璜说:"千古绝调,必成于失意不可解之时。惟其失意不可解,而发言乃绝千古。"⑧袁枚说:"夫诗者由情生者

---

① 孔颖达《毛诗正义》卷一,阮元校刻《十三经注疏》,上册,第270页。
② 陆机《文赋》,《文选》卷十七,第226页。
③ 元好问《杨叔能小亨集序》,姚奠中主编《元好问全集》卷三十六,下册,第37—38页。
④ 钱谦益《增城集序》,《牧斋初学集》(上海:上海古籍出版社,1985)卷三十三,第958页。
⑤ 钱谦益《书瞿有仲诗卷》,《牧斋有学集》(上海:上海古籍出版社,1996)卷四十七,第1557页。
⑥ 钱谦益《冯定远诗序》,《牧斋初学集》卷三十二,第939页。
⑦ 钱谦益《虞山诗约序》,《牧斋初学集》卷三十二,第923页。
⑧ 费锡璜《汉诗总说》,《清诗话》下册,第943页。案:此书乃费氏与沈用济合撰之《汉诗说》卷首总论,各单行本皆费氏一人之名,实为费、沈合撰。参见张寅彭《新订清人诗学书目》(上海:上海古籍出版社,2003)、蒋寅《清诗话考》(北京:中华书局,2005)之相关条目。

也,有必不可解之情,而后有必不可朽之诗。"①诗文虽然都需要"情动于中而形于言",但在中国文学中,"文"以"达意"为最基本也是最高层的要求,所谓"辞至于能达,则文不可胜用矣"②;而"诗"不仅贵于"言在此而意在彼",甚至"既非志之所存,而工拙亦在文字之外"③。所以在此基础上,更有人提出了诗与文在表达及审美效果上的差异。吴乔《围炉诗话》卷一云:"问曰:'诗文之界如何?'答曰:'意岂有二? 意同而所以用之者不同,是以诗文体制有异耳。文之词达,诗之词婉。……意喻之米,饭与酒所同出。文喻之炊而为饭,诗喻之酿而为酒。文之措词必副乎意,犹饭之不变米形,啖之则饱也。诗之措词不必副乎意,犹酒之变尽米形,饮之则醉也。文为人事之实用……实则安可措词不达……诗为人事之虚用……必有哀恻隐讳之词,与文之直陈者不同也。'"④这个比喻极为著名,赵执信《谈龙录》评价他"论诗甚精",且引用其语,赞叹曰"至哉言乎"⑤。就"文学性"的区分而言,吴乔的论述算得上是一个贴切的比喻了。

1907年鲁迅在《摩罗诗力说》中用到"纯文学"一词,显然借自于日本。据铃木贞美的考证,"美文学"的大量使用出现在明治二十三年(1890)前后,而"纯文学"最早的用例出自内田鲁庵的《文学一斑》(1892)。此后的1895年,坪内逍遥在《战争与文学》中也频繁使用"纯粹文学"或"醇文学",从而逐步取代了"美文学"一词。⑥ 朱自清在《什么是文学》一文中,也说"纯文学"和"杂文学"的名目是日本人根据英文的说

---

① 袁枚《答蕺园论诗书》,《小仓山房续文集》卷三十,《小仓山房诗文集》,第4册,第1802页。
② 苏轼《答谢民师书》,郎晔《经进东坡文集事略》卷四十六,第780页。
③ 朱彝尊《天愚山人诗集序》,《曝书亭集》卷三十六,《景印文渊阁四库全书》,第1318册,第68页。
④ 吴乔《围炉诗话》卷一,郭绍虞编《清诗话续编》(上海:上海古籍出版社,1983),第479页。
⑤ 赵执信《谈龙录》,丁福保编《清诗话》,上册,第311页。
⑥ 参见铃木贞美著,王成译《文学的概念》(北京:中央编译出版社,2011),第195—198页。

法"仿造的"。① 然而若追究其实，名词是从日本舶来，观念则属中国固有。而中国固有的"纯文学"观念，也只有"诗"可以置身其间，这在日本则要宽泛得多，中国人从日本舶来这一名词的同时，也把它的范围一并接纳了。研究者更是数典忘祖，完全遗忘了我们自己在十三世纪以降已得到广泛认可的"纯文学"观念，虽然没有使用这一名词。"诗"与"文"的这一价值判断，建立在"文学性"的基础之上，所以就文学观念的演进而言极有意义。还有一种并行的价值判断，是从文体所担负的功能着眼的，这就是"文载道"和"诗言志"。前人将中国文学传统分作"载道派"和"言志派"，实属凿空立论。不存在这样的两派文学，只存在两类不同功能的文体。② 而以文体的不同功能来判定"诗"与"文"的高低优劣，古文家就得出了另样的结论。如方苞《答申谦居书》既云"艺术莫难于古文"，又强调"古文之传，与诗赋异道"，后者可以言不由衷，以声律辞藻为掩饰，"若古文则本经术而依于事物之理，非中有所得不可以为伪。……所以能约六经之旨以成文，而非前后文士所可比并也"。③ 在方苞的视域中，古文理所当然高于诗赋。只不过这不是从文学性的角度着眼，而只是拘泥于文体的不同功能而得出的未必正确的结论。

六

在东西方文化的接触中，"文学"与"literature"的结合也是一件有趣的事。据意大利学者马西尼（Federico Masini）说，最早将 literature 用

---

① 《朱自清古典文学论文集》（上海：上海古籍出版社，1981），上册，第 3 页。

② 钱锺书 1932 年在评论周作人《中国新文学的源流》的书评中，就针对周作人强调的"载道"和"言志"两派对立的观点指出："'诗以言志'和'文以载道'在传统的文学批评上，似乎不是两个格格不相容的命题，有如周先生和其他批评家所想者。……'诗'是'诗'，'文'是'文'，分茅设蕝，各有各的规律和使命。……它们在传统的文学批评上，原是并行不背的，无所谓两'派'。"收入《钱锺书集·人生边上的边上》（北京：生活·读书·新知三联书店，2002），第 249—250 页。他后来在《中国诗与中国画》一文中对此又再有重申。

③ 方苞著，刘季高校点《方苞集》（上海：上海古籍出版社，1983）卷六，第 164 页。

汉语"文学"对译的是意大利传教士艾儒略（Jules Aleni），他在1623年译制的《职方外纪》一书中，用到"欧罗巴诸国尚文学"一语。其后，魏源在《海国图志》(1844)中提及马礼逊(R. Morrison)也曾将"文字"与"文学"对举。"由于十九世纪此词已以'literature'之意来使用了，所以不应该把它看成是日语借词；然而在十九世纪末至二十世纪初，日本对此词在汉语中的传播，肯定起过很大的作用。"①我们现在无法确认艾儒略翻译使用的底本究竟是什么语言，但在十七世纪的欧洲，无论何种语言的literature，含义都类似于博雅的知识或著作的集成，与当时中国"文学"一词的基本含义非常契合。这种译法当然也为江户末期到明治时期的日本人所熟知。② 随着英文literature词义在十九世纪中叶出现的新变化，日本人遂完成了用汉字"文学"对译表示小说、戏曲、诗歌等文学体裁的literature一词，根据矶田光一的意见，最早的用例是明治八年(1875)四月二十六日《东京日日新闻》刊福地樱痴的文章，"十九世纪欧洲成立的literature的概念，遂在日本以合适的方式落实下来"③，并广泛影响到中国。

中国文学史上直到1910年章太炎《国故论衡》出版，其《文学总略》首次为文学下一定义："文学者，以有文字著于竹帛，故谓之文；论其法式，谓之文学。"④如果用现代语言解释一下，凡是书面文字，都属"文学"；据文学作品而讨论其法则格式，就是"文之学"（即文学研究）。这一文学定义，包括了文学文本和文学研究，很值得注意。章氏定义并非中

---

① 马西尼著，黄河清译《现代汉语词汇的形成——十九世纪外来词研究》(*The Formation of Modern Chinese Lexicon and its Evolution toward a National Language: The Period from 1840 to 1898*，上海：汉语大词典出版社，1997)，第250页。

② 魏源《海国图志》出版不久便传入日本，日本人还抽出其中部分内容印出单行，并且翻译注释了部分内容，如《新国通志通解》(1854)、《海国图志训释》(1855)、《海国图志筹海篇译解》(1855)等，参见开国百年记念文化事业会编《鎖国時代日本人の海外知識》(東京：原書房1978年覆刻1953年原本)。

③ 磯田光一《訳語「文学」の誕生——西と東の交点》，《鹿鳴館の系譜》(京都：文藝春秋，1983)，第19页。

④ 庞俊、郭诚永《国故论衡疏证》(北京：中华书局，2011)中之一《文学总略》，第340页。

国传统旧说,他在日本关心吸收西洋新学,①强调"今中国之不可委心远西,犹远西之不可委心中国也",特别提及"言文歌诗,彼是不能相贸者矣"。② 所以这一定义,是参照、反省中西文学概念之后而提出。其中有两处对同时人的批评,一为友人刘师培,一为门人周树人(鲁迅当时正在东京受教于章氏),故皆不斥言其名。刘师培承阮元之说,为传统之见;周树人据远西立场,为时尚新说。章太炎以著于竹帛的文字皆为文学,取广义之说,接近于中国周秦时代和欧洲十九世纪以前的文学概念,但要比之更为广大。与欧洲相比,口头文学、民间文学不在"文学"之列;与中国相比,文学中又有等级之分(或以三代之文、秦汉之文与后代之文相对,或以圣人之文、诸子之文与文人之文相对)。而在章太炎的定义中,一切以文字呈现者皆名为文学,白话的、口头的、民间的都在其中。但这个定义在当时西潮澎湃的年代,并不为人真正接受。逝世于1932年的刘咸炘,在讨论"文学"之名时即云:"最近人又不取章说,而专用西说。"③胡适1922年推崇章太炎的《国故论衡》为有史以来堪称"著作"的七八部书之一,赞赏其文学定义"推翻古来一切狭陋的'文'论",并且能"实行不分文辞与学说",但最终只配充当"古文学很光荣的结局,他的失败使我们知道中国文学的改革须向前进,不可回头去"。④ 胡适看重章氏的文学定义,也只因该定义可以为他鼓吹的白话文学铺平道路,却未见得理解其意义。他热衷的文学实践是白话,所以其文最后两节《五十年来的白话文学》和《文学革命运动》写得篇幅最长,也最情见乎词。事实上,白话文学最后也成功地占据了文学和学术的主流地位。中国传统

---

① 参见小林武《章炳麟と明治思潮》(東京:研文出版,2006)第一章《章炳麟と明治思潮——西洋近代思想への接近》、第三章《章炳麟『斉物論釈』の哲学——西洋近代思想との対抗》,第39—88、125—182页。
② 庞俊、郭诚永《国故论衡疏证》下之一《原学》,第655、660页。
③ 黄曙辉编校《刘咸炘学术论集·文学讲义编》(桂林:广西师范大学出版社,2007),第3页。
④ 胡适《五十年来中国之文学》,《胡适文集》(北京:北京大学出版社,2013)三《胡适文存二集》,第206—210页。

文学概念强调"言"与"文"的区别,也就是要自觉拉开甚至拉大两者的距离(所谓"言之精者为文"),而在某一体裁达到成熟之境时,又会自觉地回向"言"(俗语、口语)中汲取养分,扩大该体裁的表现力或形成一种新体裁。白话文学的观念则强调破除"言"与"文"的区别,把"文"降到"言"的层次使"言文"一致。经过其后"文艺大众化运动"和"工农兵文学运动"的改造,中国文学的语言发生了根本的变化。从梁启超开始到二十世纪七十年代末的百年间,"中国文学作为语言现象,是一个不断俗化、不断把文学语言降低为现实语言的流程"①。而无论是文学还是学术,如果"以功利名誉为目的",在梅光迪看来,"昔日之迎合帝王,今日之迎合群众,其所迎合者不同,其目的则一也"②,只能导致文学和学术的衰败。

今天重审章太炎的文学定义,他反对以有韵无韵区分,视前者是"文"后者"非文",他反对以学说文辞区分,视前者"启人思"后者"增人感",或以前者为"纯文学"后者为"杂文学",而主张"文"无论有韵无韵,无论成句读不成句读,无论纯杂,"包络一切著于竹帛而为言"③。他的这种极为宽泛的文学定义,看似一种没有定义的定义,竟然合上了最近五十年欧美文学界对文学范围的理解。④ 仅举一例,法国的孔帕尼翁(Antoine Compagnon)在反思何谓文学时说:"广义上讲的文学指所有

---

① 刘再复《"五四"语言实验及其流变史略》,收入其《共鉴五四》(福州,福建教育出版社,2010),第229页。另可参见郜元宝《汉语别史:中国新文学的语言问题》(增订本,上海:复旦大学出版社,2018)对相关观念和文本的论述。
② 梅光迪《评今人提倡学术之方法》,《梅光迪文录》(杭州:国立浙江大学,1948),第8页。
③ 庞俊、郭诚永《国故论衡疏证》中之一《文学总略》,第361页。
④ 有些欧美学者的仍然持较为传统或保守的意见,如初版于1977年,并于1979年、1991年、1998年、2013年不断新版(2014年推出第五版平装本)的《企鹅文学术语和文学理论辞典》,其对literature的解释是:"一个含义广泛的术语,通常指属于这些主要体裁的作品:史诗、戏剧、抒情诗、小说、短篇故事、颂诗。"(J. A. Cuddon and M. A. R. Habib, *The Penguin Dictionary of Literary Terms and Literary Theory*, London: Penguin Books, 2014, p.404.)这是以具体的文体归属定义文学,却避免了对它作本体性的解释。

印刷品（或书写品），包括图书馆里的所有藏书（以及已然笔录在案的口头文学）。"①因为"文学"是一个其含义处于不断变化中的名词，想要以一劳永逸的方式提供某种终极的定义注定是徒劳的。今日的网络文学甚至已经不是印刷品，明天还会有什么更新的媒介作为文学平台更是超出我们的想象力。如果说理论应该是对于存在的某种回应，我们也只能无可奈何地接受这种宽泛的定义。但不要忘记，文学理论讨论的文学定义，主要是在确立研究对象的范围以及特定的研究视角，期待从不同方面揭示被隐藏在文学背后的图景，从而在生活中对未来拥有更为多彩多姿的想象。所以，我们必须结合章太炎定义中的下一句话"论其法式，谓之文学"来继续思考。能够成为我们研究对象的"文学"，不仅有作者要表达者，还有如何表达。而"如何表达"在更多的场合下，是与特定的法式联系在一起的。这是两千多年来中国文学的"现实"，即以作者的"文心"为研究"核心"。陆机《文赋》开篇即云："余每观才士之所作，窃有以得其用心。……每自属文，尤见其情。"李善注："作，谓作文也。用心，言士用心于文。"②以自身的创作体验印证前人的"文心"，就能够以心印心，张皇幽眇，揭示文学中隐藏的秘密。而其中的"辞条"和"文律"（即法式），更是陆机拳拳服膺、念念不忘者。刘勰《文心雕龙·序志》也这样开宗明义："夫文心者，言为文之用心也。"其精美复杂如同雕龙，同样需要"割情析采，笼圈条贯"③。对于诗人呕心沥血的惨淡经营，元好问曾有详细描述，总而言之，自有"文字以来，诗为难；魏晋以来，复古为难；唐以来，合规矩准绳尤难"④。所以，文学研究也就应该将重心放在"法式"上，因为如何做到既"合规矩准绳"又富有个性地传情达意，正是作者心魂萦系之所在。这样理解章太炎的文学定义，即便是最广义的含蕴，也仍然保持了文学的独特性。所以在今天看来，章太炎的文学定义具有两

---

① 安托万·孔帕尼翁著，吴泓渺、汪捷宇译《理论的幽灵：文学与常识》（*Le démon de la théorie: Littérature et sens commun*，南京：南京大学出版社，2017），第 24 页。
② 萧统《文选》卷十七，第 225 页。
③ 王利器《文心雕龙校证》，第 294—295 页。
④ 元好问《陶然集诗序》，姚奠中主编《元好问全集》卷三十七，下册，第 45 页。

大"异彩":第一是打破了狭隘的文学天地,其在当时的意义是有助于挣脱"纯文学"观念的作茧自缚,而在今天的意义则是可以与近五十年来欧美的文学概念对话;第二是将文学研究纳入文学范围,其意义不仅结合了"什么是文学"和"怎样研究文学",而且可以引申出文学活动不是由作者和作品可以垄断,"研究"也不是"创作"的附庸的意涵。而后者在西方文学批评史上,直到诺斯罗普·弗莱(Northrop Frye)1957年出版了《批评的剖析》,"这种把批评家视为寄生虫或不成功的艺术家的观念"①才开始得到廓清。在此之后,越来越多的批评家以其理论著作加入到文学活动中,如伊格尔顿所说,"他们在评论文学的过程中也生产文学"②。这两大异彩也许可以看作是对章太炎文学定义的"激活"吧。

卡勒在最近(2017)明确指出:"通过谈论文学是什么,批评家们推广了一些他们认为最适当的批评方法,摒弃了另外一些据称是无视文学之最基本和最特殊方面的批评方法。问'文学是什么'实际上是在论争应当如何研究文学。"③所以,重审"什么是文学",是一个与今天如何研究文学密切相关的问题。而经过二十世纪形形色色不断翻新的理论风暴的冲击,当下欧美有识之士已经意识到,"知识的进步不必取决于新理论家和新理论的发现……挑战在于通过激活旧的思想家,重新审视理论正典,为思想提供新的路线"。④ 也因此,伊格尔顿斩钉截铁地说道:"激进文学批评的口号是清楚的:走向古代!"⑤所幸的是,在对中国传统"文学"概念重新审理的过程中,我们既遭遇了这种"挑战",也享受了"激活"传统的乐趣。

---

① 诺斯罗普·弗莱著,陈慧译《批评的剖析》(第四版)(*Anatomy of Criticism*,北京:北京大学出版社,2021),第2页。
② 特里·伊格尔顿著,陈太胜译《如何读诗》,第2页。
③ 乔纳森·卡勒著,于嘉龙、郑楠译《理论中的文学》(*The Literary in Theory*,上海:华东师范大学出版社,2019),第21页。
④ 乔纳森·卡勒著,于嘉龙、郑楠译《理论中的文学》中文版序言《当下的理论》,第2—3页。
⑤ 特里·伊格尔顿著,陈太胜译《如何读诗》,第21页。

情景交融与古典诗歌意象化表现方式的成立

蒋　寅

自近代西方文化思潮输入以来,中国文化的自我认识无不是在"西洋"这个他者的参照下进行的,文学也概莫能外。通过中西比较逐渐确立起来的自我认识,在析出中国文学之独特性的同时,也强化了人们对中国文学异质性的认识,无形中将其视为与西洋文学对立的固有属性。如果说在比较文学的语境中,这种彼此对立的异质性认识尚不至过于疏阔,那么回到国别或民族文学史研究中来,这种简单化的认识就常会因忽略问题的发生和过程而显得缺乏历史感。像钱锺书讨论中国古代"人化文评的特点",或陈世骧讨论中国文学的抒情传统,都不免给人这样的印象。事实上,无论是中国文学批评的"身体象喻"还是中国文学的抒情性,都不是中国文学与生俱来的特征,而是在漫长的文学历史中悄然发生、逐渐形成、同时也未完成的品性,正像那个人人得而言之的"现代性"。

本文要讨论的诗家老生常谈"情景交融"也是一个类似的例子。相对而言它更是一个相当模糊而理解多歧的概念,理解的分歧源于义涵界定的困难。谈论这个问题,有必要先确立两个前提:第一,"情景交融"是中国古代诗歌最根本的审美特征,或者说是固有特征。钱锺书在《中国固有的文学批评的一个特点》一文中曾提到,凡言"中国固有"的特点,应依据几个明确的标准:1.必须是自古到今各宗各派各时代批评家都利用过;2.必须是西洋文评里无匹偶的;3.不能是中国语言文字特殊构造造成的;4.在应用时能具普遍性和世界性。① "情景交融"大体符合上述要求。第二,它是文论史上阶段性的、发展的概念。这几乎不用怀疑,历来就为学界所肯定,哲学家甚至由此思考中国文化的基本问题。② 最早对这一概念进行全面研究的蔡英俊《比兴物色与情景交融》一书,也试图通过历史考察与理论分析,完整地说明"情景交融"的历史发展与理论构架。③ 后来王德明又就中国古代诗学对情景交融的认识历程做了梳理。④ 只有明确上述两个前提,我们才能谈论情景交融作为概念的成立和它所指涉的义涵,而且可以进一步肯定,情景交融不只是古典诗歌情景关系发展到特定时期的阶段性结果,更是一个为诗人们共同践行的写作范式。文学史上凡是涉及一个时期艺术表现的倾向性或写作的群体特征这样的问题,通常是在范式意义上把握的,⑤否则任何论断都可以用例证来否定其成立的理据。即便是"以文为诗"这种出于特定语境的判断,也可以举出最早的五言诗(比如班固《咏史》)的议论和用字来证明汉代诗歌即有那种倾向,但这样的结论显然是很难为人认可的。所以,凡是用例证来说明情景交融的特征由来甚早的论说,在我看来都是没有意义的。我们谈论的情景交融,作为"标志着古典诗歌抒情艺术的成熟"的美学特征,⑥应该是在特定审美意识和写作策略的主导下逐渐被许多作者共同遵循、实践并达致理论自觉的一种诗境构成模式,它必定与古典诗歌的某种写作范式相联系。只有确立这样一个逻辑起点,我们才有可能谈论情景交融的定型及其诗歌史背景。

---

① 钱锺书《中国固有的文学批评的一个特点》,载《文学杂志》第 1 卷第 4 期(1937 年)。
② 汤一介《论"情景合一"》,载《北京大学学报》2008 年第 2 期。
③ 蔡英俊《比兴物色与情景交融》(台北:大安出版社,1986)。
④ 王德明《走向情景交融的认识历程》,载《江西师范大学学报》2004 年第 4 期。
⑤ 范式概念本自托马斯·库恩著,金吾伦、胡新和译《科学革命的结构》(北京:北京大学出版社,2003),第 9—10 页。
⑥ 陈伯海《从"无我之境"到"有我之境"——兼探大历诗风演进的一个侧面》,载《社会科学》2013 年第 11 期。

一、"情景交融"溯源

　　尽管我们知道古代文论的概念和它指涉的观念向来并不是同时出现的,我们在讨论情景交融的概念时,还是有必要先追溯一下概念的来源。在古典诗学的历史上,情景交融的概念是出现得相当晚的,其雏形也要到南宋才看到。蔡英俊举出的最早例证是黄昇《中兴以来绝妙词选》称史达祖词"盖能融情景于一家,会句意于两得",①这是姜夔序史达祖词之语;类似的说法还有范晞文《对床夜语》提到的"情景兼融,句意两极"。至于叶梦得《石林诗话》所谓的"意与境会",则是唐人旧说,不足为例。

　　关于诗中的情、景关系,虽然唐人已有朦胧意识,但认真予以讨论还是始于宋人。范晞文曾以前人诗句为例指出:

> 老杜诗:"天高云去尽,江迥月来迟。衰谢多扶病,招邀屡有期。"上联景,下联情。"身无却少壮,迹有但羁栖。江水流城郭,春风入鼓鼙。"上联情,下联景。"水流心不竞,云在意俱迟。"景中之情也。"卷帘唯白水,隐几亦青山。"情中之景也。"感时花溅泪,恨别鸟惊心。"情景相触而莫分也。"白首多年疾,秋天昨夜凉。""高风下木叶,永夜揽貂裘。"一句情一句景也。固知景无情不发,情无景不生,或者便谓首首当如此作,则失之甚矣。②

范氏读过周弼《唐三体诗法》,这里对情景关系的辨析有可能受到周弼的影响。而张炎《词源》评秦观《八六子》说"离情当如此作。全在情景交炼,得言外意"③,则应该出自词学内部的承传,而与诗学殊途同归。蔡

---

① 蔡英俊《比兴物色与情景交融》,第 2—5 页。
② 范晞文《对床夜语》卷二,丁福保辑《历代诗话续编》(北京:中华书局,1983),第 1 册,第 417 页。
③ 夏承焘《词源注》(北京:人民文学出版社,1963),第 24 页。

英俊认为这些说法或许都是受姜夔《白石道人诗说》"意中有景,景中有意"之说的启迪,可备一说。要之,这些与情景交融类似的说法的流行,反映了南宋诗文词论对此的共同关注。

元代《月泉吟社》因春日田园间景物感动性情,而有"意与景融,辞与意会"的表述。赵汸《杜律五言注》评《遣怀》有云:

> 天地间景物非有所厚薄于人,惟人当意适时,则景与心融,情与景会,而景物之美,若为我设;一有不慊,则景自景,物自物,漠然与我不相干。

又评《江汉》曰:

> 此诗中四句以情景混合言之,云天、夜月、落日、秋风,物也,景也;与天共远,与月同孤,心视落日而犹壮,病遇秋风而欲苏者,我也,情也。①

这里的"景与心融"、"情景混合"大体就是情景交融之义了。明代诗话如周履靖《骚坛秘语》卷下、朱承爵《存余堂诗话》、都穆《南濠诗话》等都有"情与景会,景与情合"的说法。谢榛《四溟诗话》云:"诗乃模写情景之具,情融乎内而深且长,景耀乎外而远且大。"②日本学者青木正儿认为揭示了情景错综融和的妙处,③但仍未用"情景交融"四字。到了清代,诗人们将情景关系阐述得更为细致,如朱之臣说:"夫诗者,情与景二者而已。人之情,无时无之。诗之景,亦无时无之。情之动于中,而景之触

---

① 赵汸《杜律五言注》,康熙间查弘道亦山草堂刊本。
② 谢榛《四溟诗话》卷四,丁福保辑《历代诗话续编》,第 3 册,第 1221 页。
③ 青木正儿《清代文学批评史》据方东树《昭昧詹言》卷二十一转述,而误作方东树语,吴宏一《清代诗学资料的鉴别》一文已指出,《清代文学批评论集》(台北:联经事业出版公司,1998),第 8—9 页。

于外。音影不停,机倪争出。"①吴乔说:"古人有通篇言情者,无通篇叙景者。情为主,景为宾也。情为境遇,景则景物也。"又曰:"七律大抵两联言情,两联叙景,是为死法。盖景多则浮泛,情多则虚薄也。然顺逆在境,哀乐在心,能寄情于景,融景入情,无施不可,是为活法。"②胡承诺《菊佳轩诗自序》说:"窃以为景物之在天地间者,古今充满动荡,无一处之罅漏;性情之在人者,亦复如是,无一时之凝滞。以无所凝滞之性情,入无所渗漏之景物,两相比附,自尔微妙浃洽,无一线之间隔。"③尽管这些议论都与情景交融有关,但作者所使用的概念、命题,仍不外乎"情与景会"(贺贻孙)④,"寄情于景"、"融情入景"(吴乔)⑤之类,蔡英俊以及他所引证的黄永武、黄维梁两先生的论述⑥,也未举出直接用"情景交融"四字的例子。

管见所及,"情景交融"语例最早见于纪昀诗论。纪昀《挹绿轩诗集序》有云:"要其冥心妙悟,兴象玲珑,情景交融,有余不尽之致,超然于畦封之外者。沧浪所论与风人之旨,固未尝相背驰也。"⑦又,评杜甫《送韦郎司直归成都》:"前四句犹是常语,五、六情景交融。"⑧评《因许八奉寄江宁旻上人》:"诗家之妙,情景交融。必欲无景言情,又是一重滞相。"⑨正像"意境"一样,"情景交融"一经纪昀使用,嘉道以后便流行于诗坛。方东树《昭昧詹言》尤其是个典型的例子,如评陶渊明"日暮天无云"句:

---

① 朱之臣《诗慰初集序》,陈允衡辑《诗慰初集》卷首,康熙刊本。
② 吴乔《围炉诗话》卷一,郭绍虞辑《清诗话续编》(上海:上海古籍出版社,1983),第1册,第480页。
③ 胡承诺《石庄先生诗集》,民国五年沈观斋重刊本。
④ 贺贻孙《诗筏》,郭绍虞辑《清诗话续编》,第1册,第144页。
⑤ 吴乔《答万季野诗问》,丁福保辑《清诗话》(上海:上海古籍出版社,1978),上册,第33页。
⑥ 黄永武《中国诗学·设计篇》(台北:台湾巨流图书公司,1976),第223页;黄维梁《论情景交融》,载《幼狮文艺》第43卷第5期(1976年5月),第111页。
⑦ 孙致中等校点《纪晓岚文集》(石家庄:河北教育出版社,1991)卷九,第1册,第204页。
⑧ 李庆甲辑《瀛奎律髓汇评》(上海:上海古籍出版社,1986年)卷二四,中册,第1026页。
⑨ 李庆甲辑《瀛奎律髓汇评》卷四七,下册,第1736页。

"清韵。情景交融,盛唐人所自出。"①评鲍照《园中秋散》:"此直书胸臆即目,而情景交融,字句清警,真孟郊之所祖也。"②评杜甫《秋兴八首》其一:"起句秋。次句地,亦兼秋。三四景,五六情,情景交融,兴会标举。"③评杜甫《暮归》:"起四句,情景交融,清新真至。"④评黄庭坚《红蕉洞独宿》:"此悼亡诗,以第二句为主,三四情景交融,切'宿'字。"⑤评黄庭坚《六月十四日宿东林寺》:"通首情景交融。"⑥这些评语中的"情景交融",明显是指作品中抒发情意与描写景色的有机结合,浑然一体,因而"情景交融"有时也写作"情景相融"⑦。此外,如许印芳评陈与义《道中寒食》"客里逢归雁,愁边有乱莺"一联:"五、六是折腰句,情景交融,意味深厚。"⑧吴汝纶评戴叔伦《除夜宿石头驿》:"此诗真所谓情景交融者,其意态兀傲处不减杜公,首尾浩然,一气舒卷,亦大家魄力。"⑨周学濂评汪曰桢《荔墙词》:"守律谨严,自是学人本色,妙在能情景交融,题目佳境。"⑩赵元礼《藏斋诗话》举"白沙翠竹江村暮,相送柴门月色新"一联,谓"两句情景交融,诗中有画"⑪。类似的用例,勤加搜集一定还有不少。

但让我好奇的是,尽管情景交融在诗评中屡见不鲜,流为老生常谈,却未见前人对其内涵加以深究,长久以来一直停留在"情与景合,景与情合"的俗套表达上。明代陈继论作诗之法,说:"作诗必情与景合,景与情合,始可与言诗。如'芳草伴人还易老,落花随水亦东流',此情与景合

---

① 方东树《昭昧詹言》(北京:人民文学出版社,1961)卷四,第 124 页。
② 方东树《昭昧詹言》卷六,第 173 页。
③ 方东树《昭昧詹言》卷一七,第 397 页。
④ 方东树《昭昧詹言》卷一七,第 415 页。
⑤ 方东树《昭昧詹言》卷二〇,第 451 页。
⑥ 方东树《昭昧詹言》卷二〇,第 459 页。
⑦ 《昭昧詹言》卷十二评李白《梁园吟》便作"情文相生,情景相融,所谓兴会才情,忽然涌出花来者也",第 252 页。
⑧ 李庆甲辑《瀛奎律髓汇评》卷一六,中册,第 592 页。
⑨ 高步瀛《唐宋诗举要》(上海:上海古籍出版社,1978)卷四引,第 503 页。
⑩ 汪曰桢《荔墙词》,咸丰九年刊赵棻《滤月轩集》附刊本。
⑪ 赵元礼《藏斋诗话》(民国二十六年铅印本)卷上。

也。'雨中黄叶树,灯下白头人',此景与情合也。"①晚清施补华《岘佣说诗》辨析诗中情景关系,则说:"景中有情,如'柳塘春水漫,花坞夕阳迟';情中有景,如'勋业频看镜,行藏独倚楼';情景兼到,如'水流心不竞,云在意俱迟'。"②这都是典型的大而化之、不加思索的例子。笼统的说法还有王礼培《小招隐馆谈艺录》:"诗言情景,三百篇即景言情,自能意与神会,神与理交,浑成融洽,不是凑借,禅家谓之现在。"③直到清末具有古典诗学总结意义的朱庭珍《筱园诗话》,其诠释仍停留在"情景交融者,景中有情,情中有景,打成一片,不可分拆"的水平上,④并没有更深入细致的阐述。"景中有情"云云,十六字看似说了四层意思,其实只呈现了一个"打成一片"的结果。事情就是这样,"情景交融"的概念除了指示一种抽象状态的结果外,本身并未提供什么可供阐发、引申的理论线索。不做"情景如何交融"的追问,不阐明情与景的结构关系,"交融"就永远是个含糊不清、乏善可陈的概念。不要说前人难以做更细致的讨论,今人仍将无法继续深究。这是由概念本身缺乏清晰的边界,无法分析其逻辑层次的性质决定的。因此,我们要想对情境交融的命题做更深入的阐释,就有必要换一个讨论方式,将情景交融的命题落实到可讨论的层面。首先要明确的是,情景交融作为古典诗歌的一个美学特征,是由特定的本文构成模式或者说话语模式决定的,其结构特征取决于作者们共同遵循的写作范式,而这种范式又必须置入具体的诗学语境,才有可能讨论其阶段性特征和结构方式。只有立足于这样的视点,我们才能建立起一个可分析的逻辑框架。这一思路不仅触及对情景交融命题本身的理解,也牵涉如何看待它与古典诗歌意象化表现的关系。总之在我看来,情景交融与意境一样,也是在现代诗学语境下发生的理论问题,是在世界诗

---

① 钱谦益《列朝诗集小传》(上海:上海古籍出版社,1983),乙集"陈继传",上册,第202页。
② 丁福保辑《清诗话》,下册,第974页。
③ 王礼培《小招隐馆谈艺录》(民国二十六年湖南船山学社排印本)卷三。
④ 朱庭珍《筱园诗话》卷四,张国庆辑《云南古代诗文论著辑要》(北京:中华书局,2001),第316页。

歌的范围内反思、体认中国古典诗歌的美学特征,从而对其表现方式所做的集中概括。"情景交融"四个字只是最通行的说法,它的别名还有寓情于景、借景言情、化景物为情思、以景结情等等,托物言志也是与之有密切关系的命题,它们分别负载着不同时代的诗论家对情景问题的关注。对这些命题的全面梳理,也就是对古典诗歌中情景关系的历时性考察。

二、如何理解和界定"情景交融"?

肯定情景交融作为古典诗歌主导性的审美特征是历史形成的结果,虽然确立了讨论问题的前提,但在厘清古典诗歌情景关系的历史演进之前,我们仍无法对它所意味的范式做出具体的说明。困难在于历来对诗歌中的情景关系一直缺乏历时性的考察和清晰的认识。在我所见的文献中,明人徐学谟《齐语》较早注意到这一问题:

> 盛唐人诗,止是实情实景,无半语夸饰,所以音调殊绝,有《三百篇》遗风。延及中唐、晚唐,亦未尝离情景而为诗,第鼓铸渐异,风格递卑,若江河之流,愈趋而愈下耳。[①]

徐氏注意到盛唐诗"止是实情实景",这是很有见地的;说中晚唐诗"亦未尝离情景而为诗",大体也不错。但他没有看到,中晚唐诗除了"风格递卑"之外,情景关系也有了变化。昔年我在博士论文《大历诗风》中曾提出一个假说:情景交融的意象结构方式是在大历诗歌中定型的。理由是过于强烈的情感表达需求带来诗歌主观色彩的增强,促使诗人选择象征性的意象来寄托情思;戴叔伦的"诗家之景"(艺术幻象)和皎然的"取境"说作为这种创作范式的理论总结,意味着情景交融的意象结构方式已开

---

① 黄宗羲辑《明文海》卷四八〇,《景印文渊阁四库全书》本。

始成为诗歌艺术表现的主流,日渐发展成为古典诗歌最基本的美学特征。① 这一假说在当时提出似有点耸人听闻,答辩委员多不太认可。同行评议专家罗宗强先生后来与杜晓勤教授合撰学术综述,也觉得"似有违唐诗史实,令人难以苟同"②。当时学界的一般看法是,情景交融与南朝山水诗的兴起有关,山水诗"以传神的手法写景、在诗作中注重主观意趣的表达……开始了意境的自觉追求……将主观的情感与客观的景境相融合,创造出情景交融、主客体融贯的艺术境界"。③ 后来陈铁民先生论述王维对诗歌艺术的贡献,也将情景交融列为重点讨论的问题之一,并举孟浩然、王昌龄、李白、杜甫、刘长卿、韦应物的诗作为例,对我的论点提出商榷。④ 陈伯海先生论述大历诗歌的新变,在肯定拙著提出这个问题的积极意义之余,也指出"将情景交融的发端断自大历,不免有隔裂传统的危险(尤其是将盛唐诗排除于情景交融之外,似叫人难以接受),亦容易导致对'情景交融'内涵的狭隘化理解"。⑤ 两位前辈的指教促使我反省自己的思路和论述,并整理历年积累的资料,再完整地陈述一下自己持续多年的思考。

从现有研究成果及学界的一般用法来看,"情景交融"基本上被理解为诗中由情绪和物象的某种对应或同构关系形成的移情表现,接近于古代诗论家所持的情景主宾论:

夫诗以情为主,景为宾。景物无自生,唯情所化。情哀则景哀,

---

① 蒋寅《大历诗风》(南京:凤凰出版社,2009),第156—157页。
② 《唐代文学研究年鉴(1995、1996年合辑)》(桂林:广西师范大学出版社,1997),第51页。
③ 王可平《"情景交融"与山水文学——我国古代山水文学发达原因初探之一》,载《古代文学理论研究》第11辑(上海:上海古籍出版社,1986);参看张海沙《初盛唐佛教禅学与诗歌研究》(北京:中国社会科学出版社,2001),第16页。
④ 陈铁民《情景交融与王维对诗歌艺术的贡献》,载《中国文化研究》2001年秋之卷。
⑤ 陈伯海《从"无我之境"到"有我之境"——兼探大历诗风演进的一个侧面》,载《社会科学》2013年第11期。

情乐则景乐。①

照这么理解,就很容易将情景交融的源头追溯到诗歌的早年,甚至"昔我往矣,杨柳依依;今我来思,雨雪霏霏"(《诗·小雅·采薇》)也可视为滥觞。陶渊明诗因多涉及物我关系,刘熙载也曾说:"陶诗'吾亦爱吾庐',我亦具物之情也;'良苗亦怀新',物亦具我之情也。"②但这种溯源似乎没什么意义,物我之间的同构关系乃是文学表现中最常见的现象,正像王夫之说的:"不知两间景物关至极者,如其涯量亦何限!"③而且它也不是中国诗歌所独有,意大利美学家维柯即曾断言:"诗的最崇高的工作就是赋予感觉和情欲于本无感觉的事物。"④瑞士作家亚弥爱尔(1821—1881)也有"风景即心境"的说法,被英译为"every landscape is a state of the soul"。⑤通常被我们视为中国诗歌美学特色的情景交融,绝不等于这种移情的表现手法,它意味着一种意象化的表现方式,景中有情,情中有景,分不清究竟是写景还是言情,是写物还是写心。如果我们同意说李商隐《锦瑟》那样高度意象化的作品最典型地代表了古典诗歌的审美特征,那么情景交融就意味着这种意象化的表现方式,⑥质言之即寓情于景,借景物传达情绪,从而使景物由摹写的对象转变为表情的媒介。质言之,情景交融的命题不是着眼于构成,而是着眼于功能,即景物表达情感的功能。这就是我对情景交融的理解和定义。

---

① 吴乔《围炉诗话》卷一,郭绍虞辑《清诗话续编》,上册,第478页。
② 王气中《艺概笺注》(贵阳:贵州人民出版社,1986),第163—164页。
③ 陶渊明《癸卯岁始春怀古田舍》评,王夫之《古诗评选》(北京:文化艺术出版社,1997)卷四,第203页。
④ 维柯著,朱光潜译《新科学》(北京:人民文学出版社,1986),第98页。
⑤ 钱锺书《谈艺录》第十一节附说九,参看高山杉《检读〈谈艺录〉所引"二西"之书》,《东方早报·上海书评》2009年8月23日第10版。
⑥ 学术界论意象的美学特征,也常与情景交融联系在一起。如胡雪冈《试论"意象"》云:"'意象'这一形象范畴的概念,在中国文论、诗论中是源远流长的,它的主要特征是包含了'意'与'象'这样相互制约的两个方面的契合,是情景交融、虚实相生的感觉或情思的具象表现。"《古代文学理论研究》第七辑(上海:上海古籍出版社,1982),第67页。

这么说很像是强古人以就我,但没办法,古代诗论家论情景确实没有深入到这一层面。众所周知,古代诗论家中最关注情景问题并发覆良多的是王夫之,其《夕堂永日绪论》中有一段常被学者引用的话:

> 情景名为二,而实不可离。神于诗者,妙合无垠。巧者则有情中景,景中情。景中情者,如"长安一片月",自然是孤栖忆远之情;"影静千官里",自然是喜达行在之情。情中景尤难曲写,如"诗成珠玉在挥毫",写出才人翰墨淋漓、自心欣赏之景。凡此类,知者遇之;非然,亦鹘突看过,作等闲语耳。①

今人多引此言来阐述情景交融之说,其实这段话只是在表情的意义上区分了不同的叙述指向,并不是在论述写景的表情功能。景物的表情功能本可由能所的关系来理解和阐释,王夫之固知"立一界以为所,前未之闻,自释氏昉也。境之俟用者曰所,用之加乎境而有功者曰能。能、所之分,夫固有之,释氏为分授之名,亦非诬也"②,却不曾将如此透彻的见识用于情景关系的辨析,以致他对古典诗歌情景关系的认识始终停留在简单的经验层面而未能上升到范式的高度。而情景交融如前所述,应作为范式来把握,置于具体的诗史语境中,只有在这样的前提下才有可能加以讨论。在这个意义上,考察情景交融的成立也就成为对意象化表现方式的成熟和定型过程的历史考察。

这无疑是个难度很大的问题。困难在于这样的范式问题无法像现象问题那样可用统计的方法来处理——在任何时候,新生事物在统计学意义上都不会占有更大的份额和优势。可以尝试的,只是按我对情景交融的理解来检验现存的古典作品,梳理其艺术表现的发展,勾勒出情景结构范式演进的脉络。

---

① 戴鸿森《姜斋诗话笺注》(北京:人民文学出版社,1981),第72页。
② 王夫之《尚书引义》卷五,《船山全书》(长沙:岳麓书社,1996),第2册,第377页。

三、中古诗歌的情景结构

回顾早期诗歌作品中的情景构成，首先可以肯定，《诗经》出现的景物多为感官直觉的对象。宋儒张栻说《周南·葛覃》"一章思夫在父母之时，方春葛延蔓于中谷，维叶萋萋然其始茂也；黄鸟聚于丽木，其鸣喈喈然其甚和也。诵此章，则一时景物如接吾耳目中矣"①，正持这样的看法。

到中古时代，移情的表现开始流行于诗歌中，其突出标志是用一些主观色彩强烈的词语来修饰景物。如曹植《杂诗》"高台多悲风，朝日照北林"，黄节就指出："风而云悲者，诗人心境之感觉如此也。"②另一首同题之作："悠悠远行客，去家千余里。出亦无所之，入亦无所止。浮云翳日光，悲风动地起。"陈祚明评："三、四尽淋漓之情，五、六景物荒瑟，情不胜言，寄之于景，此长篇妙法，不谓六语中能之。"③类似的例子还有谢灵运《苦寒行》的"寒禽叫悲壑"，萧涤非说："夫壑而曰悲者，盖诗人以其主观之感情渗入于无知之物故也。亦犹风曰悲风，泉曰悲泉耳。此则为康乐之创语。"④这都是典型的移情表现。张融《别诗》"欲识离人悲，孤台见明月"两句，清楚地说明了离人的悲伤与孤台明月的景色两者间的紧密联系。后来大历诗人戎昱用"思苦自看明月苦，人愁不是月华愁"（《秋月》）一联，将这移情关系的原理阐说得更加清楚。移情表现虽然在景物上投射了主观情感，但并未改变景物的功能属性，景物仍然是眼前实景，依旧是表现的对象而非表现情感的媒介。情景交融的意象化表现，根本在于景物的身份已不再是表现的对象，而成了表现的媒介。

已故赵昌平先生曾指出，"情对事的升华，是建安诗人对诗史最重大

---

① 张栻《经筵讲议》，《南轩集》卷八，杨世文、王蓉贵校点《张栻全集》（长春：长春出版社，1999），第665页。

② 萧涤非《读诗三札记》（北京：作家出版社，1957），第9页。

③ 陈祚明《采菽堂古诗选》（上海：上海古籍出版社，2008）卷六，上册，第188页。

④ 萧涤非《读诗三札记》，第29页。

的贡献","抒情已不再能凭事件为线索,诗人必须以个性诗化外物,使不必相关的情事融成整体"。"可以说建安诗史的一切进境,都是以情对事的超越升华为出发点的。这样,建安后的游宴、行旅诗,实质上多已成为以景物描写为媒介的咏怀诗"。① 这无疑是很精彩的论断,但需要补充说明的一点是,在中古诗歌中"以景物描写为媒介"还只能理解为动机,而不是表现手段。正如陈祚明评谢灵运《从游京口北固应诏》所说:"盖登临游眺,则景物与人相关。以我揽物,以物会心,则造境皆以适情,抒吐自无凝滞,更得秀笔,弥见姿态。"②南朝诗歌整体上还停留在以我应物、造境适情的写作范式,景物在诗中只是随目接而书写的表现对象,尚未寄寓情感,成为表情的媒介。

当然,南朝诗歌中偶尔也会有一些近似意象化的表现,但因与语境不融切,只能视为隐喻。如隋孔绍安《别徐永元秀才》诗云:

金汤既失险,玉石乃同焚。坠叶还相覆,落羽更为群。岂谓三秋节,重伤千里分。促离弦易转,幽咽水难闻。欲识相思处,山川间白云。

沈德潜生怕读者将次联看作是景物描写,特别点明:"'坠叶'一联,比乱离之后,两人结契,非寻常写景。"③如果从构成上看,这两句显然与抒情主体有着同构的比喻关系,但从功能的角度说它们只是两人结契的隐喻,还不是离情主题的意象化表现。类似的例子还有吴均《赠鲍春陵别诗》:

落叶思纷纷,蝉声犹可闻。水中千丈月,山上万重云。海鸿来倏去,林花合复分。所忧别离意,白露下沾裙。

---

① 赵昌平《谢灵运与山水诗起源》,载《中国社会科学》1990年第4期;收入《赵昌平自选集》(桂林:广西师范大学,1997),第306页。王力坚《由山水到宫体——南朝的唯美诗风》(台北:台湾商务印书馆,1997),上编第三章《备历江山之美》,也专门讨论了"景物情思化"的问题,第61—75页,可参看。
② 陈祚明《采菽堂古诗选》(上海:上海古籍出版社,2008)卷一七,上册,第524页。
③ 沈德潜《古诗源》(北京:中华书局,1963)卷一四,第364页。

此诗起句情景合一,三、四句意象亦实亦虚,五、六句明显不是写实性的眼前景物,乃是由题旨出发寻找对应物的结果,海鸿来去、林花分合正是友朋离合的暗喻。它以景物的比喻义来表达主题情感,已属于比喻式意象表现。当然,这不过是个别的例子,离范式还有一定距离。事实上别说中古诗歌,就是到初盛唐诗中,自然景物也很少作为象征的载体出现,它们在诗中只是观赏的对象,以感性之美为诗人所欣赏。职是之故,在描写自然景色的诗中,自然观照与触景抒情就明显分成两个独立的部分:一是客观景物,二是主观感受。这种情形直到大历诗歌才有所改变,而在此之前,由于情景关系尚未纳入意象化的模式,反而呈现出丰富多样的结构。这里姑就个人所见略作列举。

首先,正如古诗最初完全不涉及写景,后来的古诗也一直以**全不写景**为常格。如虞羲《送友人上湘》:

> 濡足送征人,褰裳临水路。共盈一樽酒,对之愁日暮。汉广虽容舠,风悲未可渡。佳期难再得,愿但论心故。沅水日生波,芳洲行坠露。共知丘壑改,同无金石固。

王夫之评此诗"情中百转,自足低回,不更阑入景物,自古体也"①,可见他也认为不阑入景物描写是古诗的传统,由此揭示景物所占比重与古诗特性呈反比关系。延及唐人近体诗,全不写景的作品也所在多有。如戴叔伦《除夜宿石桥驿》:"旅馆谁相问,寒灯独可亲。一年将尽夜,万里未归人。寥落悲前事,支离笑此身。愁颜与衰鬓,明日又逢春。"方回评:"此诗全不说景,意足辞洁。"很有见地。有趣的是吴汝纶却称赞"此诗真所谓情景交融者"。按古人习惯,景指景物,那么此诗的确全未写景。吴汝纶所谓的情景交融,景在这里只能理解为环境,由此可见前人用情景交融尚缺乏一致定义。

与全不写景相对的是**情在景中**,即句句写景,并不言情而情自然可

---

① 王夫之《古诗评选》卷五,第266页。

见可感。如丁仙芝《渡扬子江》：

> 桂楫中流望，空波两畔明。林开扬子驿，山出润州城。海尽边音静，江寒朔吹生。更闻枫叶下，淅沥度秋声。

王夫之评："首句一'望'字，统下三句；结'更闻'二字引上'边音'、'朔吹'，是此诗针线。作者非有意必然，而气脉相比自有如此者。唯然，故八句无一语入情，乃莫非情者，更不可作景语会。"①在他看来，此诗虽通篇无一字涉及主观情感，却不能单纯视为写景，因为作者在写景中隐约传达了自己的情感。这当然是不错的，结句"更闻枫叶下，淅沥度秋声"不就蕴含着悲秋之意么？

相比近体诗讲究情景虚实的安排，篇幅任意的古体对写景有着更大的容受力，因此**写景无序**也成为古诗的一个特征。如王夫之称"与《十九首》相为出入"的《伤歌行》如此写道：

> 昭昭素明月，辉光烛我床。忧人不能寐，耿耿夜何长！微风吹闺闼，罗帷自飘扬。揽衣曳长带，屣履下高堂。东西安所之，徘徊以彷徨。春鸟翻南飞，翩翩独翱翔。悲声命俦匹，哀鸣伤我肠。感物怀所思，泣涕忽沾裳。伫立吐高吟，舒愤诉穹苍。

王夫之称此诗"杂用景物入情，总不使所思者一见端绪，故知其思深也"②，这看来不一定是有意识的结果，而很可能与早期写作意识的不规则性有关。

到谢灵运的游览诗中，情景关系就随着行程的延伸而形成自然的段落，情和景节节相生，呈现一种**情景交叙**的状态。如《登上戍石鼓山》：

---

① 王夫之《唐诗评选》（北京：文化艺术出版社，1997）卷三，第106—107页。
② 王夫之《古诗评选》卷一，第8页。

> 旅人心长久,忧忧日相接。故乡路遥远,川陆不可涉。汩汩莫与娱,
> 发春托登蹑。欢愿既无并,戚虑庶有协。极目睐左阔,回顾眺右狭。
> 日末涧增波,云生岭逾叠。白芷竟新苕,绿蘋齐初叶。摘芳芳靡谖,
> 愉乐乐不燮。佳期缅无像,骋望诅云惬。

王夫之评:"言情则于往来动止、缥缈有无之中,得灵蠁而执之有象;取景则于击目经心、丝分缕合之际,貌固有而言之不诬。而且情不虚情,情皆可景;景非滞景,景总含情。"①这同样是在说一种移情的状态,山水景物都出于作者的观照,呈现出与观赏主体的心境相契合的色彩。

因为南朝游览诗中的山水景物都与作者的心境相契合,**情景相应**也成为最常见的情形。帛道猷《陵峰采药触兴为诗》云:

> 连峰数千里,修林带平津。云过远山翳,风至梗荒榛。茅茨隐不见,
> 鸡鸣知有人。闲步践其径,处处见遗薪。始知百代下,故有上皇民。

王夫之评:"宾主历然,情景合一。"②"宾主历然"是说物我之间界线分明,而人的闲逸之情与景物的清旷又非常协调融洽。江淹《无锡县历山集》一诗,王夫之说"落叶下楚水"四句"以为比则又失之,心理所诣,景自与逢,即目成吟,无非然者"③,同样是指情与景会,自然相应。这与王昌龄《诗格》对前人写作经验的总结正可参看:"自古文章,起于无作,兴于自然,感激而成,都无饰练,发言以当,应物便是。"④且看王维《登河北城楼作》:"井邑傅岩上,客亭云雾间。高城眺落日,极浦映苍山。岸火孤舟宿,渔家夕鸟还。寂寥天地暮,心与广川闲。"通篇是即目所见,看到什么就写什么,暮色中城池内外渐趋寂静,作者的心境也与眼前的河流一样安恬。这是典型的情景相应的结构。

---

① 王夫之《古诗评选》卷五,第 217 页。
② 王夫之《古诗评选》卷四,第 208 页。
③ 王夫之《古诗评选》卷五,第 255 页。
④ 王利器《文镜秘府论校注》(北京:中国社会科学出版社,1983),第 278 页。

情景相应只是心与物相谐,准确地说是心理随着环境而调适,情绪与环境获得一致节律的一般结果。表现为具体的构思,则呈现复杂的状态,说不清是景先于情,还是情先于景,只见情中有景,景中有情,统称为**情景相生**。杜甫《江亭》"水流心不竞,云在意俱迟",《江汉》"片云天共远,永夜月同孤"两联,方回评为"景在情中,情在景中",许印芳解释说:"虚谷深病晚唐人律诗中两联纯是写景,故常有此等议论。他处所说两联分写情景者,人所易知。此评所说一联中情景交融者,可谓独抒己见,得古秘诀矣。"①这两联不同于一般的写情写景,是着力表现心、意与景物的互动,在水月、云天里分明看到作者心态的平和、孤寂。王夫之评岑参《首春渭西郊行呈蓝田张二主簿》说:"景中生情,情中含景,故曰景者情之景,情者景之情也。"②正可与方回之说相参。景在情中便是情中含景,对应的是"片云"一联;情在景中便是景中生情,对应的是"水流"一联,与我们说的情景交融都还有一定距离。

以上几种情景结构关系,都属于自然天成,无主宾、无主次的,其实在现存中古诗歌作品中,由情感出发操控景物,即有主宾、有主次的情景结构,要更为常见。前人已指出的,如李白《采莲曲》,是**取情为景**之例:

若耶溪傍采莲女,笑隔荷花共人语。日照新妆水底明,风飘香袖空中举。岸上谁家游冶郎,三三五五映垂杨。紫骝嘶入落花去,见此踟蹰空断肠。

王夫之评此诗曰:"卸开一步,取情为景,诗文至此只存一片神光,更无形迹矣。"③末句原是表现采莲女恋慕少年的痴情,因"踟蹰空断肠"的人物情态描写却转变成叙事化的图景,这便是将情语作为景语来写了,所以王夫之称作"取情为景"。李白《古风》则是**以景写情**之例,诗云:

---

① 李庆甲辑《瀛奎律髓汇评》卷二三,中册,第938—939页。
② 王夫之《唐诗评选》卷四,第170页。
③ 王夫之《唐诗评选》卷一,第20页。

> 我到巫山渚,寻古登阳台。天空彩云灭,地远清风来。神女去已久,襄王安在哉? 荒淫竟沦替,樵牧徒悲哀。

王夫之说:"三四本情语,而命景正丽,此谓双行。"①唐诗写到巫山,通常免不了涉及巫山云雨的典故,但李白诗中殊无"云藏神女馆,雨到楚王宫"(皇甫冉《巫山峡》)之类的暧昧意味,却用云散风来的清旷景象传达神女故事不可追寻的历史虚无感,使写景兼有了表情功能,故而王夫之称为双行(即双关)。这种模式也称为**即景含情**,柳宗元《杨白花》:"杨白花,风吹渡江水。坐令宫树无颜色,摇荡春光千万里。茫茫晓日下长林,哀歌未断城鸦起。"王夫之说"顾华玉称此诗更不浅露,反极悲哀。其能尔者,当由即景含情"②,正是意识到诗中的悲哀之情是通过写景来传达的。他的理解非常到位,《杨白花》是乐府旧题,柳宗元虽根据原作的角色设定写成拟代体,但以景写情的笔法是一样的。

  中古诗歌最常见的情景结构是前景后情分为两截,王夫之称作**返映生情**。如梁元帝《春日和刘上黄》:"新莺隐叶啭,新燕向窗飞。柳絮时依酒,梅花乍入衣。玉珂随风度,金鞍照日晖。无令春色晚,独望行人归。"王夫之评:"六句客,两句主,返映生情。"③即结尾回应前截写景而点明情思。到盛唐诗中,最常见的情景结构仍是这种景尽情生的模式。唐太宗《月晦》云:"晦魄移中律,凝暄起丽城。罩云朝盖上,穿露晓珠呈。笑树花分色,啼枝鸟合声。披襟欢眺望,极目畅春情。"方回评此诗"虽未脱徐、庾陈隋之气,句句说景,末乃归之于情"④,无意中道出初唐诗在情景关系处理上的一个模式。读一读王勃《圣泉宴》、张子容《泛永嘉江日暮回舟》、王维《青溪》这些作品,都不外乎这种模式,情景的分界非常清楚。李颀《望秦川》也是个很典型的例子:"秦川朝望迥,日出正东峰。远近山河净,逶迤城阙重。秋声万户竹,寒色五陵松。客有归欤叹,凄其霜露

---

① 王夫之《唐诗评选》卷二,第 52 页。
② 王夫之《唐诗评选》卷一,第 31 页。
③ 王夫之《古诗评选》卷六,第 311 页。
④ 李庆甲辑《瀛奎律髓汇评》卷一六,上册,第 586 页。

浓。"诗中写景与言情明显分为两截,景是缘由,情是结果。王维《山居即事》一首,王夫之说"八句景语,自然含情,亦自齐梁来,居然风雅典则"①,其实也是前六句写景(严格地说一部分是叙事),末二句抒发留恋之情,典型的齐梁格情景模式。有些诗作,情景的分界不在篇末,而在篇中的。如王维《青溪》诗共十二句,情景分界在第四、五联:"漾漾泛菱荇,澄澄映葭苇。我心素已闲,清川澹如此。"②无论如何,这种前景后情的结构体现了重视当下经验、虚心应物的感受—表现模式。借朱熹的话来说,就是"以物观物,不可先立己见"③,而到王夫之的诗论中,就清楚地概括为一种范式:"只于心目相取处,得景得句,乃为朝气,乃为神笔,景尽意止,意尽言息。必不强括狂搜,舍有而寻无,在章成章,在句成句,文章之道,音乐之理,尽于斯矣。"④这段话很周到地阐明了盛唐以前诗歌的写作范式,包括对景物的处理方式。

四、唐诗情景关系变异的理论迹象

根据上文所举诗例,要说情景分述或前景后情是六朝到盛唐诗情景结构的主要模式,理由是较充分的。但要说情景交融的模式定型于大历诗歌,可能还会让人怀疑。古人对此缺乏深究,论述唐诗源流往往大而化之。比如宋释普闻《诗论》云:"诗不出乎意句、境句,境句易琢,意句难制。唐人俱是意从境出。"意从境出应该说只适用于初盛唐诗,初盛唐诗前景后情的模式的确是"意从境出",但到大历以后则变成了境从意出。

我们知道,范式是在大量的实践中逐渐形成的,从最初的个别尝试到众所共循的普遍规则,其间往往要经历漫长的时间。有意识的以景写

---

① 王夫之《唐诗评选》卷三,第101页。
② 但王夫之《唐诗评选》卷三评孟浩然《望洞庭湖赠张丞相》"往往于情景分界处,为格法所束,安排无生趣"(第102页),则不属于我们这里讨论的情景分界问题,孟诗属于干谒诗之表现才能与希求接引两种功能的分界。
③ 黎靖德编《朱子语类》(北京:中华书局,1986)卷一一,第1册,第181页。
④ 王夫之《唐诗评选》卷三,第96页。

情,在谢灵运《初去郡诗》"野旷沙岸净,天高秋月明"两句即见端倪。黄节称赞它:"好在能以眼前之风色,写出去郡后一种豁达之心胸,是景语,亦是情语。世人多称黄山谷《登快阁》诗'落木千山天远大,澄江一道月分明',以为能从景中悟出道理,实亦祖康乐此语。"①日本学者市川桃子曾举谢朓《治宅》"风碎池中荷,霜翦江南菉"一联,认为"当时他的心里,一定有被翦碎的感觉,情与景完全一致",②同样是感觉到两句亦景亦情的意象化特征。下及唐初,宇文所安教授又指出李百药《秋晚登古城》中"开始看到从宫廷诗相对客观的景物描写到唐诗情景交融特色的转变",不过他同时也说明"古迹在诗里仅作为秋天忧愁景象的一个要素",而不是表情的符号。③《初唐诗》的总体判断大概也是这样,作者一再提到宫廷诗与抒情诗有个三部式结构——破题、描写和情感反应。情感反应既然置于篇末,当然就意味着前面的描写不具有表情功能。实际上,不要说寓情于景,就连王维《哭褚司马》"山川秋树苦,窗户夜泉哀",《冬夜书怀》"草白霭繁霜,木衰澄清月"这类移情式的意象表现,盛唐诗中也不多见。王维《山居秋暝》的前景后情模式,同见于《渭川田家》,王夫之认为"前八句皆情语非景语"④,可结联"即此羡闲逸,怅然吟式微"恰恰是写情——前句所写的闲逸景况,乃是"羡"的内容,这不应该视为叙述+评价的结构么?盛唐诗的这种情景结构,说明在当时作者的意识中还没有以景物为媒介来表现情感的观念。这反映在理论上,就是情、意、景的分离和比兴概念的内涵由表现手法的象征性向写作动机的讽喻性转化。

盛唐诗论的一个新变是开始讲情景关系,针对六朝以来巧尚形似的倾向提出景物要与情意相兼融。王昌龄《诗格》提出:"凡诗,物色兼意下为好,若有物色,无意兴,虽巧亦无处用之。如'竹声先知秋',此名兼

---

① 萧涤非《读诗三札记》,第33页。
② 市川桃子著,蒋寅译《古典诗歌中的荷》,载《古典文学知识》1993年第5期。
③ 宇文所安著,贾晋华译《初唐诗》(北京:生活·读书·新知三联书店,2004),第32页。
④ 王夫之《唐诗评选》卷二,第46页。

也。"①这是说在写景中要突出抒情主体的存在,而且更重要的是要表现出主观感受,所以像"明月下山头,天河横戍楼。白云千万里,沧江朝夕流。浦沙望如雪,松风听似秋。不觉烟霞曙,花鸟乱芳洲"这首诗,尽管"不觉"已表明主体的在场,但因为没有注入主观感受,他仍觉得"并是物色,无安身处,不知何事如此也"②。他论"十七势",其中的"理入景势"和"景入理势"也涉及情景关系,前者诫人"诗不可一向把理,皆须入景,语始清味",同时强调"其景与理不相惬,理通无味"③;后者则云:"诗一向言意,则不清及无味;一向言景,亦无味。事须景与意相兼始好。凡景语入理语,皆须相惬,当收意紧,不可正言。"④两说所举的例子都是他自己的诗:

时与醉林壑,因之惰农桑。槐烟渐含夜,楼月深苍茫。

桑叶下墟落,鹍鸡鸣渚田。物情每衰极,吾道方渊然。

两联或言情而及景,或写景而兴感,都属于情景分陈的结构。由此可以肯定,他所谓的"物色兼意"只是要求诗中有景有情而已,这正是六朝以来诗歌中情景分离模式的理论概括。但是到中唐时期,皎然的观念就不同了。他在《诗议》中提出一种新的情景结构模式:

古今诗人,多称丽句,开意为上,反此为下。如"盈盈一水间,脉脉不得语"、"临河濯长缨,念别怅悠阻",此情句也;如"白云抱幽石,绿筱媚清涟"、"露湿寒塘草,月映清淮流",此物色带情句也。⑤

---

① 王利器《文镜秘府论校注》,第293页。
② 王利器《文镜秘府论校注》,第303页。
③ 王利器《文镜秘府论校注》,第131页。
④ 王利器《文镜秘府论校注》,第132页。
⑤ 王利器《文镜秘府论校注》,第327页。

这里在区别景句、情句之外，更划分出一种物色带情句，涉及景物的移情和象征意味。在中国诗歌传统中，象征主要是由比兴的概念来负载的。而唐代诗学从陈子昂《与东方左史虬修竹篇书》开始，就将比兴引向"兴寄"，即突出主体性的方向，从而离开表现方式的本义。直到宋代诗学，才重拾比兴概念，并在新的诗学语境中予以诠释。罗大经《鹤林玉露》说：

> 盖兴者，因物感触，言在于此，而意寄于彼，玩味乃可识，非若赋比之直言其事也。故兴多兼比赋，比赋不兼兴，古诗皆然。今姑以杜陵诗言之，《发潭州》云："岸花飞送客，樯燕语留人。"盖因飞花语燕，伤人情之薄，言送客留人，止有燕与花耳。此赋也，亦兴也。若"感时花溅泪，恨别鸟惊心"，则赋而非兴矣。《堂成》云："暂止飞乌将数子，频来语燕定新巢。"盖因乌飞燕语，而喜己之携雏卜居，其乐与之相似。此比也，亦兴也。若"鸿雁影来联塞上，鹡鸰飞急到沙头"，则比而非兴矣。①

罗氏对"兴"的理解明显是本自朱熹，但用以诠释杜诗的情景关系，则适可与寓情于景和情景交融相参证相发明。他辨析"岸花"、"感时"两联是否寓有兴义，断言"暂止飞乌将数子，频来语燕定新巢"属于兴兼比，都足以同我们对意象化表现的界定相参照。盖有无兴义即暗喻或象征之意乃是判断诗句是否为意象化表现的根本标志。明代王嗣奭取杜甫《卜居》颈联"无数蜻蜓齐上下，一双鸂鶒对沉浮"与《堂成》相对照，以为有"天然自有"之景与"人工所致"之景的差别，②显然也是意识到前者乃单纯的写景，而后者则如黄生所说是"暗喻携妻子卜居此地"③，亦即浦起龙所谓"即景为比，意中尚有彷徨在"④，亦即无兴与有兴的差别。"暂

---

① 罗大经《鹤林玉露》(北京：中华书局，1983)，乙编卷四，第 185 页。
② 仇兆鳌《杜诗详注》(北京：中华书局，1979)，第 2 册，第 736 页。
③ 黄生《杜诗说》(合肥：黄山书社，1994)，第 444 页。
④ 浦起龙《读杜心解》(北京：中华书局，1961)，第 3 册，第 624 页。

止"一联的确是典型的意象化表现,也是情景交融的佳句。只不过就杜甫的写作范式而言,这两句仍像是实写眼前之景,仅以出于特定的心境,景物自然带有了一层象征意味而已。杜甫的诗作在许多方面都有着承前启后的意义,在意象化表现的转型上,他是否也有开风气的作用,还需要研究。

五、大历诗歌中的意象化表现

当年我提出,盛唐诗仍是情景分离,只有到大历诗中情景交融的表现方式才范式化并有理论自觉,这一假说只是基于考察中古到中唐诗歌情景关系的粗浅认识。对于大历诗歌的意象化倾向,我举李益《献刘济》、章八元《新安江行》及刘长卿《秋杪江亭有作》、《碧涧别墅喜皇甫侍御相访》等诗为证来说明我的观点,[①]现在看来说服力显然是不够的。陈伯海先生从物象的知觉化、物象的情绪化、物象的联想功能化三种类型论述大历诗由侧重"无我之境"向"有我之境"的转移,[②]从学理上弥补了拙著的不足,有助于我们认识大历诗走向情景交融的逻辑进程。但陈先生的论述也留下一个问题,即未顾及不同类型的诗歌有不同的范式和结构。我们都清楚,情景交融乃是与抒情性关系最紧密的表达方式,贯穿于咏物诗以外的大多数类型,只有通过不同类型的作品分别说明大历诗歌的意象化表现,结论才更有说服力。同时,那些作品还必须取自有代表性的诗体,不能太短,也不能太长,那么律诗应该是比较合适的对象。不过即便如此操作,也面临着一个困难:我们既无法举出所有的作品,也难以用统计的方法来获得结论,可行的方式只能是举出若干类型较有代表性的作品来加以讨论。这些作品不可避免地涉及先入为主的美学判断,使讨论的前提带有一定的可质疑性。另外,诗歌类型的选择

---

① 参看蒋寅《大历诗风》,第155—156页。
② 陈伯海《从"无我之境"到"有我之境"——兼探大历诗风演进的一个侧面》,载《社会科学》2013年第11期。

也是一个问题,通常可以参考《昭明文选》,但唐诗中颇有一些逸出《文选》的类型,因此只能斟酌调整,最后选择几个常见的类型姑妄言之。

先看登临,这是唐诗常见的类型,但大历诗的写法与盛唐颇为不同。盛唐诗今以孟浩然《登万岁楼》为例:

> 万岁楼头望故乡,独令乡思更茫茫。天寒雁度堪垂泪,月落猿啼欲断肠。曲引古堤临冻浦,斜分远岸近枯杨。今朝偶见同袍友,却喜家书寄八行。

颔联雁、猿两个物像,在诗中的功能是充当感物的对象,引发作者的情绪反应,它们与作者的情感处于并置、对照的状态,而不是相融为一体。大历诗人皇甫冉登同一座楼,也写下一首《同温丹徒登万岁楼》,笔法大不相同:

> 高楼独上思依依,极浦遥山合翠微。江客不堪频北望,塞鸿何事又南飞。丹阳古渡寒烟积,瓜步空洲远树稀。闻道王师犹转战,谁能谈笑解重围?

这里的"塞鸿"明显不是写实,而是作为人事的参照物选配的意象,"丹阳"两句迷茫寥落之景也是作者历经战乱凄惶不定的心境的写照,对比孟浩然诗就能看出意象化的倾向来。

再看游览,这是《文选》所列的类型,与登临有交叉关系。我们可以取初唐沈佺期的《游少林寺》和大历诗人司空曙的《经废宝庆寺》做个比较。沈诗云:

> 长歌游宝地,徙倚对珠林。雁塔风霜古,龙池岁月深。绀园澄夕霁,碧殿下秋阴。归路烟霞晚,山蝉处处吟。

明代诗论家王世懋说:"今人作诗,必入故事。有持清虚之说者,谓盛唐诗即景造意,何尝有此?"①即景造意不只是盛唐诗的特点,也是初唐诗的基本范式。就像此诗,只是就所见施施然写来,景尽意止,结尾也未发什么感慨。相比之下,司空曙诗则弥漫着浓重的情绪氛围:

> 黄叶前朝寺,无僧寒殿开。池晴龟出曝,松暝鹤飞回。古砌碑横草,阴廊画杂苔。禅宫亦销歇,尘世转堪哀。

诗的前六句都是写景,末联结出人生无常的感慨,从结构看很像是初盛唐前景后情的模式。但细玩诗意,与寺的破败形成对照的是颇显得悠然自适的"池晴龟出曝,松暝鹤飞回",仿佛寺的废弛反给它们带来更适宜的生存空间,这就使所有的悲哀都集中到尘世间来,越发突出了人生的苦难。如此说来,"池晴"一联就绝不是"雁塔风霜古,龙池岁月深"那样单纯的景物描写,它们是作为反衬人世的参照物发挥其意象功能的。

再看征行,这类诗作的内容常与游览有出入,但《文选》列为两个类型,体制自别。宇文所安《初唐诗》曾经讨论的宋之问《度大庾岭》,很适合作为初盛唐的诗例:

> 度岭方辞国,停轺一望家。魂随南翥鸟,泪尽北枝花。山雨初含霁,江云欲变霞。但令归有日,不敢恨长沙。

宇文所安指出:"在宫廷诗中,如果(情感——笔者注)反应纯是赞美,中间对句也要求纯写美景,有着较复杂反应的诗歌则趋向于要求景象'指示'某种意义,由此激起诗人所给予的反应。"此诗属于有复杂反应的作品,所以使用了两种方式来"指示"意义:"次联所呈现的方法最简单,让诗人本身进入景象。第三联用直接描写的方法,较复杂精细:由于尾联是对第三联的某种反应,因此第三联就可能具有象征意义。"为此他觉得

---

① 王世懋《艺圃撷余》,何文焕辑《历代诗话》(北京:中华书局,1981),下册,第774页。

颈联的"霁"暗示重新获得皇帝的恩宠,"霞"暗示仙境,也就是宫廷。①这么解读当然不失为一种富有启发性的诠释,但"霁"和"霞"的寓意似乎还可以斟酌。我觉得视为君威收敛、政局好转的隐喻,可能更符合作者的本意。但无论如何,两句充其量不过是具体事项的比喻,而抒情主旨的表达是在结联。结联明志原本是初盛唐诗的基本范式,孙逖《下京口埭夜行》同样是在结联"行役从兹去,归情入雁群"点出抒情主旨。但大历诗则不然,抒情主旨可以出现在任意一联,而意象化的景句也灵活安置。刘长卿《重推后却赴岭外待进止寄元侍郎》"白云从出岫,黄叶已辞根",崔峒《宿江西窦主簿厅》"月满关山道,乌啼霜树枝",章八元《新安江行》"古戍悬渔网,空林露鸟巢",是放在颔联;钱起《早下江宁》"霜蘋留楚水,寒雁别吴城",《晚次宿预馆》"回云随去雁,寒露滴鸣蛩",则放在颈联。还有像姚伦《感秋》"乱声千叶下,寒影一巢孤。不蔽秋天雁,惊飞夜月乌"这样占据中两联的。若是古体诗,更可以置于尾联,如刘长卿《晚次湖口有怀》的"秋风今已至,日夜雁南度。木叶辞洞庭,纷纷落无数",也不失为一格。章八元、姚伦两联的鸟巢意象,虽然有点像隋王申礼"叶落秋巢迥",但王诗对句作"云生石路深"(《赋得岩穴无结构》),单纯写触目之景,而大历诗人的用法则明显是象征性意象,这就语境一看即知。

再看酬赠,唐人的酬赠诗常写作于行旅邂逅之际。初盛唐的酬赠诗多洋溢着慷慨意气,情志的表达相对直接明快,到大历诗中则趋于间接和婉曲。姑取两首相逢赋赠的作品来做个比较,盛唐仍选孟浩然的五律,以《永嘉上浦馆逢张八子容》为例:

逆旅相逢处,江村日暮时。众山遥对酒,孤屿共题诗。廨宇邻蛟室,人烟接岛夷。乡园万余里,失路一相悲。

"众山"一联殷璠《河岳英灵集》曾摘为佳句,应该符合盛唐人的趣味。这两句虽然紧扣人的活动来写景,但景物与抒情主体仍是对峙的关系,景

---

① 宇文所安著,贾晋华译《初唐诗》,第287页。

是人观赏的对象。作者的情感表达落在尾联，仍不脱前景后情的常套。而大历诗人司空曙的《云阳馆与韩绅卿宿别》就不同了，景物成了人事的背景：

> 故人江海别，几度隔山川。乍见翻疑梦，相悲各问年。孤灯寒照雨，湿竹暗浮烟。更有明朝恨，离杯惜共传。

战乱年代偶然相逢，简直像是在梦中，颔联写出人们在特定情境中的特殊情态。久别重逢，当然有无限的情意要诉说，可是颈联意外地没有写人，只用一个空镜头摄录了挑灯夜话的环境："孤灯寒照雨，湿竹暗浮烟。"室内孤灯暗淡，窗外阴雨淅沥，即便是友情的温暖也难以驱除夜深的寒意，正如短暂的相逢难以填补久别的孤寂；夜深雨止，幽暗的竹丛湿气弥漫，如烟似雾，恰像是诗人惝恍迷离的心境。这正是典型的意象化表现，景物全然不是描写的对象而成了表情的媒介。

宋代范晞文曾说："'马上相逢久，人中欲认难。''问姓惊初见，称名忆旧容。''乍见翻疑梦，相悲各问年。'皆唐人会故人之诗也。久别倏逢之意，宛然在目，想而味之，情融神会，殆如直述。前辈谓唐人行旅聚散之作，最能感动人意，信非虚语。戴叔伦亦有'岁月不可问，山川何处来'，意稍露而气益畅，无愧于前也。"①这里所举的诗句，都出自大历诗人的五律作品。行旅聚散之作尤其为工于言情的大历诗人所擅长，而送别也正是大历诗中最引人注目的类型。初盛唐的送别诗基本上是言志之体，以王勃的《送杜少府之任蜀州》《秋日别薛升华》为代表。对行人的勉励和惜别之情是诗的主旨，写景并不占有明显的位置。大历诗人的送别诗，除了按内容要素加以排列组合的模式化倾向外，意象化的写景占据了醒目的位置。我在《大历诗人研究》中曾论及刘长卿《更被奏留淮南送从弟罢使江东》一诗，指出诗中的木叶、寒潮、沧州、青山虽作为写实的对象出现，但实质上却充当着象征意义的载体，通过本身积淀的情绪

---

① 范晞文《对床夜语》卷五，丁福保辑《历代诗话续编》，第1册，第444页。

内容传达作者的心绪,因此是程式化的意象。① 这里再举《中兴间气集》卷上所选的李嘉祐七律《送从弟永任饶州录事参军》来加以参照:

> 一官万里向千溪,水宿山行渔浦西。日晚长烟高岸近,天寒积雪远峰低。芦花渚上鸿相叫,苦竹丛边猿暗啼。闻道慈亲倚门待,到时兰叶正萋萋。

此诗采用的是列举行人沿途所历地理风物的模式,颔联自然要叙写行程所历,但颈联却不是一般的写景,而分明是从弟只身远赴南方将面临的孤独处境的象征。鸿雁在唐诗中惯用作行旅时节、方向的参照物,而猿啼更一向是渲染旅愁最好的意象,两者对举与其说是写景,还不如说是孤旅的隐喻或象征,寄寓了作者对从弟的怜惜之情。

通过上面这些不同类型作品的对比,我想已部分地说明了大历诗歌的意象化取向及达致情景交融之境的写作范式。前文虽曾声明不讨论咏物,但我还是想补充说,张一南的研究已表明,唐代中期的咏物诗仍可作为支持本文观点的旁证,她的结论告诉我们:"齐梁时代关注形象本身的咏物诗的兴盛是其体物倾向最主要的标志。这种体物的咏物诗在初唐继续流行,在晚唐重新兴盛,说明唐诗在一头一尾是倾向于体物的。而盛唐和大历虽然也多有咏物诗,但这些咏物诗以情志为主,并不专注于物象的描绘。"②咏物不专注于体物而以抒发情志为主,必然导致诗的重心由用意于物象描绘而转向程式化的象征表现,最终带来诗作意象化程度的提高,而这正是与中晚唐诗意象化进程加快的趋向相一致的③。

---

① 蒋寅《大历诗人研究》(北京:北京大学出版社,2007),第20页。
② 张一南《汉赋体物因素的消长轨迹——以唐诗为参照》,载《甘肃社会科学》2016年第2期。
③ 关于晚唐诗中意象化进程加快的问题,笔者曾在《贾岛与中晚唐诗歌的意象化进程》(《文学遗产》2008年第5期)一文中有所涉及,可参看。

六、情景交融的意象结构何以在中唐诗歌中成型

如果前文有限的举证对于情景交融的意象结构方式成立于大历诗中的假说还显得说服力不足，那么我只好提醒读者，任何新的范式都不是一蹴而就的；并且，新的范式定型也不意味着遵循者一定较原有范式多。尤其是当它仅与部分类型部分作品的部分要素相关时，要作为一个清晰而确定的事实来指认就愈加困难。但有一点是可以确定的，就是将情景交融视为古典诗歌一以贯之的、早在大历诗之前就存在的传统，相比之下更不可取。即使我们能举出若干作品来证明盛唐诗甚至更早的诗歌已有情景交融之例，它们又有什么范式意义呢？范式并不取决于统计学意义上的绝对数量，它更重要的标志是作者对其生成和变化具有自觉的理论意识，而且这种理论意识通常与美学、思想、文化的重大转变相伴。这样的重大转变在中国历史上屈指可数，中唐时代是其中之一，而且是诗歌与美学、思想、文化的变化关系最密切的一次。它不只是诗歌史的一大转折点，即叶燮所谓的"百代之中"，更是中国思想、文化的重要转型期，日本学者内藤湖南关于唐宋转型的假说已得到愈来愈多的认同，并被从各种角度加以诠释和印证。就诗歌史来说，清初诗论家冯班即断言："诗至贞元、长庆，古今一大变……大略六朝旧格至此尽矣。"①六朝旧格指什么呢？除了修辞、造句方面的特征，我想就是诗中情景配置的自然状态。情景交融的意象结构及在此基础上形成的意象化抒情方式，正是诗歌在上述大背景下发生演变的结果，它使中国古典诗歌的意象化特征最终得以定型。

长期以来，这一重大诗学问题始终未得到认真的探讨，纯粹是因为学界对情景交融这一传统诗学命题缺乏清晰、一致的认识。只要我们抛开对"情景交融"的分歧理解，检点古人对中唐诗歌变异的认识，就会看到前代诗论中其实已有情景交融形成于中唐的朦胧认识。比如方回说

---

① 冯班《钝吟杂录》《丛书集成初编》本，北京：中华书局，1985）卷七，第93页。

"诗体源流,陈、隋多是前六句述景,末句乃以情终之"①,又说"唐律诗之初,前六句叙景物,末后二句以情致缴之,周伯弜四实、四虚之说遂穷焉"②,就是对初盛唐诗歌范式的初步总结。《瀛奎律髓》卷一选杜审言《登襄阳城》,方回评:"中四句似皆言景,然后联寓感慨,不但张大形势,举里、台二名,而错以'新'、'旧'二字,无刻削痕。"冯舒补充道:"言景言情,前人不如此,只是大历以后体,'江西'遂刊定诗法矣。"冯班也说:"审言诗不必如此论,此盖后世诗法耳。"③二冯言下已认识到大历诗开始自觉营造情景结构关系的趋向。

在另一处评白居易《和春深》时,方回又触及象与诗歌虚构的关系,说:"依次押韵,至此而盛,诗之趣小贬矣。虚空想象,无是景而为是语,骋才驰思,则亦可喜矣。"④冯班《钝吟杂录》的一段话与之对照参看,就很值得玩味:"古人比兴都用物,至汉犹然。后人比兴都用事,至唐而盛。"⑤这等于是说六朝到唐诗歌中的景物都与比兴无关,只是写实而已,这虽然与我们的认识不尽吻合,但有助于我们认识诗中写景的功能转变。事实上,诗学的关注点从取象转移到取境,是与佛教学说的影响有直接关系的。借助于佛学的认知方式和观念,诗歌所涉及的客观世界开始有了"象"、"景"、"境"的区别,诗论中也出现宇文所安说的新认识,即"承认在诱发诗兴的经验和诗歌的写作之间有一段间隔。诗歌创作与经验之间的关系被描绘成事情过后的重新回味。到了九世纪初期,原先所设定的诗外的经验与创作间的有机联络已不再是想当然的了"。⑥ 于是就有了皎然《诗式》的"取境"说和戴叔伦"诗家

---

① 李庆甲辑《瀛奎律髓汇评》卷一二唐太宗《秋日二首》评,上册,第421页。
② 李庆甲辑《瀛奎律髓汇评》卷四七王勃《游梵宇三觉寺》评,下册,第1626页。
③ 李庆甲辑《瀛奎律髓汇评》卷一,上册,第3页。
④ 李庆甲辑《瀛奎律髓汇评》,上册,第336页。
⑤ 冯班《钝吟杂录》(《丛书集成初编》本)卷四"读古浅说",第64页。
⑥ 宇文所安著,陈引驰、陈磊译《中国"中世纪"的终结》(北京:生活·读书·新知三联书店,2006),第4—5页。

之景"的幻象说,①后来发展成为"景物万象皆役于我"的老生常谈,②它们与司空图超越景物、意象概念,追求"象外之景"、"景外之景"、"韵外之致"、"味外之旨"的趣向,一道成为情景交融成立于中唐诗歌的理论标志。

日本前辈学者小川环树先生早就注意到,"景"这个词在六朝文学中指放射的光辉或光照亮的某个范围的空间、场所,这一义涵一直沿用到初盛唐时代。中唐时期"风景"乃至"景"的含义出现了变化,雍陶、姚合、朱庆余等一批诗人的作品中出现了"诗景"、"景思"等词。如雍陶《韦处士郊居》(《全唐诗》卷五一八)云:"满庭诗景飘红叶,绕砌琴声滴暗泉。门外晚晴秋色老,万条寒玉一溪烟。"这里的"诗景"已成为一个专有名词,意味着有诗意的风景或适宜入诗的风景。"诗景"有的版本作"诗境",小川先生解释他所以将诗境译作诗的环境或诗的世界,是因为"它意味着完全脱离了外界,是一个独立的、纯粹的诗的世界。这里所说的外界,是指政治的世界、俗世的世界。诗人把自己封闭在这个独立的、不,应该说孤独的世界时,其心灵的窗口与其说面对人类社会,不如说更多的是面向自然,他们直接从自然界的事物那儿选取自己心仪的'景'(scenery),并只是用这些景去谋篇布局,构思诗篇。在这些诗人爱用的词语里,有'清景'、'幽景'等等,虽然这些词语六朝时期就有,但那时只是指清澄的光,或者指这样的光所照射到的场所。只有在他们的诗里,这些老词语才有了全新的意义。"③他以唐代画论的材料相印证,指出"景"在 scenery 的意义上成为画题正是中唐以后的事,随即就在宋代与诗学中的情景说融合起来。小川先生的论述无疑是很有启发意义的,而

---

① 戴叔伦"诗家之景"之说,见司空图《与极浦书》:"戴容州云,诗家之景,如蓝田日暖,良玉生烟,可望而不可置于眉睫之前也。"《戴叔伦诗集校注》(上海:上海古籍出版社,2010),第266页。

② 杨万里《应斋杂著序》:"至其诗,皆感物而发,触兴而作,使古今百家、景物万象皆不能役我,而役于我。"《杨万里诗文集》(南昌:江西人民出版社,2006),中册,第1296页。

③ 小川环树《"风景"在中国文学里的语义嬗变》,小川环树著,周先民译《风与云——中国诗文论集》(北京:中华书局,2005),第36页。

且正可与戴叔伦的"诗家之景"相印证。只是他忽略了宋代诗学尚意的主流。姜夔论诗不是讲情景关系,而是讲"意中有景,景中有意",清代诗论家乔亿补充道:"意中有景固妙,无景亦不害为好诗。若景中断须有意,无意便是死景。"因而他诫人"勿写无意之景"。① 这种对写意化倾向的刻意强调,与传统诗学的比兴说相结合,就很容易导致赋笔的合理性被压抑,从而使中国诗歌中纯粹的风景描写大为减少,正像中国古代美术中写实性的纯粹风景画很少一样。

或许与此相关,以南宋周弼《三体唐诗》为导引,诗学对情景关系的探讨走向了将情景作为要素来分配,以求在机械意义上取得平衡的方向。当情景问题被这种蒙学诗法的模式化思维主导之后,唐代诗学对意象、情境关系的探讨反而令人惋惜地被搁置下来。直到清初王夫之细致辨析情景事理的复杂关系,提出"于景得景易,于事得景难,于情得景尤难"的假说,②才重新将情景关系的考察引向抒情本位的方向。同时代的侯玄汸也主张"诗中著景物,虽兴赋必兼比,方有义味"③,虽然说的不是一个问题,但立足点是相同的。查慎行指出:"初唐人新创格律,即陈、杜、沈、宋亦未能出奇尽变,不过情景相生,取其工稳而已。"④无疑是对初唐诗情景关系处于自然状态的最好概括,有此成识在胸,无怪他能清楚地辨析唐诗范式的分界,同时体会到情景交融的意味,成为首先使用这个术语的先知。今天我们在习惯了使用情景交融的命题之后,不能再停留在前人不求甚解的笼统把握上,必须剥开其无缝的外壳,将情景关系的复杂肌理重新做一番剖析,这才能将我们对古典诗歌艺术特征的理解提升到较为理性的、清晰的境地。

---

① 乔亿《剑溪说诗》卷下,郭绍虞辑《清诗话续编》,第2册,第1097页。
② 王夫之《古诗评选》卷一,第25页。
③ 侯玄汸《月蝉笔露》(民国二十一年黄天白上海排印本)卷上引,第27页。
④ 李庆甲辑《瀛奎律髓汇评》卷一,上册,第2页。

论桐城派的现代转型

王达敏

清代道咸之后,中国与西方相遇,被迫卷入肇端于西欧的全球现代化运动,成为这场运动的东方回响和重要组成部分。经历现代化的百年激荡,中国的政治制度、物质生活和精神世界,或先后,或同时,发生了由表及里的嬗变。由于中国原有文明的渊茂,这一嬗变无法一蹴而就,迄今仍在途中。紧随整个国家现代化的步伐,桐城派或被动或主动地开始了现代转型。由于桐城派思想、艺术的繁复和精微,其转型不免一波三折。尽管如此,转型毕竟开始,并在各个层面跌宕起伏地展开了。

一、导乎先路

从清代咸同开始到新中国建政初期,在乾旋坤转的现代化运动中,桐城派从学问领域跨入实际政治运作,参与引领并推动中国走向现代世界。这期间,两位重量级政治家曾国藩、徐世昌的主持风会,对于桐城派的现代转型和国家的进步具有里程碑意义。

曾国藩私淑并终生服膺姚鼐,又与梅曾亮长期切磋学问。他的出现,把桐城派推向峰巅,以至于胡适说:"姚鼐、曾国藩的古文差不多统一了十九世纪晚期的中国散文。"[①]首先,曾国藩以其在军政学界的崇高地

---

① 胡适《建设理论集导言》,见刘远峰编《1917—1927中国新文学大系导言集》(天津:天津人民出版社,2009),第2页。

位,把桐城派带向政治和文坛中心。在与太平天国战争中,曾国藩以捍卫礼教相号召,吸引大量抱道君子来归。当时曾幕人才几半天下,曾氏又待"堂属略同师弟"①,因此,幕中从事学术文事者多以其学问祈向为转移。曾氏俯首桐城,幕宾也多心向桐城。后来,曾幕移动到哪里,曾门弟子游走到哪里,就把桐城派的种子播向哪里。当曾氏晚年总督直隶时,经过他和弟子张裕钊、吴汝纶的拓荒,朴野少文的冀南之地形成了一个规模巨大、绵延百年、文风雄奇、志在经世的莲池学者群体。其次,曾国藩作为洋务新政的领袖,在朝野懵昧之时,倡导学习西方科学技术,发展军工产业,选派幼童留学;在中外冲突之时,他以其对国内外大势的体察,一反桐城派前辈邓廷桢、姚莹曾经的主战姿态,而力持和局。曾氏的洋务理论和实践推动中国从农业社会向工业社会转变,也为桐城派带来了宽阔的国际视野,为桐城派向现代的转型提供了契机。②

在曾国藩洋务理论和实践的陶铸下,其身旁走出了一群富有远见卓识、尊奉桐城之学的中国第一代外交家兼政治家。最著名者有郭嵩焘、黎庶昌和薛福成。他们突破了数千年历史中形成的华夏中心观,走向盘古开天地以来华族闻见所不及的高度文明世界。郭嵩焘意识到西洋立国自有本末,其末在工商,其本则在政教修明、以法治国。薛福成意识到中国与强大的西方相遇,已经无法闭关独治,必须变古就今。他推崇西洋器物技艺,更推崇君民共主的君主立宪制度。黎庶昌为西欧的议会民主、政党政治和军事力量所震撼,深感忧患。郭、黎、薛是优秀的外交家,也是一流的桐城派古文家。他们描写异域的大量作品为桐城派,也为中国文学史,带来了新的思想情感、新的风情、新的词汇和新的艺术魅力。

清民之际,莲池群贤传承祖师曾国藩倡导的经世致用精神,投身实际政治。他们多半留学日本,熟悉东洋、西洋的现代政治,渴望中国从专制向民主过渡,实行宪政。清廷在退出历史舞台前夜,为预备立宪,成立

---

① 曾国藩《题金陵督署官厅》,见《曾国藩全集·诗文》(长沙:岳麓书社,2011),第100页。
② 王达敏《曾国藩总督直隶与莲池新风的开启》,载《安徽大学学报》2014年第6期,第61—70页。

资政院。莲池学子籍忠寅、刘春霖当选资政院议员。他们在资政院常会上张扬立宪精神，支持速开国会，反对封疆大吏越权，弹劾军机大臣，抵制皇权胡为。1911年6月4日，他们又积极组织宪友会，为国家从官僚政治向政党政治转型尽力。① 进入民国，籍忠寅、常堉璋、王振尧、谷钟秀、李景濂、张继、李广濂、邓毓怡、王树枏等当选国会议员。他们中，籍忠寅、常堉璋等是改良派，张继、谷钟秀是革命党。无论改良或革命，他们在国会内外都忠于职守，为中国实现真正宪政而勤奋工作。1914年1月，谷钟秀在上海主办《正谊》杂志，锤击袁世凯欲帝制自为，撰《中华民国宪法草案释义》，捍卫宪政理想。② 邓毓怡热心参与制定宪法，1922年发起宪法学会，手译欧战后各国宪法，终因生逢乱世，壮志不酬，忧愤而亡。③ 此外，张继曾任参议院议长和国民政府委员、刘若曾任直隶省长、王瑚任江苏省长、傅增湘任教育总长、谷钟秀任农商总长、吴笈孙任总统府秘书长、何其巩任北平市长。他们悉皆民国政局中的要角，曾为中国的现代化事业付出过大量心血。

徐世昌是继曾国藩之后把桐城派推向另一座峰巅的政治家。他曾任军机大臣、东三省总督、体仁阁大学士；袁氏当国时，任国务卿；1918—1922年出任中华民国总统。他与盟兄弟袁世凯一文一武，左右清季民初政局近二十年。他与桐城派渊源甚深。其外祖刘敦元籍贯桐城，为刘开族父行，与姚氏为亲故。刘氏骈体文经过河南巡抚桂良揄扬，为道光帝所知；其诗文全稿藏于桐城姚氏。徐世昌数次刊布外祖诗文集，曾请吴汝纶赐序。吴序揭示了徐氏与桐城文脉的关联。④ 贺涛、柯劭忞为吴

---

① 侯宜杰《刘春霖》、《籍忠寅》，见《逝去的风流——清末立宪精英传稿》（北京：北京师范大学出版社，2013），第333—341、350—354页。

② 谷钟秀主编《正谊》第1卷第1号，正谊杂志社，1914年1月15日。

③ 籍忠寅《邓君家传》，见《困斋文集》[壬申(1932)冬日籍氏家藏]卷四，第10—14页。

④ 徐世昌《先太宜人行述》，见《退耕堂文存》[己巳(1929)秋八月天津徐氏开雕]，第9页；《敬跋先外祖悦云山房集》，见《退耕堂题跋》[己巳(1929)秋九月天津徐氏开雕]卷一，第12—13页。吴汝纶《刘笠生诗序》，见吴汝纶著，施培毅、徐寿凯校点《吴汝纶全集》（合肥：黄山书社，2002），第1册，第200页。

汝纶弟子,徐世昌的同年。徐氏1917年初曾说:"丙戌同年多文人。贺松坡,余从之学文;柯凤荪,余从之学诗。"①徐世昌与曾国藩一样,对国内外大势有卓越洞察,很早就觉悟到,中国只有改革才能挺立于世界。他是中国早期现代化的著名推手,在主政东三省时建树尤多。他凭着对新旧文化的湛深造诣和对共和政治的深刻理解,宽容而文明地面对新文化运动的兴起和五四运动的展开。他的宏通之识和在中国现代化中所起的先导作用使他誉满海内外,1921年巴黎大学授予他博士学位。徐世昌为桐城派做了大量工作。他重建桐城文统,以明清八家归有光、方苞、姚鼐、梅曾亮、曾国藩、张裕钊、吴汝纶、贺涛上绍唐宋八家之绪。他再造桐城道统,把弘扬实学的颜李学派引入桐城派中,以分程朱理学之席。他主纂《大清畿辅先哲传》,将北方的区域意识植入莲池学者群体之中。而他所具有的比曾国藩更为深广的现代视野,尤其把桐城派带向新的境界。必须道及的是,徐世昌于1920年1月颁令,命国民学校一、二年级的教材改用语体文。这一决策是对时代新潮的顺应,是新文化运动的重大成果,也是对包括桐城派在内的古典学术的釜底抽薪。

二、文学蜕变

与西方相遇之后,桐城派的文学观念和文学创作发生蜕变。桐城诸老的原创在文论;经过桐城后学从西学视角所做的创造性阐释,这些文论成为现代美学的组成部分。桐城诸老忌古文中掺入小说;其后学则不惟引小说因素入古文,而且开手翻译小说、创作小说。桐城诸老忌古文沾染语录中语言的鄙俚俗白;其后学则自觉破此清规,甚至在前贤古文中寻觅引车卖浆者语,以与新文学对接。桐城望族在桐城派兴起后多守程朱之道、韩欧之文;在西潮汹涌时代,这些望族开新而不忘守本,但鲁谼方氏激进的后辈则积极投身新文学运动,一去而决绝地不再回返。

---

① 贺葆真《贺葆真日记》"1917年2月1日"条,见李德龙、俞冰主编《历代日记丛钞》(北京:学苑出版社,2006),第133册,第17页。

在桐城派文论的现代转型中,朱光潜贡献最大。朱氏籍贯桐城,在桐城中学受到桐城派的严格训练,留学欧洲时,对西方美学有精深研究,后来成为新文学阵营中杰出的理论家。他对桐城派文论的现代阐释,是从中西汇通角度转化传统精神资源的范例。桐城派首重的文以载道,受到周作人等新文学家诟病。朱光潜则以为,中国文学与西洋文学的大不同处,是其骨子里重实用、道德,文以载道之说"把文学和现实人生的关系结得非常紧密","在中国文学中道德的严肃和艺术的严肃并不截分为二事",这是中国文学的特点,不容一笔抹倒。① 桐城派重视声音节奏在欣赏和创作中的价值,提出了因声求气说。朱光潜对此说做了新的发挥。他以为,声音与意义本不能强分,古文对声音节奏很讲究,白话文同样离不开声音节奏,只是比起古文来,白话文的声音节奏较为"不拘形式,纯任自然"罢了。② 姚鼐论述文章风格时,提出阳刚阴柔说。朱光潜以为,姚鼐之说在西方美学中同样存在。姚鼐所说的阳刚之美、阴柔之美,在西方分别被称为雄伟、秀美。他引申西哲之论曰:"'秀美'所生的情感始终是愉快","外物的'雄伟'适足激起自己焕发振作"。③ 姚鼐论述文章最高境界时,提出了神妙说。他推尊一种不可言说的与天道合一的超越、神秘、疏淡、含蓄的艺境。朱光潜继承包括姚鼐在内的前贤之说,提出"艺术的作用不在陈述而在暗示","含蓄不尽,意味才显得闳深婉约,读者才可自由驰骋想象,举一反三"。④ 朱光潜在中西美学比较中,对桐城派的文学思想进行了融会贯通的解说。他的解说彰显了桐城派文论的普适性和现代价值,也使其不露痕迹地渗入新文学的理论系统之中。

在创作中,桐城派最忌小说因素掺入古文中。方苞在论述义法的雅

---

① 朱光潜《文艺心理学》(合肥:安徽教育出版社,1996),第100页。

② 朱光潜《谈文学·散文的声音节奏》,见《朱光潜美学文集(第二卷)》(上海:上海文艺出版社,1982),第301—307页。

③ 朱光潜《文艺心理学》第225页。

④ 朱光潜《谈文学·情与辞》,见《朱光潜美学文集(第二卷)》,第355页。

洁原则时,对吴越间遗老的用笔放恣,"或杂小说",极表不满。① 此一见解后来成为桐城派家法。与西方相遇后,桐城派一部分学者自觉扬弃这项禁忌,不仅在古文中引入小说因素,而且大量翻译西方小说,直至亲自动手写起小说来。在翻译方面,林纾是"介绍西洋近世文学的第一人"②。他用古文翻译的一百八十余部作品是中国文学史上的丰碑,给文坛打开了通往西洋文学之门,向读者展示,西方不仅有别样的器物和制度,也有可以与司马迁的《史记》并驾齐驱的深邃精美之作。他以辉煌的业绩改变了包括桐城派在内的中国学者千百年来视小说为小道的观念。在小说创作方面,吴闿生的弟子潘伯鹰成就最为卓著,其作品在民国时代甚获好评。关于小说,潘氏以为:"摹画世情,抒心意,为体深博,奇而法,庄而肆,造极幽远,感人尤至者,莫善于小说。"③小说在他眼中已非闲书,而是高雅艺术。这就难怪他在撰作时那么苦心经营、一丝不苟。潘伯鹰的代表作《人海微澜》1927年起在《大公报》连载,两年始毕,1929年出版单行本,翌年即告再版。这部风靡京津之作写尽新旧交替、礼坏乐崩时代北京城的社会乱象和众生百态,得到吴宓等名家激赏。吴氏推潘伯鹰为"今日中国作小说者第一人"④,且向陈寅恪等力荐,并将《人海微澜》列入清华大学和西南联合大学学生的必读书目。⑤ 潘伯鹰的小说创作得到同门诸子支持。《凫公小说集》出版时,其中《隐刑》剪辑之册残缺甚多,谢国桢在北平图书馆从报刊上为之抄补,齐燕铭为封面

---

① 沈廷芳《书方望溪先生传后》,见《隐拙斋文钞》[乾隆庚午(1750)刻本]卷四,第7页。
② 胡适《五十年来中国之文学》,见《胡适文存》(合肥:黄山书社,1996),二集,第193页。
③ 潘伯鹰《著者赘言》,末署"民国十八年三月慧因室记,凫公"。见《人海微澜》(天津:大公报馆,1929)卷首,按:凫公是潘伯鹰笔名。
④ 吴宓《吴宓诗话》(北京:商务印书馆,2005),第218页。
⑤ 刘淑玲《〈人海微澜〉与新人文主义》,载《中国现代文学研究丛刊》2012年第7期,第70—85页。

作画，贺培新为封面题字。①《人海微澜》付梓时，吴兆璜以文、贺培新以诗序之。此外，1902年至1903年，吴汝纶的弟子邓毓怡、籍忠寅成立了小说改良会，拟对小说进行改良。② 上述事实表明，突破桐城先正设置的忌小说的界限，已成为新时期桐城派部分学者的共识。桐城诸老忌小说，与小说同样不登大雅之堂的戏曲自然也在禁忌之列。但民国时代，吴闿生的弟子周明泰、张江裁、王芷章和齐燕铭均以戏曲研究名家，齐氏还主创了饮誉红区的京剧《逼上梁山》和《三打祝家庄》。

方苞在论述义法的雅洁原则时说："古文中不可入语录中语。"③语录语的特点就是鄙俚俗白，与雅洁有碍，因而被桐城诸老悬为厉禁。清季民初，这一戒律也被桐城派诸家突破。光绪三十年（1904）陈独秀在安庆创办《安徽俗话报》，负责纂辑小说、诗词稿件的吴汝澄和李光炯均为吴汝纶的弟子，负责纂辑教育稿件的房秩五是吴汝纶创办的桐城学堂五乡学长之一。该报以开启民智为旨归，在思想上提倡科学、男女平等、实业救国、现代教育，在文学上提倡白话写作、戏曲变革，在语言上使用鄙俚俗白。在新文化运动前后，就连桐城派的嫡传姚永朴也开始试写白话文了。为教育家中小儿，姚氏撰写过一部简明中国通史《白话史》。此书用新史学的章节体写成，语言是较为纯正的白话。④ 姚氏在理论上并不反对使用鄙俚俗白。1935年春，他对弟子吴孟复说："'奋臂拨眦'，几何不为引车卖浆者语耶？昔在京中，林琴南与陈独秀争，吾固不直琴南也。

---

① 潘伯鹰《著者赘言》，末署"民国十九年五月慧因室记，鬼公"。见《人海微澜》（北平：北平世界日报，1930）卷首。按：《人海微澜》1927年至1928年连载于《大公报》。1929年8月由天津大公报馆出版。1930年7月，该书作为《鬼公小说集》第一种，由北平世界日报代印，发行2000册。北平版增加序文两篇，分别是吕碧城撰《高阳台·为鬼公先生题人海微澜》，徐英撰《题鬼公人海微澜》，同时，潘伯鹰撰《著者赘言》也比大公报馆版写了《鬼公小说集》印行经过的说明文字，本处所引内容即为作者新增。

② 周兴陆《"小说改良会"考探》，载《第二届清代文学国际学术讨论会论文集》（合肥：安徽大学文学院，2015），第756—767页。

③ 沈廷芳《书方望溪先生传后》，见《隐拙斋文钞》[乾隆庚午（1750）刻本]卷四，第7页。

④ 姚永朴《白话史》，钞本，安徽省图书馆藏。笔者在安徽省图书馆阅览此书和其他古籍时，得到石梅、张秀玉和周亚寒三位女士帮助，谨致谢忱！

若吾子言,桐城固白话文学之先驱矣。"①姚氏以方苞的《左忠毅公逸事》为证,说明桐城派本来就不排斥引车卖浆者之语。其说自然并非事实,但也具体而微地显示,桐城派面对新文学的紧逼,如何调整自己以适应新的时代。

进入清季民国,在桐城派诸世家中,鲁谼方氏从桐城之学转向新文学最为彻底,也最有成就。鲁谼方氏自方泽始,人文蔚起。方泽以姚范、刘大櫆为友,以姚鼐为弟子。方泽孙方绩、曾孙方东树皆从姚鼐问学。方宗诚师事族兄方东树,又入曾国藩幕府。方宗诚之子方守彝、方守敦视曾国藩为神圣,身际西潮横决之世,谨守中体西用之旨。在方守彝、方守敦培养下,其子孙辈二十余人龙腾虎跃,皆成新时代的弄潮儿。其中,方守敦子方孝岳、女方令孺、孙方玮德和舒芜,方守彝外孙宗白华,从桐城派起步,朝新文学迈进,最终成为新文学中的名家。方孝岳在上海圣约翰大学毕业后,任教于北京大学预科,后留学日本。对于新文化运动中的文白之辨,他1917年4月在《新青年》发表《我之改良文学观》,以为"白话文学为将来文学正宗",但今日应"姑缓其行",只做"极通俗易解之文字"即可。② 此后,方孝岳用西洋方法整理国故,对自己所从出的桐城派做了独到研究。方令孺、方玮德姑侄是闻一多、徐志摩为首的新月派中人物,其学养虽以桐城派为根底,其诗文面貌则焕然一新。宗白华生于方家大院,与桐城之学的关系千丝万缕,五四后则以《流云》小诗和兼通中西美学而著称于世。舒芜童年、少年时代浸润于桐城派氛围之中,受鲁迅、周作人影响后,对家学反戈痛击,死而后已。其文之骨有桐城之影,其文之表则与桐城若不相干了。③

---

① 吴孟复《书姚仲实先生〈文学研究法〉后》,见《吴孟复安徽文献研究丛稿》(合肥:黄山书社,2006),第51页。
② 方孝岳《我之改良文学观》,载《新青年》第三卷第二号(1917年4月),第101—104页。
③ 方宁胜《桐城文学世家的现代转型》,见胡睿主编《桐城派研究论文集》(北京:中国文联出版社,2006),第83—105页。

三、传播方式的更新

桐城派早先主要通过政治、书院、家门之内互为师友和刊刻自家著作等渠道进行传播。与西方相遇后,桐城派除了旧有流布渠道外,更通过出报纸、办刊物、建立出版机构、结社等现代方式进行传播。传播手段的改变是桐城诸家趋新的表现,也加速着桐城派向现代转型。

桐城诸家对报纸等新媒体非常敏感。他们在阅报中睁眼看世界和中国;在报端发表见解以经世济民,并播扬自家的文学观念和审美趣味。吴汝纶是桐城派中办报的先行者。在庚子乱局中,他对朝野因茫昧而祸国的惨剧有切肤之痛,起意办报以启愚蒙。在避难深州、兵火仓皇中,他即致信弟子常堉璋,对诸如集股、购置印刷机、组织机构、安排人事等办报事宜做切实指导。由于总理朝政的庆亲王奕劻唯恐私报讥刺时政,而谕批从缓,使吴汝纶的办报计划胎死腹中。[①] 时隔四十余载,桐城派学者再次与报纸结缘。抗战结束后,国民党中宣部派时任华北宣传专员的卜青茂恢复《天津民国日报》。卜氏是贺涛之孙贺翊新、贺培新好友,但他和部下毫无办报经验,贺培新当仁不让地将自己那些受过现代教育的友朋、门生三十余人推荐到报社工作,隐主该报笔政。贺氏弟子俞大酉任总主笔,主持撰写数百篇社论,倡导民主、宪政、法治、女权、新闻自由和学术自由等。贺氏弟子刘叶秋任副刊主编,编发数百版文艺作品。就形式而论,这些作品有旧文学,也有新文学。就内容而论,这些作品所表现的思想悉与战后时代风尚合拍,同时又引领着新的时代风尚。据初步统计,有不下四十五位桐城派的学者为《天津民国日报》撰稿,成就显著者有:吴闿生、阎志廉、谷钟秀、尚秉和、傅增湘、邢赞亭、冒广生、贺葆真、张继、贺翊新、贺培新、贺又新、陈汝翼、傅筑夫、陈保之、陈诵洛、陈病树、

[①] 舒芜《先行者》,见《文汇报》2004年2月5日第12版《笔会》,也见《大公报》2004年2月17日第4版。按:此文是舒芜先生为李经国先生纂《观雪斋所藏清代名人书简》所作序,由李先生见示,谨致谢忱。

吴君琇、吴防、潘伯鹰、曾克耑、俞大酉、刘叶秋、张厚载、齐纪图、高準、孙贯文、朱光潜、刘国正等。王树枏、柯劭忞彼时已经下世，其遗作经整理也在副刊刊出。《天津民国日报》非常畅销，在最好的时候，每日发行达七万份之多。其读者网络遍布全国，尤其是覆盖东北、华北地区。这是桐城派退出文坛前的最后辉煌。经过新文化派持久的批判，在新文学逐渐占领文坛高地的情势下，桐城派尚能组织起这样一支整齐的队伍，爆发出如此巨大的能量，显示出经过新学洗礼后的古典传统仍会焕发出惊人活力。

清民易代之际，桐城派学者主持过《经济丛编》和《青鹤》等刊物。《经济丛编》半月刊以吴汝纶为精神导师，由廉泉、常堉璋董其事，邓毓怡负责编纂，光绪二十八年（1902）二月十五日在京创刊，自三十年（1904）三月二十九日出版的第42期、第43期合刊起，改名《北京杂志》，不久停办。该刊宗旨为经世济物，以牖民智。"经济"取《中庸》"经纶天下"、《论语》"博施济众"之义。陈灉一主编的《青鹤》半月刊创办于1932年11月15日，1937年7月30日停刊，共出版114期。该刊意在新旧相参，发挥中国灿若光华之古学，以与世界思想潮流相融贯。江西新城陈氏自陈用光师事姚鼐后，一门数代浸润于桐城之学。陈灉一继起于清民易代之际，虽不为桐城所囿，却也不悖家学。在《青鹤》特约作者中，桐城派名家有王树枏、冒广生、柯劭忞、袁思亮、傅增湘和叶玉麟等。[①]

清民易代之际，桐城派学者主持的出版社主要有华北译书局、京师国群铸一社。光绪二十八年（1902），吴汝纶办报受挫，命弟子常堉璋、邓毓怡等苦心经办华北译书局。清季开办译书局成风，华北译书局的成就与湖北译书局（1894）、京师大学堂译书局（1902）等相比虽有不逮，但因其主办者为学坛重镇，该局也颇受关注。除发行《经济丛编》外，书局将吴汝纶到日本考察教育时数十家当地报刊有关载文汇为一编，取名《东游日报译编》出版。这部作品集中反映了吴汝纶为中国之崛起而不辞劳

[①] 魏泉《1930年代桐城派的存在与转型》，载《安徽大学学报》2013年第6期，第60—68页。

苦考察日本现代教育的热诚，塑造了桐城派大师笃信新学、挺立时代潮头的苍劲形象，既为桐城派赢得盛誉，也推动了当时正在进行中的教育变革。京师国群铸一社由吴汝纶弟子高步瀛主持，其业务主要有两项：一是设立通俗演讲社向公众发表演说，二是出版书籍。通俗演讲社以"扶共和宪政稳健进行"为宗旨，其成员贾恩绂、梁建章、韩德铭、步其诰等均为高步瀛就读莲池书院时的学侣。高步瀛撰《共和浅说》、韩德铭撰《民政心说》即为当时的演讲词。京师国群铸一社所出书籍的作者也多属莲池群体成员。① 此外，由吴汝纶侄婿兼弟子廉泉参与创办的上海文明书局（1902）和北京分局不仅出版桐城先正的著作，也印刷了吴汝纶纂《吴京卿节本天演论》、严复译《群学肄言》、吴闿生译《万国通史》及《改正世界地理学》等。这些作品既传播了新学，也彰显着桐城派学者思想的新锐和为重塑中华文明所做的努力。

民国建立后，吴闿生主盟的大型社团"文学社"在京师文坛影响颇大。在内忧外患、新文化运动方兴未艾之时，文学社成员竭力融新知于旧学，以再造文明。文学社由吴闿生及其弟子组成。吴氏最早的弟子是辛亥革命元老张继。张氏父亲张以南是张裕钊、吴汝纶的得意门生。年十六，他遵父命拜吴闿生为师，时吴氏年才十九。② 但吴氏真正抗颜为师，则在新文化运动兴起之后。至1920年底，吴氏门人贾应璞、张庆开等集同学六十二人，次其名字、年岁、乡里，为《文学社题名录》，以张继冠首。"文学社"之名由吴氏所赐。1924年夏、1936年底，在贺培新主持下，《文学社题名录》又经二刻、三刻，分别增入吴门弟子六十二人、一百四十人。数十年间，《文学社题名录》共录吴门弟子二百六十四人，知名当时与后世者有：张继、李葆光、周明泰、李濂堂、柯昌泗、于省吾、贺翊新、贺培新、齐燕铭、吴兆璜、潘伯鹰、谢国桢、徐鸿玑、李鸿翱、曾克嵩、何其巩、陆宗达、贺又新、王芷章、张江裁、李钜、陈汝翼、王汝棠、王维庭、吴

---

① 许曾会《清季民国桐城派史学研究》，博士学位论文，2014年夏在北京师范大学通过答辩，导师汪高鑫教授，第38—39页。

② 吴闿生《记张溥泉》，见《天津民国日报》1948年3月11日第6版。

君琇、吴防等。① 这些吴门弟子或为革命家，或为抗日志士，或为学者，或为小说家、戏曲家，等等，多非传统意义上的桐城文士。他们在大转折时代，以其所学，散发出光芒和热力。

四、从闺阁到社会

清代安徽女性文学昌盛，桐城才媛的成绩尤为斐然可观②。这些才媛多生于诗礼之家，嫁于簪缨之族，有父兄陶铸，有姐妹共笔砚，有夫君伴吟，才情因得施展。综而观之，她们虽各有精彩，也间有不让须眉之作，但因受礼教闺范限制，心灵难得自由；诗词常撰于绣余织余灶余，视野难得开阔，因此其作品往往题材狭窄，风格单调，也缺乏现实关照。③ 进入清季民国，属于桐城一脉的才媛，除了籍贯桐城者外，也有隶籍外省者出入其间。杰出者有桐城姚倚云（1864—1944）、吴芝瑛（1868—1934）、方令孺（1897—1976）、吴君琇（1911—1997），天津俞大䋆（1908—1966）等。这些女性作家生活于大转折时代，栉欧风，沐美雨，产生了较强的女权意识。她们离开闺阁，服务社会，甚至劳心国事。这一切殊非桐城前代才媛所能梦见。

这些桐城派女性作家皆生活于衣被新学的旧家。姚倚云为桐城麻溪姚氏嫡脉，其父姚濬昌为姚莹之子，颇得曾国藩赏识。兄弟姚永朴、姚永概曾在北京大学内外经受新文化运动考验。夫君南通范当世习闻吴

---

① 《文学社题名录》，1920年12月第1版，1924年夏第2版，1936年12月第3版。

② 单士釐撰《清闺秀艺文略》收录女性作家两千三百一十人，安徽达一百一十九人之多，紧随江苏、浙江之后，位居第三。光铁夫撰《安徽名媛诗词征略》收录安徽清代女作家近四百人，桐城达九十三人之多，位居各县之冠。见胡适《三百年中的女作家——〈清闺秀艺文略〉序》，《胡适文存》，一集，第530—536页；光铁夫《安徽名媛诗词征略》（合肥：黄山书社，1986）。

③ 祖晓敏《清代桐城女性文学创作的文化内涵》，硕士学位论文，2006年夏在安徽大学通过答辩，导师为周致远教授。吕菲《清代桐城女性诗词初探》，载《安庆师范学院学报》2008年第11期。温世亮《清代桐城麻溪姚氏闺阁诗歌繁兴的文化因素》，载《地方文化研究》，2013年第6期。聂倩《桐城方氏家族女性诗歌研究》，硕士学位论文，2014年夏在曲阜师范大学通过答辩，导师为李冬红副教授。

汝纶绪论,"颇主用泰西新学"①。侄儿姚焕、姚昂,继子范罕、范况曾负笈东洋。② 吴芝瑛为吴汝纶侄女,夫君无锡廉泉倾心维新,支持革命,清末在上海参与开办文明书局,编印新式学堂教科书、西学译著等,民初东渡日本。③ 方令孺之父方守敦曾随吴汝纶考察日本学制,喜读《大公报》社评。其兄弟诸侄多是新文化运动后成长起来的新人。④ 吴君琇之父吴闿生为吴汝纶独子,曾游学日本。夫君金孔章留学法国,获巴黎大学法学博士学位。⑤ 俞大西世父俞明震为晚晴显宦、诗人,父亲俞明谦曾负笈东瀛。⑥ 五位女性作家的家风兼容新旧。家风之旧,使她们如清代桐城才媛一样,古典学养深厚;家风之新,使她们能够超越清代桐城才媛,开辟新的人生道路。这种融汇新旧的家庭是过渡时代的产物。家庭与时代把她们造就成为具有古典风韵的新女性。

这些桐城派女性作家走出家庭后,很热心教育事业,为国造就人才甚众。姚倚云光绪三十一年(1905)三月发表公开演说,为办学筹募经费;同年十二月起受张謇之聘,担任通州公立女子学校校长。1919年后担任安徽女子职业学校校长达六年之久。1925年回任通州女校讲席。吴芝瑛捐出父亲遗产,光绪三十二年(1906)在家乡创办鞠隐小学堂。方令孺留美归国后,长期任青岛大学、复旦大学教授。吴君琇、俞大西也转徙于各地中学、大学任教。

这些桐城派女性作家或关心国事,时发惊心之鸣;或在民族存亡关头,奋起救亡御侮,并以柔翰抒发国仇家恨。袁世凯当国后醉心帝制,吴

---

① 马其昶《范伯子文集序》,见《抱润轩文集》[癸亥(1923)刊于京师]卷五,第9页。
② 徐丽丽《姚倚云年谱》,见《清末民初才媛姚倚云研究·附录》,硕士学位论文,2014年夏在苏州大学通过答辩,导师为马亚中教授,第113页、第118页。
③ 王宏《廉泉年谱初稿》,见《近代中国》第二十辑(上海:上海社会科学院出版社,2010),第382—427页。
④ 子仪《新月才女方令孺》(青岛:青岛出版社,2014)。
⑤ 金之庆《金孔章吴君琇大事年表》,见金孔章、吴君琇《琴瑟集》(香港:香港天马图书有限公司,2002),第339页。
⑥ 俞大西《花朝雨后放歌呈孔才师用瓠庵世父均》《先考行述》,见《涵苍室诗文》(稿本,国家图书馆藏)。

芝瑛不避斧钺,上书力阻。她说:"帝制之于今日,已为我国四万万同胞之公敌。公竟冒不韪,甘为众矢之的,是公自遭其毙也。以满清二百余年之基,其潜势不为不厚,当武汉义旗一起,而天下如洛钟响应,清室卒为之墟。此无他,民气固也。公今以新创之业,遽欲抗五千年来蓬勃将起之民气,是犹以鸡卵而敌泰山,其成败利钝,不待龟卜而知其必败也。"①其胆识深得并世名流汪精卫、章太炎、吴稚晖称誉。抗战军兴后,俞大䤩时任北平中国大学讲师,秘密加入国民党,与日伪周旋,被捕入狱。方令孺在安庆访问伤兵,支持子侄辈汇入抗日洪流。年近八旬的姚倚云避地马塘、潮桥,吴君琇流离四川,均有大量诗作抒写家国飘零、九州锋镝引起的孤愤。姚倚云以诗激励后生:"齐家治国男儿志,还我河山属少年。"②

在桐城派女性作家中,吴芝瑛具有强烈的女权意识,俞大䤩则把经济独立视为妇女解放的保证。吴芝瑛随夫定居北京不久,就组织妇人谈话会,讨论男女平权等问题。光绪三十二年(1906),她筹款赞助秋瑾创办以倡导妇女解放为宗旨的《中国女报》。1912年,民国肇造,她作为女界代表之一,致书南京临时政府,要求在宪法正文中写明男女一律平等,均有选举权和被选举权。时隔数日,她又与神州女界共和协济社同仁一起上书孙中山,请其支持创立女子法政学校和《女子共和日报》,并在国会设立女界旁听席位。③ 俞大䤩在做《天津民国日报》总主笔时,曾在1946年和1947年三八节领衔写过两篇主旨相近的社评。她以为:"真的妇女解放,决不仅在妇女参政、谋与男子同权,而在争取经济独立。""惟有经济独立的人,才有自由平等之可言。"同时,新的女性应以献身精神,负起建国责任,"参与国家各部门工作,然后才能开拓自己的自由之

---

① 《吴芝瑛》,见《兴华周刊》第31卷第28期(1934年),第22页。
② 姚倚云《己卯潮桥商校暑假三年级学生倩曾孙临乞诗赋此贻之》,见《沧海归来集·消愁吟上》,范当世著,马亚中、陈国安校点《范伯子诗文集》(上海:上海古籍出版社,2003)附录,第802页。
③ 周爱武《近代女子参政的呐喊者——吴芝瑛》,载《安徽史学》1992年第2期,第76页。

路"。① 俞大酉强调经济独立对于女性解放的意义，比吴芝瑛的争取男女平权更进了一层。

在桐城派女性作家中，吴芝瑛支持民主革命，俞大酉则对民主和宪政做过深入论述。辛亥革命前，吴芝瑛是民主革命的支持者。她与秋瑾相结金兰后，毅然筹款帮助秋瑾东渡留学。秋瑾成为革命家后，吴芝瑛始终支持其事业。秋瑾就义后，吴芝瑛撰写大量诗文，颂扬其功绩，并与好友徐自华一起，冒死义葬烈士，挑战清廷威权。辛亥革命后，吴芝瑛走到上海街头，发表演讲，呼吁年轻人为国从军，撰《从军乐》六章鼓动之，且斥巨资以助军饷。② 俞大酉在抗战胜利后主持发表的社评以为：民主政治的"第一个最明显的象征，就是人民的言论自由"。③ 1946年底，制宪国民大会召开前后，她以为："国家者乃全体国民的国家，非任何党派任何阶级的国家，所以全民的意志和利益高于一切，先于一切。因此，这次所制订的新宪法必须建筑在全民的意志和利益上面，以全体国民的要求为根据为依归，不能为了迁就某一党派和阶级的偏见而置全体人民的意志于不顾，以致留下未来国家的大患。"④ 又说："现在只有实施宪政，才能使中国富强康乐。"⑤

五、终结与不灭

桐城派为什么会发生现代转型？

桐城派的现代转型当然由发端于西欧的全球现代化运动所催发。没有这一不可遏阻的惊涛骇浪的冲击，中国将依然是过去的中国，桐城

---

① 俞大酉等《纪念国际妇女节》，载《天津民国日报》1946年3月8日第1版社论。
② 周靖程《吴芝瑛对民主革命的贡献——以相助秋瑾为例》，载《齐齐哈尔大学学报》2012年第3期，第12—15页。
③ 俞大酉等《民主政治与言论自由》，载《天津民国日报》1946年9月21日第1版社论。
④ 俞大酉等《中国人民所希望的新宪法》，载《天津民国日报》1946年11月15日第1版社论。
⑤ 俞大酉等《对于宪法应有的认识》，载《天津民国日报》1947年1月31日第1版社论。

派也将依然是过去的桐城派。未与西方发生实质性接触前,中国也常处变易之中。但这变易在中国内部发生,如珠走玉盘而不飞离玉盘一样。但与西方发生实质性接触后,数千年华夏中心的大梦顿时惊破,中国带着精神巨创展开了惊心动魄的现代化运动。桐城派的现代转型也由此启动。

　　桐城派的现代转型是桐城诸家持守"变"的观念的结果。姚鼐在开宗立派时就提出:"天地之运,久则必变。"①"为文章者,有所法而后能,有所变而后大。"②在姚鼐之前,其师刘大櫆就已提出:"天地之气化,万变不穷。"③"世异则事变,时去则道殊。"④在姚鼐之后,其弟子梅曾亮明确提出:为文者应"通时合变,不随俗为陈言"⑤。"文章之事,莫大乎因时。"⑥稍后曾门弟子薛福成更提出:"通变方能持久,因时所以制宜。"⑦"今古之事百变,应之者无有穷时。"⑧有关"变"的观念虽为《易经》等经典所固有,但它并非传统思想的主流。传统思想的主流是天不变,道亦不变。桐城诸家从古典资源中提炼出一个"变"字,将其转化为一种思想,转化为一种信念,转化为派内家法,而一代代传承下来。当桐城诸家将"变"的观念与其持守的经世致用精神结合起来迎接西方挑战时,其现代转型便已不可避免。后来,桐城诸家又将"变"的观念与进化观念对

---

① 姚鼐《赠钱献之序》,见姚鼐著,刘季高校点《惜抱轩诗文集》(上海:上海古籍出版社,1992),第110页。
② 姚鼐《刘海峰先生八十寿序》,见姚鼐著,刘季高校点《惜抱轩诗文集》,第114页。
③ 刘大櫆《息争》,见刘大櫆著,吴孟复校点《刘大櫆集》(上海:上海古籍出版社,1990),第16页。
④ 刘大櫆《答周君书》,见刘大櫆著,吴孟复校点《刘大櫆集》,第122页。
⑤ 梅曾亮《复上汪尚书书》,见梅曾亮著,胡晓明、彭国忠校点《柏枧山房诗文集》(上海:上海古籍出版,2005),第30页。
⑥ 梅曾亮《答朱丹木书》,见梅曾亮著,胡晓明、彭国忠校点《柏枧山房诗文集》,第38页。
⑦ 薛福成《强邻环伺谨陈愚计疏》,见《出使奏疏》[光绪二十年(1894)无锡薛氏传经楼重刻本]卷下,第26页。
⑧ 薛福成《出使四国日记自序》,见《出使四国日记》(北京:中国社会科学文献出版社,2007),第9页。

接,形成了更富理据的、线性的、向前发展的世界观。当这一世界观成为思想和行动的指南时,桐城派便朝着现代化的纵深方向挺进了。

桐城派的现代转型造成了怎样的结果呢?

桐城派发生现代转型的直接结果,就是导致了它自身的终结。桐城诸家热情拥抱西方。西方的民主宪政、法治制度、人权、自由平等的价值理念,西方完备的教育制度、精好的器物、博大的学术和文学艺术,以及优异的风土人情,桐城诸家惊叹之,赞美之,介绍之,学习之,并用以改造自己,也改造着中国。为了救亡和启蒙,当桐城诸家分别成为洋务派、立宪派、革命派的时候,以西学为圭臬的时候,甚至用白话文创作的时候,桐城先正所尊奉的孔孟程朱之道、秦汉唐宋之文已经无处安放。可以说,自西潮涌来那一日起,自中国踏上现代化之路那一日起,自桐城派开始转型那一日起,桐城派式微的命运就已经注定。桐城诸家在吸收西方文化之时,有的不忘民族本位,有的起而卫道,但均改变不了其最终命运。学界普遍以为,桐城派受五四新文化运动打击而陷入绝境。其实,新文化派在相当长一个时段中力量极为有限。鲁迅在《呐喊自序》中曾说:新文化派当时"不特没有人来赞同,并且也还没有人来反对"[①]。而钱玄同、刘半农演出的双簧更道尽了新文化派的寂寞。几声"桐城谬种"、"十八妖魔"的诅咒,绝难打倒桐城派。最终打倒桐城派的,是桐城派自己,是桐城派在面对西方时所进行的现代转型。1949年后,当仍处在转型中的桐城派遭遇"要同传统的观念实行最彻底的决裂"的氛围时,其彻底走入历史的结局已经无可挽回。

桐城派虽因现代转型而走向终结,但它为新文学开启端绪的历史功勋不可磨灭。对于桐城派作为新文学开端的地位,一些新文学家有着清醒认识。例如,周作人批判桐城派比胡适、陈独秀、钱玄同、傅斯年还要持久与深刻,但他在二十世纪三十年代初反思桐城派与新文学的关系时就认为:"到吴汝纶、严复、林纾诸人起来,一方面介绍西洋文学,一方面介绍科学思想。于是,经曾国藩放大范围后的桐城派,慢慢便与新要兴

---

① 鲁迅《呐喊自序》,见《鲁迅全集(第一卷)》(北京:人民文学出版社,1981),第419页。

起的文学接近起来了。后来参加新文学运动的,如胡适之、陈独秀、梁任公诸人都受过他们的影响很大。所以我们可以说,今次文学运动的开端,实际还是被桐城派中的人物引起来的。"①按周作人的说法,桐城派所介绍的西洋文学、科学思想对新文学的领袖们具有决定性影响。这一结论正与历史实际相符。陈独秀、胡适、鲁迅等以新旧划分时代和文学,崇新而贬旧,并且相信新会战胜旧。这一思路是他们倡导、推动新文化运动的理论基础。背后支配这一思路的,就是进化史观。而进化论的译介、传播,恰是严复和吴汝纶的功绩。因此,说桐城派为新文学开启了端绪,并非无根之谈。

桐城派虽因现代转型而走向终结,但在走向终结的过程中,桐城诸家对于桐城派,对于桐城派所从出的古典传统仍然怀有敬意和深情。他们以为,在现代化进程中,虽说古典传统中一部分内容已不周于用,或在舍弃之列,但古圣先贤的精神则是民族之根,不可毁弃。而古圣先贤的精神就隐藏在精美的文学中。因此,欲得古圣先贤的微言奥义,必以文学为津筏。吴汝纶说:"因思《古文辞类纂》一书,二千年高文略具于此,以为六经后之第一书。此后必应改习西学。中国浩如烟海之书行当废去,独留此书,可令周孔遗文绵延不绝。"②又说:"欲求研究国故,必须从文学入手。因中国数千年之陈籍,都是文言。古今多少英豪俊杰,他们著作书籍,莫不极意讲求文章之精美,所有精心结撰的微言奥义,大抵埋藏于隐奥之间,隐约于言辞之表。苟非精通文学,何能了其奥义。所以欲通国故,非先了解文学不可。"③贺涛"以文章为诸学之机械","诏学者必以文词为入学之门,亦以此要其归"。他"虽极推服西国大儒学说,而

---

① 周作人《中国新文学的源流》(上海:华东师范大学出版社,1995),第48页。
② 吴汝纶《答严几道》,见吴汝纶著,施培毅、徐寿凯校点《吴汝纶全集》(合肥:黄山书社,2002),第3册,第231页。
③ 吴闿生《莲池讲学院开学演词》,见《莲池讲学院讲义》,保定协生印书局印。

以吾国文词为学术之本源"。① 相信古圣先贤的精神有绵延的价值,相信通过文学能进入古圣先贤的精神堂奥,因此文学不可不研读。这是桐城诸家在桐城派终结前对古典传统所做的最后守望。中国的现代化还在进行中,桐城诸家对于古典传统的敬意和深情,对于民族之根的固守,对于达此根本的学问门径的亲切指引,迄今仍闪耀着智慧之光。

中国与西方相遇之初,面对神州三千年未有之奇变,桐城诸家属于中国最先觉醒的一群。他们秉承数代一脉相承的"变"的观念和经世致用的观念,与时俱进,勇敢地踏上从古典向现代转型之路,也参与引领并推动中国告别中世纪,走向现代世界。他们发起洋务运动,提倡宪政,译介包括进化论在内的西方科技和文艺;他们突破老辈藩篱,在文学创作和文学传播方式上进行全新探索;他们中的女性作家也以出身旧家的新人姿态登上文坛。这一切,与桐城派原有的精微理论和深邃艺术相浑融,构成一个浩大而富有魅力的存在。这一存在,是中国现代化历史进程的重要组成部分,是桐城派对中华民族的卓越贡献,也是其不朽之所在。

---

① 贺葆真《先刑部公行述》,见贺培新纂《武强贺氏家谱稿》附《武强贺氏文献录》,国家图书馆地方志家谱文献中心编《清代民国名人家谱选刊续编》(北京:北京燕山出版社,2009),第14册,第248—251页。

晚明竟陵派钟惺、徐波交游诗文汇次

严志雄

钟惺(伯敬,1574—1625)中万历三十八年(1610)进士,时年三十七。此后在京"闲冷为常",任行人且七年,不称意。迁工部主事,不就。万历四十四年(1616)请假南行,岁暮抵南京。改南京礼部,授仪制司主事,转祠祭司郎中。天启元年(1621)十二月履新任前侍亲返楚。钟惺居白下五年余。

万历四十七年(1619)秋冬之际,钟惺出游吴越。岁暮,于苏州与徐波(元叹,1590—1663?)识面,晤谈之下,即成莫逆。嗣后情谊愈笃,诗文往返,盘桓游衍,竟陵派添一健将矣。时人列徐波为"竟陵派吴门四诗家"之一,徐崧、张大纯纂辑《百城烟水》云:"明末竟陵派吴门四诗家,曰徐波元叹、刘锡名虚受、张泽草臣、叶襄圣野,而元叹为巨擘。"论者谓其平生之作近钟谭体。

元叹既与钟惺、谭元春(1586—1637)等友好,学界重构竟陵派谱系,元叹附焉。如陈广宏《钟惺年谱》(下称《年谱》,本文所述钟惺事迹多据此谱)叙及元叹之处不在少数。[1] 李圣华《晚明诗歌研究》也置元叹于"竟陵一脉",与蔡复一、商家梅、刘侗、于奕正、沈德符等合论。[2] 陈广宏又著有《竟陵派研究》,于《发展前期:〈诗归〉盛行与'竟陵一脉'成为时

---

[1] 陈广宏《钟惺年谱》(上海:复旦大学出版社,1993)。
[2] 李圣华《晚明诗歌研究》(北京:人民文学出版社,2002),第192—199页。

响》一章中,从《诗归》之盛行与万历末钟谭往游吴越、广交文友、举文社等方面着眼,论述钟谭与元叹缔交,并助其邀得时誉。①元叹有诗名于时,殆无疑问。明清之际,投赠元叹之诗文者甚夥,元叹诗入选其时诗选者亦多,益可见元叹于明清之际诗坛曾有一席之地。

元叹生前有名,殁后却渐默默无闻,其诗集亦若存若亡。近世以还,世之能见元叹诗,仅清光绪潘祖荫(1830—1890)《滂喜斋丛书》收入之《徐元叹先生残稿·浪斋新旧诗》,戋戋小册,仅四十余首而已,且系过录本。十余年前,笔者于上海图书馆访得元叹稀见诗集二种,即《浪斋新旧诗》(刊于天启年间)、《天池落木菴存诗》(刊于康熙初),皆过往学者未曾寓目者。笔者与谢正光教授合作整理、笺释此二诗集,又辑得若干集外诗文,于2020年出版《落木菴诗集辑笺》②,近七百首元叹诗得以重新问世,不亦快哉!检元叹《浪斋新旧诗》,可持与钟惺传世诗文对读者不少,洵研究钟惺与元叹交游之珍贵素材。今试汇次二家诗文于下,并略为疏证,以省读者翻检之烦及为后之学者考论二人交谊之一助云耳。

神宗万历四十七年己未(1619)。钟惺四十六岁,徐波三十岁。

本年秋冬之交,钟惺偕林古度游吴越,访同年友韩敬于湖州,往返皆途苏州。在苏州,与许自昌、赵宧光、王人鉴、徐文任、程彦之、文震孟、文震亨、章眉生、周时臣、范允临、王志坚、周永年、周永言、周令滋、陶公亮、钱振河、尹伸、钱谦益等相游处。

岁暮,钟惺与元叹于范允临(长倩)席上识面,一见如故。此前一年,钟已从范处得读元叹诗,赞赏不已。元叹《遥祭竟陵钟伯敬先生文》[下称《遥祭》,全文见下"熹宗天启五年乙丑(1625)"条]云:"忆己未岁暮,余小子与先生邂逅范长倩席间。余视先生如霄汉,初无心于遇合。乃先生不知从何睹余诗句,一问姓名,迎握余手,诵余旧诗,谓似古人。余面赤不敢当,先生曰:'子无为古人重名所怵,我非谀人者。'遂定交而别。先

---

① 陈广宏《竟陵派研究》(上海:复旦大学出版社,2006),第278页。
② 徐波撰,严志雄辑编,谢正光笺释《落木菴诗集辑笺》(上海:上海古籍出版社,2020)。

生向拟南祠部,候命留都者积年。"

十二月三日,钟惺购得古玉刻一枚,将举以为姜吴孟子寿,有诗纪之,元叹和作。元叹又和钟前咏吴孟子画兰诗。钟惺访元叹于其浪斋。离吴前,为元叹诗作序,以"满"、"可"许元叹,推许至殷,文后署"万历己未腊月五日竟陵友弟钟惺书于吴门舟中"。又有《虎丘赠别元叹》,以"真文"、"世运"嘱之。岁聿其暮,元叹有怀钟惺、林古度之作。

咏古玉刻螪子得蜂　并引

钟　惺

六朝《子夜读曲歌》,吾曰"梧",思曰"丝",怜曰"莲",盖当时委巷自有此口语,采入作诗。今绘刻器物、借声双关,为吉祥善事之兆。如燕喜爵禄之类,事近不经,实始诸此,则其来亦久矣。万历己未腊月初三日,偶步吴门,购得古玉刻一小蛛扑得一蜂,蛛大于豆,蜂小于叶,俯仰避就,奇有情理,翼股须目欲动。取喜子得封之意,适内人有以此月八日生者,举此为寿。作新体侑之,以代征兰之赐。

莲即怜,丝即思,借字吾闻读曲词。吴市偶得汉遗佩,古人制器已先之。世云蚌者珠之母,今知玉以螪为儿。观物舍义但取声,尔公尔侯征在兹。

《隐秀轩集》,卷5,第69页[①]

咏古玉刻螪子得蜂

钟　惺

刻玉作二虫,子母愿何坚? 有丝不忍缚,厥意在缠绵。有辛不忍螫,含饴相爱怜。吉梦乃生男,朱芾万斯年。汉皋岂无珮? 徒结燕婉缘。

《隐秀轩集》,卷4,第42—43页

[①] 钟惺著,李先耕、崔重庆标校《隐秀轩集》(上海:上海古籍出版社,1992)。

和伯敬将汉玉蟢子得蜂为姬人寿

徐　波

怀丝是小虫,秋根乱无绪。露低日夕寒,辛苦谁告汝。甘苦念非匹,狭路枉相过。越陌渡阡意,岂敢求其多?子情我所知,我情子所悉。何用致绸缪,抱子不令出。相思既有愁,相怜岂复羞?刻就缠绵玉,何人十指头。昔日东风花,今日使君妾。玉上红斑斑,是侬嫁时血。

《新旧诗》〔二〇〕,第51页

咏画兰停笔

钟　惺

画兰先画其劲资,意定须以胆行之。亦有深情如恐竟,欲开不开使人思。要知香色勾萌处,多在笔墨踟蹰时。心手相商成意态,眼光鬓影立离离。闲待朝来重补足,今朝同梦神先续。

《隐秀轩集》,卷5,第68页

和伯敬咏闺人画兰停笔

徐　波

画兰妙理昔闻诸,笔所未至更有余。分明腕中不即应,深心往往行其虚。美人纤指削寒玉,拟写青青神未续。徐将粉墨养吾情,岂有花叶娱君目?露泣烟迷当可思,沉吟苔石与盆池。请看浅立经营处,不似夫君在侧时。他人画后论鲜妍,此时此意须君传。心眼之间具兰谱,非画寻常草木天。素质已尽笔墨在,素质遥遥不相待。

《新旧诗》〔十九〕,第50页

案:钟惺另诗《五色兰卷歌》序有云:"万历己未[1619]十月初六夜,毗陵舟中,梦与内人吴孟子同种五色兰,以为男子之祥,许为予图之。以画兰施色不韵,珍重未成。"据此,可知钟惺《咏画兰停笔》应亦作于本年十月初。迨十二月三日,钟惺偶步吴门,购得古玉刻,将以赠姬人,上引二诗咏此,元叹和作。钟惺妾诞于十二月八日。钟惺有十二月五日"吴门舟中"序元叹诗之事（见下），钟固以该日前后离苏。然则上述诸诗，应作于十二月三至五日间也。钟购古玩以赠姬人，夫妇亲密事。前此钟梦兰而姬人为画兰，亦类此。意者钟以吴门得玉及前咏姬人画兰之事告语元叹并示之以诗，元叹遂一并和之。此可见二人甫相识即甚亲好也。

读元叹诗不觉有作

钟　惺

诗亡岂遂绝真诗？喜得其人一实之。怒骂笑嬉良有以，兴观群怨想如斯。禽鱼鸣跃丛渊下，草木勾萌雷雨时。巧力非天亦非我，后先机候可能思。

《隐秀轩集》，卷11，第172页

访元叹浪斋

钟　惺

读诗交已定，相访庶无猜。室与人俱远，君携我共来。庭空常肃穆，树古自低徊。积学诚关福，居心亦见才。栖寻钦旧物，坐卧出新裁。寒事幽堪媚，冬怀孤更开。鸟声园所始，灯影漏先催。静者方成悦，冰霜照夜杯。

《隐秀轩集》，卷12，第199页

案：钟惺平生游吴，唯本年冬及天启三年（1623）丁父忧自闽返楚，途经苏州之际。后者事在三月，与本诗"寒事"、"冬怀"、"冰霜"等意象不合。钟诗定是本年冬之作。

《浪斋新旧诗》序

钟　惺

满者，即可之义也，予于今古无所不苟，而独以一可字许元叹。元叹今年三十耳，其后未可量，得此岂不自画乎？予亦何雠于元叹而画之哉？去岁友人范长倩曾示元叹《啸树编》，亟称其才情风华之美，而予惜其太俊，不敢遽以为可。今未逾年，而予言如是。元叹，一人之身耳，予何前刻而后宽也？其故可思也。时万历己未腊月五日竟陵友弟钟惺书于吴门舟中。

《新旧诗》，第 17 页

徐元叹诗序

钟　惺

  惺论诗，人罪其苛，苛于今，亦苛于古，此物论也。诗之所必可，而吾必以为不可，斯之谓苛。夫诗之所必可，而吾必以为不可，彼之可者自在，不恕于己而无损于人，惺虽愚不为也。惺论诗亦求其可而已。唯是惺之所不敢遽以为可者，乃世之所谓可，而非诗之所必可者也。此苛之罪所由来耳。予读人诗，虽一字一句之妙，师之，友之，爱之，敬之，必诚必信；乃亦有妙至于一篇一部，而予犹觉未满志者。理数机候，人问予，予自问，皆莫能知。深思力求，俟其时之自至，故之自明而已。

  予读元叹诗，不必指其妙处何在，但觉一部亦满，一篇亦满，一句亦满，一字亦满。满者，即可之义也。予苛于今，亦苛于古，而独以此一可字许元叹。元叹今年三十耳，其后未可量，得此岂不自画乎？予于今古人无所不苛，而独以一可字画元叹，予亦何雠于元叹哉！去岁友人范长倩曾示元叹诗，亟称其才情风华之美，而予惜其太俊，不敢遽以为可。今未逾年而予言如是。元叹，一人之身耳，予何前刻而后宽也？其故可思也。

《隐秀轩集》，卷17，第268—269页

案：钟惺元叹诗序，《新旧诗》本与《隐秀轩集》本文字详略颇异。或者《新旧诗》本为钟临行"书于吴门舟中"，难免简略，及后意犹未尽，乃增订之以成《隐秀轩集》本。钟之改订本，无不寄示元叹之理，而元叹刻集时，为何舍长取短？此事殊费解。

虎丘赠别徐元叹

钟　惺

出城不言送,犹只作闲行。寒月虎丘路,孤灯明夜情。真文关世运,幽赏略时名。吾子尚良食,前途勿自轻。

《隐秀轩集》,卷8,第132页

岁晏与诸子行园,忽忆伯敬、茂之昔共游

徐　波

别君始觉久,庭雪一再临。群木负风寒,幽居幸自深。俨在离思夕,兼之易岁心。同人各有事,微径还孤寻。有月只自照,良愧此清阴。

又

池水寒更绿,园姿日以养。窥户苟无人,可以延遐想。登楼视道路,日暮何广广。独处愁为心,触绪自滋长。昔与二子言,春风动孤桨。时序行已及,江草青接壤。倘能果斯期,我梦不须往。

《新旧诗》〔二十二〕,第53—54页

神宗万历四十八年(光宗泰昌元年)庚申(1620)。钟惺四十七岁,徐波三十一岁。

上引元叹《岁晏与诸子行园,忽忆伯敬、茂之昔共游》有句云:"昔与二子言,春风动孤桨。时序行已及,江草青接壤。倘能果斯期,我梦不须往。"下引本年钟惺《秦淮晤别诗》有句云:"今春约过子,梅花不可忘。"则去岁腊月钟在苏时,与元叹有来春再相访盘游之约。

至本年春,钟惺未来,而元叹于首夏赴南京,却非为游乐,乃为看病。先是三月钟惺弟恮(叔静)至白门,旋病作。四月十四日,病危。元叹应钟招,于十五日驰至白下(下引钟《月下新桐喜徐元叹至》题下注"四月十五夜",又《秦淮晤别诗》有"子来望之夕"之句)。钟惺《家传》载:"三月,弟来视予。南都人士闻弟来,争相逢迎,共为诗文。而弟病吐血,至四月十四日,病甚,闻友人徐元叹约见访,作《病中念徐元叹将到》诗,遂为绝

笔。五月五日，竟不起，时年三十有九。"(见《隐秀轩集》，卷22，第386—387页)元叹《遥祭》云："庚申正月[案：应作'三月']，其叔弟恮从楚讯其兄，亦苦志人也。先生寓书吴门，呼余与之相见。余以四月初五[案：当作'十五']裁抵白门寓所，时恮已呕血困卧，奄奄垂绝。先生责余曰：'我弟忍死以待汝，何意相见之始，即为长别之辰！'袖中出恮见怀诗示余。余不敢发一言，亟趋床头窥见之。恮强扶令起，举手一笑，面如黄叶，气咯咯在喉际，固知在死法矣。月余，竟不起。"端午日，恮死。元叹于恮卒前一日已归吴。此次元叹往南京，以四月十五之夕抵，五月四日回，勾留约十九日。期间，二人无多诗酒唱和，盖非其时也。

五月，钟恮死于白门。数月后，钟惺病几死，钟父赶至。危急之际，钟飞书元叹，嘱来诀别。时元叹在雁宕山中，全不知情，却夜梦钟病垂危，乃驰书问候。此事殊可怪也，亦可见二人情谊深挚。元叹《遥祭》云："庚申秋季，先生患隔日疟，庸医误投急剂，几至不振。已办后事，飞书促余一诀。余先一月有雁宕之游，夜宿恶溪，梦先生病容毁瘠。余心动，早起附书到白门。书到日，先生病起，得书甚悦。时候问者盈门，手余《游山小记》示坐中曰：'我尚及见斯文，故应未死。'波自念何足当此，故向人前延誉，欲其成名。"惺病经冬方愈。

是秋，钟惺授南礼部仪制司主事，旋转祠祭司郎中，未几又升福建按察司佥事提督学政。时老病渐至，而微官始得，进退得失，不由不虑，因作《感归诗十首》。诗其八其九，语及元叹。

月下新桐喜徐元叹至　四月十五夜

钟　惺

是物多妨月，桐阴殊不然。长如晨露引，不隔晚凉天。绿满清虚内，光生幽独边。怀新君亦尔，到在夕阳先。

《隐秀轩集》，卷9，第134—135页

与钟叔静病中相见,酬其见忆之作

徐 波

士生一天地,安能共籓篱。一出已艰难,安能待耆颐。明此二者故,弃置岂足悲。始我事伯子,与君遥相思。崎岖得一见,黄落正垂帷。骨瘦神明在,炯炯不可欺。语我文字苦,不复念肝脾。羁旅累慈亲,宁非自致之。古今瑰异人,竟非天所私。有才而贱夭,生此亦奚为。

《新旧诗》〔三十四〕,第63页

秦淮晤别诗　晤徐元叹、别吴去尘

钟 惺

子来望之夕,桐月照新凉。是时子见我,空绿犹沾裳。今春约过子,梅花不可忘。蹉跎遂首夏,各道梅子黄。子心自冰雪,如携邓尉香。曰予往不易,子来焉可常。所寓近淮流,可以日舟航。如何四月望,忽忽欲端阳。有美得吴子,况皆婉清扬。复有何异同,良晤犹相商。淮流三十夕,夕夕明月光。今虽属晦夜,积晖如清湘。吾弟共斯契,我舟弟则床。可见佳情事,意外多所妨。子虽来十日,但如始至舣。吴子讳言别,引衣已欲装。子又云此后,别予隐石梁。此夕暂复暂,前后一何长!汩汩百念至,未暇及文章。

《隐秀轩集》卷4,第43页

白下归时,钟叔静正卧病一月。后接漫翁书,知以发之明日,叔静死矣。钟家兄弟五人,今惟伯子与五郎在耳。既伤友朋徂尽,复念其兄弟凋零,赋诗哭之,兼慰伯敬

徐 波

信远生希冀,书来知久亡。弟兄中略断,存没不相当。冥途多旧识,聚首即家常。莫解慈亲痛,分飞复异乡。

又

见来惟一病,长别即斯时。可恨无多会,相遗不尽悲。风吹汝太急,雨绝梦堪疑。减损惟吾辈,天人意可知。

又

为长独多虑,况兹相送残。羡人能自老,抚己渐知寒。挥涕有衰止,游魂今少安。从来本无弟,何处觅悲端。

《新旧诗》〔三十九〕,第68—69页

越溪夜宿梦钟伯敬

徐 波

独卧悲摇落,宵深接泪痕。共依残烛影,复理早秋言。水月非无路,衣冠皆有魂。知君今夜忆,谓我在吴门。

《新旧诗》〔四十三〕,第71页

案:元叹于钟惺病前一月已离家,作雁宕之游。《新旧诗》中有《庚申八月,望后二日,辞于幽溪大师。先至天台,期相待于高明。及师还日,余已抱病出山……》一题(〔五十一〕,第82页),读之,知元叹于八月十七日先行入山,候幽溪大师返。诗有句云:"许我授衣月,携手越溪长。""授衣月"者,九月。诗又云:"及余始至山,节物近重阳。邂逅师生日,高殿鼓其镗。……山寒亦太早,病体怯风霜。入山山娟好,出山山苍茫。"则元叹于九月九日重阳前后仍在山中。总之,钟惺病亟,飞书嘱元叹到白下诀别之际,元叹在雁宕山中,无从接信,不知钟病几死。而元叹于山中,"夜宿恶溪,梦先生病容毁瘠",早起修书问安,并有本诗之作。此"心灵感应"(telepathy)之谓耶? 二人情谊诚挚,灵犀相通,可见一斑。

送钱时将游白门因寄伯敬

徐 波

远念秦淮水,无人亦自烟。柳堤相失早,乡月不堪圆。病即交情事,游生离别缘。寄将杂恨去,或反得安然。

《新旧诗》〔三十八〕,第67页

案:诗中有"病即交情事"句,本年秋冬钟惺病,姑系本题于此。

感归诗十首

钟 惺

穷觅归依路,愁予但口谈。徐元叹书来云云。得生轻宠辱,用死胜嗔贪。悟晚终无退,心坚在一惭。钝根磨正厚,爱我者相参。(其八)
谬云名与实,官不益微躬。三月一眠后,诸缘皆梦中。除医无切用,学道有宗风。舍宅闻吾友,归惭尚筑宫。元叹近事。(其九)

《隐秀轩集》,卷9,第137—138页

熹宗天启元年辛酉(1621)。钟惺四十八岁,徐波三十二岁。

春暮,谭元春游南京,钟惺招元叹来晤。四月十一日,元叹至,元春回船已发,失之交臂。元叹《遥祭》载:"辛酉暮春,谭友夏自竟陵抵白门,先生又呼余一来。束装赴之,到日为四月十一。友夏竟归,甫下江船,而余跨驴及门。先生止余:'且勿揖,速往江头追友夏回!'冒雨驰至上新河,不及友夏。异日见报,云是晚东南风急,计追时孤帆已过三山矣。似此则知先生所以爱而欲成就之者,真无所不至。"

钟惺携元叹游摄山,偕者王观宗、胡起昆;又同至城南古华严寺,僧通润、陈衍与游。元叹有诗咏焦竑、钟惺于南京玄武湖放生之处。钟惺、元叹等又有"冶斋雨花台"雅集。元叹归,钟惺作《徐元叹再至金陵过访将归吴门送之》。

冬,元叹闻钟惺将还楚,寄书及诗,促其践黄山游约。钟惺寓书元叹,谢其寄赠《静土三妙门》,并披露其时究心《楞严》。又云:"弟于《南藏》业已印请。然须五十外断却一切世事,并诗文亦断之,方可打算一过。然使弟去年病死,已无今岁矣,况五十乎?此今世学道人通患也。"似钟颇欲勇猛精进学佛。本年钟序程惟德诗,语及元叹,云:"元叹遗予书,以生死事大,戒予为诗,而勉予学道。其言绝痛。元叹,忠恕人也。戒予为诗,必以身先之。元叹之不为诗也必矣。"可知钟惺、元叹不唯"竟陵一脉"之诗友,亦为同道法侣,而钟惺学佛,多得元叹提教。

城南古华严寺半就倾颓奇为清崎同一雨法师徐元叹陈磐生往访诗纪冥游兼劝募复

钟　惺

六载秣陵人，自许游栖熟。所愧城南寺，前此未寓目。怀新快初至，询仰得前躅。数里声香中，人我在空绿。金碧感废兴，林岫增幽独。佛事寄花果，僧意安水竹。微雨洒新阳，群有俱膏沐。净地不必言，亦可备登瞩。先往劝同心，静者来相续。庶借奔悦情，共为信施勖。

《隐秀轩集》，卷4，第49页

同雨法师、钟伯敬游陟城外华严废寺

徐　波

松篁夹微径，直至入门时。碧阴先我合，野水成藩篱。慈颜识兴废，悯默俟其期。诸天风雨立，扶卫不敢衰。昔人愿力存，能使来者悲。空门犹歇灭，自顾转孤危。日斜群影集，相与叹息之。

《新旧诗》〔六十七〕，第107页

夏日游摄山同王惟士徐元叹胡元振

钟　惺

徂夏成兹往，入春同此心。莺花相待满，林壑至今深。宿处逢山雨，归时记涧音。连朝阴霁里，有意便栖寻。

《隐秀轩集》，卷9，页139

栖霞半山接杖庵同钟伯敬作

徐　波

久向前峰见，到门经许时。诸松风在下，双涧水生迟。至此无全力，餐恒不及饥。山僧闻客去，各请后游期。

《新旧诗》〔六十八〕，第108—109页案:栖霞山即摄山,元叹本题固是与钟同游摄山时作。

题后湖焦弱侯、钟伯敬两先生放生馆

徐 波

驱之成佛乏因缘,代为皈依亦惘然。呵禁山林无畋猎,报恩鱼鸟自留连。安全不独群生福,流转终劳君辈怜。一叹去秋同业者,几人姓字列空筵。

《新旧诗》〔六十九〕,第 109 页

案:后湖,南京玄武湖古名。诗有句云"流转终劳君辈怜",玩其辞气,本诗应是面示钟惺者,故系于此。又,本题于《新旧诗》中紧接《同雨法师、钟伯敬游陟城外华严废寺》《栖霞半山接扙庵同钟伯敬作》二诗,则数诗乃一时之作,益可知也。

吴本如、钟伯敬、郭圣仆、王观宗、胡元振治斋雨花台,邀同一雨、西竺诸上人燕集,圣仆、一雨不至

徐 波

昨有城南命,朝凉集此台。寺同松径惑,楼向鸟声开。选择为幽会,参差不尽来。徐看晚雨作,早已湿青苔。

又

斋厨涤流水,雨气冒遥岑。留者更相送,他时应独寻。染香游净域,闻磬引初心。奈有羁栖事,低回秖自吟。

《新旧诗》〔六十五〕,第 104 页

徐元叹再至金陵过访将归吴门送之

钟 惺

已非碌碌旧吴蒙,神宇今番又不同。爱我门庭仍似水,看君衫袖欲从风。为期珍重冬春后,相晤蹉跎花鸟终。每夜坐皆邀好月,两年来必值新桐。主宾蔬茗高人福,语默冰霜静者衷。生死到时思善

友,倡酬忘处见名通。觌颜翻作难遭想,刮目常生屡别中。但使重逢各精进,莫悲歧路暂西东。

《隐秀轩集》,卷12,第203页

程惟德诗序

钟　惺

惟德之未至白门也,谭友夏为之致书于予曰:"惟德诗可爱,其人可敬。君又得一徐元叹矣。"徐元叹者,吴人徐波,予己未[1619]游吴,所特许其诗,序之,而使有诗名者也。惟德胸中挟一徐元叹以来,谓予之必序其诗,不知此二年前事也。士隔三日,时势兴愿,为之一变,况二年乎?即友夏此语,似犹未知予之有时乎不为诗也。且非独予不为诗而已也。去年,予弟恮死,其秋,予病亦几死。元叹遗予书,以生死事大,戒予为诗,而勉予学道。其言绝痛。元叹,忠恕人也。戒予为诗,必以身先之。元叹之不为诗也必矣。而予又安能序元叹诗乎?孟子曰:"彼一时,此一时。"予故于惟德一人之诗,自恨其福德机缘之巧于相左,而不能不爱其诗,敬其人,是以又为之序也。

《隐秀轩集》,卷17,第274页

与徐元叹

钟　惺

读所寄《静土三妙门》,始知念佛一事不可视为太难,亦不可恃其太易。云栖之言念佛,似只须口诵,便可往生。彼非不欲知幽溪所言,恐人以为难,反生退转,不若且引之口诵。幽溪深极之论,恐人视为太易。然不善会之,亦能生退转。益信《大势至章》,圆妙合藏,思之有余,用之不尽也。

《楞严》说修行始终,上下巨细已尽,不读此何处着手?交光所解,终胜诸师。弟始厌其烦,细看一二卷,觉有归落,不致使人见其文之愈妙而愈生疑也。惜无暇日得彻看之。

弟于《南藏》业已印请。然须五十外断却一切世事,并诗文亦断之,方可打算一过。然使弟去年病死,已无今岁矣,况五十乎?此今世学道人通患也。

《金刚经》不能以笔墨训解,只须多诵,胸中自能了然。但觉其语不犯重,思过半矣。

《隐秀轩集》,卷28,第492—493页

伯敬约余同入黄山,沈虎臣传其还楚消息,飞书促之

徐 波

偏闻不来信,幸在寄书前。恃此相思地,承君未定天。早花悲赴水,新月劝移船。垂白檐楹下,宁无私自怜。

《新旧诗》〔二十七〕,第57页

案:钟惺于本年九月升福建按察司佥事提督学政。是冬,钟父以惺将迁闽臬,请归,钟惺乃于十二月十八日侍亲返楚。则元叹本诗当作于本年十至十二月间也。

熹宗天启二年壬戌(1622)。钟惺四十九岁,徐波三十三岁。

三月,钟惺自竟陵赴闽。九月,惺父卒于家。钟于去岁十二月下旬离南京,先侍亲归里,即赴闽任。本年,钟惺、元叹无交游诗文,或以钟远在闽地故也。又或有之,今不传也。

熹宗天启三年癸亥(1623)。钟惺五十岁,徐波三十四岁。

本年钟惺丁父忧去职。二月初八,商家梅送钟返楚。至武夷山下,遂入山作三日之游,得诗廿六首、游记一篇。返楚途中,钟寓书元叹,预告至吴消息,并嘱招工,精刻其闽游诗及记,谓将以之寄赠闽中相知。又以物色婢媵一事托于元叹,谓"意欲于吴中求一体稍厚、性稍灵者",俾与姬人吴孟子为伴。三月,抵吴门,与元叹晤,逗留十余日,至三月十五日

前后尚在苏州。

钟惺、元叹等夜访瑞光寺,绕塔。传说瑞光寺塔灯有神力,"凡燃灯之明日,太湖网捕皆无所获"。钟与商家梅访元叹浪斋,留宿。钟命家梅以宋纸作画,留赠元叹。元叹又示钟己之所藏《周武王扇喝图》(详明年条诗文)。钟惺、元叹送商家梅归闽,至阊门西,夜泊枫桥,钟为题元叹扇头小影,有"杯酒入唇,肝肠磊块,思以颈血溅人"之语,读之颇可想象元叹血性一面。相送至无锡,各归去。钟惺以六月七日到家。

元叹《遥祭》云:"癸亥三月[案:应作'二月'],先生视闽中学政,闻生父府君讣,还楚,便道过吴门,见于舟次。有时破涕为欢,而神情索莫,言及家门沦胥,及司训公历年行事,辄呜咽失声。自云向汲汲生子,欲以慰老人,今念绝矣。余深以本支乏人为不可,劝其且宽婢媵一途,遂滋浮议,余之罪也。"

无锡别后不久,元叹即有为钟惺焙岕茶之役。此后二年春夏之交,元叹例为钟精心制茶,或邮楚,或钟遣仆来取。

与徐元叹

钟　惺

弟自入闽后,魂梦不宁,刻刻思归。不意有家君之变,非惟罪逆所招,亦志气之动也。今自江南归楚,更有商孟和相送,与仁兄一晤,又苦中良缘也。

为官至劳至俗,三过武夷而不能入。至于诗,则一字不敢题起矣。历览佳山水,惟武夷可携家而居。今一别不能忘情,作三日之游,得记一首、诗廿六首。先寄稿于兄,并望速招工精刻之。弟初四、五可至吴门,尚有数日之留,欲以此刻本付送闽中相知,重刻之山中,故不得不急也。

又弟此归楚,誓不作官,亦不甚望生子。惟是不为官,则虽在家亦稍求自在安养。弟妻妾之不同居,兄之所知也。但此归妾之父母既远,则一身难以独居。又弟前出妾二人,此人理之常,而室中皆委为妾不容妾,欲重其罪,渠冤无所告。意欲于吴中求一体稍厚、性稍灵者为伴。寻常买婢,即人家养女亦无不可。兄学道人,不宜以此相恳,然通家之谊,舍兄无可谋者,幸为谋之,待弟来而享其成则妙矣。

《隐秀轩集》,卷28,第491—492页

案:钟惺出闽途中,曾作武夷山之游,事详其《游武夷山记》(见《隐秀轩集》,卷20,第342—347页)。此记及诸游诗,随函付元叹,嘱急刻之于吴门,到日来取。钟武夷之游,乃二月八日至十日间事,而信内云"初四、五日可至吴门",则钟致元叹函,乃寄于二月十一日以后至下旬间者也。又,钟抵吴后,元叹有《瑞光寺舍利塔灯诗癸亥三月十五夜同钟伯敬先生作》,知钟三月十五日前后尚在苏。设若钟果于三月四日前后到达,则留吴计十余日。钟函云"尚有数日之留",后勾留时日三倍之,此或不忍与元叹等遽别,或其武夷小集刻事未竣(此集今不传,不知果刻行否),又或欲买之婢媵尚未物色得故也。

瑞光寺灯塔歌　塔中燃灯一夜,太湖三日无鱼。是夜与徐
　　元叹同绕塔赋此

钟　惺

大哉悲光照何许,慈力难名拔众苦。一宵塔下暂燃灯,三日湖中堪断罟。未了众生生死缘,杀生放生竟何补?光中大众念佛声,众生寻声同往生。无生可放何处杀?流水长者坐忘情。愿同湖山捕鱼者,莲花香里共经行。

《隐秀轩集》,卷5,第71页

瑞光寺舍利塔灯诗　癸亥三月十五夜同钟伯敬先生作

徐　波

层灯簇簇依空住,月垂虚白为之地。一光不独摄人天,皆仰亦能兼异类。吾侪先事集禅关,洗涤尘襟待夜阑。僧徒营办无声息,出门已见灯如山。塔心宝匣相缠裹,八万四千分一颗。释迦舍利弥陀

名,唱佛声中见无我。寻常孤塔隐浮烟,夜清灯影到湖船。游鱼自食波中影,不共渔人更作缘。网罟空时君始悟,应与游鱼均得度。

<small>凡燃灯之明日,太湖网捕皆无所获。渔人见灯,遥相诟厉。湖与塔相去三十里。</small>

《新旧诗》〔九〇〕,第 128—129 页

商孟和惠妙纸予托为作画赠别徐元叹

钟　惺

山水传笔墨,相关深未深。又况借人手,代予赠友心。代者何人哉?心手能相寻。妙茧引人意,欲画中沉吟。爱念所赠友,即君素所钦。胡不遂命笔,君意亦欣欣。经营停放间,意到生霁阴。数树满未半,溟蒙如重林。泉流烟香内,一缕界层岑。既成笑相视,春风吹我襟。未免各散去,留者四壁音。予归时相思,惘默援素琴。

《隐秀轩集》,卷 4,第 52—53 页

伯敬寓予浪斋,出宋笺命孟和作画见赠,各有诗纪事

徐　波

庭阴满复虚,书斋掩长昼。三人静对衷,藉手传于后。深情貌山水,澹漠固宜有。嫩墨落春笺,微云消远岫。抚迹验悲欢,异时征授受。幽赏毕吾生,兼为来者守。

《新旧诗》〔九十一〕,第 130 页

枫桥夜泊戏题徐元叹扇头小影

钟　惺

山顶露,渐弃冠巾;诗肩耸,已拟负薪。持以障日,其中空洞无物;以手扪摸,亦熨贴而无不匀。何以清宵谈话,杯酒入唇,肝肠磊块,思以颈血溅人? 恩仇满世,何难用此幻泡之身!

《隐秀轩集》,卷 42,第 598 页

案：元叹《天池落木菴存诗》后附《自叙小像》追述钟惺此品题作："穷冬玄夜，杯酒入唇。霜花乱堕，胆气熏蒸。脱巾掷地，思以颈血溅人。恩仇满世，吾欲请子幻泡之身。"（见《落木菴诗集辑笺》，第531页）与钟集本颇有异文。元叹所忆述者文辞整饰，意高脱俗，且乃钟为其扇头肖像所题之辞，揆诸情理，应非元叹之"再创造"（recreation）。意者枫桥夜泊，杯酒入唇，钟惺所题写者正元叹所述之文字，后钟意犹未尽，复衍为集中所收文？惜元叹此扇今不传，无从稽考矣。

送伯敬至枫桥，出武昌令陈镜清六诗读之，各赋寄赏　谭友夏
　　于寒溪寺壁录寄伯敬，友夏有序

徐　波

　　客舟同夕曛，心手无所适。读诗略时代，斯文乃可惜。寥寥虽短章，颇足见全力。沈吟笔墨间，居然绝阶级。晨雨滞寒溪，穷搜古寺壁。哀乐字投怀，咨嗟为拂拭。何以到吴门，云是谭子笔。

《新旧诗》〔九十二〕，第132页

案：钟惺集中有《武昌令陈镜清前以忧去遗六诗于寺壁情文俱古钦其希声诗志欣叹》："雪月处山岭，精神自高寒。陈侯恬旷士，埋名簿领间。虚衷集欣感，遭物触其端。比兴不得已，永言出静观。颢气裹章句，仁孝见一斑。峻不可迫视，厥意乃安安。章光阇然内，墙壁淹独难。论世疑古人，今方食一官。"（见《隐秀轩集》，卷4，第53页）可参看。

吴门别孟和还闽与元叹同作

钟　惺

　　君作尽头送，送尽亦须离。茫茫念前后，遂生尽头悲。何如送速返，为别今多时。湖山吴越路，与君春共之。莺花随水陆，同为行者仪。相送渐相忘，别时始各知。君反作归客，邀作送君诗。

《隐秀轩集》，卷4，第53页

孟和自武夷送伯敬还楚,至惠山而返,伯敬赋送送诗。命余同作

徐 波

交情惟聚散,去去谁能争？远送我得为,不爱千里程。梁溪闽楚中,别事俨已成。云水正浩浩,相背始此行。临发更相视,浊酒且一倾。但云分手后,共此夜月明。

《新旧诗》〔九十三〕,第 134 页

别元叹　与孟和送至无锡

钟 惺

同送归闽客,送君犹未遑。谁知停棹近,已是别途长。去去皆良友,遥遥尚故乡。明年春草日,此地莫相忘。

《隐秀轩集》,卷 9,第 144 页

送伯敬过梁溪而别,归舟却有是作

徐 波

始为雨中别,即有溪下舟。午晴篷滴沥,夜泊风飕飕。明朝应更远,得如今日不？计汝至白门,倘为十日留。系缆大江边,风帆折叠收。柳阴出车马,尘起若云浮。腊毒者谁子,两肩担其头。欲言不遂吐,入舟闻咿嚘。人可处于薄,怨亦岂足修？有鸟居沿江,捕鱼为晨羞。吐血用作饵,既饱复不休。久久令身瘦,能使智士愁。

《新旧诗》〔九十四〕,135 页

携早茶饷钟伯敬先生惠山汲水

徐 波

箬苞新未解,山茗摘方初。梅水期难待,夏泉寒自如。不堪称远贶,真欲践来书。置鼎须汤候,他人烹已疏。

《新旧诗》〔三十二〕,第 61—62 页

案:钟惺、元叹之茶事茶诗,以本年后至钟殁前最盛(见下)。本题系

此,以此后二年,二人相关诗文自成脉络,本诗不符其语境。再则钟明年致元叹函云:"去岁所寄岕茶,至今色香无改,盖经兄手制耳。每一烹啜,为之黯然。"可知元叹本年已有焙茶寄楚供钟享用之事。又,钟惺天启五年(1625)《早春寄书徐元叹买岕茶》有句云:"遥想色香今一始,俄惊薪火已三迁。"句后注:"岁一买茶,今三度。"天启五年逆推三年为本年,亦可证二人茶事茶诗自本年始。钟惺、元叹本年三月中旬以后别于无锡,钟以事赴南京,元叹返苏。元叹焙茶邮楚,揆诸本年以后诗文,例在春夏之交。本诗云:"不堪称远贶,真欲践来书。"则钟归家未久,即有书至,嘱寄茶至竟陵。岕茶产浙江长兴罗岕山,茶中上品,非寻常百姓家可用。明末袁宏道《龙井》云:"岕茶叶粗大,真者每斤至二千余钱。"明清之际余怀《板桥杂记·轶事》云:"厚予之金,使往山中贩岕茶,得息颇厚。"可证。

熹宗天启四年甲子(1624)。钟惺五十一岁,徐波三十五岁。

钟惺坐黜,家居。《年谱》引《明实录》附录《熹宗七年都察院实录》卷七:"(天启四年二月)十八日,福建巡抚南居益疏纠提学副使钟惺:'百度逾闲,五经扫地。化子衿为钱树,桃李堪羞;延狙侩于皋比,门墙成市。公然弃名教而不顾,甚至承亲讳而冶游,疑为病狂丧心,讵止文人无行!'……奉圣旨:该部知道。"钟以此坐废。上年条引元叹《遥祭》文云:"余深以本支乏人为不可,劝其且宽婢媵一途,遂滋浮议,余之罪也。"南居益疏劾之"冶游"一款,未知是否与钟吴门买妾事有关。

初夏,钟惺寓书元叹,言及去春别后元叹于归舟所作诗(即前岁条所引《送伯敬过梁溪而别,归舟却有是作》),谓特抄寄蔡复一,彼击节赞赏,并有和诗,云云。又及辑《楞严经》新旧注,"间出己意",其书将成(钟同函附《戢楞严注讫寄徐元叹》一诗),之后且欲治《法华经》。元叹《遥祭》云:"甲子早夏,遣信入吴,书称日来研精内学,于《楞严》有独诣,一扫从前注脚。日有所录,恐一年后遂可成书,因录寄昔年与贺可上往复数则。且云欲长斋而未能,姑去其甚者。"钟函又及时重读《史记》,并修《家传》,后者春间已邮元叹。钟且附寄未定稿数篇,谓欲就正于元叹,可见其对元叹之信赖。此函及诸物,乃钟遣仆至吴,面交元叹者。同夏热甚时,钟有诗追忆去岁访吴,同观元叹所藏《扇喝图》事。

冬,钟卧病,特遣仆赴吴门报平安(详下年引诗)。

戢楞严注讫寄徐元叹

钟　惺

阅人数十载,不容不索居。咎誉去已足,此外何所须?岂知获微效,习静心迹俱。纵非惩恶友,亦当反我初。禁足废参访,良朋亦遂疏。辛勤补孤陋,精进资颛愚。法味自供养,不复观他书。诸根本钝闇,无力及其余。七载求密因,心见欲豁如。浅深示真月,究竟是非除。因果同本性,顿渐殊常途。当其衔蹑际,交光非有无。櫽括取其要,餐采聊自娱。人生非麋鹿,何怪限荆吴?萍蓬犹偶值,岂终隔一隅?但恐再相见,冉冉犹故吾。

《隐秀轩集》,卷4,第54—55页

与徐元叹

钟　惺

去岁六月初七始到家,与王明甫途中相左。明甫归,得读兄手札,颇悉近状。兼得兄归舟五言古诗,笑骂极深,不觉绝倒。偶录寄蔡敬夫,敬夫称赏不已,还书索全稿,一时不在手边,无以应之,止将紫竹扇头三诗寄往。渠细细和之,录一小卷托寄兄,可见其慕士如渴矣。

静中取《楞严》新旧注,间出己意,约略成书。于《楞严》不知何如,于各注差觉简明,然亦未尝离各注也。此后当研心《法华》。盖此经指点见成,止是证道分,见修二分全未说破。讲者欲字字俱了,竟成一字不了。若不必求明白,则信心终于不真,纵不敢谤,不能不疑。今之自谓不疑不谤者,非真有所见也,特怵于地狱之说,而勉为面从耳。

《史记》下部看完,并《家传》四册,春间专人寄至,想已得达。今有七言一律,一书扇、一书册,一诗而数字不同,书两处者,欲兄指示义孰长,以为从违耳。又一古诗奉寄,中颇言杜门索居之故,语及恶友,似非学道人所宜。然以此习静,得一意精求佛法,心实德之,或宿生调达,世世相随,未可知也。

单使远行,奉致小物,不及另状。去岁所寄芥茶,至今色香无改,盖经兄手制耳。每一烹啜,为之黯然。

《隐秀轩集》,卷28,第493—494页

热甚偶忆去岁过吴门阅徐元叹所藏周武王扇暍图

钟 惺

四海清凉玉露林,道傍偏念一夫深。从官不敢轻阴立,天子停车赤日心。

《隐秀轩集》,卷14,第221页

案:钟平生游吴门仅二次,一在万历四十七年冬,一在天启三年春。钟诗"去岁"云云,定是天启三年无疑,故系本题于此。

虎丘竹亭焙茶寄伯敬先生毕事有诗

徐 波

茶灶身亲历,休同劳者看。客中相望久,童辈未知难。梅雨一山静,麦秋今岁寒。封题饷千里,到日始心安。

《新旧诗》〔九十五〕,第136页

七月十五日试芥茶徐元叹寄到二首

钟 惺

江南秋芥日,此地试春茶。致远良非易,怀新若有加。咄嗟人器换,惊怪色香差。所赖微禁老,经时保静嘉。

又

千里封题秘,单辞品目忘。元叹未答予茶诗。在君惟远寄,听我自亲尝。曾历中泠水,当添顾渚香。病脾秋贵暖,啜苦独无伤。

《隐秀轩集》,卷9,第148页

熹宗天启五年乙丑（1625）。**钟惺五十二岁，徐波三十六岁。**

年初，又有传钟惺已卒者。正月初二日，钟督学闽中时所取士许豸（玉史）访元叹，谓途中传闻，钟已归道山，将入楚吊祭。元叹谓五六年间传钟死讯者再三，未必真，劝其先赴京应试，后再定行止。许下第南还，再诣徐，谓于京中遇谭元春弟，知钟果未死。元叹有诗赠别许豸。

四月八日，钟惺遣仆自竟陵至吴门访元叹。四月廿三日，元叹从包山归，钟之"茶使"已在候，得钟诗、文、书及礼物，谓"喜出望外，如再获一钟先生"。本年二人茶事诗文最盛。钟惺有《早春寄书徐元叹买岕茶》。又有《自跋茶讯诗卷》，述与元叹茶事因缘云"人笑其迂，不知其意不在茶也"，又云"予与元叹，吴楚风烟，淼然天末，以顾渚一片香为鸿鱼之路，往返间书可可得，如潮信之不爽"，知其借茶事以维系与元叹之友谊也。又有《与徐元叹》一函，除叙茶事茶诗外，告元叹去岁春夏之交"脾病相嬲"，病情颇重；又谓《楞严如说》已成书；又谓近筑"怀归堂"以养老，托元叹倩赵凡夫书扁及联；又谓"远游无期，兄少壮尚可作楚游"，盖促元叹赴竟陵相会也，可见其想念之情。又有《遣使吴门候徐元叹云以买岕茶行》诗。

元叹即答以长诗一首，内云："去冬晚雪开，悄泊毗陵郡。一人称自楚，攀舟跃然进。索其何所将，云主方卧病。传语报无妨，行且有后命。叙述殊诠次，悲喜遽相信。作书置其怀，干糇给少分。"知去冬钟又卧病，特遣仆来吴报平安。末云"竟陵淼烟末，恃此屐齿运。携我双眼来，睹汝苍然鬓"，知元叹欲应命入楚会钟惺也。《遥祭》文云："余日夜讨问楚地程途，待卜居事竣，溯沿而上，就见于新斋，把其臂而捋其须。"元叹又有《虎丘焙茶毕送楚使入舟》之作，此则钟惺下世前相关诗文之最后一首矣。

六月廿一日，钟惺卒于里，享年五十有二耳。卒前三日，作《病中口授五弟快草告佛疏》，受五戒，法名断残，发愿云："今日归心三宝，将已断残欲，借金刚乾慧，不令续生。受菩萨五戒，法名断残，生生世世，愿作比丘优婆塞。"（见《隐秀轩集》，卷30，第510页）

十二月廿二日，元叹确知钟死讯并非讹传。廿七日，于浪斋设祭哀悼，作《遥祭》，云："情缘不断，他生必为师友父兄，只恐改头换面，不复记忆。奈何！奈何！"末云："先生启手足辰，已受五戒，故不敢进一牺，但以茶香作供。余未死以前，岁时设祭，用为永例。"可见元叹情深意重。又有《岁暇杂感》五首，诗其三后自注："悼钟伯敬也。"

闽中许玉史，钟伯敬先生门人也。乙丑莫春下第南还，再过余，述近事，赋此为别

徐　波

不识钟先生，观其所取士。试问结交初，亦云文字始。闽国盛文词，幽赏惟在尔。投分无端倪，异貌同忧喜。今春北行时，诣我乎吴市。草色填空城，梅花破烟水。重逢虎丘路，二麦方秋矣。是时钟先生，久已中飞语。怨者卒未休，或诅为已死。死则未敢从，逝将不复仕。既得返吾初，谤亦从此弭。

《新旧诗》〔一一八〕，第 148 页

早春寄书徐元叹买芥茶

钟　惺

含情茶尽问吴船，书反江南又隔年。遥想色香今一始，俄惊薪火已三迁。岁一买茶，今三度。收藏幸许留春后，遵养应须过雨前。何处验君新采焙，封题犹记竹中烟。

《隐秀轩集》，卷 11，第 182—183 页

自跋茶讯诗卷

钟　惺

　　吴门买茶之使，在予已成岁事。人笑其迂，不知其意不在茶也。予与元叹，吴楚风烟，淼然天末，以顾渚一片香为鸿鱼之路，往反间书可必得，如潮信之不爽。中间或元叹寄诗而予未及答，或予寄而元叹未答。今兹乙丑岁之使，以四月八日自家而发，有诗奉寄。因汇前后两年之作，书之一卷，题曰《茶讯诗》；未和者补之。岁久积之

成帙,亦交情中一段佳话也。

《隐秀轩集》,卷35,第582—583页

与徐元叹

钟　惺

荆、吴天末,一岁止一通候,皆以买茶为名,茶之为功大矣。今复届期,遣使如例。作一诗奉寄,仍录去岁诗并《试茶》二作于卷,亦自可成话柄也。

弟去岁春夏之交,欲爱几枯,想念不作,而脾病相觏,削弱弥甚,数十步之近,数息而后能至。一以静胜之,久亦获效。读书学道,有得无得,或浅或深,俱以身心日用、吃饭睡眠处验之,颇觉有少分受用,烦恼二字,较前为轻。

弟所辑《楞严注》,已有成书,名曰《如说》。今摘出弟所见者录寄。然亦自二卷而止,余俟续致也。

静思人生在世,无故而受人大毒大谤,自是前生负彼,今得酬偿为幸。若不应时销去,留为报复之地,是还债而又借债也。构一居为静摄终老之地。远游无期,兄少壮尚可作楚游也。转求赵凡夫书"怀归堂"三字及"松竹生虚白,阶庭横古今"一联,幸以相寄。

《隐秀轩集》,卷28,第494—495页

遣使吴门候徐元叹云以买芥茶行

钟　惺

犹得年年一度行,嗣音幸借采茶名。雨前揣我诚何意,天末知君亦此情。惠水开时占损益,洞山来处辨阴晴。独怜僧院曾亲焙,竹月依稀去岁情。元叹有《虎丘竹亭僧院焙茶见寄》诗。

《隐秀轩集》,卷11,第180页

案:上钟惺二诗一文一书作于本年四月八日遣仆赴吴前。

钟先生与余,吴楚风烟,淼然数千里。以买茶为名,一年通
一信,遂成故事。乙丑四月廿三,余自湖外还家,先生遣使
适至。寄一诗卷名曰《茶讯》。筑室竟陵,云将老焉,远游
无期,呼余一往。使旋,先寓此诗

徐　波

幽居鲜欢豫,念久乏闻问。亦有意外虞,累月神不定。恐遂长诀别,
往往思自奋。诤讼缠余身,欲发不得引。去冬晚雪开,悄泊毗陵郡。
一人称自楚,攀舟跃然进。索其何所将,云主方卧病。传语报无妨,
行且有后命。叙述殊诠次,悲喜遽相信。作书置其怀,干糇给少分。
今春逢许子,暂得同愁闷。下水有程期,其去不容瞬。思君杂梦觉,
闭户过樱笋。遣使夏初来,寄诗曰茶讯。即事送怀抱,颇足见高兴。
虽知道里遥,已是形神近。幸在天壤间,有情得自尽。筑室寓虚空,
奉身聊学隐。竟陵淼烟末,恃此展齿运。携我双眼来,睹汝苍然鬓。

《新旧诗》〔一一九〕,第 150 页

虎丘焙茶毕送楚使入舟

徐　波

新水临当遣信日,轻寒再值焙茶天。淹留瓦屋连朝雨,摇扬茅亭一
缕烟。相送挈瓶离野寺,遥怜涤器望归船。似凭微力持香色,想到
开时必泫然。

《新旧诗》〔一二〇〕,第 152 页

遥祭竟陵钟伯敬先生文

徐　波

天启五年六月廿一日,竟陵钟伯敬先生魂灵归于冥漠,吴郡徐
波以腊月廿二日从楚僧灵文闻凶信,并得其第五弟快手书。于廿七
日用蔬果、香茗设祭于斋中,文以哭之。

夫人生平泛爱居多,则受恩者未必知感,使钟情于乡人皆好之
人,则被遇者又以为固然而不为异。忆己未岁暮,余小子与先生邂

逅范长倩席间。余视先生如霄汉，初无心于遇合。乃先生不知从何睹余诗句，一问姓名，迎握余手，诵余旧诗，谓似古人。余面赤不敢当，先生曰："子无为古人重名所怵，我非谀人者。"遂定交而别。先生向拟南祠部，候命留都者积年。庚申正月［案：应作"三月"］，其叔弟恮从楚讯其兄，亦苦志人也。先生寓书吴门，呼余与之相见。余以四月初五［案：当作"十五"］裁抵白门寓所，时恮已呕血困卧，奄奄垂绝。先生责余曰："我弟忍死以待汝，何意相见之始，即为长别之辰！"袖中出恮见怀诗示余。余不敢发一言，亟趋床头窥见之。恮强扶令起，举手一笑，面如黄叶，气咯咯在喉际，固知在死法矣。月余，竟不起。辛酉暮春，谭友夏自竟陵抵白门，先生又呼余一来。束装赴之，到日为四月十一。友夏竟归，甫下江船，而余跨驴及门。先生止余："且勿揖，速往江头追友夏回！"冒雨驰至上新河，不及友夏。异日见报，云是晚东南风急，计追时孤帆已过三山矣。似此则知先生所以爱而欲成就之者，真无所不至。

庚申秋季，先生患隔日疟，庸医误投急剂，几至不振。已办后事，飞书促余一诀。余先一月有雁宕之游，夜宿恶溪，梦先生病容毁瘠。余心动，早起附书到白门。书到日，先生病起，得书甚悦。时候问者盈门，手余《游山小记》示坐中曰："我尚及见斯文，故应未死。"波自念何足当此，故向人前延誉，欲其成名。今先生死，谁复有爱我者？虽擢筋碎首，无可称报。

今世贤愚，所急无过财货，先生亦尝罄其囊橐，举以周穷乏者。稍失其欢，谤议沸腾，操戈反噬，种种恶相。旁观代为不平，思置刃其腹。先生不以为骇，若云此交情中所必有。人方叹先生之厚，而余反病其待士之轻。先生释巾，历官中外垂二十年，易箦之日，田业不过千金。人方悟先生之廉，而余尚病其多。早知不愿立嗣，有五分均分之说。何不早散之，使人无可欲，则尽为孝子廉士，成礼让之门，何至如今日纷纷乎？

癸亥三月［案：应作"二月"］，先生视闽中学政，闻生父府君讣，还楚，便道过吴门，见于舟次。有时破涕为欢，而神情索莫。言及家门沦胥,及司训公历年行事,辄呜咽失声。自云向汲汲生子,欲以慰老人,今念绝矣。余深以本支乏人为不可,劝其且宽婢媵一途,遂滋浮议,余之罪也。

甲子早夏,遣信入吴,书称日来研精内学,于《楞严》有独诣,一扫从前注脚。日有所录,恐一年后遂可成书,因录寄昔年与贺可上往复数则,且云欲长斋而未能,姑去其甚者。

至乙丑正月二日,闽中许玉史见过。许名豸,先生督学时所取士,中甲子省试。踉跄投刺,云:"途路传闻钟师已归道山,吾甚惑焉,将入楚吊之。"余谓:"子必无忧,五六年间传凶问者,不一而足,余已习闻之矣。子姑获隽南宫,再议行止。"及许子下第南还,为三月廿六。再诣余,云:"子殆智人,先生竟无恙。从孝廉谭元芳扇头见其十一月间送行诗,谭云'时有小疾',不至如传者所云也。"四月廿三,余从包山归。入门闻楚语,乃竟陵遣信并杂物寄赠,意出望外,如再获一钟先生矣。书云:"吴楚风烟,淼然数千里。以买茶为名,一年通一信,从今以往,可遂成故事也。"因手录前后赠答诸篇,有关于烹啜、采焙者皆附焉,名曰《茶讯诗》。新筑草堂,字之"怀归"。远游无期,呼余一往。兼以《楞严如说》成,寄示二卷。余日夜讨问楚地程途,待卜居事竣,溯沿而上,就见于新斋,把其臂而捋其须。窃怪半年以来,绝不梦见,余戏为诗,有"佳期渐近偏无梦"之句。岂意心事乖违,遂至今日乎!十二月上旬,胡远志述公安袁未央语,但未详解化月日,遂动徼幸之想,庶几此问不真。至廿二午间楚僧来,始得其实,并闻嗣子以争财构讼,重其身后之累。呜呼痛哉!犹幸属纩时心事了了,谈笑而逝,以此差强人意。

余今发齿向暮,学业无成。先生垂绝之辰,不知如何系念?而今不可想象矣。余年三十六耳,善相人李生称余贱而多寿。此言果验,未审何年何月获追陪于泉路。情缘不断,他生必为师友父兄,只恐改头换面,不复记忆。奈何!奈何!先生昔日疾痛疴痒,无不关余寸心,每有所闻,忧喜系之。计此交情,一人而已,使更有人焉,痛切如是,亦不胜其烦也。岂图今日遽成梦幻,冤酷奈何!设祭之日,陈述往昔,凄断哽塞,不成文理。涕泗横集,书不成字。惟冀千里之魂,有以谅我。先生启手足辰,已受五戒,故不敢进一胾,但以茶香作供。余未死以前,岁时设祭,用为永例。

文辑佚〔十一〕,第593—596页

案:元叹此祭文作于十二月廿七日前。

岁暇杂感 其三

徐 波

芳岁亦徂谢,吾侪何足云。故人今宿草,全楚只浮云。山雪况怀旧,冥鸿冀一闻。此中垂老泪,寄洒竟陵坟。悼钟伯敬也。

《新旧诗》〔一四八〕,第177页

熹宗天启六年丙寅(1626),钟惺殁后一年。

五月初二日,元叹所购岕茶到。五月初八日,元叹设钟惺灵位致祭,又作祭文一首。六月廿日,有《六月二十夜凉久坐,明日为钟先生忌日,将修薄祭》一诗,知元叹于钟忌日又将设祭也。

遥祭竟陵钟伯敬先生文

徐 波

天启六年五月初二日,竹亭僧归自岕山,担茶至东城书舍。初八日,徐波设钟先生灵位,敬进一杯。踧而陈曰:去年此日,买茶使者归在途矣。书所云"茶时通问,用为永例",今得无遂已耶! 去年六月使还,先生已不能饮,而况今乎? 每岁寄茶,必疏汤情火候,珍重累幅。窃计以为,事在临时,手与器相习,而后可责以香色,纸上之语,终属影响,期置鼎于松风涧水边,相对一啜,乃为快耳! 今此一杯,系波手自烹煎,较之千里相饷,庶几亲切也。凡囊盛箬裹,梅雨江船之役,止于乙丑初夏。几筵漠漠,酒滴灰香,又始于今日矣。

文辑佚〔十一,又〕,第596—597页

案：本文附《钟伯敬先生遗稿》后，题《又》，次上引《遥祭》文后，则元叹前后为钟惺制二祭文也。本文作于五月初八日前。

六月二十夜凉久坐，明日为钟先生忌日，将修薄祭

徐　波

吹灯开户夜凉初，隐痛如新卒未除。片月乍生奔万影，浮云轻去叹离居。麟亡鲁叟因投笔，蝶化庄生再著书。莫问泉途消息处，年年水国荐寒蔬。

《新旧诗》〔一三九〕，第168页

熹宗天启七年丁卯（1627），钟惺殁后二年。

冬，元叹序刻《钟伯敬先生遗稿》四卷于苏州，有序。又有《较刻伯敬遗稿毕有作》诗。前此，天启二年（1622）六月（亦有学者主天启三年者），沈春泽已序刻钟惺自定之《隐秀轩集》于南京。元叹所刻之《遗稿》，收钟天启元年（1621）末至其殁前诗文（参《年谱·凡例》），为元叹序中所谓"三载诗文，人间未见"之作。此二集，今之学者汇整为《隐秀轩集》，于二十世纪九十年代初刊行，遂为今之流通本。

较刻伯敬遗稿毕有作

徐　波

坐卧遗编在，朝来又卒工。所愧人交慰，称余善始终。倘君自行意，去取当不同。在昔盛辞章，与世开盲聋。迩以文说法，渐令绮习空。素女屏杂饰，清吹赴孤桐。时有道人语，深会静者衷。后生多倔强，恩礼所不通。一朝读其书，往往泣无穷。作者及吾侪，相送如霜蓬。斯文不能言，转欲累诸公。

《新旧诗》〔一六二〕，第189页

钟伯敬先生遗稿序

徐　波

先生全集岁癸亥刻于白下。是春丁艰还楚，三载诗文，人间未

见。盖晚年颇留心内典,加以罢官后莫往莫来,故篇章稀少。乙丑六月捐馆舍,岁暮来赴。即与五郎索遗稿,约觅便相寄。而素车白马,亦复寥寥。适友人刘石君心感知遇,发愤附舟沿江而上,登其堂而拊其棺,与友夏、居易周旋月许,悉持遗稿而还。余甚愧之,即付剞劂,厘为四卷。

先生以文章治世垂二十年,操觚染翰家类能叹颂,余不敢复措一语。惟是一人之身,遇会乖蹇,皆文人未有之厄。请略疏之:

若士衡养犬,摇尾寄书;孔愉赎龟,中流右顾。初心非责报于二物,感恩竟不异于人情。但呀然溪壑,了无餍期;屡叹车鱼,有时倦听。十索而一不从,千取其百未已。投遗文于圊中,揭谤书于道侧,斯有人焉。高冈梧桐,凤皇于止;沧浪既清,濯缨者至。故松柏投岁寒之分,嵇、向[案:此处脱"亦"字]结物外之游。岂料倚市贱流,糟糠自命;之官几日,阳峤复来。张耳佩陈馀之印,刘叉攫韩愈之金。虽鲍林[案:"林",当作"叔"]怜贫,太丘道广,吾无取焉。

《玄经》奇字,无取聱牙;白傅新诗,贵能上口。盖斧凿久而渐近自然,波澜阔而乍如平澹。陶渊明称隐逸之宗,颜延年以雕缋为病。昧者中边皆枯,菁华已竭,号为"钟体",不亦厚诬!

《文心》趋向万殊,《诗品》源流各别。同株异溉,犹开紫白之花;二水杂投,尚辨淄渑之味。况乎披林听鸟,声贵相求;入海探龙,珠擎[案:"擎",当作"归"]一手。钟则经营惨淡,谭则佻达颠狂。钟如寒蝉抱叶,玄夜独吟;谭如怒鹘解绦,横空盘硬。二子同调,其义何居?赞叹不情,同于污蔑,[案:此处脱"斯"字]之谓矣!

尝谓文章一息,共爱其流传;水火三灾,默为之聚敛。藏舟于壑,或有变迁;当风扬灰,记[案:"记",当作"讵"]令速灭?嘱累已属世情,排斥亦成底事?吾辈及[案:"及",当作"友"]其人而读其书者,正为作数年之计,传之久暂,有物司之。

天启末年大寒节后一日,门下士徐波谨述。刘屺书于浪斋。

案：本文原附流通本《隐秀轩集》后（第602—604页），文字及标点多误。今据台北"国家图书馆"藏《钟伯敬先生遗稿》天启七年刻本为订正若干错误。原文末段，句读多误，今亦为校正一过。天启七年大寒为十二月十四日（1628年1月20日），其后一日为十五日，元叹上诗及序作于本日前后。又，元叹序云："先生全集岁癸亥刻于白下。"癸亥，合天启三年（1623），惟今学者有主《隐秀轩集》乃沈春泽刻行于天启二年壬戌（1622）六月间者，待确考。

王国维《壬子三诗》稿本考论

彭玉平

王国维在壬子(1912)岁末曾将本年在日本京都所作三首长诗《颐和园词》、《送狩野博士直喜游欧洲》、《蜀道难》合编为《壬子三诗》一集,以记一时之思。此集为合罗振玉手写《颐和园词》石印本原稿与王国维手抄《送狩野博士直喜游欧洲》、《蜀道难》二诗而成,并未单独付刻。今检王国维致诸人信,皆未提及此集,而知悉此事的罗振玉在其与他人信函或自撰《集蓼编》中也未明确涉及,故知者寥寥。曾关注王国维《壬癸集》并笺释过《颐和园词》的黄永年,也曾直言"《壬子三诗》有无印本我虽不清楚"云云。① 此本为稿本孤本,若非特别机缘,确难有幸寓目。

最早公开提及此集的应是赵万里,1927年,他在《王静安先生年谱》"壬子"年下记云:

> 二月,作《颐和园词》,罗先生见而激赏之,为手写付石印……而以夏秋间所作《送狩野博士游欧洲》及《蜀道难》二首附录于《颐和园词》后,署名《壬子三诗》。②

---

① 黄永年《说〈颐和园词〉兼评邓云乡〈本事〉》,黄永年《文史存稿》(西安:三秦出版社,2004),第522页。
② 赵万里著,冀淑英、张志清、刘波主编《赵万里文集·第一卷》(北京:国家图书馆出版社,2011),第16页。

赵万里曾任王国维助教,深得信任,在王国维身后,诸手稿由赵万里整理并陆续经手捐献给今国家图书馆,此《壬子三诗》即为其一,故赵万里能略知其本末。但此后如储皖峰《王静安先生著述表》、姚名达《王静安先生年表》、①神田喜一郎《观堂先生著作目录》②、赵万里《王静安先生著述目录》③等均未列此集。胡逢祥编《王国维著译年表》,于癸丑年下"文"首列《颐和园词后记》,并括注:"校补入《集林》二十。又名《壬子三诗序》,手稿藏国图。"④所谓"校补入《集林》二十"乃就《颐和园词》等三诗而言,《壬子三诗序》则未入《观堂集林》,也未入《王国维全集》第十四卷"诗文"编,故此序至今尚为王国维集外之文。今检国家图书馆古籍部藏书目录,果然藏有《壬子三诗》稿本。王国维生前编定的诗歌专集,除了此前的《静安诗稿》和此后的《壬癸集》,便是这本《壬子三诗》了。而且,《壬子三诗》在一定程度上其实也可视为次年《壬癸集》的雏形。王国维晚年回顾平生所作诗歌,曾对赵万里说:"余所作,惟《颐和园词》、《蜀道难》及《隆裕皇太后挽歌辞》,差可自喜。"⑤在一生写作的众多诗歌中,拈以自喜的不过三首,而其中两首即在此小集中。同时,作为王国维东渡日本后编的第一部诗集,还带着易代之初特殊的时代和情感特点,其意义因此值得充分估量。

一、《壬子三诗》的创作与诗集的编定

《壬子三诗》,顾名思义就是壬子年(1912)作的三首诗合集。从创作

---

① 储皖峰、姚名达之文参见《国学月报》第二卷第八、九、十号合刊《王静安先生专号》(1927年10月)。

② 神田喜一郎《观堂先生著作目录》(上、下),日本《艺文》第十八年第八(1927年8月)、九号(1927年9月)。

③ 赵万里《王静安先生著述目录》,《国学论丛》第一卷第三号(1928年4月);赵万里著,冀淑英、张志清、刘波主编《赵万里文集·第一卷》,第62—70页。

④ 谢维扬、房鑫亮主编《王国维全集》(杭州:浙江教育出版社,广州:广东教育出版社,2010),第二十卷,第511页。

⑤ 赵万里著,冀淑英、张志清、刘波主编《赵万里文集·第一卷》,第16页。

时间而言，《颐和园词》最早完成，作于阴历二月中旬；①《送狩野博士直喜游欧洲》脱稿于1912年8月16日，次日王国维致信铃木虎雄说"狩野先生欧洲之行，本拟作五排送之，得数韵后颇觉不工，故改作七古，昨已脱稿"②，成稿时间很明确；《蜀道难》成诗最晚，完成于11月上旬。11月9日，王国维曾将誊写板《蜀道难》寄缪荃孙，附信云："近日作《蜀道难》一首，咏匋斋制府事。……谨以誊写板一份呈览，字画模糊，恐不宜老眼，然字句太多，无法录呈也。"③两日后又将同一誊写板寄铃木虎雄。④誊写板制作简单，费时亦少，因知《蜀道难》一诗必撰成于本月上旬。故三诗的完成时间在1912年4月至11月间。

壬子年三首长诗写就，王国维即拟编订《壬子三诗》小集。今检国家图书馆藏《壬子三诗》稿本，乃合罗振玉手写付印本之原稿《颐和园词》与王国维手写《送狩野博士直喜游欧洲》、《蜀道难》二诗先后连缀而成，以创作时间为序，并无严格的编辑体例。三诗之间也非并列关系，而是以《颐和园词》为主，馀二诗为"附录"。故一篇《颐和园词后记》也堪称《壬子三诗序》。⑤此后记（序）因未为诸种王国维全集所收录，故知者寥寥。兹据国家图书馆藏《颐和园词》手迹经折装本录文如下：

> 壬子二月，侨居日本京都，旅食多暇，因成此词。罗叔言先生见而激赏之，因为手写付诸石印，此其原本也。其后字句略有改易，如"方治楼船凿汉池"，改"因治"；"后宫并乏家人子"，"家人"改"才人"；"东南诸将翊王家"，"翊"改"奉"；"岂谓先朝营暑殿"，"暑"改"楚"。凡易四字，并将夏秋后所作《送狩野博士游欧洲》、《蜀道难》

---

① 王国维《壬子三诗序》（一名《颐和园词后记》）即明确说明"壬子二月"成《颐和园词》，参见国家图书馆藏《壬子三诗》稿本。
② 王国维1912年8月17日致铃木虎雄信，房鑫亮编校《王国维书信日记》（杭州：浙江教育出版社，2015），第55页。
③ 王国维1912年11月9日致缪荃孙信，房鑫亮编校《王国维书信日记》，第44页。
④ 房鑫亮编校《王国维书信日记》，第56页。
⑤ 参见胡逢祥《王国维著译年表》，《王国维全集》，第二十卷，第511页。

附录于后。是岁所作长歌共三首,因名之曰《壬子三诗》云。岁除前十日,国维识于鸭川东畔之寓居。①

"壬子三诗"作为集名即来源于此。"岁除前十日"是壬子年十二月二十日,即公历1913年1月26日,距三诗中最后完成的《蜀道难》不过两个半月。按序中所述,王国维将此三诗合为一编的原因,就是壬子年所作长歌仅此三首而已。

这部名为《壬子三诗》的诗集,在诗集前实际并未署"壬子三诗"之名,而只是题篆文"颐和园词"四字,此后记也只是书于《颐和园词》之后,《送狩野博士直喜游欧洲》之前。以著述体例而言,或书于《颐和园词》之前,以作为全书之序言;或书于《蜀道难》之后,以作为全书之后记,如此方合一书之常例。故王国维编订此书,在形式上其实颇为随意,只是将三首长诗简单汇合一集而已,并以《颐和园词》为正编,以《送狩野博士直喜游欧洲》、《蜀道难》为附编,三诗之中轻重关系固有不同。

二、王国维《颐和园词》与铃木虎雄《哀清赋》

细致寻绎《壬子三诗》之编订,因为"是岁所作长歌共三首"而起编集之心,似乎只是其中一因,且或非主要原因。此前王国维编订《静安诗稿》就合长短诗为一编,其《人间词》甲乙稿,后来的《壬癸集》、《履霜词》等皆未讲究过篇幅长短之分,何以《壬子三诗》独将三首长歌合编一集,而短诗不与?其中似乎还有更深层的原因。大致而言,此三诗虽各有主题,但都与哀悼清亡的主题有一定关系,借此整合一编,略见其对此的整体之思,这可能才是其编纂当时潜在的原因。

王国维对清亡之事,原本是由一种从历史事实的陈述到背后原因的探讨,再到清亡所带来的社会影响三方面的考虑。1912年5月9日,王国维致信铃木虎雄云:

---

① 录自《颐和园词》手迹经折装,原件藏国家图书馆。

>《颐和园词》……此词于觉罗氏一姓末路之事略具，至于全国民之运命，与其所以致病之由，及其所得之果，尚有更可悲于此者，拟为《东征赋》以发之，然手腕尚未成熟，姑俟异日。①

陈述清亡史实部分，一篇《颐和园词》已见梗概，而后两方面的内容，原拟以《东征赋》出之。1912年5月31日，王国维再致信铃木虎雄云：

>前从《日本及日本人》中见大著《哀清赋》，仆本拟作《东征赋》，因之搁笔。②

王国维原拟用《颐和园词》与《东征赋》二诗完整表述自己对晚清灭亡的过程、何以灭亡的原因以及对国家民众的影响的所思所想。而《颐和园词》侧重在对爱新觉罗一姓末路的描述，尚未及余，但他在读到铃木虎雄《哀清赋》后，觉得自己未及完成的部分已有铃木虎雄此赋言之殆尽，王国维遂因之搁笔。故欲了解王国维对此的整体之思，在探究《颐和园词》主题之外，尚需对勘铃木虎雄《哀清赋》一篇。

王国维在居东后不久就开始创作《颐和园词》，其创作初衷即在于勾勒晚清从衰落到短暂中兴终至灭亡的历史过程。当时国内的基本情况是中华民国已经建立，孙中山虽短暂出任临时大总统，但权力很快就为原清王朝重臣袁世凯所窃据。此诗以颐和园与清廷的关系为主要视角，缕述清季走向衰落的过程。1860年，在英法联军进逼北京之际，"仓皇万乘向金微"③，咸丰仓皇之际从圆明园逃向热河，随后便是圆明园被烧毁，但结果"一去宫车不复归"，次年咸丰在热河惊惧而亡。王国维致铃木虎雄信所谓"觉罗氏一姓末路"，这个末路的起点便是咸丰出逃热河。

---

① 房鑫亮编校《王国维书信日记》，第54页。
② 房鑫亮编校《王国维书信日记》，第53页。按编者将此信置于5月9日信之前，应是将王国维落款的"四月十五日"按公历计算，然不应先"搁笔"而后"拟为"《东征赋》。
③ 王国维《壬子三诗》，国家图书馆藏稿本。本文引用《颐和园词》、《送狩叶博士直喜欧洲》、《蜀道难》文本，皆出此集，不再一一出注。

接着便是慈禧的政治登场,并开启所谓"同治中兴"。因为重用左宗棠、曾国藩等,清王朝很快平定了外忧内乱,自此慈禧的"西宫才略"被称誉众口,营造和扩建颐和园的宏大工程也在这种中兴气象的掩盖下开始了。一个富丽到极致的颐和园,加上"是时朝野多丰豫",慈禧的享乐之心和政治威望也臻于极致。然而同治帝的遽然去世、甲午海战的失败、义和团运动、八国联军侵华等接踵而至,在庚子之变的再一次惶恐中,慈禧携光绪匆匆西走长安。而此前因为慈禧反对戊戌变法,也导致朝廷内部的矛盾愈趋尖锐。此后慈禧等再度回到京城,但不久"两宫一旦同绵缀",光绪与慈禧相继去世,三岁的溥仪仓促登基。摄政王奕劻承光绪遗旨罢黜了袁世凯之职,袁世凯因此在家乡赋闲了近三年。然而翻云覆雨的时代也出翻云覆雨的人物,在辛亥革命之后不久,袁世凯被清廷诏请,再度出山,从湖广总督到内阁总理大臣,接着并以共和政府之名,代孙中山出任民国临时大总统。王国维"那知此日新朝主,便是当年顾命臣"云云,即指此事。自此袁世凯便成为清廷末路事实上的终结者。最后以颐和园的物是人非结尾,"应为兴亡一抚膺",走笔至此,可谓沉痛苍凉之至。

  此诗写了咸丰、同治、光绪三位帝王的去世和稚龄宣统的仓促登基并旋即被废,而贯穿其中的核心人物则为慈禧太后,颐和园则作为与慈禧最紧密的关联之地而被擢拔为题目。慈禧先是协助咸丰处理公务,继而垂帘听政同治、光绪二朝,临终扶持宣统登基,执政长达48年。王国维"五十年间天下母"云云,并非称誉其统治威望,而是勾勒一种客观历史。慈禧事实上是"觉罗氏一姓末路"的全程主导者,诗中虽也涉及内忧外患,并曾一度把矛头指向当日顾命大臣、今日新朝之主袁世凯,但造就这种情况的根本原因,也是不言而喻的。换言之,此诗之所以名《颐和园词》,无非是通过一园之兴衰冷热来展现清王朝虽偶有起伏但终究归于灭亡的过程。但正如王国维在致铃木虎雄信中所述,他的重点是"略具"清王朝走向末路之"事",是以线性叙事的方式勾勒晚清的历史,至于面对这一历史应有的深度思考则限于叙事之体而尚未暇充分写入,这才引发王国维接写《东征赋》的冲动。

而欲明王国维未就的事外之思，《送狩野博士直喜游欧洲》、《蜀道难》固有部分涉及者，但不免夹杂在其他主题之中。在王国维看来，铃木虎雄《哀清赋》已相当集中地展现了自己在《颐和园词》中的未尽之思。

铃木虎雄此赋被冷落已久，似一直被疏离在中国和日本的相关学术史视野之外。今检铃木虎雄《哀清赋》，1912年春初刊于《日本及日本人》杂志，昭和三年(1928)十一月，铃木虎雄《业间集》由弘文堂(日本京都)刊行，此赋并序以"附录"的形式收录集中。铃木虎雄回忆此赋创作及与王国维的交流情形说：

> 我听到清帝退位(退位是壬子二月十二日)消息后作《哀清赋》(二月十八日起稿)，在《日本及日本人》杂志上登载，王君读它以后寄给我的信如下……①

铃木虎雄此赋的创作与王国维撰成《颐和园词》时间大致相合。而王国维读到铃木虎雄此赋的时间在1912年四月十五日(5月31日)之前，此时罗振玉手书印本《颐和园词》也已告竣。王国维以慈禧与颐和园之关系为核心写清亡之过程，乃大体以一园之兴废见一朝之兴废，属于纪事体史诗。因为按照历史顺序连贯而下，留给深刻思考其兴亡原因以及清亡之后所带来的社会影响的空间便极为有限，这才触发王国维拟别为《东征赋》一文，进而思考朝代盛衰与更替之规律。可以说，王国维对这篇《东征赋》拟寄寓的情感力度和思想深度，是在《颐和园词》之上的。但不过一个月的时间，王国维便中辍了《东征赋》的写作计划。在王国维看来，铃木虎雄之《哀清赋》已将自己所欲言者言之殆尽，故不烦另撰一赋重复言之。换言之，可于《哀清赋》中一窥王国维之所思所想。

铃木虎雄在《哀清赋》前有小序，略述其创作宗旨所在。兹录文如下：

---

① 铃木虎雄《追忆王静庵君》，陈平原、王风编《追忆王国维》(增订本，北京：生活·读书·新知三联书店，2009，)，第305页。

序曰：神圣登极，四十五年二月旬有二日，皇天降丧于有清，清帝辞位，举其冢宰袁某，假摄万机，从约朔南，改建政府，肇造国会，俾以殷荐民主于皇天。昔在帝尧，禅舜曰："咨尔舜天之历数在尔躬。"舜亦以命禹："荐贤让德在下。"三代之所同。然而国无君长者，自古来未之有也。惟夫满清，以异种临区夏，睿哲代兴，湛恩庞鸿，贤德在下，未轶唐虞。一旦变起荆湖，秣陵失守，四海响应。君为独夫，释乾纲而不张，委民政以自治，是非常之大变也。何则？内恃暗昧，外侮文明，宗臣倾夺，巨室窃权，先阀阅之得丧，而后亿兆之休戚也。是以边警频至，境无敢死之将；军饷将赋，廷有匿赀之臣。以十九省之大，三百岁之渥，而不能抗于锄耰棘矜木兵竿旗之众，楚人一呼，可怜运移，亦必至之势矣。呜呼！山岳崩颓，草木凄怆，举目有风景之异，孰其致之？社鼠城狐。嗟乎狐鼠，不独自祸，亦覃及于城社，世之为显臣者，可不鉴焉哉。作《哀清赋》。①

对照1912年5月9日王国维致铃木虎雄信中所云，王国维拟写的这篇《东征赋》，其宗旨是在《颐和园词》缕述清末历史的基础上进而探讨三个问题：第一，清王朝何以走向末路，即"致病之由"；第二，清王朝覆没后的处境，即"所得之果"；第三，清王朝灭亡后对整个国民之影响，即"全国民之运命"。

检铃木虎雄此序，大致不出四义：从"神圣登极"至"未轶唐虞"为第一义，主要说清朝"睿哲代兴，湛恩庞鸿"，然后以尧舜禹禅让的方式辞位于民国政府；从"一旦变起荆湖"至"是非常之大变也"为第二义，主要说民国代兴与此前中国历朝更替呈现出不同的政体格局，"国无君长"，此乃是中国国家体制的"非常之大变"；从"何则"至"亦必至之势矣"为第三义，主要说清王朝覆没之由，而要在"内恃暗昧，外侮文明，宗臣倾夺，巨室窃权"十六字；从"呜呼"至"可不鉴焉哉"为第四义，则兼说"致病之由"

---

① 铃木虎雄《哀清赋并序》，铃木虎雄《豹轩集》（京都：弘文堂，1928），附录《哀清赋》，第360页。按，本文引用《哀清赋并序》，见该书第360—363页，不再一一出注。

与"所得之果",侧重在山川民众所受之影响。以上当然只是大致的划分,所谓"四义"在铃木虎雄的序言还不免有些夹杂。

兹结合《哀清赋》之小序与正文,略述其关于清亡的整体之思。

先说何以要"哀清"。在铃木虎雄看来,有清三百年总体"未轶唐虞",而其承上古禅让之法,辞位于民国,亦不失君子之风,宗旨在"俾以殷荐民主于皇天"。如此"湛恩庞鸿,贤德在下"之圣明朝代,而"楚人一呼,可怜运移",不能不走向终结,此所以哀者也。

次说清王朝衰亡之原因。"内恃暗昧,外侮文明,宗臣倾夺,巨室窃权,先阀阅之得丧,而后亿兆之休戚也",这就是铃木虎雄在小序中归纳的原因,要在王朝的封闭自守,以及宗臣巨室的窃权争利,而置亿兆民众于不顾也。朝廷主政者是关键一因,宗臣巨室是直接一因。而在正文中,铃木虎雄言之更为详尽,他大致归纳为以下几点:第一,大臣专权卑污,贪图名利,以至于民心涣散。其"民涣散而乖离兮,臣渷涊以夸衔","据显位以专权兮,跨沃土而置庄"即针对这一现象而言。第二,皇族内部肆意争夺,形成内乱。其"夫二邸之倾夺兮,驾八王之猖狂。迨柳樊之未成兮,酿祸乱于萧墙"即指此。第三,义和团和辛亥革命的兴起。其中"盗贼起于山东兮,君臣顾其仓皇。锄耰棘矜兮,首唱湖峡","青丝白马兮,席卷建业",即指此。一个朝廷,从上到下,从内到外,都出现了严重的问题,此即是其衰亡不可抗拒的原因所在。

再说导致的结果。清王朝内部的矛盾直接导致清王朝虽有十九省之大、三百年之渥,而一旦辛亥革命兴起,则不足敌"锄耰棘矜木兵竿旗之众",江山为之易色。此就朝廷而言者。铃木虎雄关于清王朝的"所得之果",其赋正文则大致包括以下几个方面:第一,将帅与宗室无能自私,不讲道义。其"民心一去兮,疆臣坐懵","厚赏虽悬兮,纳款弃甲。晶岁养士兮,无一义人","咨宗室亦憯腾兮,托阃寄愈狐疑","非贾韩之佞柔兮,则桧伦之莽卤;先一身之安危兮,忽王室之薄祜",即指此,将帅不知对策,大臣忘却道义,先求自身安全,不计国家安危,这就是清廷政治所导致的恶果。第二,危急关头缺乏挽狂澜于既倒的大才贤才,导致清室孤儿寡母的艰难局面。其"戆孤儿与寡妇兮,孰其托以盐梅","或勤王而倒戈兮，或讨贼而缓鼓；咸是羊质之城虎兮，谁敢中流之砥柱"即指此。第三，灾祸接踵而至，终至民国代清而兴。其"九土芒芒兮，灭斯常伦。计竭策尽兮，不虑后灾"，"遭要劫之鬐沸兮，让共和之祥休。名虽美而实丧兮，大憝兴而怘然"，"举一人而司群后兮，熙百揆以通舆谋；何今日之辞位兮，与前典之不侔"，"嗟一旦之雍熙兮，化千年之寂寞；去万乘之尊位兮，就二王之宾列"，名义上颇有气度的禅让，并没有为逊清王朝赢得起码的尊重。而"仰父颜以睢盱兮，牵母衣而夷悦；彤庭阒以无人兮，绣裀㠜而徒设"，"闵玉殿以瞑坐兮，掩朱扉而哽咽；循景山而徙倚兮，禽鸟噭以哀别"，"临太液而容与兮，柳荷晔而欹折；芳苑日以苔积兮，曲池时渐水渴"等，更是渲染了辛亥之后逊清朝廷的悲凉处境和宫廷苑囿的寂寞之形。

关于清亡后"全国民之运命"。因为"社鼠城狐"的利欲熏心，而"不独自祸，亦覃及于城社"，影响到全国民之命运。"兴亡原非一姓事，可怜惵惵京与垓。"(王国维《送日本狩野博士直喜游欧洲》)世人皆哀清之亡，但一个朝代的灭亡，哪里就是一姓之事呢，直接关切的还是整个国民的生存状况。王国维已然注意到这一更深层更广泛的问题所在了。铃木虎雄赋中诸如"藉生民之炭涂兮，坠前王之鸿绪"，"一君去而一君在兮，亿兆喜而亿兆忧"，"今势去而运移兮，已民离而时过"，"山河澹而崛峍兮，松柏暧以郁葱；民击壤而鼓腹兮，忘帝德之庞鸿"等，即描写出山河虽在而生灵涂炭、民心远离、势去运移之形。铃木虎雄在文末虽仍不失梦想，"得仙辅而不失兮，斟民意能疏通；必皇天之降福兮，运天地与无穷"云云，现在看来，这也不过是梦寐之语了。

铃木虎雄此赋与王国维《颐和园词》呼应最切紧的，应主要是对袁世凯的尖锐批评。

铃木虎雄《哀清赋》小序所涉虽广大，但直接提及的反面人物只有"冢宰袁某"即袁世凯一人，其余所谓宗臣巨室、社鼠城狐，不过模糊言之，而模糊之中，其实主要指向还是袁世凯而已，实际上把清亡的关键因素归于袁世凯。正因为慈禧所用非人，导致如袁世凯一类的奸臣当道，并最终加速了清王朝走向末路。其中"哲妇既不悟兮，懦王又邃处"，"嗟信师昭之谋图兮,不知操卓之诡随","起先皇之逆俦兮,支大厦之败颓;借巨盗以管钥兮,忘伪忠之奸回","固出尔之反尔兮,虽百悔无奈何",此逆俦、巨盗、伪忠、出尔反尔者当主要指袁世凯。这与王国维《颐和园词》"独总百官居冢宰,共扶孺子济艰难","虎鼠龙鱼无定态,唐侯已在虞宾位","那知此日新朝主,便是当时顾命臣",无一不指向袁世凯,堪称桴鼓相应。

而将清亡之主因归诸袁世凯,其实正是当时寓居京都的王国维、罗振玉等人的共同看法。罗庄辛亥后曾随其尊人罗振常同赴日本,1912年7月明治天皇去世,此后不久乃木希典大将即切腹自裁以殉天皇。罗庄《海东杂记》云:

> 居东二年,最令人惊心动魄者,为乃木大将希典殉明治天皇一事。……盖其时有权奸秉政,如吾国袁氏者,其心叵测,恐嗣君为所诱惑而动摇国本,故效古人尸谏。……伯父、王姻丈及家大人皆叹仰不置。①

"伯父"即罗振玉,"王姻丈"即王国维,"家大人"即罗振常。乃木希典身殉之事暂且略去,由此一节文字可知,王国维、罗振玉等人在日本即视袁世凯为权奸。王国维居东诗歌,凡涉易代之篇中,其批评锋芒也都或明或暗指向袁世凯。而且由罗庄此文可知,此并非王国维一人之见,而是当时客寓京都的罗振玉、罗振常等人共同的看法,不过形诸诗篇最有影响的是王国维而已。而在《隆裕皇太后挽歌辞九十韵》中,王国维更直接指出,清廷最致命的错误就是辛亥以后,"庙谟先立帅,廷议尽推袁",使得袁世凯权倾一时。但正是这个清廷的代表胁迫清帝退位,稍后更摇身一变成为民国的总统,历史在一个人手中竟然如此翻云覆雨。这就是所用非人、权力高悬以至于失控的一种典范。

王国维在《颐和园词》中隐约所说的百官冢宰、新朝主,在铃木虎雄

---

① 罗庄著,徐德明、吴琦幸整理《初日楼稿》(上海:上海辞书出版社,2013)卷三,第52页。

的赋中就直接变成了"冢宰袁某",而在《隆裕皇太后挽歌辞九十韵》中,王国维也直接点出了"袁"。《颐和园词》中的"虎鼠龙鱼",也即是《哀清赋》中的"社鼠城狐"。可以说,铃木虎雄与王国维的批评矛头都是主要针对着袁世凯的,《哀清赋》自然是如此,而《隆裕皇太后挽歌辞九十韵》在诗歌的后半部更是以袁世凯与隆裕为双线。合观王国维《颐和园词》、《隆裕皇太后挽歌辞九十韵》,其对清朝覆没的悲悼之情,对袁世凯的针锋意义,对清亡后皇室的张皇处境以及对国家社会之凌乱局面的忧思,虽是点染在诗中,但也可见王国维对此思考的大体格局。王国维可能也觉得这样零碎而分散的议论缺乏力量,所以才拟以《东征赋》一篇畅说其旨,而在意外读到铃木虎雄《哀清赋》之后,因铃木虎雄的思路、格局和判断与自己的想法正大体而合,他便觉得再勉力撰《东征赋》,留给自己的思考空间就很有限了。

值得注意的是:铃木虎雄何以对晚清历史如此熟悉,何以能有如此精准的责任判断?当然不排除他此前就对此有一定的了解、体会和思考。但事实上是,铃木虎雄在京都与王国维本来就过从甚密,他既曾多次造访王国维、罗振玉等,又与王国维多有诗歌和学术、文献交流。[①] 简而言之,铃木虎雄乃是王国维寓居京都时期往来密切者,他从王国维、罗振玉等人处获知清末史事以及他们对清朝灭亡的淋漓悲情和相关议论、判断,也是十分自然的。这大概也是铃木虎雄能道王国维心中所欲言而未及在《颐和园词》中所尽言者的原因所在了。

三、《送狩野博士直喜游欧洲》与《蜀道难》: 若隐若现的哀清主题

《壬子三诗》虽然粗略编成,但何以既不似罗振玉手写《颐和园词》印本传诸友朋,又不似后来《壬癸集》印行问世,而只是以一种稿本的形式

[①] 参见1912至1913年间王国维致铃木虎雄信,房鑫亮编校《王国维书信日记》,第53—60页。

藏于书箧？原因除了一时之作固不限此三首外,即就哀清主题而论,《颐和园词》与次年初撰的《隆裕皇太后挽歌辞九十韵》可以彼此绾合无碍,彼此衬合,而一首《送狩野博士直喜游欧洲》则其实与哀清主题在若隐若现之间,确乎与此稍有未谐。

　　狩野直喜在明治三十四年(1901)前后在中国留学,其友人藤田丰八时在东文学社任教,狩野直喜从藤田那里知晓了王国维的名字并听闻其不凡的天赋,但缘悭一面。一直到明治四十三年(1910),狩野直喜与内藤虎次郎等到清学部调查敦煌遗书,他与王国维因着罗振玉的关系而结识,据说当时他们交谈的内容是关于元杂剧研究的。① 辛亥革命爆发后,王国维与罗振玉东渡日本,即应狩野直喜等人力邀而去,舟至神户,狩野直喜与东京、京都友好亲来码头迎迓,狩野直喜并为之卜宅于京都。② 王国维居东期间,"卜居爱住春明坊,择邻且近鹿门子",两人在京都寓所相距不远,狩野说王国维在京都"与我常常来往",在此前结识就声气相投之外,也与两家住所相近有关。③ 王国维赠诗也有"夜阑促坐闻君语,使人气结回心胸"之句,略见两人交往之频和相谈之切。譬如关于哲学的话题就曾在他们之间展开。狩野直喜说:"聊天的时候我偶尔提到西洋哲学,王君苦笑说他不懂,总是逃避这个话题。"④王国维赠诗中"我亦半生苦泛滥,异同坚白随所攻"二句似正是对这一话题的回应。如此,从北京初识的相谈甚欢和离别时"巾车相送城南隅"的深情,到京都再聚时择邻卜居、夜阑话旧,再到赠诗狩野西渡并坐待归来。两人交谊之密切和深厚,在异国友人中确实是少见的,这大概也是王国维在诗歌中不仅谈故国,谈两人交谊,也谈对日本的担忧的原因所在。有理由相信,他们"夜阑促坐闻君语",谈论的范围是既广泛也深入的。

---

① 参见狩野直喜《回忆王静安君》,陈平原、王风编《追忆王国维》(增订本),第292—293页。

② 参见罗振玉《狩野君山博士六十寿序》,罗振玉著,罗继祖主编、王同策副主编《罗振玉学术论著集》(上海:上海古籍出版社,2010),第十集,第694页。

③ 参见狩野直喜《回忆王静安君》,陈平原、王风编《追忆王国维》(增订本),第294页。

④ 狩野直喜《回忆王静安君》,陈平原、王风编《追忆王国维》(增订本),第294页。

1912年8月狩野拟往巴黎和伦敦查访敦煌文献,王国维因以诗送之。初以五排作之,因觉不工,遂改作七古。① 诗凡 66 句。前 8 句以自己治学的"苦泛滥"、"随所攻"与狩野之"肸蚃每与沂泗通"相对照,极言狩野与中国儒家思想的相通。最后 18 句兼写日本国"尚功利"、"乏风节"、"困鲁税"、"出燕说"等不良现象,以及为狩野送行之意。或许正因为王国维在日本赋诗而有批评日本之意,所以对于铃木虎雄索此诗,并拟刊登于日本杂志而有犹豫。② 这与铃木虎雄拟荐《颐和园词》刊载于《艺文》杂志,王国维回复"毫无不可"形成了明显的反差。③

中间 40 句,也可分五层:第9—20 句回忆京城初见情形,既写相见之欢愉,也写清末朝政松弛、官员无耻,士风与学术皆趋堕落之形;第21—24 句写当年京城一别后不久即"市朝换",发生了易代之变;第25—32 句写自己在辛亥之后兵戈满眼之中仓皇东渡日本;第 33—40 句写寓居京都后与狩野聚谈之乐以及兴衰之感;第41—48 句则具体写"回首神州剧可哀"之义,这才是与哀清主题相关的一部分,所占篇幅不足全诗的八分之一。录 41—48 句如下:

> 谈深相与话兴衰,回首神州剧可哀。汉土由来贵忠节,至今文谢安在哉。履霜坚冰所由渐,麋鹿早上姑苏台。兴亡原非一姓事,可怜惵惵京与垓。

这是王国维与狩野直喜谈及清亡之事时的感慨,不仅可与《颐和园词》对勘,也可与稍后《隆裕皇太后挽歌辞九十韵》互相参照。王国维直言与狩野直喜"谈深相与话兴衰","忧时君为三太息"。以此而言,狩野直喜在

---

① 参见 1912 年 8 月 17 日王国维致铃木虎雄信,房鑫亮编校《王国维书信日记》,第 55 页。
② 参见 1912 年 10 月 7 日王国维致铃木虎雄信,房鑫亮编校《王国维书信日记》,第 56 页。
③ 参见 1912 年 5 月 9 日王国维致铃木虎雄信,房鑫亮编校《王国维书信日记》,第 54 页。

王国维去世后回忆两人交往说："我从未听到他谈政治。"①应该并不符合事实。②何况狩野直喜曾读过王国维《颐和园词》，并称赞其中"满含燃烧着的忠义之情"，知道王国维对清亡的深沉感叹。③可惜今存狩野直喜致王国维信五通，皆无涉此诗，④而王国维致狩野直喜信仅存两通，皆通函于王国维从日本回国之后。若有京都往返信函存于今，则或可获知他们在诗外的更多探讨。此8句所述，要在三点：第一，王国维感叹古代的忠节传统在清亡后渺无踪影；第二，感叹清亡与内部政权的松弛密切相关，乃有一个逐步衰落的过程；第三，清亡不只是皇室、皇族的沦亡，更重要的是全体国民从此陷于灾难之中。其实这三点，第一、第二点在《颐和园词》中已有简略表述，第二、第三点更是其原拟作的《东征赋》的核心内容。"良医我是九折肱，忧时君为三太息"（《送狩野博士直喜游欧洲》），王国维因为饱阅世事，对自己的政治判断力十分自信。曾经在1910年与狩野直喜一起在北京与王国维结识的小川琢治则说："读王君的遗稿《送日本狩野博士游欧洲》诗中'汉土由来贵忠节，至今文谢安在哉'一联，我才知道早在革命时，他已坚决地选择了一死。"⑤小川琢治未免联系得过于直接，但至少看到了王国维在清亡后满怀的悲凉之意。

从内容的关联性来看，王国维送狩野之诗虽有与《颐和园词》呼应之处，但只是以彼此谈论话题的方式进入诗中，毕竟所占分量不多，而更多的内容其实与王国维、狩野两人的交往经历和彼此谈论的其他话题有关。

"汉土由来贵忠节，至今文谢安在哉"，这是王国维对清亡后没有出现像文天祥、谢枋得一类的节士而深感遗憾甚至屈辱之句。谢枋得宋亡

---

① 狩野直喜《回忆王静安君》，陈平原、王风编《追忆王国维》（增订本），第295页。
② 即便是此后王国维与狩野直喜彼此通函，也时时涉及对政治之看法。参见房鑫亮编校《王国维书信日记》，第674、675页，并参国家图书馆古籍部编《国家图书馆藏王国维往还书信集》（北京：中华书局，2017），第2579—2580页。
③ 狩野直喜《回忆王静安君》，陈平原、王风编《追忆王国维》（增订本），第297页。
④ 参见《国家图书馆藏王国维往还书信集》，第2572—2580页。
⑤ 小川琢治《回忆王静庵君》，陈平原、王风编《追忆王国维》（增订本），第299页。

后矢志为遗民,而文天祥则是为国捐躯的英雄。其实"节士安在"之叹,只是大致言之。在王国维看来,尚书端方在辛亥后率鄂军入川,在资中被部将刘怡凤所杀,或可当清亡之"文天祥"。因为端方是入川被杀,故以《蜀道难》为诗题,乃为端方被杀一周年而作。此诗极言端方的博学多才,也写端方的命运多舛。"铁官将作议纷纶,诏付经营起重臣。又报烽烟昏玉垒,便移旌节上荆门。"端方便是在四川、湖北等地联合反对皇族内阁将铁路收归国有之时,受命出任粤汉、川汉铁路大臣,因川中议论最为汹涌,故端方奉命率湖北新军入川,结果在资中被包围,部下亦叛变,端方与其弟端锦同时被革命党人杀害。端方首级更被砍下携至武昌,"即今蛮邸悬头久,枯骨犹闻老兵守","首在荆南身在蜀,归魂日夜西山麓",王国维对当时革命党人不肯归还端方首级表达了极度不满。

《蜀道难》以端方为中心,述其一生行实,尤其对其被杀深致哀悼,"对案辍食惨不欢,请为君歌《蜀道难》"即是其创作动机。早在1904年8月下旬,王国维主事的《教育世界》第十六期即刊登过"江苏巡抚端午桥中丞"的肖像,此当因缘罗振玉与端方的关系。罗振玉与端方交情匪浅,在辛亥革命前,他们关于敦煌藏卷、藏石文献的交流即是一种常态。今虽仅存一通罗振玉致端方函,而所议者也正关于此。① 王国维写端方,料亦深契罗振玉心衷。端方之被杀,曾引发多方哀悼。柯劭忞《资江》诗云:"资江流不尽,洒泪到资州。已返三军师,犹行万里头。觚棱归梦断,囊鞁赴车收。尚忆留宾日,钟山访旧游。"柯劭忞虽未直接点名咏写对象,但王国维在此诗末注曰:"哀端忠敏。"②盖"已返三军师,犹行万里头"云云正写端方死事也。

如果说《送狩野博士直喜游欧洲》的清亡主题尚在隐约之间的话,《蜀道难》只是以辛亥革命为背景,主要感叹端方个人命运的起伏与悲欢。质言之,此三诗的主题并不尽一致,《颐和园词》以慈禧为中心带出清亡过程,《送狩野博士直喜游欧洲》在叙写王国维与狩野直喜交往的过

---

① 参见萧文立编注《雪堂书信集》乙集(稿本),第25页。
② 参见崔建利校注《柯劭忞诗集校注》(北京:中国社会科学出版社,2017),第144页。

程中，兼及清亡之事，《蜀道难》则在辛亥革命的背景之下聚焦端方个人之命运。则以三诗而合成《壬子三诗》一集，清亡只不过是一个在虚实之间的主题，余下的唯一编集理由可能就在"三首长诗"而已，而此实不足构成编集的充分理由。《壬子三诗》虽经编定而被僻置深藏箧中，原因或许正在这里。

四、从《壬子三诗》附诗看罗振玉、王国维与柯劭忞、沈曾植之关系

值得注意的是，《壬子三诗》小集在三诗之外，还附录了《柯凤笙京卿劭忞岁暮怀人诗四首》《沈乙盦方伯曾植秋怀诗三首柬太夷》，又沈曾植《寄叔言》一首，凡八诗。① 柯劭忞诗所怀四人分别是罗振玉（叔蕴）、王国维（静庵）、刘廷琛（幼云）、郭恩孚（蓉汀）四人，沈曾植的《秋怀诗》三首是写赠郑孝胥（字太夷）的。

王国维何以在自己的诗集之后附录柯劭忞与沈曾植的诗呢？前言"三诗"组合成集，已形松散；再附他人八诗，未免松散更甚。如果再加上此八诗乃是癸丑年（1913）之作，则连"壬子"二字也难副其名。以王国维素来严谨不苟之心性，其中必有值得考索的原因在。

王国维因罗振玉之介而结识柯劭忞，时在1909年。② 今检王国维书信集，仅存1917年12月21日致柯劭忞一札。《国家图书馆藏王国维往还书信集》影印柯劭忞致王国维手札十通，亦是王国维从东瀛回国后在沪、京两地与其所通函，内容多关《新元史》之编刻、请其指导其子、日常宴聚等事，而无关癸丑年寄诗京都之事。③

据后来王国维在柯劭忞《蓼园诗钞》五卷刻本（1925年）此四诗题上

---

① 本文引用《柯凤笙京卿劭忞岁暮怀人诗四首》《沈乙盦方伯曾植秋怀诗三首柬太夷》，又沈曾植《寄叔言》，此八诗皆见王国维《壬子三诗》附录，国家图书馆藏稿本，不再一一出注。

② 参见赵万里《王静安先生年谱》，赵万里著，冀淑英、张志清、刘波主编《赵万里文集·第一卷》，第13页。

③ 参见《国家图书馆藏王国维往还书信集》，第481—497页。

眉批:"凤老前寄初稿,稿略,字句略有异同,又第四首全异,附注诗间。"①王国维的语境比较模糊,如"凤老前寄初稿",受寄者谁？并不清晰。其实这四首诗是寄给罗振玉的,罗振玉又将此四首怀人诗抄赠王国维,今《国家图书馆藏王国维往还书信集》收录罗振玉致王国维信696通,其中第9通即为罗振玉手书此四诗以赠王国维者,②王国维复据此抄写一过附于《壬子三诗》之后。柯劭忞寄赠此四诗的时间,一时难以确考,但大致应在癸丑冬。崔建利《柯劭忞年谱长编》于癸丑年(1913)记云:

> 是年冬,有《岁暮无憀感伤存没作怀人诗四首》,思念时在青岛的刘廷琛、在日本京都的罗振玉和王国维、里居潍县的郭恩孚。③

柯劭忞此四诗的创作时间和寄奉罗振玉的时间,应比较接近。崔建利并在下依次列出分致刘廷琛、罗振玉、王国维、郭恩孚四诗,与罗振玉抄赠王国维的罗振玉、王国维、刘廷琛、郭恩孚的顺序略有不同,而王国维抄录则一依罗振玉之序。不知是柯劭忞寄赠时因为受赠者是罗振玉而改变了顺序,还是罗振玉抄示王国维时做了调整？

罗振玉东渡日本后至少在1912年8月前后,与柯劭忞似乎一时失去了联系,以至于要在致宝熙信中询问柯劭忞的去向。④ 此后不久方得以与柯劭忞通函,且其中有不少往返函件仍是通过宝熙中转者。⑤ 两人

---

① 转引自崔建利校注《柯劭忞诗集校注》,第152页。
② 参见《国家图书馆藏王国维往还书信集》,第2册,第596—597页。案,今仅存诗歌而未附信。
③ 崔建利著《柯劭忞年谱长编》(北京:中华书局,2022)卷六,第171页。
④ 1912年7至9月间罗振玉致宝熙信云:"柯凤老何在？求便询徐梧翁见示为荷。"参见萧文立编注《雪堂书信集》乙集(稿本),第6页。
⑤ 如1913年12月10日罗振玉致宝熙信中即请其转致柯劭忞之信。参见萧文立编注《雪堂书信集》乙集(稿本),第10、17页。柯劭忞也有请宝熙代寄致罗振玉信者。参见萧文立编注《雪堂书信集》乙集(稿本),第15页。

通函的频率并不高,以至于罗振玉在致宝熙信中有"凤老近相见否,久无信来何也"之叹。① 今存柯劭忞致罗振玉信,从1912年末至1913年末,仅得两函,其中并无一字涉及赠诗之事,或其中尚多缺失者。② 值得注意的是:王国维与罗振玉居东时,国内友朋来信,彼此互相传看也是常态。如1913年春,罗振玉收到缪荃孙来札,即将原札转王国维一览并附信云:"缪先生函奉览,竟不知其作何语也。""缪函阅后,求送授公处一看。"③则一信由罗振玉、王国维、董康(字授经)三人先后阅过,故知这一时期王国维寓目罗振玉接函,也是常例。

罗振玉专门抄柯劭忞四诗以奉王国维,既见其郑重之意,也可能有请王国维将其附《壬子三诗》后之意,否则转示柯劭忞来札即可。王国维很可能觉得一集之中,《颐和园词》乃罗振玉抄以付印之原稿,固不必另写一过,而他诗则尚需自己缮写一过,以形规范。再者,罗振玉手写《颐和园词》下笔谨严,颇便读者识读,而此四诗抄本则在行、草之间,料他人辨识为难,故王国维再以楷书抄写一过。

虽然在1904年4月上旬,王国维在其主事的《教育世界》该年第七期"肖象栏"中刊出过"中国历史学家沈子培太守曾植"照片一帧,但那主要是因为罗振玉的关系。1902年初,沈曾植就离沪外任了,王国维与沈曾植当时还只是神交而已。而在癸丑年(1913)之前,王国维依然无缘结识沈曾植。1914年8月2日王国维从京都致信沪上沈曾植,尚以"踪迹暌违,未得一奉几杖"④为憾。这足以说明《壬子三诗》编竣之1912年岁末,王国维与沈曾植尚缘悭一面。1915年二月七日(3月22日),罗振玉致信沈曾植云:"月内王君静安送眷回国,届时当晋谒左右,渠久仰名德,

---

① 参见萧文立编注《雪堂书信集》乙集(稿本),第16页。
② 参见王宇、房学惠《柯劭忞致罗振玉手札廿三通》,载《文献》2001年第1期,第222—223页。
③ 长春市政协文史和学习委员会编,王庆祥、萧文立校注,罗继祖审订《罗振玉王国维往来书信》(北京:东方出版社,2000),第19页。
④ 房鑫亮编校《王国维书信日记》,第61页。

深以得接謦欬为幸,想长者必愿与纵谈也。"① 王国维自己也说:"乙卯春,归国展墓,谒方伯于上海。"② 王国维是 1915 年春从日本回国去海宁扫墓经沪时才第一次拜会沈曾植,这一次会面,王国维向沈曾植请教音韵之学,而沈曾植则赞许王国维"善自命题"。③ 明乎这一背景,则沈曾植当时数诗亦为致罗振玉者无疑。④ 事实上,在 1914 年 8 月 2 日的信中,王国维已然直接说出由其致罗振玉信而获读《秋怀诗》之事。其信云:

> 每从蕴公处得读书疏并及诗翰,读"道穷诗亦尽,愿在世无绝"之句,始知圣贤仙佛,去人不远。⑤

信中"道穷诗亦尽,愿在世无绝",即为沈曾植转赠罗振玉其柬郑孝胥怀人诗之三中的句子。而此二句也同样是近九个月前罗振玉收到沈曾植此转赠诗,"讽咏不下百回"的二句,⑥ 可见当初罗振玉接奉沈曾植此信,与王国维展读含玩、共赏此诗的情形。在王国维致沈曾植的这封信中,除了上引"道穷"二句外,另有两处提及"愿在世无绝"之句:

> 现蕴公次子福苌年未及冠,天资英敏……能继先生志事者,当在此人,此亦先生所云"愿在世无绝"之一事也。
> …………
> 先生……但使闲燕之间,心之所感,随笔书之,自数字、数十字

---

① 参见许全胜整理《罗振玉与沈曾植书函》,《历史文献》第十九辑,第 163 页。
② 王国维《尔雅草木虫鱼鸟兽释例弁言》,《王国维全集》,第五卷,第 125 页。
③ 参见王国维《尔雅草木虫鱼鸟兽释例弁言》,《王国维全集》,第五卷,第 125 页。
④ 罗振玉《海宁王忠悫公传》云:"公居海东……复与海内外学者移书论学,国内则沈乙庵尚书、柯蓼园学士……"参见陈平原、王风编《追忆王国维》(增订本),第 7 页。
⑤ 1914 年 8 月 2 日王国维致沈曾植信,房鑫亮编校《王国维书信日记》,第 61 页。
⑥ 1913 年十月二十一日(11 月 18 日)罗振玉致沈曾植信,参见许全胜整理《罗振玉与沈曾植书函》之十七,《历史文献》第十九辑,第 167 页。

以至数百千字流传世间，当有振发聋盲之效，此亦"愿在世无绝"之一事也。①

如此一信之中，三复诗句，可见王国维对沈曾植之诗的特殊感受，其抄录并附于《壬子三诗》之后，不亦持之有故乎！而在近三个月前的1914年5月5日，王国维已先将此三诗转刊于《盛京时报》上，并在诗前评曰：

> 顷读沈乙庵方伯《秋怀诗》三首，意境深邃而寥廓，虽使山谷、后山为之，亦不是过也。②

在引录沈曾植三诗后，再次对第三诗中"道穷诗亦尽，愿在世无绝"二句表达了极度推崇之意。③ 一诗二句四度引用，略见其别具青睐之意。

"辛亥国变，予避地海东，乙厂尚书书问屡通"④，这是罗振玉追忆寓居日本后与沈曾植往返通函之密。今检许全胜《沈曾植年谱长编》，正录有不少沈、罗往返之手札，可证罗振玉非虚言也。

约而言之，此八诗乃柯劭忞、沈曾植寄赠罗振玉，罗振玉出示王国维，王国维遂合抄柯劭忞、沈曾植二家赠诗附于《壬子三诗》集后，基本过程乃是如此。这意味着，现存罗振玉著述虽然并无只字提及《壬子三诗》，但其实是知悉王国维此编，并支持将柯、沈之诗附录集后的。

1914年，罗振玉《殷虚书契考释》书成，曾手录嘉兴沈曾植《奉怀一律》即《寄叔言》冠简首，并录胶州柯劭忞《岁暮怀人四之一》（老作东瀛客）即赠罗振玉的一首次于后。罗振玉手跋云：

---

① 房鑫亮编校《王国维书信日记》，第61—62页。
② 王国维《东山杂记》卷二，原刊《盛京时报》2014年5月5日，此转引自赵利栋辑校《王国维学术随笔》（北京：社会科学文献出版社，2000），第106页。
③ 参见王国维《东山杂记》卷二，转引自《王国维学术随笔》，第107页。
④ 罗振玉《海日楼绝笔楹联题咏·跋》，转引自许全胜《沈曾植年谱长编》（北京：中华书局，2007），第396页。

> 予性孤冷，少交游，自江湖长往，与世益疏。惟子培方伯、凤苏京卿时时诒书海外，勉共岁寒。去岁知予将考订殷虚遗文，先后赠诗，均及兹事。所以期于予者至厚。此编告成，爰录之简首，以志予之樗散放废，尚能勉力写定者，其得于二老敦勉之力为多也。①

罗振玉与王国维分别序跋《殷虚书契考释》一书在甲寅(1914)冬十二月，则罗振玉跋文中所云"去岁"，乃指癸丑年(1913)。而《壬子三诗》编定则在壬子(1912)冬，以此可知，《壬子三诗》后附柯劭忞、沈曾植八诗乃是后来补入，与《壬子三诗》之"三诗"编定并非同时。据考证，沈曾植将《秋怀诗》三首出示郑孝胥，时在 1913 年九月二十五日(10 月 24 日)，次日，郑孝胥在海日楼以和诗三章示沈曾植。② 1913 年十月中旬(约 11 月 12 日前后)沈曾植致信罗振玉云：

> 近日万念灰冷，病余睡醒，惟以梵笑遮眼……录奉短篇，聊当瘖语。③

信后依次附《奉怀》一章和《秋怀三首柬太夷》，其实沈曾植分赠郑、罗二人之诗，在创作时间上相隔了近二十天，赠郑者前而赠罗者后。1913 年十月二十一日(11 月 18 日)，罗振玉收到沈曾植手札和附诗后复函云：

> 拜读赐章，欢谢不可言状……《秋怀》四章，合山谷、后山为一手，一句一拜倒，至"道亡诗亦尽，愿在世无绝"二句，讽咏不下百回，

---

① 罗振玉手书沈曾植、柯劭忞二诗及跋见罗振玉撰《殷虚书契考释三种》(北京：中华书局，2006)，第 95—96 页。钱仲联校注《沈曾植集校注》(北京：中华书局，2001)上册曾引此跋，但文字略有差异，参见第 707 页。

② 参见中国历史博物馆编，劳祖德整理《郑孝胥日记》(北京：中华书局，1993)，第 3 册，第 1488 页。

③ 许全胜《沈曾植年谱长编》，第 388 页。

恨不得尽观近制，亟付手民也。①

读此信可知，王国维后来在《盛京时报》对沈诗"虽使山谷、后山为之，亦不是过也"之评，实出罗振玉之论。罗振玉"《秋怀》四章"云云，乃是将沈曾植赠郑孝胥三首与赠自己一首并为四章。以此可知，王国维将沈曾植转录予罗振玉之《秋怀诗三首柬太夷》并附赠一首《奉怀》之诗，抄录一过（抄录顺序与沈曾植信中附诗顺序相反），附于《壬子三诗》集后，必在1913年十月下旬（11月下旬）或之后，此时距《壬子三诗》编定的"岁除前十日"即壬子年十二月二十日（1913年1月26日），已相隔十个月之久，正编、附编乃同时编就，而附录与王国维三诗则非编于一时，盖可定也。由此也可知，《壬子三诗》虽然所录有十一首诗歌，但其实以《颐和园词》为正编，以《送狩野博士直喜游欧洲》、《蜀道难》为附编，而以柯劭忞、沈曾植各四诗为附录，实际上有三个层次。

五、《壬子三诗》附录柯劭忞、沈曾植八诗之意旨

何以罗振玉支持王国维将此八诗附于《壬子三诗》之后呢？若同是壬子年所作，尚略有体例可征，而以癸丑之诗附之，则与以"壬子"名集之初衷相乖。兹检所附八诗，其因缘或以其情调、意旨与"三诗"相关，故散附于后，盖以存王国维一人一时之思实关合多人之思者。兹录柯劭忞怀王国维之诗如下：

历历三年事，都归一卷诗。秦庭方指鹿，江渚莫然犀。管邴君无忝，唐虞我已知。文章零落尽，此意不磷缁。

《蓼园诗钞》此四诗总题《岁暮无憀感伤存没作怀人诗四首》，王国维只是约写题目而已。王国维钞本在此诗结尾题"静庵"二字，因知是题赠

---

① 许全胜整理《罗振玉与沈曾植书函》之十七，《历史文献》第十九辑，第167页。

王国维者。此诗在批评现今的民国政府颠倒黑白、无人明辨奸邪的背景下，以历史上操守清凛的东汉管宁、邴原分喻王国维与罗振玉，称赞他们辛亥之后东渡日本清节凛然之意。其怀罗振玉诗也有"衣冠非夙昔，风义自平生"之句，极言罗振玉以风义自守而甘做东瀛之客。而对刘廷琛、郭恩孚辛亥后飘然隐居青岛、潍县也同样表达了敬意。简言之，柯劭忞四诗皆结合辛亥后四人避地之事，略写遗老情怀，其主题可知。可见将柯诗附后，亦有深意存焉。赵万里《王静安先生年谱》亦云：

> 先生又尝评柯凤荪学士《蓼园诗钞》云："义山而后，学杜者惟后山，二千年后乃得蓼园。"推崇可谓备至。又于沈乙盦先生诗，亦必手自钞录，而尤爱诵其《秋怀》及《陶然亭》二诗。无事时，辄讽咏不已。此二老外，其他则少所许可矣。①

此《秋怀》诗即录附《壬子三诗》之后者，可见在王国维生命的最后十五年，至少就诗歌而言，柯劭忞与沈曾植都是其心追神想的人物。但赵万里这里引用王国维评柯劭忞的文字，略有误，原文见王国维跋上海中华书局1924年4月铅印本《蓼园诗钞》五卷：

> 古来学杜得其神髓者，无如义山、后山，一千年后，乃得蓼园。三复此编，当知此言非溢美也。②

赵万里盖耳闻王国维之言，而未及核对此跋，只是略撮其意而已，并误"一千年"为"二千年"，而王国维对柯劭忞诗歌的沉潜赏爱之意，固已明白说出。王国维从日本京都回到上海，与柯劭忞交往亦多。1923年王国维入京后，与柯劭忞联系更为密切。1924年甲子之变，溥仪被逐出紫

---

① 赵万里著，冀淑英、张志清、刘波主编《赵万里文集·第一卷》，第16—17页。
② 北京图书馆善本组辑录《观堂题跋选录（子集部分）》，《文献》1981年第6期，第239页。

禁城,据说罗振玉与时为溥仪南书房行走的王国维、柯劭忞相约投河自尽。① 王国维去世后,陈寅恪诗"南斋侍从欲自沉,北门学士邀同死"②二句即言说此事,其中"北门学士"即指柯劭忞,可见除了诗歌之外,两人在政治态度上亦具有相当的一致性。

柯劭忞、沈曾植二人应是罗振玉与王国维交谈时非常频密的话题,故罗振玉在《殷虚书契考释》一书扉页也专门抄录二人之诗,以鸣谢"二老敦勉之力"。③ 大概是受到罗振玉的影响,王国维对当时诗坛也持"南沈北柯"之说,④可见罗、王观点的一致性。

癸丑(1913)二月,在种种政治势力的逼迫下,隆裕皇太后率溥仪正式宣布退位,民国政府由此获得了政治上和体制上的完全确认。对于遗老来说,对这一易代之变,自然一时难以接受。沈曾植、郑孝胥都是当时沪上遗老的代表,故两人"秋怀"亦深度相似,而沈曾植更深刻了解罗振玉,故将柬郑之诗转录寄罗,亦借以表惺惺相惜之意。王国维总评沈曾植三诗"意境深邃而寥廓"⑤,盖也别有体会者。沈曾植诗其一借秋景起兴,以秋叶之萧条,秋虫之暗哑,秋宵之无力,秋啸之寂寞,来写"天人目共眴,海客珠方沉"之寂寥惊恐和怀才不遇之意;其二以"贵已不如贱,鬼应殊胜人"起笔,暗喻当时乃魑魅魍魉之世道,极言世界颠倒之无序无常;其三从南宋"四灵"说起,大意言漂泊江湖,"道穷诗亦尽,愿在世无绝",二人唯因诗而存乎天地之间耳,此二句为罗振玉剧赏,讽咏不已,盖写出两人孤独之怀耳。合观三诗,要在表现易代之后失序之时势以及萎

---

① 罗振玉《祭王忠悫公文》云:"十月之变,势且殆,因与公及胶州柯蓼园约同死。"陈平原、王风编《追忆王国维》(增订本),第70页。
② 陈寅恪《王观堂先生挽词并序》,《陈寅恪集·诗集》(北京:生活·读书·新知三联书店,2015),第16页。
③ 按,罗振玉从京都寄奉《殷虚书契考释》于沈曾植时,附信并未言及抄录其赠诗之事。参见甲寅十二月二十九日(1915年2月12日)罗振玉致沈曾植信,许全胜《沈曾植年谱长编》,第404页。
④ 王国维著,陈永正笺注《王国维诗词笺注》(上海:上海古籍出版社,2011),第224页。
⑤ 参见王国维《东山杂记》卷二,《王国维学术随笔》,第106页。

靡甚至绝望之心。其对清王朝的追念以及对民国政府的不满乃是情见乎词。王国维评此组诗曰：

> 于第一章，见忧时之深；第二章，虽作鬼语，乃类散仙；至第三章，乃云"道穷诗亦尽，愿在世无绝"，又非孔、孟、释迦一辈人不能道。以山谷、后山目之，犹皮相也。①

"忧时"乃就辛亥革命后国体变革而言，"鬼语"乃笔墨怪诞，从忧思中宕开一路。而"孔、孟、释迦"之语则极言担荷人类灾难之意，这在王国维的语境中类似"无我之境"。试对勘《人间词话》之语云：

> 尼采谓：一切文学，余爱以血书者。后主之词，真所谓"以血书者"也。宋道君皇帝《燕山亭》词亦略似之。然道君不过自道身世之感，后主则俨有释迦、基督担荷人类罪恶之意，其大小故不同也。②

所谓"以血书者"，本于尼采之说："凡一切已经写下的，我只爱其人用其血写下的。用血写：然后你将体会到，血便是精义。"③王国维认为李后主与宋徽宗虽同为亡国之君，但宋徽宗词尚不离乎个人身世之感，而李后主词则如释迦牟尼和基督一样以承担人类罪恶的胸襟看待和承受家国灾难。不离乎自身，乃有我之境；关合众生，乃无我之境。前者小境，而后者大境，王国维的价值高下判断是明确的。这意味着王国维对沈曾植《秋怀诗》第三首的宏阔之境予以极高评价，认为沈曾植之诗道出了一个群体特别是遗老群体的共同声音。

郑孝胥收到沈曾植赠诗后，曾有《答乙盦短歌三章》，情韵略似，而意

---

① 王国维《东山杂记》卷二，《王国维学术随笔》，第107页。
② 彭玉平《人间词话疏证》(北京：中华书局，2014)，第289页。
③ 尼采著，徐梵澄译《苏鲁支语录》(北京：商务印书馆，1992)卷之一，第34页。

趣更为消沉。① 其对世道之不满、悲愤甚至求死之心,较沈曾植诗更为强烈。大要不过鬼世人形,枯寂存世而已。沈曾植寄赠罗振玉诗原名《奉怀》,王国维转录时易为《寄叔言》。录诗如下:

> 二酉山深是首阳,千秋孤索耿心光。十籀郑说文能补,六太殷官府有藏。梦里倘逢师挚告,书成不借广微商。残年识字心犹在,海水天风跂一望。

此诗用典甚多,要在以"二酉山"之典,赞赏罗振玉辛亥后隐居日本京都,沉潜读书,并以其丰富的甲骨收藏考订殷墟遗文,抉发数千年前之文明。盖甲骨卜法,在许多方面"先儒未闻"②,故可资考订以补上古史者甚多。末二句表示期待罗振玉《殷虚书契考释》一书早日撰成,因为沈曾植"固悬知公之疏通知远,足以质鬼神而俟后圣",乃必是中国文化史、文明史"发一殊采"之伟业。③

对照沈曾植赠郑孝胥诗,《寄叔言》一首乃是别开学术一途,主要表达对罗振玉从事甲骨文研究的重视和期待。但毕竟是沈曾植身处易代之变后"万念灰冷"之时,其实这种转而对学术的期待,也未尝不是一种以学术的方式隐居避世。故此诗在情感上虽不如其赠郑孝胥诗那么沉痛,其实是在沉痛之外旁通一曲而已,其关联固自紧密。故王国维以柯、沈之诗与其三诗在情感思想上神韵略似而荟萃一集,亦略表一人之思实关乎一时之思也。

六、余论:从《壬子三诗》到《壬癸集》

《壬子三诗》编定于1913年1月26日,但至今尚未检得王国维当时

---

① 参见郑孝胥《答乙盦短歌三章》,郑孝胥著,黄珅、杨晓波校点《海藏楼诗集(增订本)》(上海:上海古籍出版社,2014),第250页。
② 罗振玉撰《殷虚书契考释三种》,第98页。
③ 参见1913年十月沈曾植致罗振玉信,许全胜《沈曾植年谱长编》,第388页。

或此后有将其付梓的文字。大约在1912年末，罗振玉致王国维信云："便中为录诗稿付装，不拘多少。"①从时间上来考察，此时王国维尚无编辑《壬癸集》之思，故信中语境当是关于《壬子三诗》之事。"付装"云云，也只是简单装订之意，现存国家图书馆的经折装《壬子三诗》当即为罗振玉付装者。因知无论是王国维还是罗振玉，皆无将此集付梓之念。孙敦恒说王国维将此三诗"署名《壬子三诗》印行"②，擅加"印行"二字，未免出语唐突了。陈永正说王国维将《壬子三诗》"散发给诗友"，似也乏证据。③

王国维对《颐和园词》当然是满意的，但这种满意也仅限于对晚清走向衰落直至灭亡的历史轨迹的勾勒，而关于清王朝覆灭的原因及其对社会的影响尚未及系统探讨和表述，所以王国维的"满意"其实是不彻底的。铃木虎雄的《哀清赋》固然在一定程度上弥补了王国维《颐和园词》言未尽的遗憾，但毕竟是异邦他人文字，要完全在思想和情感上与王国维精准契合还是有疑问的。拟想中的《东征赋》固然搁笔已久，以至于王国维庶几淡忘了曾经的创作念想，而隆裕皇太后的突然去世，则再度唤起了其续写《颐和园词》未尽之思的冲动。只是这次既不能勉强以原拟的《颐和园词》续篇《东征赋》为名，也无法以慈禧为中心，诗歌关注的主角自然转移到了隆裕皇太后，这就是完成于1913年2月下旬的《隆裕皇太后挽歌辞九十韵》一诗。④这意味着王国维在《壬子三诗》编定后不到一个月便完成了这篇关于隆裕皇太后的挽歌辞。如此与清亡主题密切相关的诗歌理当与前作汇合一编，但硬性把写隆裕一篇放在《壬子三诗》中显然不合适，毕竟是跨年之制了。将这一篇大制作置于《壬子三诗》之外，王国维料亦心有未安。所以在此诗完成之后，王国维当深感《壬子三诗》的编集未免约束太甚，因而有意扩大诗集编辑范围，将壬子、癸丑两年诗合编一集。1913年2月24日，王国维致信缪荃孙就提及

---

① 萧文立编注《罗雪堂书信集》（未刊稿），第5页。
② 孙敦恒《王国维年谱新编》（北京：中国文史出版社，1991），第40页。
③ 参见王国维著、陈永正笺注《王国维诗词笺注》，第144页。
④ 房鑫亮编校《王国维书信日记》，第46页。

"拟将至东以后诗编成一卷付之排印"之事。① 此一卷之诗即后来之《壬癸集》。② 1913年6月27日,王国维致信铃木虎雄已明确告知《壬癸集》"次月上旬可以装成"。③ 如此,编成《壬子三诗》与起意编辑《壬癸集》之间,相距不足一月。这多少说明以三首长诗来合编一集,集虽已编成,但其付梓意义很快就被王国维否定了,而转以《壬癸集》代之。如此《壬子三诗》作为曾经的一时之思便停留在历史层面了。由王国维致铃木虎雄信,可知王国维其实是想把《壬癸集》作为暂时中辍诗歌创作的一个标志,故而将居东之诗悉数收入,不再遴选了。

但如果认为王国维完全搁置《壬子三诗》,也不符合事实。《壬癸集》编成于1913年5月,而印制出版于同年7月上旬。然而在当年11月下旬左右从罗振玉处获睹沈曾植、柯劭忞之诗后,还是将其悉数抄录在《壬子三诗》之后,则这本扩大了收集范围之后的《壬子三诗》,固然已经名不副实,但依然是王国维深自珍惜的历史记忆。他在晚年尚对助教赵万里特地提及此集,就说明王国维对此集确实别有情怀。因为有了《壬癸集》,《壬子三诗》已不再需要出版,也不需要"嘤其鸣矣,求其友声"(《诗经·小雅·伐木》)。对王国维来说,此集只要留存在记忆深处,便已足够。

---

① 房鑫亮编校《王国维书信日记》,第46页。
② 房鑫亮编校《王国维书信日记》,第48页。
③ 房鑫亮编校《王国维书信日记》,第60页。

《桃花扇》西游记

——从《容美纪游》看明清之际西南土司的认同政治与文化经营

胡晓真

一、前言

  中国西南地区有不少地方长期由世袭的土司控制，明清两代的中央政府则逐渐扩张直接统治的权力，亦即所谓改土归流的政策。治权的移转，往往要动用武力。在中央权力扩张的过程中，西南土司的形象在中国的文字纪录里趋向两极，不是忠良，就是叛徒。有些土司被记录为维护帝国的忠臣，例如晚明时期，四川石砫地区的女土司秦良玉协助明军平定流寇，屡建奇功，受到崇祯皇帝封赏，凌烟名彪。另一极端，则有许多起兵反抗皇权的土司，例如万历年间势力强大的播州土司杨应龙起兵反叛，朝廷出动四川、贵州二省联军数十万人，才得平定。许多原由土司统治的地区经历了改土归流的变化，但即使如此，有些土司家族在此之前，早已经以一家一姓统治地方达数百年，甚至比任一朝代都长久。土司统治地区并非与世隔绝，本来就长期与中央政府进行政治协商，也与汉人发生文化交流，因此，进一步探索西南土司的文化策略，实有助于对中国文学上的"文化他者"的讨论。

  本文即由此关怀出发，审视一个湖北山区土司家族的文化经营，探讨他们如何跨越数个世代，与汉人主流的文学、艺术、学术折冲与交融。笔者将重读日记体游记《容美纪游》，追随一个出身江南的文人来到土地区的旅行脚步,透过他的眼睛理解当地,但也同时分析他的视野,并重构明清易代时期这一土司家族之政治与文化认同的复杂性。本文将探讨西南边徼的土司以长期的文化策略,形塑其家族的文艺传统,既与主流文化接笋,又保持自身族群的在地特质。以是,本文的主要论述包括:土司何以刻意强调汉人祖源以示对汉文化权威的尊崇,忠君与遗民意识的表现及意涵,"诗"、"诗集"与"诗会雅集"的关键意义,搬演当代经典剧目的喻意,以及带着"帝国之眼"而来的外来者是否能与当地文化进行真正的交流与共感。本文也希望说明,明清易代时期西南地区汉与非汉的文化接触达到高峰,受到诗文教育的土司借着文艺活动,积极进行文化经营,汉与非汉之间的文化界线亦更形浮动不居。

二、故人桃源——孔尚任戏曲创作伙伴 顾天石及其《容美纪游》

明清旅游文化近年广受学界注意。据巫仁恕对明清文人日记的研究,旅游已经成为日常生活的一部分。多数文人习惯旅程时间短、休闲性的旅游,旅行是一种社交活动,一路上需要相知的旅伴、完善的设备、怡情的娱乐。[①] 另一种相对的旅行形式则是所谓"壮游",旅行者不畏险阻,远赴他方。徐霞客(1587—1641)就是壮游的代表,《徐霞客游记》也成为明代旅行文学的经典之作。徐霞客的游记记录他对各地山川地理的观察研究,也叙述沿途与各方人物的交往。王士性(1547—1598)也是一个著名的例子,他著有《五岳游草》、《广游志》、《广志绎》等书,非常具有学术意义,因此现代学者往往把他的游记视为地理学著作。[②] 本文探讨的《容美纪游》则不同,这个文本既不是休闲玩赏的产物,也不是壮游天下的纪录。这部日记体的清初游记叙述作者受人所托进入当时为土

[①] 巫仁恕、狄雅斯(Imma Di Biase)《游道:明清旅游文化》(台北:三民书局,2010),第54—64,83—96页。

[②] 范宜如《行旅·地志·社会记忆:王士性纪游书写探论》(台北:万卷楼,2011),第30—31页。

司所控制的湖北容美山区的经验。叙事的主体是旅行者与土司的互动,细读文本可知,虽然叙事者是外来的旅人,但其叙事表现了双方互相观察并产生影响的过程,因此,游记本身可说即是一个文化交流的场域。

《容美纪游》的作者顾彩(1650—1718),字天石,江苏无锡人,是一位清初的学者与剧作家。其父顾宸(1606—1674)在晚明时期曾与东林、复社诸人结交。顾彩在康熙年间(1661—1722)应博学鸿词科而入国子监,但仕途并未因此发达。他在1687年到了山东曲阜,受孔子六十七世孙孔毓圻(1657—1723)之邀,在孔府担任西席。经此一因缘,顾彩终身与孔府维持亲密良好的关系。孔毓圻曾为顾彩的《往深斋诗集》(1707)作序,特别提到顾彩游历多方,"一登蹇驴,则风尘万里,一入扁舟,则烟雨经年",而其所著文辞,都以他途经的"水村山店,萧寺旗亭"以及路遇的"渔樵落拓之士"为主题。① 顾彩又曾于康熙二十七年(1688)到扬州,因此结识孔尚任(1648—1718)。其后,顾彩于1692年去到北京,又得以与当时担任户部主事的孔尚任盘桓,参加艺文雅集。在此之前一年,孔尚任购得古乐器"小忽雷",据说是唐朝流传下来的古物,令孔尚任十分着迷。1694年,孔尚任便与精通音律的顾彩合作,创作了《小忽雷》传奇,剧中的小忽雷乐器象征着忠贞的爱情。在《桃花扇本末》中,孔尚任说:

> 前有《小忽雷》传奇一种,皆顾子天石,代予填词。予虽稍谙宫调,恐不谐于歌者之口,及作《桃花扇》时,天石已出都矣。②

这段话说明了孔、顾二人合作的方式,也突显顾彩在音律方面的专长。顾彩不但为《桃花扇》写序,甚至还将之改写为《南桃花扇》。据孔尚任说,《南桃花扇》安排生旦团圆,"以快观者之目"③。孔尚任在1702年辞

---

① 孔毓圻《序》,见顾彩《往深斋诗集》,清康熙四十六年(1707)刊本,收入《无锡文库》(南京:凤凰出版社,2012)第四辑,第1页下(总第139页)。
② 孔尚任《桃花扇本末》,《桃花扇》(北京:人民文学出版社,1986),第5页。
③ 孔尚任《桃花扇本末》,《桃花扇》,第7页。

官回到家乡曲阜后,仍与顾彩有所往来,可见二人的友谊相当长远。

孔、顾的交游以及二人对戏剧的兴趣促成了顾彩的容美之行。在《桃花扇本末》中,孔尚任相当自豪地提到,《桃花扇》竟然有一位远在万山中的爱好者,身份还是当地的"洞主",即土司,而"予友顾天石"还曾经是座上客。孔尚任这么说:

> 楚地之容美,在万山中,阻绝人境,即古桃源也。其洞主田舜年,颇嗜诗书。予友顾天石有刘子骥之愿,竟入洞访之,盘桓数月,甚被崇礼。每宴必命家姬奏《桃花扇》,亦复旖旎可赏,盖不知何人传入。或有鸡林之贾耶?①

听说远在炎徼的土司也崇拜自己的剧作,想必孔尚任私心窃喜,岂能不在《本末》中大书一笔。不过,孔尚任的朋友顾天石为什么远赴湖北山区的容美?西南地区的土司欣赏传奇剧作,真的这么难得吗?我们必须先了解容美土司是怎么回事。

三、土司乎?忠臣乎?——容美土司家族的文艺追求与忠贞话语

康熙四十二年(1703)冬,顾彩来到湖北的枝江县(在宜昌附近)。枝江在地理上是汉族与非汉族居地的交会点,也是外界与容美土司接触的入口。通过枝江县令孔毓基的引介,顾彩得以结交当时的容美土司田舜年。这位田舜年即是孔尚任提到的那位热爱《桃花扇》的土司。

容美又称柘溪、容米或容阳,在现今的湖北省的鹤峰、五峰、长阳一带,西接四川,南面是云贵高原。② 雍正皇帝曾说,西南诸土司,唯容美

---

① 孔尚任《桃花扇本末》,《桃花扇》,第6页。
② 李金花《士人与土司:从清代游记〈容美纪游〉看人类学的他者观》(北京:中央民族大学学位论文,2011)。

最为富强。① 依照当代中国的民族分类，这一地区大部分人口是土家族，不过，清初时期还没有这样的分类。根据《田氏世家》，田氏家族的先祖为汉人，自唐代即开始统治容美。② 追溯祖先为汉人，这是许多土司家族用以提升地位的策略。例如，明代播州土司杨铿（十四世纪在世）称先祖杨端为太原人，曾自愿领兵协助唐王朝征伐南诏，平定西南。为了强化其家谱的权威性，杨铿礼聘明初大儒宋濂（1310—1381）撰写《杨氏家传》，追溯先祖为太原杨端。明代贵州水西土司安贵荣（十五世纪在世）虽然并未追溯汉人祖先，但也聘请周洪谟（1420—1492）撰写《安氏家传》。③这些祖源故事都可视为帝国边缘非汉民族常见的"英雄祖先叙事"。④

田氏家族显然也想追随上述周边土司的例子。田氏的《族谱》与《世家》都是在明清易代期间，由避难于容美的明遗民所编撰。明遗民严守升（十七世纪在世）为田氏编撰《世家》时，虽然有文献可考，仍须依赖土司提供信息，最后则追溯田氏祖先至唐代田行皋（九世纪在世）。田行皋又被认为是唐宪宗时代魏博节度使田弘正（764—821）的后代。然而，这些说法并没有确切的证据。诚然，选择田弘正是相当有策略性的，这个人物堪称有名有姓，但说不上名标青史。历史上的田弘正在忠臣之列，因此，这一族谱可以暗示田氏土司对中央王朝的忠诚。⑤

---

① 西南土司最强盛者有湖广之田氏、彭氏，四川之谢氏、向氏、冉氏，广西之岑氏、韦氏，贵州之安氏、杨氏，以及云南之刀氏、思氏。田氏土司名列其中。参见《清史稿·列传·土司》。

② 见严守升编《田氏世家》，载于《容美土司史料汇编》编辑组编《容美土司史料汇编》（鹤峰：鹤峰县史志办公室等，1984），第 83 页。目前仅存 1930 年抄本，现为田氏后人保管。亦可参见田树声《田氏受姓源流考》，见《田氏族谱》，载《容美土司史料汇编》，第 391—393 页。该文署于光绪五年（1879），不过，《田氏族谱》则编于 1930 年。

③ 胡晓真《万历平播之役与战争书写的话语竞逐》，载《文学遗产》2020 年第 1 期，第 127—143 页。

④ 王明珂《英雄祖先与弟兄民族：根基历史的文本与情境》（台北：允晨出版文化公司，2006）。

⑤ 田氏土司自述祖先可能为忠于王朝的一种暗示，乃是李丹婕教授与我之私人通信中提到的说法（2017 年 9 月 6 日）。她同时推测，田氏土司，尤其是推动《族谱》、《世家》编纂工作的田舜年，可能是自觉性地复制田弘正的政策，例如支助文人。

明清易代期间,容美土司被迫在几个不同的政治势力间转换归附对象。当时,好几个势力在容美地区争胜。明末时,明军在此与张献忠(1606—1647)、李自成(1606—1645)的势力对抗。明亡后,南明则与"流寇"的余部合流,对抗清军。之后,在清初三藩之乱期间,吴三桂(1608—1678)又在此与清军抗争。① 这段时期,容美土司不论实际意愿如何,都无可避免地卷入其中。明亡之时,当时的土司田玄(1590—1646)保护明遗民如文安之(1592—1659)、严守升之辈,并经常与之唱和,表达对明朝的忠荩之忱。尽管如此,田玄的继任者田既霖(十七世纪在世)接受兄弟田甘霖(1612—1675)的建议,在顺治十二年(1655)降清,接受宣慰使之封。田既霖死后,还被清朝加赠太子太保。② 当然,顺治皇帝绝对有理由怀柔容美土司。自清军入关后,"流寇"余部称为夔东十三家者,仍坚持抗清。他们活跃于四川、湖北、陕西、河南等地,往往与明遗民合作,而容美保护下的文安之正在其中。清朝若得到容美土司归附,自然有莫大帮助。其实,虽然田既霖接受清朝宣慰使之封,他的继任者田甘霖仍与夔东十三家有所瓜葛。田甘霖究竟是自愿与夔东十三家合作,或者如他后来所声称,乃是兵力不足才被迫从贼,已经很难厘清。不过,待康熙即位,夔东十三家很快地在1664年之前就被扫平,而田甘霖也立刻重新归附清朝。当吴三桂叛清,田甘霖又接受了"容美路都统使承恩伯"的封赠,是否出于自愿,仍难辨清。吴三桂于康熙十七年(1678)死亡,次年,田甘霖的儿子,即田舜年(1639—1706),上缴吴三桂所赠的印信,以求与朝廷重建关系。1681年,田舜年上《披陈忠赤疏》,力陈归附之意,终于赢得康熙圣心,次年,田舜年获康熙封为宣慰使,这已是最高的土司职位了。③ 如上所述,在明清易代的数十年间,容美土司尽忠的对象一路从大明、南明、夔东十三家、大清、吴三桂,最后又转到大清。容美的政治抉择,是否只是出于现实的考虑,亦即依附军事实力

---

① 祝光强、向国平《容美土司概观》(武汉:湖北人民出版社,2006),第53页。
② 《容美土司史料汇编》,第355页。
③ 《容美土司史料汇编》,第18页。

最强的一方呢？又或者，所谓"忠"的意识真的有一席之地？更复杂的问题是，"忠"对土司有何意义，土司又如何形成"忠"的论述呢？

明代的边疆政策是在西南非汉地区推行儒家教化，土司子弟必须进学，才有继承的资格。好几代的田氏土司都受过儒家教育，有些甚至还享有文名，编辑个人诗文集。文安之来附后，不但经常与土司田玄及其子侄辈唱和，还评论他们的作品。待得田玄的孙子田舜年在康熙年间继位，更雄心勃勃地将家族的诗文集合编为《田氏一家言》，汇整了从明代嘉靖时期到清代康熙年间田氏五代九位诗人的作品。严守升协助田舜年完成此一工作，并撰写两篇序文，以及提供评论。《田氏一家言》收录了数百首作品，而且每一本诗集都能展现作者个人特有的文学才能与写作风格，所以，就算文安之、严守升或其他受保护的文人曾帮忙修润作品，他们也不可能凭空为整个田氏家族创造一个文学传统。[①] 田氏土司如此努力学诗，正是因为诗才是中国文人儒士必备的能力，所以，编纂《田氏一家言》也就是要表现田氏土司的文化修养。诚然，就如同文安之与严守升的评论，持续两百年的汉文文艺（以及学问）追求可以说象征了田氏土司对汉人/儒家主流文化的主动归附（self-assimilation），不过，以下我将说明，他们的文化经营不能只理解为自我主动归附，我们更必须留意其过程中的变化与潜意。

历代田氏土司诗作的主题相当广泛，但相关于其民族特色的却很少，因此并未清楚表现与汉族文人作品的差异性。儒家重要的德目"忠"倒是一个突出的主题。尤其在明末清初，田氏土司写了不少表达思明之情的作品。例如，在崇祯皇帝自杀的消息传到容美后，田玄的情绪很是激动。在甲申（1644）年末除夕，他作了共十首的《甲申除夕感怀诗》组诗，在诗前的《序》里，田玄如此说：

---

① 《田氏一家言》并无全本传世，其中部分诗文已佚。即使如此，留存的诗作也超过五百首。笔者引述的来源有两种，其一是陈湘锋、赵平略评注《〈田氏一家言〉诗评注》（北京：中央民族大学出版社，1999），其二是《容美土司史料汇编》。

> 岁运趋于维新,老人每多怀旧。余受先帝宠锡,实为边臣奇遘。赤眉为虐,朱芾多惭,悲感前事,呜咽成诗,以示儿子霈霖、既霖、甘霖辈,各宣欲言,遂相率步韵,命曰《笠浦合集》,各十章,章八句。①

这时距离崇祯自杀,北京陷落,还不满一年。在此序中,田玄将追忆旧事的感情与对新时代的认知对立起来,除夕不只昭示一年的结束,也是一个朝代的完结。他强调曾蒙受崇祯帝之恩遇,也就等于把自身这个西南边徼的土司,塑造为一个有尽忠义务的遗民。他又把儿子们全部纳入这个忠臣家族,要求他们写诗表达遗民式的忠贞情怀。将这些作品合编为一集更具有高度象征性——遗民情怀为此家族所共有,是这个家族的道德标签。

由田玄的诗来看,他确实有运用典故、操作技巧的能力。以《甲申除夕感怀诗》组诗的第一首为例:

> 飞光悲腊尽,一夕尚今年。坐叹龙髯杳,谁攀义鬐还。旧恩难遽释,孤愤岂独悬。纵说青阳好,笙歌辍市廛。②

这首诗的诗意相当显豁,多用典故但少有藏锋,不过,仍称得上是一首合格的诗,而且非常合乎一个"老人"追忆的腔调。类似的遗民情怀弥漫于整组诗作,形成统一的诗人声音:一再强调新与旧的对立,缅怀如飞逝去的王朝过往光辉。田玄儿子们的和诗,所表现的态度则不尽相同。例如,长子田霈霖有这样的句子:"但得亲尝健,长缨自许身。"③宣示的是以身报国的意志。而田甘霖则批判朝中无用的大臣,他的第六首和诗这

---

① 田玄《甲申除夕感怀诗十首.序》,载于《容美土司史料汇编》,第137页。亦可参见陈湘锋、赵平略评注《〈田氏一家言〉诗评注》,第206页。

② 田玄《甲申除夕感怀》第一首,载于《容美土司史料汇编》,第137页。亦可参见陈湘锋、赵平略评注《〈田氏一家言〉诗评注》,第206页。

③ 田霈霖《甲申除夕夜感怀和家大人韵》第八首,载于《容美土司史料汇编》,第141页。亦可参见陈湘锋、赵平略评注《〈田氏一家言〉诗评注》,第264页。

么说：

> 谁酿年来祸，举朝亟失时。人人皆狡兔，著著是卑棋。朱绂虚邀宠，黄巾竟莫支。近来嫌尔辈，只自选娥眉。①

与其父田玄的诗相比，儿子们的作品词句较为直白，也少用典故，但仍显示他们受过相当的教育，足以写诗表达情志。

我们大可不必自作聪明，怀疑土司家族忠于大明是否真情实意。毕竟，田氏土司确实将忠心付诸行动，保护并支持着如文安之等诸多明遗民。田氏父子留下了不少与避难于容美的文安之唱和的作品，这些诗作也一再展示他们忠于大明之意。例如，田玄有《送文铁庵先生往施州》一诗，诗中写道："亡国音同哽，无家路倍歧。……愁听望帝血，空感岘山碑。"②田玄惯于使用典故，此诗亦然如此，这里就接连使用了杜宇与羊祜之典，可说表达的尽是镇守一方的长官对南明情势的忧愤啼血之心。在田甘霖的个人诗集《敬简堂诗集》中，至少有四首诗与文安之有关。这四首诗都是抚今追昔，一方面回忆当年文安之避居容美而与田氏家族往还的时光，一方面感叹他们襄助南明收复大明江山的梦想早已消亡。③对田氏家族而言，尽忠大明是一种已然内化的价值，忠贞的话语则是他们再熟悉不过的文学语言。

然而，田甘霖仍然为他的哥哥田既霖做了归附大清的决定。这可说是理性思考后的结果。不过，就算容美已经投靠清朝，土司却仍暗中支持文安之，并与抗清的夔东十三家暗通款曲。因此，当南明与夔东十三

---

① 田甘霖《甲申除夕夜感怀和家大人韵》第六首，载于《容美土司史料汇编》，第145页。亦可参见陈湘锋、赵平略评注《〈田氏一家言〉诗评注》，第286页。
② 田玄《送文铁庵先生往施州》，载于《容美土司史料汇编》，第146页。亦可参见陈湘锋、赵平略评注《〈田氏一家言〉诗评注》，第212—213页。
③ 田甘霖《过文铁庵先生旧寓署地有怀》、《松山怀文铁庵先生长律》、《哭文相国先生时困巴东作》、《感怀文铁庵先生》，载于《容美土司史料汇编》，第163、167、198、167—168页。亦可参见陈湘锋、赵平略评注《〈田氏一家言〉诗评注》，第289、375、369、376页。

家相继覆亡后,田甘霖的处境自然极为困窘。

康熙元年,田甘霖上书请求康熙帝赐封宣慰。在此疏文中,田甘霖强调自己本是西南地方最早归附大清的土司,因此才遭到夔东十三家的刘体纯(?—1664)扣留四年之久。田甘霖以一种既逢迎讨好,又不无威胁的语气,恳求皇帝的赏赐。① 而当他的儿子田舜年世袭其位,也便仿效其父的策略与地方及中央政府周旋,他先将吴三桂赐给田甘霖的印信上缴,然后上书康熙,要求册封。父子两代的疏文显示土司非常了解如何操作忠贞的话语以维护自身的地位与利益。然而,忠贞始终是个复杂的问题。田舜年固然致力于追随华夏文化典范,但容美土司强大的势力仍不免引起政府的猜忌。湖广总督石文晟参奏田舜年"私造宫殿,暴虐奸淫",田舜年赴武昌申诉时被拘获,随后于康熙四十五年(1706)死于狱中,距顾彩访问容美,不过数年。田舜年的儿子田旻如(?—1733)接着统治容美二十余年,最后仍不免被湖广总督迈柱参劾"奸邪不法"的命运。他效法祖先的做法,数度上书力陈忠荩,但已无法挽回朝廷心意,遂于雍正十一年(1733)于万全洞自缢。容美于雍正十三年(1735)正式改土归流,容美领地分设鹤峰州与长乐县。②

在田舜年统治容美期间,他力求扩大父祖辈的文化宏图,不只接待汉族文士,更组织文艺活动,累积藏书,编辑家族诗文集,乃至培养戏曲家班,等等。其中,戏曲一方面在传统上属于小道,另一方面,自晚明以来,戏曲亦可谓文人文化的极致凝聚。田舜年在这方面曾有突出的表现,那便是《桃花扇》的搬演。

四、相逢文人土司于桃花源

顾彩访问容美时,田舜年受清廷封赠为宣慰使已二十年。顾彩将旅

---

① 参见田甘霖《倡义奏疏》,载于《容美土司史料汇编》,第4—6页。
② 参见吉钟颖修《(道光)鹤峰州志》、郑敦祜续修《(光绪)长乐县志》。

途见闻写成日记体的《容美纪游》①,根据书中记载,他于康熙四十三年(1704)二月四日由湖北的枝江县出发,游历容美土司数月,于同年六月二十五日返回枝江。顾彩不但逐日记载,且清楚注明日期,故读者可透过叙事的筛选或强调,追踪作者希望我们看到的旅程细节。游记的主体虽是叙事,但顾彩又将自己创作的相关诗作附于每日的叙事之后,令叙事与诗作交互参照,成为这部游记的体例。

顾彩并非空手来到枝江。之前孔尚任收到了田舜年派人奉呈的赠诗,得知他近期的戏曲作品《桃花扇》备受田舜年的称美。因此,孔尚任将自己的和诗托付于顾彩带到容美。枝江县令孔毓基知道田舜年乐于接待文人学者,便劝说顾彩亲自进入容美,体验当地的自然与人文。由于外人很难私自进入土司地区,顾彩便于康熙四十二年(1703)十二月二十六日,致书容美土司,并附上《枝江寄赠田九峰使君》诗二首。诗曰:

> 天险山河带砺新,此中蹇蹇有王臣。地非绵谷难通汉,路入桃源好避秦。千载雍熙如太古,四时和煦尽阳春。只应跨鹤迟仙驭,倘许渔郎再问津。②

> 忆昔曾同蒋诩游,为言名胜足淹留。华筵每度霓裳曲,贵客皆披集翠裘。博望几经通绝塞,谪仙虚拟视荆州。使君尚念嘤鸣谊,许坐

---

① 《容美纪游》最早收录于道光年间郑光祖编辑的《舟车所至》,后亦收录于光绪年间王锡祺所编的《小方壶斋舆地丛钞》。1930年代,湖北方志局派王葆心、甘鹏云二人赴北平图书馆抄录该书抄本,并收进《南郡丛书》。现代标点与注释版本有数种,包括高润身主笔《容美纪游注释》(天津:天津古籍出版社,1991),吴柏森校注《容美纪游》(武汉:湖北人民出版社,1998),吴柏森校注《容美纪游校注》(与《渚宫旧事译注》合印,武汉:湖北人民出版社,1999),高润身、高敬菊《容美纪游》评注(武汉:湖北人民出版社,2006)。本文引用者为1998年湖北人民出版社版本,但也参照其他版本。

② 顾彩著,吴柏森校注《容美纪游》,第3页。

蓝舆到上头。①

　　这两首诗无疑负有取得田舜年信任的任务，故而其修辞有高度目的性，因此，必须细体顾彩如何设定田舜年对诗作的接受。第一首诗一开头就把田舜年定义为"蹇蹇王臣"，一位刚毅忠诚的臣子。尽忠的对象为何？就表面意思当然是清代当朝天子。然而，顾彩接着将容美模拟于桃花源，看似单纯的美言，但是他又明白点出"避秦"，这一词汇拉出了桃花源暧昧的政治联想。田舜年经历过易代之际容美扮演明遗民庇护者的角色，对他来说，"避秦"显然链接家族的记忆，而容美土司被迫接连转换尽忠对象的历史，也是"蹇蹇王臣"这一标签背后层层的不尽之意。在第二首诗中，顾彩则以"华筵每度霓裳曲"一句牵动容美土司在文化上的追求。"华筵"之所以为"华"，不必因其豪奢富丽，而是"霓裳曲"所代表的文艺成就，而综合各类艺术的戏曲演出，特别是《桃花扇》，可能就是"霓裳曲"一词真正的指向。至于翠裘贵客，固然是一种客套的称美，也引人联想田氏家族数代结交的文人志士。这些表面上看似套语的词汇，若将田氏家族在明清之际的遭际与选择考虑进去，其实都是田、顾二人彼此可以心领神会的密码。

　　收到顾彩寄书后，田舜年立刻启动延客。容美距离枝江仍有数百里之遥，所以他的回信直到次年一月廿七日才送达。我们已看不到原信，但据顾彩的转述，田舜年谦称自己为"边徼武夫"，而尊称顾彩为"华国凤麟"，并派一队侍从护送顾彩前往容美。② 两人来往的书信皆充满外交辞令，因此，顾彩像是扮演一个使节的角色，执行一次外交任务。要知顾彩虽然也有不少游历的经验，但他不是像徐霞客那样涉险的旅行家，之

---

① 《容美纪游》仅录第一首。全诗收录于顾彩诗集《往深斋诗集》，题为《枝江寄赠容美田九峰二首》。第一首的文字略有异文，《容美纪游》作"尽阳春"，《往深斋诗集》作"尽三春"；《容美纪游》作"倘许渔郎"，《往深斋诗集》作"那许渔郎"。见《往深斋诗集》卷六，第24页下（总页238），载于《无锡文库》（南京：凤凰出版社，2012）第四辑。

② 顾彩著，吴柏森校注《容美纪游》，第10页。

前更从来没有到边区旅行的经验。① 若非孔尚任的托付,以及他自己对《桃花扇》在容美演出的好奇,恐怕他未必有此寻访桃花源的雅趣。

李荣村是首位研究顾彩游容美路线的现代学者,根据他的研究,顾彩访问期间多半待在容美的东南部与中部。② 他先到"南府",停留十余日。再到"中府",停留一月有余。接着来到地处较高山区的"平山爵府"。再一个月后,下到中府附近的"细柳城",停留半月左右。顾彩最后拜访之地是半山上的"云来庄"。顾彩在容美访问将近五个月,对自然景观与社会人文都有观察,更亲身参与土司举办的文艺活动,甚至介入土司的治理。

不消说,我们不宜将《容美纪游》的描述单纯视为事实的记录。作为叙事者,顾彩带领读者逐渐步出熟悉的帝国直接统治的州县,在远赴山中土司领地的途中,经历各种新鲜、惊诧与艰危,得以会见土司本人。在体验容美不同于外界的自然与人文后,又回到原来熟悉的汉人之地。虽然游记是日记体,但顾彩为读者构筑的却是一个首尾俱全的完整叙事,其中自有他的视角、逻辑与目的。

虽然这本游记可说处处透露出作者的文化偏见,但顾彩的确有兴趣探索容美社会的各个层面,包括习俗、宗教、法律、建筑、商业活动等。曾有学者认为,顾彩此行的起点其实不是湖北的枝江,而是山东曲阜。曲阜不但是顾彩与孔尚任往来之地,作为孔子故乡,更可视为儒家文化的象征。如果将顾彩之游看成由曲阜出发,朝向容美而行,最终又回到曲阜,那么这实是一次桥接"文明"与"野蛮"的旅程。③ 不过,顺着这个思路,我倒认为在更深的层次上,北京才应该被视为这趟旅程的起点,因为这里是文化与政治的中心,也是《桃花扇》创作出来的地方。

---

① 李金花《士人与土司》,第16页。在诗作《纪游篇》中,顾彩提到他受友人之邀打算一游贵州,但行至武昌,听闻各种艰险,便打消了主意。顾彩《往深斋诗集》,卷一,第1页下—第11页上(总第147—148页)。

② 李荣村《1703顾彩前往容美土司的路线》,载《边政研究所年报》第十八期(1987年10月),第63—105页。

③ 李金花《士人与土司》,第41页。

田氏土司家族的文艺追求有多重效果，包括教育土司子弟，巩固土司统治，推动与汉人文人的交流，同时建构一种土司文艺社群与传承的自我意识。西南地方到了明末时期，与中央王朝的关系比历代都要紧密，土司子弟多进入县学读书，更不用说许多原来由土司统治的地区，已被改为由中央王朝流官直接统治。田舜年是土司嗣子，他便曾到长阳县学读书，只是未能通过科举考试。等到清初他开始统治容美时，田舜年致力于推广儒学，更努力为自己塑造一个学者与文人的形象。这当然是田氏父祖留下的传统，但田舜年更为自觉，也更为坚持。目前可知田舜年的著述有《廿一史纂》、《容阳世述录》、《白鹿堂诗文集》、《许田射猎传奇》等，虽然传世的很少，但从可知的题目来看，倒真还可谓一个多产作者。不但勤于著述，他还热衷于推广自己与整个家族的文学成就。他不但与汉人文人交往，更知道如何利用这种人际关系。除了邀请严守升为田氏编纂家族文集，田舜年也伸出触角，试图与其他文人学者联结，例如，《白鹿堂诗文集》有一位叫作伍鹭的文人所作的序，序中对田舜年的诗作多所称许，还把他比喻为山巅之凤。据伍鹭的说法，他们两姓家族相交数十年，当田舜年在康熙己未年(1679)将诗作带给他看时，他受到很大的震撼。① 一位叫作姚淳焘的进士，在湖南当官，则为《廿一史纂》写序。姚淳焘说，田舜年在康熙戊寅年(1698)不远数百里派人来访，只为了带来这部书的手稿。② 可见田舜年为了求序，可是不辞辛劳的。而严守升在他为田氏家族文集所作的序中，则说田玄与他的三个儿子都是优秀的诗人，但他们的文学成就都还无法与他们的后继者田舜年相比。③ 以上几个例子都显示田舜年持续动用各种人脉资源，以证明自己在文学上有所成就。名人加持有时的确是有效的，例如，虽然《廿一史

---

① 《容美土司史料汇编》，第291—292页。
② 《(道光)鹤峰州志》录姚淳焘序。姚氏指出，康熙戊寅年(1698)，田舜年命其子不远数百里前来，奉呈书稿并求序。见清道光年间吉钟颖修《(道光)鹤峰州志》，载于《中国地方志集成·湖北府县志辑》(南京：江苏古籍出版社，2001)，第45册，第435页。
③ 严守升《田氏一家言叙》，载于《容美土司史料汇编》，第129页。

纂》这部书早已亡佚,但因为姚淳焘的称赞,其价值也就为人称道了。①

顾彩的游记正好让读者一瞥田舜年与文化有关的工作。例如,就儒学正统来说,他修建孔庙,铸造圣人塑像。土司定期召集年轻学子,亲自教导他们礼仪。在祭祀的日子,土司会献上丰富的祭品,不但如此,他还命令工匠制造精美礼器,以表示对圣人的崇礼。② 顾彩是汉族的文人学者,又是孔府友人,他会赞同这种崇儒的文化活动完全在情理之中。值得注意的是,顾彩将田舜年对文化活动的热心,直接联系到血缘的传承。换言之,顾彩选择接受田氏土司汉族祖源的说法,他甚至强调,容美周边有不少小土司也姓田,但远不能与"中朝流寓"的田舜年土司相提并论。③ 这个"中朝流寓"的标签贴得非常有趣。"流寓"的表面意义是任何离开本乡而寄居他乡之人,但若考察边缘地区的方志,便可看出"流寓"经常用以描述与定义那些来自王朝中心地区的士人与其后代,并刻意赋予他们某种遗留不磨的儒雅之气。顾彩正是要暗示即使在王朝地理边缘,他所认知的"文化",亦即儒家礼教与诗文传统,仍属于"中朝流寓"者,是一种血脉的传承。

不过,对田舜年而言,文化是要演出的。例如,写诗固然好,诗会雅集更不可少。顾彩提到,他访问容美期间,田舜年曾在"读书台"举行雅集,④与宾客共赋诗文。⑤ 著名文人顾彩来访,显然使得土司更热衷于组织雅集活动。顾彩详细描写了这些雅集的情况,引录如下:

> 每月初、二十六日为诗会期,风雨无废。在会者余为主盟,次蜀中孝廉高冈,其书记宾也。次荆郡庠生钟南英,伯敬先生之侄。⑥ 其十

---

① 姚淳焘的序收录于吉钟颖修《(道光)鹤峰州志》,编纂者提到,《廿一史纂》列于湖北方志,且"非荒陋无文比也"。《(道光)鹤峰州志》,第472页。
② 顾彩著,吴柏森校注《容美纪游》,第84页。
③ 顾彩著,吴柏森校注《容美纪游》,第2页。
④ 《往深斋诗集》中称此地为"著书堂"。顾彩《往深斋诗集》卷四,第13页下(总第200页)。
⑤ 顾彩著,吴柏森校注《容美纪游》,第42页。
⑥ 伯敬为钟惺(1581—1624)之字。

二郎君举业师也。余到中府次日始从郡城延至开馆,年五十余。其弟送之来,翌日弟别去,大哭而行,以地险不可复到也。次岳郡庠生祝九如,其孙图南业师也。次寄寓土官田宽庵。皆授简分题,尤喜诗牌集字。其子曜如、孙图南、甥覃继祖皆在会,不能诗,课文一首,属吾儿肇祁批阅。① 君成诗最敏,客皆莫及。有浙人皇甫介者,始亦以客进,后所行不端,几为主人所杀,晒如救之得免。今降居臣列,出语鄙诞,常被玩侮如倡优。介畏爆竹,君潜令童子置巨爆于其椅下,骤发之,辄连椅惊倒。亦为诗,诗成,君摘其语为笑柄,介恬然不耻也。晒如虽为司主,以不工诗,斥不得与会,专司酒食而已。其弟曜如年十五,美而好学,见余诗辄抄去读之。会诗略存数题。其集字者不载。②

顾彩的描写包括了一些独特且制造反差效果的细节,而且提供了非常丰富的信息。对田舜年而言,诗会雅集是展示自己文艺成就的大好机会,就连顾彩也承认他"成诗最敏",可见至少作诗的速度不输人。不过,顾彩特别提到田舜年喜欢"诗牌集字",这就不无暧昧了,因为这在明清时期非常流行,却往往被视为琐碎的文字游戏,毕竟难称大雅。顾彩或许借此暗指田舜年的文学品味比较平庸吧,所以他在最后还附加说明,诗牌集字的作品不值得记载,应便是因为这类型作品不能表现诗人的经验与感情。尤其可注意的是,顾彩发现田舜年把是否"能诗",作为判定是否有文化的标准,也就是是否能进入他的"文艺圈"的标准——能写诗的才能参与他的文艺活动,不会写诗的则被排挤在外。即使是已经继承了土司职位的儿子,因为不会作诗,就被差遣去司酒食,等于是"贬"为伺候诗人的侍从了。读了整本《容美纪游》,就会知道田舜年以诗文能力分别内外,不只是雅集的内外,也可以是权力圈的内外。这一点后文将再论及。

---

① 1998年版与1999年版皆作"吾肇祁",但文义不通。2006年版则作"吾儿肇祁"。在《容美纪游》的叙述中,顾彩并未提及儿子。不过,在《往深斋诗集》中,有一首诗题为《九月廿五日金陵遣祁儿归》,可见其子的名字里确实有"祁"字。参见顾彩《往深斋诗集》卷四,第18页上(总第203页)。

② 顾彩著,吴柏森校注《容美纪游》,第75—76页。

这段文字最难解的其实是有关皇甫介的部分。此人之前在游记中已经出现在有关"读书台"雅集的段落,顾彩当时介绍他是"皇甫姓,名介,字丕显,杭州人"①,文字完全中性,不带评价。但是在上引段落中,皇甫介的形象突然变得丑恶起来。读者知道了他曾行为不端(但不知道究竟如何不端),语言粗俗,写诗鄙劣,更糟糕的是还胆小又无耻。回想之前顾彩提到此人来自杭州,那正是一个以文采风流著称的历史名城,那么无论是皇甫介在顾彩笔下的粗鄙不知耻,或是田舜年对他的玩侮,都突然有了新的暗示。边远地带万山丛中的土司,不但公开轻蔑来自文化古都之人士的文艺能力,并且用最恶劣的方式侮辱他,可说是倒转文化权威的一场象征性的表演。不过,顾彩用闹剧的方式描写田舜年之对待皇甫介,则是又反过来将野蛮无文的标签贴在土司的身上。在顾彩的叙述里,田舜年在皇甫介身上制造的笑声,是如此恶趣味的闹剧,与田舜年努力经营的诗会雅集的风雅完全抵触,足以颠覆"文人土司"这个刻意制造的形象。

有关容美土司风俗习惯的文字,表面上客观的描写往往在细微处泄漏顾彩看待他者文化的态度。例如,他这么描写土司安排的宴席:

> 宴客,客西向坐,主人东向坐,皆正席。肴十二簋,樽用纯金。其可笑者,于两席间横一长几,上下各设长凳一条,长二丈。晒如居首,旗鼓(按:土司官名)及诸子婿与内亲之为舍把及狎客之寄居日久者,皆来杂坐,介于宾主之间,若箄篦形。酒饭初至,主宾拱手,众皆垂手起立,候客举箸乃坐。饭毕,一哄先散,无敢久坐者。亦有适从田间来,满胫黄泥,而与于席间,手持金杯者。②

以当时顾彩设想的读者来说,不需解释,也会注意到主客席位的方向与汉人习惯相反。肴馔之丰盛与器皿之贵重,其实暗示着容美土司逾越礼

---

① 顾彩著,吴柏森校注《容美纪游》,第42页。
② 顾彩著,吴柏森校注《容美纪游》,第68页。

制之处,而顾彩并不直接提出批评。倒是在接下来的描写之前,顾彩却先直言其为"可笑"。可笑之点,包括陪客座位横置于主与客之间,摆设日用的长凳而非正式的座椅等等,且陪客"杂坐",可见并没有依照地位、年齿等考虑依序而坐,服装更没有要求,以至于出现满腿田间黄泥未及清理的客人,一样举着华贵的金杯参与宴席。顾彩所欲表现的"可笑",不是乡野的粗鲁,而是十二簋肴馔及纯金酒樽所代表的尊贵,与他心目中的优雅礼数之间的落差。无疑,顾彩在此并不掩饰他将土司本人与土司身边的人都视为文化上的次等之列。这样的宴会场面盛大且尊崇,但远非顾彩认知中的一场正式宴席应该展现的精致修养(我们不妨想象一下他在孔府的见闻),土司主人也不可能像他认识的那些文坛祭酒。即使如此,我们在这段文字中却能读到顾彩颇为轻松愉快。虽然许多地方让他觉得可笑,他并未因此而局促不安或厌恶嫌弃,他的笑声反倒传达了愉悦与温情。顾彩的叙事并未提及土司的态度,例如陪客两脚黄泥匆匆从田间赶到,土司是不以为意,还是显得尴尬?座位的安排有别于中原习俗,土司是否认为有必要解释?换句话说,叙事者并未表现土司是否对自己相对于主流文化的他者性有所认知。不过,座位安排等细节还在其次,令顾彩不能容忍是另外一件事,那就是宴席上的表演,竟然是在主人的背后进行,意味着表演是专给主客观赏的。这样一来,主人自己就看不到表演了。顾彩因此做了他以为合理的建议,没想到对方并不以为美:

> 余至始教令开棹分坐,戏在席间,然反以不便云。①

顾彩在意的是他最熟悉的戏曲演出,也以为他可以提供专业的意见,"教"土司如何欣赏表演。然而,在这里土司的态度就清楚表现出来了——主流指导意见不值得采纳。

结纳中国文士是数代容美土司的传统。明末清初时期,南明人士来到容美,他们与土司结为友人,诗歌唱和,也为土司的文化工作效力,包括为其编辑各种书籍并撰写评论。相对的,土司则为南明人士提供庇

---

① 顾彩著,吴柏森校注《容美纪游》,第69页。

护。田舜年继承土司职位后,更进一步主动接触文人,借此将田氏家族的作品流传到容美以外的文化圈。在明清之际的动荡中,容美土司也必须周旋在各种政治势力之间,他们经常以文字表达思明之情,但无法坚持对明朝效忠,而要适时改变归附的对象。如此看来,当顾彩表达访问的意愿时,一再将容美比喻为桃花源,就可能有其深意了。作为桃花源的容美,不只是与世隔绝的深山美地,更是曾经庇护南明文士的避风港。换言之,在顾彩所寄的诗中,桃花源之喻未必只是场面话,还是一种政治的隐语。在田舜年这方面,他努力将前代土司累积的文化工作彰显出来,为世所知,而当他接待了顾彩,他本人更以桃花源中文艺土司的身份,进入了文人的作品,即使那仍是一个作为文化他者的暧昧的形象。

五、万山丛中的《桃花扇》演出

田舜年与顾彩的交往,以孔尚任的委托为契机,但仍建筑在他们对文学的兴趣之上,尤其是对戏曲的热爱。田舜年接触《桃花扇》后,投书孔尚任以表达仰慕之意,所以当顾彩携带孔尚任的回信而来,田舜年待他如一位使者,甚至是代言人。田舜年能读到并且喜爱《桃花扇》,孔尚任感到十分惊异,但是对田舜年来说,他爱上《桃花扇》乃是自然之事,一如那些《桃花扇》搬演时在台下看戏而满座垂泪的文人观众。

更不能忘记的是,田舜年不只是一个戏曲的欣赏者,他还是一个创作者。由孔尚任的诗《容美土司田舜年遣使投诗赞余〈桃花扇〉传奇依韵却寄》可推测,田舜年投书孔尚任时,可能也同时呈上了自己写的剧本,因为题注中提到田舜年"诗文甚富,亦有传奇数种"。[①] 孔尚任也在诗中

[①] 据孔尚任的说法,田舜年创作了不止一部传奇剧本,目前所知的就有《许田射猎传奇》《古城记》。之前一般以为仅为存目,作品并未流传。不过,近期学者认为,姚燮《今乐考证》提到的《古城》,其实作者就是"容美田九峰",亦即田舜年,笔者以为此说有据。可参张九《从〈容美纪游〉看清康熙时的湘鄂西戏曲》,载于《戏曲研究》第8辑(北京:文化艺术出版社,1983),第273—275页;吴柏森《容美田作〈古城记〉异说》,载于杨建文主编《〈三国演义〉新论》(武汉:华中理工大学出版社,1999),第273—283页。

表达相对的仰慕之意,并且提出"从今水乳神交切"这样的结交诚意。①收到一位大土司的来信,孔尚任当然要礼貌回应,不足为奇,但不可否认传奇戏曲对双方而言有一种心理上联结的效果。我们应当留意,前代的田氏土司与汉人文人的交流仅限于诗词唱和,但田舜年之所以引起孔尚任的注意,主要是因为戏曲。

即使是改土归流多年以后,方志仍记载着"土司女优最工"②。方志并未指出此一说法的来源,但不无可能《容美纪游》就是其中一种。当顾彩描写容美的宣慰司署时,便提到该处地理形势优越,堂舍前方左右有八峰"轩然如凤凰晒翅",厅堂则非常气派,"柱蟠金鳌,榱栋宏丽",而在正厅后方则有曲房深院,一直通向上山的路。在诸楼之间有一戏厅,四面轩窗开阔,可以"一览尽八峰之胜",亦即可以一眼望见前厅门前的山景,可见这一戏厅地势较高。③ 这一戏厅所在的位置、规模与设计,在在显示土司非常重视戏曲演出。除宣慰司署的戏厅以外,在宣慰司行署的平山也有与戏曲相关的设施,例如有"戏房",乃优人教歌之所。④ "平山爵府"本是容美土司境内建筑群中最宏伟的,近期考古则发现,平山爵府的戏台应该是半户外的,其基座正是位在关庙前方的两方巨石。⑤ 而由石头基座的大小看来,这戏台相当有规模,也说明了戏曲演出对田氏土司来说非常重要。

顾彩访问容美期间,除了固定的诗会雅集,看戏也是重要的活动。本来,顾彩之所以来到容美,就是因为孔尚任得知容美土司欣赏《桃花扇》而感到好奇。奇怪的是,虽然游记中描写了戏厅、戏房,却并没有特别写到土司因他到来而演出《桃花扇》的细节。不过,在《往深斋诗集》

---

① 孔尚任《容美土司田舜年遣使投诗赞余〈桃花扇〉传奇依韵却寄》,载于汪蔚林编《孔尚任诗文集》(北京:中华书局,1962),第365页。
② 吉钟颖修《(道光)鹤峰州志》,第468页。
③ 顾彩著,吴柏森校注《容美纪游》,第55—56页。
④ 顾彩著,吴柏森校注《容美纪游》,第100页。
⑤ 近期张斌根据文字记录与考古材料,以图像重构了这个戏台的可能样貌。参见税晓洁《隐匿在深山洞府中的土司王国》,载于《中国国家地理》2018年第9期,第49页。

中，倒是收录了《客容阳席上观女优演孔东塘户部〈桃花扇〉新剧》一诗，证明田舜年的戏班演出了《桃花扇》。这首诗是这么说的：

> 鲁有东塘楚九峰，①词场今代两人龙。宁知一曲桃花扇，正在桃花洞里逢。②

《容美纪游》并未收录这首诗，诗的内容也未描述演出的情况，倒是直接点出了戏曲如何成为孔尚任与田舜年之间的联结点。由诗题可知，顾彩的确在容美观赏了《桃花扇》演出。前两句将田舜年与孔尚任并列，似乎是礼貌性的溢美之词，但其实我们应看到两个重点，其一是孔尚任与田舜年分别代表的地域，以及鲁与楚这两个地方各自的历史文化联想；其二是"词场"一词，由联结二人的因缘脉络来看，词场不是泛指诗文，而是特指传奇的创作。此诗的后两句不但出现《桃花扇》的剧名，且又再次提到桃花源的典故，这就进一步点出顾彩在田舜年与孔尚任二人之间看到了某种深层的联结。

顾彩在诗中使用的"洞"字，可以有数种意思。首先容美一带有好几个据说足以容纳千人的大岩洞，所以顾彩用"洞"字代表容美，可谓有据。其次，字形相近的"峒"字是西南山区苗瑶等族群聚居地的称呼。再者，"洞"也有神仙洞府的联想。对明末清初那些隐遁于此的南明人士来说，容美正是那远隔纷乱世事的福地，而这一层意思也是田氏土司与《桃花扇》真正的联系所在。田舜年排演《桃花扇》，不只是在一位主流文人面前展现自己的文化水平，更是与这文人共同缅怀容美作为南明遗土的往昔时光。

顾彩停留于容美期间，还曾经训练土司的戏班演出他自己的创作《南桃花扇》。关于此事，顾彩有一诗记之，诗中说"唱罢东塘绝妙词，更

---

① 田舜年字九峰。
② 顾彩《往深斋诗集》，卷八，第 28 页上（总第 268 页）。

将巴曲教红儿"①,亦即在《桃花扇》搬演后,他将自己的作品也教给戏班。这也说明,顾彩必然与戏班有密切接触,才能给予指导。我们已在《容美纪游》中看到田舜年将诗会雅集作为一种权力的表演,下面这段文字更显示在顾彩眼中,戏曲也是两代田氏土司之间权力竞争的方式。作为一个戏曲家,顾彩的记载也充满了戏剧性:

> 女优皆十七八好女郎,声色皆佳。初学吴腔,终带楚调。男优皆秦腔,反可听。所谓梆子腔是也。晒如自教一部,乃苏腔,装饰华美,胜于父优。即在全楚,亦称上驷。然秘之不使父知,恐被夺去也。其二女旦,皆薙发男装,带刀侍立如小校,晒如之行眷也。晒如欲觞余,必俟君移于别署之夕,乃出以侑酒。戒下人毋得泄,仍布人侦探,恐父至则匿之。君喜人誉其女优,客之谀者,必盛言晒如女优之劣,以为万不及父。君则曰:"彼字且不识,安责知音?"及观晒如戏,又言太都爷行头潦倒,关目生疏,不如主爷教法之善。晒如辄曰:"老父固强为知音者!"有识已知其父子之不和矣。②

这一段文字可说是声音的政治。《桃花扇》是昆曲,音乐声腔自然表现江南的特色,而昆曲流行全国后,也成为精英文化的剧种。顾彩观察到,田舜年与他已经继位土司的儿子晒如之间,借着比较谁的戏班训练更好,演出更精彩,而进行代表文化与政治权力的竞争。根据顾彩的评价,田舜年的女优天赋优秀,歌声与容貌都出众,但是她们习于湖北本地戏曲,有当地口音,发音不够标准,对擅长音律的顾彩来说这一定是很难忽视的瑕疵。在他看来,反而是那些不刻意学习吴腔的男优,唱曲更为好听。这个比较恐怕也不只是一个美学上的判断,毕竟,训练一个能唱昆腔的戏班,可以说是田氏土司追求文艺成就的一部分。顾彩认为,女优学习吴腔未久(所谓"初学"),乃是后天勉强的模拟,因此缺点不可避免;相反,男优展示的秦腔,虽然也是外地传来,但应是他们平日习惯的声腔,

---

① 顾彩《云来庄观女优演余〈南桃花扇〉新剧》,《往深斋诗集》,卷六,第36页上(总第244页)。

② 顾彩著,吴柏森校注《容美纪游》,第69—70页。

因此即使不似吴腔优雅婉转,却有自然感人的力量。如果延伸来看,那么这也可以说是顾彩对田氏土司文艺追求的整体评价。

顾彩说现任土司田晒如的戏班唱的是苏腔,其实苏腔、吴腔本是一回事,也是所差不远,但由上下文意来看,则不同于田舜年的女优"初学吴腔",晒如的班子似乎是惯于苏腔的。再加上装饰华美的优点,可见在顾彩的评估中,儿子晒如的戏班实胜于田舜年的戏班。不过,顾彩借着两位土司互相批评的话语而创造了戏剧性。晒如的戏班虽然更为专业,但平日用男装的女优为侍卫,其实又充任姬妾,这种混乱应可视为一种权力的滥用。儿子对父亲的防备,父亲对儿子的鄙夷,门下宾客在父子之间两面做人的丑态,一方面制造喜剧效果,一方面暗示着顾彩眼中这土司家族内在的暗潮。尤有甚者,在这致力于自我塑造的土司传承中,文艺追求与所谓"思明"之情交织为容美的文化与政治认同,因此,当田舜年瞧不起儿子的不通诗文,又轻视其在戏曲上的审美能力,那么也可以诠释为这一认同传统即将中断甚至崩溃吧。来到容美的顾彩,欣赏了戏台上演出的勾起南明记忆的《桃花扇》,也见证了戏台下的另一出容美世代变迁的戏码。

六、结语

晚明以至清代康熙年间顾彩到访,容美地区的数代土司致力于自我塑造,建立一个以文化成就为傲的世系传承。虽然田氏追溯的祖源难以证实,但数代土司自觉地吸收儒家文化,修养诗文能力,背后的思考可能非常复杂,并非简单的"向慕"心态可以解释。至少,我们必须考虑土司刻意加强与中央王朝的关系从而巩固自己的统治等意图。诗文在其中扮演重要角色,因为这不但能展现文化修养,也能促进与主流文人的交流,这在明清之际表现得最为明显。南明文士前来寻求保护,容美也建立了可比为集体记忆中的桃花源的联想。南明文士对容美的文化事业也有积极的贡献,他们与土司家族唱和,点评土司的作品,为土司编辑诗文集,也为土司撰写传记。通过与外来文人长期合作,田氏土司试图建构"文人土司"的身份与传统。

南明亡后，田氏土司必须快速调整脚步以配合新的政治环境，不过他们仍继续表达"思明"的遗民情怀，因为明朝象征的正是他们努力经营的文化形象。孔尚任写出《桃花扇》，立刻吸引了当时的容美土司田舜年。这部传奇传达南明覆亡的历史兴亡之感，也暗示了精神上的桃花源作为遗民最后安顿之所。《桃花扇》内涵的桃花源典故正是如此触动了田氏土司家族历史上的思明情绪。

顾彩受邀游历容美，乃是作为一个汉文化的代言人，在更为隐晦的层面上，他的到访还可以引发对已逝的前朝光辉的记忆。顾彩的游记描述了容美各方面的现象，包括景物、社会、习俗等等，但最核心的却仍是那桃花源的隐喻。由顾彩的书写可以看出，容美土司演出《桃花扇》，同时引出了对南明以及对土司家族文化的缅怀。

最后我们不妨从一首清中叶的诗中做些引申。这首诗题为《田九峰宣慰墓》，并非名人之作，但倒是做了一些精要的观照。例如，诗人认知到容美本是从分裂割据中兴起的国中之国，又如，他指出文艺制作最为土司所重。诗曰：

> 往代英雄多奇特，破碎山河自成国。岂知中原割据时，更有余人辟草泽。……田氏累叶雄容美，九峰将军尤铮铮。将军制作藏内府，旧事翻成新曲谱。歌残舞谢空悠悠，深山杜宇春归愁。欲访遗迹故老尽，溪声日夜西向流。①

这首诗写作之时，不仅田舜年已是故人，容美也已改土归流，但是在所谓英雄事业以外，诗人仍旧想要强调土司的"制作"，而能够藏之内府的，不是文物就是文艺作品了，换句话说，就是土司的文化成就。容美土司通过追求文化而塑造自我，这是与外来的汉族文人合作而成的。虽然顾彩

---

① 龚传瑜《田九峰宣慰墓》，载于吉钟颖修《(道光)鹤峰州志》卷十三，第 61 页（总第 263 页）。

在《容美纪游》中透露了"文人土司"不文的一面,但田氏的文化形象塑造得颇为成功,即使改土归流后多年,容美土司仍旧享有擅长文艺的名声。例如《(同治)宜昌府志》就提到:

> 土司多尚武,容美司田世爵颇事诗书,其子孙田圭楚产诸人,皆崇尚风雅。至田舜年,尤善文艺。尝征江汉德黄名流,修《廿一史补遗》,计日自课,某日读某书,阅某史,至某处,用小印章以志之,故其著作皆典赡。①

不同于一般土司之尚武,田氏有数代的诗文传统,到田舜年而集大成——在方志中留下这样的身影,这不正是田氏土司文艺事业最后所追求的开花结果吗?对汉族文人来说,逃离乱世而隐遁于容美的旅程,是一个充满桃花源联想的政治行动。而对容美土司而言,与汉族文人的往还也正像是一次绵延数个世代的文化旅程。桃花源的典故是田氏土司建立文化身份的起点,《桃花扇》西游容美,又让桃花源与容美的联想复活起来,在顾彩的《容美纪游》中留下了鲜活的记录,令我们看到作为文化他者的西南土司的策略与实践,也让我们看到汉人文人接触文化他者时的混杂视线与心态。

---

① 聂光銮修《(同治)宜昌府志》卷十六《杂载》,《中国地方志集成·湖北府县志辑》,第50册,第65页上(总第320页)。

俞樾晚年诗作与过渡时代的文学感知

徐雁平

引言

俞樾(1821—1907)在清代学术史上占有一席之地,这是共识。在学术著述之外,他的诗文创作数量也相当可观,据张燕婴编辑校点的《俞樾诗文集》(7册)统计,俞樾现存的诗有3574首,文有1577篇。① 这种由文学创作和学术著作组成"大体量著述"现象,由俞樾而下到章太炎、鲁迅,组成一个耀眼的系列。三人虽年寿有差别,然以各自全集观之,皆可称为丰赡型著作家。章太炎、鲁迅是近、现代文学史上的重要作家,而俞樾的诗文创作,无论是在较早的陈子展"极简版"《最近三十年中国文学史》,还是在近期郭延礼著"扩充版"《中国近代文学发展史》之中,皆不见其影迹。用通行的"近代文学"观念衡量,或许因俞樾诗文创作中未见突出的文学新思潮涌动,未能着力书写社会重大事件,同时俞樾本人也不在某一文学流派之内,诸如此类,似皆未"达标",故其被文学史家忽略,也属正常。

---

① 张燕婴编辑校点《俞樾诗文集》(北京:人民文学出版社,2022),内有张燕婴辑佚的俞樾诗308首,文257篇。7册诗文统计数据由张燕婴和博士生杨珂提供,杨珂还提供了一些俞樾与图像的线索。

近代文学是中国文学发展长河中特别的一段，我们在河岸上所见往往是表层奔涌的水流，而在表层流之下，还有潜流，潜流还有不同的流速，偶尔也出现不同的流向。俞樾的诗文创作，就汇合在这深广的潜流之中。他的一生基本覆盖了历史上的近代时期，在晚清中国甚至东瀛也颇具影响，他如此丰充的诗文是否有价值？若有价值，如何发现并阐发？我们是否能"放宽"通行的"近代文学史"评判标准进而面向近代文学的潜流寻找新的可能？

《俞樾诗文集》的整理者已经从生命史、心灵史、学术史、思想史以及史料价值等方面揭示俞氏诗文的价值。① 这些路径，还可前行深入。经整体比较，本文选取俞樾情感更易流露的晚年（1880—1907）诗作作为研究对象，探究他在剧变时代有何独特感触，又如何将内心波澜形诸言辞。之所以选择光绪六年庚辰（1880）作为研究起点，是因为俞樾此年已经六十岁，在传统社会中应该算是迈入暮年；此前一年，光绪五年，俞樾妻姚氏去世，他就成为鳏夫。诸如此类的变化，让他产生"向死而生"的心态，有更多关注自我的迹象，情感起落也较此前明显，他也有意详细记录这些感受。以诗作数量的时段分布而言，编年性的《春在堂诗编》共二十三卷，卷九及以后收录他六十岁以后作品，晚年诗作所占篇幅更大。从个人体验、诗作数量以及社会变化等因素来看，俞樾的人生自光绪六年起进入另外一种光景，人生态度和诗风皆发生新变。这一典型个体所体现的新变对于"近代文学"的意义，就是本文探求的主旨。

一、"冗物"、时光的计算与一种写诗方法的意义

长寿也给予俞樾足够多回望过去、体验生命的机会。对人生的回忆与总结，在他晚年诗作中频频出现，光绪三十一年（1905）所作《自笑》就是突出的一首，此诗可与他去世那一年即光绪三十二年所作《临终自

---

① 张燕婴《一部诗文集可能具有的面相（代前言）》，见《俞樾诗文集》，第1册，第1—20页。

喜》《临终自恨》以及其他"告别人世"系列诗并观。相较而言,《自笑》叙述更为客观,"数据性自传"特点更为明显:

> 自笑龙钟一病夫,朝朝扶病强枝梧。书高六尺身相等,(《春在堂全书》装钉一百六十本,积之高六尺许。)寿过八旬命所无。(自来术者为余推命,无言能过八十岁者。)廿五科来词馆绝,(余在词馆已历二十五科,今后无继起者矣。)卅三年后讲堂芜。(余历主江浙讲席,共三十三年,今各书院皆废,惟诂经精舍存,近亦议废。)天留老眼模糊看,看尽云林十万图。①

诗中主体写著述、科名、讲学,皆有数量标示和修饰,渲染自得之余,用"绝"、"芜"暗示大势已去,俞氏崛起时"花落春仍在"式的自信只剩下无可奈何的喟叹。颔联、颈联中的数量搭配,实际上就是略加变化叙写俞樾人生中各种时间段,其中"寿过八旬命所无"自注所谓推命不能过八十岁之说,尤值得注意。俞樾可以安然接受的寿命,在他的《辛巳元旦试笔》中略有透露:"六旬已满复何求,除夕刚过六甲周。(除夕乃癸亥日。)天为衰翁开七秩,岁朝甲子起从头。"②不朽是幻梦,"六旬已满"是基数,既然"已满",则往后的"我"为"冗物",往后的时光为"冗余时光"。谁也无法确定自己寿命的长短,然在这句诗及注释中,俞樾对寿命的期限一直在不安地推算,弥漫的是未卜之感。同时,不时滋生"已满"、"冗物"之感,如光绪五年的诗作中有"转怜我是未归人"③、"徒使人间留冗物"④之句,稍后更写出"杳无消息来泉壤,一任光阴付逝川"⑤。以此情怀来看俞樾六十岁之后诗作,多弥散率真洒脱以及颓唐之意,无论修辞和文字

---

① 《俞樾诗文集》,第2册,第789页。
② 《俞樾诗文集》,第1册,第323页。
③ 俞樾《六月初三日为内子姚夫人生日,手书〈金刚经〉一卷焚寄,附四绝句》,见《俞樾诗文集》,第1册,第314页。
④ 俞樾《病起口占》,《俞樾诗文集》,第1册,第314页。
⑤ 俞樾《除夕述怀》,《俞樾诗文集》,第1册,第323页。

展现的言谈举止,皆少顾忌。

  以新甲子为起点的每一年,俞樾的心神皆有不同程度的悬置感,"我生七十便如此,不信人间有耄期",①是"寿过八旬命所无"的早期版本;"重重往事过如烟,百岁光阴付逝川。一个泥途绛县老,居然七十又三年"一诗中,②"光阴付逝川"的老调又重弹,"绛县老"句自嘲为身陷困境的"冗物","居然"引出"冗余时光"。"冗余"的产生,还因为俞樾看到了逝川以及处在另一端的"泉壤"或不清晰的命数,故其诗感叹"人生天地间"、"与逆旅无异"、"与戏场无异"。③ 在此之外,俞樾更有在光绪七年自制木主、自备棺椁、衣衾、生圹之举。④ 无力抵抗的时间洪流正冲刷人生存活的根基,诗作中的衰老、疾病、死亡,也成为常见主题。身体衰朽的变化,如《自笑》诗中所谓"自笑龙钟一病夫",在诗中留存衰老的过程,这一过程是从身体甚至从齿牙写起,如"齿疏久废剔牙杖",⑤"零落残牙更不牢",⑥"零落辅车犹剩八",⑦"零落残牙满口空",⑧到最后"仅存一齿已堪嗟,并此难留感倍加"。⑨ 人生天地间,寿命数如牙齿般脱落消减,这是俞樾晚年诗作构思中的有生命体验、身体感受的"残酷减法",于是在不可把控的"戏场"内,在无情的"减法"中,"我"变成了"(我)自身生命无能为力的观众"。⑩ 诗思和生活中的"残酷减法",体现在俞樾悼念妻子、儿子、孙女以及师友的诗作中,如写甲辰同年能重赴鹿鸣宴者,在听

---

  ① 俞樾《咏老》,见《俞樾诗文集》,第2册,第450页。
  ② 俞樾《病中成生老病死四绝句》,见《俞樾诗文集》,第2册,第505页。
  ③ 俞樾《人生天地间二首》,见《俞樾诗文集》,第2册,第503页。
  ④ 俞樾《七月十九日命儿辈释服,凄然赋此》,《俞樾诗文集》,第1册,第333页。
  ⑤ 俞樾《咏老》,《俞樾诗文集》,第2册,第450页。
  ⑥ 俞樾《病中厌食荤腥,而零落残牙并菜根不能咬,日以酱炙萝卜食之,戏成一绝》,《俞樾诗文集》,第2册,第468页。
  ⑦ 俞樾《零落残牙存者无几,今又落其一,感赋》,《俞樾诗文集》,第2册,第475页。
  ⑧ 俞樾《晓枕口占》,《俞樾诗文集》,第2册,第575页。
  ⑨ 俞樾《余止存一齿,今又脱落,送之以诗》,《俞樾诗文集》,第2册,第745页。
  ⑩ 吉奥乔·阿甘本著,刘耀辉、尉光吉译《论友爱》(北京:北京大学出版社,2017),第51页。

说江南张丙炎、湖南周乐去世后只有自己在世，不免慨叹："已向湘江叹逝波，（谓周君也。）不图今又失清河。头衔学士犹如故，（君蒙赏翰林侍读学士衔。）齿录同年剩几何。"①诗创作与人生延续，如果一任如此慢性磨蚀、消灭，则弥漫的是全然的伤感与虚无。《自笑》诗的第二句有扭转之意，"朝朝扶病强枝梧"，表明诗人不只是坐等、不是"无能为力的观众"，面对衰老、病痛，以及那必定之死，他并不甘心，从内心到日常，皆试图有所作为，如《辛巳元旦试笔》诗所写"岁朝甲子起从头"，六十岁仍可"起从头"。不管俞樾六十以后某一年的忧乐是多少，他在元旦总有试笔、作诗，一首辞旧迎新且多有鲜活之气的元旦诗，形成略具自家特色的传统。《壬辰元旦口占》云：

> 岁朝妇孺共团栾，八九衰翁强尽欢。未便衣冠都脱略，已于拜起倍艰难。明窗试笔年规在，（余每年元旦书"元旦举笔，百事大吉"八字。）静室焚香日课完。（每日诵《金刚经》一过，元旦不辍。）莫对屠苏悲失岁，夕阳光景暂盘桓。②

元旦是一年"起从头"的起始时间，其中诸如试笔等仪式被赋予丰富的涵义。元旦诗成为俞樾晚年每卷编年诗充满希望的开始，直到光绪三十二年作《丙午元旦》诗，他仍提及用红笺写那吉祥八字；诗中还有"我是山阴陆务观，不知尚醉几春光"之句，③借用陆游八十六岁时的诗句，表示自己对未来充满期望。《丙午元旦》一诗有必要关联它的上一首，这就是《春在堂诗编》卷二十二"乙巳编"的最后一首，乃为纪念已故孙妇彭氏四十生辰诗，其中有"杳无消息黄泉路，别有低徊白首情"之句。作为节点上的元旦诗，可放在上、下两卷交界处阅读，尤其是在俞樾的编年诗系列

---

① 俞樾《甲辰同年今年奏请重宴鹿鸣者，余之外有江南张君丙炎、湖南周君乐，在杭州闻周君亡，有诗悼之，及至苏州，又闻张君亡，未知尚有续奏者否，恐海内止余一人矣，为之蠢然，又赋一律》，《俞樾诗文集》，第2册，第652—653页。
② 《俞樾诗文集》，第2册，第479页。
③ 《俞樾诗文集》，第2册，第805页。

中,上一首或几首形成映衬元旦诗的背景。有此背景或落差,就更能展现俞樾情感的起落和内心世界的混杂,这一变化往往是因为交织的思绪或突如其来的变故所导致。如此上下联系阅读,元旦诗作的意蕴就更加丰盈,或者说元旦诗作所表达的"起从头"新体验得以"重启"。

生活,就是对事的筹划经营,是赋予所做之事以意义。光绪五年、六年杭州俞楼、右台仙馆落成,就宅园而言,可视为俞樾苏州曲园的拓展,也标志其著述事业的新开始。"曲园杂纂又俞楼,百卷书成笔已投。更向林泉专一壑,重凭著述冀千秋。"①在著述、宅园之外,俞樾也愈发看重写诗,如前所言,编年诗集中六十以后诗作占大半,起先有两三年合为一卷者,到后来,每年所写有意独立成卷。② 诗作数量的增加,较长的解说性诗题,频频出现的自作诗注,俞樾晚年诗作的交往功能明显强化,记录性、传记性也随之增强。在记事抒情中,时间及作为时间具体表征的生老病死,是俞樾暮年要面对的主要问题:只有在时间中,才能展开回顾与期望;只有在追寻时间的叙述中,才能暂时缓解压力,安顿心神。俞樾的《春在堂诗编》就是个人传记或生命史,《诗编》这个诗作大系列之外,俞樾有独立的《曲园自述诗》、《补自述诗》、《百哀篇》,形成更为紧凑的"诗传";在《诗编》中还收录规模较《曲园自述诗》稍小的组诗或诗作,如《临平杂诗》、《湖楼山馆杂诗》、《八十自悼》、《西湖杂诗》、《述祖德篇》、《八月十三日先祖南庄府君忌日感赋》,组合成近似专题性的自传;而如《哭彭雪琴尚书一百六十韵》,则以同治八年以来若干时间节点串联叙写两人交往史,也有自传性质。时间可用来编排诗集、串连组诗,也可成为一首诗的内在结构。俞樾光绪二十年作《四月二十二日,亡妇姚夫人忌辰,焚寄》云:"一别悠悠十六年,略将怀抱诉当筵。孙儿十载名难就,孙妇三春病未痊。老我精神非昔日,举家食用倍从前。不如早谢人间去,不管红尘事万千。"③一首诉说型的悼亡诗中,在"忌辰"这一特殊时间中隐含了

---

① 俞樾《筑右台仙馆成,落之以诗》,《俞樾诗文集》,第1册,第317页。
② 俞樾《甲辰元旦》诗有句云:"一年一集频年事,(壬寅、癸卯两年,各得诗一卷。)此例今年倪许援。"见《俞樾诗文集》,第2册,第697页。
③ 《俞樾诗文集》,第2册,第517页。

三人的"时间片段",形成俞樾晚年诗作多次运用的"时间中嵌入时间"表达法。这类诗作多在与生日、忌日等纪念日、节日相关题材中出现,如《戊戌元旦试笔》:

> 高轩一任晓来过,坐对粃盆自放歌。计闰年为八十岁,(三十年积闰月十二,作为一岁,六十年得两岁。余今年七十八,计闰年则八十矣。)连恩榜算廿三科。(余庚戌翰林,自庚戌至戊戌一十七科,加恩科六,故为二十三科。)浮生冉冉行将尽,尘世滔滔奈若何。愿似熙隆全盛日,不嫌薄蚀到羲和。(元旦日食,溯康熙、乾隆间,皆尝有此事。)①

本是一年一度的仪式性元旦试笔诗,俞樾顺势加入年岁的计算,又以"庚戌翰林"这一荣光时刻点染,最后以回望康乾盛时收结,因此元旦一日融入了不同向度的时间,其手法与本节开头所引《自笑》诗近似。一种时间中被嵌入的时间,往往是更为闪光的片断,如《寿孙琴西同年八十》(其四)首联尾联是时间的回顾与展望,颔联是:"世间百岁一弹指,林下三人都白头。(杨性农同年言,庚戌同年中,性农及君与余为岁寒三友。)"②整首诗似被这庚戌年事在"诗中间"照亮。庚戌年事还照耀光绪二十四年所作《礼闱揭晓,孙儿陛云获售,口占一律》,该诗颔联有句"谁料科名利戌年(余庚戌年进士,至今年戊戌,四十九年)";③而光绪三十年《甲辰元旦》颔联"甲辰犹是前乡贡,庚戌真成老状元"也有庚戌年事。④"庚戌进士"事皆被安排在三首诗的颔联内,用通行的律诗起承转合章法说,首联要点题,领起全篇,所谓起,《寿孙琴西》《礼闱》二诗就事兴起,《甲辰元旦》诗对景兴起;所谓承,就是顺承首联意,前二诗用"庚戌进士"事铺陈,带有时间刻度的叙写风格得以延续,后一首则以"庚戌进士"事转换

---

① 《俞樾诗文集》,第 2 册,第 558 页。
② 《俞樾诗文集》,第 2 册,第 502 页。
③ 《俞樾诗文集》,第 2 册,第 563 页。
④ 《俞樾诗文集》,第 2 册,第 697 页。

视角,深化首联旨趣。①

在律诗中,"庚戌进士"成为有活力的构造单元。其实岂止在"诗歌文本"中如此生发,在"人生文本"中"庚戌进士"事亦有动能。现在总被"强势"的过去捕获,当下总被庚戌进士的荣光穿透。从这一角度而言,俞樾晚年的内心世界仍由"花落春仍在"的崛起时代提供精神动力,他的寂寞、病痛以及种种不如意要借助光荣的过去来抚慰,他很多时候生活在追寻逝去时光的缅想之中,不时触角延及康乾盛世。②《丁酉元旦口占》颔联是"风烛已成垂尽势,月宫尚忆乍游初。(余于丁酉中副榜,今又丁酉矣。)"③上述诗作中被再现的时间,有几例写到六十年一轮回,俞樾晚年诗作中还出现数例,如写入县学,"前丙申至后丙申,人事变迁竟如此。六十年来老秀才,抚今思昔不胜哀";④写结婚纪念日,"六十年来一梦如";⑤写诗贺孙锵鸣将赴鹿鸣宴;⑥光绪二十八年壬寅(1902)回忆道光二十二年壬寅(1842)到杭州蔡氏作馆师诸事;⑦光绪三十二年俞樾父忌日,俞樾有"自作孤儿六十年"。⑧ 诸如此类,六十年的轮回对于俞樾而言能触动更多感发,此外,愈往后,愈会有更多的六十年前事涌上心头。如果元旦类节日、纪念日是一个小轮回,六十年则是一个较大的轮

---

① 关于颔联作用,得中国政法大学刘洋博士提示,并提供金人周昂、元人杨载解说颔联功用文字。参王若虚《滹南诗话》卷一,见丁福保《历代诗话续编》(北京:中华书局,2006年第2版),第507页;张健编著《元代诗法校考》(北京:北京大学出版社,2001),第17页。

② 俞樾光绪二十七年二月八日游园,风和日丽,作诗记事,忽发奇想的尾联是"待从一百七龄叟,问讯乾隆景若何"。见《俞樾诗文集》,第2册,第606页。

③ 《俞樾诗文集》,第2册,第545页。丁酉中副榜事,又见《光绪丁酉距道光丁酉余中副榜之岁六十年矣,八月初九日,晨起书此》,《俞樾诗文集》,第2册,第551页。

④ 俞樾《余于道光丙申年入县学,至今光绪丙申六十年矣,道念前尘,怃然有作》,《俞樾诗文集》,第2册,第531页。

⑤ 俞樾《十月初八日志感》,《俞樾诗文集》,第2册,第574页。

⑥ 俞樾《孙蒉田前辈乃道光二十一年辛丑恩科进士,至明年光绪二十七年辛丑,六十年矣,例得重赴恩荣之宴,疆臣先期以闻,诏报可,亦科名盛事也,寄诗贺之》,《俞樾诗文集》,第2册,第594页。

⑦ 俞樾《壬寅元旦》,《俞樾诗文集》,第2册,第631页。

⑧ 俞樾《四月初八日先大夫忌日感赋》,《俞樾诗文集》,第2册,第825页。

回,此外还有属于俞樾各种时段的轮回,俞樾自觉或不自觉地利用这些时段的涵义或者特性创作了一批诗作,也就是说计算时间不经意成为一种写诗方法。俞樾不知不觉地沉浸于轮回中,有在自织的茧房内昏然入睡的倾向。

　　冲出轮回时间可以凭借名山著述,还可寄希望于"延祖德到云昆"的"娇小曾孙",这就是俞氏家族血缘的传递,从孙俞陛云再传到曾孙俞铭衡(俞平伯)。俞樾对于孙、曾孙开蒙上学的时间十分讲求,在诗及诗注中对吉日良辰的选择多有叙写。如此选择,自是期待晚辈有一锦绣前程。俞陛云先有俞琎、俞珉二女,然后才有子"僧宝"(俞平伯),俞樾诗中也流露出如此出生顺序不如人意,然俞家女性多受较好的教育,俞樾对她们也颇为喜爱。俞琎就出现在俞樾的诗中:"携得曾孙随杖履,不嫌娇小发鬖鬖。"①又作送"珉宝"上学诗,《西湖六绝句》也有"携得曾孙同眺望"之句。② 光绪二十八年俞樾用西洋照相术,照小像二,其一为立像,俞樾右扶藤杖,左携曾孙僧宝,并有诗二首记其事。光绪二十九年正月八日立春,"是日甲子,于五行属金,于二十八宿遇奎,是谓甲子金奎,文明之兆也"。此日俞樾安排曾孙俞平伯开卷读书,作诗记事,诗中有"喜逢日吉又辰良,笑挈曾孙上学堂"之句。③ 无论"曾孙随杖履"还是"笑挈曾孙上学堂",其中"杖履携幼"是俞樾创造的人间温暖事象。在这一事象中,鲜明的对比或落差衬托出的是垂老者对新生代的托举,显示俞樾试图以余力冲破年寿的局限与时间轮回的心态。

二、新器物与过渡时代诗人犹疑的内心世界

　　俞樾诗作,若以所及主题区分,写人事多,如所经之事、所见所闻之

---

① 俞樾《西湖杂诗》,《俞樾诗文集》,第2册,第444页。
② 《俞樾诗文集》,第2册,第454页。
③ 俞樾《光绪二十九年正月八日立春,是日甲子,于五行属金,于二十八宿遇奎,是谓甲子金奎,文明之兆也。曾孙僧宝生甫三十七月,然已五岁矣,幸遇良辰,遂命开卷读书,以诗纪事》,《俞樾诗文集》,第2册,第662页。

社会变迁。进一步细分,他更喜欢写人工之物,如书册、古物、楼舍、日常用器、食物,而少有纯粹的吟咏自然山水景物之作,即使是往来风景如画的苏杭,在诸如《西湖杂咏》这类题目中,也是借景抒情叙事。对人工之物的偏重,俞樾固然是受文人学者趣味的影响,更主要的是人工之物蕴涵诸多故事,"自带"种种情感。

以写人工之物而言,《俞樾诗文集》所收录独立成卷的《咏物廿一首》较引人注目,然这一组诗无论题目或体式,皆沿用宋元以来诗歌写作传统,是一种"惯性写作"。就过渡时代所咏之物的新鲜度以及物的亲近性而言,可先浏览俞樾《铭篇》所铭44物,这一物的"清单"也是通往俞樾内心世界的索引。所铭之物,隐约构成俞樾的日常生活世界:春在堂、达斋、艮宧、三不如人斋、书架、书案、书灯、书刀、羊毫笔、兔毫笔、铜笔韬、铜墨盒、砖砚、水注、名字私印、饭碗、茶碗、竹箸、帷帐、枕、皮倚子、镜、梳篦、衣箱、钱楑、管钥、佩囊、唾壶、花插、手炉、蝇拂、折叠扇、葵扇、方竹杖、眼镜、千里镜、自鸣钟、时辰表、鼻烟壶、算盘、玻璃窗、户、自置椑、书冢。俞樾系统梳理身边日用之物,是借物打量自我。所铭之物,必经选择;所铭之辞,"必有微意存焉"。① 物在被使用时,也向诗人敞开了另一世界。在物的清单中,多常见之物,也有显眼或较新奇之物,如眼镜、自鸣钟、时辰表、玻璃窗等,《玻璃窗铭》云:"日月之照临,尔为我受。风雨之交侵,尔为我守。吾以招祥而塞咎。"②西洋之物,安置于中式房舍,并被顺势赋予本土意义。由此回查光绪十八年作《曲园即事》六首,其三有句"玻璃为镜即为门(曲水亭北设小门两,而皆玻璃,阖之则似镜屏然)",玻璃窗在曲园的位置可以确实,这一安装,也改变了俞樾的观赏方式,"为是吾园难纵目,教从镜里看吾园"。③ 诗作写出了玻璃窗如何改观室内光线、功用,如何引导观看,这在铭辞中很难看出。

或是因为铭的文体特征,铭在俞樾笔下,更着重表达寄托、自勉的微

---

① 《俞樾诗文集》,第3册,第1137页。
② 《俞樾诗文集》,第3册,第1149页。
③ 《俞樾诗文集》,第2册,第483页。

意,《玻璃窗铭》如此,《时辰表铭》《自鸣钟铭》亦如此。前者有"待时而动,君子所宪"之语,后者则有语云:"天假之鸣,俾司厥时。时乎时乎不再来,君子闻钟声则思。"①如果说玻璃窗的涵义在铭与诗中互相融合,自鸣钟在俞樾的两种文体中则反差明显,诗中的自鸣钟"敲响"了对另一知识体系的质疑:

> 置自鸣钟数架于案头旁,又置时辰表数枚,以时考之,殆无一同者。始信天行之不能密合,而宪术之不必过求也。唐尧置闰月,以定四时,三年一闰,五年再闰,自不至春为秋、夏为冬矣,小小出入,所不计也。后人精益求精,实无当于**敬授民时之本意**,私见所及,以诗明之
>
> 自鸣钟韵各铿锵,迟速参差总不当。始悟天行难密合,不烦宪述过求详。但将闰月调赢缩,已免农时误燠凉。太息前明徐(光启)李(天经)辈,博征新法到西洋。②

俞樾自置数架自鸣钟及数枚时辰表,对照性作"科学检测",自"始悟"到"太息",出现面对玻璃窗时所未有的摇摆与怀疑,"天行难密合",不必"博征新法到西洋"。然总体衡量,俞樾还是在犹疑中接纳此新器物,不然自鸣钟难入《铭篇》的"清单"之列。俞樾对新器物、新技术的态度比较复杂,如对火轮船、电报,从诗中所写来看,应该是欣然接受。清末内河航运的变化之一就是轮船公司经营的火轮船的迅猛兴起,此物在包括俞樾在内的文人笔下皆有描绘。江南水道上还有以小火轮拖带中式船的中西结合航运方式,俞樾光绪十三年作《三月三日自苏之杭,以小轮船曳之而行》述其事:

> 乘舟安得顺风行,人事居然巧与争。佛法金轮能运转,仙机丹灶不

---

① 《俞樾诗文集》,第3册,第1148页。
② 《俞樾诗文集》,第2册,第771页。

分明。一绳足抵千帆力,半刻能兼竟日程。我是闲游适相肖,飞来飞去片云轻。(舟名飞云,乃假之崧振青中丞者。去岁自苏至沪,亦假此舟。)①

用此方式行游者,还出现在俞樾光绪十六年的《西湖杂诗》中,该诗其一有句云"匆匆两日走飙轮(时借小火轮船名万和者,曳带而行)"。②从苏杭水道、苏沪水道再到西湖观光,俞樾在"飞来飞去"的"飙轮"中并未完全沉浸怡然,其中写到自然与机巧之争,有佛法、丹灶与火轮之分。俞樾对新事物颇好奇,诗中也写出对留声机、胸透技术的惊叹。《咏留声机器》有句云:

乃今有奇制,出自西洋人。竟能留其声,不啻传其神。其下有机器,默运如陶钧。其上有若盘,旋转如风轮。……老夫坐而听,须臾声屡变。……不知谁按歌,竟未与觌面。既非声传风,(西人有德律风,能传言语。)又非报走电。③

在用旧语极力描摹新器运行时,俞樾还能援引自己已接触过的新器物如电话(德律风)、新技术如电报来理解眼前更新之物。然这段极力呈现的新奇感又被嵌入一个本土人物的叙述之中,此诗开头是"明人彭天锡,串戏妙天下。每串一出戏,足值千金价。有客忆梦游,(张岱著《梦忆》一卷。)为之大叹咤"。该诗结尾对此有回应:"颇疑彭天锡,尚于此中潜。虽得闻其声,其人固难见。吾知梦忆翁,于此犹未餍。"④用本土故事溶解或讲解前所未遇的惊奇,隐约呈现出一种言辞表达的彷徨、无奈与妥协,这种"包裹式"的叙述亦出现在写在苏州行医的美国医生柏乐文所用X光胸透一诗中:"龙叔背明立,文挚向明看。看见方寸地,空洞无遮拦。

---

① 《俞樾诗文集》,第2册,第409页。
② 《俞樾诗文集》,第2册,第443页。
③ 《俞樾诗文集》,第2册,第727页。
④ 《俞樾诗文集》,第2册,第726—727页。

(事见《列子》。)后来一公谒华严,使视吾心在何地。忽骑白马过寺门,忽上刹端危欲坠。不知何术能使然,或亦寓言非实际。(一公事见《酉阳杂俎》。)"以下叙写所见脏腑,见"一心俨可掬",最后诗思仍回到《列子》的脉络中,"老夫旧有杜德几,往往惊走郑国巫。柏君柏君听我歌此曲,奇人奇技诚非诬。吾心超然自在普贤地,试问尔镜能窥无?"①戏谑式的收结中,仍有一种怀疑,以能窥"吾心超然"式的疑问将一点质疑从科学引向玄学,而"奇人奇技"其实也是晚清传统读书人对西方器物、技术的特色标识。俞樾写何物,重要;如何写,也重要。写留声机、X 光胸透术的"包裹式"结构,或许还有写玻璃窗、自鸣钟等器物包含的铭辞式微意,以及诗作中的中式超脱或超越,这类文学表现形式已经略具以中化西、中体西用的思想史意义了。

从中式故事"包裹"、以"微意"溶解西方技术,到西式小火轮"曳带"中国舟船,无论修辞方式还是技术性运作方式,都显示了思维与器物的混杂和过渡特征,"不分明"、"不知谁"、"既非……又非……"、"竟能"、"太息"、"试问"或是复杂心态的表征。对俞樾心态史的描摹与揭示,要将其置于与物的接触之中。在物的使用过程之中,俞樾的反复、犹疑也不是在某一次行为中的表露,而是表现为一种延续时间较长的、笼罩心灵的滞缓、模糊状态。②

照相在俞樾晚年诗作中留存连续的线索,形成使用新技术的心态变化"小史"。光绪十七年(1891)的俞氏全家照是"小史"的重要开端:

---

① 俞樾《美国医士柏乐文,寓吴下二十余年矣,近得一奇术,能洞见人藏府。其法以一球盛电气,使人背缺而立,一人以镜窥之,则藏府毕见。吾孙陛云往观焉,适见其人之心长二寸许,本小而末大,本在中而末偏左,其色黝黝然,其动趯趯然,余无所见。盖球之所置,正当其人之心也,若移易之,当无不见矣。归与余言,因为此歌,以纪其异》,《俞樾诗文集》,第 2 册,第 849—850 页。

② 俞樾对西方物质文明较为强烈或明确的反对,就是西湖边上修铁路,然此举也并非直接针对火车、铁路,而是由保护"西湖山水天下胜"引发,是因为"有人创此非常议,意欲从中图自利"。《光绪丁酉,西湖有开铁路之议。余在山言山,不能无言,辄作长歌,以代荛唱》,见《俞樾诗文集》,第 2 册,第 554—555 页。

用西法照全家小像,为赋一诗　并记

余据胡床扶杖而坐,立余后者,余孙女及许氏第二外孙女,又稍右为孙妇彭氏,余人雁行而立,左行之首大儿妇樊,右行之首二儿妇姚,樊之下为从孙同恺及许氏外孙引之,姚之下为孙儿陞云及许氏第六外孙女,其依余膝下者,两曾孙女也。备书之,以告我后人。辛卯十月曲园老人记。

布帏毡褥净无尘,写出分明镜里身。一老龙钟曲园叟,两行雁翅合家人。传神西法由来妙,照影东坡逊此真。妇竖团栾聊共乐,不须辛苦画麒麟。①

在此照或这一时段以前的群像图(包括描绘一家成员的家庆图)中,图绘人物皆经选择,人数也有限,全面性远不及俞氏全家照,尤其是一家女性群体的集体亮相,绝少先例。俞氏的诗记如同此前群像图记一样,有明晰的说明功用,只不过此前图记所介绍的多为读书人,而此次俞氏之笔则转向家人,并着意提示,有"备书之,以告我后人"的保存记忆之用。此举在光绪十七年的晚清帝国士人生活史中或照相传播史上,独特性如何,暂时无法查考与评估,然对俞樾而言,是件颇值得回忆的事情。因为在他八十三岁补续《曲园自述诗》时,重提此事:

偶将西法一传神,骨肉都卢十二人。聊寓合家欢乐意,原知幻影本非真。(是岁,用西法照全家小像,共十三人,有诗纪之,并有小记,刻入《春在堂诗编》。)②

照全家像已超越日常琐细之事,进入俞氏的生命史或家族史,相隔十二年的两次叙写,合家欢乐之意、西法传神之叹,仍保持一致;另外"分明镜里身"到"幻影本非真"的体悟也得以延续。留真与幻影构成了诗作的内

---

① 《俞樾诗文集》,第2册,第471—472页。
② 《俞樾诗文集》,第2册,第888页。

部张力。对"留幻影"之事,俞樾颇有兴致,光绪二十八年照相事,俞樾作两首诗述及,其中一首题为《余用西法照印小像二,一立像,余布衣,右扶藤杖,左携曾孙僧宝。一坐像,孙陛云及僧宝左右侍,祖孙皆貂褂朝珠,僧宝亦衣冠。把玩之次,率赋一诗》,诗云:

衰翁八十雪盈头,多事还将幻相留。杜老布衣原本色,谪仙宫锦亦风流。孙曾随侍成家庆,朝野传观到海陬。(余以立像寄京师肃亲王及日本子爵长冈护美,均报其以照像赠也。又分贻家乡戚友。)欲为影堂存一纸,写真更与画工谋。(照像不甚耐久,拟更倩画工摹写,备他日影堂之用。)①

在延续此前全家合照的家庆主题之外,这次西法照相分成两个小单元,回到血脉和家学传承的传统主线。所照立像,亦出现在《西湖杂诗》中,"客至,每与观之",诗有句云:"偶将西法照衰容,四坐传观一笑同。"②相片在传观之外,还可以"分贻家乡戚友",更可以作为回赠之物,一种技术悄然带来一种新的生活方式,相片的传播范围已及日本,此前光绪二十五年(1899)诗中有"海外学堂留小像(日本人桥口太郎寿用西法照我小像去,云将携归,置之大学堂)"之句,③光绪三十一年,上海书贾所售中国名人照相册,所收一百余人中亦有俞樾身影,"历历须眉何处摹,居然衔卖遍江湖"。④ 相片已成为互赠之物,俞樾光绪二十七年题写徐琪全家照,诗题为《花农以全家照像寄示,率题一首》;⑤光绪三十年作诗记族

---

① 《俞樾诗文集》,第2册,第654页。
② 《俞樾诗文集》,第2册,第648—649页。
③ 俞樾《余前辞诂经讲席诗云"可容末坐附孙王",兴到妄言,且亦身后计也。乃诂经诸君子即言于中丞,请精舍设立长生位。虽感盛意,实非鄙怀,漫赋四诗》,《俞樾诗文集》,第2册,第574页。
④ 俞樾《有以沪上书贾所售中国名人照相见示者,凡一百余人,杂糅不伦,余亦在焉。赋诗一笑》,《俞樾诗文集》,第2册,第784页。
⑤ 俞樾此诗中有句云"的皪银光一幅铺,须眉如鉴不模糊",《俞樾诗文集》,第2册,第568页。

孙俞同奎从伦敦寄穿西服相片之事,"章缝家世鲁诸生,何意儒冠忽一更";①再加上俞樾光绪三十二年诗中记录端方寄赠在瑞士布拉德山相片,诸多迹象表明人们拓展交往的新媒介正在形成。他人赠送的相片也成为情感表达的媒介。②俞樾对照相最后一次好奇之举,是光绪三十二年七月扩洗相片,诗题已交代事情经过:《七月初,余用西人摄影之法照一小像,仅五六寸耳。白须温卿取付其国照相馆,祐而大之,至四尺余。立之坐侧,伟然可观》。③俞樾请西人扩洗相片之举,或与光绪二十八年照立像、坐像"欲为影堂存一纸"相关,影堂所用相片大小当与传统画像大小相合。因为要在去世后"存一纸",他又担心西法"照像不甚耐久",还是要请画师画像,"古祭必立尸,精神相感召","若非有画像,何以寓追孝"。在俞樾的《画像》诗中,他迷恋的"传神西法"在影堂中的作用开始消减:

> 西人讲光学,其技益奇妙。摄影入玻璃,寸管窥全豹。惜乎光易流,数年便销耗。始知镜取形,不如笔写照。嗟我八十六,敢谓年非耄。吾椑久已制,吾像犹未造。范金固无赀,刻木亦费料。乃招画师来,尔技为我效。形勿忏留嫌,神必阿堵到。④

西法"照像"是奇技,然不耐久,"光易流",且重取形,不如中法造像写照耐久、传神,在"人生之旅最后一站",传神西法生成的相片终不及写照,如此迷恋之技术也被"翻转",其思路再次响应了此前《铭篇》中的"包裹"、小火轮的"曳带"象征的结构。

---

① 俞樾《从孙同奎自伦敦寄来小像,已改服西国衣冠矣。为之一叹》,《俞樾诗文集》,第2册,第752页。

② 俞樾有诗《日本人楢原陈政,字子德,曾在余门下,庚子之变死于京师。其所照小像犹在,对之泫然,赋诗吊之》,《俞樾诗文集》,第2册,第602页。

③ 俞樾此诗有句云:"六寸俄成四尺强,层层摄取镜中光",《俞樾诗文集》,第2册,第844页。

④ 《俞樾诗文集》,第2册,第838页。

三、"玩物"与时间局限的诗意超越

从老病中的我、回忆中的我,到器物群中的我、相片中的我,俞樾在以不同方式打量自己,寻找安心之所。俞樾对自己如何告别人世,用心经营,着力准备,如营生圹,自置椑,请画师画像备影堂之用,到光绪三十二年,告别之意愈发强烈,或是有预感,他写下《别家人》、《别诸亲友》、《别门下诸君子》、《别曲园》、《别俞楼》、《别所读书》、《别所著书》、《别文房四友》、《别此世》、《别俞樾》,周全辞别之外,意犹未尽,又作《临终自喜》四首和《临终自恨》诗。① 告别系列诗,写到告别"此世""俞樾"时,应可作收结,然俞樾又别生枝节,写出临终"自喜"与"自恨"。在《临终自喜》中,俞樾表现了人生的悖论,如"云烟过眼总无痕,爪印居然处处存"。"存爪印",就是第一首中所说:"五百卷传文字富,卅三年据讲堂高。"也是第二首所写:"已愧品题同北海,(曾文正曾言:'李少荃拼命做官,俞荫甫拼命著书。')更惊图像配南丰。(日本人以余与曾文正小像合摹一幅,传布各国。)"②俞樾在意著述、讲学、他人的品题、声名的远播。诗作细节流露所思所想,如强调自己小像所处的位置,以及自注"传布各国"的补充,更是与早年诗中"居然海外识俞楼"、"会见流传五大洲"所表达的雄心壮志契合。③

传何物,如何传,是俞樾一生用力用心经营之事。他期望的所传之事,在作为人生总结的《临终自喜》诗中基本道出,此即前文多次提及的著述、讲学,此外,有"祖孙同日官词苑",还有血脉之延续。血脉之延续,以"僧宝"(俞平伯)作为表征,并有"更喜峥嵘头角在,傥延祖德到云昆"

---

① 张燕婴据《曲园老人遗墨》考订,《临终自喜》诗位置当在留别系列诗之前。见《俞樾诗文集》,第2册,第853页。
② 《俞樾诗文集》,第2册,第856页。
③ 俞樾《戴用柏以恒既为作〈俞楼图〉,又拟分作数图,赋诗谢之》,《俞樾诗文集》,第2册,第357页。

之句。至于如何传,《临终自喜》诗亦有表白,如"生前自定名山业",俞樾营造"西湖书藏",第二首中有句:"拟觅西湖名胜处,广营书藏在山中。(吾已营书藏二,如后人有力,当更辟之。)"①从焦山书藏到西湖书藏,俞樾这种藏诸名山的做法,还是延续传统办法。而较前人不同的举措,是他应弟子之请同意将卷帙颇多的《春在堂全书》刻本用石印术缩印以便携带流传。此外,对作为"传神西法"的照相的利用,俞樾也是晚清精英文人阶层中的先行者。

俞樾是一位具近代意义的典型著作家,②有此前文人少见的著述、出版追求以及强烈的以著述谋求名声的意识。论及俞樾的著述意识之强,从他连"著书余料"也不愿浪费即可看出。③他主动谋划、筹资刊印已成之书,相关细节部分保存在俞樾信札中。如同袁枚刊行著述一样,俞樾也是清代少见的生前能见到自己著述大多印行的文人学者。俞樾诗中所写"爪印居然处处留",应该不是无心插柳的自然结果,而是一种精心设计,是曲园式的"人生造景"。

> 手治园林十八年,亭台泉石故依然。自从添造平桥后,风景依稀较胜前。④

---

① 《俞樾诗文集》,第 2 册,第 856 页。光绪三十一年俞樾所作《即事四首》其四有注云:"孤山旧有书藏,拟扩充之,藏余《全书》。"《俞樾诗文集》,第 2 册,第 778 页。光绪三十一年诸暨张子厚在诸暨宝掌山凿书藏储其全书,见《诸暨宝掌山书藏告成,山中人乞诗,诗以落成,即刻石上》,《俞樾诗文集》,第 2 册,第 787 页。

② 此说由曹虹教授在聊天时提出,其意大致是俞樾写作、成书、出版,以及以著述追求名声的意识强烈,有点像现代的作家。

③ 此即《俞楼杂纂》第 34 种《著书余料》,此书仅一卷,有"余从前读书,每有所得,辄书片纸夹书中,以备著书时采取。杜诗云'山色供诗料',余谓赋诗必有料,著书亦必有料,此吾之书料也。年来著书二百余卷,旧时书料存者无多,今衰病颓唐,不能再著书矣,留此尚冀待欤?因撮取录为一卷,附刻《俞楼杂纂》中,即题曰《著书余料》"。见《俞楼杂纂》(南京:凤凰出版社,2021),第 2 册,第 650 页。

④ 《俞樾诗文集》,第 2 册,第 483 页。

这是俞樾光绪十八年所作《曲园即事》六首之一,曲园之"曲"既是因地制宜精心造园的呈现,也是人生遭遇、境况之写照。俞樾多次在纸上设计过"曲"字的样态,还在信笺上别出心裁地展现,请人在印章中紧凑安排,同时,又在曲园中不断修饰、增添。更大的设计场景,是俞樾在自己的人生中,不断地"手治"、"添造",追求理想的人生风景。

在局促中造园,添亭台泉石,实是俞樾生活写照。与此同步,俞樾在纸上世界也不断诗意地拓展,所作所为,几可视为纸上再造宅园或自我设计。在此不妨从日常交往中俞樾自制的信笺说起。据彩印本《俞曲园手札》所收俞氏所用信笺考察,其中一部分当购自笺纸店,如研古斋的笺纸就有六种样式,然多为自制。自制信笺可大致分为六类:其一,仿古行格,如标"曲园制·仿唐人行卷式"笺、"曲园制·仿苍颉篇六十字为一章"笺;其二,古物图案,有"永宁元年砖文·春在堂鱼笺"、"永安六年砖文·春在堂鱼笺"、"寿"、"福寿"、"福禄寿"笺;其三,梅竹兰套笺,即自制的"曲园梅信"、"曲园竹报"、"曲园兰讯";①其四,"春在堂五禽笺"套笺,即鹤、鹊、燕、凤、雁笺;其五,文字笺,如"竹"笺、"鹤"笺、"曲园长寿"、"一团和气"、"情意"、"曲园居士俞楼游客右台仙馆主人尺牍"、"曲园拜上",②"山林亦台阁,文字即功勋"、"曲园居士"、"敬问起居曲园通候笺"、"恩奖耆儒"、"海林翰林第二"、"两度月宫游客";其六,俞氏宅园笺,有"右台仙馆图"、"曲园图"、"俞楼图",三笺皆俞樾题字,许祐身光绪十年绘图。③ 俞氏信笺琳琅满目,还有几种样式《俞曲园手札》未收录。信笺所用素材,除通用流行素材之外,也显示了俞樾的喜好,最引人注目的是他将自己巧妙地编印到信笺中。"山林亦台阁,文字即功勋"是言志之语,其意在诗作中时时流露;"恩奖耆儒"、"海林翰林第二"④是在普通信

---

① "曲园兰讯"笺有两种样式,见《俞曲园手札》,第201、229页。
② "曲园拜上"笺有两种样式,见《俞曲园手札》,第112、113页。
③ "右台仙馆图"是否为光绪十年绘,暂不能确认。俞樾自制信笺上的文字、印章的辨识,得到卢康华、方小壮、樊昕的帮助,特此说明。
④ 《俞樾诗文集》第2册第895页有相关诗句。

笺中合用的两枚印章,所炫耀的是"曾博先皇喜"、"邀圣主褒"的自豪。曲园、俞楼、右台仙馆在俞樾晚年诗中或自己的著述题名中频频出现,然犹有"咏之不足"之感,故经过一套程序(设计、写样、刊刻或篆刻、刷印),俞樾将萦绕脑海中的影像与思绪予以再现。五禽、鱼,是信笺素材中传统物象,吉祥,有联通互动感;梅竹兰是静态意象,以信、报、讯配搭,主动传递之意就显出。在俞樾如此多的创意设计中,"曲园主人"被反复铭刻,并以化身千百的方式在书信世界中扩散。

信笺创意设计的精致、精心、精巧,似乎只能表现俞樾的一面;另外一面,与信笺底纹、素材相关的诗作则多具戏谑之意。而要探求形制精致与精神戏谑之间的过渡,《曲园墨戏》以笔墨游戏的方式提供了一个媒介。① 信笺所用"福"、"寿"、"一团和气"、"曲园写竹"、"曲园长寿"、"曲园拜上"等底纹,可在《曲园墨戏》中找到对应的"设计初稿"。如同信笺或著述所表现的,曲园主人也以"短语"、故事等多种方式被写入"墨戏"之中,如"曲园对月"、"曲园礼佛"、"曲园课孙"。"曲园课孙"以文字变形构图,形似中透露出的慈祥之意,是讲授诗法的《曲园课孙草》所缺乏的。② 风格夸张、造型大胆的是"曲园长寿",这一构图出现在两个文本系统中,在俞樾自制多种福寿信笺中,加入作为主体的"曲园",指向性凸显。在几个"曲园"故事系列中,设计的游戏倾向颇为突出。摆弄文字,如五禽笺之类,已进入游戏场景,而将"曲园"变形设计为自带行格的笺纸,已是津津有味阶段;将墨戏中的"曲园俞俞"、"右台山鬼"与其他设计融合为一,形成硕大的信笺底纹印"曲园居士俞楼游客右台仙馆主人尺牍",则近似游戏的积木组合与变形。俞樾在设计草稿、制作信笺的时

---

① 俞樾《曲园墨戏》,稿本,见上海市松江区博物馆、华东师范大学古籍研究所编《明清松江稀见文献丛刊》(上海:上海古籍出版社,2015)第1辑。《曲园墨戏》卷首有光绪十六年四月俞樾题识,据此可知该书所收录设计至少在此年之前完成。

② 《曲园课孙草》有光绪六年俞樾在右台仙馆作所序:"孙儿陛云,年浸长矣,思教以为时文之法,而坊间所行《启悟集》、《能与集》之类不尽可读,因作此三十篇示之。"此集是自作示范文集,传授时文"清"、"醒"秘诀。见《俞樾诗文集》,第6册,第2901页。

刻，如同在游戏里戴上面具，在课孙、礼佛、对月、祈求长寿等场景间随意行进和转换。《曲园墨戏》诸多设计作为未定稿更具原初的童趣和嬉戏气息，在一定程度上对信笺形式上的精致、诗作声律的规整产生松动或者活化，还原曲园永远不老的童心与诗心。以此心回看俞樾诗集中写儿童，往往一两句，便有天真烂漫之意；也能更好地理解用俗语为曾孙女俞琎、俞珉写《新年杂咏》八首，即所谓"诗成莫笑香山俗，写付重孙娇女看"。①

俞樾自制信笺底纹印章"曲园居士俞楼游客右台仙馆主人尺牍"以组合的方式，勾勒他晚年活动足迹。三处居所，在诗中多次出现，且皆入图画，如光绪六年作《王子梦薇拟为余作四图，曰〈曲园著书〉、曰〈精舍传经〉、曰〈俞楼雅集〉、曰〈右台归真〉。甫创是议，未有图也。张子小云乃以一夕之力毕成四图，因各题一绝句于其后》；②光绪八年作《戴用柏以恒既为作〈俞楼图〉，又拟分作数图，赋诗谢之》；光绪二十七年作《张春岫为画俞楼及右台仙馆图，各题一绝》。为曲园绘图之事，还出现在俞樾为亡妻姚氏所写的《百哀篇》中，诗有注云："内人有折扇一握，门下士徐花农孝廉为绘《曲园图》，并书余《曲园记》于其上。"③清代文人以绘图人生若干关节点形成"像传"者，当以麟庆的《鸿雪因缘图记》最为人称道，仿效者也有不少，俞樾似亦受此风气鼓动。光绪十三年作《临平杂诗》第二首有注："门下士张小云明经图余生平所游历，凡四十事，为《云萍图》。"④张小云所绘四十事整体样貌，俞樾在诗文中所留文字颇少，或光绪六年张小云所作四图就在其中，而自光绪六年至光绪二十七年俞樾诗中所记诸图，宅园馆舍图是其重点关注所在。这些图更具表现力，更能涵盖他一段时间的生活，或者有辨识度，故在《云萍图》所包含的诸多人生画面中，曲园、俞楼、右台仙馆作为属于个人的"标志性建筑"，就被

---

① 《俞樾诗文集》，第2册，第600页。
② 《俞樾诗文集》，第1册，第320页。
③ 《俞樾诗文集》，第3册，第1009页。
④ 《俞樾诗文集》，第2册，第425页。

反复吟咏、图绘。

个人标记对于宅园馆舍而言,是否能长远保存,俞樾对此当然有警觉。光绪二十七年他作诗称赏张春岫绘图,第一首有"山馆沉沉不见春,先生妙笔写来新"之句①,然第二首再现俞樾诗中熟悉的"犹疑"与"反转"之音:

> 六一泉边小小楼,西湖胜概已全收。图成莫署俞楼字,一任张王李赵游。②

"鸿雪"、"云萍",本意不留爪印,"图成莫署俞楼字",表面上看是不留痕迹,然仍有绘图之事,而且在诗中散布诸多文字记录。更进一层,俞樾的宅园在绘、刻、印之后,经过加工转换,进入俞氏自制信笺之列。

在俞樾的那套宅园信笺中,所绘三图出自许祐身之手,③"曲园图"三字标注"曲园居士自题","俞楼图"标"俞楼游客自题","右台仙馆图"标"右台仙馆主人自题",俞樾以不同的"自拟身份"亮相三图,这三种身份又集合于那枚硕大的信笺底纹印之中。俞樾在纸上,尤其是在进入流通领域的笺纸上再现了俞氏晚年生活的三个重要宅园。宅园以实体、文字、图画展现,这在明清文人生活中较为常见。然既在图画中,又出现在扇面上,更出现在信笺中,目前所见,只有俞樾一例。宅园套笺,配以明确的解说性文字,实体借助其他媒介之力,暂时获得不朽的可能。

俞樾晚年诗作多写人事变迁、湖山池馆变化,对生灭、朽坏之理当然深有体悟,如写故乡的《临平杂诗》第三首、第五首,就写出所见所经历的"物的世界"的面目全非:

---

① 《俞樾诗文集》,第 2 册,第 621 页。
② 《俞樾诗文集》,第 2 册,第 621 页。
③ 俞樾女俞绣孙适许祐身,俞樾孙俞陛云娶许祐身女许之仙,俞陛云子俞平伯娶许祐身孙女、许引之女许宝驯。

马家狭巷一条长,遗址难寻旧草堂。惟剩乾河沿畔屋,泥金曾照此门墙。(马家巷中屋亦余旧居,即所谓"印雪轩"也,今毁矣。惟乾河沿之屋,今陈氏居之,犹无恙,余中进士时居此屋也。)

大陡门前人语哗,市廛未改已全差。倘教再抱书包过,何处来寻卖饼家。(大陡门乃市中极闹处。余儿时抱书赴塾,亲至饼家买饼,今不复存矣。)①

临平马家巷旧居"印雪轩"已毁,印雪轩名存于俞樾父俞鸿渐诗集题名中,另一旧屋,已经易主;街市卖饼家,亦荡然无存。后之视今,亦犹今之视昔。砖木结构房舍在悄无声息地毁坏,纸与著述之寿命比这类实物更加长久。俞樾在诗中不断书写,并将现世名或图像印制于副本更多、传播范围更广的信笺上,此举或许是对人生焦虑、局限的一种缓解,是对有限的时间与空间暂时的诗意的超越,所谓对空间的超越,就是宅园借助信笺可以脱离所在地而存在。②

结语

即使是有意选择俞樾晚年诗作作为研究对象,也只能从以上三个较为具体的问题以人、物、时间三条时有融合的线索进行考察,试图借此阐发俞樾在剧变的时代如何面对时间,如何体验西方物质文明或技术,如

---

① 《俞樾诗文集》第 2 册,第 425 页。张春岫光绪二十七年为俞樾作《临平图》,俞樾有诗记其事,其中有句云:"自怜白发八旬翁,往事云烟付太空。忽向画图寻旧地,宛从衢巷认新丰。"《张君春岫以余旧寓临平,作〈临平图〉见赠,披图感旧,为赋此篇》,《俞樾诗文集》,第 2 册,第 614 页。

② 俞樾宅园信笺是否传到他十分在意的东瀛,暂不可考,不过他诗中有一诗记录日本参赞绘其俞楼之图带回日本之事,俞樾有诗句:"虚名浪窃亦堪羞,竟使流传遍十洲。试向海东问徐市,居然域外有俞楼"。《陈子德言彼国有奉使中华之日边参赞,曾画〈俞楼图〉以归,如其图而建楼焉。田边君亦彼国好事者矣,因赋一诗》,《俞樾诗文集》,第 1 册,第 376 页。

何在纸上保存自我和家园。这三个问题有内在关联,那就是在前途未卜之中俞樾如何应对时间或时代洪流的冲刷,如何安顿身心和实现生命的诗意超越。如此取径,是以诸多较为特别的细节以及个体的复杂性来观看时代情绪。

《俞樾诗文集》整理者在"代前言"中指出俞樾诗文的生命史和心灵史研究意义,此乃心得之言。生命史和心灵史如何在作品中体现,或者我们要如何捕捉感受?以上所分析的三个方面可能略具独特性。俞樾在这三方面的问题中,有一种类似的表现:在接触西洋物质文明时,应稍有线性的、进步的时间观念,然他又不时以回忆的方式回落到轮回的时间中;在新器物的使用中,体会到西方器物的神奇与力量,却最终在观念上不能完全认可其领先性;知道名的虚妄,知道"人间无物堪为寿"以及"云萍"、"爪印"之真意,①却不断以著述和文化"创意设计"方式追求后世甚至东亚范围的声名。诗作包含的这种看似矛盾的修辞,混杂、犹疑的内心感觉,既是个体更清楚地知道人生有限之后的生死体验叙写,在复杂多变的时世中寻求肯定的表露,又是这一时代大多数读书人应对变化和冲突的感知结构,是一种深藏于文学作品中的细腻"社会性格"。② 感知结构不是较为明晰的、系统的思想,它被重视主张、倾向、事件的文学史建构忽略,也就容易理解。俞樾晚年诗作体现的文学感知结构,是由各种因素互动造成,俞樾敏感地写作,将感知一帧一帧记录,他写消磨时间的感觉,痛苦和衰老,或其他感觉,他在诗和其他诗性实践中在试图构造有意义的自我,于是就保留了一个细致的动态的变化过程。俞樾的单篇诗作不完美,然积攒而成的"大体量",便产生惊人的展示效果。

通过对俞樾晚年部分诗作的分析,可以发现他在具体诗作中有多

---

① "人间无物堪为寿,手写金刚般若经"。出自俞樾《六月初三日为内子姚夫人生日,手书〈金刚经〉一卷焚寄,附四绝句》,《俞樾诗文集》,第 1 册,第 314 页。
② 此处略化用雷蒙·威廉斯"感知结构"概念,相关研究参见韩瑞峰《感知结构:概念的嬗变与雷蒙·威廉斯的理论坚持》,见《马克思主义美学研究》2021 年第 2 期。

样的"时间结构"诗歌叙写方法。在造宅园、使用照相术、制信笺方面，俞樾的创意也颇有超前性，将这些行为与俞樾的诗创作联系，可以合并视为俞樾的综合诗学实践。合观俞樾不同的写作与实践，不是在拼合他自我经验的碎片，而是探寻蕴含在他混杂的内心中若隐若现的一致性。在这里，实践与诗作可形成丰富的关联与互文。《曲园墨戏》这一"中间物"的留存，可加深对实践与诗作的认识，书写、铭刻、印制因为"墨戏"之"戏"而获得鲜活、烂漫之气，而这正是俞樾在思想通透时的率性。

无论著述刊印、相片的使用，还是带有自我标记的信笺的扩散，俞樾并不掩饰对名声的追求。他将旧媒介改造形成自我的媒介，如同名片、广告；他对照相兴趣盎然，并利用这一新交往媒介拓展与外界的交往。好奇心的驱使，照相术的利用，崇拜者的关注，新媒介的利用，名气的扩散，诸如此类，近似法国18世纪启蒙时代公众形象的诞生，[①]然而俞樾不是"近代"人，如《临终自喜》所表白，他还停留在"聪明曾博先皇喜，著述还邀圣主褒"的荣耀中。

将身处近代文学潜流中的俞樾选出，考察他有代表性的晚年诗作，是尝试将近代文学中存在的诸多模糊状态"问题化"或"命名"，从而引发更多思考。俞樾晚年诗作对于近代文学的贡献，在于他明晓生寄死归之理时，以诗作记录生命史，记录对社会变化的感知，他从多方面展现了内心世界在过渡时代的徘徊、犹疑和可能的超越，这一两可、模糊的内心状态，是在近代文学史建构过程中被忽略却较为普遍的情感结构。通过文学作品，研究过渡时代人物的情感、感觉，是文学研究一个深入开掘的方向，特别是当我们正经历一个剧变、充满不确定性的时代，重读俞樾晚年诗作或者那个时代其他作品时，或许能产生更多感发。

---

① 参见安托万·里勒蒂著，宋玉芳译《公众形象：名人的诞生（1750—1850）》（杭州：浙江大学出版社，2021），第三章《第一次媒体革命》、第四章《从荣耀到名气》。

附录:《曲园墨戏》及曲园自制信笺选录

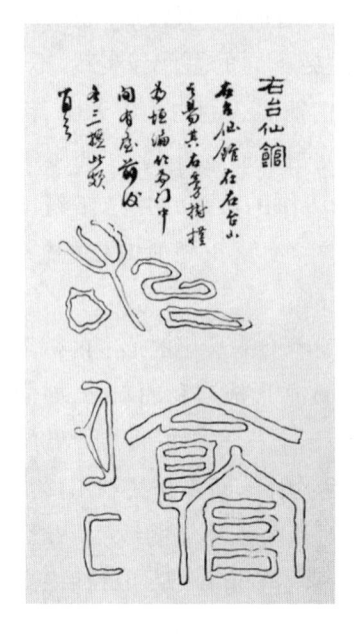

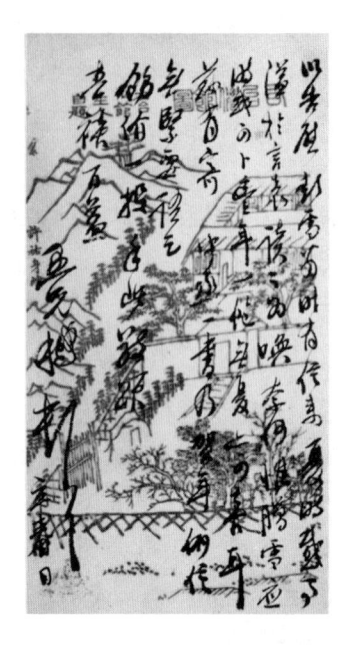

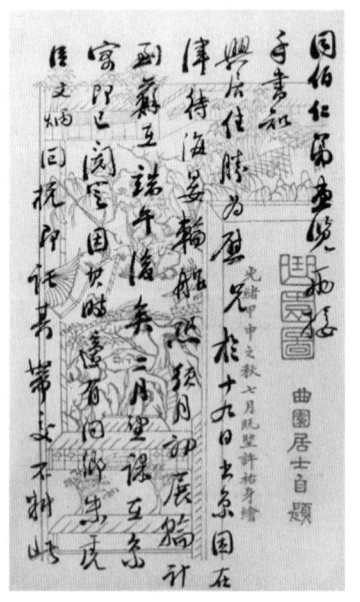

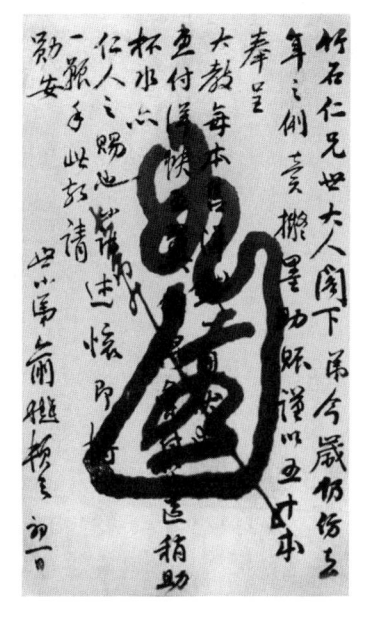

俞樾晚年诗作与过渡时代的文学感知

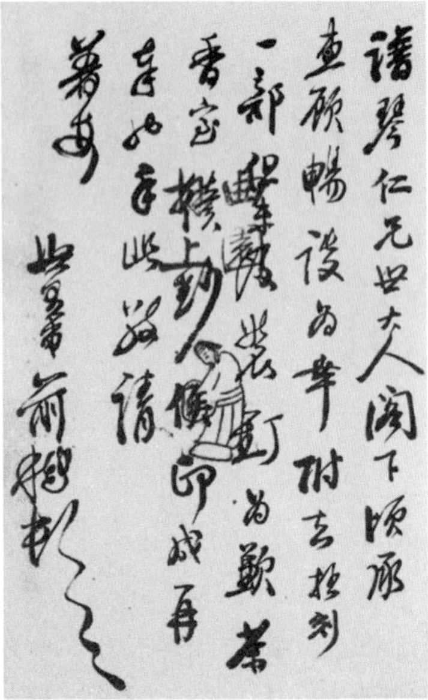

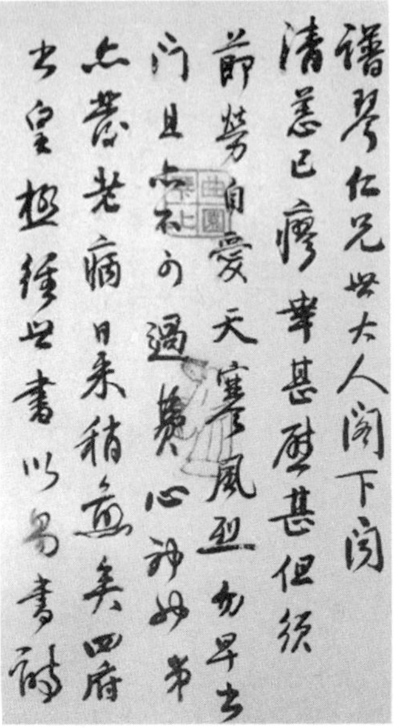

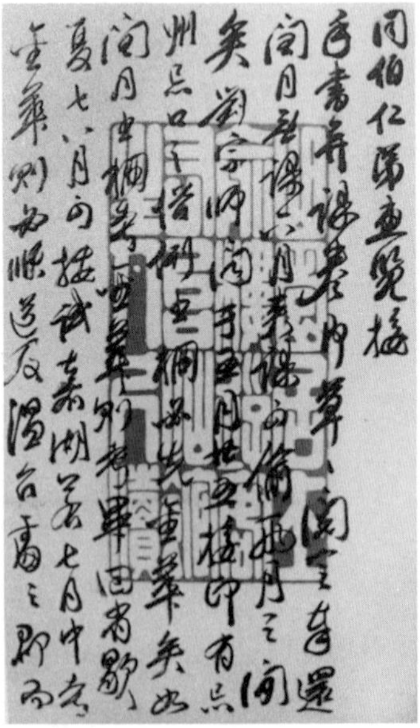

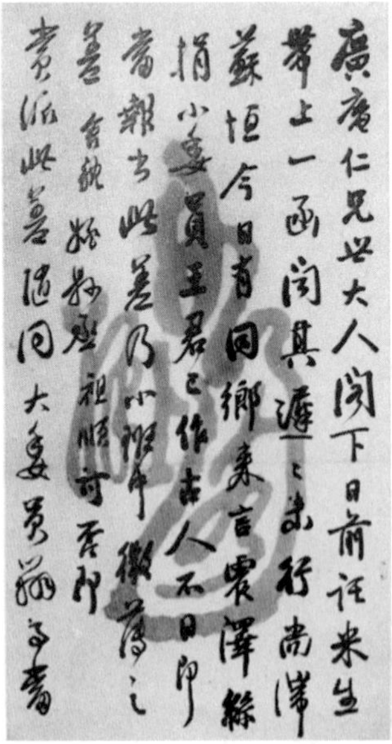

属辞比事：判例法与《春秋》义例学

刘　宁

义例学是作为经学的《春秋》学的核心内容。何谓《春秋》义例？义例与《春秋》笔法是什么关系？在汉代开始大兴的义例学，其基本旨趣是什么？这些问题，虽然前人论之甚多，但疑惑不明之处，仍所在多有。本文试图联系中国法律的判例法传统，对《春秋》义例学的性质做出反思。

一、《春秋》"比事"与中国法律的判例法传统

《礼记·经解》云："属辞比事，春秋教也。"①何谓"属辞比事"？郑玄注云："属，犹合也，《春秋》多记诸侯朝聘、会同，有相接之辞，罪辩之事。"孔颖达疏云："属，合也；比，近也。《春秋》聚合、会同之辞，是属辞，比次褒贬之事，是比事也。"②可见"属辞比事"就是对《春秋》之"辞"与"事"类聚而参观，以明褒贬之义。至于所类聚的"辞"与"事"，是就《春秋》经文本身而言，还是统经传而合言之，不同的学者从不同的《春秋》学立场，会有不同的解释。③

---

① 郑玄注，孔颖达疏《礼记正义》卷五十，第1368页，李学勤主编《十三经注疏》本（北京：北京大学出版社，1999）。本文所引此书文字，皆从此本。
② 郑玄注，孔颖达疏《礼记正义》卷五十，第1368—1369页。
③ 关于历代《春秋》学者对"属辞比事"之涵义的讨论，张素卿做了详细的钩稽分析，参见氏著《叙事与解释——〈左传〉经解研究》（台北：书林出版有限公司，1998），第109—135页。

那么，对"辞"与"事"的类聚参观，何以成为《春秋》之教的核心呢？前人对此并没有很好的解释。王夫之认为："属辞，连属字句以成文，谓善为辞命也；比事，比合事之初终彼此以谋其得失也。"①这个解释言之未详，事实上，《礼记·经解》既然将"属辞比事"称为《春秋》之"教"，那么它显然是针对《春秋》的现实功用而发。我们可以参照《春秋》在历史上曾切实发挥的经世之用，来理解"属辞比事"的含义。

汉代以来，经学虽有今古文之分，但无论今文家，还是古文家，都将《春秋》看作孔子寄托其微言大义的作品，因此，《春秋》是经，不是史。经学意义上的《春秋》，是一部礼典，更是一部"法典"。在汉代，《春秋》被广泛地运用于现实的法律实践，形成了"春秋决狱"。而"春秋决狱"从司法形式上看，体现出鲜明的判例法断案的特点。《春秋》所记载的历史事件，作为经孔子圣心裁断的判例，成为指导现实司法的"先例"，例如：

> 甲父乙与丙争言相斗，丙以佩刀刺乙，甲即以杖击丙，误伤乙，甲当何论？或曰：殴父也，当枭首。论曰："臣愚以父子至亲也，闻其斗，莫不有怵怅之心，扶杖而救之，非所以欲诟父也。《春秋》之义，许止父病，进药于其父而卒，君子原心，赦而不诛。甲非律所谓殴父，不当坐。"②

《春秋》昭公十九年载："葬许悼公"，《公羊传》云："贼未讨，何以书葬，不成于弑也。曷为不成于弑，止进药而药杀也。止进药而药杀，则何为加弑焉尔？讥子道之不尽也。"又云："许世子止弑其君买，是君子之听止也。葬许悼公，是君子之赦止也。赦止者，免止之罪辞也。"③根据《公羊》义，《春秋》一方面责许止不能尽子道，另一方面则因其并无弑悼公之动机，而赦免其罪。董仲舒参考了《春秋》对许止的裁断方式，对新案件

---

① 王夫之《礼记章句》，《船山全书》（长沙：岳麓书社，1991），第 4 册，第 1172 页。
② 李昉等撰《太平御览》（北京：中华书局，1960）卷六四〇，第 2868 页。
③ 何休解诂，徐彦疏《春秋公羊传注疏》卷二十三，李学勤主编《十三经注疏》本，第 509 页。本文所引此书文字，皆据此本。

做出裁决。这是很典型的判例法断案。对于汉代"春秋决狱"的判例法性质,有关的法律史研究已经揭之甚明,此处不赘。①

从判例法的角度来看,经学家眼中的《春秋》,不是法典法意义上的法典,孔子并不是在其中明文宣示纲常伦理,而是通过一个又一个具体的判例来传达其"微言大义",因此,《春秋》很类似判例法传统中的判例汇编,它所记录的春秋二百四十二年间的每一件历史事件,都包含了孔子的裁断,每一个事件,便是一个判例。

《礼记·经解》"属辞比事"之"比事",可以参照汉代判例法实践中大量运用的"比"来理解。所谓"比"既指将判例与新案件进行对比以断案,又指所运用的判例的本身。运用"判例法"断案,要大量运用判例之间、判例与新案件之间的对比,所谓的"遵循先例"原则,就是对比法的运用,法律学上将这种对比,称为"区别技术"(distinguishing technique)。②《礼记·王制》:"众疑,赦之,必察小大之比以成之。"郑玄注:"小大犹轻重,已行故事曰比。"③"比"又称"决事比",汉代董仲舒上《春秋》决事比二百三十二条。目前传世的汉代文献中,尚无以"比事"来称"比"的记载,但汉代以后出现的各类判例汇编,多以"比"、"比事"、"决事比"为名,如陈宠、陈忠《决事比》,陈宠《辞讼比》,应劭《决事比例》,宋桂万荣《棠阴比事》等。在这些用法里,"比事"与"比"是同义的。《礼记·经解》中所说的"比事",与判例法中的"比",内涵上多有接近。郑玄身当后汉,对《春秋》与现实政治法律的密切联系,还多有认识,因此注解"属辞比事",特地提到"罪辩之事",或非偶然。只是孔颖达去汉久远,只能将郑玄的"罪辩"之义,泛泛地解释为"明褒贬之义"。

《史记·太史公自序》"子曰:'我欲载之空言,不如见之于行事之深

---

① 参见张晋藩主编《中国法制通史》(北京:法律出版社,1999),第二卷,第215—224页。于逸生《"春秋决狱"简析》,载《求是学刊》1989年第6期。何勤华《秦汉时期的判例法研究及其特点》,载《法商研究》1998年第5期。

② 参见董茂云《比较法律文化:法典法与判例法》(北京:中国人民公安大学出版社,2000),第95—96页。

③ 郑玄注,孔颖达疏《礼记正义》卷十三,第412页。

切著明也。'"① 所谓"行事",宋刘敞释之为"已行之事,旧例成法也",清人王念孙同意此说,并援引大量文献记载以佐证之。② 秦朝法律中,有所谓"廷行事",即法庭已行之事。有关的法律史学者,根据《睡虎地秦墓竹简》的记载,证明"廷行事"具有典型的判例性质。③《春秋》大义见之于"行事",也很类似判例法的特点。

《礼记》成书情况复杂,因此《经解》之语出于何时难以确论,其中的"比事"最初是否与法律上的"比"有直接的渊源,目前难以考知。《公羊传》与《穀梁传》有不少类比经文以言说大义的内容,可见,孔门后学通过类比《春秋》之事以发明微言大义的做法,由来已久。《春秋》在汉代政治法律中发挥巨大的经世之效,而这集中体现为"比事"的智慧。人们既要善于类比《春秋》所记之事来明其"微言大义",也要善于在《春秋》之事与现实问题之间类比,以发挥圣人之教。因此,参照判例法中的"比"来解读《礼记·经解》之"比事",有其现实的依据,也可以切入《春秋》"比事"的核心内涵。作为经学的《春秋》学,要阐发和总结"比事"智慧,这是义例之学的核心内容。

二、《春秋》义例与"比事"

作为经学的《春秋》学,其核心就是义例学。义例之学兴起于西汉,今、古文家,都倾注热情。西汉公羊学者胡毋生曾经撰有公羊条例,西汉末年古文学者刘歆等人也撰有《条例》;东汉古文家贾逵、颍容、郑众,今文家何休,皆有重要的义例之作。遗憾的是,汉人的义例之作,大多不传。西晋杜预《春秋释例》对后世影响深远,此后的义例之作,亦相沿不断。

从现存的义例学著作来看,所谓"例"是指《春秋》记事的书法规则,

---

① 司马迁《史记》(北京:中华书局,1982)卷一三〇,第3297页。
② 王念孙《读书杂志》(南京:江苏古籍出版社,2000),第342页。
③ 任强《中国古典文本中的法律形式》,载《北京大学学报》2005年第4期,第99页。

即对《春秋》记何种事用何种书法的规则的总结。蒋伯潜认为,《春秋》书法所以同异之点,"此即所谓'例'也"。① 但这只是一种表现形式,在《春秋》学开始发挥巨大现实功用的汉代开始兴起的义例之学,其本质不是对《春秋》书写方式的纯学术总结,而更多地体现了阐发和归纳《春秋》"比事"智慧的经世努力。②

"例"字在先秦的典籍中十分罕见,《公羊传》僖公元年:"春王正月,公何以不言即位?继弑君,子不言即位,此非子也,其称子何?臣子一例也。"③《公羊传》的成书比较复杂,此记载是否可以证明先秦时期即有"例"字,尚在疑似之间。"列"是"例"的古字,"列"之本义为"分解",引申为"等比",《礼记·服问》:"上附下附,列也。"郑玄注云:"列,等比也。"④ 而"例"则是在"等比"这个义项上,为"列"所造之今字。《说文解字》"例,比也",这里的"比",是"等比"、"相等"之义。《荀子·不苟》"山渊平,天地比",杨倞注:"比,谓齐等也。"⑤ 因此,"例"即是"等比"、"相等"之义。对事物进行归纳所得出的共性,就是"例",引申为规则、通则等义。

在中国的法律传统中,"例"是重要的法律形式,发端于唐朝,而兴盛于明清。如果说汉代法律中的"比",是指具体判例的话,那么,唐律中的"例"就指向对具体的判例进行归纳而形成的法律规则。唐朝以下法律中的"例",都表现为抽象的法律规则,有一定概括性,类似制定法,只有极个别的保留了具体的案例,即事例或成例。⑥ 但"例"毕竟不同于法典法中的律,它来自对判例的总结归纳,与律相比,有更强的针对性和灵活性;因此,一般法律史的讨论,还是多从判例法的角度说明"例"的意义和

---

① 蒋伯潜《十三经概论》(上海:上海古籍出版社,1983),第462页。
② 葛志毅详细地分析了《春秋》义例所受律例的影响,但没有进一步辨析中国法律制定法与判例法的不同传统,本文认为《春秋》学与判例法传统有更为密切的联系,因此集中从判例法的角度分析《春秋》学与法律制度的关系。葛氏的意见,见《〈春秋〉义例的形成及其影响》,载《中华文化论坛》2006年第2期。
③ 何休解诂,徐彦疏《春秋公羊传注疏》卷十,第199页。
④ 郑玄注,孔颖达疏《礼记正义》卷五十七,第1542页。
⑤ 王先谦《荀子集解》,《诸子集成》本(北京:中华书局,1986),第23页。
⑥ 任强《中国古典文本中的法律形式》,载《北京大学学报》2005年第4期,第99页。

作用。

"例"的总结,是判例法运用的重要内容,判例法所依靠的区别技术,就包含判例之间的"比",和新案例与旧案例之间的"比"两个部分,前者便指向"例"的总结。从《春秋》学与判例法司法实践的密切联系来看,义例学所总结的"例",其性质有些接近法律中的"例"。如果将《春秋》视为孔子断案的判例汇编,那么义例之学的核心,就是对这些判例的归纳,总结其中的法律规则,亦即总结孔子处理某一类事件时的处理原则。这些原则,虽然包含在孔子的判例之中,但孔子本人并没有对之进行明确的概括和总结,比事以求其例,正是义例之学的工作。

例如:《春秋》经庄十一年"秋,宋大水"。《公羊传》曰:"外灾不书,此何以书?及我也。"①又《春秋》经庄二十年"夏,齐大灾"。《公羊传》曰:"外灾不书,此何以书?及我也。"②庄十一年与庄二十年的两条经文,在鲁国的国史中记了他国的灾异,这可以看作孔子裁断后的两个判例,而"及我则书",就是《公羊传》所总结的《春秋》的记灾之例,即他国之灾,如果波及鲁国,则要被记录。

可见,"例"虽然相对于判例本身是抽象的,但它还是表现为具体的裁断方式,在《春秋》中就表现为某种书法方式。而真正抽象到精神义理层面的,则是"义例"中的"义"。"义"是对"例"所体现的法律精神的概括,例如,上述《公羊传》的"及我则书"的记灾之例,体现了"畏天命,陈天道以儆人主"之精神,这个精神就是《春秋》的"义"。

在汉代开始兴起的"春秋决狱"中,无论是《春秋》的"例",还是"义",都发挥了重要的作用。人们既要借鉴《春秋》之义,使儒家的精神进入法律,也要借鉴《春秋》之例,来指导具体的司法审判。

义例之学既是对《春秋》"比事"智慧的阐发与总结,这就决定了它的一些基本品格:

第一,"例"的总结是灵活的,比照法律概念来看,《春秋》之"例",不

---

① 何休解诂,徐彦疏《春秋公羊传注疏》卷七,第146页。
② 何休解诂,徐彦疏《春秋公羊传注疏》卷八,第160页。

同于制定法中相对固定和标准的律文,它来自对判例的归纳总结,因此是很灵活的。

汉人董仲舒有所谓"《春秋》无达辞"①之说;宋人王应麟将此意见引用为"《春秋》无达例"。②清人李调元:"是以圣人之作《春秋》也,有依凡之例,有违凡之例,有一时一事特起之例,有人所共见之例,有大义违疑之例,圣心独断之例。"(《春秋例义会要示儿论·序》)③皮锡瑞也指出:"学者观圣人之书,譬如观天,仁者见仁,知者见知,各成义例,皆有可通。"④《春秋》学史上,对义例的探讨众说纷纭,从未达成统一,今古文学者由于经学立场的差异,其义例的总结有明显的分歧,而就在今古文内部,因为立场和出发点的差异,也言人人殊。这种灵活性,是由义例学的基本特性所决定。《礼记·经解》忧虑"《春秋》之失乱",提出"属辞比事而不乱,则深于《春秋》者也"。⑤"属辞比事"运用不当所产生的"乱",正是"比事"之灵活性的负面传达。从这个意义上讲,《春秋》之例也就不能简单地类比为相对固定和统一的史书修撰体例。

第二,"义"和"例"相互密切依存。从内涵上看,"例"指向具体的处事裁断规则,表现为书写规则,而"义"则是处事规则中所蕴涵的抽象精神,两者明显有别,但"义"、"例"相互依存,"义"必由"例"而显,前人在谈及《春秋》之"义"时,并不直接宣示抽象义理,而是通过"例"来讨论,这正是《春秋》学的独特所在。例如,前人论《春秋》公羊义,必举三科九旨之说,而三科九旨所谓王鲁、新周、故宋,张三世,就是书写规则,亦即对史事的裁断原则,其实就是公羊家所总结的《春秋》之"例",其中所体现的改制精神,才是真正抽象意义上的"义"。

在灵活的"例"的基础上提炼出的"义",同样不会是固定的和标准

---

① 《春秋繁露义证·精华》,董仲舒著,苏舆义证,钟哲点校《春秋繁露义证》(北京:中华书局,1992),第95页。
② 王应麟撰,翁圻注《困学纪闻》(北京:商务印书馆,1959)卷六,第538页。
③ 李调元撰《春秋例义会要示儿论》,《函海》本(清乾隆刻本)。
④ 皮锡瑞《经学通论·春秋》(北京:中华书局,1954),第55页。
⑤ 郑玄注,孔颖达疏《礼记正义》卷五十,第1368页。

的。虽然所有的经学家都承认《春秋》包含了孔子的"微言大义",但什么是孔子的"大义"？这个问题,从未有"定论",任何对"大义"的概括和总结,似乎都有挂漏,原因就在于,"义"依存于灵活变动的"例",在判例法中,法律原则和法律精神的总结,不会表现为法典法那样高度标准和统一的形式。《春秋》的"大义"之所以未尝得到明言,而只能以"微言"传达,不仅仅是修辞问题,更是体制的问题。

三、"属辞"与"比事"

《春秋》虽然可以比况为孔子圣心裁断之判例汇编,但它毕竟不是严格的法律文献,而是以史书的形式来表现。孔子的圣心裁断,不是表现为法官的审断判语,而是表现为独特的书法和笔法。《礼记·经解》之"属辞比事",其"属辞"与"比事"是密切联系的。

《春秋》义例学的根本,不是修辞学,而是政治学和伦理学。理解义例学,要紧紧抓住"比事"这个核心,如果脱离"比事"而论"属辞",就会走向纯形式的字句比较,偏离义例学的要义。不少《春秋》学者,以史书的编撰体例来比况《春秋》义例,这容易让人忽视"比事"之于《春秋》义例学的重要意义。

例如,在经学史上,围绕《春秋》本有例还是本无例,有许多争论,其实,如果从判例与对判例的归纳和法律原则的总结这一关系来看,作为判例汇编的《春秋》,显然并没有明确总结作为法律原则的"例","例"的总结,当然都是后人努力的结果,但后人的总结,又是以《春秋》中的判例为基础。因此,从"比事"的角度看,简单地说《春秋》本有例,或者本无例,都并不确切。皮锡瑞认为:"圣人作《春秋》,当时尝自定例与否,诚未可知,而学者观圣人之书,譬如观天,仁者见仁,知者见知,各成义例,皆有可通。"[1]这一意见指出"例"出于后人之努力,是正确的,但对于《春秋》原本是否有"例",皮氏一方面说"诚未可知",另一方面,又据史书修

---

[1] 皮锡瑞《经学通论·春秋》,第55页。

撰皆有体例,推断孔子作《春秋》已先定"凡例":"谓春秋本无例,例出后儒傅会,为此说者,非独不明春秋之义,并不知著书作文之体例矣。凡修史皆有例,《史记》、《汉书》自序,即其义例所在,后世修史,先定凡例,详略增损,分别合并,或著录,或不著录,必有一定之法……圣人作经以教万世,乃谓其全无例义,同于档案簿录,比后儒之著书作文者,犹不逮焉,诚不知何说也。"①皮氏所以前后有些矛盾,主要是他用史书的修撰体例来比方《春秋》义例,尽管他明确主张《春秋》是经不是史,但具体到"义例"的问题,还是引史书以为证,这说明在对《春秋》义例的理解上,由于《春秋》具有史书的形式,因此人们容易忽视其"比事"的要义,而将对"属辞"的理解和史书的特性联系起来。

四、董仲舒对义例学的重要贡献:阐发和总结"比事"智慧

义例学的根本要义是阐发《春秋》"比事"智慧,因此在《春秋》于现实政治法律中充分发挥"比事"之效的汉代,义例之学蓬勃兴起,②也就完全在情理之中。然而遗憾的是,汉代的义例学著作大多散佚,后人辑佚所得的颖容义例,以及何休《文谥例》③等,都只是吉光片羽,难以见出全貌,但倘若我们从"比事"这个要义来加以观察,就会发现西汉著名思想家董仲舒,是我们认识和理解《春秋》义例学的重要人物。

董仲舒本人并未直接总结"义例",但近代思想家康有为认为,董仲舒在《春秋》义例学方面,厥功至伟,所谓"言《春秋》以董子为宗,则学《春秋》例亦以董子为宗,董子之于《春秋》例,亦如欧几里得之于几何也"。④

康有为根据《春秋繁露》(以下简称《繁露》)总结董仲舒所谈论的《春秋》例,共二十三条,其中"五始"、"时月"、"王鲁"、"三世"、"内外",正可

---

① 皮锡瑞《经学通论·春秋》,第56页。
② 关于汉代《春秋》义例学撰作情况,王葆玹做了详细的梳理,参见氏著《今古文经学新论》(北京:中国社会科学出版社,1997),第114—119页,第184—191页。
③ 两书收录于马国翰辑《玉函山房辑佚书》。
④ 康有为著,楼宇烈整理《春秋董氏学》(北京:中华书局,1990),第26页。

以看作何休"三科九旨"之论的渊源所自。后世公羊家所总结的《春秋》例,多可以溯源于《繁露》,这应该是康有为高度评价董仲舒的原因之一。但更需要关注的,是董仲舒对《春秋》比事智慧的深入阐发和总结,这种努力,从精神原则上,对后世的义例之学发生深刻的影响。

董仲舒在讨论《春秋》大义时,非常强调"比类"的重要。《繁露·楚庄王》"《春秋》之辞,多所况,是文约而法明也",苏舆注:"词多以况譬而见,所谓比例。"①这里,董仲舒清楚地指出,《春秋》之精义在于"比况"。《繁露·玉杯》又指出:"《春秋》论十二世之事,人道浃而王道备。法布二百四十二年之中,相为左右,以成文采。其居参错,非袭古也。是故论《春秋》者,合而通之,缘而求之,五其比,偶其类,览其绪,屠其赘,是以人道浃而王法立。"②又"《春秋》赴问数百,应问数千,同留经中,缮援比类,以发其端"。③这些意见都强调了"比类"对于探讨《春秋》大义的重要意义。

董仲舒立足《公羊传》阐发春秋大义,"比类"的方法在《公羊传》中已经有广泛的运用,例如《春秋》桓公元年"春,王正月,公即位",《公羊传》:"继弑君不言即位,此其言即位何?如其意也。"④这里所说的"继弑君不言即位",具体见于《公羊传》庄公元年:"君弑则子何以不言即位?隐之也。孰隐?隐子也。"⑤即庄公弑君即位,《春秋》不言"即位"以示贬斥,而桓公同样弑君即位,《春秋》却书"即位",这是因为隐公即位本为桓立,但桓公不察隐公之意,弑隐公自立,因此《春秋》书"即位"而彰显其急于即位之用意,以示贬责,所谓"如其意"。这里就是运用"比类"的方法以求《春秋》之义。

董仲舒对类比方法的运用,较之《公羊传》更加深入和复杂,这首先体现在,他对《春秋》记事之间的类比更为重视,分析也更为精细。例如,

---

① 董仲舒著,苏舆义证,钟哲点校《春秋繁露义证》,第3页。
② 董仲舒著,苏舆义证,钟哲点校《春秋繁露义证》,第32—33页。
③ 董仲舒著,苏舆义证,钟哲点校《春秋繁露义证》,第40页。
④ 何休解诂,徐彦疏《春秋公羊传注疏》卷四,第67页。
⑤ 何休解诂,徐彦疏《春秋公羊传注疏》卷六,第111页。

《玉杯》对赵盾弑君和许子弑父的类比讨论，就十分复杂。① 《春秋》宣公二年载"晋赵盾弑其君"，而《春秋》所记宋督、郑归生以及齐崔抒等，皆载其弑君之后不复见，董仲舒因称："是故君杀贼讨，则善而书其诛，若莫之讨，则君不书葬，而贼不复见矣。不书葬，以为无臣子也；贼不复见，以其宜灭绝也。今赵盾弑君，四年之后，别牒复见，非《春秋》之常辞也。"针对赵盾弑君而复见这一反常"书法"，董仲舒从"贵志"的角度加以解释，认为赵盾绝无篡弑之心，故《春秋》不绝其书，对此，《繁露》引许止弑父以为类比。从效果上看，许止与赵盾皆有弑君之罪，但从其动机看，则皆可以宽宥。但董仲舒对两事的对比分析，并未就此终止，《繁露》进一步发问："赦止之罪，以传明之，盾不诛，无传，何也？"既然，许止和赵盾都可以得到宽宥，但为什么赵盾之不诛，不能像许止那样被明示？对此，董仲舒的解释是，为人臣者，倘负弑君之罪名，纵使原其情而可赦，也不宜明白宣示其可赦，所以警示后人无犯弑君之大恶。这里，他又援引楚公子比弑君弗诛，而经不明言其弗诛以为类比。讨论至此，董仲舒的分析尚未结束，《繁露》进一步发问："灵公弑，赵盾不在，不在之与在，恶有厚薄。《春秋》责在而不讨贼者，弗系臣子尔也；责不在而不讨贼者，乃加弑焉，何其责厚恶之薄、薄恶之厚也？"意思是，隐公十一年《公羊传》记载："春秋君弑贼不讨，不书葬。以为不系乎臣子也。"那些亲当君弑之恶而不能救的人，《春秋》只是以"不系臣子"的方式来贬斥，但对于君弑之时本不在场的赵盾，为什么要给予"加弑"的重责呢？董仲舒的解释则是，《春秋》就是要针对人最容易迷惑的事情来加以裁断，赵盾贤明，人们皆见其善而不见其恶，因此要对他加以"重责"，"使人湛思而自省悟以反道"。《楚庄王》云："《春秋》常于其嫌得者见其不得也。"② 所谓"嫌得"就是"疑似可得"之义，"公子比嫌可以立，赵盾嫌无臣责，许子嫌无子罪"，这三者都使人疑惑，因此"《春秋》为人不知恶而恬行不备也，是故重累责之，以矫枉世而直之"(《玉杯》)。

---

① 对赵盾之事的分析，见董仲舒著，苏舆义证，钟哲点校《春秋繁露义证》，第38—45页。
② 董仲舒著，苏舆义证，钟哲点校《春秋繁露义证》，第3页。

董仲舒对赵盾一事的分析,在纵横类比之中,申发了"贵志"与"矫枉过正"等一系列精粹的《春秋》大义。以往人们对《繁露》的分析,多着眼于这些抽象的原则,但董仲舒在申发这些原则时,所呈现的精致复杂的类比智慧,其实也是《繁露》极为重要的内容,也是董仲舒发明《春秋》比事智慧的鲜明体现。对于汉代的"春秋决狱",董仲舒做出过极为重要的贡献,他撰写过《春秋决事比》二百三十二条。《繁露》对《春秋》事例的分析,也常常流露出决狱的态度,如《正贯》:"《春秋》,大义之所本耶?六者之科,六者之旨之谓也。然后援天端,布流物,而贯通其理,则事变散其辞矣。故志得失之所从生,而后差贵贱之所始矣。论罪源浅深,定法诛,然后绝属之分别矣。"①在分析赵盾之事时,就说:"盾之狱不可不察也。"②而其所采用的问答方式,也与法律问答方式多有接近。董仲舒是以其对"比事"的深入体会,来阐发《春秋》大义。

《繁露》对类比的运用,不仅比《公羊传》更复杂精致,而且表现出更加弱化《春秋》与"史"的联系的显著倾向。尽管《公羊传》作为今文学,主张孔子作《春秋》,但它还是认为,孔子是通过修改"史法"来表达其褒贬大义,因此《公羊传》对《春秋》大义的探讨,很大一部分是通过将《春秋》与所谓的一般性史书修撰之法和习惯说法进行对比,来抉摘隐微。对此,有关的研究有细致的揭示,例如许雪涛指出,《公羊传》经常通过对比《春秋》与史法和习惯说法的差异,来发明其大义。与史法的对比,体现在"不书"之例,例如,隐公六年经:"冬,宋人取长葛。"《公羊传》:"外取邑不书,此何以书?久也。"这里的"外取邑不书",就是一般史书记事之法,而《春秋》改变史法,是要表达围葛历时甚久之义。与习惯法的对比,则体现在"不言"之例,例如桓十二年经:"十有二月,及郑师伐宋,丁未,战于宋。"《公羊传》:"战不言伐,此其言伐何?辟嫌也。恶乎嫌?嫌与郑人战也。"这里所说的"战不言伐",是指史官记史之习惯。这里的习惯与前

---

① 董仲舒著,苏舆义证,钟哲点校《春秋繁露义证》,第143页。
② 董仲舒著,苏舆义证,钟哲点校《春秋繁露义证》,第41页。

面所说的史法,并无本质的差异。①

《公羊传》这一做法,说明它还是重视《春秋》与史书的联系,但在《繁露》中,《春秋》与"史"的联系则被尽可能地弱化,《繁露》的类比推度,完全是就《春秋》记事之间的异同进行对比,不再论及《春秋》对一般史书修撰之法的变化。这种变化说明,《繁露》更充分地将《春秋》视为素王垂训的圣经大法,一事一义皆为圣人制作,因此,在《春秋》事类本身之间类比推度才更有意义,才更能见出圣人的比事智慧。

在法律的判例法实践中,区别技术的运用,是十分复杂的,判例与判例之间,先例与新案例之间的对比,需要考虑到多方面的因素,绝不是简单的形式类比就可以解决问题,因此,法律规则的总结,是比较灵活的,不像制定法那样,会形成明确固定的法律条文。在中国传统的法律实践中,"例"一直存在着滋多繁琐的问题,这是由判例法本身的特点所决定。董仲舒在阐发《春秋》比事智慧的同时,提出"《春秋》无通辞,从变而移"(《竹林》)②这一著名论断,其实就是对"比事"的灵活性和变动性的理论总结。他在《精华》中提出:"所闻《诗》无达诂,易无达占,《春秋》无达辞,从变从义,而一以奉人。"③这就是说,《春秋》诛罪讨恶的裁断原则,是灵活地呈现出来的,并未有一个机械固定的形式。

但另一方面,判例法中,区别技术的运用,也要遵循一些共同的区别原则,如逻辑的统一,一些基本前提的一致等。在中国法律中,"例"本身的表现形式是多样化,但是,为"例"之道需要相对统一。董仲舒显然是注意到这一点,他提出《春秋》有一以贯之之理,特立《正贯》以阐明之,所谓:"(《春秋》)援天端,布流物,而贯通其理,则事变散其辞矣。"《繁露·十指》则提出:"《春秋》二百四十二年之文,天下之大,事变之博,无不有也。虽然,大略之要有十指。十指者,事之所系也,王化之所由得流也。

---

① 参见许雪涛《公羊传解经方法:从公羊传到董仲舒春秋学》(广州:广东人民出版社,2006),第54—69页。

② 董仲舒著,苏舆义证,钟哲点校《春秋繁露义证》,第46页。

③ 董仲舒著,苏舆义证,钟哲点校《春秋繁露义证》,第95页。

举事变见有重焉,一指也;见事变之所至者,一指也;因其所以至者而治之,一指也;强干弱枝,大本小末,一指也;别嫌疑,异同类,一指也;论贤才之义,别所长之能,一指也;亲近来远,同民所欲,一指也;承周文而反之质,一指也;木生火,火为夏,天之端,一指也;切讥刺之所罚,考变异之所加,天之端,一指也。"①这"十指"从内容上看,大多是一种处分事变的方法,其实就可以看作是《春秋》"比事"所遵循的一些原则,是"比事"之"道"。而"《春秋》无通辞",指的是"比事"具体运用中的灵活性,这与"比事"之道的统一,是相辅相成的两面。董仲舒说"《春秋》无通辞,从变从义",这里的"义",应该就是以"十指"为核心的"正贯"之理。《繁露》从"天道"的角度,对这个贯通之"义"做了哲学上的阐释。

需要说明的是,这个正贯之理,并不同于董仲舒所说的《春秋》之常辞与经礼。对于《春秋》之无通辞,董仲舒是在"常"与"变"和"经"与"权"的关系中加以说明的。他提出《春秋》一方面有"常辞",一方面又富于"变辞",所谓:"《春秋》之道,固有常有变,变用于变,常用于常,各止其科,非相妨也。"(《竹林》)②《繁露》还提出,《春秋》有"经礼"和"变礼",所谓:"为如安性平心者,经礼也;至有于性,虽不安,于心,虽不平,于道,无以易之,此变礼也。"③"明乎经变之事,然后知轻重之分,可与适权矣。"(《玉英》)④常辞与经礼,应该是指《春秋》一些较为稳定的法律裁断方式,而变辞、变礼则是灵活变化的法律裁断。这与正贯《春秋》始终,作为"比事"之一般原则的"十指",显然是不同性质的。

但什么是《春秋》的"常辞"与"经礼"呢?《竹林》:"《春秋》之常辞也,不予夷狄而予中国为礼。"⑤这里的"不予夷狄而予中国为礼"是就《公羊传》所阐发的"夷夏之辨"为言。《玉英》:"昏礼不称主人,经礼也;辞穷无称,称主人,变礼也。天子三年而后称王,经礼也;有故则未三年而称王,

---

① 董仲舒著,苏舆义证,钟哲点校《春秋繁露义证》,第145—146页。
② 董仲舒著,苏舆义证,钟哲点校《春秋繁露义证》,第53页。
③ 董仲舒著,苏舆义证,钟哲点校《春秋繁露义证》,第74页。
④ 董仲舒著,苏舆义证,钟哲点校《春秋繁露义证》,第75页。
⑤ 董仲舒著,苏舆义证,钟哲点校《春秋繁露义证》,第46页。

变礼也。妇人无出境之事,经礼也;母为子娶妇,奔丧父母,变礼也。"①这里所举的三种"经礼"皆据《公羊传》为言。《公羊传》以此三种情况为"常"。但是,总的来看,《繁露》并没有对"常辞"与"经礼"进行系统和深入的说明,其论述的重点还是放在"变辞"与"变礼"上,突出权变的重要意义,所谓"故说《春秋》者,无以平定之常义,疑变故之大则,义几可谕矣"。(《竹林》)②《繁露》中所举出的具体的"比事"例证,都不是以"常变"、"经权"的格局来讨论,没有将其中一方设为"常",另一方设为"变",而只是就两者的异同进行对比。董仲舒所关注的,是"比事"如何运用,而并无意于设置一套完善标准的常辞与经礼。因此,我们从《繁露》出发去区分《春秋》何为常,何为变,只能是徒劳无功的,董仲舒不过是借助"常变"、"经权"这样的思维方式来说明《春秋》无通辞之义。

董仲舒的"无通辞"之论,有其形成的现实背景。在法律上,"例"的总结一方面是弹性灵活的,与相对固定和标准的"律"相协调,另一方面,"例"也有逐渐规范和标准化的过程,有些"例"会上升为"律"。但在汉代的司法实践中,这规范和标准化的一面发展得并不充分,汉代判例数量大增,运用广泛,例如汉武帝时,"招进张汤、赵禹之属,条定法令……死罪决事比万三千四百七十二事,文书盈于几阁,典者不能遍睹",③判例的运用,存在"事类虽同,轻重乖异……错糅无常"④的问题。对判例的总结归纳显得较为滞后,这一问题在西晋的法律纂修中才受到关注。因此,董仲舒阐发《春秋》比事智慧时,对灵活性一面的突出强调,与判例法在汉代法律实践中的特殊运用状况有密切的联系。

董仲舒呈现了《春秋》之教与判例法法律实践的密切联系,阐发了《春秋》学在汉代巨大的经世意义。汉代以后,《春秋》学的经世之用逐渐

---

① 董仲舒著,苏舆义证,钟哲点校《春秋繁露义证》,第74—75页。
② 董仲舒著,苏舆义证,钟哲点校《春秋繁露义证》,第55页。
③ 班固撰《汉书》(北京:中华书局,1983)卷二十三,第1101页。
④ 房玄龄撰《晋书》(北京:中华书局,1993)卷三十,第923页。

削弱,西晋杜预以古文家身份总结义例,体现了义例之学由经世向学术的转型。历史上言《春秋》义例者,多归宗杜氏,但如果不了解义例学在汉代经世之用中形成的基本旨趣,就无法准确理解杜预的贡献,亦无法理解义例学在杜预之后所形成的复杂品格。对于杜预在义例学中承上启下的重要贡献,将另作专门的讨论。

附记

余与张晖初识于台北"中研院"举办的"魏晋南北朝经学会议"(2008年11月),时余以小文《杜预和〈春秋〉义例学的史学化与学术化》求教与会师友,此为文中有关董仲舒之思考,后发表于《北京大学学报》2009年第2期。张晖离世已十年矣,回首往昔,曷胜怅然!

落叶哀蝉曲：珍妃之死、香草美人、家国之喻

吴盛青

可喻与不可喻之间

1900年夏，烟尘蔽日，皇宫里惊惕万状。庚子七月的某一个夜晚，珍妃坠井而死。

洋兵入京，皇室远走，政局混乱，庚子之变成为近代中国创伤性经验的历史关捩，也引发了悲情书写的机制，成就大量韵文诗章。① 据统计，至少有5000首以上的诗词关涉庚子事件，展现了文学对历史事件的史无前例的回应。② 以珍妃之死为契机，本文聚焦于1900年秋冬与1901年春一群在京文人的诗词写作，探讨抒情与历史的缠缚互动的辩证关系。这些凝练隐晦的词作，为我们提供了一个研究创伤、隐喻、女性身体与家国想象这些交相纠结的命题的绝佳的考察案例。

晚清民国的几位诗坛巨擘，如王鹏运、朱祖谋、陈三立、郑孝胥等，庚

---

① 参见 Paul Cohen, *History in Three Keys: The Boxers as Event, Experience, and Myth* (New York: Columbia University Press, 1997).

② Ying-ho Chiang (蒋英豪), "Literary Reactions to the Keng-Tzu Incident (1900)," Ph.D. diss., University of California, Los Angeles, 1982, p.18. 阿英编纂的三卷本《庚子事变文学集》（北京：中华书局，1959年原刊；台北：广雅出版，1982）收录85位诗人900余首诗作。庚

子及随后数年均成为他们写作生涯中的分水岭。① 井喷式的产量以及技艺的精进,显示了集体的丧乱经验为审美的收获提供契机。赵翼有名句:"国家不幸诗家幸,赋到沧桑句便工。"②这种直截了当的因果链接,所言固然凿凿,而我试图在此强调文学对重大历史事件的回应、映现,必要经过复杂的美学与心理机制的过滤、变形、重塑或转移。在一个不同的语境里,阿多诺的这句话被广为征引:"奥斯维辛之后写诗是野蛮的。"他指出语言与野蛮历史的参与甚至共谋关系,强调面对浩劫创伤,诗歌创作的不可能性。阿多诺在此并不是在提倡沉默,而是将道德与伦理的省思带入诗歌写作中,质疑将灾难通过审美行为而风格化的合理性。一位诗人,如何面对人为的大难并承担责任,而不是将诗歌沦为共谋的工具或是救命的稻草。后期,阿多诺做了让步,修正了自己的这个决然的说法,强调要从痛苦的经验出发,诗歌可以用来表达痛苦。③ 那些灾难亲历者面临的严峻命题即是,如何阻遏悲伤暗哑了表达的能力,如何将不可理喻的灾难转化成可以触摸的写作形态,如何用艺术"以自然和人类不能言说的方式在言说"。④ 阿多诺诗学理念中的双重轨迹——诗学既要回应沧桑巨变,赋形野蛮时代,同时又要在艺术创作中有主体性的

---

① 郑孝胥在《散原精舍诗序》中云:"伯严诗余读至数过,尝有越世高谈、自开户牖之叹。……大抵伯严之作,至辛丑以后,尤有不可一世之概。源虽出于鲁直,而莽苍排奡之意态,卓然大家,未可列之江西社里也。"见陈三立著,李开军点校《散原精舍诗文集》(上海:上海古籍出版社,2003),下册,第1216页。王鹏运《彊村词原序》中云:"公词庚辛之际是一大界限。"见严迪昌编《近现代词纪事汇评》(合肥:黄山书社,1995),第322页。周兼善根据《彊村三集词》统计,朱祖谋1900年作词113首,还有117首见遗,则朱祖谋在该年所写词作共为230首。周兼善《朱彊村词研究》(香港中文大学博士论文,2001年),第174页。

② 赵翼《题元遗山集》,见胡忆肖选注《赵翼诗选》(郑州:中州书局,1985),第162页。

③ Theodor Adorno, *Negative Dialectics*, trans. E.B. Ashton (New York: Seabury, 1973), p. 362. 此系其1949年表达的观点,后又如是说:"It is now virtually in art alone that suffering can still find its own voice, consolation, without immediately being betrayed." Theodor Adorno, *Aesthetic Theory*, trans. C. Lenhardt (London: Routledge and Kegan Paul, 1984), p. 27.

④ 阿多诺著,王柯平译《美学理论》(成都:四川人民出版社,1998),第7页。他前后自我矛盾的立场也体现了伤痕与文学再现间错综复杂的关系。

参与,并扬弃特定的历史经验——与本文想探讨的诗学事件有共通之处。

张晖君在其名著《中国"诗史"传统》一书中探赜索隐,钩深致远,细绎诗与史的纠缠辩证,勾勒赓续绵延的以诗证史、深衷寄托的文学传统。① 身历庚子国变的诗人,牢牢攫住诗学的传统,诗歌成为他们参与历史的重要修辞手段。稳定的诗歌形式与意象系统,在诗人分崩离析的身心感受中,其持续性为他们提供了一个坚实的立足点。难以表达的各种幽微曲折的心思,托喻性的整体风格,镶嵌繁复的典故与修辞,共同成就了那一时期的词学风貌。同时,集体的唱酬进一步划分或强化了知识群体,为有共同文化信念的文人团体提供表达的场域与机缘。而这类高度托喻化、风格化的书写中,女性的符号成为其中最活跃的修辞要素。本文首先简扼回顾了常州词派的主要词学主张,为下文的诗歌阐释做理论的铺垫,而后集中讨论晚清词人对珍妃之死这一历史事件的回应。

经学家张惠言用"意内而言外"作为一种独特的言说方式,给擅写男女之情的词体赋予道德伦理的"言外"大义,而这言外之意往往是时代政治的隐晦表达。多位前辈学者早已指出,他文本背后的操作是用心别有,旨在借经典抬高词的地位,为词体张本。② 张惠言将儒家道德教示与要眇宜修的词体做了有效嫁接,成为词体的创作理念与诠释的不二法则,也奠定了其为常州词派鼻祖的历史地位。张惠言的依物取类的理念涉及中国诗歌意象与比兴寄托关系的根本问题。《词选序》中写道:"感物而发,触类条鬯,各有所归。"③"触类"一词,出自《易·系辞上》:"引而伸之,触类而长之。"通过对中国古典文论中的比兴概念与西方文学中的隐喻与象征的参差比较研究,余宝琳指出中国诗歌的比兴寄托,有别于西方的"隐喻"概念。隐喻,借助他者性(otherness),对不同事物间的相

---

① 张晖《中国"诗史"传统》(修订版,北京:生活·读书·新知三联书店,2016)。
② 例如,叶嘉莹《常州词派比兴寄托之说的新检讨》,收入《清词丛论》(石家庄:河北教育出版社,1997),第173—205页,尤见第178页。
③ 张惠言《词选序》,《张惠言论词》附录一,见唐圭璋编《词话丛编》(北京:中华书局,1986年),第2册,第1617页。

似性进行认知甚至创造,是建立在真实具体的物质世界和形而上或虚构的世界的根本的二元论框架上的。中国诗学意象假定了"类"的存在,依赖于"类"的联想将自然意象与人世情境相绾合,是在同一层面上一元的世界里的意义的关联与延伸。① 历史上《诗三百》的托喻诠释或者张惠言此处的"言外之意",指的都是现实世界里道德与政治的讽喻,由此也可见以史证诗,诗史互证的笺释传统在词体中的延续。②

张惠言释词,事事皆有所寄,将自然界意象做抽象的牵合归类,探赜索隐,认定所有风花雪月的意象都可以通过诠释活动将其类化,成为意义明晰的"君国"之喻。张惠言遵循经世致用的汉代学者建立的解释《诗经》与《楚辞》的精神,以触类感悟的方式来解词。作为清代《虞氏易》大家,张惠言以解经之法解词,触类条鬯,在今日学者看来有其拘泥教条乃至荒诞不经之处,却有深刻的政教上的用意与动机。③ 侯雅文进一步论证,常州词人承继儒家诗教,以"道"自任,预设了词学行为可以借文学达致改革政教的效用。④ 诗中的自然意象在历史事实与文化经验的层面上延伸,成为当时历史政治的隐晦的密码暗语。

---

① Pauline Yu, "Allegory, Allegoresis, and the Classic of Poetry," *HJAS* 43.2 (1983): 387-392; *The Reading of Imagery in the Chinese Poetic Tradition* (Princeton: Princeton University Press, 1986), pp. 3-43. 参见王万象《北美华裔学者中国古典诗研究》(台北:里仁书局,2009),第四章,第215—245页。余宝琳认为:"中国的诗歌意象有别于西方的隐喻,并非关涉与具体世界根本不同的另一世界,或者在可感之物与超验之物中间重新建立对应关系。这些关系已经存在,它们被人所发现,而非创造。"(译文系王万象所译,第236页)。郑毓瑜《引譬连类:文学研究的关键词》(台北:联经出版社,2012)对"连类"的概念有深入的阐发。

② 关于清初"词史"观念的讨论,见张宏生《清初"词史"观念的确立与建构》,载《南京大学学报》2008年第1期。

③ 张惠言《周易虞氏义序》云:"翻之言易,以阴阳消息六爻,发挥旁通升降上下,归于乾元用九,而天下治。依物取类,贯彻比附,始若琐碎,及其沉深解剥,离根散叶,鬯茂条理,遂于大道,后儒罕能通之。"收入《易学十书》(台北:广文书局,1977),第4页。参见蔡英俊《中国古典诗论中"语言"与"意义"的论题——"意在言外"的用言方式与"含蓄"的美典》(台北:台湾学生书局,2001),第209—214页。

④ 侯雅文《中国文学流派学初论——以常州词派为例》(台北:大安出版社,2009),第316页。

落叶哀蝉曲：珍妃之死、香草美人、家国之喻

陈廷焯的这段话也被广为征引："或问比与兴之别，余曰：……托讽于有意无意之间，可谓精于比义。……托喻不深，树义不厚，不足以言兴。深矣厚矣，而喻可专指，义可强附，亦不足以言兴。所谓兴者，意在笔先，神余言外，极虚极活，极沉极郁，若远若近，可喻不可喻，反复缠绵，都归忠厚。"①此处的"可喻"有明晰具体的意义指向；而"兴"与"比"不同，借用情境联类而运用寄托式的譬喻，唤起相似的主观情意经验，引发一个意义延伸的意义场，抵达"不可喻"的境界，从而呈现意义含混、流动开放的性质。②后期的常州词派的"寄托"理论，超越了明确单一的感慨盛衰、政教喻示的层面，倚向兴会之趣，更多强调自然物象与人情心思融浃互动，含蓄深婉、兴会无穷的美感。搦管之先，即有寄托之意，但对何谓"意"与"喻"有更广泛的阐释与开拓。这种"可喻不可喻"的诗歌境界强调华词丽藻必须有寄托，要表里相宣；同时，寄托不可专一，而是要"触类多通"。③

常州词派的主要理论主张，绵历数朝，在晚清词人手里更是登峰造极。"忧时之士，怵于危亡，发为噫歌，以比兴抒其哀怨，词体最为适宜。文人争趋此途，而词学骎骎有中兴之势焉。"④写词在十九世纪成为一种几与吟诗并重的文人时尚，其理论主张与托喻比兴的修辞手法亦深刻影响了晚清民国的主要词人。⑤重述常州词学的理论，对我下文的阐释有方法论上的指导意义。首先，洎乎近世，吟咏风花雪月，貌似轻艳的表面下都有讽喻现实政治的深意。吊诡的逻辑即在于这些深受诟病的轻艳

---

① 陈廷焯《白雨斋词话》卷六，唐圭璋《词话丛编》，第4册，第3917页。

② 颜昆阳《论诗歌文化中的"托喻"观念——以〈文心雕龙·比兴篇〉为讨论起点》，《魏晋南北朝文学与思想学术研讨会论文集（第三辑）》（台北：文津出版社，1997年），第211—253页；蔡英俊《中国古典诗论中"语言"与"意义"的论题——"意在言外"的用言方式与"含蓄"的美典》，第242页。

③ 周济《宋四家词选目录序论》，唐圭璋《词话丛编》，第2册，第1643页。

④ 贺光中《论清词》（香港：东方学会，1958），第3页。

⑤ 蔡嵩云《柯亭词论》"清词三期"条云，常州词派"本张皋文意内言外之旨，参以凌次仲、戈顺卿审音持律之说，而益发挥光大之"（唐圭璋《词话丛编》，第5册，第4908页）。另见龙榆生《论常州词派》，《龙榆生词学论文集》（上海：上海古籍出版社，1997），第404页。

之词,却是介入的诗学实践,是抒情主体主动的文化承担。对于写作者来说,语码型的写作唤起的是集体潜意识里的文化记忆,将写作诉诸若可有若可无的意义,是他们设计的迂回曲折切入现实经验的途径,也是应对眼前困境,伤口自舐与互舐的策略。对于今日的研究者而言,玩味清末词家背后的托喻意义,窥其篱落,识其阡陌,也成为追索那一代士人心灵状态的不可或缺的凭借。

其次,中国诗歌意象有其自身的庞大的意义表述体系,所谓的感此思彼,联类无穷。尽管博大繁复,仍会有联"类"的对应物的匮乏的问题。晚清士人经历的不仅仅是政局的昏乱,还有认知的断裂,自我与经验世界的迅速疏离。这场三千年未有的历史风暴,用张灏的话说,是"意识危机"的时代,文化不再是有效的表征系统。[1] 一个在大崩解中的文化体系,词与义之间、类的联想中一些约定俗成的东西受到了前所未有的挑战。深文隐蔚的修辞策略,在过去或是为了避祸,在晚清更多是源于"类"的联想物的匮乏。如果说诗歌的稳定形式与体例,践允的是自我的文化记忆与认同的强行连续来对抗意义的崩坏的话,那么,文本世界内意象与寓意本身,更多是以碎片、以裂痕的状态,呈现加速度的或繁复叠加、或分崩离析的整体面貌。本文关注的正是这些碎片是在怎样的历史情境下被模塑与变形的。同时又根据作品的意象、典故、象征形式,做更为宽泛意义上的自由联想。今人的诠释,是我作为读者自己内在的心志意念的主观投射,难免会有捕风捉影之嫌。用谭献的话说,"作者之用心未必然,而读者之用心何必不然",[2]为后文的阐释提供一个理论的借口,即是我希望在"知人论世"的前提之下,对文本的语意脉络做开放性甚或寓言性(allegorical)的解读。

如果说历史本身暧昧无形,而历史的记忆与书写,如海顿·怀特提示的,往往是在特定的修辞方式、情节结构、诠释模式与意识形态话语的

---

[1] 张灏著,高力克、王跃译,毛小林校译《危机中的中国知识分子:寻求秩序与意义》(北京:新星出版社,2006)。

[2] 谭献《复堂词录序》,唐圭璋《词话丛编》,第4册,第3987页。

合力之下而完成。① 比兴寄托,曲折见意,是清末民初词的核心修辞结构,也成为我们今人诠释那一时期士人的文化心态的锁钥之一。

况感西风落叶蝉

京城既陷,联军劫掠淫乱,其恶行触目伤心。感时抚事,黄遵宪写道:"可怜一炬成焦土,留与东京说梦华。"②恽毓鼎描述在京士大夫阶层遭此国难,或与老母幼子生葬土中,或自缢而亡,或徘徊井边被推堕井中,或自投井而死。而"城内旗官,恐受戮辱,阖门自焚者颇多"。③ 虽然作为皇妃,其身份显赫,珍妃之死亦只是当时众多的历史惊心惨剧中的一个,那么为何这个历史事件会成为一个文学的聚焦点,紧紧地攫住了当时文人的想象。简而言之,珍妃之死,是一根小小的导火索,牵动人心,触动亡国遗恨,以及幽微深隐不可为外人道的隐情。④ 与珍妃有关的长篇叙事诗或组诗,包括胡思敬的《驴背集》、王照的《方家园杂咏纪事》、高树的《金銮琐记》、郭则澐的《庚子诗鉴》等。这些长篇作品及时地提供了一个庚子事变的全景图,珍妃之死事件则多半一笔带过。歌行体

---

① Hayden White, *Metahistory: The Historical Imagination in Nineteenth Century Europe* (Baltimore: Johns Hopkins University Press, 1973).

② 黄遵宪《京师》,黄遵宪著,钱仲联笺注《人境庐诗草笺注》(上海:古典文学出版社,1957),第356页。

③ 恽毓鼎《崇陵传信录》(北京:中华书局,2007),第68—69页。另见赵尔巽等撰《清史稿》(北京:中华书局,1977)卷三十,第8932页。艮庐居士的《救劫传》,林纾的《剑腥录》、《蜀鹃啼传奇》,李伯元《庚子国变弹词》,罗惇曧《庚子国变记》(均收入阿英编《庚子事变文学集》)等对庚子事变的文学描绘。关于联军暴行的讨论,参见 James L. Hevia, *English Lessons: The Pedagogy of Imperialism in Nineteenth-century China* (Durham, NC: Duke University Press, 2003), pp. 208-240; pp. 241-259.

④ 我另外撰文勾勒过珍妃形象在二十世纪上半叶在野史、小说、话剧以及电影《清宫怨》中的建构与流播,探讨男性欲望化的想象与虚构如何在现代国家的身份建构与民族凝聚力中起作用,在此恕不赘述。参见 Shengqing Wu, "Gendering the Nation: The Proliferation of Images of Zhen Fei (1876-1900) and Sai Jinhua (1872-1936) in Late Qing and Republican China," *Nanü: Men and Women and Gender in China*, no. 11.1 (2009): 1-64.

诗歌中,著名的有曾广钧的《落叶词》、金兆蕃的《宫井篇》、王景禧的《宫井词》、薛绍徽的《金井曲》,详细叙述了珍妃入宫,受君王恩宠,与慈禧交恶,乃至庚子西狩时,被推至井中而惨死的整个人生故事。生离死别的哀恸与亡国之恨交相缠绕,"断肠玉树悲亡国"。① 其中金兆蕃的《宫井篇》,长达一千三百五十六字,步武吴梅村,钱仲联先生赞它"工丽无匹"②。

这一凄婉的历史事件重新启动了美人香草的譬喻传统。众所周知,美人香草的传统大约滥觞于《楚辞》,而后代有为数众多的诗人以这种托喻结构为基础,将男女哀乐与君子幽约怨悱之情做连类比附。俞樾延续张惠言的主张,"词之体,大率婉媚深窈,虽或言及出处大节,以至君臣朋友遇合之间,亦必以微言托意,借美人香草,寄其缠绵悱恻之思,非如诗家之有时放笔为直干也"。③ 再次简明扼要地将以香草美人为主的寄托手法定义为词的文类特征,成为阐释一首词的基本前提。香草美人的托喻之风在晚清大炽。当晚清词人描写情爱的迷惘与缺失,他们与读者拥有表情述志与阐释的共识,即这里的"爱"可理解为政治现实的托喻,或是用叶嘉莹先生的话说,"当爱情变成了历史"。追踪这个托喻在晚清的流变,有助于我们找到窥探晚清末年士大夫阶层的心灵状态与"情感结构"(structure of feeling)。我正是在这个意义上,关注与珍妃之死有关的诗词创作,按图索骥,试图爬梳出一条或明或暗的历史线索来重构晚清士人的心灵图景。书写这些哀婉深窈的情诗,哀悼光绪的爱妃,是对帝子的衷心之表,同情其革新的意图,这层托喻的意涵直指历史具体的语境与惊心惨祸。但是更为重要的是,通过重复性地借径女性以及伤痛欲绝的情事,诗人得以表达更为抽象的集体政治与文化意义上的丧失与创伤,寓无限黍离麦秀之慨。这种隐微委曲、香草美人的修辞策略,一方

---

① 阿英编《庚子事变文学集》,第 104、105—107、268—271 页。薛绍徽《薛绍徽集》(北京:方志出版社,2003),第 51—52 页。

② 钱仲联《梦苕盦诗话》(山东:齐鲁书社,1986),第 54 页。

③ 俞樾《顾子山〈眉绿楼词〉序》,《春在堂杂文》卷三,收入沈云龙编《近代中国史料丛刊》(台北:文海出版社,1966—1987),第 42 册,第 1145 页。

面是抒情主体在有所避讳的前提下,践允自己的道德与伦理责任,另一方面借用绸缪宛转的传统情欲的表达格式来达到感人肺腑的艺术效果。①

先看一首王鹏运的小令。这首短小精悍的小令收入《庚子秋词》乙卷中。

渔歌子

禁花摧,清漏歇,愁生辇道秋明灭。冷燕支,沉碧血,春恨景阳羞说。　　翠桐飘,青凤折,银床影断宫罗袜。涨回澜,晖映月,午夜幽香争发。②

词中弥漫着一个文士恋人的忧郁声音。破碎的意象如碧血、禁花、罗袜、翠桐、青凤、午夜的幽香,都以借喻与暗喻的方式指向皇妃之死。禁花、辇道等直接点明事件发生的地点——宫殿,而"燕支"指胭脂井,系陈后主与妃子张丽华所投之井。苌弘碧血更是熟典,点明殉难的义举。最后点明事件发生的时间是在午夜。通过一组意象与典故,诗人已大致勾勒了一条潜在的惊悚的历史线索。这些温柔的意象与精心选择的动词相搭配,如摧、歇、灭、飘、折、断,强化破碎与摧折的力度。歇拍回到一个回澜拍岸,明月辉映的永恒的境界,而涨起来的回澜,争发的幽香,就如回溯的记忆,绵绵不尽地涌现。

此类托喻词,不着眼于模拟现实世界,更多借历史的经验与语码来传达未可明言的意涵。这首小词独自构成一个精巧的隐喻,像一场大戏的序幕,时间(夜晚)、地点(宫中的金井)、气氛与主题(死亡与回忆)都已设计好,但是缺席的主角以一种近似鬼魅幽灵的方式存在。作者调动历

---

① 见严志雄对隐微的修辞特色的讨论。《钱谦益〈病榻消寒杂咏〉论释》(台北:联经出版公司,2012),第14页。

② 《庚子秋词》中王鹏运、朱祖谋、刘福姚各作《渔歌子》一首。另外,王鹏运作六首《遐方怨》,并朱祖谋四首,刘福姚三首,均被认为与珍妃之死有关。王鹏运等《庚子秋词》(台北:学生书局,1972),第154、181—184页。

史的经验(张丽华投井),代言了这一文本里的情境,间接委婉地证显当时情境(珍妃之死事件)。当时人的笺注也印证这一层的指涉意义。如黄濬在《花随人圣庵摭忆》中认为:"其中托词寓讽,率指兹事。"① 罗袜,让人联想到"凌波微步,罗袜生尘"的洛神,但是它还隐含有另一个故事,马嵬老媪奉还杨贵妃的遗袜,唐玄宗因而有"罗袜罗袜,香尘生不绝"之语。② 井栏上的罗袜,留下失踪女子的蛛丝马迹,带有恋物癖的特征,通过转喻表达爱慕,哀悼死亡。女子的气息、哀怨混合着零落的记忆,缠绕于雕梁画栋之间,指向更为广阔的忧伤,更抽象意义上的丧失。

匮乏与缺席,在文廷式的《忆旧游·秋雁》中,得到更为复杂的体现。此词作于庚子八月,其时文廷式流亡沪上。③ 不寻常的写作时间,为读者预设了阅读的框架,学界多认为这首词追忆逃亡中的光绪,哀悼珍妃,感慨其个人政治理想的挫败。从文类上说,这是首咏秋雁的咏物词。咏物词,在状物体物而感物吟咏中,牵引出与此一物象相关的本事典故意绪,将咏物与抒情高度结合为一体。"贵得风人比兴之旨",委婉曲折地表达旨意,方秀洁将咏物词称为一种"间接诗学"。④ 晚清的词学实践对南宋心追手摹,咏物词在晚清也极为风行,再次验证了譬喻繁复的时代风尚。从广袤的宇宙经验中抽身而出,世界在迅速缩微,在一个可掌控、可经营的微观物体上,铭刻情志,投注自我的生命经验与感受。⑤ 咏物

---

① 黄濬(黄秋岳)《花随人圣庵摭忆》(北京:中华书局,2008;第一版,1943),上册,第144页。该书中多次提及珍妃之死事件、《庚子秋词》的故实,多年前引发了我进一步探究的兴趣。

② 阮阅编,周本淳校点《诗话总龟》(北京:人民文学出版社,1998)卷三十五《纪梦门》,第341页。

③ 其生平事迹,见钱仲联编《文廷式年谱》,赵铁寒编《文廷式全集》(台北:大华印书馆,1969)本,第1—58页。在广州将军长善幕中,珍妃未入宫前,文廷式曾教过珍妃、瑾妃姐妹。珍妃入宫后,文廷式金榜题名,据传与珍妃的幕后操作有关。

④ 蒋敦复《芬陀利室词话》:"词原于诗,即小小咏物,亦贵得风人比兴之旨。"唐圭璋《词话丛编》,第4册,第3675页。另参 Grace Fong, *Wu Wenying and the Arts of Southern Song Ci Poetry* (Princeton: Princeton University Press, 1987), pp.78-104。

⑤ Shuen-fu Lin, *The Transformation of the Chinese Lyrical Tradition: Chiang K'uei and Southern Sung Tz'u Poetry* (Princeton: Princeton University Press, 1978), pp. 11-12。

词禁体物,所咏之物往往不出现在诗行里,推崇要与所咏之物构成"不黏不脱,不即不离"的关系。其运思复杂、修辞繁复的特点也让现代评论家深为头痛,胡适干脆认为是"笨把戏"①。确实,咏物词,像个精心设计的把戏,要求读者解开意象之间、意象与意义之间关联的层层密码以及言外之意、象外之旨。

忆旧游·秋雁　庚子八月作

怅霜飞榆塞,月冷枫江,万里凄清。无限凭高意,便数声长笛,难写深情。望极云罗缥缈,孤影几回惊。见龙虎台荒,凤凰楼迥,还感飘零。　　梳翎,自来去,叹市朝易改,风雨多经。天远无消息,问谁裁尺帛,寄与青冥? 遥想横汾箫鼓,兰菊尚芳馨。又日落天寒,平沙列幕边马鸣。②

虽然词牌名与词的主题内容之间已经无甚联系,但是文廷式对"忆旧游"这个词牌的选择,可谓意味深长。③ 名义上吟咏秋雁,实际借助"秋雁"这一意象所具备的丰富文化含义,表达在历史险境中个体的惊惶畏缩。领词怅、望、见,占据高屋建瓴的视角,带诗人的想象力超越时空阻隔。前人指出咏物有两法:"一是将自身顿在里面,一是将自身站立在旁边。"④在这首咏物词中,秋雁与诗人的自我隐喻之间的关系显而易

---

① 胡适《序》,收入胡适著,絮絮注《胡适选唐宋词三百首》(北京:东方出版社,1995),第7页。

② 《文廷式年谱》:"光绪二十六年庚子(1900),四十五岁:七月,八国联军入寇,都城陷。两宫西狩。珍妃殉难于宫井。先生感时伤事,时借诗词以寄意。"文廷式《云起轩词》,《文廷式全集》本,第1—47页,本词见第40页。

③ 见叶嘉莹《清代词史观念的形成与晚清的史词》,载《中国文哲研究通讯》7卷4期(2007),第71—97页,尤见第95—97页。参见林玫仪《文廷式甲午后词作探微》,载《词学》第十四辑,第247—300页,尤见第275—278页。

④ 李重华《贞一斋诗说》,见《清诗话》(上海:上海古籍出版社,1999),第930页。参见路成文对姜夔咏物词中物、我、情交融的讨论,《姜夔咏物词论》,载《词学》第十五辑,第46—61页。

见,此物秋雁与诗人自我基本融为一体,此与下文讨论的朱祖谋的咏落叶不同。文廷式将自我投入物象之中,贯穿着一个或隐或显的诗人个体的声音以及他飘零异域的流亡体验。曾辗转日本,数度遭清廷严拿的逋臣,迁徙如同秋雁。"云罗"的意象,传达戒惧幽深,惊弓之鸟的感受。①过片的"梳翎",是个寻常语码,来比文人高洁自爱。

  词中上下阕均嵌入了一个抒写的身姿。上阕写道:"无限凭高意,便数声长笛,难写深情。"化用唐人赵嘏诗:"残星几点雁横塞,长笛一声人倚楼。"同时可联想到向秀与嵇康的故事。简短的《思旧赋》中云:"邻人有吹笛者,发声寥亮。追思曩昔游宴之好,感音而叹,故作赋云。"鲁迅先生曾在《为了忘却的纪念》中写道:"很怪他[向秀]为什么只有寥寥的几行,刚开头却又煞了尾。"②无论对向秀、鲁迅,还是对文廷式而言,近期一系列事件的震惊效果,挫伤了作家倾诉与表达的能力,"难写深情"。下阕云:"天远无消息,问谁裁尺帛,寄与青冥?"孤独的秋雁,是爱的信使,收信人身份未言明,绑在雁腿上的信札,是一封没法投递的情书。

  汉武帝的《秋风辞》云:"秋风起兮白云飞,草木黄落兮雁南归。兰有秀兮菊有芳,怀佳人兮不能忘。泛楼船兮济汾河,横中流兮扬素波,箫鼓鸣兮发棹歌。"原有大雁南归的意象,用在此处顺理成章,但是文廷式的用意更落在"佳人"之上。化用《秋风辞》,但是"遥想横汾箫鼓,兰菊尚芳馨"里,没有"不能忘"的佳人。这有意的空缺与省略反而更能引起读者的注意。黄濬引用此句作例,说"咸可谓此中有伤心语"③。佳人,在字面上与现实语境里是双重的缺失。而这些词句的语义模糊之处在于,谁在向谁诉说。词中的面具(persona)对佳人的向往可以等同文廷式对珍妃的个人记忆吗?或是说这是个心怀忧愤的臣子,心系君王,缱绻难忘,以及从君王的视角去想象他与爱妃的生离死别?作为逐臣,文廷式经历

---

① 钱仲联认为这里的"云罗"指如云密布的罗网,指该年六月,文廷式有被湖南巡抚密拿而逃脱的惊悚事情。钱仲联选注《清词三百首》(长沙:岳麓书社,1992),第332页。
② 鲁迅《为了忘却的纪念》,《鲁迅全集(第四卷)》(北京:人民文学出版社,1981),第488页。
③ 黄濬《花随人圣庵摭忆》,上册,第144页。

落叶哀蝉曲:珍妃之死、香草美人、家国之喻

了大雁南归的迁徙,逃亡中的光绪帝亦有类似的辗转经历。这里销声匿迹的佳人可以指落井而亡的珍妃,也可以是杳无音讯的君王,其间有诗人与帝王的交错以及交织的情感认同。搬演典故,与现实相参照,是建立在实有情境与历史经验的相关性之上的。但反讽的意味在于,汉武帝统治的泱泱大汉与风雨飘摇中的大清王朝,对比鲜明。① 箫鼓歌舞中,于汉武帝而言,缺席的只是他的爱人,拥有的是不可一世的江山;而在文廷式的书写语境中,佳人陨落,皇帝出逃,还有帝国的摇摇欲坠。在这个特定的历史时刻,过去的辉煌与今日的陷落,对比醒目,滋味自嚼。

用汉武帝西征的典故来比附光绪帝的出逃,是当时人惯用的手段。例如,王鹏运咏野雁:"昨梦横汾西去路,声声。塞雁惊寒不忍听。"此类衷心之表在当时文人中回声连连。郑文焯名篇《谒金门》三首中写道:"行不得","留不得","归不得","不忍思君颜色","不忍问君踪迹","不忍闻君消息"。用女性口吻询问辗转旅途中的夫君的消息,回环往复,黄濬形容其沉痛有如伊州之曲。② 词中有效地运用性别角色面具展演词人臣子的幽愁怨悱,牵肠挂肚。此处对忠君的表述不仅仅是呈现对光绪帝个人的衷心,他的出逃被赋予的是更为丰富的象征意义。作为夫君与体现天下意志的"君",是传统社会政治文化、道德秩序的象征,这些修辞的文化惯性其实体现了一个社会集团稳固的精神向心力。毫无疑问,庚子国变体现了大清的腐败无能,但是这并未动摇大多数士大夫对"君"作为王权政治的载体的认同,对君王与帝制的悃悃忠诚。也是从这个意义上而言,对皇妃之死的悼念,对君王踪迹的缱绻追问,在个人、历史、家国与文化的层面上紧密相连与延展。

当时京城士大夫多南下,文廷式亦流寓沪上,与沈曾植兄弟、丁立钧、张謇、冒广生等"朝夕咸集,极一时文酒山河之感"。③ 因为文廷式系

---

① 叶嘉莹《清代词史观念的形成与晚清的史词》,第 97 页。
② 黄濬《花随人圣庵摭忆》,中册,第 442 页。龙榆生亦认为它"音节凄黯,意绪苍凉"(《龙榆生词学论文集》,第 460 页)。
③ 冒广生《小三吾亭词话》卷一,收入唐圭璋《词话丛编》,第 4 册,第 4673 页。

珍妃业师，黄濬相信他"歌以当哭，必有异于他人者"，认为文廷式的《落花》八诗、《拟古宫词》二十四首"可当珍妃一部小传读"；大致寻绎其旨意，词作如《满江红》与《念奴娇》（闻说太液波翻），都别有寄托。① 其他，如《贺新郎》（别拟西洲曲），亦被认为影射珍妃，钱仲联命之为"词史"，称其有"楚骚遗意"。②

　　文廷式的八首《落花》诗中，有一首写道："愁绝更无天可寄，恨深才信海能填。铜仙热泪销磨尽，况感西风落叶蝉。"③在所有与珍妃之死有关的意象中，"落叶哀蝉曲"的典故，风靡一时。这个典故说的是在李夫人过世后，汉武帝作《落叶哀蝉曲》追悼之。④ 当时有很多诗歌吟咏"落叶"或是化用这个典故。落叶，一个最为稀松平常的意象，多用于表达身世飘零之感，而在庚子辛丑之际，"落叶"成为意涵丰富的暗码。因与李夫人之死做情境联类，被诗人用来借代珍妃之死，获取特定的时下的意义。孙雄在《诗史阁诗话》中记录："王蘋珊前辈乃徵有《落叶词》四首，情韵苍凉，足当诗史。同时和者甚多，莫能及也。"录其第三首："自拂荆尘判玉条，雪埋冰沍几经朝。歌翻独漉伤泥浊，曲写哀蝉感翠凋。铜辇再过秋似梦，碧沟一曲怨难消。白杨路断鹃声急，谁向荒郊慰寂寥？"王乃徵的这四首《落叶词》在京城传抄殆遍，为他赢得"王落叶"之誉。曾广钧有《庚子落叶词》七律十二首，同李希圣、王乃徵作，俱咏珍妃投井事，假托其妾华秀芬（金婉）所作，流传天下。兹录一首："银床玉露冷金铺，碧化长虹转鹿辘。姑恶声声啼苦竹，子规夜夜叫苍梧。破家叵耐云昭训，殉国争怜李宝符。料得佩环归月下，满身星斗泣琼琚。"孙雄认为曾广钧的这组诗可作珍妃小传读，"姑恶声声啼苦竹，子规夜夜叫苍梧"十四字，

---

① 黄濬《花随人圣庵摭忆》，上册，第144页。
② 钱仲联《清词三百首》，第334页。
③ 黄濬《花随人圣庵摭忆》，上册，第144页。
④ 诗云："罗袂兮无声，玉墀兮尘生。虚房冷而寂寞，落叶依于重扃。望彼美之女兮，安得感余心之未宁？"沈德潜编《古诗源》（北京：中华书局，1963），第41—42页。

允称绝唱。如果珍妃"地下有灵,亦当肃环佩以申感谢也"。① 此外陈宝琛《霜叶飞》、潘之博《大圣乐》、史璞莹《唐多令》中的"落叶"意象亦被认为与珍妃之死有关联。② 在所有吟咏"落叶"的诗词中,朱祖谋的《声声慢》备受赞誉:

声声慢　辛丑十一月十九日,味聃赋落叶词见示,感和

鸣螀颓城,吹蝶空枝,飘蓬人意相怜。一片离魂,斜阳摇梦成烟。香沟旧题红处,拚禁花、憔悴年年。寒信急,又神宫凄奏,分付哀蝉。　　终古巢鸾无分,正飞霜金井,抛断缠绵。起舞回风,才知恩怨无端。天阴洞庭波阔,夜沈沈、流恨湘弦。摇落事,向空山、休问杜鹃。③

起句中秋末的哀蝉与颓圮的宫中的台阶,点明命意。诗中有一系列与女子有关的典故,红叶题诗,忧愤而亡的齐女,结合爱的绝望,将落叶与一系列的女子身世际遇绾合幻化,融化不涩。"分付哀蝉"一句,如前所述,与早逝的李夫人的故事有关。片片飘坠的落叶,转化成佳人的缕缕离魂,是齐女、李夫人或是珍妃命运的重重叠加。下片中的"起舞回

---

① 摘自孙雄《诗史阁诗话》,张寅彭主编《民国诗话丛编》(上海:上海书店出版社,2002),第2册,第189—190页。白敦仁指出,毕一拂《光绪宫词后序》、狄葆贤《平等阁诗话》、徐兆玮《北松庐诗话》、孙雄《诗史阁诗话》、郭则沄《十朝诗乘》、赵炳麟《柏岩感旧诗话》,都有论及珍妃事。见朱孝臧著,白敦仁笺注《彊村语业笺注》(成都:巴蜀书店,2002),第93页。此外,王半塘及朱彊村《金明池·咏扇子湖荷花》,指为讽此事(此李岳瑞说,见《春冰室野乘》),而白敦仁认为,"细玩词意,却似未尽然"。《彊村语业笺注》第93—94页。此外,白蕉在《珍妃之悲剧》中,列举文廷式《月》、金兆蕃《宫井篇》、蒝园老人《宫井词》、鲍蘋侣《读宫井词有感》、佚名《光绪宫词》、吴绚斋《清宫词》、曾重伯《落叶词》、恽毓鼎《落叶词》、王小航《方家园杂咏纪事》(其六)、李亦元《湘君》、朱古薇《声声慢》等。《人文月刊》第6卷第7期(1935年9月),第13—19页。

② 叶恭绰编《全清词钞》(北京:中华书局,1982),第1811—1812、1898、1660页。此则材料受惠于卓清芬提供的线索。卓清芬《清末四大家词学及词作研究》(台北:台湾大学文史丛刊,2003),第300页。

③ 朱孝臧著,白敦仁笺注《彊村语业笺注》,第90页。

风",或指汉代宫人丽娟姑娘,她善歌,体弱,恐被风轻举,常唱《回风曲》,"庭叶翻落如秋"。① 而"天阴"二句以舜帝二妃喻珍妃、瑾妃,并及舜帝死于苍梧之野的事迹。

与中心意象落叶有关的蝉,也是意义丰富的文化意象。落叶哀蝉,哀悼早逝的李夫人。女人的发髻亦有蝉鬓等说。蝉,因与寒蝉餐风饮露有关,而与承露台以及沦亡的朝代间接相关。这里的蝉还可与南宋末年的唱和集《乐府补题》中王沂孙的名篇《齐天乐·蝉》有互文联系。1279年,周密、王沂孙、张炎等 14 位南宋遗民词人秘密集会五次作咏物词,分别赋咏龙涎香、白莲、莼、蝉与蟹五物,共五调 37 首,集成《乐府补题》,亦成为咏物词集的代表。借助象征与托喻之类编码式的方式,南宋遗民表达了对毁陵事件未可明言的愤慨。王碧山笔下的蝉,病翼惊秋,枯形阅世,托喻后妃。② 一事一物,引申发挥,南宋词人密码式的写作在晚清诗人王鹏运与朱祖谋等人那里得以承继与发扬。

朱祖谋在词中将时空秩序打乱,依据内在情感逻辑叠加历史人物故事。或是说,这首咏物词呈现的是历史时间的空间化、布景化处理,在词的结构上,形成了流动的"缘情布景,时空变换的特点"。③ 与洪汝冲的同调词相较,朱祖谋的词作更为细腻委婉。同时,还可将这首词与王沂孙的另一名篇《水龙吟·落叶》相比较。朱祖谋亦运用了红叶题诗、《九歌·湘夫人》、鸣蜇等典故与意象,将大自然的萧索,女子的死亡,朝代更替,以及故国凄凉的感受,融为一体。考虑到《声声慢》写作的时间与典故意象的运用,朱祖谋同时代的人一致认为它是吟咏珍妃事件。还有学者将该词一系列的自然意象拼成一个连贯的故事,从珍妃失宠于慈禧到

---

① 事见《洞冥记》,转引自朱孝臧著,白敦仁笺注《彊村语业笺注》,第 92 页。
② 夏承焘的《乐府补题考》,认为词集中的蝉与白莲,托喻后妃。蝉饮露而生,而今贮露之盘已移,蝉无露可饮而亡。夏承焘《乐府补题考》,见《唐宋词人年谱》(上海:中华书局,1961),第 378 页。同时参见黄兆显《乐府补题研究及笺注》(香港:学文出版社,1975),第 71 页;孙康宜著,钱南秀译《〈乐府补题〉中的象征与托喻》,《词学》第十辑,17—39 页。
③ 任访秋主编《中国近代文学史》(郑州:河南大学出版社,1988),第 292 页。

最终惨被扔进井中。① 这种索隐求实,缘词证事的方法,如前所述,扎根传统,自有其意义。但是我所采取的阐释立场是,词中繁复的赋义并不仅仅止于现实人事的指涉上。落叶哀蝉作为典故与意象,珍妃之死的历史事件(字面义与历史经验层面的意义)、香草美人的譬喻传统重叠复映,消弭了字面义与隐喻义之间的界限,凝聚了一代士人遭遇家国沧桑的集体心灵体验。

　　缺失在这里,是性别化的。女性的身体,作为欲望潜在的对象,具有神秘未知的他者性,成为隐喻与修辞不竭的灵感来源。词中弥漫着梦魇的氛围,将一个个零落成尘的爱情故事串起。这些女性形象或其离魂,隔着时空与阴阳,扑朔迷离。欲望,悖论性地被想象的空缺、距离与死亡煽动,一方面强化延长对皇妃的绵绵不断的哀悼,另一方面将情欲崇高化(sublimated)。词人对珍妃的真实经历以及遇难的细节并不关注,而将之转化为隐喻结构,等待他的读者来解密。诗歌中的意象,例如落叶、金井、哀蝉、蝉鬓等,可以解读成女性身体的局部替代品与关联物。词人将性爱化的欲望与想象、理想的诉求、文化的沧桑感受,通过移情机制,转移到了具体而微的物体上,以此来遮盖创伤经验。落叶哀蝉,寻常的自然界的物体,成了皇妃惨死的经验代言,更成了遮蔽历史创伤的恋物式的替代意象。

　　同时,落叶亦是抒情主体的惶恐与幽怨所找到的赋形,在此精雕细镂他所有的身世之喻与黍离之叹。像那些柔弱易逝的物体,从薄命女子到落叶、哀蝉,在一个没有太多防范却遭遇历史突变的情形下,一介书生突然陷入那种无助而无力的精神状态。飘坠的落叶矛盾于分崩离析中的帝国之重。这种被动、脆弱与无助感,不仅是出于传统审美对幽怨之绪、阴柔之美的偏好,更是一代士大夫经受精神创伤的主体性的表征体现。在此稍作延伸,就在庚子事变发生的同一年年初,年轻的维新派领袖梁启超已经吟诵出一个年轻中国的颂歌,其中有句"红日初升,其道大光","奇花初胎,矞矞皇皇",由此勾勒"少年中国"的图景。在新世纪的

---

① 参见白敦仁的笺注,朱孝臧著,白敦仁笺注《彊村语业笺注》,第 91—94 页。

现代话语中,皇皇的"奇花初胎"的青春意象将被塑造成一种新的现代主体性建构与激情想象,这恰与木叶翻落中老去的帝国形成对照。①"少年中国"的想象在20世纪固然鼓荡人心,但是不可漠视,柔弱悲悯的主体呈现与精神结构,亦是一代传统文人以症状的方式回应历史的跌宕,帝国的消亡,以及现代化进程中的暴力与空洞。②

　　陈三立给朱祖谋所作的墓志铭中,强调了创伤性的经历与诗歌的歧义性之间的关系,云:"身世所遭,与屈子泽畔行吟为类,故其词独幽忧怨悱,沉抑绵邈,莫可端倪。"20世纪20年代末,经陈衍引荐,龙榆生在沪上从朱祖谋学词,就词中本事,叩问先生。"一日执卷请益,先生就其大者有所指示,予因从而笔记之。然欲叩其详,亦坚不肯吐。"③龙榆生是朱祖谋晚年的忘年交,在弥留之际,朱祖谋将自己的校词双砚授予龙榆生,并云"吾未竟之业,子其为我了之"。④ 面对这个要传其衣钵的弟子,一向出言谨慎的朱祖谋依然是沉默的,不肯指点迷津。龙榆生在先生下世之后,还是掘隐发幽,寻求本事,写下《彊村本事词》一文。张尔田与龙榆生信函往复,讨论对朱祖谋词的笺注。张尔田指出:"故国之悲,沧桑之痛,触绪纷来。一篇之中,三致意焉。"⑤"托喻"是古老的"诗用"的自觉的文化行为之一种,寓意及其阐释提供了一种有用心的阐述,强调群体中的目标一致,声息相通,同时设置种种迷障,加深群体的界限与社会分层。⑥ 王鹏运等同好下世后,大约是"人琴俱逝,赏音阒然,感叹畴昔,

---

① 梁启超《少年中国说》,首发于《清议报》第35册(1900年2月,时为庚子年正月)。参见宋明炜《"少年中国"之"老少年"——清末文学中的青春想象》,载于《中国学术》27卷(2010),第207—231页。

② 如克里斯蒂娃在《欧洲主体的危机》说,主体设置不同的主观位置,各自以症状的方式回应历史的转折。Julia Kristeva, *Crisis of the European Subject*, trans. Susan Fairfield (New Hampshire: Other Press, 2000), p. 88.参见刘纪蕙《心的变异:现代性的精神形式》(台北:麦田出版社,2004),第一章。

③ 龙榆生《彊村本事词》,《龙榆生词学论文集》,第471—472页。

④ 龙榆生《词籍题跋·彊村晚岁词稿》,《龙榆生词学论文集》,第520页

⑤ 张尔田《四与榆生论彊村词事书》,《词学季刊》卷1第4期(1934),第195页。

⑥ 颜昆阳《论诗歌文化中的"托喻"观念》,第225页。

唯有腹痛"，①谢绝揭示历史托喻的"真实"，朱祖谋实际上也保护了诗作的私密性质，强化知己好友与后世读者之间的界限。阅读一首诗，是作者与阅读者之间建立起一种诠释的"契约"，②而这类契约关系随着时代变迁，或瓦解，或重续。最后龙榆生笼统言之，说它们表达了黍离麦秀之感。③

1930年，故宫博物院出版的官方刊物《故宫周刊》推出《珍妃专号》，为其幽怨张本，刊出珍妃照片（后被认为搞错了）与《清史稿》中其人传略等。其中重要的材料是《宫中人语》四则，留下宫女与太监的口述历史。关于近人的歌咏，《珍妃专号》举出的例子有朱彊村《声声慢》等三阕，李希圣《湘君》一首，曾重伯《落叶》十二首。录李希圣的《湘君》一首："青枫江上古今情，锦瑟微闻呜咽声。辽海鹤归应有恨，鼎湖龙去总无名。珠帘隔雨香犹在，铜辇经秋梦已成。天宝旧人零落尽，陇鹦辛苦说华清。"黄濬嫌其太少，又添加了多首："王病山（乃徵）《落叶》七律四首，李孟符（岳瑞）《无题》八首之第二首，王半塘《庚子秋词》乙卷调寄《渔歌子》，范肯堂《庚子秋题娄贤妃所书屏翰二字》七律一首，恽薇孙（毓鼎）《金井一叶落》五律一首，吴绚斋《清宫词》'赵家姊妹共承恩'一首，其中托词寓讽，率指兹事。即郑叔问《杨柳枝》词'雨洗风梳碧可怜，秋凉尤咽五更蝉。谁家残月沧波苑，夜夜渔灯网碎钿'一首，盖亦庚子秋伤时讽事，有感于此也。"④

此外还有一个相关的问题，即这些诗词是如何流传的。极有限的材料留下一点蛛丝马迹。在珍妃之死的消息泄露之后，这些诗词被在京的文人手抄，其后以信函的方式发送给离京友人。"予于庚子岁暮，在闽海

---

① 徐珂《近词丛话》，转引自严迪昌编《近现代词纪事会评》，第323页。
② "契约"概念取自詹明信，认为文类是一种读者与特定的阅读群体之间建立的共识、契约。Fredric Jameson, *The Political Unconscious: Narrative as a Socially Symbolic Act* (Ithaca: Cornell University Press, 1981), pp. 106-107.
③ 龙榆生《彊村本事词》，《龙榆生词学论文集》，第472页。
④ 黄濬《花随人圣庵摭忆》，上册，第143—144页。

长门军次,得友人张蛰父运魁书,言联军入都,官民怪状,及两宫西幸,珍妃殉国诸异闻,嗣复陆续钞寄一时留都诸文人诗词,多隐约其辞,实则慈禧令人挤妃堕井也。"① 此则逸闻提供了一个大致印象,即这些诗歌是从京城经人传抄,并以书信的方式流传到地方上,满足某些文人如饥似渴一读为快的心情。珍妃以及珍妃之死这一事件,已被高度符号化,编码与解码的过程中蕴藏复杂的政治情绪,也为文人群体提供了共同情感宣泄的需求。落叶,连同"落花"这另一个清遗民钟爱的意象,② 纷纷扬扬于世纪之初的诗词里。这种"恋物"的悲情,隐喻了整体性的文化沦陷的感受。所谓的"不咏兴亡咏落花",正是抒情传统中隐喻与移情机制的体现。

1900 年的某个晚上,定格在一群士人的想象与叙述中,成为在其后的一两年中频频返回的一个历史的"原初场景",体现了一种弗洛伊德所谓的"强迫性的重复原则"(repetition compulsion)。在对一战后深受战争创伤之苦,患有"创伤型神经症"的病人的研究中,弗洛伊德发现,主体不是要将创伤忘却,卸载记忆,而是以梦魇的方式,密集回访创伤的原初情境,一而再,再而三地体验意外"震惊"事件,使之成为一个挥之不去的创伤的固着(traumatic fixation)。③ 珍妃之死、庚子之乱,也是这样攫获了士人的意识,创伤场景的强迫性的回返与"恋物"的心理机制相糅合,使之成为于抒情主体而言萦绕不去的梦魇,延宕伤痕经验的持续效应。一个整体性的文化大破坏固着在一个妃子的骸骨上,她成了隐喻与能指的渊薮。弗洛伊德曾用其小外孙玩 fort-da 游戏来解释与缺失斗争的重复性的冲动。小男孩为了克服母亲离去的寂寞与无助感,自行发明了一

---

① 《百炼盦谈故》,转引自故宫博物院编《故宫周刊·珍妃专号》(1930 年 5 月 3 号),第 1 版。

② 参见叶嘉莹《一位晚清诗人的几首落花诗》,收入《风景旧曾谙》(香港:香港城市大学,2004),第 133—156 页。

③ 弗洛伊德在多处讨论这个问题,主要见《超越快乐原则》等。Sigmund Freud, *Beyond the Pleasure Principle*, trans. James Strachey (original print, 1920; London: Hogarth Press, 1959)。

落叶哀蝉曲:珍妃之死、香草美人、家国之喻

种游戏。将一系有绳子的线团抛掷出去,然后收回,同时伴随"fort"(不见了)与"da"(在这里)的不同声音。弗洛伊德认为通过重复性地表演物体的消失与回归,自我最终习惯于母亲经常不在的状况。游戏对于小男孩来说是主动操控,也就是说他积极地参与到对于母亲缺失的情境的掌控中。将这个著名的游戏用于伤痕研究,学者进一步阐发这个游戏中积极意义。[1] 多米尼克·拉卡普拉指出,经历过创伤绝望之后的重复性的悲伤书写,会帮助写作者产生一种批评的距离,重新定位自己在社会生活、伦理中的责任。[2] 掺和着一次次痛苦以及享受缺失的受虐式的快感,诗人以主动的方式、积极的态度面对创伤,实行哀悼之责,获取对创伤情境的驾驭乃至最终的克服。我们或许可以这样联想,写词,在20世纪之初,就像这个小男孩手中的fort-da游戏,在往复冲动的吟哦中,抵抗深刻的缺失留下的大空洞(消失的皇妃,逃亡中的帝王,还有崩溃剥离中的帝国)。熟烂的审美格式、庞大的语义系统及其负载的集体记忆,重复抒写的冲动,为个体诗人提供的是稳定亲密的情感与文化的暖房。试想几个诗人在大半年里,每晚篝灯酬唱,拥抱抒情、熟稔、感性的形式产生一种延续与群体化的"幻觉"。这种与过去的丝丝缕缕的亲密联系,而不是激进的断裂或革命,成为这群诗人重要的身心健康的支撑。

民国初年,时为众议院议员的邵瑞彭,路过紫禁城北门,观残荷而引发悼念珍妃之意。他写道:"宫沟谁写泪叶? 回首霓裳换叠,繁华轻误。玉簪香销,零落袜尘残步。便立尽门外斜阳,又暗惊晚来疏雨。问涉江此际闻歌,断肠君信否?"[3]爱伦坡说过一句如今备受争议的话:"一个美丽女子的死亡,毫无疑问,是世界上最诗意的主题。"[4]或许可以略带夸

---

[1] Sigmund Freud, *Beyond the Pleasure Principle*, pp. 32-38.

[2] Dominick LaCapra, *Writing History*, *Writing Trauma* (Baltimore: Johns Hopkins University Press), 2001, p. 66.

[3] 邵瑞彭《绮罗香·晚过神武门,残荷欲尽,秋意可怜》,钱仲联认为此词为吊珍妃而作,并用吴文英词句赞之:"宫粉雕痕,仙云堕影。"《清词三百首》,第464—465页。

[4] Edgar Allan Poe, "The Philosophy of Composition," *Graham's Magazine*, vol. XXVIII, no. 4 (1846):163-167,尤见第165页。

张地断言,词体的"意内言外"的特征,香草美人的修辞传统,在一个迅速缩微与崩溃的历史景观与象征体系中,与珍妃之死的契机相遇,共同成就了世纪之初"落叶哀蝉"的词学景观。

沈尹默《寺字韵唱和诗》的文献学视角

张　剑

一九三〇年代末,随着国民政府迁都重庆,大批文化资源和文化界人士迅速向此地集中。仅以出版业而论,有人统计,抗战期间重庆新办报纸的数量达到了110家,新办文艺刊物数量也达到了50家,作家自办出版社数量达到120家左右①,刊行的出版物上发表了大量抗战作品,有力支持了抗战活动。但抗战并非生活的全部,抗战文艺也并非文艺生活的全部,在血与火的讴歌之外,文人还有其他丰富多彩的文化活动。以著名书法家、诗人沈尹默(1883—1971)而论,一九三九年五月他启程去重庆,九月正式莅职监察院委员,至次年年底,一年多的时间,就创作了四百多首旧体诗,数量之丰,令人惊诧。②但关于国难时事的仅占少数,大部分诗作只是记录日常闲情和朋友间的唱和。对此现象,沈尹默曾先后有过两次解释:

> 入蜀以来见闻思梦,一发于诗,积久浸多,写成三集。其始居新市区梅庄所得者,题曰《漫与》;移寓重庆村后,别为《写心》;迨迁至

---

① 吕进主编《大后方抗战诗歌研究》第六章《报刊媒介与大后方抗战诗歌》(重庆:重庆出版社,2015),第239页。
② 据沈尹默手稿《漫与集》(包括《寺字韵唱和诗》)、《写心集》、《山居集》等统计。对于旧体诗词在抗战时期的勃兴,陈平原《岂止诗句记飘蓬——抗战中西南联大教授的旧体诗作》(《北京大学学报》2014年第6期)有所论述。

市外向家湾田舍,则以《山居》名之。谐谑酬应,未尽芟除。本无意于时名,同留迹于日志,将来省览,易得其情,盖一时之作,即一时之事也。廿九年十二月十六日记。

右长短句若干首,大抵曩时析酲解愠之所为,以其犹贤于饱食终日无所用心,亦既吟成,遂复录而存之备览焉。由今观之,言差近而少讽,悲欢不出于一己忧乐,无关于天下。正如爱伦堡氏所讥"小熊无力得食,自啮其掌,掌尽而生命亦随之而尽者",是可愧也夫。一九五一年十月,尹默题记。

前段文字系一九四〇年底跋于手稿《山居集》之后,"无意于时名","留迹于日志","将来省览,易得其情"等语,道出作者创作的动机重在私人生命的纪念,无意公开发表,因此毋须过多考虑自己的社会角色和责任。后段文字系一九五一年跋于自选自书的词集《秋明长短句》之后,已带有事后反思性质,虽自嘲"悲欢不出于一己忧乐,无关于天下",然亦自信"犹贤于饱食终日无所用心"。的确,文化人于生死战乱之际犹不废吟咏,既是个人习性和写作传统使然,也因此成为中国文化绵延不绝的强大动能之一。

沈尹默的寺字韵唱和诗,即属与朱希祖(1879—1944)、于右任(1879—1964)、马衡(1881—1955)、章士钊(1881—1973)、汪东(1890—1963)、曾克耑(1900—1975)、卢前(1905—1951)、潘伯鹰(1905—1966)等朋友之间消闲的酬唱。但本文重心不在于研析其内容价值和诗艺高下,也不在于探求新旧转换时期,文人如何利用唱和传统,将琐屑的小事转变为诗意的情趣,而在于讨论不同版本之间的文字差异及由此衍生的一些文献文化学现象。

一、寺字韵唱和与《寺字倡和诗》总集

1939年秋冬之际,书法家兼诗人曾克耑(字履川)将两个儿子(曾永

闼和曾永阆,皆不足十岁)的大字书法拿给章士钊(字行严)、沈尹默(字秋明)请求指导。章士钊一九一六年出任肇庆军务院秘书长兼两广都督司令部秘书长时,曾见到过十岁女童萧娴的擘窠大字,很为赞叹。于是这次便借萧娴之事作了一首七古诗《童子曾永阆永闼以大字来诗以勖之》:

> 曩依幕府游粤寺,眼见萧娴作大字。当时一女刚十龄,擘窠有力殊堪异。今年参政来蜀岷,咄咄童子闼与阆。阆且视娴较三岁,字合龙性浑难驯。唯我浪游二十载,明珠未识今何在。簪花妙格亦模糊,只忆袖中有东海。(吾曾见娴手摹南海字联袖中东海句。)曾生兄弟摹墨卿,稚子书高尤可惊。猥以通家求识我,莫使孔融长大专佳名。

虽对二子奖勉有加,但却将"永阆"误看作"永阆",留下小小遗憾。曾克耑和以《行严丈以诗勖儿子次韵奉答》,既提醒"阆"非"阆",又幽默回应说将来如有第三个儿子,一定取名作"永阎"。诗云:

> 教儿莫学化度寺,眼中籀斯杂奇字。旁搜分隶绍汉京,要令童年识同异。我携二雏还皤岷,闼乎阆乎嗟非阆。谷城摹竟发大叫,跳踉奔掷谁能驯?嗟公意气倾千载,晚蹑麻鞋向行在。已看佳句满西川,更有遥情过北海。我初祝儿为长卿,文章妄意一世惊。异日第三雏堕地,定从赞孔拜嘉名。

章士钊看到曾克耑的和诗后,马上回唱一首《吾勖曾生兄弟诗阆误作闼履川有诗见答仍叠前韵还和》,自嘲"子夏失明等阇寺",又建议将来曾克耑如有第三子永阎,其乳名不妨叫小虎,因为永阆乳名小狗,永闼乳名小牛,因此永阎"不妨更署於菟名"(於菟为虎的别称)。曾克耑再作《答行严丈十三叠韵》回应……如此你来我往,不到十天,两人唱和竟达上百首。章士钊《鹗里曾氏十一世诗序》曾回忆此事云:

> 吾向不能诗,近六七年来,违难东川,假藉篇章,驱遣郁滞,多与并时诗家游接。就中闽侯曾子克耑,夙有《涵负楼集》行世,年未四十,才气坌涌,良未易测其所至。吾尝以七言转韵十六句体相与唱和,数日间展转达一百五十余反,颇为同辈诵说。吾年事独高而诗律弥稚,得曾子为之畏友,功亦略进。

曾克耑《颂橘庐诗存》卷十二录寺韵诗三十首,其后跋云:"西来与行严丈以寺字韵倡和,不十日积百三十余首,同辈所惊异也。"其他诗友闻知此事,亦纷纷加入唱和阵营,此伏彼起,蔚成诗坛盛事。

后来曾克耑将其中部分诗歌编成《寺字倡和诗》,油印两大册,计收章士钊141首、曾克耑130首、汪东15首、沈尹默36首、吴镜予3首、潘伯鹰9首、钱问樵10首、李思纯10首、陈毓华25首、王世鼐3首、陈锡襄4首、谭光7首、楚廉山10首,共计400余首。不过这远非唱和诗的全部,据汪东《寄庵随笔》记载:"行严方与曾履川竞作寺字韵诗,往复过百叠,一时和者,如陈仲恂、沈尹默、潘伯鹰辈十数君,皆健者。争强斗险,愈出愈奇,余强与周旋,亦至五六十叠。当时称为诗战,推敲论难,辩辞云涌。"①但《寺字倡和诗》仅收其诗15首。另外,朱铭又搜集到江庸、汪辟疆、马衡、朱希祖、于右任、郭沫若、金毓黻、林庚白、卢前、陈配德、梁寒操、姚味辛、刘延涛、程千帆等人数量不等的寺韵诗,可以想见当时诗坛的唱和盛况。②

无独有偶,在寺字唱和活动中,误看文字的不止章士钊一人,沈尹默亦有此种"糗事"。章士钊《四十九叠韵赠尹默》有句"平生一首俳体诗,欲向苇间讨灵异",沈尹默就误将"俳"看作"佻",还作《五用寺韵答行严》

---

① 汪东《寄庵随笔》(上海:上海书店,1987),第116页。
② 此事黎泽济与朱铭叙之已详,本小节为此皆据两人研究撮述而成。详见黎泽济《吟坛喧寺韵》,见氏著《桑榆剩墨》(南昌:百花洲文艺出版社,1999),第320—323页;该书又增订为《文史消闲录三编》(南昌:百花洲文艺出版社,2008)。朱铭《抗战重庆的一场"诗战"》,《文汇读书周报》2000年10月28日;《沈尹默的"长打短打"》,《博览群书》2001年第12期;《章士钊寺韵叠唱始末》,《文汇报》2007年7月9日。

赞章士钊"虽然一首佻体诗,落笔便令人诧异"。章士钊复作《五十叠韵答尹默》:"招提本来不是寺,俳优佻达非同字。诗忆当年白话作,先生右眼微有异。"并作注云:"前诗俳体字,尹默语作佻体见答。"沈复作《六用寺韵答行严前诗误俳为佻来诗正之因答》:"招提非寺仍是寺,眼蒙不审俳佻字。"章再作《五十一叠韵答尹默蒙眼作》。反复唱和,"糗事"转为佳话。

其实沈尹默误"俳"作"佻",固然因其高度近视的"眼蒙",但亦有两字草书形近,以及章士钊手稿字体难以辨认的原因。曾克耑就作有《读行严丈手写诗多不可辨识托之以诗七十叠韵》,感叹自己习练怀素草书有年,但对章诗手稿却"一望荒茫烟涨海",并戏云"真难点画别乡卿,把卷猜诗笑且惊。怀素张颠俱不作,堂堂草圣独能名"。

可想而知,擅长草书的沈尹默,其手书寺字唱和诗稿一定也给曾克耑带来过类似苦恼。我们将两种沈尹默存世的寺字韵唱和诗手稿与油印本对比,就会发现油印本有一些明显是因辨识而造成的讹误。

二、沈尹默《寺字韵唱和诗》的两种稿本

沈尹默《寺字韵唱和诗》,有稿本、油印本和抄本不同形态。稿本目前已知有两种存世。

一种现存于中国社会科学院文学研究所图书馆,红格稿纸,半页十行,独立装订,封面无字。正文十六页,首页首行即书诗题"次行严寺字韵即赠",题下注"十一月五日"。末页有跋:"自十一月五日至十二月十二日,得三十六首,附于《漫与集》之末。"由此可知沈尹默的三十六首寺字唱和诗,均作于一九三九年的十一月五日至十二月十二日之间。该册系《沈尹默诗词稿》一函六册[①]中的一册,其他五册,一册封面题"秋明

[①] 《沈尹默诗词稿》购自中国书店,标价 25 元,何时购入不详,然《中国社会科学院文学研究所古籍善本书目》(中国社会科学院文学研究所图书馆编,1993 年铅印本)已经著录,购入当在其前。

词"(首页首行题"念远词"),一册封面题"写心集",一册封面题"山居集",其他两册封面均题"短篱集",独寺字唱和诗封面无题字,大概因为其本附于《漫与集》后,而《漫与集》正文因故散出《沈尹默诗词稿》之外,收藏者将剩下的寺字唱和诗单独装订成册,出于某种考虑,未曾题签。

一种现存于中国国家图书馆,红格稿纸,半页十行,正文十五页。首页首行题"寺字韵唱和诗",次行题注:"自十一月五日至十二月十二日,得三十六首,附于《漫与集》之后。"据沈尹默之孙沈长庆云:"(沈尹默)写于抗战时期的手稿四卷(《漫与集》、《写心集》、《山居集》、《短篱集》及小令)。抗战胜利后,他辞去公职没有了收入,此四卷交给祖母朱芸权作生活费。当时祖母患病,生活极度困难,即使如此,祖母将诗稿始终珍藏身边,去世后则无偿献给国家。"①此批文献装订为五册,计《漫与集》、《写心集》一册,《山居集》一册,《短篱集》二册,《念远词》一册。《寺字韵唱和诗》夹于《漫与集》与《写心集》之间,与沈尹默所云附于"附于《漫与集》之末"相合。

两种手稿虽皆行草书写,但文学所藏本涂抹改删痕迹较重,国家图书馆藏本则相对誊写清楚。比如《七用寺韵柬行严》里"承流愧云老夫在"、"更何敢望颜真卿",文学所藏本"愧"原作"敢",涂改为"愧","何敢望"原作"无须论",涂改为"何敢望";《八用寺韵》里"明月照人阅万载",文学所藏本"阅"原作"历",涂改为"阅",例不胜举。而国家图书馆藏本径作"承流愧云老夫在"、"更何敢望颜真卿"、"明月照人阅万载",于上举诸处均无涂改,可推系沈尹默据文学所藏本重新誊写,交与原配朱芸女士以备生活不时之需。为论述简明计,今将文学所藏本暂简称"草稿本",国家图书馆藏本暂简称"誊稿本"。

"草稿本"与"誊稿本"相较,除了草稿本涂改处较多外,还有一些文字上的差异。如《十一用寺韵》末四句"当时模楷遍公卿,登善改字群所惊。界奴虞书差足喜,不尔八柱空留名。"草稿本在天头有注:"登善改字本兰亭帖,在黄晦闻家,盖即米海岳所见者。故宫八柱兰亭中有张金界

---

① 沈长庆《序》,郦千明《沈尹默年谱》(上海:上海书画出版社,2018),序第3—4页。

奴所进墨迹，董思翁以为虞伯施临写，不可信，但清逸可喜耳。细审唯'咸集'之'集'下'木'，略似《孔子庙堂碑》耳。"誊稿本无此注。《十二用寺韵》诗题注，草稿本作"与人谈故宫博物院事，因纪以诗，并柬叔平、豫卿证之"，誊稿本作"纪与人谈故宫博物院事，并柬无咎、馀清"。草稿本诗题作《十四用寺韵戏赠冀野打油诗》，誊稿本诗题作《十四用寺韵调冀野》，但多题注"闻冀野坠车折腰，戏为打油诗，用博一笑"。《十八用寺韵答右任》末四句："旭初昨日惜荆卿，一椎不中万代惊。安得洪流今日再，洗尽人间战伐名。"草稿本天头有注："旭初偶言，当时秦始皇若被击中，自无徐福入海之事，则日本或亦无有也。故云。"誊稿本无此注。《廿二用寺韵》，草稿本"波澜壮阔人顿惊"，誊稿本"顿"作"尽"，且誊稿本于"巍巍伊阙神理会，始信坡老清雄名"后多出一注："东坡每以清雄称颜书。"《廿六用寺韵》"漫珍退笔积如山，岂厌求诗深入海"句，草稿本天头有注："'倾家作酿犹嫌少，入海求诗未厌深'，放翁句也。少陵《西阁》诗云：'诗尽人间兴，兼须入海求。'放翁盖本以出也。"誊稿本无此注。

另外，草稿本每首诗下多标出创作日期，誊稿本在内的其他版本则基本没有标示。如草稿本《七用寺韵柬行严》下标"六日"，《九用寺韵》下标"七日"，《十八用寺韵答右任》下标"九日"，《廿一用寺韵答遐先兼呈旭初》下标"十一日"，《廿二用寺韵》下标"十二日"，《廿四用寺韵》下标"十三日"，《廿六用寺韵》下标"十六日"，《廿七用寺韵》下标"十八日"，《廿九用寺韵》下标"廿日"，《三十一用寺韵》下标"廿三日"，《三十二用寺韵》下标"廿五日"，《三十三用寺韵》下标"廿八日"，《三十四用寺韵》下标"廿九日"，《三十五用寺韵》下标"十二月十日"，《三十六用寺韵》下标"十二日"，这些都是其他版本所无的，在密集唱和中标示时间，在场感变得格外强烈，这也是草稿本一种独特的价值显现。

三、沈尹默《寺字韵唱和诗》油印本

誊稿本系沈尹默据自己草稿本抄录，不存在辨识错误的问题。曾克耑所编油印本《寺字倡和诗》(简称"油印本")则隔了一层，难免鲁鱼亥豕之误。

将油印本与草稿本、誊稿本对勘,发现多数地方与誊稿本相同,都采用了草稿本涂改后的文字。如前举《七用寺韵柬行严》,油印本、誊稿本皆径作"承流愧云老夫在"、"更何敢望颜真卿",而未采用草稿本涂改前的"承流敢云老夫在"、"更无须论颜真卿"。

有的地方则与草稿本未涂改前的文字相同。如草稿本、誊稿本《十用寺韵呈行严、旭初》"于今两贤吾勍敌",油印本"勍"作"劲",按草稿本原作"劲",后涂改为"勍";草稿本、誊稿本《十一用寺韵》"右军雄强毋乃似",油印本"毋乃似"作"乃类此",按草稿本原作"乃类此",后涂改为"毋乃似"。草稿本、誊稿本《十八用寺韵答右任》"旭初昨语惜荆卿",油印本"语"作"日",按草稿本原作"日",后涂改为"语"。不过这种现象较少,仅有寥寥数处。

有的地方则与草稿本涂改前和涂改后的文字均不相同,当然也不同于誊稿本。如草稿本《八用寺韵》"眼前已觉人物异",无涂改痕迹,誊稿本同草稿本,油印本"前"作"中"。

因此油印本所依据的当为另一种本子,这个本子,只能大致推测是曾克耑汇录自沈尹默酬唱时书写的手稿(简称"酬唱本"),与草稿本修改后的文字虽相近,但相近度弱于誊稿本,其他详情无从得知。酬唱本虽可能据草稿本录写,但有时会做文字微调。这些微调,不一定也无需都回改到草稿本上。誊稿本与草稿本文字的差异亦可用微调来解释。即使在电子化时代,类似经验也并不缺乏。当我们将书稿的电子版原稿发给出版社排印后,按规定会经历三审三校,每个校次,我们除了自己的主动修订外,也会积极或被迫接受编辑、校对以及其他相关人员(比如帮自己看稿的师友)的意见,使校样有或多或少的改动,但我们有时却懒得将这些改动全部回改到原电子稿中。

这样,我们就可以理解一些看似不好解释的例子。比如草稿本《八用寺韵》"眼前已觉人物异",无涂改痕迹,誊稿本同草稿本,油印本"前"作"中",即可能是沈尹默写酬唱本时做的临时修改,大约沈尹默对此修改并不完全满意,便没回改到草稿本上,誊稿本中仍旧使用"前"字,因而造成异文。油印本采用草稿本改后文字的"承流愧云老夫在"、"更何敢望颜真卿",是沈尹默对微调文字的认可,并将之回改至草稿本上。油印本采用草稿本改前文字的"于今两贤吾劲敌",是沈尹默在酬唱本完成后,又对草稿本上做过修改,这些修改当然无法体现在酬唱本中,而只能体现在誊稿本上。

油印本与草稿本、誊稿本的文字差异主要可归为四类:

一类如前所云,可能是沈尹默书写酬唱本时临时对底稿做了修改,油印本忠实写刻,造成异文。如草稿本和誊稿本《次行严寺字韵即赠》"明珠草木共光辉",油印本"共"作"借"。《三用寺韵寄友》,油印本"寄"作"赠"。《四用寺韵》"混流浩荡遂东下",油印本"浩荡"作"滚滚"。《六用寺韵答行严》"要令恶马如鹿驯",油印本"令"作"使"。《十五用寺韵答遏先》"清奇恍睹永叔字",油印本"恍"作"如"。《十六用寺韵答旭初》"磊砢长松有节目",油印本"砢"作"落";"不愧春华盖代名",油印本"代"作"世"。《三十用寺韵》"湛翁精舍如古寺",油印本"如"作"类"。《三十二用寺韵》"仲将覆辙漫相惊",油印本"辙"作"车"。这些字的字形并不相似,在草稿本上亦无修改痕迹,不可能是辨识之误,只能解释为沈尹默临时改写所致。

一类亦如前所云,酬唱本是据草稿本未涂改前的底稿录写,油印本忠实写刻,从而与涂改后的草稿本形成异文。如草稿本、誊稿本《廿二用寺韵》"信行孤本乃类此","乃类此"为"毋乃似"涂改而成,油印本即作"毋乃似"。《三十一用寺韵》"君但求实毋求名","实"为"己"涂改而成,油印本即作"己"。

一类可能是油印本写刻蜡版时致误。如《次行严寺字韵即赠》"源流清浊分江岷",油印本误"岷"为"泯"(其他尚有数处"岷"、"泯"之讹)。《再用寺韵赠旭初》"小豁胸肛在于斯",油印本误"肛"为"肌"。《九用寺韵》,油印本误"用"为"月"。《十二用寺韵》"故宫馀物未点污",油印本误"污(汙)"为"汗"。《十三用寺韵赠冀野》"马牛风及南北海",油印本"牛"误作"中";"摒除百事就此业",油印本"业"误作"荣"。《十八用寺韵答右任》"洗尽人间战伐名",油印本"伐"误作"代"。《三十一用寺韵》"斜风疾雨临川字",油印本"疾"误作"瘦";"遇下侃侃上訚訚",油印本"侃侃"误作"你你";"时喜讦激行则驯",油印本"喜"误作"春"。《三十五用寺韵》"流传笔札何多奇",油印本"流"误作"凉";"他年差比留嘉名",油印本"嘉"误作"台"。此类形讹会造成明显的文义不通,可知写刻蜡版者文化程度不会太高,故有此诸多失误。

最后一类则可能是曾氏未经深思的辨识之误。如《九用寺韵》"若从人欲探天理",油印本误"欲"作"愿"。《十二用寺韵》"鹿山止此劣文字",油印本误"劣"为"当"。《十三用寺韵赠冀野》"过从虽少久知名",油印本误"过从"为"遇空"。《十七用寺韵答潘伯鹰》"嗟余学书四十载",油印本"书"误作"堂";"我无一笔何足惊",油印本"笔"误作"弟"。《三十四用寺韵》"幻出流沙与瀚海",油印本"沙"误作"河";"抱蔓词成或有名",油印本"抱"误作"花"。曾氏交付写刻蜡版时应有相对工整的整理本,"欲"与"愿"、"劣"与"当"、"从"与"空"、"书"与"堂"、"笔"与"弟"、"沙"与"河"、"抱"与"花",草书字形近似而楷书字形分别明显,因此写刻者当不任其咎,应系曾氏辨识不察之误。

因为无法起前人于九原,以上我们只能大致推测,分类举例。即使如此,也有难以判断之处。如《十二用寺韵》"子春若肯证赝鼎,赝鼎亦当传其名",油印本误后处"赝鼎"作"鼎鼎"。查草稿本,后处"赝鼎"省代以两点,誊稿本由于是沈自写,故将其正确誊为"赝鼎";而酬唱本当同草稿本,亦用两点省代"赝鼎",所以油印本才据常例将之视为省两个"鼎"字。只是无法判断,是曾克耑交付写刻者整理本时已误,还是他仍省以两点,而被写刻者所误。再如《十五用寺韵答遏先》"新篇首题云顶寺",油印本"篇"误作"匾",系不知此指朱希祖叠寺韵诗"歌乐山头云顶寺,云山九迭纷题字"而言,而误以为题匾于云顶寺也。然"篇"与"匾",草书楷书字形均有近似之处,换用此误字,文义从表面上看亦可通,所以既有可能是曾氏之误,也有可能是曾氏无误而写刻者致误。这种疑难,无妨暂时存疑。

四、沈尹默《寺字韵唱和诗》传抄本

油印本目前仅知桂阳陈毓华（仲恂）有藏本，其嗣子陈秉立继藏，后来陈秉立将之寄往台湾欲觅出版未果，后陈故去，此本下落不明。所幸朱铭经黎泽济帮助，获得复印本。但时隔多年，原油印本因油渍渗漏等原因，有不少字已经比较模糊，复印本更觉漫漶，且复印本个别页数因中缝装订未能复印完全，辨识起来更易产生错讹。周金冠所编《沈尹默先生佚诗集》（浙江华宝斋书社，2002），其中收录的寺字唱和诗即据此复印本整理，再请书法家夏鹤龄、张守忠、罗一农等转抄（简称"传抄本"），因而除沿袭油印本之误外，又新增了不少讹误。举其要者胪列如下：

1.《次行严寺字韵即赠》"自公退食舖池寺"，"舖"，传抄本误作"铺"字。按此典出黄庭坚《寺斋睡起》其一："小黠大痴螳捕蝉，有余不足夔怜蚿。退食归来北窗梦，一江春月趁渔舡。"《四部丛刊》影印宋刊《豫章黄先生文集》本诗题下有注："元《醻池寺睡起》二首，其一东字韵。"据此，则《寺斋睡起》原称"醻池寺睡起"。醻池寺即舖池寺，沈诗袭此，意为自从您如黄庭坚一样退食归来醻池寺，就开始料理文字。①

2.《再用寺韵赠旭初》"小豁胸肊在于斯"，油印本误"胸肊"为"胸肌"，应系写刻者之误。此处因中缝装订，文字复印不完整，故传抄本更误作"得肌"。

3.《四用寺韵》"往往伯有来相惊"，传抄本误"伯"为"怕"。按此用《左传》"郑人相惊以伯有，曰'伯有至矣'，则皆走"之典。

---

① 今台北故宫博物院藏《宋四家真迹》册页中有黄庭坚手书此二诗，诗后题曰："右归自门下后省卧醻池寺书堂。"按此典故出处受教于周裕锴先生，并承董岑仕女史检示相关文字。本文亦承董女史及俞国林兄审阅一过，一并致谢。

4.《七用寺韵柬行严》"直至少陵用始驯",传抄本误"始"为"姑"。

5.《十用寺韵呈行严、旭初》"五言长城刘长卿",传抄本误"五言"为"吾言"。

6.《十一用寺韵》"幸有云仍定武在",传抄本误"仍"为"仅"。按云仍即远孙之意,比喻后继者。

7.《十二用寺韵》"强摹难于超北海",传抄本误"于"为"以"。

8.《十四用寺韵戏赠冀野打油诗》"卢公蹒跚上清寺",传抄本误"蹒"为"满"。"良久得车悠然登",油印本"悠然"误为"悠愁",传抄本再误为"悠悠"。

9.《十八用寺韵答右任》"身手未入少林寺",传抄本误"身"为"自"。

10.《十九用寺韵答行严》"馀事高歌梁尘惊",传抄本误"尘"为"鹿"。

11.《二十用寺韵》"此生自断休问天",传抄本误"生"为"身"。

12.《廿四用寺韵》"三代两汉几案间",传抄本误"间"为"问"。

13.《廿五用寺韵》"既惭其实斯惭名",传抄本误"惭名"为"渐名"。

14.《廿七用寺韵再戏答行严》"好此区区世上名",传抄本误"此"为"比"。

15.《三十用寺韵》"开物成务倘未能",传抄本误"未"为"求"。

16.《三十三用寺韵》"游目帖中汶乃岷","帖中汶乃",油印本误作"帖中后来",传抄本再误作"怡中后来"。按此指王羲之《游目帖》:"要欲及卿在彼,登汶领、峨眉而旋。""事繁物增字孳乳",传抄本误"孳乳"作"寻化"。"别裁伪体明所亲",传抄本误"伪"为"得"。

17.《三十四用寺韵》"中边皆蜜",油印本误作"中间皆蜜",传抄本再误作"中间皆密"。"镂皮翠里浅黄瓤",传抄本误"镂"为"缕";"里浅黄瓤",油印本误作"里浅黄纸",传抄本再误作"经液萤纸"。"青门学种非今事",传抄本误作"奇门学径非今事"。

18.《三十五用寺韵》油印本大片模糊,故传抄本错讹最多,几不能卒读。"蝼叟耽模法华寺",传抄本误"耽模"作"跪祷"。"欧寒何热各性情",传抄本误作"岁寒何凝春性情"。"一重一掩神俱閟",传抄本误"重"作"坐"。"物象入纸森以驯",传抄本误"森"作"淼"。"怀瑾书品评千载",传抄本误"书"作"善"。"近惭叔未与墨卿",传抄本误"墨"作"马"。"远愧颠素草蛇惊",传抄本误"颠素"作"瓚景"。

不难看出,其中多有不解其意的形讹之误。周氏是纺织专家和收藏家,也是文史研究爱好者,但对文献校勘未必熟稔;抄写者均是书法家,未必解诗,况且他们可能更看重表现自己的书法艺术,在校勘上并不任责。看朱成碧,未便苛求。

不过,传抄本将诗歌的句中注,全部合并为该首诗的尾注,用小字书写,名之曰"沈氏自注",如此改变了原来文本的体例,却是不妥。传抄本还对少数人名做了"编者注",最后一首的编者注兼及对该组诗产生背景的整体解释:

> 编者注:上述三十六首和寺韵诗,作于一九四〇,是在重庆上清寺陶园由章行严发起的一次诗会后陆续写成的,这次诗会参加者多为社会名流,主要有章士钊、于右任、沈尹默、卢前、曾履川、朱希祖、汪东、潘伯鹰等。主要内容有论书法、论曲牌、分韵,有写时事、友情等。原油印本作"整齐五体",后铅印本作"整齐百体"。

这段表述多误,三十六首诗作于一九三九年十一月五日至十二月十二日,非作于一九四〇年,也并非专门发起的诗会,皆已见拙文前述。三十六首诗仅个别诗作曾经铅排,整体上并无铅印本。这最末的编者注,实为蛇足。

五、文献的确定和稳定

　　沈尹默的寺字唱和诗曾有部分作品公开发表，《时代精神》杂志1940年第2卷第3期刊有其三首诗《次行严寺字韵即赠（十一月五日）》、《再用寺韵赠旭初》、《三用寺韵赠友》（姑称为"报刊本"）。在草稿本中，第一首诗句"十年相遇还相卿"，报刊本"相卿"作"为卿"。第三首诗题"三用寺韵寄友"，报刊本"寄友"作"赠友"；诗句"经卷还思塔里字"，报刊本"塔"作"场"；"谁言道丧向千载"，报刊本"向"作"而"。

　　值得注意的是，除了"赠友"系异文外（油印本亦作"赠友"），其他三处均为误字。"相卿"系"相卿卿"的省文，改"为卿"文义不通。"道丧向千载"系用陶渊明《饮酒》诗中的成句，"而"字系"向"字的形讹。"经卷还思塔里字"上句为"钟声苦忆凤林寺"，"经卷"、"塔"、"寺"皆寺庙意象，可知"场"字亦是误字而非异文。《时代精神》虽由国民党官方出版机构独立出版社负责出版，但考虑到抗战时期的困难，校勘粗疏似可理解。

　　看来，沈尹默《寺字韵唱和诗》油印本、传抄本、报刊本的校勘竟无一堪称良善者。虽然古人早有"校书如扫尘，一面扫一面生"（《梦溪笔谈》引宋敏求语）的甘苦之言，但油印本、传抄本、报刊本之"尘"似乎多了一些，他们会影响到《寺字韵唱和诗》文本整体的确定性和稳定性吗？这需要用数据来说话。

　　我们依据草稿本，将《寺字韵唱和诗》切割为诗题（含注的诗题合计为一题，因油印本、传抄本往往将草稿本的诗题注并入诗题）、诗句、诗句注三个部分，再将各部分油印本和传抄本有差异处的数量对应标出如下表：

	诗题（含注）	诗句	诗句注	合计
草稿本	36	576	15	627
油印本	25/2	54/28	11/0	90/30
传抄本	25/2	83/62	15/0	123/64

表中"/"前为有差异处的总量,"/"后为有差异且确系讹误的数量。换算可知,油印本与草稿本的差异率约14.4%,讹误率约4.8%;传抄本与草稿本的差异率约19.6%,讹误率约10%。但很多时候,只计算差异率意义不大,因为难以弄清某些差异是否由原作者自己修改造成,而讹误率似乎更能说明问题。这样看来,不管是油印本还是传抄本,其文献总体上还可称是确定和稳定的。况且不少讹误,即使是仅凭一般常识就可校改回来。如:

油印本《九月寺韵》明显是《九用寺韵》之讹。油印本《十二用寺韵》"故宫馀物未点汗","汗"明显是"污(汙)"之讹。油印本《十八用寺韵答右任》"洗尽人间战代名","代"明显是"伐"之讹。油印本《三十一用寺韵》"遇下你你上阍阆","你你"明显是"侃侃"之讹。油印本《三十二用寺韵》"直愿八蠡测大海","八"明显为"以"之讹。油印本《三十四用寺韵》"中间皆蜜",明显是"中边皆蜜"之讹。《三十五用寺韵》"凉传笔札何多奇","凉"明显是"流"之讹。另外,寺字韵唱和诗第三句压"岷"字韵,但油印本至少有四处误作"泯"字。

传抄本多于油印本的讹误中,也不乏一望即可校改处。如果接受这些校改,油印本和传抄本的讹误率会降低一半以上,如果再动用其他查考手段,讹误率会进一步降低。如:

草稿本、誊稿本《三十一用寺韵》"斜风疾雨临川字",油印本、传抄本"疾雨"作"瘦雨",诗词中常用"斜风细雨",以"瘦雨"替代"细雨",似乎是新鲜的修辞,但这不过是郢书燕说式的误解,因为后面有"临川字"三字的限定,此处只能是"疾雨",宋牟巘跋王安石行书《楞严经旨要》,赞其"运笔清劲峭拔,有斜风疾雨之势"。再如草稿本、誊稿本《三十六用寺韵》"整齐百体删草字",油印本、传抄本"百"误作"五",文义表面似亦可通,但细考此句,系指于右任作《标准草书》,设计草书部首写法的"代表符号",用来统一历史上同一字草书的多种异构,而且草书亦不存在"五体"之说,因此须改"五"为"百"。

调用传统校勘学的各种手段和经验,可将讹误率一降再降。油印本和传抄本在文献总体上的确定性和稳定性也就显得更强了。

那些不能或不易判断为讹误的差异,通常是诗题或注中文字的增减。如草稿本《十八用寺韵答右任》诗句注:"自无徐福入海之事",油印本和传抄本作"自无有徐福入海之事",仅多出一"有"字,文义不受影响,不好断定"有"字是油印本所依的酬唱本即有,还是油印本失误造成的衍字。

另外一种情况是,虽没有字数的增减,但诗句中互相竞争的异文都可以读得通,也不易判断这些异文是否讹误。比如草稿本、誊稿本、报刊本《次行严寺字韵即赠》"明珠草木共光辉",油印本、传抄本此句作"明珠草木借光辉",两者皆可说源自黄庭坚《呈外舅孙莘老二首》其二:"甓社湖中有明月,淮南草木借光辉。"但一系改字化用,一系直接摘用,都读得通,不好判断油印本的"借"是讹字,还是沈尹默酬唱书写时临时的改字。这种情况,也是古今中外校勘历史上的常见现象。但只要有详细的校勘说明,就不妨视为不同的文本并存,其实不会对文本整体的确定性和稳定性带来根本性的冲击。

余论

在校阅古代典籍时,我们常为异文现象而烦恼,希望能够获得一种原作者心目中的定本,然而中外丰富的校勘实践告诉我们,这近乎是一种奢望。正如杰罗姆·麦根《现代校勘学批判》所指出的那样:"即使整理者能够完美地校正幸存文献的文本,剔除所有非作者因素,结果也不一定就是曾经存在于作者意识中的作品的文本。"[①]

这不仅因为古代典籍往往经过多次的辗转传抄或刻印,各种损耗和偶然性不断,我们很难"剔除所有非作者因素",完美无瑕地复原任何一条链条,进而探知未经损耗前的原始面貌。而且另一个重要原因在于,有时连原作者也未必愿意或者能够将自己的文字定于一尊,他有时因为追求完美或认识发生变化而修改,这样的每一次修改,都是作者某一阶

---

① 苏杰编译《西方校勘学论著选》(上海:上海人民出版社,2009),第221页。

段某一"意图文本"的体现。比如著名词学家夏承焘早年的日记里,就记载他对旧稿的多次删改:"因参观乙卯年诗草,痛加删改,然鸡肋者尚复不少。"(一九一六年元月初四)"抄乙卯年诗草二三笺,间有删改。"(同年七月廿二)"间又翻观年来诗稿,甚有改正也。"(一九一七年二月二十八日)"间又翻阅乙卯年诗草,略有校正。"(同年闰二月初三日)①

另外,原作者有时也会因为师友的意见、出版商的要求或其他原因而修改。当他心甘情愿时,这种修改可视为"意图文本";当他碍于各种原因不得不接受修改时,其实应将之视为另外一种类型的文本。这些都增添了校勘的复杂性。因此,尽管杰罗姆·麦根仍强调校勘"必须尊重文献,是它们让我们的洞见成为可能",但他更认为校勘是一种重现作者意图文本的"历史重建,尽管它可能不符合任何曾经存在的物质形式……重建的有效性完全取决于重建过程中思考的质量"。②

我们不否认杰罗姆·麦根的"洞见",但也应看到,其对传世文献总体确定性和稳定性评判的相对漠视,容易助长人们对传世文献可靠性的怀疑。从这个方面看,我们对沈尹默这组《寺字韵唱和诗》的文献学观照,也就有了小小的补充意义。

《寺字韵唱和诗》有着尚未进入刻本之前的草稿本、誊稿本、油印本、传抄本等不同的版本形态,且两种稿本皆为草书,增加了油印本、传抄本产生讹误的危险度。特别是传抄本,较多汇集了容易发生讹误的诸多因素,如因装订造成中缝文字残损,因油印模糊而致误,擅自改变排版格式等。但即使如此,经过我们的统计分析,其文献从总体上仍是确定和稳定可信的。其实很多情况下,传世文献并非都如《寺字韵唱和诗》传抄本那样集各种不利因素于一身,而是获得过作者或者行家的认真校勘。如沈尹默自己刻印的《秋明集》,有民国十四年和民国十八年两种版本,因为都经过了作者自己的校勘,讹误极少。杨公庶民国三十五年编选的

---

① 吴蓓主编《夏承焘日记全编》(杭州:浙江古籍出版社,2021),第1册,第1页、第11页、第58页、第63页。据该书责编路伟云,夏氏日记手稿中的自撰诗词也多反复修改,整理时从权择取其一。

② 苏杰编译《西方校勘学论著选》,第227页。

《雍园词钞》铅印本,其中收有沈尹默的《念远词》和《松壑词》,我们将之与沈尹默现存《念远词》、《松壑词》的楷体手稿相较,也很少发现讹误。这可能有杨公庶本人是内行,他所获沈尹默赠词有可能是楷体书写,《雍园词钞》又经过了认真校勘(书后附有"雍园词钞勘误表")等缘故。综合以上因素,我们对传世文献的确定性和稳定性总体上无疑应该抱有信心。

当然,《寺字韵唱和诗》毕竟只是个案,不能无限放大,拙文也绝没有想要产生多米诺骨牌效应的企图。因为近人同韵唱和,人事俱近,版本源流相对容易理清,而古代文本的面貌无疑要复杂许多,未可一概而论。但是,任何想要挑战传世文献确定性和稳定性的学者,最好能在例举法之外,附上如拙文一样具体全面的量化统计。即在所有样本中,多少可靠?多少不可靠?多少无法判断?各占总量多少?出现问题的样本,是处于核心部位还是细枝末节?等等。这样的研究结果可能更有说服力。

在学术研究中,例举法所示常为特异的部分,确定和稳定的部分因其确定和稳定而常被无视。然而正如不能因为某次煤气中毒,就说全部的空气都有问题一样,我们无法因少数的特异而否定总体的确定和稳定。况且我们讨论这些特异部分的目的,往往在于更好地寻找确定和维持稳定。自古以来,校勘学家不都在为防止和减少文献的不确定、不稳定而孜孜不倦地奋斗吗?

我们今天讨论的这个小问题,也是为文献确定性和稳定性所做的一点努力。

附记

十几年前,我曾将中国社会科学院文学研究所收藏的六册沈尹默手稿诗词予以整理,后扩大为沈氏诗词的全面搜集。张晖兄闻知此事,即送我齐鲁书社影印的《沈尹默手书词稿四种》,并介绍我与上海的朱铭先生认识,且获赠资料数种。人事鞅掌,岁月如流,近日始得闲暇董理旧稿。旋闻中华书局将影印沈尹默若干诗词手稿,其中已包括文学研究所收藏的稿本内容(文学研究所收藏为草稿本,中华书局影印为誊稿本),

而予向之整理亦可以废矣。经杭州郦千明先生牵线,得获观沈氏《寺字韵唱和诗》誊稿本,朱铭先生又惠赐《寺字倡和诗》油印本复印件;遂撰此文,以兹纪念。然则张晖兄之云亡,十载于斯。烟云邈矣,故人何在?向秀闻笛,怀思无穷。

从《双笠图》到《孤笠图》：
论周济、汤贻汾之交谊及其词史意义

沙先一

文学史上有不少诗人结下深切的友谊，为时人与后世所称誉，如中唐诗坛的刘禹锡、柳宗元。清代词坛上，词人之间的友谊也在文学史留下斑驳的印迹。顾贞观疏救吴兆骞，而其与纳兰性德、吴兆骞的诗词往还，尤其是以词代书的《金缕曲》二首，纳兰说"河梁生别之诗，山阳死友之传，得此而三"①，陈廷焯评"无一字不从肺腑流出，可以泣鬼神矣"②，成为词史上不可磨灭的经典之作，顾贞观与吴兆骞、纳兰性德的深重交谊为清代词坛增添了浓墨重笔。道咸年间，周济与汤贻汾的结交及其文学活动，虽不如顾、吴那样的生死莫逆，却同样厚重深沉，感人至深，并且周济与汤贻汾的交游以及《双笠图》、《孤笠图》的题咏，对了解道咸词史故实颇具意义。

一、周济与汤贻汾金陵春水园交游

周济一生颇具传奇色彩，"幼敏悟，勇于为学，九岁能属文。稍长，深沉有智略，膂力绝人，读书明大义，不屑为章句之学"。年二十四中举，二十五成进士，出为淮阴府学教授，因与知府王毂不睦，二十七岁"谢病去

---

① 张草纫笺注《纳兰词笺注》（上海：上海古籍出版社，2017），第320页。
② 陈廷焯《白雨斋词话》卷三，《词话丛编》（北京：中华书局，1986），第3833页。

官,乃出游求天下之士"①,客游宝山、京口、江淮间,裘马轻狂,放浪形骸,带有豪士、侠客、富商、文人的多重色彩。这种客游生活几近二十年,周济甚感疲倦,遂有卜居金陵之意,他在《金缕曲·偶忆金陵旧游,时拟卜居未果,感而赋此》中写道:"六代兴亡地。剩年年,春花献笑,秋枫凝睇。铁板铜弦豪绝处,添个胡笳凄戾。合付与、词人排比。一掬小仓山下水,荡秦淮,十里烟波腻。呼斗酒,斫鲈脍。 倦游已定移家计。买陂塘、浇蔬莳药,馀生堪寄。万一情多闲不了,要领双鬟歌意。便拚向、花前沉醉。残月晓风离别恨,早消沉、背嵬英雄气。休更惜,唾壶碎。"②道光四年(1824)四月,始买江氏致园,易名春水园。道光七、八年,移家春水园。《春水园诗》序云:"甲申四月,始买金陵江氏致园,易其名曰'春水'。"③后于道光十五年"复起病为淮安校官"④,周济在春水园度过了八年的时光。

春水园是周济人生的重要转折期。魏源《荆溪周君保绪传》云:"一日,翻然悔曰:'吾数年一念所误乃至此。'尽散其赀,谢其党,因自号止安,作五言诗自讼,讼其兵农杂进负初心,遂去扬州,寓金陵之春水园。时道光八年也,年四十七。尽屏豪荡技艺,复理故业。先成《说文字系》四卷、《韵原》四卷,辑平日古今体诗二卷、词二卷、杂文二卷。最后乃成《晋略》十册,则以寓平生经世之学,借史事发挥之。邃识渺虑,非徒考订,笔力过人。深坐斗室,前此豪士过门,概谢不见,前后如两人。"⑤周济告别昔日豪士、侠客式的人生,自号止安,选择著书立言的书斋生活。潜心读书,董理旧作,撰述新著。词学上,这也是周济重要的转折期,周济自称"余少嗜此,中更三变。年逾五十,始识康庄"⑥,其词学著述《宋

---

① 丁晏《止庵先生本传》,《求志堂存稿汇编》(清光绪十八年刻本)卷后。
② 张宏生主编《全清词·嘉道卷》(南京:南京大学出版社,2020),第 12 册,第 579—580 页。
③ 周济《止庵诗》,《丛书集成续编》(上海:上海书店,1994),第 134 册,第 147 页。
④ 丁晏《止庵先生本传》,《求志堂存稿汇编》卷后。
⑤ 魏源《魏源集》(北京:中华书局,2018),上册,第 372—373 页。
⑥ 周济《宋四家词选目序论》,唐圭璋《词话丛编》,第 1646 页。

四家词选》《宋四家词选目录序论》《剪梅词序》《词调选隽序》《宋四家词筏序》等,皆撰写于这一时期。词学思想与创作上,也由早期的轻忽词律转而重视词律,纠正了常州词学偏于立意而疏于声律的偏至,从而使得常州派词学思想更臻完善。

　　道光十二年秋,汤贻汾因疾乞休金陵。周济割宅相邀,汤贻汾移居春水园,二人遂结金兰之交。汤贻汾,字若仪,号雨生,别号少云道人,晚号粥翁,江苏武进人。生于乾隆四十三年(1778)。以祖、父荫袭云骑尉,嘉庆十二年(1807)署任江苏泰兴营守备,嘉庆十六年补广东兴宁营都司,调山西灵丘。道光七年(1827)官浙江衢州镇左营游击,擢浙江抚标中军参将。因病乞休,侨寓金陵,以诗画倚声自娱。曾编辑、评阅《江东词社词选》。咸丰三年(1853)授浙江乐清协副将,值太平军陷金陵,未赴任死难,谥贞愍。著有《琴隐园词集》四卷。

　　汤贻汾长周济三岁,二人为同乡,在性情、志趣、爱好等方面很有相似或互补之处。魏源《题汤雨生双笠图》诗序中说,"双笠者,一宜兴周保绪广文,一武进汤雨生副将,皆侨寓金陵。保绪以进士而兼骑射,雨生以武将而能诗书,皆近人所罕"①。此外,二人皆擅书法、绘画。汤贻汾书法近董其昌,精绘事,尤擅画梅,与戴熙并称,为世推重,论画之作有《画筌析览》。周济亦精于书画,"间与包君共学书,肆力北朝碑帖,穷日夜临摹。……实其书变化腾掷,自成一家,时人莫之好也。又与商丘宋君端己学作画,谓画衰于文、董,而绝于恽、王。因求之北宋大家,得其骨法,纯用墨钩,使笔如铁,著《折肱录》以见志。侨居金陵春水园,抚真景八尺幅,每自署曰春水翁。作花卉,必折供胆瓶,玩其向背,曲尽写生之妙。君之书画初出,当世颇不谓然,迄今阅三十年,长帧短笺,珍逾什袭,竟为士大夫宝贵矣"。②"山水专师北宗,用笔沈厚,真力弥满,生硬中自具书卷之气,可与安邑宋芝山颉颃。尤爱画石,离奇瘦透,饶有别致。论画刻

---

① 魏源《魏源全集》(长沙:岳麓书社,2004),第12册,第634页。
② 丁晏《止安先生本传》,《求志堂存稿汇编》卷后。

有《折肱录》,洞中肯綮,沾丐后学不浅。"①不仅如此,周济、汤贻汾的妻室,亦皆能诗画。周济侧室苏穆,一名姞,字佩囊,山阳(今江苏淮安)人。生于嘉庆十八年(1813),周济卒后,守节二十四年。同治二年(1863),死于太平军之难。著有《储素楼词》。汤雨生之妻董琬贞,字容壶,阳湖人,董潮女孙,琬贞有小印曰"生长蓉湖家澂湖",因以双湖自号。工诗画,尤擅墨梅,书法篆刻亦精。蒋敦复《芬陀利室词话》卷二云:"余曾题雨翁《画梅楼图》长卷,楼为其德配双湖夫人画梅处。夫人尝墨梅寄雨翁于九江,附题一词……闺房唱酬之福,独擅一门。"②周济与苏穆、汤贻汾与董琬贞皆可谓神仙眷属。

春水园在周济的经营下,有冲抱堂、味隽斋、远风楼、春水怀人之舍、介亭、绿波画舫、水乐轩、来鸥馆、爽来阁、贮素楼、珍丛馆、止庵诸胜,也是他与友人诗词交游之所。周济道光十五年离开金陵,《春水园诗》小序中说:"余所偃息也,麋篱紫碧,菱苕浮香。园中之友,则慎伯父子、伯游兄弟、雨生夫妇、兰崖师徒、及门六七人,方外二三子,莫不敦气谊,擅才能,而均之、邺楼实肇相度之勤,隐山、定生尤感死生之契,是可恝也,孰不可忘?嗟乎,怀居求安,自昔所鄙綮,岂未闻而蹈斯辙。顾惟疏懒,无当世之用,加以年过强艾,精力衰耗,伏案纂录,尚形疲剧,矧其进此者乎?兹行也,有所不得已焉,抑亦拙者之分也。他日归葺敝庐,未知与兹园孰适,聊存其所眷眷者,以供暇日之披览云尔。"③偃息春水园的周济,潜心学术,远离尘世,交游甚少,所往来者"莫不敦气谊,擅才能",其所述园中之友中就有汤贻汾夫妇,可见其性情之相笃。

汤雨生夫妇的到来,给春水园增添了多彩风景。周济有多首词作题赠雨生夫妇,《水龙吟·雨生移寓春水园,小雪赋赠》云:"神仙眷属来时,轻装只带湖山气。研匣财安,琴囊未解,雪飞如此。旧日园林,新邀吟赏,松腾桂喜。便芭蕉绿老,墙阴凝立,也消得、王维意。　休问虎头猿

---

① 蒋宝龄《墨林今话》(上海:上海古籍出版社,2015)卷十一,第229页。
② 唐圭璋《词话丛编》,第3650页。
③ 周济《止庵诗》,《丛书集成续编》,第134册,第147页。

臂。但崎嶔、壮游堪记。朔漠呼鹰,罗浮骑蝶,卅年身世。又访寒虫,寻常便到,水边石底。把幽怀付与,朱弦彩笔,唤闲鸥起。"①上片写迎接雨生夫妇移居春水园的欣喜之情,称雨生夫妇为"神仙眷属","旧日园林,新邀吟赏,松腾桂喜",情景交融,表达欢快之情。雨生夫妇移居春水园时已届初冬,适值小雪,"芭蕉绿老,墙阴凝立",正如王维之雪中芭蕉写意,一片生机,活泼盎然。下片写雨生的英豪之气,以班超、李广类比雨生,"朔漠呼鹰,罗浮骑蝶,卅年身世",写其峥嵘岁月,壮志人生,结句写雨生致仕闲散自得的情趣。《花犯·雨生奉命弋捕,改道士装入罗浮,经月乃出。既罢,写其装为琴隐图》云:"许黄冠、披裘带索,罗浮万峰顶。奈华首台空,难驻仙影。七条冷玉归来听。松涛浑未定。便作了、刺船人去,余音弦外领。 沧桑底要问麻姑,寻常把袂处,鸿泥刚印。回首又,湘娥曲罢江峰靓。如今向、故园岁晚,真管取、飞琼三万顷。试展出、一枝蕉叶,梅魂先唤醒。"②上片写汤雨生于广东抚标右营守备任上缉盗之事。嘉庆二十一年(1816)三月,汤贻汾受江西巡抚阮元之托,奉檄入罗浮缉盗,其《七十感旧》(其七十六)自注云:"予旋羊城,以阮中丞属缉朱毛俚,白之制府蒋公、中丞董公,即奉联衔檄。予改装易姓,带同眼线,随处访缉。予即先赴罗浮,盖亡命者多匿此山,为人种蓝。予乃更姓名曰易贝水,号扫云子、黄冠破衲,往来其间者半月,藉得穷两山之胜,故予有'罗浮半月黄冠客'印。"③下片写其退隐金陵,由剑气琴心而诗画自娱。

周济《霜叶飞·读雨生〈剑人缘〉院本,即题十二古琴书屋填词图》云:"卅年秋水鱼龙夜,芙蓉红湛霜锷。海山扶月晕沉沉,太白寒生角。共四野、荒鸡暗约。佳人无奈调弦索。幻蜃绮楼空,借短短、归帆钓起,一双灵鳄。 休便挽银河,千秋万里,向谁怀抱飞落。酒杯深处祝华林,玉宇高难托。怕误了、填桥痴鹊。依然还把琼箫阁。岁渐阑,东皇定,作

---

① 张宏生主编《全清词·嘉道卷》,第12册,第559页。
② 张宏生主编《全清词·嘉道卷》,第12册,第560页。
③ 汤贻汾《琴隐园诗集》(清光绪元年刻本)卷三十二。

弄春前,数枝梅萼。"①嘉庆十六年,雨生撰《剑人缘》传奇,述其忠孝家风,仙侠性情,汤雨生有《金缕曲·自题〈剑人缘〉传奇》、《虞美人·听侍儿歌余〈剑人缘〉乐府》,可见其对《剑人缘》之钟爱。周济将汤雨生《剑人缘》所述之忠孝报国、侠肝义胆与《十二古琴书屋填词图》所写琴心诗画并写,既具豪宕之气,又有婉约之致。周济《浣溪沙·雨生都督暨其配双湖夫人俱擅丹青,有画梅楼双照,索题赋此》云:"侧侧轻寒不碍春。碧琉璃外验春痕。暗香双护玉楼人。 各拟松筠标格品,对渲烟月貌丰神。旁人刚道是梅魂。"②其中"暗香双护玉楼人"、"旁人刚道是梅魂"句,为况周颐所称道。

周济这四首词抒写主题之选择,可谓别具匠心。第一首表达对雨生夫妇移居春水园的欢迎与欣喜之情。第二首、第三首、第四首撷取汤雨生最具传奇的人生事件:罗浮易装缉盗与《琴隐图》,《剑人缘》传奇与《十二古琴书屋填词图》、《画梅楼双照图》,写出了汤雨生的志趣、抱负、性情、生活,而三首词的尾句,以梅萼、梅魂作结,既紧密关联雨生擅画梅,又以梅魂喻其品格之高洁。

周济为汤贻汾而写的词作中,《采桑子·题潘湘云小影,有序(归春水园作)》尤其值得关注:

> 雨生以嘉庆戊辰,逢眉峰于芜城之闉。眉峰举赠此卷,且谓雨生曰:"吾家无长物,唯余此耳,不忍弃之市侩,今赠子。膝下一女,他日望君念之。"雨生南官岭表,北逾句注,二十载始莅浙。询眉峰,谢世已久,访其弱息,靡复知者,抱此常邑邑。今年重装是卷,装成示余,属为记之。忆余与眉峰嘉庆丙寅晤苏门之夏侯桥,眉峰饮余酒。酒半,娇女出见,右鬐方展,肩齐于案,捉桃花画扇,乞余题诗。许之,将下笔,则曰否,须三江全韵;许之,则又曰否,

---

① 张宏生主编《全清词·嘉道卷》,第12册,第561页。
② 张宏生主编《全清词·嘉道卷》第12册,第559—560页。

须随指随押。余大笑,先命巨觥连十觞,然后如言为之。既成,笑谓眉峰:赖醉不自知颜厚,若在醒治,必为孺子所困。眉峰亦大笑。是时,眉峰虽落魄,尚未至如遇雨生时也。眉峰名量,字元谨,嘉兴人。博涉多通,尤喜兵家言及甘石术,好饮酒,嗜吟咏,倚马万言,奇气蓬勃。少年能双带橐鞬,左右驰射。足迹遍天下,所至莫不倒屣,手散万金者数矣。晚乃寄居灵岩破寺中,教僧雏以没。可悲也夫。昔陈季常、龙伯康得长公、同甫摹绘颇豪,至今动人肝鬲,尚矣。卷中潘湘云,一姝耳,眷鲍生让侯,不得委身,为之死。后人怜之,图其遗挂,谁为眉峰鲍生者乎?题诗朋旧,存少殁多,见翰风、小宛笔墨,尤难为怀也。道光十四年甲午十一月十日。

纤云偶蹴湘波起,影太玲珑。澹澹西风。吹过青天碧海东。　才人厮养君休问,猿臂难封。几辈英雄。曾到阎吴画本中。①

此词写于道光十四年十一月十日,周济由扬州归春水园,为题潘湘云小影而作。这篇小序可谓充满至情至性的传奇之文,记述了汤雨生与胡量的交往以及潘湘云小影的来历,追忆自己与胡量相晤苏门之往事,其间人物,眉峰、眉峰女、汤雨生、周济各具性格,莫不生动鲜活如在眼前。胡量,字元谨,号眉峰。少负异禀,能骑射,谙兵法。博览群集,工诗文,通医术,兼长六法,山水得太仓毛上炱指授,脱略规矩,近元人笔趣。性嗜饮,擅谈辩。其生平事迹见王昶《湖海诗传》卷四五胡量小传、冯金伯《墨香居画识》卷八、包世臣《艺舟双楫》卷三《胡眉峰诗序》。胡量生于乾隆十六年(1751),长周济三十岁。嘉庆十一年丙寅(1806),两人相晤苏门时,胡量五十六岁,周济二十六岁,为忘年之交,周济写有《书胡元谨南游诗后》、《赠胡元谨》等诗。嘉庆十三年戊辰,胡量与汤雨生的扬州相聚,亦可作如是观。由词序可见,胡量之生平事迹、性情志趣,颇类周济、

---

① 张宏生主编《全清词·嘉道卷》第12册,第573—574页。

从《双笠图》到《孤笠图》：论周济、汤贻汾之交谊及其词史意义

汤雨生，以及晚清词人蒋敦复，正是这种人格类型的契合，方能催发感人至深的文字书写。汤雨生的重装画卷、周济的题画之词，都是对胡量的一种追怀纪念。另外，汤贻汾《七十感旧》诗云："醉我尽豪士，湖山日同游。万言广坐挥，不若一默优。萍飘有畸人，执手古城头。醉歌漏将尽，拔剑舞不休。美人与名将，举世实寡俦。故纸愈缟纻，赠我无所求。一女双髻丫，慧丽婿必侯。再拜毋相忘，一别悲山邱。"自注："客扬时，诸词人邀予联觞咏之会于蜀冈诸园林，会者四五十人。胡眉峰量傃居城根，独招予饮，命小女出拜。贻予《广名将谱》、国初名妓潘湘云小影，诸名公题咏满幅。故人情重，未有以报，至今耿耿焉。"① 亦可见雨生对胡量的敬重与友情之笃厚。此外，周济侧室苏穆也有多首词作记述与汤雨生夫妇的交往，如《瑞鹤仙·题汤节母杨太夫人吟钗图》、《一萼红·题雨生都督双湖夫人画梅楼双照》、《梦横塘·雨生都督有〈剑人缘〉传奇，读竟即题十二古琴书屋填词图，呈双湖夫人》、《虞美人·题秋江罢钓图》等。

汤贻汾的诗文中，对傃居春水园的生活也多有记述与追忆。如《移居周保绪进士园林即赠》："病忘久矣叹衰年，独忆平园似散仙。赤手能除豺虎暴，白头犹惹燕莺怜。林泉许我分清福，诗酒从君了夙缘。不比道南轻结客，长生偏自愧苏玄。"②《松崖上人索题保绪山水障子，即以为寿》："年不待暮疾则辞，我蒲柳质胡归迟。周郎去官二十七，先我卅年林下逸。名成三绝海内闻，去年白下方交君。从君遂入远公社，精庐乃在仓山下。登堂突兀惊奇峰，画笔谁知春水翁。良田美地荫桑竹，鸡犬生来有仙福。挂冠慨我立锥无，转瞬还愁一笠孤。（保绪割宅居予，作《双笠图》订交，今将他游。）途遥步蹇难常过，清梦时时画中坐。平生屐齿遍名山，风雨高吟神鬼和。"③《汪均之自制竹笠易予藤杖》："一笠飞去一笠来，（保绪与予结兄弟交，作《双笠图》，今远别矣。）依然双笠水云隈。"④《移居纱帽巷》："只有周郎难作别，道南情重聚三年。（尝傃居保绪进士

---

① 汤贻汾《琴隐园诗集》卷三十二。
② 汤贻汾《琴隐园诗集》卷二十。
③ 汤贻汾《琴隐园诗集》卷二十。
④ 汤贻汾《琴隐园诗集》卷二十。

春水园。）"① 汤贻汾曾云："予蓄琴十二，颜所居曰十二古琴书屋，本保绪宅，今将易主。"②其中有对周济的感谢，对周济暂离春水园的忆念，以及周济离开金陵远游，春水园易主的感伤。

周济绘《双笠图》与汤贻汾定交，贻汾以"双笠"题其斋，陈方海有《双笠斋记》，今迻录之：

> 士之出处，不惟其事，惟其志。无志则出处皆非其事，有志则或出或处，事皆足尚。然众人不知尚之也，必有二三同志相与砥砺，穷达固不变，通介亦不妨。是故观人者，必于其友焉。常州汤子少承世职，历官都督，既而乞休，置家金陵。与其同郡周子，分宅而居，题其斋曰双笠。嗟乎，犬鸡之祝，谁则无之？下车之揖，其义亦浅。以今人之不肯为，乃觉古人之不可及。周子曰："夫人既已臭味孚尹矣，富贵贫贱，顾足道哉？"此亦常谈，而孰能解之？人人解之，又孰能践之？势利之交，浸入浇俗，周子之说，实具针砭。欲泯势利，亦视立志乎？周子自通籍得县令，弃之，而为校官，未几又弃之。卷舒无方，意将永矢。金陵之宅，在城犹乡，越市为野。出则岩观川泳，入则林栖沼游，乃复堙暧得朋，啸歌有和，亲属爱笃，何以加兹。二子之志既同矣，则不问其事。或乃谓汤子名将，而雕龙自喜；周子文儒，而技击绝伦。未竟其用，交修初服，是其事无不同也。然事之同不同何足论？天下事同而志不同者，比比皆是，虽有事不得为事，吾惟重二子之志耳。所可叹者，人非神仙，须仰衣食。周子曾无十金之产，徒有四壁之立，妇子环向，迫之再仕。一笠去矣，一笠孤矣。钟山之英，草堂之灵，知其苦衷，弗诮而怆焉。时有桐城汪子，旧寓此邦，而鄱阳陈方海、方澜，亦托井里。语云：同明相照，同类相求。

---

① 汤贻汾《琴隐园诗集》卷二十一。
② 汤贻汾《桐城刘菊生保泰孝廉藏其妇翁李次卿仲昭侍御遗琴曰真隐，有记有赞。忆二十年前侍御尝携此访予羊城，各弄数曲，顷乎睹之于白门安园，不胜人琴之感，因作歌以贻之》诗中自注，《琴隐园诗集》卷二十一。

夫苟好善,何忧寡耦,则知汤子之德,虽孤而不孤。惟方澜远涉岭表,未遑息驾;方海亦负米近县,暂一来归。子兄弟行迈靡靡,未尝须臾忘旧侣也。则知周子之心,虽去而未去。汪子曰:自今居此,惟吾与汤。双笠之号,舍周续汪。此虽善谑,滋益可叹。以行者之不获已,致居者明示得意。然行者终亦来止,居者岂遂无违。境遇不可定,事会不可知。汤子、汪子,乌容设成心,乌容持始计?且吾侪同志,固非皆显皆晦之谓。显而伍朝贵,朝贵岂尽吾徒邪?晦而伍农圃,农圃岂尽吾徒邪?事同而志不同,观此益著;则志同而事不必同,亦从可推。不矫不徇以为识,能屈能伸以为道。江湖魏阙,犹之一身;鸡鸣风雨,讵负畴昔。出处无间焉,离合无间焉,揭而出之,以张吾党尊行云。汤子名贻汾,周子名济,汪子名正鋆。①

此文可与周济《春水园诗》诗序相参读,以见周济、汤贻汾、陈方海、陈方澜、汪正鋆等人交游之故实,以及周济离开春水园远游淮安、武昌的原因。

二、《双笠图》、《孤笠图》及相关题咏

汤雨生移居春水园,周济绘《双笠图》,订莫逆之交。周济之所以绘双笠,一是两人皆为退隐身份,披蓑戴笠的渔父形象自然是最为恰切的题材;二是两人对笠蓑形象都很喜爱,周济诗词对蓑笠形象多有书写,如《送别黄清溪》云:"君今先归我亦去,冷落淮山剩寒树。他日相逢我荷瓢,君能戴笠真吾侣。"②《若谷病困甚,闻直隶豫东匪徒滋事聊为快语慰之》云:"雨笠烟蓑我最谙,君耽塞北我江南。"③《兄弟》云:"我是荆溪旧渔隐,肯将蓑笠付他人。"④《忆旧游·杨花》云:"漫孤负当年,绿蓑青笠

---

① 陈方海《计有馀斋文稿》,《丛书集成新编》本。
② 周济《介存斋诗》卷一,《求志堂存稿汇编》。
③ 周济《介存斋诗》卷二,《求志堂存稿汇编》。
④ 周济《介存斋诗》卷三,《求志堂存稿汇编》。

双钓舟。"①《水龙吟·白莲》:"盟心都在,沙汀烟屿,绿蓑青笠。"②蓑笠形象表达的是飘然湖山之间,不受拘束,自由自在,潇洒自得的风神。汤贻汾《明月生南浦》小序云:"予守官江上,暇乘小舟,辄信所之。风日佳时,往往吟啸竟夕。笠冠蓑袂,固未尝为天械所拘也。扣舷以歌,聊纾逸兴。"词云:"莲叶舟轻和鹤载。流下前溪,昨日桃花在。谢却人间诗画债。萧然一笠烟波外。　信口闲吟鸥鹭解。绿柳村边,自把新酤买。醉便横眠无罣碍。醒来已是斜阳矮。"③表达了对"萧然一笠烟波外",不为外物所拘的渴望。另外,嘉庆十三年,汤雨生曾绘《秋江罢钓图》,一名《笠钓图》,雨生有《自题秋江罢钓》七绝、《玲珑四犯·自题秋江罢钓图》。黄培芳《香石诗话》卷二云:"武进汤雨生贻汾,以世袭骑尉为广州守戎,诗画俱工,有儒将风流之目。绘有《秋江罢钓图》,如洪稚存、吴兰雪诸词人,题咏殆遍。暇日与吾辈清集观鱼,句云:'人还碧海骑鲸去,我已沧江罢钓回。'其韵致如此。"④

道光十九年七月,周济病逝于武昌。汤雨生绘《孤笠图》以悼之,道光二十年春作《哭保绪即自题双笠孤笠图》六首:

一笠飞上天,一笠老江边。江流正无已,山色故依然。野鹤知游处,苍松记别年。笛声听不得,深巷锁寒烟。
幕府悲秋日,江亭望远时。雁回书不见,君病我安知。空谷牵萝婢,孤舟脱襁儿。铜官三尺土,未解乞铭辞。
三十六闲鸥,秦淮古渡头。思君空有梦,老我竟无俦。画舫红襟燕,春灯紫绮裘。云烟消易尽,何地独埋愁。
少小工游戏,鱼盐复绮罗。画眉矜落雁,书练值笼鹅。岂有才文武,而终遇坎坷。青毡是何物,豪气使消磨。

---

① 张宏生主编《全清词·嘉道卷》,第12册,第554页。
② 张宏生主编《全清词·嘉道卷》,第12册,第578页。
③ 张宏生主编《全清词·嘉道卷》,第10册,第441页。
④ 黄培芳《香石诗话》(嘉庆十五年岭海楼刻嘉庆十六年重校本)卷二。

落日卢妃巷,红楼枕碧湍。莺花三易主,琴鹤再休官。汉水长流恨,芸编剧呕肝。定文惭后死,老泪溢毫端。

昔年觞咏地,妇子亦徜徉。月满闻筝夜,风回扑枣廊。道南芜棘枳,砚北语蚩蚩。双笠空千古,回头几断肠。①

道光二十一年春,汤雨生又补成周济遗墨,《诗集》卷二十五《保绪写生宗宋人句勒法,有雀梅一纸句已而未设色。周子坚得于广陵,重故人遗墨,亟付装池而使予补成之》:"自有千秋业,恒多未竟心。豹皮嗟片纸,骏骨几知音。悲乐花前梦,东西枝上禽。定文谁慰汝,握管一哀吟。"②以之悼念周济。

《双笠图》的题咏,由汤贻汾发起,故相关题咏多名为题汤雨生都督《双笠图》。邓显鹤有《汤雨生贻汾都督〈双笠图〉,图为周保绪济教授作,时两君同客金陵,因作二客戴笠拄杖看山状,志石交也。陈伯游有记》:"饭颗一笠日卓午,海南一笠荒村雨。浣花诗圣大峨仙,双笠人间共千古。何来金陵两寓公,飘萧笠影冰雪容。酒龙诗虎捉不住,似有百怪填心胸。纷纷车笠儿戏耳,一揖乃挂吾侪齿。雨云翻覆金石寒,古来交道犹如此。两翁一笠时往还,弟畜灌夫兄事爰。人间万事那可道,拄杖且看六朝山。谁与作图好笔力,尺幅苍茫烟雨蚀。君看六代金粉场,著此荒凉两点墨。平生我畏周郎笔,廿年甘作参辰辟。兹行最服玉茗才,一见何止心颜开。惜哉见迟别太速,此生那得云龙逐。隔朝孤艇犯波涛,回头梦绕鸡鸣麓。"③邓显鹤,字子立,号湘皋,晚号南村老人,湖南新化人。嘉庆九年举人,官宁乡训导,晚年主讲廉溪书院。有《南村草堂诗文钞》等。孙若霖有《百字令·题汤雨生都督双笠图,一都督,一周保绪进士也》:"虎头燕颔,记威名、在昔曾瞻仪表。三十年来弹指顷,人未封侯先老。裘带归来,江山胜处,谁与偕吟啸。茫茫人海,结邻有此同调。

---

① 汤贻汾《琴隐园诗集》卷二十四。
② 汤贻汾《琴隐园诗集》卷二十五。
③ 邓显鹤《南村草堂诗钞》(长沙:岳麓书社,2008),第326页。

闻说周子奇才,风流倜傥,我久心倾倒。可惜良缘悭一面,省识翻从画稿。雨笠烟蓑,无双有对,眼大乾坤小。鸥盟前在,出山人望归早。(时保绪秉铎淮安。)"①这两篇题咏之作,写于周济去世之前。

还有一些题咏写于周济去世之后,如魏源《题汤雨生双笠图》诗序云:"双笠者,一宜兴周保绪广文,一武进汤雨生副将,皆侨寓金陵。保绪以进士而兼骑射,雨生以武将而能诗书,皆近人所罕。时保绪已没,雨生出图索题。"诗云:"圆灵为笠,五岳为笱。曾见断鳌立四极,又见黄土抟鸿蒙。一翁处城西,一翁处城东。西城太肥东太瘦,天教异地如虎龙。不文不武亦文武,谁仙谁侠谁英雄?忽然挂冠戴双笠,飘然来作六代江山之寓公,唱于唱和如蹴鞠。栽竹十万竿,种花一万丛。朝夕跨驴扶短筇,笠头浩荡来天风。一翁忽舍去,顿觉东城空,惟余一笠蟠苍穹。晚年得我如断鸿,欲令补笠为附庸,我固辞之匪不恭。海波翻倒冯夷宫,江上鼋鼍方啸风。呜呼,安得有笠四海为帡幪!苍生苍生,谁是江左东山翁?"②魏源与周济有交游,曾撰《荆溪周君保绪传》并感慨云:"予晚晤君金陵、淮安,冲夷如也,无复少壮时态。然以君所禀受,苟见诸用,庶几周孝侯、卢忠烈之风。即使中年专力学问,不耗于诡奇,所就亦不当止是。君没次年,海氛讧炽,朝廷诏求奇才之士欲如君者,海内不可复得。天之生材不易,生之而得尽其用又十不一二,亦独何哉。"③既有对周济生不逢时,才能未尽其用的感慨,也有对其耗于诡奇,于事业成就有所荒废的惋惜。

关于《孤笠图》时人也多有题咏,如秦耀曾《贺新凉·汤雨生都督与周保绪教谕称莫逆交。教谕绘双笠图以寓意。殆教谕归道山,都督复绘孤笠图,嘱题,倚此》:"撇却貂蝉帽。旧笠盟、寻寻觅觅,双双偏好。回望名园鸿迹幻,(都督曾与教谕同寓致园。)怕带斜阳再到。('荷笠带斜阳。')且独傍、青溪垂钓。绝似青青松偃盖,问何人、负荷歌同调。偕竹

---

① 张宏生主编《全清词·嘉道卷》,第15册,第157页。
② 魏源《魏源全集》,第12册,第634页。
③ 魏源《魏源集》,上册,第373页。

从《双笠图》到《孤笠图》：论周济、汤贻汾之交谊及其词史意义

杖,一枝峭。 昔时葺蒻兼编草。想几度、随肩覆首,(图笠覆于首。)雨昏烟晓。今夕披图无伴侣,只见临川髭老。叹笛韵、蓑洲仙查。知否蒻平仍旧样,('蒻平却似山僧笠。')对孤花、孤叶吟啸。把孤影,鹭波照。('兼葭鹭起波摇笠。')"①雷葆廉《买陂塘·阳湖汤雨生贻汾都督与周保绪济教授合绘双笠图。今保绪归道山,雨生又绘孤笠图以寄慨,属题此解》:"脱征衫、烟霞结伴,一竿垂钓江涘。随身箬笠安排好,可惜周郎去矣。交似水。叹碧海青天,更有谁知己。孤踪高寄,宛冒雨髯苏,独来独往,潇洒出尘世。 论文日,冷落一官鞶系。连番吟兴豪气。(先伯祖存斋先生秉铎山阳时,与保绪教授共相酬倡。)凄凉怕听山阳笛,白首归来有几。谭往事。怎忘得、拖筇顾影斜阳里。风前连襟。笑我亦疏狂,不衫不履,许入画图未。"②戴钧衡有《题汤雨生将军孤笠图》,诗序云:"将军与金溪周保绪作《双笠图》订交,保绪死,将军作《孤笠图》以致恸。"诗云:"男儿翻手作云雨,交满天下何足数。要令肝胆露白日,毋使意气消黄土。将军飒爽英姿殊,谈兵说剑今孙吴。同时奇才有周子,声华倾倒东南隅。茯苓在地菟丝出,精气贯通闲不得。相逢一笑成白首,慷慨悲歌夜深黑。钟期忽死牙碎琴,寥寥四海谁知音。江风不醒泉台梦,江月常悬后死心。吁嗟乎,浮生寿考稀百年,古来万事皆云烟。交游存殁等闲事,将军之友非偶然。十年同志伤怀抱,况复忧时感衰老。报国常思济世才,泪痕湿尽孤坟草。坟头宿草今全枯,周郎才略当时无。我从风雨潇潇夜,来展将军《孤笠图》。"③

咸丰三年(1853),金陵城陷,汤贻汾投水殉节,时人为其写的悼记文字中,亦多提及《双笠图》、《孤笠图》,如陈宇《满江红·题雨生遗□》:"双笠风流,(谓保绪、雨生。)正六代、翻山应接。曾著我、同听旧曲,桃根桃叶。一笛空怜张绪柳,杂花乱点王维雪。□匆匆、酒醒下西楼,天涯别。 十年事,归弹铗。五岭路,羞随牒。感故人情重,鱼书燕帖。建业水翻

---

① 张宏生主编《全清词·嘉道卷》,第14册,第370页。
② 张宏生主编《全清词·嘉道卷》,第30册,第346页。
③ 戴钧衡《味经山馆诗钞》卷五,清咸丰刻本。

乔木尽,石头城圮孤臣殁。(癸丑二月,洪逆攻陷金陵,雨生殉节。)问他时、翰墨仗谁收,今藏箧。"①王寿庭《满江红·汤雨生都督挽词》:"虎踞龙蟠,忽一战、金汤全失。痛此际、孤臣白发,从容死国。狮子窟中花溅泪,(公所营别业在狮子窟。)凤凰山畔云翻墨。(公祖与父乾隆时殉节于凤山。)想英魂、来往控长虬,灵风飒。　忠孝裔,文章伯。书万卷,琴三尺。纵烧残劫火,血痕犹碧。诗句人间传五字,(公殉节时,赋五言绝命诗一首。)画图地下寻双笠。(公与周保绪先生绘双笠图。周殁后,又绘孤笠图以志感。)看青门、瓜熟委秋烟,同声泣。"②

时人关于《双笠图》、《孤笠图》的题咏,赞颂汤贻汾与周济的莫逆之交谊,称颂两人的才华性情,且紧扣时事,感慨系之,有助于了解道光年间士人知识分子的生活状态与情感世界。

三、《双笠图》、《孤笠图》及相关题咏的词史意义

在《双笠图》、《孤笠图》的题咏中,蒋敦复先题《孤笠图》,后又题《双笠图》,尤其值得关注。道光二十四年甲辰,蒋敦复题《孤笠图》,有《题汤雨生都督贻汾〈孤笠图〉》,序云:"雨生与宜兴周保绪进士相友善,作《双笠图》,保绪殁,乃为是图。"诗云:"画君团团之双笠,十年沤鹭盟初结。东南豪杰有几人,海内周郎此相识。画君孤笠之寥寥,将军白发风飘萧。抚弦绝响广陵散,对之使我朱颜凋。秣陵城中万人海,如此江山寓公在。一笠长留碧水滨,一笠飞去青天外。文章有道交有神,俗子那复知其真。雌雄剑气倏相遇,(君著有《剑人缘》传奇,与余外字暗合。)我亦江湖戴笠人。"③咸丰二年八月,汤贻汾又属蒋敦复题周济《双笠图》。蒋敦复《百字令》词序云:"雨生与宜兴周保绪相友善,保绪手作双笠图赠之。保绪殁,雨生乃作孤笠图以志痛焉。道光甲辰,余既题孤笠图。咸丰二年秋

---

① 张宏生主编《全清词·嘉道卷》,第23册,第369页。
② 张宏生主编《全清词·嘉道卷》,第22册,第543页。
③ 蒋敦复《啸古堂诗集》(清光绪十一年刻本)卷七。

八月,雨翁招饮于琴隐园,复出双笠图属题。宿草在墓,墨迹如新。此两图者,保绪不朽,而雨翁高谊,亦足以传矣。醉后倚大石调歌之,铁龙吹裂。"词云:"将军老去,只萧萧孤笠、西风吹早。碧水丹山盟白发,双影夕阳红小。瓢语青天,屐声黄叶,驴背添诗料。周郎江左,当时同调应少。

曾记破笠飞来,相逢海上,桐帽蕉衫好。(保绪客吾乡,幼时颇蒙奖借。)我访石城秋色冷,尚识东南一老。画里烟霞,酒边宾客,旧梦伤怀抱。苍茫摇首,浮云衣狗如扫。"①严迪昌先生说:"这词关系到3个著名词人的交往,很有助道光词史的故实考察。"②

蒋敦复的词学与创作,颇受周济之影响。《芬陀利室词话》卷一开篇即论周济词,可见其推重与仰慕之情。"嘉庆末,余年童稚,始识阳湖周保绪先生于田若谷邑宰署中,蒙以奇童见称。时习经史及帖括文字,间亦作诗,未尝问津于倚声之学。中年抑郁无憀,乃学填词。从王子久茂才处借得先生《存审轩词》一卷读之,是真得意内言外之旨。……盖先生少年时,与张皋文、翰风兄弟同里相切劘,又与董晋卿各致力于词,启古人不传之秘。近来浙吴二派,俱宗南宋,独常州诸公,能瓣香周秦以上,窥唐人微旨,先生其眉目也。"又称周济《齐天乐》(绿茸不记寻春路)云"寓意深远,非浅人所能梦见","又有新竹、风竹、晴竹、雨竹四首,调倚《长亭怨》、《疏影》、《南浦》、《高阳台》,比兴无端,言有尽而意无穷,与时辈咏物,相去远矣",称其《六丑》(向浓阴翠幄)"此词精思妙绪,宛转环生,片玉家风,洵乎未坠。其声律谨严处,可谓字字从华严法界中来"。③皆能指出周济创作不同前人的创新之处,可见他对周济的尊重与推崇。

蒋敦复虽未亲从周济习词,但这段机缘令他毕生难忘。蒋敦复中岁致力倚声,对周济《存审轩词》更是推崇备至,其词学所论亦处处存有止庵的痕迹。作为蒋氏词学核心的"有厚入无间"之论也与董士锡、周济的"无厚入有间"关联密切。《芬陀利室词话》卷二:"壬子秋,雨翁与余论

---

① 张宏生主编《全清词·嘉道卷》,第27册,第272—273页。
② 严迪昌《清词史》(北京:人民文学出版社,2011),第496页。
③ 唐圭璋《词话丛编》,第3633—3635页。

词,至有厚入无间,辄敛手推服曰:'昔者吾友董晋卿每云,词以无厚入有间,此南宋及金元人妙处。吾子所言,乃唐、五代、北宋人不传之秘。'"①

汤雨生与蒋敦复论词,提及董晋卿有"无厚入有间"之论,董晋卿是张惠言、张琦兄弟的外甥,又是张惠言之婿;张琦的妻子汤瑶卿乃汤贻汾族叔伯汤修业之女。因姻亲之交,汤贻汾与张琦、董晋卿皆有交往。不过,"无厚入有间"之论,今存董晋卿的著述中未见此语,唯见于周济《宋四家词选目录序论》及《宋四家词筏序》,晋卿小周济一岁,却是周济的词学导师,两人交谊颇厚,由周济闻而录之,当有可能。《宋四家词选》编于道光十二年,《宋四家词筏序》也应写于此年前后。道光十二年,董晋卿去世,这一年的秋冬之季,汤贻汾来金陵,寓春水园。关于董晋卿"无厚入有间"之论,汤贻汾或是与周济在春水园谈诗论学时所获知,后来与蒋敦复于琴隐园论词时谈及。

另外,汤贻汾对蒋敦复亦影响颇深。《芬陀利室词话》卷二:"武进汤雨生都督,客居白门,筑琴隐园于鸡笼山下,风流文采,三绝才名,照耀一时。官岭南时,作《剑人缘》传奇,闻余名,大惊,世间果有剑人缘,屡寄声,愿定交。道光甲辰,介范廉泉刺史师招往,一见倾心,出《双笠》、《孤笠》二图属题。越八年,岁壬子秋赋再见,文酒流连,与诸名士一会于琴隐园,再会于狮子窟,三会于周绮霞女郎凉秋阁。白发红颜,哀丝豪竹,江山人物之盛,今古罕逢。至明年春,公殉灵均之节,而六朝遗迹尽化劫灰矣。烟云聚散,一转瞬间,似有定数。念与公宿缘,爰为立传,文字报知己,如斯而已乎!秀水孙次公澍刻公遗稿,曰《琴隐园词钞》。公词佳者固不止此,吉光片羽,人传词耶?词传人耶?读一过,辄欷歔欲绝。"②这段记述有助于了解蒋敦复与汤贻汾的交往,以及嘉道间金陵词坛之史实。汤贻汾曾为蒋敦复《芬陀利室词》写序,汤贻汾投水殉节后,敦复为撰《汤将军行传》,以文字报知己。

周济春水园交游与相关题咏中,值得注意的,还有他与陈宇的交往。

---

① 唐圭璋《词话丛编》,第3652页。
② 唐圭璋《词话丛编》,第3648—3649页。

陈宇,原名方澜,字叔安,陈方海弟,鄱阳人。生于嘉庆三年前后。尝居南京,后入粤,羁滞闽中,为县令。与周济、丁绍仪交游,卒于光绪初。有《剪梅词》。丁绍仪《听秋声馆词话》卷十一云:"叔安与保绪交最洽,故词笔颇相似。"①周济卜居金陵春水园时,陈宇"每过春水园",与之"共谈声律"②,通过文献梳理,可以发现这一时期,两人共谈声律是围绕万树《词律》展开的。陈宇《塞孤》(出城西)尾注云"前结从万氏律少一字",《隔帘听》(窣地绣帘如水)尾注云"《词律》刻柳词,后段脱二字,今从《花草粹编》补之",《露华》(梦中骤别)词序云"按此调仄韵九十二字,《词律》选入,而平韵多二字者,则阙漏。其实草窗、中仙、玉田皆有之",③对万树《词律》多所涉及。周济早期词学甚少谈论声律,卜居金陵后,其词学观念尤其是对于词律的认识已经发生了变化。周济晚年编有《词调选隽》,已佚,不过《词调选隽序》却被收入《止庵遗集·止庵文》,其中有云:"近代万红友当新声竞起之后,汇古词为律;凌次仲又作《燕乐考原》以明北曲与词宫调之岸略,皆有功于词学。故近世言词者多谨严,视元明为愈矣。予惧其逐流而忘源也,择调二百有奇,反覆吟讽而协之于喜怒哀乐。辨调以情,是死而生之也;谐情以调,是虚而实之也。喜之极恒悲,故婉调多深思;怒之极恒笑,故高调多逸响。是又性情之通也,取诸古述而不作之训也,不尽其类,引而不发之指也。由是而之焉,其殆免于二者之失乎。"④就整体而论,周济对万树《词律》的成就与贡献是非常认可的。我们还可以从一个细节来体认这种变化。周济早期编选的《词辨》录周密《玉京秋》词采用是《钦定词谱》,而《宋四家词选》所收则做了调整,词的文字与《词律》悉同。并且,周济所写《玉京秋》也存在先是选择用《钦定谱》的调式,而《止庵词》所收则做了修改,转而依据《词律》所

---

① 唐圭璋《词话丛编》,第 2715 页。
② 周济《六州歌头·叔安每过春水园,共谈声律,属作填词图,图成系此》,张宏生主编《全清词·嘉道卷》,第 12 册,第 559 页。
③ 张宏生主编《全清词·嘉道卷》,第 23 册,第 360、361、374 页。
④ 周济《词调选隽序》,盛宣怀辑《止庵遗集·止庵文》,《丛书集成续编》,第 134 册,第 128 页。

载的调式。

　　题咏《双笠图》《孤笠图》的词人,多嘉道间金陵词坛的重要词人。秦耀曾,字远亭,一字雪舫,江苏江宁(今南京市)人。承恩子,绳曾从兄。嘉庆十三年(1808)举人,官兵部主事。工诗文,尤喜填词,与戈载、孙若霖等多有倡和。著有《铜鼓斋词》二卷,另有《白门词略》《雪园词话》,曾与汤贻汾合辑《江东词社词选》。秦耀曾有《望梅·过致园,有怀周保绪教谕》:"内桥堤畔。有高人卜宅,绿阴庭院。讶昔日、投辖豪情,把裙屐匆匆,霎时都散。翠幕巢空,便双燕、也随人换。剩纤腰垂柳,靠着阑干,烟外丝软。　扶筇共登绝巘。望危亭一角,苔磴先断。见说道、别后相思,对猩色屏风,梦长人远。袖拂螺墙,认旧句、尚蟠古篆。问何时、胜游再续,劝擎玉盏。"①表达了对周济的思念之情。雷葆廉,字介生,号约轩,娄县(今苏州市)人。庠生,官训导。咸丰二年在世。有《莲社词》《通波水阁词话》。孙若霖,字伯雨,号雨邨,江苏上元(今南京市)人,与秦耀曾、孙麟趾等结江东词社,郭麐称其作近李煜、纳兰性德。著有《双红豆阁词》三卷。三人均为江东词社成员,考察他们的题咏之作,对道咸年间金陵词坛生态会有更为真切的认识。

　　总之,周济、汤贻汾金陵春水园结邻而居,周济绘《双笠图》订莫逆之交,周济殁后,汤贻汾绘《孤笠图》以哀悼之,以及二图相关题咏所涉之词坛故实,不仅具有感人至深的情感力量,而且具有丰富的词史意义。

---

① 张宏生主编《全清词·嘉道卷》,第14册,第349页。

当时事进入新戏

——《孽海波澜》与北京济良所[*]

杨 早 凌云岚

《孽海波澜》是梅兰芳 1914 年排演的第一部"时装新戏"[①]。此戏当时颇受观众欢迎,甚至让前辈名伶谭鑫培亦不得不避一头地[②],然而剧本已佚,而且梅兰芳本人后来对之评价亦不高:"并不能因为戏馆子上座,就可以把这个初步的试验,认为是我成功的作品。"[③]当时的剧评与后世的戏剧史著亦多持此见,如张豂子(聊公)即称为"畸形之艺术"[④]。可以说,无论是在梅兰芳自己的艺术发展过程中,还是在近代戏曲史上,

---

[*] 本文为北京市教育委员会研究生培养项目"晚清北京的文化空间"(项目编号 2011000102)的阶段性成果。

[①] 《孽海波澜》的排演时间,论者多有误为"1913 年"者,其误盖源于梅兰芳《舞台生活四十年》中的表述:"一九一三年我从上海回来以后……就在那年的七月里,翊文社的管事,带了几个本子来跟我商量,要排一出时装新戏。这里面有一出《孽海波澜》,是根据北京本地的实事新闻编写的。"《舞台生活四十年》(北京:中国戏剧出版社,1987 年),第 211—212 页。然据《梅兰芳年表》可知,梅兰芳 1913 年在上海的演出结束于 12 月底,当然不可能在本年再排演《孽海波澜》,张豂子等人的记述也都写明此剧上演于 1914 年 10 月。王长发、刘华《梅兰芳年表》,《梅兰芳艺术评论集》(北京:中国戏剧出版社,1990),第 749 页。

[②] "谁知道正赶上谭老板那几天也要在丹桂茶园露了,贴的戏码还是很硬。我在吉祥,他在丹桂,这两个馆子,都在东安市场里面,相离不远……这四天的成绩,吉祥的观众挤不动,丹桂的座儿,掉下去几成;最后两天,更不行了。"梅兰芳《舞台生活四十年》,第 216 页。

[③] 梅兰芳《舞台生活四十年》,第 215 页。

[④] 张聊公《梅兰芳之孽海波澜》,《听歌想影录》(天津:天津书局,1941),第 5 页。

《孽海波澜》的意义仅仅被认定为"梅兰芳的第一部时装新戏",与之后的《邓霞姑》《宦海潮》《一缕麻》同被视为不成熟的实验性的作品。

然而,从戏曲与舆论、文化空间的结合与推进来考察,《孽海波澜》具有他作无可替代的价值,它不仅是民初优伶将时事与戏曲进行结合表演的范例,其市场成功,也象征着"作为启蒙手段的改良戏曲"的进一步推广,借由戏曲的广泛传播,"济良所"这个新事物得到北京市民乃至北方地区的广泛认知与接受。考察"时事"经由"戏曲"的变形与传播,再反作用于"社会"的过程,正可以揭明近代北京文化空间构建的某种运行方式。

一、张傻子虐妓案

《孽海波澜》本事源于1906年《京话日报》的一篇新闻报道,题目是《张傻子恶贯满盈》:

> 大混混张傻子,买良为娼,无恶不作,所开的玉莲班,有个香云妓女,被婆家瞒了娘家卖出,落在张傻子手里(京中妓女,发誓赌咒,常说如有屈心,必落在张傻子手里,傻子的狠毒可知)。有个姓赵的客人,跟香云很要好,香云愿意嫁他,赵姓的力量来不及,香云托他,寻找自己娘家亲人,以便大家想法子。赵姓跑到永清县,居然把香云的父亲找来,可恨张傻子,知道了这回事,不准他父女见面,故意把香云藏起。这天赵姓又来,张傻子要讹他,自己把盆景打碎,跑到协巡第四局控告,诬赖赵姓欠他五十块钱,要帐不还,打碎了他的东西。第四局送到协巡营,经杨帮统问实,张傻子倚着奉官上了捐,诬告游客,刁恶万分,打了四十军棍,枷号示众,并把犯事的情由,写在一幅白布上,背在他身后,派弁兵押定,鸣锣游街,各下处界内,要叫他通统游偏[遍],还得自己诉说情由,劝同行的人,别再倚上捐欺人,不说便打。好痛快呀,好痛快!论张傻子的罪名,杀有余辜,犯案多次,都用银钱买通,逍遥法外,今天被协巡营这们一办,大快人

心。从此开下处的,鱼兵虾将,都得收敛收敛了罢,此等小人,从来没有露过脸,自从上了捐,美得他们五脊六兽。像张傻子这样的虽不多,开下处的,好人也实在少,打一个镇吓百个,办得实在妙,办得实在妙。①

张傻子与赵姓嫖客的冲突,在各地妓院中均不鲜见:妓女找到恩客,愿意嫁他,老鸨或"养人地痞"不许,酿成冲突。比较特别的细节,是张傻子率先报官,诬指赵客欠钱毁物,新闻里两次出现"倚着奉官上了捐"、"上捐欺人"的字句,表明了这件个案会引起如此轩然大波,与京师娼妓业的合法化有很大关系。

据史料记载,道光以前,京师"绝少妓寮",至咸丰之时才"妓风大炽"。同治年间修订颁布了《大清律例》,更是删除了关于"京师内外拿获窝娼至开设软棚日月经久之犯"照例治罪的内容,实际上等于默认了妓院的合法存在。②1905年清廷设立巡警部,正式对娼妓、优伶业征收税款:"北京罢巡城御史,设工巡局,那桐主之。局用不敷,议推广税务,遂及戏馆、娼寮。"③1905年12月,内、外城巡警总厅取代工巡局后,仍抽收妓捐,按月缴捐者为官妓,否则为私妓。正是这种娼妓合法化的进程,让张傻子们有了比之前更大的胆量,"美得他们五脊六兽",之前"犯案多次,都用银钱买通,逍遥法外",而今上了捐,更敢于将与妓女、嫖客的冲突公开化,甚至诬告对方。

三天之后,《京话日报》再次刊登了对该案的报道详情:

> 张傻子一案,游完了街,又把他带到协巡营,追问他香云下落。他一味的支吾,把玉莲班全堂妓女,一律带到,分别盘问,可怜一群无父母的女孩子,被张傻子打怕,没有敢说实话的,再四盘问,始终

---

① 《张傻子恶贯满盈》,"本京新闻",《京话日报》548号(1906年3月7日)。
② 参看邵雍《中国近代妓女史》(上海:上海人民出版社,2005),第101—106页;王书奴《中国娼妓史》(上海:上海三联书店,1988),第285—286页。
③ 胡思敬《国闻备乘》(北京:中华书局,2007)卷二,第80—81页。

不说。杨帮统又问各妓,张傻子带[待]你们如何,问到这里,有落泪的,有咬牙打战说不出的。内中还有张傻子霸占的孀妇周氏,同恶相济,更是狠毒,当时周氏亦到案,自认用皮鞭责打各妓,立派差兵,到玉莲班搜出皮鞭一条,就用他的皮鞭,很很的[狠狠地]打了他一顿(杨帮统真是快人快事)。周氏供认实情,取保候传,限张傻子三天,把香云交出,一面送工巡局看押。张傻子游街第二天,撤去鸣锣,外面就有谣言,说他花了钱,如今送到工巡局,千万别再招出谣言来了。①

1906年3月12日,《京话日报》发表《招告张傻子》,向公众报告:"协巡营惩办张傻子,连日登报,现在已交工巡局看押。幸亏协巡营统带王观察,兼有工巡局差事,事权归一,不能容他避重就轻。张傻子罪大恶极,害死人命,从未犯案。听说要出示招告,如有确实凭证,便可批准,从严追究,免得再叫他逍遥法外了。"这则新闻厘清了娼妓经营的管理机构,并且号召民众举报张傻子的罪行。

3月14日,《京话日报》发表《张傻子竭力运动》,点出"工巡局收押张傻子,外边很有人替他运动;他自知罪大恶极,难逃国法,情甘破家赎罪",给工巡局的老爷们戴上"自爱声名,断不至被他买动"的高帽子后,仍然指明"钱能通神"、"防不胜防","请诸位多加谨慎,声名真要紧呀"。

显然,如果仅仅只揪出一个罪恶的领家张傻子,尚不足以激起民众对"逼良为娼"的痛恨及对济良所的支持,于是《京话日报》在数日后又报道了一个"恶鸨"阿三奶奶。报道控诉她"前三年骗娶恩姓女为媳(小名龄儿,班名银凤),逼令卖奸,虐待的十分可惨";而事情的揭发,是由银凤的姊夫访明真相后,"到魁顺班叫出银凤,揪扭着阿三奶奶,跑到第四段协巡队喊告"。② 通过这则报道,《京话日报》又一次向北京民众宣传了"逼着人家女儿为娼"的狠毒,与即将开办的济良所救助程序:妓女或妓

---

① 《恶鸨受刑》,"本京新闻",《京话日报》551号(1906年3月10日)。
② 《又一个恶鸨被告》,"本京新闻",《京话日报》572号(1906年3月31日)。

女的家人,可以向协巡队"喊告",由协巡队转送协巡营处理。虽然第二天《京话日报》承认他们过于听信妓女家人的一面之词,"情节不大实在",但仍认定"阿三奶奶,绝非好人,凌虐的事,在所不免啊"①,宣传的效果已经达到了。

经过这一轮报道,"领家虐妓"的印象已经深入人心。不过,要激起广大市民感同身受的同情之心,以配合济良所的创设与推广,仅有张傻子案那样的断片式报道尚嫌不足。张案之后,《京话日报》依然保持关注被骗或受虐的妓女,也是在为已经开办尚未开学的济良所张目。

1906年5月3日,《京话日报》用"专件"的形式刊登了"坏事高"的长篇报道,报道占据两个版面,对于每日只有六个版面的《京话日报》来说,这是非常高的规格。而报道内容,是甚至发生在张傻子虐妓案之前的坏事高案。

坏事高本名高得禄,跟张傻子一样,是远近闻名的狠毒地痞。他去直隶顺德府内邱县,谎称自己是"有功名的人",又是正定府等三家盐店的东家,骗娶了乔家十九岁的女儿乔迷胡。婚后才三天,坏事高就把乔女带上火车,拐到北京,卖到了八大胡同。

乔迷胡的父亲,到坏事高所说的盐店看女儿女婿,碰了个大钉子,"又到正定府访了几天,有人对他说,怕是受了北京人的诳骗了罢,他这才进京。一个人也不认识,在街上瞎找,把带来的盘费花净,又脱下身上夹袄变卖,夜晚就在街上睡"。有人指点他,到妓院集中地去找,找了七八天,终于撞见了自家女儿,跟一个老妈在街上走,头上脚下都改了样子。乔父这才继续他拯救女儿的艰难旅程:

> 跑到巡捕段上磕头,巡捕领他到局,具了甘结,带他去提案。原来在街上遇见女儿时候,略一点头,下处的跟人,已经提防,就跟藏起来了,一连找了几十家,踪影全无,仿佛诬告,这老乔就得挨打。老乔急的连哭带喊,旁边有一个人,听见他口音,诧异的了不得,又

---

① 《控告不实》,"本京新闻",《京话日报》573号(1906年4月1日)。

> 问明他姓乔,就对巡长说,有一个妓女,常常哭诉,说是顺德府人姓乔。巡长就叫这人领着找,又到一处,只拿着一个老妈子,就是老乔撞见的老妈,带到局里,问了口供,把老乔留下,又叫老妈带巡捕去找,果然找到。乔迷胡一上堂来,父女抱头痛哭,这才知道是真的了。

警局用了五天时间,才将坏事高缉拿到案,打了几十杖,勒令交出身价银350两。

按说案件到此已结,乔父领回女儿,坏事高按律该充军发配。但是"西局里几位问官"、总办帮办,都认为"此等恶人,若是充发出去,他的神通广大,不上一年,必定逃回来,逍遥无事,仍旧是毒害良人",因此打算仿张傻子的前例,让坏事高游街示众,再无限期监禁。①

早在3月9日,张傻子案刚刚发生,《京话日报》就曾报道张傻子被捕之后仍然嚣张,"有人听他向同行的声说,罪满释放,必把香云致死",编者据此呼吁"有管理之责的,若不激[彻]底根究,释放之后,必定要毒害人命。此匪罪案甚多,枷满永远监禁,亦不为过"。②

这类报道和呼吁,在同一时段(1906年3月至5月)的《京话日报》反复出现,对于"万恶的拐子手",编者的结论总是"像这种淫恶凶徒,局里的老爷,绝计不能轻饶他罢"③;而对于"第二个张傻子"这种虐待妓女者,编者也不断强调"卫生局既然收捐,就得出来保护,像这种万恶的领家,总该查禁才对",并且指出"再不改过,济良所可以干预"。④

而《京话日报》为救济受害妓女寻找的出路,就是成立济良所。

---

① 《坏事高的案情比张傻子还重》,"专件",《京话日报》605号(1906年5月3日)。
② 《黑暗地狱》,"本京新闻",《京话日报》550号(1906年3月9日)。
③ 《请看万恶的拐子手》,"本京新闻",《京话日报》621号(1906年5月19日)。
④ 《第二个张傻子》,"本京新闻",《京话日报》621号(1906年5月19日)。

二、《京话日报》倡设济良所

《京话日报》自1904年创办以来,多次报道、评论社会案件,但"张傻子案"与别案不同,《京话日报》从一开始就介入其中,可以说,张傻子案是在《京话日报》的密切关注下进行审理与处罚的。

《京话日报》详细描述张傻子虐妓的恶状,用意并不仅仅是揭露恶霸的罪行,舆论对于官府如何处置的监督,也是题中应有之义。张傻子固然恶贯满盈,但张傻子这样的妓女领家非止一人,如何为京师屡禁不止的拐卖良家妇女、虐待妓女、逼迫卖淫等现象找到解决办法。有鉴于此,《京话日报》并不止于揭露张傻子的恶行累累,表扬协巡营的公正严明,而且在同日报纸上,刊出了一篇短论《收妓捐为何不设济良所》,将"济良所"这个北京中下层民众尚未听闻的名词,列为征收妓捐的配套措施:

> 上海地方,设有济良所,妓女受了虐待,自然有处声冤,愿意从良的,也不致老鸨禁阻。收妓捐的本意,原是借着捐的名目,暗行限制的法子,不是因他行业贱,专专罚他出钱。京城开办妓捐以来,两三个月,并没谈到这回事,小人无知,开下处的,可就长了声势了。若早早的设立济良所,张傻子那敢这样大胆?①

作为北京最早的华资日报,又是由个人集资创办,《京话日报》关于外埠、世界的信息主要来自上海报纸。关于济良所的报道,想必也得之于彼。

上海济良所发起于1896年,由美国传教士包慈贞(Bonnell)"目击浦江流域,洋场十里间,淫风流行,妓娼日盛"而发愿创立。最初的发起人为"同道西女五人",四出募捐,于1897年10月,"赁西[熙]华德路圣公会老牧师吴虹玉先生住宅为会所,收养迷路落魄及不愿为娼之女子"。1901年,包慈贞"鉴于沪市陷于罪恶中女孩为数颇广,亦有自幼失怙,擅

---

① 《收妓捐为何不设济良所》,《京话日报》548号(1906年3月7日)。

自走迷,若不予以救济,则将永沦于惨痛之中",在熙华德路正式发起成立上海济良所,专以救济不幸女子为目的①。是为济良所正式设立。上海济良所的管理主要由西人负责,但亦有华人的参与。

1905年,严信厚等士绅13人为了扩大济良所的影响和方便妓女投所,筹设济良分所,经过筹备,于当年租下上海福州路181号,建立起济良分所。次年,六名妓女结伴来投,此事惹怒了妓院的经营者,一群老鸨、恶棍、地痞流氓聚集在济良所门前,向所里投掷石块,"福州路差点儿被妓院老鸨们的怒火点着了"。济良所的管理者不得不求助于租界巡捕,才驱散人群。事后,巡捕房还专门派了两名巡捕到济良所看守数日。②

《京话日报》提议创设京师济良所,一方面是借鉴上海的成例,另一方面,是将济良所与"妓捐"作了勾连。借着协巡营惩办张傻子的案件,《京话日报》保持着它向官府"建言献策"的特点,因此,京师济良所一开始提出,是由舆论界引发创议,而指向"官督绅办"的模式,这与上海济良所由西人发起,中西绅董共同捐款管理的模式颇有区别。

梁漱溟后来对《京话日报》这种舆论运作方式的总结是:

> 以办报发起和推进社会运动,又还转以社会运动发展报纸;把办报与搞社会运动结合起来而相互推进。这是彭先生不自觉地走上去的道路,其报纸后来所有之大发展,全得力于此。
>
> 再说明白些:社会运动当然是从其社会存在着问题而来的。有些先知、先觉把问题看出得早而切求其解决,就提出一条要走的路号召于大众,而报纸恰是作此号召的利器。身在问题中的众人响应了这种号召,便形成一种社会运动。报纸以运动招来读者,以读者

---

① 季理斐《参观沪上济良所记》,《大同报》1913年第19卷第39期。参见安克强著,袁燮铭、夏俊霞译《上海妓女——19—20世纪中国的卖淫与性》(上海:上海古籍出版社,2004),第十四章《娼妓救济团体》。

② 《济良所年报》1934年第6页,转引自安克强著,袁燮铭、夏俊霞译《上海妓女——19—20世纪中国的卖淫与性》,第378页。

推进运动。①

从张傻子案来看,"把办报与搞社会运动结合起来"未必是彭翼仲"不自觉"的道路,经过两年的办报实践,以及发起阅报处,设立讲报所,德国公使交涉、那亲王府活埋小妾等案件的处理,②《京话日报》已经初步掌握了舆论与官方、民众的互动方式,并相当娴熟地运用在借张傻子案创立济良所的"社会运动"之中。

另一则新闻则报道说,济良所的创办已由官方提上议程,而《京话日报》准备参与其中:

> 协巡营帮统杨钦三副戎,惩办张傻子一案,大快人心,因此又动了不忍之念,想要趁此机会,开办济良所,就跟统带王勤齐观察商议,意见相同,打算约请名望最好的绅士,大家筹一笔款项,就在前门西一带,找地方开办,仿照上海济良所章程,凡妓女受了领家的凌虐,准其呼喊巡捕,送入济良所,由官择配。这件事情若办成,真是功德无量,开办经费,可以由大家捐凑,大约也用不了多少钱。本馆听说这话,又想着要多事了,有肯助成善举的,就请书明助捐数目,交本馆先行登报。③

这则新闻指出了济良所的几个要件:一是主要救助"受了领家的凌虐"的妓女;二是方式为"呼喊巡捕";三是进入济良所的妓女,出路是"由官择配";四是开办经费"由大家捐凑"。与上海济良所相比,京师济良所一开始就是由官方出面(《京话日报》没有提自己的创议,而是将功劳归之于"两统带"),但基本方式还是"官绅合作"。由于《京话日报》这样一个深及中下层社会的舆论机构的参与,京师济良所有可能比上海更加深入地

---

① 梁漱溟《记彭翼仲先生》,《忆往谈旧录》(北京:中国文史出版社,1987),第70页。
② 参见彭望苏《北京报界先声》(北京:商务印书馆,2013)相关章节。
③ 《两统带商办济良所》,"本京新闻",《京话日报》553号(1906年3月12日)。

传播到民间去。

《京话日报》的报道一直在保持两条路线:要求严惩张傻子,鼓吹创办济良所。这本来就是一枚硬币的两面,如果不打掉张傻子等领家的气焰,受虐的妓女就不大可能主动向社会求助;而没有济良所,被解救的妓女也没有出路。在这一事件中,《京话日报》同时发挥着监督政府与建设社会组织的作用。

同日刊登的《济良所大可成功》则报告济良所议设进程,称杨钦三已向上峰报告,颇蒙认许,民间也很踊跃,"昨天还有一位朋友,愿意独力捐办",最重要的是出了一个主意:让与香云要好的赵姓客人(就是被张傻子诬告的嫖客)多认些捐,"就把香云许配给他;赵姓如有不好意思的地方,本报愿作个说合人"。同版上还有单句启事"普劝仁人拯救受虐妓女",仿国民捐前例,《京话日报》开设了"捐助济良所经费"的专栏,刊登捐款民众姓名及认捐数额,并声明等济良所"开办时再收款"。

与上海的报纸相比,《京话日报》的一大特色,是自任"公众的言论机关",大量使用读者来稿作为"演讲"(即后世的社论)内容。① 成功发起国民捐运动之后,更是如此。济良所一案,《京话日报》虽然热心创议,但彭翼仲为首的同人并没有在报上宣讲其意义,他们把这个机会留给了两年来深受报纸启蒙影响的读者,果然,3月17日"专件"刊出了署名"永清县一分子"的《劝慈悲人捐助济良所》,把济良所的创设意义提高到了"国家思想"的高度:

> 嗳呀!文明世界,那有这等残忍的事呀?(虽说好人不为娼,那良家妇女,落在这个火坑里的,亦实在不少,世界上没有天生来的娼。)就去年说罢,有晓得助国民捐的,有晓得禁买美货的,作妓女的,也何尝没有国家思想?唉,要遭在恶鸨手里,轻者是骂,重者是打,又到那里去诉冤呢?天地间有这样不平等的事吗?美洲黑奴,自开放以后,都可以享受点儿人权,妓女虽贱,亦算是黄种人的一部

---

① 参见拙文《京沪白话报:启蒙的两种路向》,《北京社会科学》2003年第3期。

分,也是中国四万万同胞的一分子,岂有见死不救之理?

议设济良所,虽然是仿照上海的成例,更借了张傻子一案在京师引发的轰动效应,但《京话日报》热心推进此事的用意,与这些启蒙知识分子在1905年发起国民捐运动、抵制美货运动,是一脉相承的。前二者是利用国家危机,这一次则诉诸民众的同情心,都是要激发他们对"文明世界"的向往与爱国互助的热情,用彭翼仲的话说就是"叫下等人知道爱国"①。因此,京师济良所之设,比上海的创立济良所,意味更加复杂。而官方的介入,给了济良所某种政策上的保证与保护,使其免受京城地痞流氓的骚扰,这也是《京话日报》一开始就拟定的策略。②

3月20日,《京话日报》再度向读者报告:《济良所的房屋有了着落》,"本京绅士"愿意将旧的水会公所捐借出来。另外张傻子被封的玉莲班,本是张傻子的产业,也充为济良所的公产。

虽然连续多日都有认捐、呼吁捐助的来稿刊出,但捐凑的成效毕竟有限,只是"杯水车薪",对此《京话日报》又提出了筹集经费的主张:"所有玉莲班的妓女六名,大可招人领娶,定出一个身价来,不必拘定向来的官价。这本是特别的新鲜事,无妨通融办理,并可防将来的弊病,免得插圈弄套的人生心。所有身价,都捐入济良所。有乐意多捐的,还可以推广女工艺,多多益善。办此等事,千万不必太拘。"③《京话日报》一再强调"不必太拘",或许是因为上海济良所初期的经费主要来自捐助④,但北京的民间富庶程度固然无法比拟上海,士绅的热心程度也难以企及,

---

① 《劝慈悲人捐助济良所》,"专件",《京话日报》558号(1906年3月17日)。

② 《京话日报》在京师济良所章程拟定之后,有短文指出:"昨晚上有人说:各领家要结成团体,想法子毁谤济良所。此事必不能免,早已防备在先。章程拟妥,挨着门送给他们看,只要他不施毒手,有做活局子的本事,本所亦断不收留。"《各领家必要毁谤济良所》,"本京新闻",《京话日报》579号(1906年4月7日)。

③ 《济良所的经费不必为难》,"本京新闻",《京话日报》561号(1906年3月20日)。

④ 在上海济良所成立的头四年(1901—1905),中国士绅捐助了1200至1700两银子,而每年的捐款占济良所总收入的50%以上,1901年甚至高达93%。安克强《上海妓女——19~20世纪中国的卖淫与性》,第391页。

更可行的道路是从官方获得政策许可，以妓女的身价银子作为经费的主要来源。当然，这样做也会产生一定的弊端。

4月3日、4月4日两天的"本京新闻"，连续刊登了《济良所已经开办》、《济良所收到总厅移交人口》。这两则报道点明了济良所的急迫性缘自"总厅存留妇女多名，急于安置"，并提供了"不愿为娼"的七名妇女的姓名与年龄。①

两天后，《京话日报》刊出了《妓女爱群》，报道某妓女托人带来"三百斤面票"，作为对济良所的捐助。虽然出于自身安全考虑，捐助者不愿让报纸刊登自己的名姓，但《京话日报》仍对捐助者大加表彰，并且上升到了国族的高度："居然就有这样热心爱群的妓女，又有这样会办事的客人，可见中国的人心都未死，处处有明白人。"通过这种表彰，《京话日报》将它念念不忘的爱国启蒙与济良所的事业勾连了起来。或许在编者心目中，济良所事业本该由政府承担（"既收了妓捐，不可不立济良所，本是卫生局的责任"），但在政府公共事业职能相对缺失的情形下，利用妓女的自觉、公众的同情与政府的允许，来推动这样一项让"妓女有了生路"的福利事业，是《京话日报》积极参与北京社会事务的一个象征性事件。

利益受损的"领家们"自然不会俯首帖耳地任由属下妓女逃入济良所。在协巡营的弹压下，北京的领家们不敢像上海的老鸨地痞那样公开攻击济良所，但制造谣言是意料中事。针对这一点，《京话日报》赶紧将"上海济良所章程"演成白话登在报上，一来破除谣言，让读者明白济良所到底是怎么回事，二来也希望推动北京济良所章程的尽快制定。

1906年8月5日，济良所正式开学。"是日上午十一钟，外城厅丞、参事股各股长，分厅科长，本区区官，并本馆主人，全都到所，行开学礼。先由本主人演说，其次薛教习，其次朱厅丞、徐警官、殷警官、许参事、廖委员、郑区官，一一演说"②，这项由《京话日报》发起的公益事业才算

---

① "计开贾李氏即湘云十八岁，王孟氏即素卿十九岁，蔡杨氏即玉琴二十五岁，桂仙不知姓氏二十二岁，曹翠宝二十二岁，王桂宝二十二岁，素云不知姓氏十五岁。"《济良所收到总厅移交人口》，"本京新闻"，《京话日报》576号（1906年4月4日）。

② 《济良所开学》，"本京新闻"，《京话日报》700号（1906年8月6日）。

底定。

《京话日报》热心济良所事业,有其自身的触因。《京话日报》主人彭翼仲的妾室段耘蓝,即因家贫无依,姨母诱骗,流落青楼,1899 年嫁给彭翼仲。当张傻子事发,协巡营帮统杨钦三来与彭翼仲等商议如何处置玉莲班妓女,杭辛斋提议设济良所,段耘蓝"闻而大快,当年之隐恨,将欲籍此事以弥补之,力劝余实行"①。济良所缺乏经费,段耘蓝率先在《京话日报》刊出大字告白,声明"捐助二十元,俟开办之后并愿入所尽义务照顾伤病"②。按彭翼仲 1913 年的说法,段耘蓝的亲身经历与极力赞助济良所事业,是济良所没有"事或缓,或竟罢议"的关键,"尤为重要","北京花界,至今受无形之保护,皆耘蓝此日怂恿实行之功也"。③ 彭翼仲写下这段话时,段耘蓝已因万里追随彭翼仲发配新疆,于 1909 年死于戍所。彭翼仲此语,或不无因痛怀逝者而夸大的成分,但《京话日报》能够如此深入地推动济良所事业,确实得益于这份报纸与北京中下层社会的密切联系,充当了中下层社会与官方之间的联络人角色,这也是事隔七年,济良所对北京妓女群体仍有"无形之保护",而梨园新星梅兰芳会选择编演《孽海波澜》的重要原因。

三、梅兰芳编演《孽海波澜》

按《舞台生活四十年》中的说法,梅兰芳排演时事新戏的念头,是 1913 年从上海回来之后,对京剧演艺事业"有了一点新的理解"而兴起的:

> 觉得我们唱的老戏,都是取材于古代的史实,虽然有些戏的内

---

① 《彭翼仲五十年历史》之《始终患难之姬人》,姜纬堂等编《维新志士 爱国报人彭翼仲》(大连:大连出版社,1996),第 168 页。
② "告白",《京话日报》553 号(1906 年 3 月 12 日)。
③ 《彭翼仲五十年历史》之《始终患难之姬人》,姜纬堂等编《维新志士 爱国报人彭翼仲》,第 169 页。

容是有教育意义的,观众看了,也能多少起一点作用。可是,如果直接采取现代的时事,编成新剧,看的人岂不更亲切有味?收效或许比老戏更大。这一种新思潮,在我的脑子里转了半年。慢慢的戏馆方面也知道我有这个企图,就在那年的七月里,翊文社的管事,带了几个本子来跟我商量,要排一出时装新戏。这里面有一出《孽海波澜》,是根据北京本地的实事新闻编写的。①

这算是排演时事新戏的近因,梅兰芳 1913 年末在上海演唱 45 天,一炮而红,同时他也利用休息时间遍观上海各戏馆,"我觉得当时上海舞台上的一切,都在进化,已经开始冲着新的方向迈步朝前走了"。对那些"靠灯彩砌末来号召的",梅兰芳认为只能吸引"一般专看热闹的观众",并不太欣赏,他更感兴趣的是内容形式都经过改良的时事新戏:

> 有些戏馆用讽世警俗的新戏来表演时事,开化民智。这里面在形式上有两种不同的性质。一种是夏氏兄弟(月润、月珊)经营的新舞台,演出的是《黑籍冤魂》、《新茶花》、《黑奴吁天录》这一类的戏。还保留着京剧的场面,照样有胡琴伴奏着唱的;不过服装扮相上,是有了现代化的趋势了。一种是欧阳先生(予倩)参加的春柳社,是借谋得利剧场上演的。如《茶花女》、《不如归》、《陈二奶奶》这一类纯粹话剧化的新戏,就不用京剧的场面了。这些戏馆我都去过,剧情的内容固然很有意义,演出的手法上,也是相当现实化。我看完以后留下了很深的印象。不久,我就在北京跟着排这一路醒世的新戏,着实轰动过一个时期。我不否认,多少是受到这次在上海观摩他们的影响的。②

上海新戏的直接刺激固然重要,但梅兰芳排演时事新戏的远因,恐怕要

---

① 梅兰芳《舞台生活四十年》,第 211—212 页。
② 梅兰芳《舞台生活四十年》,第 186—187 页。

追溯至清末。梅兰芳首次登台是光绪甲辰年(1904),那年他11岁。接下来的十年内,梅兰芳一边学戏一边唱戏,渐渐崭露头角。而1904—1906年,伴随着北京社会的启蒙运动,梨园行也掀起了戏曲改良的热潮。

清末北京启蒙运动的重要人物彭翼仲,同样是戏曲改良的主要推动者之一。《京话日报》一贯宣称"念书不如看书,看大书不如看小说,看小说不如看报,看报不如听讲报,听讲报又不如看好戏了"①,这一启蒙序列的形成,自然根基于"以耳代目"的民众接受水平,同时也考虑到戏曲于民众的巨大感染力:"独有那下等多数的人,自小没念过书,差不多一字不识,要想劝化他们,无论开多少报馆,印多少新书,都是入不了他们的眼。一定要叫他知道些古今大事,晓得为善为恶的结果,除了戏文,试问还有什么妙法?"②

在梨园行推动戏曲改良最力的是田际云(艺名想九霄,1865—1925)。田际云本为河北高阳人,10岁于涿县入科班,12岁入京,15岁赴上海,声誉鹊起。1887年自组小玉成班,并于当年秋再赴上海。时人论及,谓其"有新智识,头脑亦过于敏锐"(张豂子)、"思想新颖,交游众广"(王芷章),而玉成班的演出,则以"灯彩技艺新戏擅长者"。③故此田际云会成为清末北京戏曲改良的核心,一方面是因为他于1900年任精忠庙庙首(梨园行领袖),颇孚人望,一方面也由于田际云遍历南北,交游广阔,很能接受新的思想。有研究者考证,田际云在戊戌变法时即与光绪、康梁关系颇深(当时田是内廷供奉),变法失败还尝试救护光绪,并因清廷捕拿流亡上海。④

1906年,借着"杭州惠兴女士为兴女学殉身"这一事件,由《北京女

---

① 凿窳《改戏》,《京话日报》291号(1905年6月10日)。
② 《说戏本子急宜改良》,《京话日报》106号(1904年11月29日)。
③ 转引自夏晓虹《旧戏台上的文明戏——田际云与北京"妇女匡学会"》,陈平原、王德威编《北京:都市想象与文化记忆》(北京:北京大学出版社,2005),第94—95页。
④ 桑兵《天地人生大舞台——京剧名伶田际云与清季的维新革命》,《学术月刊》2006年5月号。

报》主笔张展云等发起了大规模的纪念、募捐活动,其中筹款之法,就包括"请出几位梨园中热心人,白唱几天堂会戏"①。为此,张展云等人找到田际云。田际云大为赞成,不但出面组织了 1906 年 3 月底至 4 月初的三场义演,而且提出要"掏换惠兴女士的历史,跟他死后的一切事迹,把他编一出戏,于开会的日子,请名角唱出来,给助善的太太、姑娘们听"。张展云等人一听大为赞同,因为这样不但利于筹款,更能宣扬惠兴事迹,推广启蒙理念,连夸"好文明的田际云"。②

彭翼仲与《京话日报》对这出新戏也十分支持。此前田际云与彭翼仲曾多次商量改编新戏,借此机会,推出了两出新戏:玉成班的《惠兴女士传》由彭翼仲协助编写,田际云自饰惠兴女士,在广德楼上演;义顺和班演的《女子爱国》是由彭翼仲的儿女亲家梁济根据古书上鲁漆室女忧鲁的故事改编而成,由名角崔灵芝饰漆室女,在广和楼上演。

《京话日报》描述新戏上演时的盛况是:"座儿拥挤不动,各学堂的学生,都要去看看新戏。合园子里,拍掌称好的声音,如雷震耳,不但上等人大动感情,就连池子里的老哥儿们,和那些卖座儿的,也是人人点头,脸上的神情,与往日大不相同,可见好戏真能感人。"③外城巡警厅甚至听从《京话日报》的建议,奖给义顺和班一面银牌。

虽然彭翼仲对这些多少有些急就章式的新戏内容尚不满意("本馆的意思,还得再往细里斟酌"),④但是他仍然欢呼:"哈哈!前两年的主义,如今可算办到了。"并且将新戏演出成功的意义夸大为"千载难逢,中国可以不亡了"。⑤

梅兰芳其时正在朱小芬家,从吴菱仙学戏。1907 年,他正式搭喜连成班,开始了戏曲职业生涯。1909 年冬,田际云邀请南方有名的新戏名角王钟声来京演出,地点在鲜鱼口天乐茶园。据梅兰芳自述,田际云请

---

① 张展云《替杭州贞文女学堂筹款的法子》,《惠兴女学报》12 期(1909 年 4 月)。
② 张展云《好文明的田际云》,《惠兴女学报》12 期(1909 年 4 月)。
③ 《新戏感人》,《京话日报》622 号(1906 年 5 月 20 日)。
④ 《广德楼唱新戏》,《京话日报》629 号(1906 年 5 月 27 日)。
⑤ 《梨园人思想极高》,《京话日报》630 号(1906 年 5 月 28 日)。

了很多名角来站台,梅兰芳作为后起之秀,也在王钟声演出新剧时唱过京剧折子戏。梅兰芳称:"我曾看过钟声主演的《禽海石》、《爱国血》、《血手印》等新戏。我以后排演时装戏就是受他们的影响,其中《宦海潮》那出戏还是根据钟声演的新剧改编为京剧的。"①

翊文社提供了几个本子,而梅兰芳选择《孽海波澜》作为首出时装新戏,主要还是因为它基于"北京本地的实事新闻"。在梅兰芳和朋友们的讨论中,"有的不主张我扮一个时装的妓女,可是大多数都认为那些被拐骗了去受苦受难的女人不幸的生活和那班恶霸的凶暴,都是社会上的现实,应该把它表演出来,好提醒大家的注意",这就是梅兰芳后来说《孽海波澜》"在当时算是警世"的重要意义。因为以"警世"为第一要义,《孽海波澜》的整体设计都是围绕这一点展开的。

> 第一步是决定了我扮演的角色叫孟素卿,她是营口人,受婆婆的哄骗到了北京,卖到张傻子开的妓院里,逼她接待客人,幸亏碰着同乡陈子珍,代她向营口家里送信。她爸爸孟耀昌是个种田的农民,得信就赶来寻找女儿。遇见彭翼仲,才知道张傻子已经拘捕入监,他开的妓院已经封闭,所有妓女都送入刚开办的济良所,教她们读书做工。根据了照片的证明,他们父女才又团圆了。
>
> 在这出戏里,王蕙芳扮另外一个叫贾香云的妓女,她有一个客人叫赵荫卿,要替她赎身。两个人正在房里商量,被老鸨周氏听见,第二天就毒打了香云一顿。张傻子又设计讹诈赵荫卿,硬说赵荫卿欠他银子五十两不还,还要拐走贾香云。闹到了协巡营,经杨钦三讯明真相,判定张傻子先游街示众,再把他监禁起来。②

从剧情来看,《孽海波澜》来自《京话日报》相关报道的综合,不仅有张傻子的案情,还有阿三奶奶虐待儿媳的情节,孟耀昌则是坏事高案中乔迷

---

① 梅兰芳《戏剧界参加辛亥革命的几件事》,《戏剧报》1961 年第 17—18 期。
② 梅兰芳《舞台生活四十年》,第 212—214 页。下引描述均出此。

胡父亲的形象,而且将彭翼仲插入案情内,让彭成为点拨孟耀昌寻得女儿的热心人。

所谓"时事新戏"又称为"时装戏",故而服装的选择相当重要。梅兰芳回忆说:"我们先把孟素卿的经历,划成三个时期:(一)拐卖时期,(二)妓院时期,(三)济良所作工时期。她的打扮,也换了三种服装:(一)贫农打扮;(二)穿的是绸缎,比较华丽;(三)穿的是竹布衫裤,又归于朴素。这三种服装,是代表着当时三种不同的身份的。头上始终是梳着辫子,因为我早已剪发,所以用的是假头发。"严格说来,《孽海波澜》演出于民国三年(1914)①,戏里的人物着清代服饰,并不算严格的时装戏,但因为去时未远,尤其女性衣服变化不大,所以也可以归入时装戏范畴。

布景方面,梅兰芳自谦为"当时还是萌芽时代,比起现在来是幼稚得多","如何幼稚,现在已无法想见,而"也不是每场都用的"倒是未脱旧戏的虚拟意味。不过,上海新戏喜用"灯彩砌末"的风格还是影响了梅兰芳的时事新戏,在二本的"济良所学习机器缝纫"一场,"曾经把胜家公司的缝纫机也搬上了舞台",这种实物道具很少在北京的戏台上出现,想必也让一般观众大开眼界。

相对于旧戏,《孽海波澜》最重要的改变,应该还数身段与念白的改换。梅兰芳自述:

> 身段方面,一切动作完全写实。那些抖袖、整鬓的老玩艺,全都使不上了。场面上是按着剧情把锣鼓家伙加进去。老戏在台上不许冷场,可是到了时装新戏里,我们却常有冷场。反正这里面念白多、唱工少。就是我后来排的许多时装戏,也离不了这"念多唱少"的原则的。

---

① 关于《孽海波澜》的首演日期,张穋子自记观剧是"民国三年十月间"(《听歌想影录》,第5页),《梅兰芳之新剧时期——孽海波澜与寇海潮》(《三六九画报》第二卷第31期,1940年4月19日)则明指首演为"八月初七初八二日",以梅兰芳自述"七月里"朔文社提供剧本来看,日期当为阴历,即阳历9月26、27两日,与张穋子所记相近。

就当时而言,这种改动已经算是颠覆性的变化,或许是来自王钟声与欧阳予倩"新剧"(就是话剧)的影响,不过还是不能完全放弃"锣鼓家伙"。

四、戏里戏外:《孽海波澜》的社会影响

演员的表演,梅兰芳评价最高的是扮张傻子的李敬山,说他"演得相当生动。把那时北京一般恶霸混混的凶恶状态,描写得十分真实","带了一面大枷,鸣锣游街。嘴里嚷着'众位瞧我耍狗熊,这是我开窑子的下场头。'十足的一副下流'混混'的神气。李敬山在这出戏里算是成功的。"这一点也得到了张豂子的认同:"张傻子,则神态凶恶,活画一个土棍。"①

梅兰芳评郝寿臣饰演的协巡营帮统杨钦三"在公堂审问张傻子讹诈赵荫卿一案的神情口气,也非常逼真"。而张豂子承认"审问一场,颇多精采","统观全剧,郝寿臣之道白固可取",却又质疑郝寿臣(《听歌想影录》误植为郝寿山)"于审问素卿时,滑头滑脑,言语涉于油腔,仿佛玉堂春问案,想当日情形,必不如此"。

《孽海波澜》分头二两本,两日演完。头本"从拐卖孟素卿起,演至公堂审问张傻子为止",二本则讲述"彭翼仲向杨钦三建议设立济良所。接着开办妓女识字、读书、机器、手工等讲习班"。彭翼仲是二本才出场,梅兰芳承认饰演者刘景然"没有能够把握住剧中人的性格","他的形状、动作和语气,依然是派老[老派]守旧的样子",不能很好地呈现彭翼仲"维新人物"的气质。张豂子也批评说"刘景然饰彭翼仲,似乎太老古板"。

演出《孽海波澜》的翊文社,与彭翼仲及《京话日报》关系很深。班主田际云自不必说,主要演员如郝寿臣,也是《京话日报》的热心读者②。翊文社编演《孽海波澜》,用后世研究者的话说,"彭翼仲作为第一个以艺

---

① 张聊公《梅兰芳之孽海波澜》,《听歌想影录》,第5页。下引评论均出此。
② 据梁漱溟记载,郝寿臣曾告诉他,自己将《京话日报》"每月累积装订成册"。见梁漱溟《记彭翼仲先生——清末爱国维新运动一个极有力人物》,《文史资料选辑》(北京:中华书局,1960),第四辑,第102页。

术形象走上舞台的报人,且由当时已享盛名的梅兰芳将之搬演于舞台,颂其功绩,恰恰又在彭翼仲被赦还京未久,实非偶然"①。即使《孽海波澜》一名,或许都来自彭翼仲1913年出版的《彭翼仲五十年历史(上编)》中"孽海慈航,生机一线"一语。②

因此,梅兰芳《孽海波澜》首演,邀请了彭翼仲、杨钦三到场观剧,"相传已嫁之素卿、香云等,亦曾潜往观之"。③ 戏中人亲临现场,并非首创,相反,倒是田际云所掌管戏班编演新戏的故技。早在1907年,因为接替惠兴办理校务的惠兴女学校总办贵林来京,田际云与张展云商议后,于首演一年后再度搬演《惠兴女士传》,并特约贵林上台演说,讲述惠兴女士事迹。④ 由此观之,翊文社选在彭翼仲发配新疆回京之后编演《孽海波澜》,并由炙手可热的新秀梅兰芳担纲,固然有向彭翼仲致敬的意味,而借由真人到场,引发观众深厚的趣味,也未尝不是招徕的噱头。

《孽海波澜》上演之后,"极能叫座"。梅兰芳后来检讨这出戏的得失道:

> 它的叫座能力,是基于两种因素:(一)新戏是拿当地的实事做背景,剧情曲折,观众容易明白。(二)一般老观众听惯我的老戏,忽然看我时装打扮,耳目为之一新,多少带有好奇的成份的。并不能因为戏馆子上座,就可以把这个初步的试验,认为是我成功的作品。⑤

---

① 姜纬堂《彭翼仲五十年历史·校注前言》,姜纬堂等编《维新志士 爱国报人彭翼仲》,第46页。

② 《彭翼仲五十年历史》之《始终患难之姬人》,姜纬堂等编《维新志士 爱国报人彭翼仲》,第169页。

③ 化《梅兰芳之新剧时期——孽海波澜与宦海潮》,《三六九画报》第二卷第31期,1940年4月19日。

④ 《三月二十六日惠兴女学校总办贵林在广德楼戏馆之演说》,《北京女报》1907年5月11日。转引自夏晓虹《旧戏台上的文明戏——田际云与北京"妇女匡学会"》,陈平原、王德威编《北京:都市想象与文化记忆》,第111—112页。

⑤ 梅兰芳《舞台生活四十年》,第215页。

说这番话是多年之后，梅兰芳的眼界阅历自又不同。但从当时梅兰芳又续排《邓霞姑》、《一缕麻》、《宦海潮》来看，他对《孽海波澜》确有不满之处，故此演出较少。事实上，此前的新戏如《惠兴女士传》与《女子爱国》，演出时期也不长，这是符合观众喜新厌旧的心理的。但是，《孽海波澜》看上去并不像前面的新戏那样短命。

梅兰芳在《舞台生活四十年》中，披露了与谭鑫培"打对台"的故事。这个故事后来还被编进了陈凯歌导演的电影《梅兰芳》中。不过梅兰芳没有交代此事的具体时间，需要查考一下。

梅兰芳于1914年9至10月演出《孽海波澜》，同年12月，再次应邀到上海演出35天。1915年4月，改搭俞振庭的双庆社。搭俞振庭的班，梅兰芳自述"大约有三年的光景"，但这三年并不全在双庆社。1917年初，梅兰芳搭朱幼芬的桐馨社，兼搭俞振庭的春合社，在春合社与谭鑫培合作。同年5月10日，谭鑫培辞世。这段时间内，不可能发生"打对台"的事件。因此这一事件，只可能发生在1915年4月至1916年9月之间。而这一段，恰好是梅兰芳第一次集中排新戏的时期：

> 从去年[1915]到本年[1916]9月，梅兰芳在同事、朋友的帮助下，边创作、边演出，在18个月内，先后演出了11出新戏，归纳起来，大致分四类：（一）穿老戏服装的新戏如《牢狱鸳鸯》；（二）穿时装的新戏如《宦海潮》、《邓霞姑》、《一缕麻》；（三）古装新戏如《嫦娥奔月》、《黛玉葬花》、《千金一笑》；（四）昆曲如《孽海记·思凡》、《牡丹亭·闹学》、《西厢记·佳期、拷红》、《风筝误·惊丑、前亲、逼婚、后亲》》。①

就在这期间，班主俞振庭来找梅兰芳，"要求我把多时不演的头二本'孽海波澜'，分为四天演出。每天在这新戏头里加演一出老戏"。尽管梅兰

---

① 王长发、刘华《梅兰芳年表》，《梅兰芳艺术评论集》，第751页。亦见梅兰芳《舞台生活四十年》，第254页。

芳轻描淡写地回忆,"他们开戏馆的老板们,为了营业上竞争的关系,常喜欢换换新鲜花样,这无非是一种生意眼,本不算什么稀奇的事",但梅兰芳已经排或正在排那么多新戏,俞振庭独独选中《孽海波澜》,既是商业的眼光,也不能说与社会的反应绝无关系。

《孽海波澜》停演年余,这次又没有"真人到场"的噱头,但卖座仍然奇佳。梅兰芳在吉祥茶园,谭鑫培在丹桂茶园,两家都在东安市场里面,相离不远,但这四天对台打下来,"吉祥的观众挤不动,丹桂的座儿,掉下去几成;最后两天,更不行了"。梅兰芳后来的分析是"到他那边去的,大半都是懂戏的所谓看门道的观众,上我这儿来的,那就是看热闹的比较多了。从前你拿哪一家戏馆子的观众分析起来,总是爱看热闹的人占多数的"。① 这话虽然说出一部分道理,但并不能道尽《孽海波澜》如此走红的原因。

当时鲜鱼口天乐园的观众里,有一位喜欢撰写戏评的张豂子②,在多年后还表达了对这种"半新不旧"的改良的不满:

论者或谓新剧果欲收促进社会教育之效果,必先使一般社会,

---

① 梅兰芳《舞台生活四十年》,第 216 页。
② 许姬传在《舞台生活四十年》的按语里说:"民国以前,北京的观众,在行的真多。可是报纸上还没有剧评。关于梅先生的戏,最早是陶益生先生在民初《亚细亚报》上发表过一篇评论。到了民国二、三年间张豂子先生起来提倡,《公言报》上常见到他的作品。所以剧评一道,他可以说是开风气之先声。他评梅先生的戏最多,也就是从这出《孽海波澜》开始的。"(梅兰芳《舞台生活四十年》,第 215 页)但后世学者考证,张豂子从 1913 年起就开始注意并评论梅兰芳的演出。见赵山林《张豂子:梅兰芳评论的开风气者》,《戏曲艺术》2013 年第 3 期。张豂子,即张厚载,笔名聊止、聊公等。生于 1895 年,江苏青浦(今属上海)人。曾先后就读于北京五城学堂、天津新学书院、北京大学法科政治系,其间在报刊撰文评论京剧,尤其高度评价梅兰芳,成为当时所谓"梅党"中坚人物之一。1918 年在《新青年》与胡适、钱玄同、傅斯年、刘半农就旧戏评价问题展开争论后,为胡、钱等师长所不喜。1919 年,他在上海《新申报》介绍林纾丑诋胡适、钱玄同、陈独秀、蔡元培的小说《荆生》、《妖梦》,被北大校方以"在沪报通讯,损坏校誉"为由,开除学籍(时距暑假毕业仅两月余)。后入银行界任职。曾兼职《商报》、《大公报》副刊编辑,并于 1935 年创办《维纳斯》戏剧电影半月刊。于 1955 年逝世。有《听歌随影录》、《歌舞春秋》、《京戏发展略史》等著作。

皆能欢迎新剧,故新剧当先求迎合社会心理上习惯上之趣味,则旧剧上之唱工与锣鼓二事,固当时一般社会所为深感趣味者也。即如中和园之《宦海风云》,天乐园之《孽海波澜》,(《宦海风云》,较《孽海波澜》情节较胜,排得亦佳)皆以新戏而带唱工锣鼓,乃能深合社会趣味,藉以促进社会改良。此种论调,民国三、四年间,故都剧界极为流行,究其实际,则暂时过渡,以求社会之认识,则可,而永久混合,俾成畸形之艺术,则不可,盖新戏与旧剧,性质根本不同,勉强合一,终为识者所不取。①

张谬子自后视今,不满于新戏旧剧"勉强合一",可以理解。以清末民初而论,观众心理,却正处于一种喜新厌旧的情绪之中。清末以上海的"新舞台"开其端,延至京津,趋新之风气遍及南北,天津的大观茶园受到上海新舞台启发,也将名字改为"大观新舞台"。北京虽然戏园还保持"茶园"的名称,但陆续开始引入"电光新戏"等新式照明与背景。《孽海波澜》的布景,虽然梅兰芳一再谦称"萌芽时代",但比起旧戏的沉闷昏暗,自然一新北京观众之耳目。

张谬子所不满的"新戏而带唱工锣鼓",或许正是当时"深合社会趣味"的要点。1909年王钟声在天津大观新舞台演出《缘外缘》,一身西装打扮,只有洋琴伴奏,"不用锣鼓场面,实际上就是话剧",居然也博得"座客无不击节称赏,掌若雷鸣"②。1911年正月,吴宓在北京天乐园观看王钟声这出《缘外缘》,虽然是头一次观摩这种"纯用说话,弗须锣鼓等乐"的新剧,他发现观众仍然被深深地打动了:

> 所演者皆家庭上、社会上之真情状。其刺人之易,感人之深,较寻常戏剧为倍蓰。每到惟妙惟肖之处,台下观客直觉现身局中,亦

---

① 张聊公《梅兰芳之孽海波澜》,《听歌想影录》,第6—7页。
② 《大公报》1909年10月4日报道。转引自李孝悌《清末的下层社会启蒙运动:1901—1911》(石家庄:河北教育出版社,2001),第192页。

> 若果有如此其人,而亲睹其如此之事者。……闻钟声君研中西学尝有所志,今乃以戏剧为业,是亦改良社会之妙法哉。①

时装新剧,表现的是同时代的实事,观众容易有代入感。加之《孽海波澜》撷取的又是当地发生过的事件,剧里多位人物如彭翼仲、杨钦三都可称是北京民众的"熟人",而且并未完全废止锣鼓场面,表演者都是旧戏名角,熟悉中夹杂着陌生,叫座是必然的。

《孽海波澜》的复演,俞振庭的设计也起了作用。他把本来是二本的《孽海波澜》改成连演四天,再配上四出老戏,无非是想抻长卖座戏的时间,也分别适合喜新喜旧两类观众的需要。但这也引起了梅兰芳的不满,认为破坏了原剧的完整。

从观众的反应来看,他们对《孽海波澜》最感兴趣的地方有几处。前二处在头本:一是张傻子逼奸孟素卿一场,因为表演时事,生动自然,"台下看了,都对这个剧中人愤愤不平,起了恶感";一是杨钦三审问张傻子一场,这是戏剧冲突的第一次爆发与消除,张谬子一面认为"颇多精彩",一面又觉得"审判之后,即行闭幕,观者均慊然以不足也"。

案件的矛盾冲突,主要集中在头本,二本主要描写"彭翼仲向杨钦三建议设立济良所。接着开办妓女识字、读书、机器、手工等讲习班",这些都是文戏,不容易讨彩。因此梅兰芳回忆,"素卿、香云在济良所学习机器缝纫一场,是由我跟蕙芳细细研究了,从新改编过的。跟剧本小有出入,我们倒是下了一番揣摩工夫的。一边唱,一边做",张谬子也称"梅兰芳与王蕙芳饰素卿、香云,在济良所,做机器生活时,最为动人,二人唱亦颇好,而梅兰芳之一种温婉态度,更令人倾倒不置"。因为这一场特别用心下力,故而"台下一点声音都没有,很细心地在听。好像是受了感动似的。每次演到这里,都能有这样的收获"②。

接下来孟素卿的父亲赶来找他女儿,素卿拿着她爸爸的照片痛哭那

---

① 吴宓《吴宓日记》(北京:生活·读书·新知三联书店,1998),第1册,第20页。
② 梅兰芳《舞台生活四十年》,第214页。

一场,梅兰芳说"这时候,我看见观众里面,有好些女人都拿手绢在擦眼泪",张謬子评此场"唱作均沉痛可观"。最后一场,张傻子带了一面大枷,鸣锣游街,有大段的数板:

> 我自幼,失教训。胡作非为乱人伦。买良为娼丧良心。为银钱,把事寻。起祸根苗为香云。敲铜锣,有声音。项带长枷分量沉。派巡警,后面跟。木棍打我赛过阴。背上白布把我的罪名写得清。千斤石碑压在身。奉劝同行快醒醒,别学张有(张傻子名"有")不是人! 今日大祸临身,是我自己找寻。①

末尾这"大快人心的场面",适足让观众前面郁积的情感得到了发泄,既符合旧戏"善有善报,恶有恶报"的伦理观与"大团圆"的模式,也符合一般观众对"张傻子案-济良所"的认知,故而特别讨好,屡演不衰。②

张謬子虽然承认《孽海波澜》的诸般关节"确足动人心目",也承认"当时一班旧剧伶人,排演新剧,有此成绩,已非易易矣",然而"惜其中疵点,未能全改良者,亦殊不少",最大的问题或许还是"新旧不一"的冲突。这与日后梅兰芳的反思倒是一致:

> 时装戏表演的是现代故事。演员在台上的动作,应该尽量接近我们日常生活里的形态,这就不可能像歌舞剧那样处处把它舞蹈化了。在这个条件之下,京戏演员从小练成功的和经常在台上用的那些舞蹈动作,全都学非所用,大有"英雄无用武之地"之势。③

梅兰芳说:"我后来不多排时装戏,这也是其中原因之一。"张謬子也认

---

① 梅兰芳《舞台生活四十年》,第215页。
② 查1924年《申报》"双十节特刊"上,署名"謬子"(应为张謬子)的文章《我所经过之一打双十节》,文中提到"民国三年的双十节",作者去天乐园看《孽海波澜》,"谁知早已满座"。《孽海波澜》自9月26日首演,到10月10日仍能满座,足见北京观众对此剧热情之高。
③ 梅兰芳《舞台生活四十年》,第280页。

为:"故《孽海波澜》一类之戏,自此次以后,即从未一演也。"①

与实事相比,《孽海波澜》剧本最大的改动,即将"认父"、"游街"这些热闹戏从开办济良所之前,移至开办济良所之后。这一改动,可能是出于将戏剧冲突平均分配到头二本的考量,也让整部戏有了一个合理而欢快的收场。

而现实中,就在《孽海波澜》大受欢迎的同时,北京济良所仍在运营之中。济良所开办后不久,即迁移到前门外的五道庙,离八大胡同近在咫尺,北京市民对此颇为称道,有竹枝词为证:"几人本意乐为倡,立所于今有济良。但出污泥即不染,莲花万朵在池塘。"②入民国后,1913年,内、外城巡警总厅并为京师警察厅,接管原隶属外城巡警总厅的济良所。工巡捐局仍按每月100元向济良所拨款,且比清末每月加拨20石米。1915年,济良所迁至东四牌楼十一条胡同,1916年又迁至西城石牌胡同。③

按1917年的统计数字,进入北京济良所的人数共62人,离开、结婚的29人,死亡10人,年底收容总人数123人。全年经费收支状况,政府拨款11836元,支出12225元,基本持平。④

这个数字较之北京的城市人口与妓女规模⑤,明显偏少,何况济良所容留的非仅妓女,还包括受虐无依的女性。对比十年后的广州济良所

---

① 张聊公《梅兰芳之孽海波澜》,《听歌想影录》,第7页。

② 注云:"济良所设于前门外五道庙,受虐娼妓,悉入其中,妥为择配,必使得所,拔之污泥,登之衽席。"忧患生《京华百二竹枝词》,路工编选《清代北京竹枝词》(北京:北京古籍出版社,1982),第127页。

③ 丁芮《近代妓女救助机构"京师济良所"考察》,《历史档案》2012年第4期。

④ 甘博著,陈愉秉等译《北京的社会调查》(北京:中国书店,2010),下册,"附录八",第577页。

⑤ 1917年北京妓院分四等,总数限制在373家,来自妓院的捐税收入9个月达42084元,来自妓女的捐税9个月达45750元,估算妓女总数不下于3000人。甘博著,陈愉秉等译《北京的社会调查》,下册,"附录八",第566—571页。

的相关数字,也能看出北京济良所的救济力量明显不足①。故而李大钊在1919年设想"北京市民应该要求的新生活",即包括"扩充济良所,有愿入所的娼妓,不问他受虐待与否,一概收容。济良所应该是教育机关兼着工厂的组织"。②

济良所最初出现于上海,北京济良所的成立,为沪外诸埠之先,而且首倡"政府拨款+绅民捐助+产品出售"的运营模式,吉林、浙江、广东等地跟进,直至遍及全国。在北京济良所的创立过程中,从社会案件到舆论传播,到官绅合办,再到新闻时事与戏曲改良的结合,颇能见出北京近代社会转型的种种面相。

北京创立济良所,对于娼妓向来处于半黑暗状态的京师而言,自然是一种创新,也是庚子后新政的一部分,是与妓女捐配套的政治举措。济良所在北京,没有照搬上海的绅商模式,而是由媒体牵头,政府支持,这与清末北京启蒙运动的整体运作结构关联甚密。《京话日报》被关,彭翼仲发配新疆之后,《京话日报》首倡的各种新政,多数难以为继,能够保留下来的,济良所是一端,戏曲改良是另一端。这两者在入民国之后的再度结合,自启蒙运动的角度视之,亦颇富意味。

梅兰芳及其幕后策划者选择《孽海波澜》作为第一出时事新戏,除了看重当年的新闻事件在北京市民中遗留的巨大影响力之外,从张傻子虐妓,乔迷胡父亲千里寻女,彭翼仲挺身而出,直至济良所创立,妓女获得新生,这些新闻事实本身含有的戏剧性,当然也在创作者的考量范围内。整出事件中体现出的北京社会的"现代性",正与时事新戏想向观众暗示的"旧戏改良",起到了相得益彰的作用。这出戏能在"打对台"中击败"京戏大王"谭鑫培,更是展示了"时事新戏"的号召力与影响之大。

然而,在梅兰芳、张镂子后来的叙述中,却一致认定《孽海波澜》是对

---

① 广州公安局下辖济良所收容男女人数,1924年入所766人,离所289人;1925年入所816人,离所269人。见《广州市市政报告汇刊》1925年,第121—123页。

② 守常《北京市民应该要求的新生活》,《新生活》第5期,1919年9月21日;又见《李大钊全集》(石家庄:河北教育出版社,2006),第三卷,第324页。

京剧较为失败的改编,主要原因或许仍在"时事新戏"照实搬演的方式,与京剧已经形成的程式化、抽象化传统之间,有着难以调和的冲突。民元之后,各地舞台上常有时事新剧粉墨登场,如《鄂州血》、《洪宪梦》等,但大抵采用"文明戏"的形式。而梅兰芳的戏曲改革,则转向《黛玉葬花》、《天女散花》、《贵妃醉酒》等"古事新编",想必是从《孽海波澜》的尝试中,感受到要求"拟真"的时事内容与力图"抽象"的京剧形式之间,很难进行深度的调和之故。

要之,济良所的创立过程,《孽海波澜》的改编上演,都是中国社会近代化转型中的开创之举。其中新(大众媒体、时事入戏)与旧(政府管控、京剧传统)两种资源的结合与调配,正是社会、文艺这两个领域中的先行者,在近代社会转型中做出的有益尝试。或成或败,或得或失,都可供后世镜鉴。

龙榆生与现代词学目录学的建立

傅宇斌

古代无词学专科目录,凡著录词籍之语均散见于综合性目录学著作及藏书家书目题跋之中。故古代的词学目录学,其特征实与古代的传统目录学相同。民国时期,词学大师龙榆生提出词学研究的八项内容,最具革新性的则有三项:"声调之学"、"目录之学"、"批评之学"。本人已讨论过龙榆生词学"声调之学"和"批评之学"方面的成就,今再就所见,试以窥测龙榆生在词学目录学方面的成就和地位。

一、宋代以来词学目录学的发展与相关特征

词籍之有书目著录始于宋尤袤《遂初堂书目》,分别著录于总集类和乐曲类,共收词集十六种。而自此之后的历代重要书目都有著录词籍,施蛰存等先生所辑《词学书目集录》共收二十一种书目,[①]它所收的书目主要在于私家藏书目录,而官修书目、史志书目以及营业书目皆未予统计。王兆鹏先生所撰《词学史料学》则注意到了官修书目和史志书目,增加一百余种。[②] 但仍有遗漏,如徐𤊹《红雨楼书目》,其著录词籍在词调

[①] 《词学》编辑委员会编辑《词学》第七至十一辑(上海:华东师范大学出版社,1989—1993)。

[②] 参见王兆鹏《词学史料学》(北京:中华书局,2004),第三章《词集研究的史料之一:书目》。

类，收词籍几十种，毛氏《汲古阁刻书目录》著录词籍计八十四种，毛氏《汲古阁校刻书目》著录词籍六十八种，①史志书目中的地方经籍志或艺文志也是两家所未注意的，实际上，地方志也是我们了解历代词籍流传的一个重要手段，如孙诒让的《温州经籍志》，著录温州词人词籍即有十余种。② 学术界注意到营业书目的重要性则以周振鹤先生开风气之先，其《晚清营业书目》收官书局、民营书局等书目计二十多种，③此后北京图书馆出版社编有《中国近代古籍出版发行史料丛刊》及其续编，汇辑了近代以来上百种民办书局和私人刻书目录，也大部分著录了词籍，如著名的民营书局扫叶山房和蟫隐庐等书店书目著录词籍均达百种以上。④今就宋代以来词学书目相关情况，撮要进行论述。

《遂初堂书目》著录词籍仅录书名，最早对词集作提要者始于陈振孙的《直斋书录解题》，邓子勉认为陈振孙著录词集有两个特点，一是"词格论"，一是"作家论"。⑤ 实际上不止于此，秀成师在《陈振孙评传》中注意到陈振孙目录学方面的"年代学思想"、"版本学思想"以及"解题内容的精当"等特点，⑥仅这三方面就与陈振孙词集著录密切相关。如陈振孙著录词集时特注意词人的身世履历，著录《稼轩词》云："宝谟阁待制、济南辛弃疾幼安撰。信州本十二卷，卷视长沙为多。金亮之殒，朝廷乘胜取四十郡，未几班师，复弃数郡。京东义士耿京据东平府，遣掌书记辛弃疾赴行在。京后为裨将张安国所杀，弃疾擒安国以归，斩之。详见《朝野杂记》。"⑦《直斋书录解题》也开始注意到了词集版本的差异，如著录《后山集》十四卷《外集》六卷《谈丛》六卷《理究》一卷《诗话》一卷《长短句》二

---

① 参见林夕《中国著名藏书家书目汇刊》(北京：商务印书馆，2005)。
② 参见孙诒让《温州经籍志》(上海：上海社会科学院出版社，2005)。
③ 参见周振鹤《晚清营业书目》(上海：上海书店出版社，2005)。
④ 参见徐蜀、宋安莉《中国近代古籍出版发行史料丛刊》(北京：北京图书馆出版社，2003—2006)。
⑤ 邓子勉《宋金元词籍文献研究》(上海：上海古籍出版社，2008)，第380—381页。
⑥ 参见武秀成《陈振孙评传》(南京：南京大学出版社，2006)，第399—421、443—476页。
⑦ 陈振孙《直斋书录解题》(上海：上海古籍出版社，1987)，第622页。

卷云："秘书省正字彭城陈师道无己撰，一字履常。蜀本但有诗文，合二十卷。案魏衍作集序云：离诗为六卷，类文为十四卷。今蜀本正如此。又言受其所遗甲乙丙稿，诗曰五七，文曰千百。今四明本如此。此本刘孝甃刊于临川，云未见魏全本，仍其旧十四卷为正集。盖不知其所谓十四卷者止于文而诗不与也。外集诗二百余篇、文三篇，皆正集所无。《谈丛》、《诗话》或谓非后山作，后山者，其自号也。"①陈振孙在著录词集的内容时，除了作家作品的风格外，还注意词风的时代演进，如著录《花间集》云："蜀欧阳炯作序，称卫尉少卿字宏基者所集，未详何人。其词自温飞卿而下十八人凡五百首，此近世倚声填词之祖也。诗至晚唐五季，气格卑陋，千人一律，而长短句独精巧高丽，后世莫及。此事之不可晓者，放翁陆务观之言云尔。"②

元人书目著录词集者仅马端临《文献通考》一书，然提要内容径抄录陈振孙《直斋书录解题》，补遗者少。③ 明人书目著录词集者亦少，藏词较富者集中在晚明时期的四明天一阁范氏、常熟汲古阁毛氏和福建黄虞稷。范氏《天一阁书目》成书已在清代，著录词籍计四十九种，它在著录别集时仅著录作者和版本形态，极简略。著录总集时稍详，它的著录特点是注明版本、作者、卷数、刊书年代，间录序跋，如《南宋中兴以来绝妙好词选》十卷："刊本。宋玉林撰并识云：'玉林此编亦姑据家藏文集之所有，朋游闻见之所传，词之妙者固不止此，嗣有所得当续刊之。若其序次亦随得本之先后，非固为之高下也。其间体制不同无非英妙杰特之作，观者详之。万历二年中秋既望，龙邱桐源舒氏伯明新雕梁溪寓舍印行。'"④毛氏《汲古阁刻书目》于诸词集题跋，可作叙录之用。雷虹、于东新、邓子勉等人注意到毛晋词集题跋重视版本、校勘的文献学特点和尊

---

① 陈振孙《直斋书录解题》，第 509—510 页。
② 陈振孙《直斋书录解题》，第 614 页。
③ 马端临《文献通考》（北京：中华书局，1986），第 1943—1947 页。
④ 范懋柱《天一阁书目》（清嘉庆十三年刻本）卷四之四，第 19 页。

崇豪放词、贬斥绮艳词的宗旨。① 然而毛晋在版本、校勘方面的题跋并不细致精良，甚至臆断改削，如其《跋片玉词》："余家藏凡三本：一名《清真集》，一名《美成长短句》，皆不满百阕；最后得宋刻《片玉集》三卷，计调百八十有奇，晋阳强焕为叙，余见评注庞杂，一一削去。"②黄虞稷的《千顷堂书目》，著录词籍一百多种。此书在词集著录上的最大特点是多著录本朝词籍，同时注意作者履历，如著录陈耀文《花草粹编》十二卷云："字晦伯，确山人。嘉靖丙辰进士。陕西行太仆寺卿。"③版本不知，成书时间不明，选词特点不知，作者的其他著述亦不知。著录其他词籍也多如此，甚至很多连作者也不考。

目录之学至清代始趋于精密。藏书家对于词集版本尤为重视，如著名藏书家钱曾《读书敏求记》向被学人推为目录版本之学入门之书，该书著录词集时对于宋本尤为珍视，对于成书经过也有著录，如著录《花间集》十卷云："赵崇祚集唐末才士长短句，欧阳炯为之弁语，可继孝穆《玉台》序文。绍兴十八年，济阳晁谦之刊正，题于后。镂板精好，楮墨绝佳，宋椠本之最难得者也。"④这种著录也很简单，但注意到了词集刊刻时间、刊刻者、版本形态和词集内容。此后的藏书家在著录词集时大都以辨析版本为主，而自黄丕烈以后，不管是藏书家也好，专门的词学家也好，对于版本细微的区别都到了锱铢必较的地步。如韩应陛的《读有用书斋书目》系封文权整理本，曹元忠曾为之著录，又保存了黄丕烈等人批校语。《淮海居士长短句》三卷著录附黄丕烈跋：

> 嘉庆庚午人日，书客以江郑堂旧藏诸本一单见遗，惟残宋刻《淮

---

① 参见雷虹《从〈宋六十名家词〉诸跋看毛晋的词学观》，载《徐州师院学报》1994年第4期；于东新《谈毛晋〈宋六十名家词〉的文献编纂》，载《内蒙古民族大学学报》2008年第5期；邓子勉《宋金元词籍文献研究》，第234—252、377—389页。
② 毛晋《跋片玉词》，毛晋辑刻《宋六十名家词》（上海：上海古籍出版社，1989），第二集，第195页。
③ 黄虞稷《千顷堂书目》（上海：上海古籍出版社，2001），第786页。
④ 钱曾《读书敏求记》（北京：书目文献出版社，1984），第152页。

海居士长短句》最佳。因手校此,余旧钞未校入也。

　　《淮海居士集》前集四十卷后集六卷,宋刻本,藏锡山秦氏,余从孙平叔借校,此甲子年事也。顷偶忆及全集中不知有词与否？因检校本核之,彼弟有诗文,不收词也。可见残宋《淮海居士长短句》盖专刻矣。①

黄丕烈跋简单叙述了他得书的经过,说明了该书的版本和价值。所附曹元忠跋则详述了该书版本形态及流传经过并辨明其独特价值所在:

　　士礼居校宋本《淮海居士长短句》三卷,原书系旧钞本,但有春晖楼白文印,不知何氏所藏,其卷数次第悉同,宋刊惟名《淮海词》为异。疑所据本与《善本书室藏书志》所载明钞本《淮海词》同,荛翁再以江郑堂家宋刻残帙校之,覆旧观已。盖《淮海词》以此三卷本为最善。自南宋陈直斋所见,以至明嘉靖己亥南湖张綖,万历戊午仁和李之藻所刻,皆附《淮海集四十卷后集六卷》行世,顾流传绝少。至江湖间别刻单行本,则名《淮海集》。《苕溪渔隐丛话》后集所谓《八六子》"倚危亭,恨如芳草,萋萋刬尽还生"、《浣溪沙》"脚上鞋儿四寸罗"二词皆见《淮海集》者,乃长沙书坊所刻《百家词》本,只一卷耳,有《书录解题》可证。然今亦不传,何况此长短句三卷本邪？因手录一通,劝余友归安朱侍郎祖谋刻之。②

清末民初最有名的藏书家则是傅增湘,所撰《藏园群书经眼录》共十九卷,词籍著录在第十九卷诗余类,著录词籍七十七种,其著录词籍的版本信息尤详,如其著录《东山词》二卷云:"宋贺铸撰,存卷一。宋刊本,半叶十行,行十八字,版匡高五寸,阔三寸八分,字迹似书棚本,但版微阔

---

①　黄丕烈《淮海居士长短句跋》,韩应陛藏,封文权编次《韩氏读有用书斋书目》,林夕主编《中国著名藏书家书目汇刊》(北京:商务印书馆,2005),第470—471页。

②　曹元忠《淮海居士长短句跋》,韩应陛藏,封文权编次《韩氏读有用书斋书目》,林夕主编《中国著名藏书家书目汇刊》,第471—472页。

耳,皮纸湿墨印。钤席玉照印二方。(常熟瞿氏藏书,癸丑见于罟里。)"①从此则著录我们可知其版本类别、版本年代、版本形态、词籍流传等信息。其他词籍如有序跋批语则并录入。

清末民初有不少词人专事刊刻整理词籍,如缪荃孙、王鹏运、朱祖谋、徐乃昌、吴昌绶等人。他们在所校刊词集前多撰以题跋,所侧重的也在于词集的版本、校勘问题,逐渐地形成了词籍校勘之学。② 王鹏运辑有《四印斋所刻词》,每种词集均注明版本、词籍来源、版本差异并作校勘,同时各家跋语并附于后。如其著录《苏文忠东坡乐府》二卷云:

> 右延祐云间本《东坡乐府》二卷。钱遵王《读书敏求记》:"《东坡乐府》二卷,刻于延祐庚申,旧藏注释宋本,穿凿芜陋,殊不足观。弃彼留此可也。"其说与叶序吻合。按《文献通考》:《注坡词》二卷,陈氏曰仙溪傅幹撰。而黄荛翁跋即以毛钞中《戚氏》叙穆天子西王母云云为宋本穿凿之证,或未尽然。光绪戊子春,凤阿同年闻余有缩刻稼轩长短句之役,复出此册假我。遂借钞合刻。中间字句间有讹夺与缺笔敬避及不合六书字体者,悉仍其旧,略存影写之意。文忠诗文传刻极夥,倚声一集独少别本单行,且苏、辛本属并称,而二书踪迹始并见于季沧苇《延令书目》中,继复同归黄氏士礼居、汪氏艺芸书舍。余复从杨氏海原阁假刻以行,三百年来合并如故,洵乎艺林佳话。③

此则著录所含信息甚多,所用词集为元延祐云间本,其流传先后经

---

① 傅增湘《藏园群书经眼录》(北京:中华书局,1983),第 1599 页。
② 龙榆生《研究词学之商榷》认为自光绪王鹏运、朱祖谋等人之后,始有词学"校勘之学",见《龙榆生词学论文集》(上海:上海古籍出版社,1997),第 89 页。王、朱等人在词籍校勘上形成了系统的理论和方法,因而对之前的校勘有较大推进,但其本质仍属于传统目录学上的版本、校勘之学。
③ 王鹏运《东坡乐府跋》,王鹏运辑《四印斋所刻词》(上海:上海古籍出版社,1989 年影印本),第 44 页。

钱曾、黄丕烈、汪士钟,最后归山东海源阁杨凤阿。其校勘则参用宋傅幹《注坡词》,校勘时多遵从原本,并不妄改。相较而言,词人治词并不重版本形态,更重视的是内容的考辨,如王鹏运在跋语中就略陈钱曾、黄丕烈之误。然而王鹏运与晚清其他名家治词相比,仍有其误,其校勘时罕有参校众本,故不免其失,如缪荃孙辑钞《宋金元人词十八种》二十八卷就多陈其误,如著录《东山寓声乐府》云:

> 八月中秋小珊以四印斋刻本校,倒颠错乱,并非佳刻。

又附原本王迪跋语,系王氏汇刻侯氏本、张氏典藏本和鲍氏知不足斋本而成,侯、张本缺中下二卷,鲍氏本为二卷本,与侯、张本同者仅八首。① 是则王鹏运刻东山词仅用侯氏本,虽有自己补辑,但错讹仍多。缪荃孙则以侯氏本为底本,而参用张氏典藏本和鲍氏知不足斋本,故所获为多。此后朱祖谋刻《彊村丛书》,所用即为缪荃孙校本。朱祖谋则是继王鹏运后致力校辑词籍者,他所辑《彊村丛书》被学术界誉为集词学校勘之大成。朱祖谋中年始随王鹏运治词,王鹏运在校梦窗词时定下校词五例,当时已称精审。而朱祖谋更承其业,晚年三十多年都竟其力辑校《彊村丛书》,其成就更高,吴熊和先生认为《彊邨丛书》的校勘有八个特点:尊源流、择善本、别诗词、补遗佚、存本色、订词题、校词律、证本事②。由此可见,朱祖谋的校勘不仅仅是对异文和佚文的考究,也不仅仅注意版本的考辨,其校勘之学实贯注了他的词学思想。兹举其《乐章集》跋语:

> 毛斧季据含经堂宋本及周氏、孙氏两钞本校正《乐章集》三卷,劳巽卿传钞本,老友吴伯宛得之京师者。《直斋书录解题》:《乐章集》九卷。《汲古阁秘本书目》:《柳公乐章》五本。(注云:今世行本

---

① 缪荃孙《东山寓声乐府校识》,缪荃孙辑《宋金元人词十八种》,《续修四库全书》(上海:上海古籍出版社,2002),第1721册,第30页。
② 吴熊和《〈彊村丛书〉与词籍校勘》,《吴熊和词学论集》(杭州:杭州大学出版社,1999),第143—158页。

俱不全，此宋版特全。)俱不经见。伯宛又寄示清常道人赵元度校焦弱侯三卷本，毛子晋所刻似从之出，而删其《惜春郎》《传花枝》二调。然毛刻不分卷，亦不云何本，海丰吴氏重梓毛本，缪小珊、曹君直引梅禹金及诸选本一再校勘，又采案吾郡陆氏藏宋本入记，而别刊之。考《皕宋楼藏书志》称曰："毛斧季手校本，非宋椠也。"以校劳氏钞本，篇次悉同而字句颇有乖违，往往与万红友说合，或传写者据词律点窜，已非斧季真面。杜小舫校《词律》，徐诚斋编《词律拾遗》，兼举宋本，又与毛本不尽合符。兹编显有脱讹，杂采周、孙二钞恐非宋椠，未可尽为依据。缪、杜诸所据本又未寓目，无从折衷，姑就诸本钩稽异同，粗为诖正。其贰文别出，非显属恠谬者具如疏记，以备参椠。柳词传诵既广，别墨实繁，选家所见匪尽辠，较今止惟是之从，亦依违不能斠若也。①

从这则著录中我们可以得知，朱祖谋校《乐章集》所用版本有含经堂宋本、周氏钞本、孙氏钞本、毛斧季手校本、毛晋汲古阁刻本、劳巽卿传钞本、赵元度校焦弱侯本、海丰吴氏重刊本，同时参用《词律》和《词律拾遗》及其他一些选本。赵元度校焦弱侯本为毛刻本底本，毛斧季手校本则有清人点窜，一则与劳氏钞本不合，二则词集中词多符合清人万树《词律》。毛晋汲古阁刻本亦有脱讹处，因为毛刻本与杜小舫、徐诚斋所举宋本不尽符合。而朱祖谋并不认为这就构成毛斧季手校本非宋本之证，盖汲古阁本多为宋本，而毛晋往往于脱讹处臆断补阙。对于异文，朱祖谋多采用存疑的方式。同时，对于未寓目之版本也注明，以供后人寻检。可见，朱祖谋校《乐章集》是极尽其能事的。

---

① 朱孝臧《乐章集校记跋语》，朱孝臧辑校编撰《彊村丛书》(上海：上海古籍出版社，2005年影印本)，第1册，第646—648页。

二、《四库全书总目》词籍著录的学术史成就

目录学之功用,简而言之,"将以辨章学术,考镜源流。"①悬的既高,能至者自少。上述晚清诸家,多详析词籍版本之流传,考辨各版本之异同,校勘词籍之讹误,对词籍版本和字句的源流、真伪、讹误的诸种情形能有精彩的考证、梳理,一定程度上实现了目录学的部分功能。但词人的事迹考证、词集的风格讨论、词史的追源溯流,作为目录学的核心内容部分,自宋以来的诸家多未深涉。

清代词学目录学最具学术史价值的当属纪昀等人纂《四库全书总目》,近年来已有不少学者讨论《四库全书总目》的词学思想,如李剑亮、王腾飞、孙纪文、刘少坤、柳燕等。② 一般认为《四库全书总目》的词学观点包括以气格论词,继承浙西词派推崇雅正的词学观,肯定"寄托遥深"之词,以词史眼光评词,对词体地位认识的折中调和,推重词之声律等。也有学者注意到了《四库全书总目》在词籍著录上的版本、校勘、编纂等思想。如茅海行《〈四库全书总目〉词集提要的目录学价值》、孙计康《管窥四库群臣的版本校勘学思想——以〈四库全书总目〉词籍提要为例》、许超杰《〈四库全书总目·集部·词曲类〉编撰散论》等等。③

学术界对《四库全书总目》词集提要部分的研究视点集中在四库馆臣的词学观和版本校勘的成就上面,对《四库提要》以学术史的眼光考辨

---

① 章学诚著,王重民通解《校雠通义通解》(上海:上海世纪出版集团,2009),第1页。
② 可参看李剑亮《试论〈四库全书总目〉词籍提要的词学批评成就》,载《文学遗产》2001年第5期;王腾飞、邓乔彬《四库馆臣之词学观》,《词学》第二十四辑;孙纪文《〈四库全书总目〉中的词籍批评》,载《内蒙古社会科学》2006年10月;刘少坤、罗海燕《〈四库全书总目〉词律思想及其词学史意义》,载《文艺评论》2015年8月;柳燕、彭芸芸《〈四库全书总目〉词曲观念探析》,载《历史文献研究》总第33辑。
③ 按:茅海行《〈四库全书总目〉词集提要的目录学价值》一文实讨论《四库全书总目》在版本、校勘、考据三方面的成就,对于《四库全书总目》的目录学核心价值未予以探讨。见《赤峰学院学报》2009年第4期,第130—132页。

词人、词史、词风的成绩则未多述。兹略举两例以见《四库提要》在这方面的成就。

《四库提要》著录词集的一般程序是：首先略述作者的履历生平，再著录版本的异同及流传，再著录词集的风格特征，再考释词句源流出处，最后校勘词集中的疑误等。如《珠玉词》提要云：

> 宋晏殊撰。殊有《类要》，已著录。陈振孙《书录解题》载殊词有《珠玉集》一卷。此本为毛晋所刻，与陈氏所记合，盖犹旧本。《名臣录》称"殊词名《珠玉集》，张子野为之序"。子野，张先字也。今卷首无先序，盖传写佚之矣。殊赋性刚峻，而词语特婉丽。故刘攽《中山诗话》谓元献喜冯延巳歌词，其所自作，亦不减延巳。赵与旹《宾退录》记殊幼子几道，尝称殊词不作妇人语。今观其集，绮艳之词不少。盖几道欲重其父名，故作是言，非确论也。集中《浣溪沙·春恨词》"无可奈何花落去，似曾相识燕归来"二句，乃殊示张寺丞、王校勘七言律中腹联，《复斋漫录》尝述之。今复填入词内，岂自爱其造语之工，故不嫌复用耶？考唐许浑集中"一樽酒尽青山暮，千里书回碧树秋"二句，亦前后两见，知古人原有此例矣。①

此则提要先叙晏殊生平著述，因他处已详之，故此处略焉。然后考辨《珠玉词》版本，以手中之本与陈振孙《直斋书录解题》相较，知毛晋刻本据宋本而来；再次据宋笔记《名臣录》，而知《珠玉词》版本流传至明代，已亡佚原本张先序。接下来辨晏殊词风，谓晏殊词风婉丽，承冯延巳而来；又次，辨其词多绮艳之作，非小山所论也。最后考其《浣溪沙》词中名句，实源于晏殊自作诗句，此作虽有复用之嫌，而唐人许浑早开先例。

从这则著录我们可以看出，《四库提要》在版本源流和词风辨析中均见用力。版本考辨姑不论，在词风辨析中，《四库提要》先论晏殊词的总体风格"婉丽"，继辨其题材多绮艳之作，推翻晏几道所论，又详考晏殊作

---

① 永瑢等《四库全书总目》(北京：中华书局，1981)卷一九八，第1807页。

词用成句之例。应该说,是深得目录学"辨章学术"之旨的。

再如《提要》著录《六一词》云:

> 宋欧阳修撰。修有《诗本义》,已著录。其词陈振孙《书录解题》作一卷。此为毛晋所刻,亦止一卷,而于总目中注原本三卷。盖庐陵旧刻,兼载乐语,分为三卷。晋删去乐语,仍并为一卷也。曾慥《乐府雅词序》有云:"欧公一代儒宗,风流自命,词章窈眇,世所矜式。乃小人或作艳曲,谬为公词。"蔡絛《西清诗话》云:"欧阳修之浅近者,谓是刘煇伪作。"《名臣录》亦云:"修知贡举,为下第举子刘煇等所忌,以《醉蓬莱》、《望江南》诬之。"则修词中已杂他人之作。又元丰中崔公度《跋冯延巳阳春录》,谓"其间有误入六一词者",则修词又或窜入他集。盖在宋时已无定本矣。晋此刻亦多所厘正,然诸选本中有梅尧臣《少年游》"阑干十二独凭春"一首,吴曾《能改斋漫录》独引为修词。且云不惟圣俞、君复二词不及,虽求诸唐人温李集中,殆难与之为一。则尧臣当别有词,此词断当属修。晋未收此词,尚不能无所阙漏。又如《越溪春》结语"沈麝不烧金鸭,玲珑月照梨花",系六字二句。集内尚沿坊本误"玲"为"冷"、"珑"为"笼",遂以七字为句。是校雠亦未尽无讹。然终较他刻为稍善,故今从其本焉。①

此则著录甚详,也是先叙欧阳修生平著述。然后辨《六一词》的版本源流和变迁及《六一词》所录词的真伪。此处辨析尤详,如毛晋所刻《六一词》何以所据底本为宋本,《提要》据《直斋书录解题》和欧阳发庐陵原刻目录以证之;《六一词》何以羼入伪作,《提要》据宋人《乐府雅词序》、《西清诗话》、《名臣录》所载以证之;《六一词》何以又有词作溢入他集,《提要》亦据元丰时崔公度《跋冯延巳阳春录》语以证之。所据多为同时人语,则所论多可信。最后辨毛晋刻本之失,如失收《少年游》一词,据吴

---

① 永瑢等《四库全书总目》卷一九八,第1808页。

曾笔记及欧阳修一贯词风证之；对毛刻本校雠之失，以《越溪春》词律正格以正之。可见，《提要》对《六一词》的考辨是运用了非常丰富的手段的，先后从他证、内证、理证及律证的几个方面来说明。

《四库提要》在词籍版本、校勘上用力甚勤，所举二例已可证之。《提要》著录有些方面也对词风流变、词史演进过程有较为准确的判断。如《东坡词》提要：

> 词自晚唐五代以来，以清切婉丽为宗，至柳永而一变，如诗家之有白居易；至轼而又一变，如诗家之有韩愈，遂开南宋辛弃疾一派。寻源溯流，不能不谓之别格，然谓之不工则不可。故至今日尚与花间一派并行，而不能偏废。①

词以婉约为正，以豪放为变，自晚明以来即为定论。东坡词虽为变体，《四库提要》并不贬抑，而是从词史的整体高度来把握，而且彰显了东坡词的词史意义。追源溯流之论，虽非具体，但已见所论卓识。此则提要无疑是深切把握了目录学的精髓。

当然，《四库提要》在著录词籍时也有它的不足，如著录版本时，对于词籍所用何种版本，版本形态如何，各版本有何差异等情况未予以细论；考辨真伪时，并未以各版本对校，率然采用笔记、诗话中未经考证，道听途说之语；校勘考证时，有时有失谨严，引文有断章取义之嫌，如《六一词》提要引崔公度《跋冯延巳阳春录》"其间有误入六一词者"句，查其出处，崔公度跋语首见于南宋罗愿撰《新安志》："至元丰中，高邮崔公度伯易跋，以为李氏既有江左，文物甲天下。而冯公才华风流，又为江左第一。其家所藏乃光禄公手钞，最为详确。而《尊前》、《花间》诸集中往往谬其姓氏。近时所镂欧阳永叔词，亦多有之。"②据此，则《六一词》中实有羼入冯延巳词，而非《提要》云"修词又或窜入他集"。

---

① 永瑢等《四库全书总目》卷一九八，第1808—1809页。
② 罗愿《新安志》（光绪十四年刻本）卷十，第30页。

在词人、词风、词史的考评上,亦有不足。观《提要》对词人的介绍,仅述其籍贯、科举、官职和主要著述,并未考证或勾勒其一生事迹,亦未将词人生平与词人创作历程联系起来。对词风的评论,过于简洁,仅止于评论词人主要风格或偏于一隅;对词史的演变,多阙而不论。至于词体、词风、词史等追源溯流的讨论,则更显凤毛麟角。

《四库提要》如是,晚清以来的目录学著作,凡涉及词籍著录的,亦莫能外。

三、龙榆生与"词学目录学"的提出

传统的目录学有种种不足,民国以来的学者已有认识。如刘咸炘在20世纪20年代末就说:"《四库提要》之作,诚为前无古人,然语涉名物,则毛举旁证,覼缕不休;语涉理学,则曲讥巧诋,偏恣无节;批评之识,犹多未足。自后版本学盛,著录题跋者大抵偏重于此,详书行款,辨叙抄刻,或罗序跋,以证源流。至于批评,尤为疏略,或偶书己见,或抄袭旧文,校之《提要》,又不及焉。"[①]姚名达在1937年完成的《中国目录学史》中论及古代目录学的不足时说:"至于历代成书之草率,则指不胜屈。其校书撰录也,每任意去取删改,不能保原书之真;其删为史志也,但据藏目,不能尽一代之所有;其通考古今也,惟经学小学有之,余则未闻。"[②]二人所论,皆中肯綮。故现代的目录学,实自20世纪二三十年代始。[③]在词学界,对传统词学目录学的反思及现代词学目录学的建立,则自龙榆生始。

龙榆生1934年在《词学季刊》第一卷第四号上发表《研究词学之商榷》一文,提出词学研究"八事",而"所望于海内之治词学者"有三事:"声

---

① 刘咸炘《刘咸炘论目录学》(上海:上海科学技术文献出版社,2008),第92页。
② 姚名达《中国目录学史》(上海:上海古籍出版社,2002),第346页。
③ 如赵金凤《姚名达:中国现代目录学之父》即表明了这一观点,见《河南图书馆学刊》2010年第3期,第154—155页。

调之学"、"批评之学"、"目录之学"。① 龙榆生认为词学"目录之学"应包括三方面的内容:"一、作家史迹之宜重考也。……'知人论世',为治学者之所宜先。允宜仿王国维氏《清真先生遗事》之成规,于各词人之遗闻逸事,钩稽考校,别为年谱或小传之属。然后抉择要点,以入目录,藉为读词者考论之资。二、版本善恶之宜详辨也。词既被视为小道,校刊之学,至近代而始昌明。版本流传,讹舛互见。亦有同为一家词集,而各种版本题号不同,内容亦大有出入者……若此之类,指不胜屈。又王、朱二家校刻之本,虽同为一家之集而后出转精。此亦编纂词学目录提要者,所应详为分剖者也。三、词家品藻之宜特慎也。……目录提要,所以指导学者以从入之途,则于某一作家之风格转变,与其利病得失,举例说明,实为至要。惟所举之例,必确能代表某一作家或某一时期之真面目与真精神,乃不致诬古人而误来学耳。"②

观其所述"目录之学"内容,有两点明显对传统的词学目录学有超越和突破。第一点,龙榆生强调"作家史迹之宜重考"。传统目录学对于作家事迹的考证或忽而不察,或略焉不论,前已述之。龙榆生认为词学之钻研首在于"知人论世",可"藉为读词者考论之资"。何以考证作家事迹在词学研究中有首要地位呢？龙榆生举王国维《清真先生遗事》一文以明之。周邦彦事迹载于《宋史》、《挥麈余话》、《直斋书录解题》、《东都事略》、《咸淳临安志》、《鸡肋编》、《贵耳集》、《浩然斋雅谈》、《玉照新志》等书中,互有抵牾出入,前人未予详考,如《四库提要》仅依《宋史》述周邦彦生平。③ 而王国维则比对诸书,并以宋时其他志书、笔记参校,对周邦彦献赋时间、出仕时地、词作本事、诗文集和词集版本、师友交游、诗词风格等均进行了详细的考辨,不仅纠正了《四库提要》等书的错误,也极大地丰富了我们对周邦彦词学风格和历程的认识。④ 因而,我们可以知道,

---

① 龙榆生《龙榆生词学论文集》,第89页。
② 龙榆生《龙榆生词学论文集》,第101—102页。
③ 永瑢等《四库全书总目》卷一九八,第1812页。
④ 王国维《清真先生遗事》,《王国维全集》(杭州:浙江教育出版社,广州:广东教育出版社,2010),第二卷,第393—428页。

龙榆生提倡目录之学首先在于考证词人事迹，即意味着"使百世之下，读其书者想见其为人，高者可以闻风兴起，次亦神与古会。凡其人身世之所接触，怀抱之所寄托，学者观叙录而已得其大概"。①

第二点，龙榆生强调"词家品藻之宜特慎"。传统目录学对词人、词史、词风也有品评，但多为零散的、片面的、随意的、主观的。龙榆生则要求"于某一作家之风格转变，与其利病得失，举例说明，实为至要"。显然，在龙榆生看来，词学品藻要注意词人的词风转变，注意词人风格的优缺得失，并须有证据以证明之。可见，龙榆生对目录学之风格品评要求全面、客观，注意追源溯流，对词人风格的发展过程均应有明白的考析。龙榆生认为民国时赵尊岳《明词提要》具有"抉择幽隐，示学者以从入之途"的功效。赵尊岳《明词提要》实有两种，一名《惜阴堂汇刻明词提要》，连载于《词学季刊》第一卷第三号、第二卷第一号；另一名《惜阴堂明词丛书叙录》，载于《词学季刊》第三卷第四号。《叙录》一书是对明词的总体提要，对《明词汇刊》的动因、明词在词史上应占之地位、明词衰疲之因以及丛书体例进行了细致的讨论。《提要》一书则是对明代百种词集的提要品评。两书的特点在于：考察明词发展时，注意不同时期的词风差异，注意词风差异的时代原因，注意讨论明词中衰的各类表现及文学内部的成因；考察个体词人时，多以整首词作为例说明词人风格，又注意特别时期的政治对词风的影响，还注意词人风格的多样性，对具体某一词人能做全面具体的认识。②

至于"版本善恶之宜详辨"，龙榆生认为要注意考辨版本流传、版本卷次编排、版本校勘等内容，而以朱祖谋词学校勘为"后出转精"。前已详述，兹不赘焉。

综合以上所论，我们可以看出，龙榆生所倡导的词学"目录之学"，完全是现代词学研究视野下的目录之学，他所要求的"目录之学"不仅应包

---

① 余嘉锡《目录学发微》(北京：中国人民大学出版社，2004)，第48页。
② 参见傅宇斌《赵尊岳词学目录学述论》，载《中南大学学报》2011年第1期，第143—147页。

括版本、校勘、品评诸方面,还包括史迹的考察,即词人传记、年谱之作的补充。这无疑是暗合胡适等人所提出的"还历史一个本来面目"的现代科学精神的。

四、龙榆生在词学目录学上的实践

龙榆生词学目录学的专著计有三种:《清词经眼录》、《读词随笔》、《词籍题跋》。又有一些零散序跋未收入以上三书,后张晖等人整理收入《龙榆生全集》第九卷《杂著》中,计有五十多篇。今仅据其稍成系统之三种词学目录学著作展开论述。

《清词经眼录》连载于《同声月刊》第一卷第十二号、第二卷第一号,共6则。① 共著录清词六种:许宗衡《玉井山馆诗余》、冯履和《浪余词》、陈作霖《国朝金陵词钞》、邓嘉缜《晴花暖玉词》、莫庭芝《青田山庐词钞》、郑守廉《考功词》。根据其著录的相关内容,龙榆生在词籍著录方面的特点有五:

(一)特重词人之生平,多引方志或词人师友所撰碑传,以见其为人。如许宗衡之生平和心性品格据《江宁府志》,郑守廉生平事迹据《闽侯县志·文苑传》,冯履和治词经历据其堂弟冯煦序言,邓嘉缜治词历程据其子邓邦述识语。这些材料来源虽非难得文献,然而词籍提要之作,摘引生平事实,实有助于我们对词人之创作或词人个性见一叶而知秋,尝一脔而知味。如《江宁府志》叙许宗衡其人"澹于仕进,喜诗古文词,而性颇简傲。所心契,山阳鲁一同、蕲州黄云鹄数人而已。……官京师久,目击世变,不能无慨于心。故发之于文,往往藉物喻情,用抒所蓄。"②言虽简,许宗衡之为人跃然纸上,对其词、其人之认识不无裨益。再如邓邦述在《晴花暖玉词》中详述邓嘉缜词学历程,龙榆生不烦详引,其云:"先大夫所为诗文,多不存稿。四十以后,之官黔中,始为小词。在官二十五

---

① 龙榆生著,张晖主编《龙榆生全集》(上海:上海古籍出版社,2015)第三卷,第507页。
② 龙榆生著,张晖主编《龙榆生全集》第三卷,第507页。

年,所历五行省,虽久速简剧不一,然治事有暇,不废倚声。中间惟在诸罗,簿书填委,遭时多故,吟咏偶稀。自余未尝辍也。宣统纪元,先大夫年六十五,乞身杜门,益以度曲自遣。七年之中,积稿盈寸。比诸在官,正复相埒。今之所录,以在官时为上卷,去官后为下卷。"①如此详引,我们当然对邓嘉缜创作的基本经历有所把握,而引文中所述罢官七年之中所作词与在官二十五年所作词其数相等,亦启我们对邓嘉缜晚年所作更为重视。

（二）详述词集版本之流传及版本之异同。词籍版本的著录在传统的词学目录学中是重中之重,清代词籍的版本虽不如宋词版本复杂难辨,但遇及不同之版本,龙榆生也必著录。如郑守廉《考功词》,龙榆生云:"《考功词》一卷,闽县郑守廉撰。光绪壬寅,刊于武昌。卷末有男孝颖、孝思、孝胥、孝柽校字一行,卷首有孝胥题字。盖丙辰重刊本也。"②再如莫庭芝《青田山庐词钞》,据龙榆生著录,则可知此词集刊行和流传经过,其云:"《青田山庐词钞》一卷,独山莫庭芝芷升撰。光绪己丑夏日,日本使署刊本,附印《青田山庐诗钞》后。卷尾有'日本东京木邨嘉平刻'一行,楷书镌刻绝精。原藏安徽省立图书馆,经乱散出者也。有津门张体刚序,及曾玮、胡长新两跋。据跋语,则其书初为胡氏刊于铜江,不知何以又在东京精刻。"③

（三）多引词家评述,以见其在词坛之普遍认识。龙榆生所引词家评语,或为词话中语,或为时人序跋,多能切中词集风格主旨。如许宗衡词,龙榆生引冒广生《小三吾词话》语,云:"海秋中翰,负气伉爽,有不可一世之概。所著《玉井山馆诗余》,别有怀抱。虽稍近粗率,亦近词一大家。"④著录莫庭芝词,龙榆生则两引跋语说明莫词之风格特点,初引胡长新跋:"芷升天性朴茂,早岁刻苦勤学,中年遭时多故。其抑塞磊落之

---

① 龙榆生著,张晖主编《龙榆生全集》第三卷,第510页。
② 龙榆生著,张晖主编《龙榆生全集》第三卷,第511页。
③ 龙榆生著,张晖主编《龙榆生全集》第三卷,第511页。
④ 龙榆生著,张晖主编《龙榆生全集》第三卷,第507页。

气,一寄于诗,而词亦伊郁善感,婉而多风。"①再引曾玮跋:"尝读令兄子偲先生序黎君伯庸词云,近日海内言词,率有三病:质犷于藏园,气实于縠人,骨孱于频伽。其偶然不囿习气,溯源正宗者,又有三病:服淮海而廓,师清真而靡,袭梅溪而佻。故非尧章骚雅,划断众流,未有不摭粗遗精,逐波忘返者也。伯庸前后三病,无从阑入。余于芷升先生之词亦云。"②从龙榆生所引,颇可看出莫庭芝词异于俗流之处,也可以看出莫友芝对词坛弊病的深刻认识。

又如龙榆生引秦际唐序《国朝金陵词钞》语,直可当作清代金陵词史看,也从而可以看出龙榆生对这部词集的真切态度。秦序云:"金陵倚声之学,滥觞于南唐二主。历宋迄明,代有作者,至国朝而极盛。顺康之际,瑶星以山林遗老,东白以丰沛故家,掉鞅艺林,声实并茂。下逮乾嘉,紫珊、餐花二先生,高格远韵,模楷具存。青嶰、心菴、玉井三君,先后踵起。以念乱忧生之感,为意内言外之辞,上则嗣响《风》、《骚》,次亦抗衡汴、浙。……南中自遭寇乱,荡析离居,琐尾余生,不废歌咏。小雅怨诽,音凄以悲。亦越随州,奄有众美。"③通过此序,一则可以看出南京清代词学的发展脉络,二则对于南京一地在清代词风演变的过程及原因亦能知晓一二。

(四)概引词人特出之词作,以证其风格。如冯履和词,龙榆生既云:"清季倚声之学,盛极一时。然皆相尚以慢词,鲜专精于小令者。履和集中则十之七为令曲。"复引冯履和《鹧鸪天·石城怀古》、《临江仙·营屯钟山雨晴闲步》两词证之,并云:"亦复凄清哀怨,不愧雅音也。"④再如邓嘉缜词,龙榆生评"嘉缜累世簪缨,填词亦沿家学,而稍疏于韵律,间杂方音。惟思笔殊清,无尖纤犷悍之习,亦复可观耳。"⑤继引邓作《念奴娇·咏菊》、《河传》二首以证之。再如郑守廉词,龙榆生著录更细:"是时

---

① 龙榆生著,张晖主编《龙榆生全集》第三卷,第511页。
② 龙榆生著,张晖主编《龙榆生全集》第三卷,第511页。
③ 龙榆生著,张晖主编《龙榆生全集》第三卷,第509页。
④ 龙榆生著,张晖主编《龙榆生全集》第三卷,第508页。
⑤ 龙榆生著,张晖主编《龙榆生全集》第三卷,第510页。

闽中有聚红社,主其事者为长乐谢章铤,专选《满江红》、《百字令》等习见之调。惟守廉词尚能深入,然疏于词律,多杂方言。如以好协我,以雪协著,以可协恼之类,遽数不能悉终。惟其钟情独深,故所作类皆缠绵芳悱,耐人寻味。"①通过此类著录,均可看出龙榆生不为蹈虚之言,而言必有征,追求全面、客观的一种科学理念。

(五) 多引词人自道之言,以见其创作与理论之契合。如许宗衡词,龙榆生为证其风格,引许宗衡《金缕曲·书余澹心〈板桥杂记〉后并叙》中自序语凡三百余言。通过许氏自序,既可知许宗衡作此词的动机和时间,也可知许宗衡与余怀的异代同悲之情,更可知许宗衡此词的情感基调和寄托所在。再如冯履和《浪余词》,龙榆生特揭出冯氏专精小令,与清时风气相异,并举其《临江仙》词以证其独特风格,末引冯氏自道词旨:"词虽小道,唐五代小令,节短音长,词尽而意无尽,实臻圣境。宋制琼琚玉佩,引宫刻羽,侈然放矣,然韵味或反不逮。"②可见冯氏于词特重韵味,其词亦能如此。

《读词随笔》共三则,③据朱祖谋未刊《清代七家词选》抄录其中陈维崧、朱彝尊、纳兰性德三家词,并予以提要。朱祖谋此选今已不见,故龙榆生此作不仅有文献保存的作用,对于我们理解朱祖谋的清词观也有相当帮助。朱选《湖海楼词》32首,龙榆生因见朱祖谋选目手稿,故知此32首词系朱祖谋精心斟酌选定。龙榆生的叙录包括三方面内容:一是述陈维崧之生平,二是述陈维崧之词坛地位及影响,三是辨陈维崧词风与词境。辨词风与词境意义更大,龙榆生主要是引用陈廷焯《白雨斋词话》语,一言其风格之"沉雄俊爽"、"气魄绝大"、"骨力绝遒",一言其词境不够蕴藉,"一发无余",不够"浑厚沉郁"。④ 结合陈维崧其词,应该说龙榆生所引述是恰如其分的,其实也代表了龙榆生的基本观点。朱选《曝书亭词》25首,龙榆生亦据谭献和陈廷焯评语而见出朱彝尊词之利病所

---

① 龙榆生著,张晖主编《龙榆生全集》第三卷,第512页。
② 龙榆生著,张晖主编《龙榆生全集》第三卷,第508—509页。
③ 龙榆生著,张晖主编《龙榆生全集》第三卷,第445页。
④ 龙榆生著,张晖主编《龙榆生全集》第三卷,第446—447页。

在,如陈廷焯评朱彝尊词极细,既有总评,又有专集评论。陈廷焯总评朱彝尊词云:"竹垞词疏中有密,独出冠时,微少沉厚之意。"①评朱彝尊各词集云:"《江湖载酒集》洒落有致,《茶烟阁体物集》组织甚工,《蕃锦集》运用成语,别具匠心,然皆无甚大过人处。惟《静志居琴趣》一卷,尽扫陈言,独出机杼。匪独晏、欧所不能,即李后主、牛松卿亦未尝梦见,真古今绝构也,惜托体未为大雅。"②通过对陈廷焯评语的引述,我们对朱彝尊词作的风格能有较为全面的了解,这样的提要当然不负目录学"辨章学术,考镜源流"的宗旨。此外,龙榆生也有自己的评断,如他认为要更深入地理解《静志居琴趣》,"可与诗集中之《风怀二百韵》、《闲情》八首,参互读之"。而且"其足代表朱氏作风者,仍当数《江湖载酒》一集耳"。③这充分说明龙榆生所作提要是在全面地"知人论世"的基础上而写成的,虽所评是词集,但对词人其他作品与词作之间的关系是完全注意到了的。朱选《饮水词》17首,龙榆生的叙录同样对纳兰性德的词风进行了辨别,前人认为纳兰性德词为南唐二主之遗,如周之琦即以为"李重光之后身",④龙榆生则据朱祖谋论词绝句,认为纳兰拟之于晏几道更恰当。龙榆生叙录中虽未展开说明,但读者细思之自明。

《清词经眼录》和《读词随笔》可谓龙榆生词学目录学之典型,或注重词人风格之辨析,或注重词籍版本之流布,或注重词人事迹之钩显,或略析词学家之特识,完美地体现了现代目录学的一些特点。《词籍题跋》趣味则同于清季诸老,对词籍流传、词人事迹有较多考辨,更多地同于传统目录学。

《词籍题跋》作于1964年至1966年,后经龙榆生子龙厦材整理,并经富寿荪校核,刊行于《词学》第五辑。⑤ 与《清词经眼录》和《读词随笔》

---

① 龙榆生著,张晖主编《龙榆生全集》第三卷,第456页。
② 龙榆生著,张晖主编《龙榆生全集》第三卷,第456页。
③ 龙榆生著,张晖主编《龙榆生全集》第三卷,第456页。
④ 转引自谭献《箧中词》(光绪八年刻本)卷一,第21页。
⑤ 龙榆生《词籍题跋》,《词学》编辑委员会编辑《词学》第五辑(上海:华东师范大学出版社,1986),第111—128页。

不同的是,《词籍题跋》中涉及的词人大多是龙榆生所亲炙之词坛老辈,即或不是,词籍之流传、收藏总与龙榆生有较深的机缘,因而所述多亲切可信。所亲炙或请益之词坛前辈如朱祖谋、俞陛云、曹元忠、张尔田、刘永济、夏孙桐,他们或有自撰词稿留赠龙氏,或以清人词籍寄示龙氏。如《彊邨晚岁词稿》,龙榆生先是著录其词首数及与《彊邨语业》重出处,继述词稿中酬应之作多有他人代笔之作,如张尔田、孙德谦、吴梅、吴湖帆、黄孝纾及龙榆生均曾代为捉刀。龙榆生并不为师者讳,仅这一点,就足以让我们在读彊邨晚年应酬词作时应予以分辨,龙榆生所提及代笔词人也是晚清民国名家,我们可以将张尔田等人词集找来对读,即可知真伪。龙榆生继而述朱祖谋晚年词事,一是述朱祖谋主持民国词坛,二是述龙榆生执贽学词经过,三是述朱祖谋晚年忧心国事及临诀经过,最后述朱祖谋手稿之归属及龙榆生捐献经过。由于龙榆生与朱祖谋关系之深,所以他的这则题跋对于我们研究朱祖谋及民国词学均有意义。再如《跋槐庐词学》和《王龙唱和词册跋》,系对龙继栋《槐庐词学》和王鹏运、龙继栋《王龙唱和词》的跋语。这两种词集均得之于刘永济。1933年龙榆生创《词学季刊》,征载清人词集,刘永济于1936年邮示这两种词集,终因抗战爆发,《词学季刊》停刊,未能载入。龙氏跋此二种词集,既叙其因缘,亦述作者事迹,实可补晚清词人与学人研究之材料。《槐庐词学》为广西龙继栋撰,龙继栋于词或非名家,其学术则有可观,据此跋语,知中华书局缩印本《图书集成》所附《图书集成考证》不著名氏,实则为龙继栋所撰,又龙继栋尚有《十三经地名今释》一种,此均可补清代学术史之阙。《王龙唱和词》为王鹏运、龙继栋唱和词集,共十一首,王九首,龙二首,均未入各自词集,龙榆生据其中《大江东去》一首,断定其唱和时间为光绪六年(1880)。所以,通过龙榆生此跋,不仅可据以补王鹏运、龙继栋二人词,亦可补大词人王鹏运之事迹。

五、现代词学目录学建立的意义与影响

刘扬忠先生提出,现代词学建立和成熟的重要标志之一,"是具有现

代意味,同时又充分吸收了旧词学合理成分的研究体系的形成"。① 词学目录学在龙榆生的词学体系中,无疑既具有现代性,同时又充分吸收和发扬了传统目录学的优点。龙榆生所提出的词学目录学继承和发展了传统目录学的特点前已备述,关于其"现代性"则要从其学术理念和精神来说。

中国现代学术自晚清迄今,已经形成了其独有的传统,刘梦溪认为这些传统有"学术独立的传统、科学考据的传统、广为吸纳外域经验而又不忘本民族历史地位的传统,以及既重视现代学术分类又重视通学通识和学者情怀的传统。"②现代词学目录学的确在现代学术的语境中建立,它同样参与构建和遵循了现代学术传统。一般认为,将词真正作为一门学问,应自龙榆生开始。③ 从龙榆生所定义的词学研究八方面来说,"图谱之学"、"词乐之学"、"词韵之学"研究的是词的体式与音乐的关系;"词史之学"是对词人的生平和创作的考证;"校勘之学"研究的是词籍的版本和校勘;"声调之学"研究的是词的音乐特征和艺术批评的关系;"批评之学"则是对词人或者词史的研究和批评;"目录之学"在龙榆生看来,不仅是"示学者以从入之途",予词学研究之津梁,而且应"继往开来,成就不朽之业"。从八者关系来看,"目录之学"是词学的基石,而"词史之学"据龙榆生所举《词林纪事》、《清真遗事》、《词人年谱》诸书,亦当附属于此类;"图谱之学"、"词乐之学"、"词韵之学"是词的本体特征的讨论;"声调之学"以词的音乐本体特征为基础,讨论具体词作的风格和情感特征,兼具词体研究和鉴赏批评的功能;"校勘之学"属于词籍的研究;"批评之学"涵括词史和词人的专门研究。从龙榆生建立的这一词学体系来看,

---

① 刘扬忠《二十世纪中国词学学术史论纲》(上篇),《暨南学报》2000年第6期,第7—13页。

② 刘梦溪《中国现代学术要略》(北京:生活·读书·新知三联书店,2008),第123页。

③ 彭玉平《词学的古典与现代——词学学科体系与学术源流初探》即持此论,见《中山大学学报》2006年第1期,第1—10页。

他的确是现代词学体系的奠基者。①

现代词学目录学与传统目录学不同不仅在于其方法和内容,也在于其研究理念。简而言之,即其所体现出来的全面、客观、理性。这不仅与传统词学的特点明显区分,②而且这一精神本就是现代学术最重要的方面。例如杨国荣等著《现代化过程的人文向度》一书就认为现代学术有三点为传统学术所不及:(1)现代学术主张思想自由、学术独立、张扬个性、崇尚理性;(2)现代学术以知识的系统性、分类细密和精确的逻辑梳理为其方法论特征;(3)现代学术以摆脱社会束缚,争取其纯粹独立的社会价值为目标。③ 从龙榆生建立现代词学以及词学目录学的举措来看,是符合现代学术的这些要求的。

现代词学目录学甫一建立,即对词学界产生了重大影响。除龙榆生身体力行地进行词学目录学的实践外,其他词学大师都或前或后地实践了词学目录学的精神和方法。赵尊岳1933—1936年撰成《词集提要》、《惜阴堂明词丛书叙录》、《惜阴堂汇刻明词提要》三种词学目录著作,已导先路;唐圭璋1935—1940年先后撰《全宋词跋尾》、《全宋词跋尾续录》、《宋词版本考》,从更大规模上拓展了传统词学目录学的范围;④夏承焘1936年撰《四库全书词籍提要校议》,在考辨的精审和引证的广博上亦突破传统词学目录学的藩篱。⑤ 饶宗颐1960年左右撰写《词集

---

① 现代词学体系自龙榆生之后,詹安泰、唐圭璋、刘扬忠、王兆鹏诸先生续有完善和发展。如王兆鹏先生将现代词学分成词体、词人、词集、词史、词论、词学六方面,即在一定程度上继承和发展了龙榆生的体系。

② 传统词学的特点可参见方智范、邓乔彬等著《中国古典词学理论史》(上海:华东师范大学出版社,2005)前言及拙著《现代词学的建立:〈词学季刊〉与20世纪三、四十年代的词学》(北京:商务印书馆,2013)所论。

③ 杨国荣主编《现代化过程的人文向度》(上海:上海古籍出版社,2006),第102—104页。

④ 参见王兆鹏《20世纪前半期词学研究的历程》,载《文学遗产》2001年第5期,第106—113页。

⑤ 夏承焘《四库全书词籍提要校议》,《夏承焘集》(杭州:浙江古籍出版社,1997),第2册,第183—206页。

考》,体例准乎龙榆生所述,规模亦弘;①施蛰存1981年后主编《词学》,撰写了《历代词选集叙录》、《词学书目集录》、《港台版词籍经眼录》三种目录学著作,也是以弘扬龙榆生所编《词学季刊》宗旨为己任,②可以说是实践了龙榆生的词学目录学理论的名作。

龙榆生对于词学目录学实有大宏愿,他意以鸠合同志,从事《词籍目录提要》之编纂,其步骤则为:"私意以为不妨先从《四库提要》之词曲类,加以补苴;更取《彊邨丛书》,分别撰述。宋元词籍既竟,进而考校清词,由大家以迄小家,集众力以成伟著,是所望于海内治词学者之合作矣。"③词学自民国迄今,已近百年,宋词诸种目录已富,而金、元、明、清词仍尚有可为,则词学目录学于今,亦可与时俱进矣。

---

① 参见杨成凯《词学研究的一座丰碑——评饶宗颐〈词集考〉》,载《文学遗产》1994年第6期,第113—118页。

② 参见《词学》编辑委员会编辑《词学》第一辑(上海:华东师范大学出版社,1981)《后记》,第310页。

③ 龙榆生《研究词学之商榷》,《龙榆生词学论文集》,第102页。

旧而能新：女诗人施淑仪的世界

维 舟

文学并不是凭空而来的文字，那通常都与个人的生活和时代遭际密不可分。张晖在《中国"诗史"传统》中注意到，自北宋以降，中国人在解读文学时即注重"知人论世"，传统诗学一贯强调诗歌对现实生活的记录和描写，继而在保持诗歌抒情本质的前提下，"将诗歌中原本属于作者个人的情感，提升到整个国家、社会的集体情感"①。反过来说，如果把文学视为作者的自我呈现，那么对其时代处境和幽暗内心的深切理解，也就能有助于我们更好地理解其文学本身。事实上，这也是张晖的主要治学方法，一如刘铮所言："张晖研究古典文学，其着力处，实在古人生存处境与个人情感之间的互动，概括言之，一则境遇，一则情怀。"②

要深入文本，体会历史中个体的处境并非易事。不可否认的是，由于文献材料和视野的限制，以往大抵是胸怀天下的全国性精英才得到关注，但近些年来随着目光下移，人们开始关注在时代风浪中那些"小地方的小人物"所发出的声音。王汎森曾引法国学者米歇尔·德·塞托的话说，在大波浪之下的海底鱼儿们游水的身姿也值得我们注意，他据此试图深入到近代县或乡镇一级的思想文化活动，注意到"许多小地方都有

---

① 张晖《中国"诗史"传统》(北京：生活·读书·新知三联书店，2012)，第 228、242、264、270 等页。
② 刘铮(乔纳森)《境遇与情怀》，https://book.douban.com/review/5887624/，该文系对张晖著《无声无光集》的书评。最后访问时间：2023 年 2 月 1 日。

它丰富而多彩多姿的变化,在地的读书人也敏感地寻找思想文化上的出路"①。从这些变动,可以捕捉近代中国"感觉世界"(structure of feeling)与"自我认知的框架"(frames of self perception)的变化,如柳亚子等人所做的完全是旧文人的事,"但他们的诗词展现一种不安于现在、不满于现状,一种激情、悲愤与豪兴"②。

在这方面,清末民初的施淑仪可以为我们提供一个极好的个案。直到张晖2011年点校出版《施淑仪集》之前,③这位女诗人、教育家一直未能得到应有的注意,甚至在乡土历史中都很少被提及。④ 事实上,深入理解她的人生,不仅能更好地理解其诗文与人生是紧密交织的,也能让我们看到在新旧激荡之际一个女性的挣扎、蜕变,以及这种蜕变的限度。挖掘这些,也是让一种如今已被湮灭的"新女性"形象重见天日。

一、才女的蜕变

施淑仪(1878—1946),曾因避宣统帝溥仪讳而改名淑懿,字学诗,晚号乇媛,籍贯江苏崇明(今属上海),一生正处于中国数百年来新旧交替最为剧烈的时期。在她早年时,可说当之无愧是第一代"新女性",也是本地文化界的风云人物,然而到她去世时,在急骤的时代变革之下,她已成了有待扫清的那种雅文化传统的缩影,甚至近乎被世人所遗忘。

部分也因此,她准确的生卒年一度都难以厘清。张晖在《施淑仪集》

---

① 王汎森《思想是生活的一种方式:中国近代思想史的再思考》(北京:北京大学出版社,2018),第359页。
② 王汎森《中国近代思想文化史研究的若干思考》,载康乐、彭明辉主编《史学方法与历史解释》(北京:中国大百科全书出版社,2005),第84页。
③ 张晖点校《施淑仪集》(北京:人民文学出版社,2011)。
④ 如徐刚《崇明岛传》(北京:作家出版社,2009)对崇明历史上的重要人物几无遗漏,但无一字提及施淑仪、孙秋白、陈乃安等女性杰出人物。

前言中标注的是1876—1945，①不确。丙辰岁十二月二十六，其门人曾为其四十周岁祝寿，那一天阳历为1917年1月19日，旧时按虚岁计年，逆推四十年，她应生于丁丑年十二月二十六日，对应的阳历是1878年1月28日。②她晚年亲故凋零，贫病交加，崇明沦陷之后更闭门谢客，相关记载极少，1960年修成的《崇明县志稿》称她"颖悟过人，学识湛富，惜中年丧偶，所产皆殇，悲伤抑郁之情，常于词章中流露"，"解放之前以久病之身，难当炮火之声而逝世"，③连哪一年都未能确定。近年来才有乡土学者徐东海查考本地报章，证实其确切的去世日期是1946年1月7日（阴历十二月初五）。④

施淑仪出生于官宦世家，为本地巨族施氏"忠、孝"支派后人，⑤老宅所在的崇明城内南街施行人弄（今少年弄），即因其先人施一德在明代任掌管朝觐聘问的"行人"而得名。⑥清代崇明全县只出了48名进士，而其父施启宇便是其中之一，光绪十八年（1892）中进士。⑦按当时制度，中进士即已脱离平民阶层，全家可免赋税、徭役，这使得施淑仪在早年无须为家计忧虑，得以专注于诗文。

更重要的是，父亲在湖南各地历任知县、知州多年的经历，为施淑仪

---

① 张晖点校《施淑仪集》（北京：人民文学出版社，2011），前言第1页。张晖《朝歌集》也采用这个生卒年，见张晖《朝歌集》（杭州：浙江大学出版社，2013），第341页。

② 1937年2月7日，陆梦熊、陆养浩、钱应清等本地名流在报章刊登《施学诗先生六旬诞日刻诗启》，这一天是阴历十二月二十六，可确定其阴历生日。见徐东海《崇明近代女诗人、女校长施淑仪》，载《崇明文博》，2012年第2期。

③ 《崇明县志稿》卷五，上海市地方志办公室、上海市崇明县档案局编《上海府县旧志丛书·崇明县卷》（上海：上海古籍出版社，2011），下卷，第2230—2231页。

④ 1946年1月8日，《崇明日报》刊登《本邑女界泰斗施学诗，昨日下午逝世》，1月26日又刊发《嗣显妣施淑仪本月二十六日上午发引》，县立中学校长、施淑仪嗣子蔡凤圻主持了葬礼。见徐东海《崇明近代女诗人、女校长施淑仪》，载《崇明文博》，2012年第2期。

⑤ 龚家政、徐东海《摭谈崇明家谱》，刊崇明县博物馆编《遗珠掇采：〈崇明文博〉改版30期精选本》（内部刊本，2013），第76页。

⑥ 徐东海《崇明近代女诗人、女校长施淑仪》，载《崇明文博》，2012年第2期。

⑦ 《（民国）崇明县志》卷十三，上海市地方志办公室、上海市崇明县档案局编《上海府县旧志丛书·崇明县卷》下卷，第1819、1873页。

的人生成长提供了一个走出封闭世界的机会。施启宇由湖南巡抚陈宝箴(陈寅恪之祖父)拔擢,历任泸溪、安化、江华、道州、武冈等地知县、知州,施淑仪也因随侍其父而辗转于各地(1893—1904),①期间摩习诗文,拜两湖书院讲席易顺鼎为师,②易顺鼎之子易君左称之为其父唯一女弟子。③ 据她回忆,随侍湘西时,父亲一日在公务之余出上联"橄榄爽口脆",她竟能脱口对以"梅子溅牙酸"④,其父激赏不已,其早慧的才华当时已崭露头角。

在甲午战败之后,湖南正是国内新思潮激荡之地,其父又受维新派所用,这段经历就此对施淑仪此后的人生产生了深远的影响。⑤ 光绪二十四年(1898),她与同乡蔡南平结为连理,两人同样忧国忧民,在政治、文学等各方面均志同道合,以罗兰夫妇相期许。蔡南平有志于变革,自命为"铁血派中之伟人",在京城时甚至每日去菜市口看行刑,因为"吾他日或将死此,观之,所以炼习胆气也"。⑥

戊戌变法失败后,蔡南平失声痛哭,夫妇俩在新婚两年后一度曾回崇明县城小住,1901年施淑仪再度赴湘,蔡南平则游学京师,在应试北闱落第后留学日本早稻田大学,谋求变革,但因母亲病危而不得已归国。⑦ 光绪三十年(1904)早春,蔡母病重不治,他悲痛过度,也告病故。

---

① 晚清知县任职时间甚短,如湖南湘潭1840—1911年间共58任知县,全部系湖南省外人士,平均任期1.22年。见于建嵘《岳村政治:转型期中国乡村政治结构的变迁》(北京:商务印书馆,2001),第123页。

② 易顺鼎为当时诗文名家,但当时柳亚子也有讥评,其论诗云:"郑陈枯寂无生趣,樊易淫哇乱正声。一笑嗣宗光武语,而今竖子尽成名。"见郑孝胥《海藏楼诗集》(上海:上海古籍出版社,2003),第12页。此诗对郑孝胥、陈散原、樊增祥、易顺鼎等当时名家均毫不容情,但也可见易顺鼎是当时名声最盛者之一。

③ 施淑仪《冰魂阁诗存》易君左序:"学诗姊从余父学诗在二十年前。余父以一代诗人而无女弟子,有之,学诗而已!"载张晖点校《施淑仪集》,第609页。

④ 施淑仪《湘痕笔记》,张晖点校《施淑仪集》,第703页。

⑤ 张霖《泪痕化作湘江水——江南女诗人施淑仪的湖南之旅》,《人文丛刊》(第八辑),第350—356页。

⑥ 施淑仪《湘痕笔记》,张晖点校《施淑仪集》,第701页。

⑦ 徐东海《崇明近代女诗人、女校长施淑仪》,载《崇明文博》,2012年第2期。

这位"抱革命思想十余年"的铁血青年，①在民国十九年（1930）刊成的《崇明县志》中则入"孝友"传，被刻画为一位恪守传统道德的人物："蔡日曦，字南平，性孝，母病，侍奉维谨。及殁，哀毁，水浆不入口者七日，竟逝。光绪三十一年，题旌，准予建坊。"②虽然不清楚这一题旌是蔡家还是施淑仪所为，但从她的诗文中看不到她对此有何反对，"革命者"和"孝子"的新旧双重形象并存于一人身上。

蔡南平的英年早逝，是施淑仪一生的分水岭。③她不仅失去了丈夫，还失去了一位同志。④在回岛奔丧后，她自此扎根乡土，继续其遗志启蒙民众。不过，纵览其生平，虽然个人遭际对她的心境有深远的冲击，但其命运与感怀，却与大时代紧密相连。大致来看，其人生可分为鲜明的三阶段：

一、才女（1878—1904）：至 27 岁为止，开始开眼看世界，也是其人生中最快乐的时光；

二、女教师（1905—1922）：28—45 岁，成为时代前列的女性启蒙者，积极推动变革；

三、女界泰斗（1923—1946）：46—69 岁，得到门人故交的广泛

---

① 施淑仪《追感二首》（其一）有句云："黄花冈畔如相会，革命声中话鬼雄。（回忆南平抱革命思想十余年矣，今民国成立，奈已宿草离离，不克共图事业，思之泪下。）"张晖点校《施淑仪集》，第 643—644 页。

② 《（民国）崇明县志》卷十一，上海市地方志办公室、上海市崇明县档案局编《上海府县旧志丛书·崇明县卷》下卷，第 1807 页。

③ 在丈夫去世前后两年，施淑仪的两个儿子祥开、祥纶也先后夭折，祧嗣子蔡孟雏（名凤彬，举人蔡霁峰之子，12 岁时祧嗣）于 1913 年春又呕血而死。见徐东海《崇明近代女诗人、女校长施淑仪》，载《崇明文博》，2012 年第 2 期。

④ 蔡南平去世后，施淑仪著有《湘痕吟草》、《湘痕笔记》，这不仅是记忆湖南的经历，很可能也是用典，以"湘痕"为喻。清道咸间女诗人袁嘉（袁枚之孙女）即著有《湘痕诗词稿》，她与丈夫伉俪甚笃，却不幸青春早寡，"以奉姑抚孤，饮冰茹蘗，尽慈尽孝。无何，二子殇，姑亦逝，茕然独处，与孤女形影相吊"（王笃生《崇节母传》）。见张珍怀《飞霞说词》，第 95—96 页。施淑仪当时的生活，与之有着惊人的相似，而以她对清代闺阁诗人之了解，几乎不可能不知道袁嘉的事迹。

尊重，但随着教育新场域的兴起，逐渐淡出公众视野。

施淑仪一生著述，多在早年编纂、刊布，主要是诗集《湘痕吟草》（1909）、《清代闺阁诗人征略》（1922），而诗集《冰魂阁诗存》（1937）则是门生故交在其六十寿辰时为她付梓的。实际上，她主要的社会活动均在1922年之前，在此之后，像她这样的人物已逐渐被视为"传统文化"的代表。到了1930年代中期，她开始了"闻道香花修佛法"、"行慈讲道"的隐居生活，清心寡欲，不问世事。1937年之后，她人生最后九年的行迹已不可考。不过，她仍得到人们的普遍尊敬，其诞生地崇明城内南街施行人弄，在很长一段时间内，被其女弟子和城厢居民尊称为师娘弄。①

毫无疑问，她人生的高光时刻，主要是在第二阶段的近二十年间，那正是教育场域和女性形象处于新旧交替之际。社会学者应星在《新教育场域的兴起，1895—1926》（北京：生活·读书·新知三联书店，2017）一书中，将这一现代教育体制的变革断代在1895—1926年间，但从当时的学制改革来说，起点却应在1903年。换言之，时代的变动与其个人遭际形成叠加，使施淑仪站在了时代前列，身体力行成为当时的"新女性"，但那其实是一种特殊的"新"，代表着一种传统的自我更新，而不是对传统的彻底否定。这样，当时代再次剧变时，她再也无法追随这样的浪潮。

二、女界维新

与同时代的文化精英一样，施淑仪很早就有了国族危亡意识，并深信女性解放是救亡的重要一环。这种理念假定，近代的全面危机，只有在动员出全部国民的力量之后才能予以应对，而女性的觉醒也因此必不可少。早在1890年，就有化名"梦畹生"者在《申报》发表《振兴学校论》，倡导向日本学习，"我中华古制虽亡，尤可求诸海外也"，呼吁"我中国于

---

① 徐东海《崇明近代女诗人、女校长施淑仪》，《崇明文博》，2012年第2期。

学校一端必不可缓,而女学校尤为当务之急"。①

1902年颁行的《钦定学堂章程》是中国教育史上第一个颁布但未实施的近代学制("壬寅学制"),其中仍明确规定,妇女应在家受教育,直到1907年《奏定女子师范学堂章程》颁布,明确女子教育为国民教育之根基,规定女子师范的目的在于为女子小学以及蒙养院培养教师和保姆,应当在每一府、县均设立一所,"兴办女学一时成为时髦,也成了爱国行为"。② 周策纵指出,晚清虽早已有新式学校,但"真正开始大规模地实行西式的教育制度却是在1907年"③。

施淑仪当时的所作所为、所思所想,正与这一时代风气相互激荡。光绪二十七年(1901)秋,她率先剪掉盘髻,使成齐肩短发,开全县妇女剪发新风;1906年早春,又任教于新开设的尚志女校,并被推为校内设立的"放足会"会长,入会学生减半收取学费。这一系列的举动不仅与全国各地最新的潮流同步,甚至还略有超前——当然,所遭受的阻力也会更大。

尚志女子小学是近代崇明第一所女学,该县新式学堂的设立始于1902年,但均只收男生。受维新思想影响的县学生员徐不更呈状县署,申请开办女学,光绪三十一年(1905)十月下旬得到批复核准,次年一月二十日,借县城嘉乐巷袁氏祠堂为校舍,正式开学,校训为"立达"二字。第一批入学的86个女生,分为三个班级:专修班、高等班、初级班,课程则包括裁缝、体操等,注重文化、道德和职业教育。

在开学典礼上,施淑仪朗诵两首七绝,其中之一为:"莫嫌环海小瀛

---

① 张素玲《文化、性别与教育:1900—1930年代的中国女大学生》(北京:教育科学出版社,2007),第34页。

② 许美德著,许洁英译《中国大学1895—1995:一个文化冲突的世纪》(北京:教育科学出版社,2000),第57页;张素玲《文化、性别与教育:1900—1930年代的中国女大学生》,第43、129页。

③ 周策纵著,陈永明、张静译《五四运动史:现代中国的知识革命》(北京:世界图书出版公司,2016),第351页。

洲,女学昌明改革优。寄语吾崇诸姐妹,好存家国在心头。"①在她当时的诗文中,时常可见对女学生、姐妹们自主自立的勉励:"愿救众生超浊海,挽回亘古女权卑。莫言保国非我事,誓起翻飞廿纪旗。"②"我亦国民一分子,莫教弱质问同沦。愿将一掬维新泪,唤起同胞爱国魂。"③这与当时的维新思想合拍:培养"新女性"是为了"家国"。④

  崇明岛孤悬江海,对外交通不便,风气因而比别处更为闭塞,辛亥革命之际,江苏全省只有崇明一县没有更换县令,⑤其保守可见一斑。在明清时代,崇明在江南属于文化落后之区,本地女诗人寥寥可数。⑥ 尚志女校自开办之初起,就不断遭受攻击,五年之内竟被控告十次之多。此后多年,敦行(1908)、开文(1915)、从德(1918)、闺训、启明等女子小

---

① 施淑仪《尚志女塾成立喜咏二则》,张晖点校《施淑仪集》,第588页。
② 施淑仪《次施南王女士莲杂感韵七首录五》,张晖点校《施淑仪集》,第588页。
③ 施淑仪《读报有感》,张晖点校《施淑仪集》,第584页。
④ 陆茂清《徐不更创办崇明第一所女学堂》,刊崇明县博物馆编《遗珠掇采:〈崇明文博〉改版30期精选本》(内部刊本,2013),第174—175页。
⑤ 王清穆《曹吟秋明府行状》:"(辛亥革命)吾苏六十县,其时五十九皆更易县令,推本地士绅为之长,独吾邑留旧任勿去。"见曹炳麟《钝庐诗集 钝庐文集》,第315页。王清穆为本地士绅领袖,迟至1923年,其保守立场仍可见于其《学潮平议》一文:"学潮,乱象也,不祥之名词,论其弊害,则学生之举动,不啻自杀。究其祸因,则由于怪诞者提倡废人伦,与学校废止读经,而今日乃食其果报也。清季废科举,兴学校,惑于平等自由之说,而学潮稍稍萌动。民国以来,有昌言废人伦者,甚至负海内重望之人,亦云'君臣'一伦不适用于民国。不知五伦有相继相系之道,'君臣'一伦既废,其余四伦,亦皆失其统驭。沧海横流,莫可遏止,自兹而往,中华民国不驯至于大乱不止。"王清穆《农隐庐文钞》(上海:上海社会科学院出版社,2015),第36页。王清穆与施淑仪之父也有交情,撰有《施稚桐太守哀词》(施启宇字稚桐),见同书第253页。
⑥ 施淑仪《汇记崇明闺秀》:"崇邑孤悬海外,与大江南北声气不通,男子经商之外,大率溺于科举。五六百年以来,鲜以诗文卓然名者,至于对待女子,闭塞尤甚。识字者且如凤毛麟角,遑论文艺。此淑仪所以独学无友,悄然以悲者也。然前清之初,距今百年,尚有一二娴于吟咏者……得五人。"见张晖点校《施淑仪集》,第735页。又同书第769页《青浦历代闺秀诗存序》:"淑仪生长崇明,去青浦不甚远,而崇邑僻处海隅,风气横僿,自来女子无一人诗传于世者,岂竟无其人耶?抑有其人、有其诗,而不为士君子所爱惜,以听其湮没耶?"

学、中学,敦行女子师范学校、县立女子师范学校相继创办。① 值得注意的是,像"闺训"、"从德"这样的校名就意味着,当时一些女学的主旨仍是培养"贤妻良母"而非"新女性",则尚志女学初办时的压力可知。民国时省里视学大员评语称:"彼时风气闭塞,群以女学为诟病……崇明女校现渐发达,从前只有此校,开办最早,成绩最著,徐校长辛苦最之,所受怨谤最多……"②

根据1907年的学制章程,女校必以女子充任校长,徐不更推举施淑仪出任,她就此成为崇明近代教育史上第一位女校长,次年改任学监。为使女生享受同等的教育权,她与徐不更意见一致,在校内附设师范科、女工传习所,注重传授女子自立于社会的知识技能。实际上,从她当时对女学生的勉励来看,有时甚至看不到对性别的强调,而更多是对"国民一分子"的要求:"诸君个个尚维新,结起同群骨肉亲。努力关心天下事,江山何忍送他人。"③

陆胤曾指出,晚清政治制度与社会结构的巨变,使传统的"四民"身份面临解体和重组,而其中的关键变化就是科举的改废和新学堂的兴起,"当普通教育覆盖的'国民'取代了科场功名区隔的'四民',一个同质化(homogeneous)的共同体便呼之欲出了。"④也就是说,施淑仪当时的教育理念旨在塑造的"新女性",其实是"新国民"。

就当时的社会价值观来看,她所塑造的"新女性"形象是反传统的。当时崇明女性的处境仍与千百年来无异,"崇邑风气鄙僿,沟犹督儒以防闲束缚为惟一女教。女子年垂及笄,惟专治针黹,弃向所读书如弁髦,终

---

① 这几所学校的设立时间,见《崇明县志稿》卷四学校,上海市地方志办公室、上海市崇明县档案局编《上海府县旧志丛书·崇明县卷》下卷,第2201—2211页。
② 陆茂清《徐不更创办崇明第一所女学堂》,刊崇明县博物馆编《遗珠掇采:〈崇明文博〉改版30期精选本》,第174页。
③ 施淑仪《示诸生二首》(其二),由于她当时是在女子小学,因而其"诸生"可想而知都是女生。张晖点校《施淑仪集》,第590页。
④ 陆胤《变风变雅:清季民初的诗文、学术与政教》(上海:上海人民出版社,2021),第117页。

岁闭处深闺,不得与外人觌面,亲族长老相见,亦不交一言"①。然而,施淑仪着意培养的不是"贤妻良母",而是让女生"跨越门闾",进入公共生活,例如带领她们列队前往五公里外的金鳌山踏青。

民国五年(1916)陈窑撰施淑仪传,其中便点明这一点:"方女学未兴,锢鄙成习,视男女交际为逾闲之为。夫人独锐身倡导,率先革之。与湘中随幕戚党及校内执事时相晤值,折衷乎新旧、过不及之间。"②女校的运作也需要更多女教员,当时有徐安详(徐不更次女)、张兰秋、凌溯昭等人分任各职。在保守的社会氛围之下,她们的坚持对女子教育的推行至关重要。施淑仪曾赋诗言志:"吁嗟睡狮之沉沉兮,诸事不能改革;誓将创此女学兮,振同胞之饥溺。"她反复向师生强调女子须自立自强,教导学生"千金珍重自由身","好存家国在心头","洗除脂粉闺中气","力将大厦快支扶"。③

为了更好地推动女子教育,1920年,施淑仪又在城内庙弄创办县立女子师范学校(年经费1700元),④自任校长,为更多女性受教育提供师资。⑤ 同年9月,为了在崇明推广国语,她北上入京,参加蔡元培主办的国语讲习所,学习拼音字母,回崇明后在校内教授国语,并在《新崇明》报发表白话自由体诗。像她这样一个几乎终生以文言文创作诗文的才女,何以大力推动普及国语白话,原因不难想见:对当时的知识精英来说,这是启蒙大众、塑造国民的必要手段。

凡此等等,都代表着一种全新教育理念的兴起:教育所培养的女性不再是"贤妻良母",而是对国家而言的"合格国民"与"有用人才",退一

---

① 孙景谢《启》,见张晖点校《施淑仪集》,第548页。
② 张晖点校《施淑仪集》,第546—547页。
③ 徐东海《崇明近代女诗人、女校长施淑仪》,载《崇明文博》,2012年第2期。
④ 《崇明县志稿》,上海市地方志办公室、上海市崇明县档案局编《上海府县旧志丛书·崇明县卷》下卷,第2205页。
⑤ 当时优质师资极为缺乏。1921年浙江新昌县调查:全县小学教员,师范毕业生仅13.5%,以高小毕业生充当教员的为38%,科举出身者23%。转引自吕芳上《从学生运动到运动学生(民国八年至十八年)》(台北:"中研院"近代史研究所,1994),第70页。

步说，至少是能学到一些实用生活技能，在本乡本土足以自立。传统的科举、读经不重实用，也不重本土，女工则限于家计而不考虑社会、国家，而现在，教育出来的应当是适合社会生活、并最终为国家所需的人才。①

施淑仪致力于教育二十多年，门下女弟子"师才辈出，女士如林"，孙秋白、陈乃文、苏曾祥等人尤为杰出，陈乃文不仅是诗人，后来亦成为上海治中女校校长。② 其余如瞿诵芬、徐漱兰考取北京女子师范学校，瞿名列第一；蔡凤书、蔡凤如，入南京第一女子师范学校；徐安详、张汝新，入上海中国女子体操学校；施颖楣，任天津女子师范学校教员；冯兰馨，考取共和女学，师从沈墨仙学画，成为民初女画家；吴漱真，考取人仁产科（又作"人和产科学院"）；昝希昭，研习世界语，并与丈夫祝振纲合著医书《说痘》。③

当然，进入女校接受现代教育，最初还远未普及到普通人家，绝大多数女生恐怕仍出身中上层家庭。1907年，在全国范围内，女子小学生仅占小学生总人数的2％；晚至1922年，初小学生中，女子也仅占6.34％，在高小学生中则仅占6％。④ 崇明的数据未见统计，但想必也不会相去太远，虽然各地女学的兴起也是时代风气使然，但就崇明而言，当时如果没有施淑仪这样的深孚众望的人物，本地"女界维新"很可能是另一番模

---

① 另一位崇明籍教育家，创办民本中学（现为岛上仅有的两所重点中学之一）的沈汝梅也表达过类似的观点，但其理念更注重培养乡土实用人才和合格国民："教育贵有实用。实用者，即谓各科所授之教材须适合社会之生活也。地理一科，本在在与吾人生活有关，而乡土之关系尤为密切。盖小学校中之儿童，未必皆远到之材，其大多数为营生于本地之普通国民耳。"见氏著《〈崇明乡土志略〉序》，收入《沈汝梅集》，见徐兵、龚家政、沈茂华整理《秦约诗文集（外三种）》（上海：上海社会科学院出版社，2015），第164页。

② 张嘉玲《回忆母亲陈乃文》："1904年，母亲出生于崇明一官宦世家。……作为治中女中的校长，母亲办学思想的核心即发扬女权，培养女性独立精神。"收入张晖整理《陈乃文诗文集》（上海：上海社会科学院出版社，2013），第1—2页。陈乃文是词学家龙榆生的亲家，其女嫁与龙榆生长子龙厦材。

③ 徐东海《崇明近代女诗人、女校长施淑仪》，载《崇明文博》，2012年第2期。

④ 乔素玲《教育与女性：近代中国女子教育与知识女性觉醒（1840—1921）》（天津：天津古籍出版社，2005），第29—30、43页。

样,毕竟同时代全县都找不出另一位女性能替代她的影响力。

三、"新的旧女性"还是"旧的新女性"?

1922年,施淑仪刊布了她一生中最重要的著作《清代闺阁诗人征略》,全书辑录1163位(另补遗103人)清代女诗人的生平、逸闻、诗作点评。现在很多人之所以知道她,也是因为这部书。事实上,1990年代关于中国妇女史的三部划时代的著作——《内闱》、《闺塾师》、《缀珍录》,后两者都将《清代闺阁诗人征略》列为重要征引文献,而《内闱》之所以未引用,只是因为它研究宋代妇女。

现在当然已有比《清代闺阁诗人征略》收录历代女诗人更全的著作,[①]但这仍是不可取代的经典,因为它的著成本身就是女性自觉意识的产物,表露出一种全新的自我认识和自我价值界定,这本身也是理解施淑仪和同时代女性的一个重要文本。借用福柯的名言,"重要的不是文本书写的年代,而是书写文本的年代"。

在这部著作中,施淑仪标举"新女性"形象时,是通过对传统的重新诠释、挖掘展开的。王家骅所说的一个历史现象,用在她身上也非常贴切:"我们在世界各国的政治史和思想史上,常常发现这样的现象,在旧的社会制度和支持它的旧思想走投无路时,人们屡屡到以往的历史中寻求出路,因为新思想不是无中生有,而是在运用、改造乃至批判旧思想、

---

① 胡文楷编著《历代妇女著作考》统计了可考的历代女性著述,汉魏六朝有33名作者,唐朝有22名,宋代为46名,元代有16名,而明代有245名,清代则多达3682名之多。转引自大木康《明末江南的出版文化》(上海:上海古籍出版社,2014),第61页,大木康也特意提到:"关于清代,另有施淑仪《清代闺阁诗人征略》。"女性著作者相对较少,是前现代社会的普遍现象,"1784年,法国文学图书馆列出的出版过至少一本书的法国作家有将近3000人,而从1754年到1789年,其中大约只有200名是女性。英国的统计数据表明,女性作家的数量似乎以10年为单位,呈稳定增长趋势。但英国文学中的女性作家仍相对较少,从1750年到1789年,只有不到400人。"费利克斯·吉尔伯特等《现代欧洲史》,第三卷《18世纪的欧洲:传统与进步,1715—1789》(北京:中信出版社,2016),第380页。

旧概念中产生的。"①

虽然题为《清代闺阁诗人征略》,但全书所收录的女性却始于晚明,正是在那时,涌现出一批英气勃勃的女侠、女杰。②尤为值得注意的是,置于卷首的是晚明女杰沈云英(1624—1660),而卷末押尾的秋瑾也是"鉴湖女侠",这样的编排隐含着施淑仪的价值观,寄托着她对理想女性的认同。实际上,她的教育理念在一定程度上是精英式的,试图寻觅、挖掘、培养出那样的女英雄:"使先民荀灌、梁红玉、秦良玉、沈云英、毕著辈生于今日,何渠不若贞德、罗兰、苏菲亚、姒茶之流?设得其一,足以抵庸众千万。"③

正因此,她对卓异的女学生尤其寄予厚望,然而,自1914年起短短数年内,以优异成绩考入南京第一女师范学校的侄女凤如、女学生瞿诵芬、门生兼同事徐安详先后离世。教授体操、音乐,性格活泼的徐安详21岁不幸早逝,④对施淑仪的打击尤其大,因为施淑仪在徐安祥身上实际上寄托了对新女性的期望。不过,施淑仪对这一新女性的期望、认同和欣赏,却是建立在一种原有女性形象的重构之上的。她把徐安详比拟为舞剑器的公孙大娘,以及她心目中最重要的女英雄之一——曾在道州披甲出战、精研兵法的沈云英,《题徐安详遗像二绝》有"金石论交最有情,壮怀绝似沈云英"之句。

在一百多年前的崇明岛,体操是全新事物,⑤女性教体操更是破天

---

① 王家骅《儒家思想与日本文化》(杭州:浙江人民出版社,1990),第159—160页。
② 龚鹏程指出:"徐广《二侠传·凡例》早就说过:'古闻有男侠,而未闻以女侠',女侠确实是晚明的新生事物。与女侠同样诞生于晚明的,还有一批骁勇善战的女将。如嘉靖间熊大木的《北宋志传》,与万历间的《杨家将演义》,描写杨门女将、穆桂英等,大破幽州、十二寡妇西征……"见氏著《中国文人阶层史论》(兰州:兰州大学出版社,2004),第283页。
③ 张晖点校《施淑仪集》,第547页。
④ 《徐安详女士追悼会启》(1919),张晖点校《施淑仪集》,第766页。
⑤ 出生于1895年的钱穆曾回忆自己在无锡的童年:"我从私塾跑进国民小学,那时候小学里最看重的是体操唱歌,因为国文历史还是一套旧的,体操唱歌都是新的。……另一位先生教我们体操的,这位先生到过上海读书,他教的体操一课是从上海学来的。他有旧学问,又抱有新思想。"见钱穆《人生十论》(桂林:广西师范大学出版社,2004),第95页。

荒的事件,健康的新女性的形象,代表了一种与过往的女性迥异的认同,但到了"强国保种"之际,这就被提升到前所未有的重要程度。日本明治时代的欧化教育中,新时代女性形体的改善开始受到重视。① 流风所被,经元善1898年开办于上海的国内第一所国人自办的女学堂经正女学(又名中国女学堂),课程即设有体操,其教育宗旨为:"以彝伦为本,所以启其智慧,养其德性,健其身体,以造就将来为贤母为贤妇之始基。"② 此后十余年间,"体育"普遍被视为发扬尚武精神、重振国势的重要一环,1905年《女子世界》的主编丁初我断然宣称:"今日女子之教育,断以体育为第一义。"③

在18世纪清代的全盛期,女子的理想形象主要有两类,"一是以女历史学家班昭为代表的严正不苟的女教师;另一则是以诗人谢道韫为典型的优雅的咏絮才女"。但清朝学者在为女性接受教育寻找楷模和解释时,几乎完全忽略了闺秀作家/读者群体造就的文化,转而从明朝才学女性的传统中"重新建构了一种妇学的古典传统,并且给这项传统加上了

---

① 1897年,日本各学校女子教育有网球、台球、篮球等科目,1901年又规定每周有身体矫正术、徒手体操、哑铃体操等健身运动。见宗泽亚《明治维新的国度》(北京:北京联合出版公司,2014),第216页。当时姚锡光手折认定这是尚武强国之道:"日本之各小学校、各中学校及各师范学校,无不有体操、兵操,童子自十岁以上即练其手足、练其腰脊。……故童焉而志从军,盖蒙养之初即隐寓尽人为兵之意。古者童年舞勺舞象,而造士必升于司马,诚欲人之强而不欲其弱也,观于日本,所谓礼失而求诸野也。"见陆胤《政教存续与文教转型:近代学术史上的张之洞学人圈》(北京:北京大学出版社,2015),第150页。
② 郎净《近代体育在上海(1840—1937)》(上海:上海社会科学院出版社,2006),第62页。
③ 1904年《东方杂志》中来信节录四月初六日《大公报》吕兰清女士稿:"岂知生材之权,实握乎女子之手乎。……外国婴儿学塾,多以妇人为师,欲求强种者,必讲求体育。中国女子不惟不知体育为何事,且缠其足,生性戕伐,气血枯衰。安望其育强健之儿。固无怪我中国民种之以劣闻也。"与丁初我所言均转引自郎净《近代体育在上海(1840—1937)》,第218—219页。晚至民国初年,浙江军政府教育司司长沈钧儒与友人通信时仍称:"盖小学教育,当以注意体育为先,德育次之,智育又次之。"左松涛认为,这"体现出新知识人以'强体'来'强国'的强烈愿望。"见左松涛《近代中国的私塾与学堂之争》(北京:生活·读书·新知三联书店,2017),第310页。

一种时代的意义"①。耐人寻味的是，施淑仪本人其实身兼"女教师"和"才女"的双重理想形象，但她在为女性接受教育寻找楷模时，同样是从追溯传统中重构了一个新女性形象。这本身意味着，她乍看上去是一个反传统的"新女性"，但她所理解的"新"，是一种传统的自我更新。

从清代全盛期起，"妇德"已不再是评判女性的唯一标准，而逐渐让位于"才"，②然而按照"女子无才便是德"的老话，对"才女"的推崇本身就在侵蚀"妇德"。实际上，施淑仪本人就不是传统意义上的"贤妻良母"，她最得意的门生之一孙景谢（秋白，1896—1929）说："先生体质素孱，凡缝纫、纺织、烹饪之属及其他家庭辛劳诸俗务，自幼即不之习，惟好一意读书。"也不注重培养贤妻良母，"先生之教育，于贤母良妻主义不甚措意，而意在陶成优美、高尚之人才"。③

施淑仪本人就不愿成为贤妻良母，1916年，她写下《家庭杂感》："此身恨不作须眉，社会家庭两足悲。……我是闺中苏玉局，天生原不合时宜。"④这一点在她早年生活中就已可见端倪：传统上，儿子去求学，媳妇既然没有同去，那通常是在婆家伺候公婆，而她去了湖南；此后婆婆病重，她身为儿媳也并未在病榻前侍奉，只有丈夫从日本赶回来侍亲。在丧夫之后，也看不出婆家对她的行为有任何约束。其父晚年居嘉定南翔，至民国七年（1918）才去世，也未见她有何照应。可以说，27岁丧偶虽然是个人生活的不幸（她的诗文可以为证），但也因此没有家室之累，反倒使她获得了从原有社会结构"脱嵌"出来自主决定生活的机会，她可以专注于自己的精神生活和社会生活，当时公认"我崇女界之有社会交

---

① 曼素恩（Susan Mann）著，定宜庄等译，《缀珍录：十八世纪及其前后的中国妇女》（南京：江苏人民出版社，2005），第103、105页。

② "除了由坊刻出版商承办的诗集、故事和戏剧外，地方史也成了推助女性文学才华的阵地。就是在这里，作为评判女性惟一标准的妇德的让位是非常明显的。"见高彦颐（Dorothy Ko）著，李志生译《闺塾师：明末清初江南的才女文化》（南京：江苏人民出版社，2005），第131页。

③ 张晖点校《施淑仪集》，第548页。

④ 张晖点校《施淑仪集》，第669页。

际,实自先生始。而百余年来崇邑闺媛之能以文采表见于世者,亦当以先生首屈一指焉"①。也就是说,施淑仪的"才女"特质是远离"妇德"的第一步,而又由此成为女性进入公共生活的开端。

高彦颐在《闺塾师——明末清初江南的才女文化》中指出,前现代的那些才女往往得益于自己的家庭出身:"宗族和姻亲纽带不是制限,它们反而助长了女性社交网的扩展",通过随侍父亲或丈夫,她们既没有违背"三从"的字面含义,又将"这种顺从转而成为开阔眼界的机会,给旅行者带来了乐趣和新知识",而"具有讽刺意义的是,死亡经常是女性交际网得以扩展的机会","与闺中生活的温馨甜蜜一道,在女性文化的文学领域,死亡和离别构成了一个突出主题"。② 不难看出,这些特点在施淑仪身上也全都具备,可以说她既是"第一代新女性",又像是"最后的闺塾师"。

新学堂的兴起,也为施淑仪的人生开辟了新的转机。韦思谛(Stephen Averill)曾指出,1905年"科举考试结束之后,对许多持有清朝功名的人来说,在新学校教书是为数不多的维持体面的工作机会之一。在地方教育结构中,他们中一些人直到20年代仍有较大的影响"。③ 当然,即便科举不罢废,施淑仪受限于女性身份也无法参加,但新学堂确实为她开辟了一个能施展自己才华的公共空间。在那个年代,"教师作为一种职业,给了更多要求独立并且不满足于现状的女子一个摆脱现状的途径"④,虽然收入或许仅能糊口,⑤但它可以创造一种自我价值。

---

① 张晖点校《施淑仪集》,第549页。
② 高彦颐(Dorothy Ko)著,李志生译《闺塾师——明末清初江南的才女文化》,第215、233、221页。
③ 韦思谛(Stephen Averill)《江西山区的地方精英与共产主义革命》,载孙江主编《事件・记忆・叙述》(杭州:浙江人民出版社,2004),第97页。
④ 张素玲《文化、性别与教育:1900—1930年代的中国女大学生》,第50页。
⑤ 1920年代,上海工人的月薪平均在6—12元,但"偏僻小学教员一个月的月薪约七八元,上海浦东一带还有低到年薪只四十元",也就是说,"上海浦东一带的小学教员月薪还不及一个工人,中学教师也好不到哪里去"。吕芳上《从学生运动到运动学生(民国八年至十八年)》,第70页,又参见第90页1920年代各地教师月薪。

以施淑仪当时守寡的身份，教师恐怕也是最适合她的职业。这既像是传统"闺塾师"的延续，又在保守的社会氛围下获得了一定的认可。晚清许多女志士打破家庭枷锁而出走，但民国建立却并未如愿实现男女平等的理想，"当时许多职业都未向女子开放，谋生艰难，能诗善文才气横溢者竟沦为女工，日与纺织机为伴，抑郁不得志，难免会有幻灭之感"[1]。在1900年的美国，教师总人数的三分之一是女性，而单身女性又占了一半多，因为根据当时一系列的"婚姻障碍"（marriage bars）政策，学区有权解雇已婚女性，使许多地方的女教师在婚后再难执教，很多教育先驱如贺拉斯·曼（Horace Mann）和终身未婚的凯瑟琳·比彻（Catharine Beecher），都"明确认为教师是未婚女性的工作"，这份工作能够"减轻不婚带来的耻辱"，使她们虽无自己的孩子也能教育孩子，履行家庭使命。[2]

从施淑仪带领女学生出游、活跃于公共领域来看，这些行为都打破了儒家道德观的禁区，因为那都违背了"妇德"——"一位当众露面的女性（a woman in public）也就随即被转译为一个公共女子（a public woman），因而也就是道德沦丧。"[3]何况她身为一个寡妇，需要抛头露面与各色人等打交道，在保守的社会气氛下，所承受的物议之甚，不难想见。

施淑仪虽然一力倡导女性自立，从不措意于使女学生成为贤妻良母，但看上去似乎矛盾的是，她又有一个伴随其十一年之久的侍女，在侍女出嫁时还作诗"叮咛此去德须贤"，[4]这又是明显的传统道德观。尤为

---

[1] 鲍家麟《中国妇女史论集》（台北：稻乡出版社，1979），第292页。

[2] 丽贝卡·特雷斯特著，贺梦菲、薛轲译《我的孤单，我的自我：单身女性的时代》（桂林：广西师范大学出版社，2018），第55页。

[3] 胡缨著，龙瑜宬、彭姗姗译《翻译的传说：中国新女性的形成1898—1918》（南京：江苏人民出版社，2009），第46页。

[4] 《侍儿吉祥出嫁口占二绝以送之》（其一）："画阁相依十一年，叮咛此去德须贤。"张晖点校《施淑仪集》，第650页。

令人惊讶的是,她甚至还有一首五绝是为乡绅纳妾而作。①这种新旧并存的特性,在当时很多人身上都可见到,如张謇在南通全力兴办女子教育,但对提倡"男女平权"、"男女同学"、"男女学生自由"却一概反对,视为"害人之时疫"。②施淑仪虽然倡导新型女子教育,然而她本人就出自旧阵营,从小所受的教育乃是"志节传忠孝,家风学圣贤"③,她师从的易顺鼎固是一时名家,但在清亡之后也抱有暧昧的遗民立场,对新文体、新国体不无讥讽,④但施淑仪作为一个新女性,终生对之执弟子礼。

从施淑仪的理想来看,她设想的其实是一个有活力的传统,"旧而能新",进而"以旧容新",以体操强身健体的新女性也能在传统中找到对应的形象加以合理化,然而这本身需要传统成为一个开放、有弹性、有动态更新能力的体系。⑤《清代闺阁诗人征略》其实调和了新旧,这种"新"通过被"旧"所包容而被合理化,但在新文化运动中,像蔡元培倡导的"兼容并包"实则是"以新容旧",到后来甚至"新"已不能容"旧"。然而,即便有过这样的希望,到了1920年代,现实也已表明:新旧已逐渐破裂,不仅传统难以调适,新事物也已不再需要传统来提供合理性。

吊诡之处正在于此:施淑仪1922年完成《清代闺阁诗人征略》时,虽然仍试图通过对传统的重新解释开出新局面,但时代已经变了,她的工作在无意中变成了对旧时代的总结和挽歌。虽然她曾是站在时代前列的"新女性",但她一生主要的诗文大多仍是旧体,可说既是"新的旧女性",也是"旧的新女性"。对后世来说,她的人生比她留下的诗文更有价

---

① 《贺采蓴纳宠》:"樽前低首日,我亦见犹怜。"张晖点校《施淑仪集》,第687页,此诗可能作于1930年。

② 常宗虎《南通现代化:1895—1938》(北京:中国社会科学出版社,1998),第4页。

③ 《冬夜思亲二首》(其二),收入《冰魂阁诗存》,张晖点校《施淑仪集》,第627页。

④ 陆胤《变风变雅:清季民初的诗文、学术与政教》,第117页。

⑤ 抱持强烈传统主义倾向者如钱穆,实际上认为无须调适,他说:"我想全世界的人,没有像中国人这般看重女性的。举一个证据,你拿一部二十五史来看,中间讲到女性的有多少,我想至少有百分之十到二十。而那些女性,绝大部分都不牵涉到政治事业。这是全世界其他各国历史记载中绝对没有的。"见钱穆《人生十论》,第121页。

值,与其说我们是通过了解其人生来更好地理解其作品的文学性,倒不如说是通过深入阅读这些文本,来更好地理解其人生的处境,那是属于她那个时代的女性"诗史"。

论刘峻《自序》及其在骈文史上的回响

龚 敏

  文学史上不乏一些深具影响力的作品,在历史的长河里反复被引用、模拟、效仿甚或被反对,原初的作品慢慢积淀成为一种典范或类型,引发一系列后续创作。后续的作品不仅模仿其篇题,甚至立意、遣词造句及章法结构也在其列,这类作品放在一起呈现出一种特别而有趣的创作现象,不同于同时期某个文学集团或圈子内部成员的同题唱和之作,却更有类于穿越时空的瞻望会晤,"尚友古人"。后续的作品既对典范进行模拟,又在其中呈现出迥异而分明的个人面目,借旧瓶而装新酒。齐梁之际刘峻(462—521)的《自序》一文,现存文本虽非完篇,却尤为后世骈文名家如汪中、李慈铭、李详、黄侃等争相效仿,对骈文自传创作产生了久远的影响。本文即欲对刘峻《自序》及受此文影响而产生的一系列《自序》文章作一梳理,借此来考察在骈文史上一篇典范文章是如何形成并产生深远影响的。

一、"凡为自序者未尝有此体"

  刘峻,字孝标,齐梁之际著名文士,钱锺书以"梁文之有江淹、刘峻,犹宋文之有鲍照,皆俯视一代"[①]。其骈文作品被萧统选入《文选》的有

[①] 钱锺书《管锥编》(北京:中华书局,1994),第4册,第1406页。

《辩命论》、《广绝交论》和《重答刘秣陵沼书》三篇。《刘孝标集》在《隋书·经籍志》中有著录,六卷,至唐已佚。现在我们所能看到的刘峻诗文主要根据的是明代张溥《汉魏六朝百三名家集》所辑《刘户曹集》一卷、严可均《全上古三代秦汉三国六朝文》所辑刘峻文十二篇及逯钦立《先秦汉魏晋南北朝诗》中所辑刘峻诗四首,今人罗国威的《刘孝标集校注》当为对刘峻诗文收录最完整的版本。

《自序》一文骈散相间,将自己一生遭遇与东汉冯衍相类比,得出"三同四异"作为对自己生平的总结,借此抒发勃郁牢骚之气,属于"不平则鸣"的感慨之作。此篇在他自己的作品中并非最负盛名,在汉魏六朝的同类型作品中亦非瞩目,甚至留传下来的已非完篇,故并未入选各种重要的文章选本。为便于讨论,现将刘峻《自序》所存全部文字抄录于下:

① 峻字孝标,平原人也。生于秣陵县,期月归故乡。八岁遇桑梓颠覆,身充仆围。齐永明四年二月,逃还京师,后为崔豫州刑狱参军。梁天监中,诏峻东掌石渠阁,以病乞骸骨,隐东阳金华山。(据《文选》卷四十三《重答刘秣陵沼书》李善注引刘峻《自序》补。)

② 黉中济济皆升堂,亦有愚者解衣裳。(据《南史》列传第三十九补)

③ 余尝自比冯敬通,而有同之者三,异之者四。何则?敬通雄才冠世,志刚金石,余虽不及之,而节亮慷慨,此一同也;敬通值中兴明君,而终不试用,余逢命世英主,亦摈斥当年,此二同也;敬通有忌妻,至于身操井臼,余有悍室,亦令家道欣不轺轲,此三同也。

④ 敬通当更始之世,手握兵符,跃马食肉,余自少迄长,戚戚无欢,此一异也;敬通有一子仲文,官成名立,余祸同伯道,永无血胤,此二异也;敬通膂力方刚,老而益壮,余有犬马之疾,溘死无时,此三异也;敬通虽芝残蕙焚,终填沟壑,而为名贤所慕,其风流郁烈芬芳,久而弥盛,余声尘寂寞,世不吾知,魂魄一去,将同秋草,此四异也。所以力自为序,遗之好事云。

以上①③④段为张溥《汉魏六朝百三名家集》本所录文字，②③④段为严可均所辑文字。余嘉锡、钱锺书对刘峻《自序》一文皆有考论①，综合两位先生意见，大抵皆以流传下来的刘峻《自序》为节录，而非全文，原因有以下几点：一、《梁书》、《南史》本传皆提到"其略曰"，明言此乃删略录之。二、《南史》本传有"故其《自序》云：'黉中济济皆升堂，亦有愚者解衣裳。'言其少年鲁钝也"句，"黉中"二句严氏辑出，愈见全文必详于今存者。三、刘知几《史通·自叙》一文末段曰："昔梁征士刘孝标作叙传，其自比于敬通者有三；而予窃不自揆，亦窃比于扬子云者有四。"钱锺书以为此益证"《梁书》所录，亦即峻《自序》之末节，概观平生，发为深喟，略如史传末之有论、赞或碑志末之有铭词"。四、《史通·核才》云："孝标持论析理，诚为绝伦，而《自序》一篇，过为烦碎。"余、钱皆指出今本《自序》仅三百余字，何"烦碎"之有？可见现存文本不全。五、对照汉魏以来作者至与刘峻同时之江淹，凡为《自序》者未尝有此体，格制不类。罗国威亦指出"此非《自序》全文，原文已佚。"②

"自序（叙）"一体，刘知几《史通·序传》指出其发展流变："屈原《离骚经》，其首章上陈氏族，下列祖考；先述厥生，次显名字。自叙发迹，实基于此。降及司马相如，始以自叙为传。然其所叙者，但记自少及长、立身行事而已。逮于祖先所出，则蔑尔无闻。至马迁，又征三闾之故事，放文园之近作，模楷二家，勒成一卷。于是扬雄遵其旧辙，班固酌其余波，自叙之篇，实烦于代。"③关于《离骚》中开篇自述祖先家世的写法是否即后世"自序"文体的滥觞，学界有不同看法。④ 但这种记述先祖的写法与

---

① 余嘉锡的考证见《余嘉锡论学杂著》（北京：中华书局，2007），下册，第 676 页；钱锺书的考论见《管锥编》，第 4 册，第 1454—1455 页。
② 罗国威校注《刘孝标集校注》（北京：中华书局，2021），第 105 页。
③ 刘知几撰，浦起龙通释，王煦华整理《史通通释》（上海：上海古籍出版社，1978），第 256 页。
④ 譬如藤野岩友就认为《离骚》开篇与《尚书·金縢》篇所记周公旦向祖先祈祷武王病愈的祝辞相似，因此《离骚》的这种写法，源于古代祝辞，介乎咒术与文学之间。参见其《巫系文学论》（韩基国编译，重庆：重庆出版社，2005），第 62 页。川合康三在《中国的自传文学》（蔡毅译，北京：中央编译出版社，1999）一书中也持类似意见，认为《离骚》式的叙述者自报家门，并没有为后来的自传文学所继承（第 11 页）。

司马相如自述立身行事的写法后来为司马迁综合继承。司马迁在《太史公自序》中开篇先追溯远祖，表彰其父学术，又述己之立身与际遇，表达了自己发愤著书的志向，最后再偏重说明《史记》全书的篇目及著述体例，书序兼及自传，开创了一种自序写法。

史书传记采用传主个人所写之自传，这一体例亦源于司马迁。自司马迁酌采司马相如《自叙》入《司马相如列传》始，其后班固《汉书》采《太史公自序》入《司马迁传》，采扬雄晚年所作《自序》为《扬雄传》，王充《论衡·自纪》亦被范晔多处采入《后汉书·王充传》。鉴于这种先例，余嘉锡认为"《梁书》本传实即采其自序文，特不能如《汉书》司马迁、扬雄传之例，叙明为峻之自序云尔，而但录其一节，标为自序，遂使人忽焉不察。"①然而比对李善注引刘峻《自序》文字与《梁书》、《南史》列传中文字，并无雷同，且《自序》文字尤为凝练概括。即使史书采用了传主的个人传记，钱锺书的推测也许更接近事实："至若峻《自序》载事述遇处，当已酌采入本传中而不一一标识来历矣。"②

汉魏以来是"自序（叙）"文创作的一个高峰时期，司马迁开创的这种书序兼自传体"自序"是其中重要的一类，此类文章正如余嘉锡所谓"汉、魏、六朝人所作书叙，多叙其人平生之事迹及其学问得力之所在"③，实兼具"书序"与"列传"的双重特性。翻检郭登峰所编《历代自叙传文钞》（商务印书馆，1937年），可以看到此际"单篇独立的自序"有五篇，分别是：曹髦《自叙》、江淹《自序传》、刘峻《自序》、萧纲《幽絷题壁自序》、江总《自叙》。这类"自序"的共通点是偏重述己之志或生平，感慨个人命运，除江淹在文末提及"惟集十卷"外，其余与个人著述并无关系。这五篇中曹髦、萧纲两篇，作者的身份、处境皆相类。曹髦《自叙》作于曹魏政权实已旁落司马氏之际，故其文中说自己"支胤末流"，又有"临深履冰，涕泗忧惧"之语。萧纲之文作于侯景之乱被囚之时，自题于壁，称己为"梁正

---

① 余嘉锡《余嘉锡论学杂著》，下册，第677页。
② 钱锺书《管锥编》，第4册，第1455页。
③ 余嘉锡《目录学发微》，《目录学发微　古书通例》（北京：中华书局，2007），第44页。

士兰陵萧世缵",以五十字精简道尽自己一生立身操守,虽终归咎于命运,却自有一种坦然慷慨之风骨。江淹、刘峻、江总三篇亦较接近,三人皆为文士,身份相类。江淹《自序传》叙述了自己升降沉浮的仕宦过程,在任建平王幕僚时因讽谏而遭贬黜,后追随齐高帝而得到重用,官运亨通,遂有"幽居筑宇"的归隐之思,发"适性为乐"之叹。江总号称"后主狎客",《南史》认为他对陈代亡国负有不可推卸的责任,但他在《自序传》中却将自己塑造成"志明淡泊,义契苦空","俨然物外高人,富贵逼身,不得已为朝里热官,粪土一切职守世事而勿屑萦怀挂齿;所荧荧在疚者,惟未能披缁断肉而已"①的为官形象,为后世读者所讥议。在后世引起最大反响的却是刘峻《自序》。余、钱二位先生皆认为刘文与当时"自序"文的格制不类,以此作为推断刘文为节略的原因之一。确实,与江淹《自序》相较,刘文过于简略,首段简明自叙生平之后,随即便转与冯衍作较。然而大部分读者面对刘峻《自序》的现存文本时,并未意识到它的不完整。陈启佑通过对刘峻《自序》一文深入的结构分析,甚至认为张溥《汉魏六朝百三名家集》所录文本,即上所抄录之①③④段文字大致是"自序"原来面貌②。这个推定也许并非事实,但我们可大致认定:刘知几的时代所能读到的刘峻《自序》仍是"烦碎"的文本,而在《刘孝标集》亡佚以后,读者所能阅读到的刘峻《自序》多为史传中所节录的文字,即上所抄录之③④段。自张溥将李善注中所辑出部分作为《自序》的首段后,读者应多数形成了这是一篇完整文本的印象。另外值得注意的是,这五篇"自序(叙)"中,除曹髦一篇因其身份的特殊,以第一人称"予"行文,江淹通篇自称"淹",袭用列传体式,萧纲亦自称名讳,用第三人称,江总一篇是较为工整的骈文,文中省去自称,惟刘峻此篇首段用列传第三人称体式,主体部分却采用了第一人称"余"来自称。川合康三在《中国的自传文学》一书中研究发现:"曹丕《自叙》引人注目的地方,是用第一人物'余'自

---

① 钱锺书《管锥编》,第4册,第1545—1546页。
② 陈启佑《刘峻"自序"的结构分析》,《分析文学》(台北:东大图书公司,1980),第148—162页。

述。这在中国古代自叙里是很罕见的。"①因此,余嘉锡所说"未尝有此体"虽然是作为对现存文本的否认,但从"自序"文体发展的角度,我们却不妨将"未尝有此体"视为一种"自序"文体的开拓和创新。我们以下的分析即围绕①③④段这个文本。

二、双重主角:冯衍与刘峻

刘峻《自序》并没有罗列一系列古人,而只着重抓住了一个冯衍,所以,有必要先来看冯衍的特点,因为刘峻对自己书写的每个侧面都与冯衍休戚相关,他将自我的形象叠加在了冯衍身上。

据《后汉书·冯衍列传》:"冯衍字敬通,京兆杜陵人也。祖野王,元帝时为大鸿胪。衍幼有奇才,年九岁,能诵《诗》,至二十而博通群书。王莽时,诸公多荐举之者,衍辞不肯仕。"②曾入更始将军廉丹幕,劝谏其弃新即汉,廉丹未听其劝说,后与赤眉军战死。西汉末大乱,从更始帝刘玄起兵,为更始官员鲍永手下的立汉将军,在确信更始帝刘玄殁后,方才投降业已登基的光武帝刘秀,尝为曲阳令,"诛斩剧贼郭胜等,降五千余人,论功当封,以谗毁,故赏不行"。③后刘秀惩治西京外戚宾客,冯衍因与阴兴、阴就等外戚过从甚密,免官归家。建武末年上书自陈,仍不被起用。汉明帝(显宗)即位后,"又多短衍以文过其实,遂废于家"。④

由此看来,冯衍一生真如张溥所说"显宗欲用其身,而毁者日至,肃宗重其文,而其人已死"⑤,确有"命与仇谋"之感。和众多不遇之士一样,冯衍也用作品表达自己的抑郁牢愁。据范晔记载,冯衍著述颇丰,有赋、诔、铭、说、策等五十篇,值得注意的是其中还包含称为"自序"的作

---

① 川合康三《中国的自传文学》,第33页。
② 范晔《后汉书》(北京:中华书局,1996)卷二十八上,第962页。
③ 范晔《后汉书》卷二十八上,第977页。
④ 范晔《后汉书》卷二十八下,第1002页。
⑤ 张溥著,殷孟伦注《汉魏六朝百三家集题辞注》(北京:人民文学出版社,1963),第29—30页。

品。此"自序"或即《显志赋》前"自论"。刘勰在《文心雕龙·才略》称:"敬通雅好辞说,而坎壈盛世,显志自序,亦蚌病成珠矣。"《显志赋》带有自传性色彩,于光武中兴之世却主唱家族衰替之哀,确实独标一格。冯衍所处的时代是两汉交替之际,政治社会的格局也尤其复杂。表面看来,冯衍不受重用的原因似乎是他的延迟投靠光武,但他自己在《显志赋》中则更多地归结为时命不济与小人进谗等偶然因素。余英时曾指出"光武不甚重视单身的士人"①,所以也许冯衍日渐陵夷的家族势力才是他"不遇"的真正原因。

"不遇"历来是古代文人创作的一大主题,并随之形成一系列典故。无论是楚臣去境、汉妾辞宫,还是贾生流泪、王粲登楼,皆能引起文士们的极大共鸣。冯衍的"蚌病成珠"也使他加入了这一系列文人笔下失意穷愁的形象,从南朝直至明清,文人多伤悼其不遇。其抑扬顿挫的《显志》长赋,陆机从中读出"怨"②,江淹从中读出"恨"③,在江淹笔下冯衍的遭遇已化成千古恨事之一种,几乎定型。然而与江淹同时而稍后的刘峻,却在这篇《自序》中做出了一些新的尝试。

首先,与刘峻时代较近的一些作品中提到冯衍常与他人并举,如陆机《遂志赋序》即并举崔篆、冯衍、班固、张衡、蔡邕等,江淹《恨赋》也抒写了帝王、诸侯、名将、美人、高士、才子、孤臣等各种身份之人悲剧含恨的人生,冯衍仅是众多素材中一例。而刘峻通篇只重点选择了冯衍来自况,忽略了历史上其他的怀才不遇之士,使读者仅聚焦于冯衍一人,也更容易关注到二者的共通性。刘峻与冯衍确实有一些显而易见的共同之处:譬如刘峻历宋、齐、梁,冯衍由西汉入东汉,这些政局的复杂情形是之前如贾谊、董仲舒、司马迁等所不曾体验的。再如,二人在史传中皆被称

---

① 余英时《士与中国文化》(上海:上海人民出版社,2003),第231页。
② 陆机《遂志赋序》:"衍抑扬顿挫,怨之徒也。"《全晋文》(北京:商务印书馆,1999)卷九十六,第1019页。
③ 江淹《恨赋》:"至乃敬通见抵,罢归田里,闭关却扫,塞门不仕,左对孺人,顾弄稚子,脱略公卿,跌宕文史,赍志没地,长怀无已。"《全梁文》(北京:商务印书馆,1999)卷三十三,第356页。

为"博极群书",刘峻号为"书淫",不仅撰有《类苑》,还作有《汉书注》、《世说新语注》。其中《世说新语注》流传至今,是最重要的《世说新语》注本,征引繁博,考订精审。《南史·刘峻传》载有一事:"武帝每集文士策经史事,时范云、沈约之徒,皆引短推长,帝乃悦,加其赏赉。会策锦被事,咸言已罄。帝试呼问峻,峻时贫悴冗散,忽请纸笔,疏十余事。坐客皆惊,帝不觉失色,自是恶之,不复引见。"①由此可见在炫耀富博的梁朝宫廷中刘峻对于事典的熟悉与丰富程度要远高出众人,而刘峻不懂"引短推长"的直言率性直接招致了梁武帝的嫌恶,这样屡不见容、久不待诏的经历正是冯、刘二人所共通的,最后两人也都选择了退隐。面对"高才而无贵仕"②的际遇,冯衍以《显志赋》抒其愤,刘峻以《辩命论》寄其怀,皆文藻秀出。在《显志赋》的结尾,冯衍在"陂山谷而闲处兮,守寂寞而存神"③中获得自我的慰藉,而现实中刘峻亦于知命之年便告退归隐东阳金华山。借着当时读者对冯衍生平的熟悉,刘峻可以轻松地借比照来完成表达和呈现自己的任务。且南朝人对冯衍大都抱有同情,范晔在《冯衍传》中的论赞应是那个时代人的共识:"冯衍之引挑妻之譬,得矣。夫纳妻皆知取嫠己者,而取士则不能。何也?岂非反妒情易,而恕义情难。光武虽得之于鲍永,犹失之于冯衍。夫然,义直所以见屈于既往,守节故亦弥阻于来情。"④即婉转批评了光武未行恕道,而失去冯衍这样一位人才,以此表达了对冯衍"体兼上才,荣微下秩"的愤愤不平。刘峻同样所怀有的不平与委屈及对统治者难以明言的不满,便借由时人对冯衍故事的熟悉而轻松传达给了读者。

其次是我们在上文提到过的,即刘峻自述生平采用的是列传式第三人称,而与冯衍作比时却改用第一人称"余",将第三人称与第一人称结合在一篇文章之中的写法在"自序"类文章中是非常特殊的。将刘峻《自序》首段生平与《梁书》、《南史》中的《刘峻传》相较,我们会发现前者是高

---

① 李延寿《南史》(北京:中华书局,1975)卷四十九,第1219—1220页。
② 刘峻《辩命论》,《全梁文》卷五十七,第621页。
③ 《冯衍列传》,范晔《后汉书》卷二十八下,第1001页。
④ 《冯衍列传》,范晔《后汉书》卷二十八下,第1005页。

度凝练概括的,相较于史传中丰富的叙事,刘峻的《自序》似乎更加冷静客观而不夹带个人情感,用寥寥数语,勾勒出自己的身世轮廓。譬如在《梁书》中详细叙述了刘峻生期月而父卒,母许氏携峻及其兄还乡里,在《自序》中仅用"生于秣陵县,期月归故乡"两句来概述。又如史传中皆详细叙述了刘峻八岁时身陷北魏为奴,为生活所迫,与母并出家为尼僧,生活偃蹇,寄人篱下却仍"自课读书,常燎麻炬,从夕达旦,时或昏睡,爇其须发,及觉复读",这些动人的细节在《自序》中也一并略去,仅淡淡着一句"八岁遇桑梓颠覆,身充仆圉"。对入梁以后与统治者的种种龃龉,《自序》中皆隐而未发,仅诉诸"以病乞骸骨,隐东阳金华山"这样看不出情绪的平实文字。而从转换成第一人称开始,刘峻的行文风格依然凝练,私人情绪却开始有所宣泄。"三同四异"的布局,实牵涉到七个层次的比较,而得以将情绪层层推进。现略为分述之。第一层是才性操守方面,二人皆有雄才大略,"节亮慷慨",此层看似自傲,却仍是悲,因空有美好秉性却无所用之。第二层为命运多蹇,际遇相类,一"终不试用",一"摈斥当年"。且竟同有家室之患,一有忌妻,一有悍室,外无立命之处,内乏安身之所。比至此,已令读者生出"难兄难弟"之感。冯衍之忌妻,史载为北地任氏女,"悍忌,不得畜媵妾,儿女常自操井臼,老竟逐之"①。刘峻之悍室,史无明文,唯此《自序》中自曝。然而同中有异,借着由"同"向"异"的转换,叙述的重心更向刘峻靠拢。第四层为在世官职的比较:冯衍曾在更始时为立汉将军,毕竟显赫一时,而己则"自少迄长,戚戚无欢"。第五层是在子嗣方面:史载冯衍有子名豹,有孝名,官至尚书,而己则如晋朝邓攸,膝下无子。第六层是在身体状态方面:冯衍有军旅生涯,"膂力刚强,老而益壮",而己则体弱多病。第七层是在声名方面:冯衍之"风流郁烈芬芳,久而弥盛",而己则"声尘寂寞,世不吾知,魂魄一去,将同秋草"。写至此,借着七层推进,刘峻本人的抑郁失志、老病孤苦、声名寂寞等悲愤牢愁、自卑自怜的情绪在笔端喷薄而出。我们可以看到明显的两种叙事风格——冷静克制而客观与热烈浓郁而私人——竟然完整

---

① 《冯衍列传》,范晔《后汉书》卷二十八下,第1002页。

而完美地融合在一个文本之中，且毫无违和之感。刘峻《自序》虽已残篇，却仍然具有这样一种张力，构成了它的独特魅力。

在刘峻以前，将"自比古人"的心声直接表述出来的不多，更多的则是含蓄类比，诸如贾谊之吊屈原，又如司马迁在排比了文王拘而演《易》，孔子厄而作《春秋》，屈原放逐著《离骚》，左丘失明有《国语》，孙子膑脚论《兵法》等圣贤发愤著书事例后，隐而不发却又让每个读者都心照不宣的就是他自己实际也加入了这个队列。刘峻《自序》却直截了当地昭告天下他与某位古人的异同，看上去是一种肤浅的写法，不符合古典传统的含蓄之美，不料却意外引起后人的广泛共鸣。刘峻的文章在梁代秀出绝伦，除《自序》一篇外，他在《广绝交论》中提出有"五交三衅"，在《与宋玉山元思书》中提炼出"进有三难，退有三乐"，在《辩命论》中他力论"非命"之"六蔽"。结合《自序》中的"三同四异"，我们发现刘峻喜欢并擅长归纳，而尤以"三同四异"的布局写法为后人竞相效仿，历久不衰，甚至成为一种自序文的典范。

三、文章史上的回响

唐代的史学家刘知几最早对刘峻《自序》的③④段进行仿写。在《史通·自叙》一文中，他述说了自己治史过程、志趣所在及《史通》的撰述动机与意图。在结尾部分，他借鉴了刘孝标的写法与布局，将自己与扬雄作比，认为自己"迹类先贤"：第一是在志向上皆"期以述者自命"，而不满足于仅以文士得名；第二是皆投入长时间精力到自己的著作中去；第三是他们的著作在当时为人所讥议；第四是二人皆曾以文名获誉当时，中年以后转向著述却不被友人所认可。在比较了相似之处以后，刘知几写道："抑犹有遗恨，惧不似扬雄者有一焉。"注意这里他的用词是"惧不似"，即仍然希冀自己全与扬雄相类，而不是真正的不同。刘知几所"惧不似"者和刘峻所说的"第四异"一样，皆是关于自己身后的"声名"，声名传之后世即是不朽，也是有志于用世之士人的普遍追求，刘峻与刘知几都认为与前贤相比，自己身后将不名一文。所不同的是，刘峻在一步步通过比较发出"世不吾知"的悲鸣后,笔下顿敛,而仅以"所以力自为序,遗之好事云"作结,似是竭力克制,读来却又有无尽悲哀之意。而刘知几感慨扬雄之书惟赖桓谭、张衡、陆绩先后宣扬,他自视《史通》与《太玄》诸书为一类,"倘使平子(张衡)不出,公纪(陆绩)不生,将恐此书与粪土同捐,烟烬俱灭"①,同样发出了忧惧"声尘寂寞"的心声,却仍意犹未尽,以"此予所以抚卷涟洏,泪尽而继之以血也"②作结,将这种悲怆的情绪发泄到底。

刘知几在《核才》篇曾经提过刘峻《自序》"过为烦碎",既以其为"烦碎",可知模仿的不是全文,而是仅此"三同四异"部分,大约亦是刘峻《自序》全文的末节来作为《史通·自叙》一文的结束。

清代著名的学者及骈文家汪中同样舍弃了刘峻《自序》的首段,而仅对③④段进行摹写,将自己与刘峻作比有"四同五异",并使此文成为一个首尾具完的整体,且因汪中的文名而使得这一拟作盛况得以延续至民国,构成文章史上的一处胜景。

汪中《自序》③作于乾隆五十一年(1786),时汪中四十三岁,汪中是五十岁去世的,也就是说在汪中写《自序》概括平生的时候,确实已经步入了他生命的最后一个阶段。《自序》开头简明扼要表明,自己之所以写作此文,确实受到刘孝标"三同四异"所触发。在正式将自己与刘峻比较之前,汪中先安排了一些疏淡的笔墨简单交待了毋须多述的四个方面:一、"节亮慷慨,率性而行";二、"博极群书,文藻秀出";三、"野性难驯","不嫌摈斥";四、"商瞿生子,一经可遗"。其中一、二点他认为自己与刘峻相比"情符曩哲",但这是天生所致,非由人力,故"未足多矜"。刘峻《自序》曾说"余逢命世英主,亦摈斥当年",而汪中却说不以"摈斥"为嫌,实自视孤高,却又语意婉转。与刘峻没有子嗣相比,汪中中年以后得有一子喜孙,所以汪中的境遇在有些方面并不比刘孝标惨,然而文章的

---

① 刘知几撰,浦起龙通释,王煦华整理《史通通释》,第272页。
② 刘知几撰,浦起龙通释《史通通释》,第272页。
③ 田汉云点校《新编汪中集》(扬州:广陵书社,2005),第446、447页。

主旨是要与孝标比"酷",这些地方不写又不符合事实,只好以疏淡之笔简单带过,"无劳举例",再转入正题。

此处是用浓墨,四同五异,实是通过九个层面的比较来渲染自己人生各方面的不如意。先看四同。一、在幼年经历上,汪中亦少年失怙,"幼罹穷罚,多能鄙事。赁舂牧豕,一饱无时",这里用了东汉梁鸿为人舂米,西汉公孙弘海上放猪的典故来形容自己的家贫。二、在家庭婚姻上,汪中与刘峻一样经历了离异,在这里汪中用"勃谿、乞火、蒸梨"等典故隐讳地表明他们夫妻不和的主要原因在于妇姑失和。三、在人生态度上皆是戚戚无欢,生人道尽,不具有乐观的情绪。四、在身体健康方面,汪中病患更重,身患怔忡之疾,常年不能离药,他形容自己发病时的痛苦:"鳏鱼嗟其不瞑,桐枝惟余半生。鬼伯在门,四序非我。"如鱼张目,痛苦难眠,又似桐枝半死半生,随时可能死去,故其子汪喜孙说汪中"四十以后,百疾交攻,几无生人之乐",①此处绝非文学上的虚构夸张,完全是实况描述。

再看五异。一是在家族方面:刘孝标家族荣耀远胜自己,有兄弟可以沾光,而自己则"衰宗零替,顾景无俦"。二是在仕途际遇方面:刘孝标还是有过一些得意之时,有过暂时优裕的幕僚生活,而自己则始终地位卑贱,"簪笔佣书,倡优同畜"。汪中在他的另一篇写于此前三年的文章《经旧苑吊马守贞文》中也借凭吊妓女马湘兰来表达自己同样处在"俯仰异趣,哀乐由人"的处境。三是在生活处境方面:刘峻最终隐居金华山,还能以高士自居,尚有一定的隐居之乐,而自己则"卑栖尘俗,降志辱身",自悲苟活于险地,名实皆陨。四是在著作方面:刘峻尚"身沦道显",而自己虽"著书五车",不过如刘歆说扬雄所著《太玄》是为后人"覆酱瓿"而已。在这一点上,汪中有著书五车的学术自信,但对自己的学术是否能有知音看重,传于身后,却是不抱希望。五是在当世的名声方面:刘峻"不干世议",自己却"天逸司命,赤口烧城;笑齿啼颜,尽成罪状"。汪中

---

① 汪喜孙《先君学行记》,《孤儿编》(上海:中国书店,1925)卷二,第 9 页 a。

"性情伉直","不喜宋儒性命之学,朱子之外,有举其名者,必痛诋之"①,不恕古人,亦不恕今人,谢墉晚年曾赠诗有"人皆欲杀因文字"之句②,他自己也道:"一世皆欲杀中,倘笔墨更不谨,则堕诸人术内矣。"③故"人多忌而恶之",去世后"吊之者仅三人"④。经过"四同五异"的比对之后,汪中做出总结,认为从冯衍至刘峻再到自己,是"九渊之下,尚有天衢;秋荼之甘,或云如荠",命运的酷烈程度是层层递进,"我辰安在?"汪中无法回答,只能委之于命。

汪中的骈文在乾嘉时非常出名,其《哀盐船文》、《汉上琴台之铭》等都是当时传诵一时的名篇,好友王念孙称其"合汉魏晋宋作者而铸就一家之言,渊雅醇茂,无意摩放而神与之合,盖宋以后无此作手矣"⑤。清代被称为骈文复兴期,一时之间名家辈出,然即便如此,汪中仍是个中翘楚,在名家林立的清代文坛上令人过目不忘,非常具有个人特色。胡云翼称:"汪氏天才卓越,所为文多情感肆溢,文思清丽,实为清代骈文之冠冕。"⑥就《自序》一篇来说,有人非常喜欢,亦有人认为情感过于肆溢,不够成熟,然而这正是汪中骈文的特色所在。以《自序》一文为例,可以看出汪中在骈文写作上的一些特点。

首先,汪中非常重视文章结构的完美。章太炎《菿汉微言》云:"今人为俪语者,以汪容甫为善。彼其……起止自在,无首尾呼应之式,则异于宋以后制科策论。"⑦他舍弃了刘峻《自序》现有文本的首段,而直接从"余尝自比冯敬通"往后开始模拟,并使其成为一个首尾结构完整的文章,章太炎所评"起止自在"的特点在《自序》一文中非常适用。

其次,骈文是滋生、练习运用典故的一种重要文体,通体以对偶、骈

---

① 江藩《汉学师承记》(北京:中华书局,1998)卷七"汪中",第113页。
② 汪喜孙《容甫先生年谱》,田汉云点校《新编汪中集》,附录第19页。
③ 许承尧《洪稚存记汪容甫遗事》,田汉云点校《新编汪中集》,附录第56页。
④ 凌廷堪《汪容甫墓志铭》,田汉云点校《新编汪中集》,附录第52页。
⑤ 王念孙《汪容甫述学叙》,田汉云点校《新编汪中集》,附录第61页。
⑥ 胡云翼《新著中国文学史》(北京:北新书局,1932),第259页。
⑦ 章太炎《菿汉微言》,《菿汉三言》(沈阳:辽宁教育出版社,2000),第56页。

俪为主要特征,容易造成呆板、缺乏生气、千人一面之印象,也容易在使用典故的时候有夸张、失实、不恰当的弊病。汪中《自序》一文自抒胸臆,在情绪上虽有时激越,意难平,但对自己的生平行事的叙述与关于汪中的史料是基本符合的,并无失实夸张之处。陈平原先生认为《自序》一文典雅有余而生动活泼明显不足,过多的用典也使得这篇名文叙事没有时间,性情没有变化,多为人生感慨,很难作为"信史"来阅读,觉得其中有"游戏文章"的意味。① 然游任达在其《汪中〈自序〉复议》一文中曾从十九家关于汪中生平的史料中去其重复,归括出十一要点,除"奉母甚孝"这点,他在《自序》中未曾言及,其余十点都有涉及。② 如论到自己的"幼罹穷罚"及怔忡之病发作时的痛苦,这些沉痛之辞绝非仅为中国文人所擅长的"悲苦之音"而已,而是真正的切肤之痛。故而从这个角度来看,此文即使难作"信史",却胜在情真。

再次,《自序》一文"不专一体"③,骈散结合。汪中虽无专门论述骈文理论的文字,但从他的骈文创作中所体现出来的骈文观是"骈散合一"的。以《自序》为例,散句在全文中即起到了调节文气的作用,使行文气韵流动自然,一气呵成,亦使叙事变得清晰、条理,正如孙德谦所指出的:"骈体之中,使无散行,则其气不能疏逸,而叙述亦不清晰。"④瞿兑之亦评价汪中的骈文"骈散兼行,萧疏雅淡"⑤。李详对汪中之文服膺至极,他认为汪中之文之所以冠绝一时,实因其"窥得此秘,节宜于单复奇偶间,音节遒亮,意味深长"⑥。

汪中《自序》被曾燠选入《国朝骈体正宗》,张寿荣眉评:"两两比较,

---

① 陈平原《从文人之文到学者之文》(北京:生活·读书·新知三联书店,2004),第253页。
② 游任达《汪中〈自序〉复议》,《温州师专学报》1981年第1期,第60—61页。
③ 汪中《与巡抚毕侍郎书》,田汉云点校《新编汪中集》,第428页。
④ 孙德谦《六朝丽指》,王水照编《历代文话》(上海:复旦大学出版社,2007),第9册,第8443页。
⑤ 瞿兑之《骈文概论》(海口:海南出版社,1994),第123页。
⑥ 见钱基博《现代中国文学史》(长春:吉林人民出版社,2013),第133—134页。

四同五异,激昂悲愤,慨当以慷,有志感丝篁,气变金石之概。"①王先谦《骈文类纂》亦选录此篇,晚清学者刘咸炘自作的骈文选本《骈文省钞》亦选入汪中的《自序》和《汉上琴台之铭》两篇。汪中友人江藩作《汉学师承记》在卷七"汪中"条目之下,录《自序》全文,并附加了这样一段:"藩自遭家难后,十口之家无一金之产,迹类浮屠,钵盂求食,睥睨纨袴,儒冠误身,门衰祚薄,养侄为儿,耳热酒酣,长歌当哭。嗟乎!刘子之遇酷于敬通,容甫之厄甚于孝标,以藩较之,岂知九渊之下尚有重泉,食荼之甘胜于尝胆者哉!"②自觉在这条冯衍—刘峻—汪中的"自序"谱系上加上了自己的名字,这当然不是出于游戏的况味,而是确有感触,方才在别人的传记中抒发己之感慨。张仁青在其《骈文学》中亦指出:"容甫才性卓异,博通经史,有志用世,于国计民生,古今沿革之事,罔不潜心探研。惟因性情偏宕,言词过激,以至赤舌烧城,横逆麇至。益以弱年孤苦,贫不聊生,愤世嫉俗,由之而起,发为文章,遂多悲号激楚之音。"③

对刘峻《自序》的仿作固然不止于此。唐以后《刘孝标集》散佚,明人有辑本。较为著名的版本有两种,一种是阮元声辑《合刻刘孝标沈休文集》本,一种是张溥《汉魏六朝百三名家集》中的《刘户曹集》。在合刻本前有韩敬序,将刘峻与沈约二人作比,得出三异七同,用刘峻开创的写法为他的文集作序亦不失为一种致意。清代乾嘉时期还有杨芳灿《自序》自比李商隐有"四同三异"。韩敬序只是摹写了"几同几异"这样的一种格局,并非"自序"类文章,杨芳灿《自序》和刘知几《史通·自叙》一样仅模拟其写法,但已置换了比较的对象,且亦无甚反响。而汪中《自序》一出,则使得刘峻《自序》所开创的这一写法产生了更多荡漾的余波。

晚清学者李慈铭(1830—1894)曾道:"予于近人最喜北江、汪容甫两家文字,不特考据精博,又善言情变,其处境亦多与予同也。"④有《越缦

---

① 转引自张仁青《骈文学》(台北:文史哲出版社,1984),下册,第535页。
② 江藩《汉学师承记》(北京:中华书局,1983),第115页。
③ 张仁青《骈文学》,下册,第534—535页。
④ 李慈铭《越缦堂读书记》(上海:上海书店出版社,2000),第1180页。

堂骈体文》四卷,其中卷三有《四十自序》一篇,自谓:"远览梁代刘子自序之作,近感江都汪生继述之文,爰综我生,踵陈其略。"①李慈铭的骈文观点是主张严骈散之别的,且强调征实重典。因此《四十自序》是一篇非常工整的骈体文,排比征引,用典繁复,在具体写法上与刘峻、汪中已有改变,文中并未将自己与固定的某位先贤作比,而是泛泛总结出自己的人生有"五悲五穷"。

晚清骈文作家朱铭盘(1852—1893)亦有《柳西堂记》一文,虽未以"自序"名篇,实借写张謇之柳西堂来写己之人生。张舜徽先生谓:"其文模拟汪中之《自叙》,谓自方于季子,亦有四同三异。而遣词宅句,固远不及汪氏。信乎文章之事,非可貌袭。"②然朱氏文中明言"至如孝标自拟敬通,谓有三同四异,以余方于季子,盖亦同异皦然。粗举大纲,以当谈笑。"③可见其主要模拟的仍是刘峻《自序》,且有游戏之意。

民国初又有学者李详(1858—1931),被称为骈文殿军。"极称汪中《述学》,服膺拳拳,每效其体"④,"尝为其文笺注,语必溯源"⑤,自谓"惟我能寻得容甫所出之途而改辙辟之"⑥。尝为友人顾石孙作四十生日寿序,将自己与友人作比,总结出"五惭"以寄慨,此种"不如君一也"的写法也正是学自刘峻与汪中。另外,他也模拟继作了一篇《自序》⑦,布局写法一同汪中。首段仍是叙述这一文体的渊源所自,自述写作因缘乃是由于"钻仰先达,复有继作"。中间部分与汪中作比,得出"三同四异",在弱年失怙、家族凌夷、负疴染疾这三方面相同,而自谓在文采、交游、学术、治生这四个方面皆不及汪中,最后以嗟叹作结,继续延续这一"每况愈

---

① 李慈铭著,刘再华校点《越缦堂诗文集》(上海:上海古籍出版社,2012),第1155页。
② 张舜徽《清人文集别录》(北京:中华书局,1963),第638页。
③ 朱铭盘《桂之华轩文集》卷六,《桂之华轩遗集》,《近代中国史料丛刊》第一辑(台北:文海出版社,1973),第305页。
④ 钱基博《现代中国文学史》,第131页。
⑤ 钱基博《现代中国文学史》,第133页。
⑥ 钱基博《现代中国文学史》,第134页。
⑦ 李详《学制斋骈文》卷一,《李审言文集》(南京:江苏古籍出版社,1989),下册,第815页。

下"的"九渊"之叹。

由刘峻《自序》所引发的这一波继作热潮要到黄侃(1886—1935)才算正式画上句号。黄侃与汪中确实较多相似之处,两人都推崇汉魏之文,兼擅学术与文章,且都只活到知天命之年,脾气、身体状况及爱骂人的嗜好兼相类。黄侃曾写过一篇《吊汪容甫文》咏叹汪中的"奇才博学""罕见其俦"。又于抗战时期,约在三十岁时作《自序》①,开篇称:"暇日翻寻旧史,重省汪文,窃慕三君,略陈同异。"在前面的一些继作中,我们看到多数写法是一个个比过去,刘峻与冯衍相比,汪中与刘峻相比,但在黄侃这里,已将他们三者汇合叠加在一起,是与三君的共同形象作比,且略于同详于异。与汪中一样,他也先将不欲多比之事简要带过,如与"三君"同者,惟"慷慨之节,金石齐刚",黄侃自谓也当仁不让。又以"少好玄理,粗识菀枯"之道,便不欲干进,如此即无所谓遭遇"摈斥",这与刘峻感慨"摈斥当年",汪中自标"不嫌摈斥",似又更上一层境界,实则因黄侃所处的时代已与古代士人不类,又说"三君皆遇悍妻",而他是"中年鳏处,罔罔无聊",与三君相比,他无用世之志,亦无子嗣之忧。而值得诉说者有"三不类":其一为冯衍老当益壮,刘、汪虽多病,但一个活过六十岁,一个活过五十岁,和冯衍相比,不是相差太远,但反观自己方才三十,羸病已成,和三君难以相提并论;其二为三君文学虽有等差,而"郁烈芬芳,同为后来所慕",但自己"著书不行,解人难索",恐一旦离世,声名不存;其三为三君虽遭遇坎坷,但至少皆逢盛世,而自己遭遇的是中国历史上少有的动荡变革的时代,只能狼狈迁流,"乐生之心,凄然已尽!"最后总结写此《自序》的原因,"非必遗之好事",而仅"聊欲瞻望古人"。黄侃此文从"文辞之工"之角度切入,最后以"瞻望古人"作结,句法工整圆熟,正如武西山所评论的:"这篇《自序》,句法真简古澹雅极了,令人读时,如嚼哀梨一般的爽口;思力直追六朝小品,意境凄惋,仿佛周宏让《复王少保书》,及王褒复书,亦欢娱之辞难工,穷苦之言易好也。"②可惜的是,黄侃

---

① 黄侃《黄季刚诗文钞》(武汉:湖北人民出版社,1985),第47页。
② 张晖编《量守庐学记续编》(北京:生活·读书·新知三联书店,2006),第52页。

之时，骈文的受众已是极小的群体，因此再难产生较大的影响。至此，刘峻《自序》所引发的余音，绕梁多时，终成绝响。

四、典范的形成及流传

以上我们梳理了刘峻《自序》之后出现的种种继作仿作，这在文学史上是常见的创作现象。譬如在陶渊明《五柳先生传》之后，就先后有袁粲《妙德先生传》、王绩《五斗先生传》、白居易《醉吟先生传》等明显出于同一谱系的作品①。最初出现的作品慢慢成为典范之作，在艺林成为故实，广泛流传。正因为在这一类型"自序"文中，有着文人学士所共同理解并认同的一种自我形象，且这一形象被接受下来并不断丰富。正如川合康三所指出的："所谓自传，其出发点本来应该是觉察到自己与别人的不同，从而确定自己的存在，但在酷爱典型的中国，类型化往往压倒了差异性，即便是自己的面孔，不放到类型当中去辨认，也会一团模糊。"②刘峻《自序》自出机杼的方面就是既将冯衍塑造成与他个人最接近的"不遇"类型，同时又尽力去寻找他与冯衍之间的差异。有意思的是，在文学的流传中，这样一种差异又慢慢积淀成一种类型，被固定下来。

刘峻《自序》的另一新意是一改以往"自序"文中罗列一大堆"不遇"之士的写法，而是专注于与一人比较，精打细算，效果突出。冯衍实际上成为这后面众多文章的起点形象，后面的一众自我形象，都从冯衍身上叠加起来。并且，从现有材料看，刘峻《自序》是从第三人称跨度到第一人称的最早的非君王身份作者所作的自传性文本。以第一人称写自传性文章，抒情性较强，改变了以第三人称叙述时的那种客观与克制的立场和情绪，所以情感上更为恣肆，更易引起读者共鸣。面对这样抒情性较浓的文本，读者容易产生代入感，更易走进作者所创造的文本和营造

---

① 可参考川合康三《中国的自传文学》第三章《希望那样的"我"——〈五柳先生传〉型自传》。
② 川合康三《中国的自传文学》，第207页。

的情绪中，与作者合二为一。读者理解了作者，同时也感觉到作者理解和接受了自己。这也正是这类型的文章竟然可以在近一千五百年间不断被阅读及效仿的原因。

再有，"三同四异"的初始布局使典范文本具有一种开放的姿态，似乎在邀请某一些读者继续来填充，而具有类似经验的读者就会不由自主被这样的空格所吸引，调动自身经验中的种种去填满，这时与其说是读者进行了再创作，还不如说是他们共同完成了一个作品。这也是这一系列文章看起来不断在重复，却仍然有新意的原因，因为并不是简单的模拟，而是在前人基础上的共同创作。因此，当我们阅读到题为"自序"的这一系列中的任何一篇时，其他篇章也会自然而然地被提及，它们已经构成文章史上的一个整体。

"深美闳约":张惠言的词学典范理论及意义

闵 丰

"深美闳约"是清代词学宗师张惠言在《词选序》中对温庭筠词的评语,对常州词派而言,这四个字可视为一种基于典范的审美理想,与浙西词派所主"清空醇雅"正成对映。浙派的宗旨,全面影响了前半部清代词学史,"深美闳约"之说则在后一百五十年间日益体现出其意义。考察二者来源,"清空醇雅"主要取自南宋张炎《词源》,而"深美闳约"乃张惠言根柢学术、化用创制,直到今天,它的内涵已逾出文学领域,仍然具有鲜活的生命力,原因也正与此相关。

常州派词学的经学背景世所共知,当代学界习惯于从思想性与艺术性两个角度区分论之,忽视了张惠言创建常州词派之初,在其刻意"误读"的行为之中,两者即已达成互为因果的高度统一。归根结底,这仍是对常州学术与文学的关系缺乏准确体认。《词选序》云:"温庭筠最高,其言深美闳约。"[①]所谓"深美闳约",初看似乎只是词风品鉴,实则张惠言以此来解说"最高",用心深远,它不止于美学批评,更是构成上述统一性的经典术语。虽然《词选》中有关具体作品主旨的分析被人一再抨击,常州词派传人也因此不断修正"寄托"这一概念,但常州词学之所以得以绵延光大,其根源恰在于张惠言"误读"表象背后的思维方式。当我们放宽

[①] 张惠言《词选序》,《词选》卷首,见《续修四库全书》(上海:上海古籍出版社,2002),第1732册,第536页。

目光进行观察，便会发现在词学走向现代的历史进程中，由张氏奠基的典范理论，实实在在发挥着潜在而巨大的功效，就此而言，重新检讨其学说尤为必要。

一、《词选序》的异文与统绪

作为常州词派的理论总纲，《词选序》历来备受重视，但此文存在不同版本，异文颇多，尚未为人留意。深入解读张惠言词论，首先需要钩稽异文、廓清成因，进而推求其理。《词选》成书于嘉庆二年（1797），编定后即付梓，目前初刻本是否存世不得而知，通行本是道光十年（1830）宛邻书屋重刻本。张序又见其文集《茗柯文二编》卷上，为嘉庆五年张惠言自行整理。以《茗柯文二编》本与重刻本《词选》相校，《词选序》异文共计18处，其中最为重要的是以下二则：

> 自唐之词人，李白为首。其后韦应物、王建、韩翃、白居易、刘禹锡、皇甫淞、司空图、韩偓，并有述造。而温庭筠最高，其言深美闳约。（《词选》）①
> 自唐之词人，李白为首。其后韦应物、王建、白居易、刘禹锡之徒，各有述造。而温庭筠最高，其言深丽闳美。（《茗柯文二编》）②

> 故自宋之亡而正声绝，元之末而规矩隳。以至于今，四百余年，作者十数。（《词选》）③
> 故自宋之亡而正声绝，元之末而规矩隳。五百年来，作者十数。（《茗柯文二编》）④

---

① 张惠言《词选序》，《词选》卷首，《续修四库全书》，第1732册，第536页。
② 张惠言《词选序》，《茗柯文二编》卷上，《续修四库全书》，第1488册，第523页。
③ 张惠言《词选序》，《词选》卷首，《续修四库全书》，第1732册，第536页。
④ 张惠言《词选序》，《茗柯文二编》卷上，《续修四库全书》，第1488册，第523页。

第一则异文涉及"深美闳约"之表述，第二则涉及词史图景之描述，均可发人深省，值得玩味①。第一则对唐词的叙述，张惠言删去了初稿所举韩翃等四人，尤为关键的是评温庭筠词，从"深美闳约"改为"深丽闳美"；第二则论词体崩坏，关乎其心目中词学统绪之认知。欲把握个中缘由，需置之于《词选序》整体结构内加以审视。张惠言结撰文章，善法前贤，像《七十家赋钞序》仿《庄子·天下》，此《词选序》本《汉书·艺文志·诗赋略序》(下文简称《汉志》)，后人已有定论②。《词选序》自开篇至"非苟为雕琢曼辞而已"为第一部分，论词体；"自唐之词人"至"迷不知门户也"为第二部分，论词史；最终以揭出自身目标作结，脉络甚明。第一部分"《传》曰"以下数句，与《汉志》文本相似度非常高，第二部分品骘唐、五代、两宋词人，也是《汉志》纵论先秦以来赋家的理路，所不同的是《汉志》的时代线索贯穿全文，而《词选序》将之压缩在文章后半部分。但是，这篇序文中同样有着《庄子·天下》的投影，此外还有对《史记》的学习，兹举数例为证：

> 其荡而不反，傲而不理，枝而不物，柳永、黄庭坚……(《词选序》)③
> 公而不当，易而无私……彭蒙、田骈、慎到……(《庄子·天下》)④

---

① 根据现有文献，两种版本中的异文皆出自张惠言本人，并非他人改动。《茗柯文二编》自嘉庆间初刻后，尚有道光四年、同治八年(1869)刊本，各本《词选序》文字全同。上海图书馆藏有楷书誊写《茗柯文二编》一部，较为特殊，其《词选序》文字面目，处于从《词选》本改定为《二编》本的过程之中，此本虽非张惠言手稿，但还是真实地保留了作者修改文章的珍贵痕迹，其《词选序》之温庭筠词评，已作"深丽闳美"。按嘉庆十七年周济编成《词辨》，所附词话有云："皋文曰：'飞卿之词深美闳约'，信然。"(周济《介存斋论词杂著》，《续修四库全书》，第1732册，第577页)其时重刻本《词选》未出，周氏所睹，必为嘉庆初刻本。以此旁证结合《茗柯文二编》版本，可知重刻本《词选》虽问世较晚，其序文却是张惠言初稿，《二编》本乃改定稿。
② 参见曹虹《阳湖文派研究》(北京：中华书局，1996)，第六章"文体不甚宗韩欧韩"第88—90页；第八章"渊雅"之文，恢闳之人"，第157页。张宏生《张惠言的赋学与词学》，见《清词探微》(上海：上海古籍出版社，2008)，第322—325页。
③ 张惠言《词选序》，《词选》卷首，《续修四库全书》。第1732册，第536页。
④ 郭庆藩撰，王孝鱼点校《庄子集释》(北京：中华书局，1961)，卷一〇，第1086页。

百家往而不反,必不合矣。(《庄子·天下》)①
驰荡而不得,逐万物而不反。(《庄子·天下》)②

亦各引一端以取重于当世。(《词选序》)③
天下多得一察焉以自好。(《庄子·天下》)④
天下之人各为其所欲焉以自为方。(《庄子·天下》)⑤

其文小,其声哀。(《词选序》)⑥
其文约,其辞微……其称文小而其指极大,举类迩而见义远。(《史记·屈原贾生列传》)⑦

由此再返观两则异文,"四百余年"与"五百年来"各自对应"元之末"与"宋之亡",看起来只是一个分界取舍,但"正声绝"与"规矩隳"的性质是不一样的。张惠言晚年手批张炎《山中白云词》,于陆文奎《题辞》眉批:"此真知词,真知玉田,故知宋元之间宗风未坠。"⑧即宋亡正声虽绝,犹有遗响,至元末则并"规矩"扫地荡然。"四百"改作"五百",意味着他心目中词统实随宋亡而断裂。孟子云"五百年必有王者兴"⑨,至司马迁,称周公后五百年有孔子,孔子至汉五百年,"有能绍明世,正《易传》,继

---

① 郭庆藩撰,王孝鱼点校《庄子集释》卷一〇,第1069页。
② 郭庆藩撰,王孝鱼点校《庄子集释》卷一〇,第1112页。
③ 张惠言《词选序》,《词选》卷首,《续修四库全书》,第1732册,第536页。
④ 郭庆藩撰,王孝鱼点校《庄子集释》卷一〇,第1069页。
⑤ 郭庆藩撰,王孝鱼点校《庄子集释》卷一〇,第1069页。
⑥ 张惠言《词选序》,《词选》卷首,《续修四库全书》,第1732册,第536页。
⑦ 司马迁《史记》(北京:中华书局,2014),第3010页。
⑧ 张惠言《皋文手批山中白云词》,葛渭君编校《词话丛编补编》(北京:中华书局,2013),第1031页。
⑨ 赵岐注,孙奭疏《孟子注疏·公孙丑章句下》,阮元校刻《十三经注疏》(北京:中华书局,1980),第2699页。

《春秋》,本《诗》、《书》、《礼》、《乐》之际?……小子何敢让焉"①,第一次将"五百年"这一时段与学术道统之传承联系起来,流露出强烈的自觉意识。在文学史上,陈子昂所谓"文章道弊,五百年矣"②也是此种意识的反映。《词选序》这一处改动,蕴含着张惠言的非凡自命,因此下文才会谈到编纂《词选》的目的在于"塞其下流,导其渊源"。对于词,他视己为五百年来起振绝学之人,言外有着与太史公"小子何敢让焉"相同的自我期许。

在这样一种通贯古今的全局视野下,张惠言历数唐宋词人,托李白导其源,以中唐刘禹锡、白居易诸家接续,删去这一时期的韩翃,是因为韩词仅《章台柳》一首,实非词。删去晚唐皇甫淞等三人,是因为紧接着就要提出温庭筠,有此最高典范,晚唐其他词家已无须赘言。通读《词选序》,张惠言对于五代以后词均有不满之处,温词之"最高",不限于唐代,而是他所标举的词史第一人。"深美闳约"四字用语,与"最高"之定位是有内在关联的,"深美"当然是出自《汉志》"感物造耑,材知深美"③,同时这四个字还包含"深闳"之义,语出《庄子·天下》:"其于本也,弘大而辟,深闳而肆。"④这是对庄子道术及文风的描述。《汉志》并没有表明辞赋的最高典范是哪一家,而《庄子·天下》论诸子之学,显然是对庄周本人最为推崇,张惠言采择此词借评温庭筠,思虑颇为周密。恽敬批《词选序》曰:"摇筋转骨,傅肉匀肌,悉古法也。"⑤洵为确评。

将"深美闳约"改作"深丽闳美",张惠言应当是吸收了《汉志》"侈丽闳衍"的说法,不过"深美"与"深闳"两个词源仍被保留,未动摇对温词根本地位的品定。就字面来看,"深美闳约"相较"侈丽闳衍",更具针对性,应是张惠言经过推敲的产物。从行文角度推测,或许是因"闳约"之"约",前文诸如"兴于微言"、"幽约怨悱"、"其文小"已反复道之,故而最

---

① 司马迁《太史公自序》,《史记》,第 4002 页。
② 《修竹篇并序》,陈子昂撰,徐鹏点校《陈子昂集》(北京:中华书局,1960)卷一,第 15 页。
③ 《艺文志》,班固《汉书》(北京:中华书局,1962),第 1755 页。
④ 郭庆藩撰,王孝鱼点校《庄子集释》卷一〇,第 1099 页。
⑤ 参见张惠言《茗柯文二编》卷上恽敬眉批,《续修四库全书》,第 1488 册,第 523 页。

后还是进行了改动,以免繁复。由于它在全文中属审美核心范畴,这一修改效果如何,就成为无法回避的问题。

二、"深美闳约"与常州学术

《词选》初刻本传布不广[①],重刻本刊印后,才开始发挥作用,扭转词坛风气。道光后凡称引张惠言《词选序》者,泰半皆据重刻本,而转述温庭筠词之评语,皆作"深美闳约",笔者迄今所见无一例外。而改本"深丽闳美"四字,对后世几乎未产生任何影响。这一现象,是否仅因重刻本的风行而造成?恐怕并非如此。首先,张惠言既是常州词派开山,也是阳湖文派骨干,生前身后,文名籍甚,且《茗柯文二编》版本众多,即便不如《词选》流行,也绝非僻书。再者,乾嘉以来,随着词学自身学术体系的日渐完备,"词为小道"的传统观念已较之前发生了很大变化,以学者、文士之身旁涉填词、究心词学,在常州一地已所在多有,常州词派之所以能够诞生,正得益于常州学派的涵育。"深美闳约"一说,有其内在自足性,试读刘逢禄治经心得一条:

> 秦穆不用蹇叔、百里子之谋,千里袭郑,丧师遂尽。晋襄背殡用师,亦贬而称人。序《书》何取焉?取其悔过之意,深美闳约,贻厥孙谋,将以霸继王也。《诗》、《书》皆由正而之变……《春秋》拨乱反正,始元终麟,由极变而之正也。其为致太平之正经,垂万世之法戒,一也。[②]

这是刘逢禄对汉儒序《秦誓》"秦穆公伐郑,晋襄公帅师败诸崤,还归,作《秦誓》"一句的阐述。秦穆公屡败于晋,自悔而作此誓,嗣后不复东向,一意西进开拓,得周天子任命为诸侯之伯,为秦最终一统天下奠定了坚

---

① 《词选》初刻地点在安徽歙县,张琦《重刻〈词选〉序》云:"版存于歙,同志之乞是刻者踵相接,无以应之,乃校而重刊焉。"(《词选》卷首,《续修四库全书》,第1732册,第535页)据此可知初刻本传阅范围相当有限。

② 刘逢禄《尚书今古文集解》卷二九,《续修四库全书》,第48册,第338页。

实的基础。《秦誓》文辞凝练整饬,又不乏铺陈之笔,如"我心之忧,日月逾迈,若弗云来。惟古之谋人,则曰未就予忌;惟今之谋人,姑将以为亲","番番良士,旅力既愆,我尚有之。仡仡勇夫,射御不违,我尚不欲"①,颇具后世所谓骈散兼行风格,而"我心之忧"三句,极见诗人之怀。刘逢禄从这样的悔过文字中,读出"贻厥孙谋,将以霸继王"之意,故称"深美闳约"。

刘逢禄是常州学派著名学者,比张惠言小15岁,嘉庆五年尝就张惠言问学于京师,其《易》、《礼》之学"多出于皋文张氏"②,可以算是惠言弟子。他认为《尚书·秦誓》"深美闳约",或为转述张氏,或为与之暗合。刘逢禄逝于道光九年,不及见重刻本《词选》,是否获睹初刻本无从查考,但他肯定是张惠言文集最早的读者之一,张氏手写的《茗柯文初编》15篇文稿即有其批语。刘氏本人亦喜好词学,辑有《词雅》五卷、《绝妙好辞》二十卷,《词雅叙录》云:"唐五代宋氏所传名卿才士,闳意眇指,正变声律具矣……昔之作者意内言外,辞约韵深。"③所谓"闳意眇指"、"辞约韵深",与"深美闳约"庶几仿佛;以"意内言外"论词,更是直承皋文,因此,《茗柯文二编》中的《词选序》,想必他不会忽视。也就是说,张惠言此文定稿将"深美闳约"改作"深丽闳美",刘逢禄是知情者,如果他转述初刻本《词选》用语来评价《尚书》文字,那就是在"深美闳约"与"深丽闳美"之间主动选择了前者;如果他并非转述,那么此词的使用,就体现了常州派学者学术理念中共通的特质。无论何种情形,都说明"深美闳约"作为一个批评术语被广泛接受,其来有自。"闳"、"约"字义相反,张惠言作修改有他的考虑,然而在常州今文经学的话语体系内,"闳约"组合成固定语汇具备必然性。刘逢禄以之释《尚书》,实际上常州派的《易》学与《春秋》公羊学与之更为契合。如张惠言治《易》,尊汉儒象数说,尤精虞翻之学,他称虞氏"以阴阳消息,六爻发挥旁通,升降上下,归于乾元用九而天

---

① 孔安国传,孔颖达等疏《尚书正义》卷二〇,阮元校刻《十三经注疏》,第256页。
② 刘承宽等述,王念孙撰《先府君行述》,刘逢禄《刘礼部集》卷一一,《续修四库全书》,第1501册,第211页。
③ 刘逢禄《词雅叙录》,《刘礼部集》卷九,《续修四库全书》,第1501册,第175页。

下治。依物取类,贯穿比附,始若琐碎,及其沉深解剥,离根散叶,邕茂条理,遂于大道。后儒罕能通之"①。即主张通过卦、爻阴阳消长,推象附事,依象取义,最后求得"天下治"的大道。易象精约幽微,求得大道无疑需要"贯穿比附",也就是"旁通"。而《易》,"其称名也小,其取类也大;其旨远,其辞文;其言曲而中,其事肆而隐"②,集"闳"、"约"于一体,虞氏《易》学能旁通消息、洞悉大义,因此张惠言称其学术气象"闳大远矣"③。《史记》论屈子辞赋"其称文小而其指极大,举类迩而见义远",本于《易》,并为后世文论习用④,《词选序》论词"其文小",正与之一脉相承,而张惠言笺释温庭筠词的方法,成为清代词学史上"贯穿比附"的典型。

道咸以降,随着常州派学术与词学影响日盛,"深美闳约"之说应用范围越来越广,演化为具有文学史、学术思想史普遍意义的理论表达。谭献誉美常州派学术大师庄存与《易说》深美闳约,如加王心焉,可以当浩乎沛然矣"⑤。湖湘学者徐树铭则称:"近世治《春秋》之君子,莫高于阳湖庄侍郎《正辞》之作,深美闳约,大义数十,炳若辰极。"⑥此为论经学。瞿廷韶评陶方琦"以家法治经,以义例治史……其为文也,深美闳约"⑦。谭献批点孔融《荐祢衡表》曰:"深美闳约,诀丽奇隽,绝后空前。"⑧乃至刘师培从辞章着眼,认为庄存与之文"深美闳约,

---

① 张惠言《周易虞氏义序》,《茗柯文二编》卷上,《续修四库全书》,第1488册,第512页。
② 王弼、韩康伯注,孔颖达疏《周易正义》卷八《系辞下》,阮元校刻《十三经注疏》,第89页。
③ 张惠言《周易郑荀义序》,《茗柯文二编》卷上,《续修四库全书》,第1488册,第514页。
④ 如元初任士林《谢翱传》评谢翱之诗"其称小,其旨大,其辞隐,其义显",程敏政辑《宋遗民录》卷二,《四库全书存目丛书·史部》(济南:齐鲁书社,1996),第88册,第453页。
⑤ 谭献《复堂日记》(石家庄:河北教育出版社,2001),第161页。
⑥ 徐树铭《春秋条贯序》,杜翰生等纂《民国龙岩县志》(上海:商务印书馆,1920)卷二四《艺文志》,第6页。
⑦ 瞿廷韶《湘麋阁遗集叙》,陶方琦《湘麋阁遗诗》卷首,《续修四库全书》,第1567册,第453页。
⑧ 李兆洛辑,谭献评《骈体文钞》卷一五,《四部备要》(北京:中华书局,1989),第93册,第127页。

人所鲜知"①。此为论文章学。谭献又称顾翰"诗篇深美而闳约,五言善者,妙绝时人"②。此为论诗学。在词学领域内,其运用不胜枚举,最为人熟知的一则也许来自王国维:"张皋文谓飞卿之词'深美闳约',余谓此四字,唯冯正中足以当之。"③王国维不同意张惠言的提名人选,却不贬斥评语本身,他也认同"深美闳约"是极高标准。凡此种种,莫不见出常州派的经学与文学是一个学术共同体,"深美闳约"就是这一共同体的学术品格。它虽始见于张惠言词论,但理论精神会通于经学与文学,导达于文学各文体门类之间,其严密充实,确实超越浙西词派。从晚清到当代,援之以论学、论文者,未必皆宗常州派,也未必皆取本义,这恰是其经受检验后历久弥新的生命力的写照。

三、词学典范的成立与传承

　　文学批评的合理性,终须落实到批评对象才能得到证明。具体到温庭筠词,"深美闳约"是张惠言的总评,这一论断的说服力,需要《词选》所选18首温词来支撑。张惠言批点温词包括两方面内容,一是指出作品寓意,一是揭示文本内部结构。如第一首《菩萨蛮》(小山重叠金明灭)批:"此感士不遇也。篇法仿佛《长门赋》,而用节节逆叙。此章从梦晓后领起'懒起'二字,含后文情事,'照花'四句,《离骚》初服之意。"这段批点首尾讲寓意,其余部分谈篇法。由于张惠言将所选温庭筠14首《菩萨蛮》看作组词,他的侧重点实际上在后一方面,此后对《菩萨蛮》的笺说,只是就词论词,提点作品情境线索,直到最后一首,才又写一笔"略露寓意"④,照应开篇。长久以来,学界对于张氏批语争议甚大,焦点在

---

① 刘师培《论近世文学之变迁》,《刘师培中古文学论集》(北京:中国社会科学出版社,1997),第273页。
② 谭献《重刻拜石山房词叙》,顾翰《拜石山房词钞》卷首,《续修四库全书》,第1726册,第109页。
③ 王国维《人间词话手稿》(杭州:浙江古籍出版社,2005),第56页。
④ 张惠言辑《词选》卷一,《续修四库全书》,第1732册,第537页。

于词作是否果有寓意、如何理解寓意以及14首《菩萨蛮》是否是一个整体,多少忽略了张惠言的操作方式与温词个性的关系。借用张惠言治《易》的术语,可供"发挥旁通"寓意的优秀词作不少(有些甚至不用"旁通"),优秀作品也都有自身结构线索,何以张氏独重飞卿词而称"深美闳约"? 对此,周济发表过相当到位的回应:

> 皋文曰:"飞卿之词深美闳约。"信然。
> 飞卿酝酿最深,故其言不怒不慑,备刚柔之气。
> 针缕之密,南宋人始露痕迹。《花间》极有浑厚气象,如飞卿则神理超越,不复可以迹象求矣。然细绎之,正字字有脉络。①

这是《介存斋论词杂著》中连续排列的三则词评,第一则引述,后二则论说,集中讨论温庭筠词。温词一大特色是意象密丽,客观物象呈现多于主观情绪感发,且词句独立性较强,往往每句都能构成一个相对完整的意义单元,但意象、词句的组合运用环环相扣,乃精心锤锻而成,并非一味堆砌,初读或有目眩之嫌,需反复品味,方知密丽之中浑然超越之长。因令词篇幅有限,留与作者腾挪的空间较小,此种写法愈为不易。周济正是看到了温词独造之功,才会表示其作品脉络绵密却又不露痕迹,"酝酿最深",可谓深谙个中三昧。他并未在寄托层面展开陈述,而是重在教人"细绎"文本内部之"针缕",与张惠言侧重篇法、章法的动机一致。对于熟悉中国文学批评传统语境的读者来说,"感士不遇"或"《离骚》初服"之类寄寓,并无太多新意,以词而言,南宋黄昇《花庵词选》录苏轼《卜算子》(缺月挂疏桐)一首,所引鮦阳居士评语,就全属比附,其说亦为张惠言《词选》取用。是以温词之"最高",决定因素不在作品寓意,而在艺术手段,从张惠言的学术立场出发,温词以"象"为主,不尚抒泻,笔法井然,蕴味无穷,与《易》理最近,由此达成的艺境,方为"深美闳约"。他的"贯穿比附",表面上是为推尊词体,对温词喻义做出过度诠释,本质上是在

---

① 周济《介存斋论词杂著》,《词辨》卷首,《续修四库全书》,第1732册,第577页。

引导后学发现温词艺术精髓。只要读者从中真正领会了文本结构特征，作品本身隐含的寄托可能性也就水到渠成，"感士不遇"或"《离骚》初服之意"完全可以换种表述，变为"《柏舟》寄意也"①，一如《周易虞氏义序》所述："始若琐碎，及其沉深解剥，离根散叶，鬯茂条理，遂于大道。"温庭筠词作的"言说"方式，决定了张惠言以之为词学最高典范的选择。

以《词选》为发端，常州词派从章法、句法及音节各方面细读温庭筠词，使其"深美"属性逐渐被普遍接受。这种属性保有词体本色之婉，而尤以"重"为要义。也正是从此开始，论词尚"重"逐渐取代此前的"清空"意趣，成为词家法门。周济说"飞卿下语镇纸"②，唐圭璋即谓其"盖以温词为重"③。谭献评温庭筠《南歌子》（手里金鹦鹉），称"单调中重笔，五代后绝响"；又评《南歌子》（倭堕低梳髻）末句曰"加倍法，亦重笔也"④，均是此意。陈廷焯亦屡称温词能于紧致密实之中见深婉⑤。再如《更漏子》（玉炉香）一首，谭献批点下阕曰："似直下语，正从'夜长'逗出，亦书家无垂不缩之法。"⑥借书学格言，喻词笔之收放。周济尝言"复处无垂不缩，故脱处如望海上，三山妙发"⑦，此词下片放笔直下，向为人称道，在谭献看来，下片乃由上片结句"逗出"，佳处正得力于上片重笔蓄势。谭献批点文章也好用此法，其评曹植《制命宗圣侯孔羡奉家祀碑》云："闳约茂懿。垂缩纵送，颇窥太史，不仅步武中郎。"⑧将"垂缩纵送"直接作

---

① 张德瀛《词征》卷一，唐圭璋《词话丛编》（北京：中华书局，1986），第4079页。
② 周济《介存斋论词杂著》，《续修四库全书》，第1732册，第577页。
③ 唐圭璋《梦桐词话》卷一，朱崇才编校《词话丛编续编》（北京：人民文学出版社，2010），第3332页。
④ 周济辑，谭献评《词辨》卷一，《清人选评词集三种》（济南：齐鲁书社，1988），第147页。
⑤ 如其评温庭筠《南歌子》（懒拂鸳鸯枕）、《诉衷情》（莺语）诸作即是，参见陈廷焯《词则·闲情集》卷一、《词则·别调集》卷一，葛渭君编校《词话丛编补编》，第2441、2314页。
⑥ 周济辑，谭献评《词辨》卷一，《清人选评词集三种》，第146页。
⑦ 周济《宋四家词选目录序论》，《宋四家词选》卷首，《续修四库全书》第1732册，第593页。
⑧ 李兆洛辑，谭献评《骈体文钞》卷一，《四部备要》（北京：中华书局，1989），第93册，第18页。

为"闳约茂懿"的注脚,与此条词评声气相通。后来唐圭璋认为此词若缺乏上阕之浓丽,则不可称深厚①,依旧是以上阕为重,对作品结构技术的感受与谭献具有一致性。

清末民初之际,王鹏运、朱祖谋诸家上承常州词派,论词以"重拙大"为旨归,"重"字之要领,就源于张惠言所树立的典范。如郑文焯称温庭筠词"极深美宏约之致,方之诸家所作,亦云观止"②;朱祖谋撰《菩萨蛮》宫体组词13首书写时事,厚重密丽,刻意于飞卿,是对张惠言典范理论的主动实践。关于温词这种"深美闳约"的品质,夏敬观所论最是透彻:"飞卿深美闳约,神理超越,张皋文、周止庵知其无迹象之中字字连系,得其章法脉络。"③他以温庭筠、韦庄《菩萨蛮》数首对比,指明"飞卿则多用缩笔,且章法衔接处不易见……飞卿'小山重叠'一阕,以篇法言,脉络甚明",并进一步解释"缩笔"表现为"句中绝少使用虚字,转折处皆用实字挺接,故不见钩勒之迹",是故"可当六朝小赋读,其间造句以拙胜者,为最难学"④。

夏敬观生于光绪元年(1875),年辈低于晚清词学"四大家"。他并非常州词派中人,对张惠言释《菩萨蛮》"感士不遇"之说存有异议,也不认同温庭筠14首《菩萨蛮》为组词。但他敏锐地捕捉到了张惠言、周济所遗留的导向,因而再三申明温庭筠"遣辞"之胜,强调其善用实字、章法内敛,以"拙"、"重"擅场,从技法维度赋予"深美闳约"翔实而明确的补充,揭橥出张惠言矫枉过正背后的苦心。及至唐圭璋一辈,于晚清诸老之学多所获闻,以身传之,对此体悟极深。唐圭璋曾推许乔大壮词"素遵古老之教,力趋拙重,不涉轻薄",又评乔氏《清平乐》一首"用温体","深美闳约,可比温尉"⑤。无论揄扬乔氏是否过誉,唐圭璋对温庭筠词的把握,都以"重"为内核,清晰地体现出了自《词选》蜿蜒而来的血脉。直至当

---

① 唐圭璋《梦桐词话》卷三,朱崇才编校《词话丛编续编》,第3374页。
② 郑文焯《温飞卿词集考》,唐圭璋《词话丛编》,第4333页。
③ 夏敬观《映庵词评》,葛渭君编校《词话丛编补编》,第3441页。
④ 夏敬观《五代词话》,葛渭君编校《词话丛编补编》,第3485—3487页。
⑤ 唐圭璋《回忆词坛飞将乔大壮》,朱崇才编校《词话丛编续编》,第3070页。

代,惯以西方文学理论视角研读温词之名家,仍不乏近似结论。如叶嘉莹目之为"客观之艺术"及"纯粹的美"①;孙康宜谓其修辞为"并列法",称意象排比看似散漫,"其中要题都经过精挑细选,而各个意象就绕此回旋发展"②,皆与常州词派门径相合,益可证"深美闳约"之说的合理与深刻。

自《旧唐书》载录温庭筠"能逐弦吹之音,为侧艳之词"③,在很长一个历史时期内,"侧艳流丽"几乎成为人们评其词风的共识。张惠言所倡"深美闳约"四字,植根经术,遗貌取神,历数代学人推演,改变了千年来的温词评价基调。回溯词学史,温庭筠作为词史第一位大词人地位之确立,起点就在《词选》。

四、师法谱系与创作融通

温庭筠词被经典化的过程,并不代表独尊。与浙西词派始终并举姜夔、张炎不同,张惠言之后,常州词派及后劲所构建的师法偶像,具有鲜明的阶梯式推进特性。周济《宋四家词选》指示的学词道路,是由王沂孙入门,经吴文英、辛弃疾,"以还清真之浑化"④;晚清词家立足其说深化、拓展,又提出以吴文英直接周邦彦⑤。梳理常州词学师法,150年间其典范谱系之演进即为温庭筠→周邦彦→吴文英。清真、梦窗两家之源流关系,宋人道之在前,历代学者陈义大备,迄今已可算是常识。那么周济以周邦彦取代温庭筠,与张惠言的"师说"是否相悖呢?

因时代限定,《宋四家词选》不可能选录温庭筠,但张惠言和周济的典范谱系都是一个整体,前者评温词最高,乃纵观词史具论,后者所辑

---

① 叶嘉莹《温庭筠词概说》,《迦陵论词丛稿》,《迦陵文集》(石家庄:河北教育出版社,1997),第4卷,第17—20页。
② 孙康宜《词与文类研究》(北京:北京大学出版社,2004),第31—32页。
③ 《旧唐书·文苑传》,刘昫等《旧唐书》(北京:中华书局,1975),第5079页。
④ 周济《宋四家词选目录序论》,《续修四库全书》,第1732册,第592页。
⑤ 陈洵《海绡说词·通论》,唐圭璋《词话丛编》,第4838—4839页。

唐、五代、两宋词选《词辨》，以正、变分卷，同样是综合唐宋的考量。《词辨》选词，"正"高于"变"，卷一"正"以温庭筠词入选最多（10首），以《菩萨蛮》5首前置，又以"小山重叠金明灭"一词居首，这显然是沿袭《词选》，选周邦彦词9首，则仅次于温庭筠。集中词作数量最多的四位宋人，除辛弃疾被列入卷二"变"，周邦彦、吴文英、王沂孙均在卷一，此四人即《宋四家词选》之"四家"。《宋四家词选》以周邦彦为集大成者，恰与温词门径紧密承接。周济论温词不可以迹象求，论清真词则曰"浑化"；论温词针缕深藏、字字有脉络，论清真词则曰"千锤百炼"，"层层脱换"，"结构精奇，金针度尽"；论温词下语镇纸，论清真词更屡言其"力挽六钧"之厚重。如《宋四家词选》中周邦彦《拜星月慢》（夜色催更）、《夜游宫》（叶下斜阳照水）二词批语"纯用实写"，"几疑是赋"，"层叠加倍写法"①，与上文所举张惠言、谭献等人读温词意见相比照，明显能看出一贯的思路。温庭筠、周邦彦词作的这种同质性，夏敬观亦尝论及，他既称温词"绝少使用虚字，转折处皆用实字挺接，故不见钩勒之迹"，又云："清真非不用虚字勾勒，但可不用者即不用。其不用虚字，而用实字或静辞，以为转接提顿者，即文章之潜气内转法。"②词法之齐，一目了然。孙康宜也曾指出，周邦彦使用与温庭筠"极其类似的词艺以组织自己的意象"③，可谓具眼。而这种围绕实字在作品章法中所起作用的探讨，对"重笔"、"缩笔"或"加倍法"的敏感，与浙西词派讲求词法的重心不同，本质上就是常州词学维护"深美闳约"词体的意识映射。周济以周邦彦领袖两宋，固因清真词体兼众家，有如杜诗，但周词也与温词构成常州词学门户内师法传承的严整性，这一要素不容忽略。

光绪八年，谭献写定通代词选《复堂词录》十卷，集中入选作品数量最多的两位词人，正是周邦彦（32首）与温庭筠（29首），《词选》中的18首温词，以及《宋四家词选》中的26首清真词，被全部采入。身为同光年

---

① 周济辑《宋四家词选》，《续修四库全书》，第1732册，第594—596页。
② 夏敬观《蕙风词话诠评》，唐圭璋《词话丛编》，第4592页。
③ 孙康宜《词与文类研究》，第33页。

间常州词派中坚,谭献融合张惠言、周济二人的典范理论,意在将师法谱系定型。随着这一目标的实现,梦窗词其后进入谱系已是顺理成章。海绡老人陈洵曾有形象比喻:"飞卿严妆,梦窗亦严妆。惟其国色,所以为美。若不观其倩盼之质,而徒眩其珠翠,则飞卿且讥,何止梦窗。"①"飞卿严妆"语出周济《介存斋论词杂著》,将梦窗词"内美"之质视同飞卿,则是陈洵个人的引申。严妆国色之美,不徒以珠翠眩目,更在"倩盼之质",即"深美闳约"。从温庭筠、周邦彦到吴文英,常州词学师法统绪的建构,始终以"深美闳约"为词体核心要求,后人也许不像张惠言评温词那样,使用这一术语时与自身学术趋尚构成密切呼应,但张惠言所开掘的美学理想,在典范谱系内作为一种主流类型薪火相传。即使来自反面的批评,从中也能时见回响,如钱基博述宋代清真词之传播:"一时贵人学士,倡妓市井,无不爱诵,以为深美闳约,二百年来,乐府独步也。"②钱氏并不认可清真词"深美闳约",但他使用此词,不是摘自宋人的真实议论,由此足见常州词学之辐射。

从常州词派的创作来看,对于"深美闳约"的实践,既有守成,也有融通发展。张惠言最负盛名的《水调歌头·春日赋示杨生子掞》组词五首,即有别于他所建立的温词典范。事实上,"深美闳约"之极境,是张惠言为达到理念自足所设的词体最高标准,像"小山重叠"那样严格的范本,在温庭筠本人集中也属少数,它与《词选》中最后一首温词《望江南》(梳洗罢)属于两类作品,说明张惠言选词虽苛,却非一味拘滞。学习温词之"深美闳约",难点即夏敬观所言"命意遣辞,在初创者不失为新,经后人袭取,遂成陈旧"③,这一问题于令词写作甚为迫切。清真、梦窗两家慢词,师法功能更强,留待拓手的余地更大。如周济《夜飞鹊·海棠和四篁》一首:

---

① 陈洵《海绡说词·通论》,唐圭璋《词话丛编》,第4841页。
② 钱基博《中国文学史》(北京:中华书局,1993),第608页。
③ 夏敬观《五代词话》,葛渭君编校《词话丛编补编》,第3486页。

春酣镇无语,闲倚朝云。浑不解为何人。燕支着意晕双颊,轻绡叠翠圆匀。生来七分媚骨,况霞明烟澹,作得三分。寻常伴侣,试新妆、漫约湔裙。　　天上三郎挝鼓,催满苑花枝,与斗精神。一例团云裁雪,流莺暗约,蜂蝶空群。烧残绛蜡,奈真妃、也则销魂。待蒙蒙雨歇、可堪重访,绮陌芳尘。①

此词咏海棠,花事、人事双管齐下,用典只杨妃一事,是学梦窗名作《宴清都·连理海棠》。首二韵写静景,以下正面刻画花容,至上片末韵转入动态描写,"寻常伴侣"遥承"浑不解"句,是词中暗转处。过片一例写动态,层层叠进,结拍由动返静,再度暗转,意味芳华脆弱短暂,遇细雨亦有零落之危。通篇着力处,在"浑不解"、"可堪重访"二处虚字提点,遂使繁华落尽,此心谁托之寄寓,若隐若现。全词重笔为主,却能空际转身,故密而不晦,意味沉厚,颇得梦窗神致。浙派词艺受常州词派批驳,往往因换笔多而换意少、钩勒过多而内转少,导致单薄浅露。而如何使词作传达出"用意深隽处"②,据周济此词,略能窥其手法一二,故谭献评之曰"闳约"③。由此不难发现,张惠言解读温词,是因文本个性依象求义,常派词人实践其说,则更具能动性。尽管在风格层面上,常州词学的典范谱系保证了"深美闳约"具有自身内核,但与浙派之"清空"相比,其风格指向不像后者那么明确单一,其间浓淡疏密之调动,存在一定的弹性;在创作方法论层面上,它含有"意义群"之组织逐步优先于"意象群"的蜕变方向。从这个意义上说,王国维举冯延巳词"深美闳约",仍不为无见。至于能否步武"飞卿体"而自出机杼,除师法指授、学力积累,尚赖天分。

结语

犹如常州词派为读者打开了理解作品的多维空间,从常州学术土壤

---

① 周济《止庵词》,《止庵遗集》[清宣统元年(1909)盛宣怀重刻本],第8页。
② 谭献《复堂词话》,唐圭璋《词话丛编》,第4009页。
③ 谭献辑评《箧中词》(杭州:浙江古籍出版社,1998),今集卷三,第554页。

"深美闳约"：张惠言的词学典范理论及意义

中诞生的"深美闳约"四字，也具有脱离本旨和字面独立的潜能。晚清以来学者对它的使用，与其本义时有偏差，或不问师法、断章取义，或仅作套语代称。这一方面反映了常州学术赋予它的广泛适用的生命力，另一方面也提醒我们正本清源的必要性。进入历史语境把握其内涵，才能真正认识到它的价值。作为一种词学典范理论，"深美闳约"一说的发生、发展与影响，大致可归纳如下：

第一，这一批评术语为张惠言创制，它既是对温庭筠词的总评，也是张惠言心目中的词体标准与审美理想。其语汇来源，出自《庄子·天下》与《汉书·艺文志·诗赋略序》，与张氏"最高"典范之论定丝丝入扣，蕴藏着他通贯古今、起振绝学的自我期许。

第二，在《词选序》的两个版本中，"深美闳约"存在异文，张惠言文集定稿出于行文考虑，将它改作"深丽闳美"。这一修改，不妨碍对温词地位的品定，在后世也几乎未产生任何影响。此现象并非只是由文献流传造成的，根本原因在于"深美闳约"具备内在自足性，折射出常州派学者理念中的共通特质，它是常州学术共同体的学术品格，最终演化为具有文学史、学术史普遍意义的理论表达。

第三，张惠言批点温词的操作方法，是基于文本特质，以之与自身治《易》心得相印证。他的真实动机，不在作品具体寄托内容，而在于引导后进领会文本结构精髓。其后周济、谭献、陈廷焯、夏敬观等人，无论是否常派嫡传，于此均有发明，使温词"深美"属性逐渐被普遍接受。晚清半塘、彊村诸老所尚"拙"、"重"之旨，即源于温词这一典范，这在他们的评论与创作中皆有体现。温词典范之成立，改变了千年来的温词评价基调，衍生出完整严密的师法谱系，门径历然；常州词派之创作，既抱守师法，又不乏融通拓展，推动清词面目屡变而屡上。

以"深美闳约"为核心命题，张惠言建构起与清代前期完全不同的词学典范，并经常州词派及其他晚清词家补充、引申，发展成为精刻、宏远的理论体系。垂及当世，中西学人著述之中，仍见受惠。它在词学史上的意义，正如滋养江河的雪山之源。

新见戈载《翠薇花馆词》三十四卷本考释

李 芳

戈载(1786—1856)是清代中叶著名词家,吴中词派的代表人物,著有《翠薇花馆词》存世,又曾自选其词,编为《翠薇雅词》,收入于《吴中七家词》中。嘉庆、道光间,《翠薇花馆词》随作随刊,故传世版本较多,均为戈载翠薇花馆家刻本,常见者有戈载早年刊刻的初刊本八卷本,以及晚期刊行的二十七卷本和二十九卷本等。笔者新近发现了一种三十四卷本,是目前所知戈载《翠薇花馆词》诸本中刊行最晚、收词最多的版本,前人著录中罕有提及,其词作内容颇可补充戈载晚年生平事迹,兹介绍如下。

一、《翠薇花馆词》三十四卷本的发现与递藏

戈载,字顺卿,又字宝士,号弢翁,江苏吴县人。戈载平生性嗜作词,其词集名《翠薇花馆词》,今有多种版本传世。又有《词林正韵》一书,向为填词家所宗。关于《翠薇花馆词》的版本,谢章铤《赌棋山庄词话续编》尝记曰:"戈宝士《翠薇花馆词》最多,余所得者二十七卷,《词综续编》以为三十九卷,《万竹楼词注》以为三十卷,《听秋声馆词话》以为十卷。殆其词随作随刻,故积久愈多耳。"[①]谢氏此言甚是。戈载毕生嗜词,创作

---

① 谢章铤《赌棋山庄词话续编》卷五,见唐圭璋编《词话丛编》(北京:中华书局,1986),第3558页。

不辍,作品极繁,《翠薇花馆词》的刊刻,除随作随刊的特点外,还在多次刊行中进行了大量的删汰修改,如十卷本中自序所言,八卷本是"自庚申至丁丑,阅十有八载",其间共创作了七百多篇词,经"同好诸君为删定成八卷",其中编选收入只有270篇,故存于集中者仅"十之五六"耳。①

据诸文献记载及笔者所见,目前《翠薇花馆词》的版本可考者有九种之多,分别为八卷本、十卷本、十七卷本、十九卷本、二十二卷本、二十七卷本、二十九卷本、三十卷本、三十四卷本。② 此外,据上引《赌棋山庄词话续编》,黄燮清《国朝词综续编》曾记载有三十九卷本,今未见③;又吴嘉洤《仪宋堂文集》卷九《国子监典簿衔戈君墓表》中谓:"君生平雅好填词,刻《翠薇花馆集》至六十余卷,海内奉为圭臬,如宋之柳耆卿云。"④吴嘉洤(1790—1865),字澄之,是戈载同乡和多年好友,著有《秋绿词》,亦列于"吴中七子",曾为戈载所著《词林正韵》和《翠薇花馆词》作序,所言当可据信。据其所说,若《翠薇花馆集》中所收均为词作,则戈载词另有六十余卷本,今暂未见。笔者推测,此处所谓的"六十余卷",在排除吴氏笔误的前提下,可能性之一是指戈载未经筛选的词作初稿。戈载数次刊定词集,入集词作均经严格择选,他在十一卷前自序中所言"十余年来积稿不下数百首",付刊者仅为"遴选其十之五六"⑤,所以,未编入集中的作品仍有十之四五,恰合吴嘉洤"刻《翠薇花馆集》至六十余卷"之说。

往者诸家目录所记载,学界所常见的《翠薇花馆词》多为二十九卷

---

① 戈载《翠薇花馆词自序》,《翠薇花馆词》(清嘉道间刻本)卷十,第1a页。
② 戈载词集在其生前曾增订刊刻修订过数次,黄春在硕士论文《戈载词与词学思想研究》中提及有《翠薇花馆词》八卷、十卷、十七卷、二十七卷、三十卷、三十九卷等六种版本;沙先一《清代吴中词派研究》中提及有八卷、十卷、十九卷、二十二卷、二十九卷、三十卷、三十四卷等七种,参见《清代吴中词派研究》(北京:人民文学出版社,2004),第79页。
③ 黄燮清《国朝词综续编》(清同治刻本)卷十,第3b页。
④ 吴嘉洤《仪宋堂文集》(清光绪五年刻本)卷九,第6b页。
⑤ 戈载《翠薇花馆词自序》,《翠薇花馆词》卷十一,第1a页。

本,《稀见清代四部辑刊(第五辑)》即据此影印收录。① 三十卷、三十四卷本较为罕见。在笔者目验的诸版本中,又以新近发现的三十四卷本最为珍贵,它罕见于前人著录,是目前存世卷数最多的戈载词集。

《翠薇花馆词》三十四卷本,现藏天津社会科学院图书馆,一函七册,函套题"翠薇花馆词·三十四卷本·清·道光·吴县戈载著"。此本目录只刻至第三十卷,后四卷目录"卷三十一　计三十三调/卷三十二　三十九调　附二调/卷三十三　计二十八调　附五调/卷三十四　计三十调　附五调",均为墨色手写。前三十卷目录系沿用三十卷本旧版刊刻,后四卷则是刊刻之后另行书写添加的。第一册封面题"翠薇花馆词/宝士属/顾广圻篆",页九行,版式与此前的初刻本八卷本等诸版本均无二致。初刻八卷本卷首有吴慈鹤、董国华、陆损之、朱绶、吴嘉淦、沈传桂、陈裴之七人序,三十卷本、三十四卷本中又增曹默序,署"癸巳仲秋曹默谨撰"。卷首题词名家众多,共计五十五篇。

《翠薇花馆词》三十四卷本中藏书章较多,依次有徐乃昌藏书印:"积学斋徐乃昌藏书"朱文,"徐乃昌马韵芬夫妇印"朱文。又林葆恒藏书印:"讱庵经眼"白文,"讱庵老人六十以后力聚之书子孙保之"白文。又黄裳藏书印:"黄裳藏本"朱文,"来燕榭藏旧本诗馀戏曲"朱文,"辛巳四月十七日阅"朱文。以及上海图书馆藏书章"上海图书馆藏书"朱文和上海图书馆图书发还章"上海图书馆发还图书章"朱文。根据中的钤印,此书陆续经过徐世昌、林葆恒、黄裳、上海图书馆、天津社会科学院等私人和公立图书馆收藏。

据此,此书为现代著名藏书家黄裳旧藏本,卷末附有黄氏题记一则。黄裳先生藏书甚夥,且有随手做记的习惯。曾选书前所存题记,别为一册,题为《来燕榭书跋》。《翠薇花馆词》三十四卷本中的题词并未收入其中,可补之缺,兹录于下:

---

① 笔者按:此书第五辑第九十八、九十九册收入《翠薇花馆词》二十九卷,据卷首序称"据嘉庆二十三年刻本影印",误。嘉庆二十三年(1818)是初刻本八卷本的刊刻时间。

丙申春日，收此戈小莲词集于林氏，戈氏为清中叶填词名家，卷帙甚富，此集传世仅见有三十卷本，此独增四卷，可珍重也。戈氏尚有《翠薇①雅词》，系棠刻本，亦道光中刊。余已有之，得此而遗词遂全。因为题记。黄裳小燕书。②

"戈小莲"是戈载父亲戈宙襄之字，此系笔误。由书中藏书章和黄裳题记可知，此三十四卷本原为徐世昌旧藏本，又经林氏之手售予藏书家黄裳，后曾入藏上海图书馆，发还黄氏之后，又出售给天津社会科学院图书馆收藏至今。徐乃昌（1869—1943），晚清民国间著名藏书家，著有《积学斋日记稿》，记述他购书、藏书的经过，又有《徐乃昌藏词目录》，著录其所藏词集。一九五〇年代，他的藏书变卖流出，词集大宗归于林葆恒，也就是黄裳在札记中说的"丙申春日收此戈小莲词集于林氏"之"林氏"。林葆恒生于1872年，字子有，号讱庵，福建闽县人，为晚清名臣林则徐侄孙。他以研究和收藏词学书闻名，著有《讱庵词》，另编辑有《词综补遗》等，为研治清词者所重。林葆恒藏词集，自编有《讱庵藏词目录》抄本，目录"别集"类中著录有"《翠薇花馆词》三十四卷，七册，吴戈载宝士"，与此三十四卷本吻合。③ 三十四卷本中有"讱庵经眼"、"讱庵老人六十以后力聚之书子孙保之"两枚印章，为林氏藏书印。林葆恒殁后，子女出售其藏书，黄裳藏本即购置于此时。

在黄裳的书籍收藏中，明清别集是其突出的特色。一九七〇年代，黄裳先生的藏书曾被悉数没收。他自己记录道，"六年前的一天，身边的书突然一下子失了踪，终于弄到荡然无存的地步了"④。经过编目之后，这批书的大部分入藏于上海图书馆，故有"上海图书馆藏书"章。浩劫结束之后，国家发还部分藏书，发还的书籍上钤有"上海图书馆发还印章"。但是，返回的书籍并非全部，他在一九七九年写成的《书的故事》中又说：

---

① 按：原作"微"，笔者径改。
② 附于戈载《翠薇花馆词》三十四卷本，清嘉道间刻本，天津社会科学院藏。
③ 林葆恒《讱庵藏词目录》，抄本，国家图书馆藏。
④ 黄裳《书的故事》，载《书海沧桑》（南京：凤凰文艺出版社，2018），第8页。

"最近,这些失了踪的书开始一本本又陆续回到我的手中,同时还发给我一本厚厚的材料,是当年抄去的书的部分草目,要我写出几份清单来,然后才能一本本的找出、发还。"发还的这部分书籍,据他自述,后来又曾因各种原因不得不割爱出售,流入其他藏家和机构中。《翠薇花馆词》就是经过没收、发还之后,又被售出的书籍之一。

天津社会科学院成立于1979年3月,图书馆之藏书当为此后陆续购置收藏,早在1981年7月,天津文人顾霱就在馆中读到《翠薇花馆词》,尝作题识附于书中。此书或为天津社会科学院设立图书馆之初时所购入。据介绍,馆内藏有一批黄裳先生的旧藏清人别集,均钤有黄裳先生藏书章,当为同一批售出者。

二、《翠薇花馆词》三十四卷本初考

戈载《翠薇花馆词》初刻本是八卷本,此后陆续增补,先后刊刻了十卷本至三十四卷本等多个版本,三十四卷本是目前所见刊行最晚的版本,卷首有序八篇,题词五十五篇。戈载词集基本以时间为序编排,三十四卷本词作创作和刊刻的时间,可根据词作所涉及的内容加以推断。

三十一卷卷首《雪月交光》词序曰:"乙巳端月初旬,通宵大雪,试灯夕又继之,至上元则昼雪而晚晴",此词写乙巳上元节事,时为道光二十五年(1845),即三十四卷本中末四卷词作内容起至此年,戈载时年六十岁。三十二卷卷首《舜韶新》序云:"丙午元旦书怀,时予年六十有一矣。"故此卷词作于道光二十六年(1846)。三十三卷《双双燕》词小序"十二月十九日立春",自注"至今道光丙午";又《汉宫春》词小序"丁未人日"云云,此卷词作于道光二十六年末至二十七年(1847)两年间。三十四卷卷首《赏南枝》小序"丁未孟陬下旬九日,董琴涵观察招同社集二十六宜亭",三十四卷中最后一首词作是《烛影摇红·除夕立春淮阴寓中与尤信甫作》,恰是丁未年最后一日,则可知三十四卷中所收词为道光二十七年(1847)作品,戈载时年六十二岁。据此,三十一卷至三十四卷的词作,是戈载六十岁至六十二岁的作品,其刊刻时间当在道光二十八年(1848)

之后。

　　戈载家世生平,散见于《苏州府志》等方志中的零星记载,好友吴嘉洤在《国子监典簿衔戈君墓表》中对其生平事迹概之以寥寥数语:"家世饶裕,至君时稍衰,犹能于枫江精舍中时时招致宾客,盖近数十年以来不多见也。中岁后,境日贫乏,始出为汗漫游,依人幕下,佐会计事。晚乃归里,筑避债台于城西,以娱衰老。然犹时集故人会饮,其豪兴盖不减昔年云。"①根据三十四卷本中的词作内容,可对其中、晚年出为幕客,归里养亲等生平经历做出补充。

　　戈载家室富裕,广事结交,少年得名,早年的生活是相当惬意的,谢章铤也说他"因其室有余资,喜结纳,才名易起"②。从《翠薇花馆词》早期的唱和题赠之作可以看出他交游极阔,年轻时即与吴县一带名士颇常往还。家道中落之后,营生艰难,据其自述,为谋生计,"予出门十二年"③,又据离家前所作《别怨》词序"甲午仲冬将赴袁江"④,戈载在道光十四年(1834)冬天四十八岁时,迫于生计离家远游,曾经依附旗人麟庆等权臣幕下,先后在淮安、扬州、高邮等地寓居。

　　如上文所言,三十一卷至三十四卷所收词作均作于戈载六十岁之后,年届六旬,他仍孤身飘零在外,尚未能回乡居住。此时,戈载在袁浦为人幕客,词作中弥漫着思乡之情。特别是道光二十五年十月,他以花甲之年回乡为母亲庆贺八十大寿之后,思归之意就更为浓厚。拜别耄耋高堂,再度离家时,路途艰辛,倍感凄怆,《清平乐》词序曰:"予于十一月初旬赴淮,天气骤寒,风霜雨雪,随舟而至。渡江后,又值冻河。匝月始抵袁浦。行路之难,备尝苦况矣。"词中亦言:"十年濡迹关河,今年展转愁多。"⑤又在旅途中与伶人萍水相逢,同在异乡为异客,颇有知音之戚:"江口守风,夜航枯坐,忽有雏伶在柁楼吹笛,声极圆美,而有凄楚之音。

---

① 吴嘉洤《仪宋堂文集》卷九,第 6a 页。
② 唐圭璋编《词话丛编》,第 3358 页。
③ 戈载《扬州慢》注,《翠薇花馆词》卷三十一,第 13b 页。
④ 戈载《别怨》词序,《翠薇花馆词》卷十六,第 1a 页。
⑤ 戈载《翠薇花馆词》卷三十一,第 18a 页。

呼出询之,知因孤苦出门,不胜劳悴。乃与沽酒闲谈。言愁,我亦愁矣。"①

戈载的父亲戈宙襄,字小莲,因笃于孝道而绝意仕途,一心著述,故在乡里有"戈孝子"之美称。戈载本就深受父亲影响,这次回乡庆寿之行对他的心理影响至深。次年(道光二十六年,1846)四月,戈载在六十一岁时,挂念萱堂老迈,以养亲名义准备返乡,"丙午四月下旬,自淮返吴,留别王甫亭太守",这首《下水船》词是他前十余年游历生涯的总结:

来往袁江路。老了关山行旅。萧瑟平生,兰成但多词赋。文酒趣。人海欲寻知己,落落晨星堪数。　情深处。十载西园住。何忍抽帆归去。为念亲闱,衰年病宜调护。添别绪。试问津梁得否,努力云程徐步。②

历时半月,五月抵家,成《家山好·五月朔日抵家作》一阕。

到家先问老亲安。门闾望,喜开颜。临行衣上缝痕密,笑依然。煮淮白,话团圞。　卸装只有诗囊富,卷帙又新编。萍蓬浪迹,何如遁俗散疏顽。青山绿水闲。③

此词中"临行衣上缝痕密"一句,虽用"临行密密缝"之熟典,却遥遥呼应了十二年前离家时所作《别怨》词中的"雨别星离。算人生、最是伤悲。远游非得计,慈亲亲手密缝衣。岁暮天寒向路岐。"当年慈母亲手缝制的衣裳上针脚尤密,多年之后得以归乡侍奉萱堂,戈载心情之轻松愉快,和之前的苦况形成鲜明对比。

归家乡居之后,他的词作内容都聚焦于侍奉老母、填词作画的闲居

---

① 戈载《翠薇花馆词》卷三十一,第17b页。
② 戈载《翠薇花馆词》卷三十二,第9a页。
③ 戈载《翠薇花馆词》卷三十二,第9b页。

生活。居家生活的情景，在《贫也乐》四首词中得到充分展现。其小序谓：

> 高仲常《小梅花》词有"须信在家贫也乐"句，遂易名《贫也乐》。今予在家闲适，侍奉老母啜菽饮水，以尽其欢。知已叙阔，如尤榕畴信甫、彭仲山枕珊、汪赓虞、蒋小琴、吴又滨，迭为消暑会，各赋《续饮中八仙歌》，以志清兴。无事则考《词源》，校《词谱》，搜讨词苑诸集，以纂《词律订》、《词律补》二书。时而棹小舟，或徐步于虎丘山下，无利名之扰，无应酬之烦，似可希贫而乐之一境矣。因述其调，并用原句，衍为四首。①

乡居中最重要的工作，是集中精力编写《词律订》、《词律补》两种书。戈载很早就有意识地订正万树《词律》中的讹误，他在《词林正韵·发凡》中说："予有订定《词律》之举而尚未蒇事，凡在旧编，间多新得，即词之用韵亦藉此参互考订，引伸触类而知之耳。"②《发凡》末署道光元年（1821），即从此时起即有此想法。王敬之《三十六湖渔唱·霜叶飞》词中说："顺卿精解宫调，四声谨严，将有《词律订》、《词律补》之刻，扫除云雾，久远津梁，非好为红友作诤友也。《翠薇花馆雅词》，亦自加订正之卷。"③王敬之此集刊于道光十七年（1837），则《词律订》、《词律补》二书的编撰，在1837年左右已经接近完成，准备付梓。《词律订》和《词律补》两种书在戈载生前是否成书，一直有所争议，但从《翠薇花馆词》看来，至少在1848年左右三十四卷本刊刻时，还没有最后完成。④ 除上引所说"考《词源》，校《词谱》，搜讨词苑诸集，以纂《词律订》、《词律补》二书"；《黄鹤引》词序又言："因填是调，并补《词律订》一则。"

如《贫也乐》词序所说，归家之后除了侍奉八旬老母，日常就是"知已

---

① 戈载《翠薇花馆词》卷三十二，第11a—b页。
② 戈载《词林正韵》（上海：上海古籍出版社，2009年影印版），第28页。
③ 王敬之《三十六湖渔唱》，清道光十七年刻本，第15b页。
④ 可参刘宏辉《戈载佚著〈词律订〉考论》，《南阳师范学院学报》2016年第10期。

叙阔","迭为消暑会",与友人相聚游乐,结社吟诗作词。诗社凡节庆日均有聚会,诗词相和:"七月十八日白露,汪雪坡招同高苕堂、吴礼堂、王蔗亭游虎丘。早桂已盛开矣。谱张小山乐府中仲吕商一曲志兴。"①"中秋后一日,周馥岩邀同高苕堂、周紫函、王蔗亭、颜五封、汪雪坡、金粟龛赏桂,金相堂亦于时日招饮,乃偕苕堂往观。二十四株老桂,芳蕤齐吐,浓香醉人。喜晤毛叔美,茗话久之。"②即吴嘉洤在墓志铭中所说"时集故人会饮,其豪兴盖不减昔年云"。

戈载喜结纳,广交游,从少时起就乐于为友人校订词集,为友人的诗词集、画作题词。此外,因其词名甚著,有不少同里后学慕名携诗词作品来访,晚年归乡后亦门庭若市,登门请教者众。如"常熟张荔门见访,示所著诗古文词四卷,后附《画谭》三十五则。盖精于绘事,抒其心得,颇有合于古人之旨。其为人亦抱冲寡营,超然于尘俗之外者。因谱此题赠"。③

需要特别指出的是,三十四卷本并不能展现戈载晚年所作词的全貌。三十四卷本所收词,至晚为六十二岁左右(1847)所作,距离他七十一岁(1856)去世,尚有近十年时间。这期间的词作,目前未能得见。由此,上文吴嘉洤所说"六十余卷"的另一种可能性,即在三十四卷之后,至戈载离世,尚创作有三十卷左右的词作,目前未知存世与否。

三、《翠薇花馆词》的版本及其刊刻过程

戈载少以词名。词作随作随刊,故传世有多种版本。如前引谢章铤《赌棋山庄词话续编》尝记录有自藏的二十七卷本,《词综续编》著录的三十九卷本,《万竹楼词注》中著录的三十卷本,《听秋声馆词话》中著录的十卷本等。④ 在目前笔者所见的八卷本、十卷本、十七卷本、十九卷本、

---

① 戈载《翠薇花馆词》卷三十二,第14b页。
② 戈载《翠薇花馆词》卷三十二,第15b页。
③ 戈载《翠薇花馆词》卷三十二,第15a页。
④ 谢章铤《赌棋山庄词话续编》卷五,见唐圭璋编《词话丛编》,第3559页。

二十二卷本、二十七卷本、二十九卷本、三十卷本、三十四卷本中，各版本卷首均照初劂时署"嘉庆二十三年"，所以诸家著述时，常误以为诸本均为嘉庆二十三年的初刻本。① 今依词作内容、戈载自述及与朋友唱和，考述诸本刊刻时间，次之如下。

1. 八卷本，嘉庆二十三年（1818）刊本

八卷本为现今所知戈载词集的最早刊本，卷首有吴慈鹤、董国华、陆损之、朱绶、吴嘉淦、沈传桂、陈裴之所作七篇序文，吴翌凤等十四人题词。吴慈鹤序末署"嘉庆丁丑"，余六人序署"嘉庆戊寅"或"嘉庆二十三年"。据十卷本戈载自识，此八卷中所收词作为嘉庆庚申年（嘉庆五年，1800）至嘉庆丁丑（1817）前后共十八年间的作品，刊刻时间为嘉庆二十三年（1818），详见下文。

2. 十卷本，嘉庆二十四年（1819）刊本

十卷本末有自识曰：

> 翠薇花馆续刻二卷成，自序其首曰：予自总发即喜倚声，赋物酒边，覃思花底，或南浦绿波，琴尊别绪，或西园白社，风月闲情，勺药之怀，不能自已。觅句投囊，积年盈箧。自庚申至丁丑，阅十有八载，得七百余篇。同好诸君，为删定成八卷，已付梓人。戊、己两岁，身世之感，益复无聊。秋士易悲，冬心孤抱，独夜命笔，凄晨奏怀，劳者自歌，安望赏音。惟是律求七始，颇具苦心，韵究四声，间有新得。靳至古人趣归大雅，窃拟修箫，敢辞覆瓿。时嘉庆二十四年太岁在屠维单阏围涂之月中浣双红词客识。②

---

① 按：《稀见清代四部丛刊》影印本末署"据嘉庆二十三年刻本"；国家图书馆、南京图书馆藏诸本，目录也均署"嘉庆刻本"。

② 戈载《翠薇花馆词自序》，《翠薇花馆词》卷十。

卷末并有"姑苏阊门外洞泾桥西石屑/口东首吴学圃刊刻"之记。由上引文可知,八卷本所收为庚申至丁丑十八年间,即戈载十五岁至三十二岁的词作,删定而成;十卷本中的后两卷所收为戊寅(1818)、己卯(1819)两年间所作词,刊刻时,戈载时年三十四岁。《贩书偶记》据卷首序以为十卷本为嘉庆二十三年刊本,误。①

3. 十七卷本,道光十六年(1836)前后刊本

十七卷本,现藏南京图书馆。十七卷本所收序文同八卷本,题词者在八卷本之外,又增沈秉镠等十七人。此本在十一卷之前亦有自序,其序文曰:

> 拙词前刻十卷,己卯岁止。十余年来,积稿不下数百首,迁徙多故,闭置破簏中久矣。近又作客淮扬间,蓬飘萍泊,旅抱郁伊,孤酌不欢,么弦谁和,更有何心题红歌翠耶。乃以谬窃虚声,谣诼相属,闲来幽讨,偿以朗吟。既为授简之马卿,复类登楼之王粲。凡在中心藏写,悉归小手篇章。西抹东涂,晨钞夜讽,随身卷轴,弗忍弃捐。因并旧箸,选其十之五六,确守乐笑翁之论,句锻月炼,改之又改,冀成无瑕之玉。然终未敢谓厌心惬志也。零落雪文字,分明镜精神,东野所言,借以自证,还以自哂云尔。弢翁戈载书于高沙寓馆。②

根据序言,此本所收,为庚辰年(1820)戈载三十五岁之后十余年间的词作。具体的刊刻时间,十七卷中有词《鹧鸪天·丙申元旦和姜白石丁巳元日韵》,丙申年是道光十六年(1836)。又,十八卷中第一首词《菊花新》为十六年重阳节后所作,可知十七卷收词至道光十六年重阳节为止。十七卷本刊刻时间当在1836年九月重阳之后。

---

① 孙殿起《贩书偶记》(北京:中华书局,1959)卷二十,第548页。
② 戈载《翠薇花馆词自序》,《翠薇花馆词》卷十一。

4. 十九卷本，道光十八年（1838）刊本

十九卷本，现藏南京图书馆。十九卷本所收序文同八卷本、十七卷本，题词者在十七卷本之外，又增王直澜等七人。十八、十九两卷词，创作时间从道光十六年（1836）重阳节始，至道光十八年戊戌（1838）春夏间，十九卷中有《戊戌人日登禹王台用白石丙午人日登定王台韵》、《四月十二日同人醵钱赏牡丹有感》等词作，刊刻时间当在此年夏季之后。

5. 二十二卷本，道光十九年（1839）刊本

二十二卷本，现藏首都图书馆。二十卷中最后一首词《凄凉犯·九寒词》，篇末有自注题为"戊戌除夕孱翁自记"，道光戊戌年即道光十八年（1838），可知二十卷本为此年秋、冬所作。二十一、二十二两卷，则是戈载为旗人麟庆《鸿雪因缘图记》第一册所题的八十首词。麟庆（1791—1846），字见亭，姓完颜氏，镶黄旗满洲人，自道光初年外任安徽宁国府知府，历任贵州布政使、湖北巡抚、江南河道总督、两江总督等职。《鸿雪因缘图记》是麟庆自述其生平、仕宦经历之散文作品，每篇后附戈载词作一首。戈载家道中落之后，尝依附麟庆幕下，先后称其为"麟见亭制军"、"麟见亭河帅"，时间当是麟庆任职江南河道总督之后。二十二卷卷末有朱绶题词，署"己亥立秋日朱绶"。知此二卷完成于道光十九年秋，二十二卷本的刊刻时间在此之后。

6. 二十七卷本，道光二十年（1840）刊本

第二十三卷卷首《东风齐着力》词，序题"戊戌除夜雷电骤雨，元旦亦然。小年朝大雪至人日方止"，此卷词上接第二十卷，起于己亥年（1839）初。第二十五卷最末一首词《恨春迟》序曰"春候已深，绝无春意"，作于辛丑年（1840）春。则二十三卷至二十五卷收入己亥至辛丑二年间的词作。

第二十六卷和第二十七卷为戈载为《鸿雪因缘图记》第二册所题的八十首词，这八十首词的创作时间，戈载自题为"辛丑闰月立夏"，即道光

二十年(1840),则二十七卷本的刊刻时间当在此年之后。

7. 二十九卷本,道光二十二年(1842)刊本

二十八卷所收第一首词小序提及"辛丑春日,尤信甫见予《鸿雪因缘》第二册题词八十首,又观拙词全稿,过蒙奖借,制曲见褒",创作时间上接二十五卷,起自辛丑年春夏。二十九卷卷首《扬州慢》小序题"壬寅三月",又有词作题《安平乐慢·癸卯元日》,可知此二卷所收词为辛丑、壬寅、癸卯三年之间所作,刊刻时间在癸卯年(1842)之后。

8. 三十卷本,道光二十四年(1844)刊本

《万竹楼词》中著录戈载词三十卷,所见应即此本。《贩书偶记》载为道光癸巳年(1833)刊本,应是据此本卷首有曹默的序言,署"癸巳仲秋曹默谨撰"。① 此卷中《二色宫桃》词序曰:"甲辰二月中旬,暖如初夏。西园桃花盛开,不数日而雷雨骤寒,竟夜大雪,积素凝华,红白璀璨。天然脂粉,画笔所不能描也。因歌梅苑中调一曲,置酒赏之。"② 甲辰年为道光二十四年(1844)。

笔者按:此处曹默序所署"癸巳仲秋",纪年有误。二十九卷本词作的创作时间为道光壬寅、癸卯年,则此处上接二十九卷,应为癸卯年(1843),非癸巳年。此卷所收为癸卯(1843)、甲辰(1844)二年所作词。刊刻时间在1844年之后。

9. 三十四卷本,道光二十八年(1848)后刊本

如前文所述,据三十一卷卷首《雪月交光》词序"乙巳端月初旬"云云,乙巳年为道光二十五年(1845),即末四卷所收词起自此年。三十四卷中最后一首词作是《烛影摇红·除夕立春淮阴寓中与尤信甫作》,恰是丁未年最后一日,则可知三十四卷中所收词至晚为道光二十七年(1847)

---

① 孙殿起《贩书偶记》(北京:中华书局,1959),第548页。
② 戈载《翠薇花馆词》卷三十,第6b—7a页。

作品,戈载时年六十二岁。据此,三十一卷至三十四卷的词作,是戈载六十岁至六十二岁的作品,其刊刻时间当在道光二十八年(1848)之后。

　　以上所述,为现存戈载《翠薇花馆词》各版本及其刊刻时间。此外,《词综续编》中载戈载词另有三十九卷本和吴嘉洤所记的六十卷本,今尚未得见,未知是否付梓、存世与否。① 其一,如上文所言,三十四卷本中所收,为戈载六十二岁左右的词作,距离他七十一岁去世,尚有十年左右,以三十九卷本而论,这期间的词作存于此五卷之中,是很有可能的。其二,《翠薇花馆词》中刊刻的词作,并非戈载所作词的全貌,在历次刊刻时都曾有过择选。戈载在第十卷前自识说道,在此前十八年间的七百多篇词作,在八卷本中收入的只有270篇。十一卷前题识中也说从所著词之中"选其十之五六"。其三,刊刻于道光二年的《翠薇雅词》中也有未见于《翠薇花馆词》者,文字上亦颇有修饰,如其序言所说,"乃就十卷中遴其稍可者重加订正"。所以,吴嘉洤所记的六十卷云云,相对于戈载一生不辍的热情和创作来看也恐怕并非虚言。

　　从戈载刊刻《翠薇花馆词》的频率来看,在他五十岁刊刻十七卷本之后,一直是很密集的。前期的少作经过他的反复删定,后期则每隔一、两年即将新创作的词作付梓。吴梅在《词学通论》中对此评价说:"清代词集之富,莫如迦陵。顺卿《翠薇词》,乃更过之,而泥沙不除,亦与迦陵相等。"②

结语

　　戈载一生精研词律、词韵,自述在编订词集时"旬锻月炼,改之又改,冀成无瑕之玉"。从《翠薇花馆词》的八卷本到三十四卷本,不同时期刊定的版本中保留了他不断删改词作、追求备调守律的痕迹。他对词的声

---

① 沙先一据黄燮清选戈载词的情况,认为《翠薇花馆词》三十九卷本在戈载在世时已经刊行。参《清代吴中词派研究》,第79页。
② 吴梅《词学通论》(北京:中华书局,2016),第168页。

韵等问题的观点,是伴随着他的词学创作共同发展起来的,通过对《翠薇花馆词》刊刻及修改过程的细致审视,可以窥见他词学观念的建立和变迁之过程。

附记

早在中山大学求学时,即久闻张晖兄大名,却遗憾地与他先后在广州、香港和台北失之交臂。2009年,他刚刚从"中研院"文哲所访问归来,我们第一次见面时,就叮嘱我宜及早制定个人的研究计划,最好能在未来"将词曲打通"。当年情景,历历在目。其后,蒙他大力推荐,我得以拜入张宏生老师门下,在博士后研究阶段,参加了南京大学《全清词》编纂团队的相关工作。这篇小文是我据《全清词》团队收集的资料而写作的第一篇词学论文,虽距其愿远甚,姑系此以表达感谢与怀念。

曾国藩的读书功程与诗文声调之学的内化

陆 胤

晚清曾国藩为官治军三十余载,饱经世变,却始终亲近书卷,格外重视读书工夫的记录和描写,有意识地将各种形式的阅读体验塑造为一门修身日课。长久以来,思想史家视曾国藩为道咸以降"士大夫之学"的化身[1],文学史则强调其私淑并扩张桐城古文堂庑的努力。面对前所未有的世变,曾氏欲统合义理、考核、词章、经济,努力维系四者之间的平衡,其间的雄心、苦心和耐心,无不体现在他日复一日的"读书功程"之中。

曾国藩日记是近代文史研究中早已被反复利用的"过熟"材料,但若超越摘取史实的层次,借鉴晚近日常生活史和阅读史眼光将之"去熟悉化",则其作为一种"读书功程"的特殊属性尚有待揭示。曾氏日记汲取宋元以降读书功程和修身日谱的经验,以不断订立的"日课"和日常读书的"自讼"为中心。所记不仅包括"读什么",更凸显阅读时间、节奏、方式等有关**"怎么读"**的信息。作为秘示家人的修身榜样,曾国藩有意在日记中渲染"读书之乐",却也并不回避"读书苦"和"读书难"。针对不同书籍类型和读书动机,看、温、诵、校、批等各类读法逐渐分化,体现了曾国藩利用多层次阅读把握知识整体的努力;各种"读法"在其生涯各时期的分布并不均衡,亦可反映学术侧重的历时变化。曾氏对于**"读法"**细腻而丰

---

[1] 余英时《曾国藩与"士大夫之学"》,《士与中国文化》(上海:上海人民出版社,2003),第588—596页。

富的描写,树立了一个可供模拟的阅读生活典范,亦使其记载有别于一般仅略记书目版本或摘抄书籍内容的士大夫读书日记,成为适合真正意义上阅读史(而非"书籍史")分析的材料。分类提取日记中的读书信息,统计其在曾氏生涯各时期的分布和趋势,亦将有助于落实既有思想史、文学史研究的一些印象式判断。

曾国藩一生嗜好诗文,凭借一己的权位声势,提升了词章之学在晚清士大夫知识整体中的地位。清末以来,学者论及曾氏诗文,多关注其在"声调"上的开拓。或谓桐城文论"极其精则曰神曰味,神味至无形,故曾文正以声调二字易之"①。或指曾氏古文声气早已逸出桐城矩矱:"奇偶错综,而偶多于奇,复字单义,杂侧其间,厚集其气,使声采炳焕,而夐焉有声。"②无论是张裕钊、吴汝纶探讨"因声求气",还是民国以后唐文治推广"唐调"诵读,曾氏声调之学的流衍从不限于创作理论,更应包括日常诵读涵泳的工夫。论者已注意到古文"声音论"的阅读面向③,本稿则将在分类归纳曾氏读书行为的基础上,试图将诗文声调之学还原到日记所描写的阅读场景和读书动机之中。综计曾国藩毕生读书记载,一个明显的趋势是:把握知识整体为目标的"自讼"功程逐渐让位于以温诵经书本文、诗文选本为工夫的"自适"调剂。诵读声调不仅攸关"文事",还越来越成为安顿日益分化中的"知识统一体"的一种策略。

一、作为"读书功程"的日记

现存曾国藩日记在不同阶段有微妙的性质差异,各时期记载读书行为的比重和意义亦随之而变。道光十九年最初所记限于琐事,仅出现4次读书记载。二十年六月初七日起重立日记,第一次立下功课:每日辰

---

① 陈澹然《晦堂文钥》,《历代文话》(上海:复旦大学出版社,2008),第 7 册,第 6793 页。
② 李详《论桐城派》,《国粹学报》总第 49 期(光绪三十四年十二月二十日)。
③ 参见陈引驰《"古文"与声音——兼及其与诗学的关联》,载《岭南学报》复刊第 5 辑,第 259—273 页。

后温经书,日中读史,酉刻至亥刻读集,有所得则载《茶余偶谈》。① 从此日记中的读书内容逐渐丰富,且开始出现"阅"、"温"、"圈"、"批"等多种读法的描写。这一变化,当与此时曾国藩接触唐鉴、倭仁为中心的京官理学圈子有关。道光二十年十一月十六日日记提到:"镜海先生(唐鉴)每夜必记《日省录》数条,虽造次颠沛,亦不间一天,甚欲学之。"(1.49)预示其日记性质即将发生转变。

唐鉴曾向曾国藩推荐倭仁的日记用功法:"每自朝至寝,一言一动,坐作饮食,皆有札记。或心有私欲不克,外有不及检者,皆记出。"(1.92)更传示同人批点,以为"互质"之资。稍后曾国藩亦将此法转告诸弟:"每日有日课册,一日之中,一念之差、一事之失、一言一默皆笔之于书。书皆楷字,三月则订一本。"②这正是明末清初以来学者自勘功过的"日谱"之法。③ 倭仁早年从王阳明心学证入,与河南同乡李棠阶互质日课,"一日十二时中,密密推勘",有过念则必"自讼"④;后在唐鉴影响下折入程朱,但王学风格的治念日记却延续下来,衍为道光末京师理学圈的新风尚。曾国藩日记受其感染,自道光二十二年十月起,维持了几个月严格的治念日谱格式。今存此期日记均以一画不苟的端楷书写,追求"凡日间过恶:身过、心过、口过皆记出,终身不间断"⑤,并付倭仁等传看批点(1.134)。与读书有关的行为,也成了道德检视的对象:

> 早起,读困卦,心驰出,不在《易》而在诗,以昨日接筠仙(郭嵩

---

① 参见《曾国藩全集·日记》(长沙:岳麓书社,1987),第1册,第42页。按:以下征引曾氏日记,除《绵绵穆穆之室日记》外皆从此版,为免繁复,不再出注,仅在引文后标注册数和页码(用下脚圆点隔开)。

② 钟叔河编校《曾国藩往来家书全编》(海口:海南出版社,1997),中卷,第7页。

③ 参见王汎森《日谱与明末清初思想家——以颜李学派为主的讨论》,载"中央研究院"历史语言研究所集刊》第69本第2分(1998年6月)。

④ 李细珠《晚清保守思想的原型——倭仁研究》(北京:社会科学文献出版社,2000),第56—60页。

⑤ 钟叔河编校《曾国藩往来家书全编》,中卷,第13页。

焘)诗,思欲和之故也。饭后,强把此心读《易》,竟不能入,可恨。细思不能主一之咎,由于习之不熟,由于志之不立,而实由于知之不真……(1.122)

宋儒以读书为"维持此心"的法门①,曾国藩读书治念的工夫大概不外乎此;而"能入"、"静心"、"有恒"以及"心浮"或"心忙"与否,则是勘断读书成败亦即修身功过的标准。出声读书的"高诵"、"高吟"之法也是在这一时期发端,诵读的对象包括《孟子》养气章、李太白集等(1.114—5、126),且颇辨别心、气关系,以"气藏丹田"为课程(1.128、138)。但吟诵《孟子》有助养气,高吟太白诗却是"重外轻内"(1.126)。此时曾国藩已开始接触京中"工为古文诗者",领悟到古文"辞气"、"韵味"的深微②;但在理学家眼光的严厉检视下,道光二十二年十、十一月间日记对"粘滞于诗"、"耽着诗文"仍多有反省。诗文内容成为"自讼"一大目标,未必出自曾国藩本心,更有可能是考虑到倭仁等日记潜在读者(批阅者)而摆出的姿态。③

不过,这种治念日谱的格式并未能延续长久。道光二十三年起,曾氏日记中治念内容显著减少。当年六月外放考官,七月初八日起日记主要记载行程,书体也由端楷回到了一年之前的行书体。此后曾氏日记再没有采取过严格的日谱格式。有研究断定其修身日记到此已告"失败"④,日后受乃兄影响而立日记簿的曾国葆也不留情面地指出"此事实是虚文"。⑤ 曾氏日记中治念功程的淡去,当然可以从他个人学术路向

---

① 张载《经学理窟·义理》:"书以维持此心,一时放下则一时德性有懈,读书则此心常在,不读书则终看义理不见。"见章锡琛点校《张载集》(北京:中华书局,1978),第 275 页。

② 见曾国藩《致刘蓉》,《曾国藩全集·书信》(长沙:岳麓书社,1990),第 5 页。

③ 道光二十二年十一月初五日曾国藩日记:"至岱云(陈源兖)处久谈,论诗文之业亦可因以进德,彼此持论不合,反复辩诘。"天头有倭仁眉批:"固是,然一味耽着诗文,恐于进德无益也。艮峰。"(1.125)

④ 彭勃《道咸同三朝理学家日记互批研究》,载《华南师范大学学报》2019 年第 1 期。

⑤ 见钟叔河编校《曾国藩往来家书全编》,中卷,第 695 页。

的变化乃至整个道咸学风转向中找到解释。然而,在咸丰以后曾氏的记事日记中,道德检视的功能并未完全退场,而是在理学传统中选择了另一支资源,以"读书功程"的方式保留了下来。

1965年首次影印刊布的曾国藩《绵绵穆穆之室日记》,始自咸丰元年七月,迄于二年六月,在曾氏日记文本群中颇显特殊。该日记实是填在预印好的"日记版"格中,全版分为读书、静坐、属文、作字、办公、课子、对客、回信八栏,末栏刻发挥朱熹《中庸章句》以阐释"绵绵穆穆"之意的一段话(图1)。这种预印版格分类填写的日记形式,亦称为"日省簿"。乾隆间唐秉钧撰《文房肆考图说》,卷末有《日省簿说》一篇,介绍"直书项款,横记事为"的格式:每日按往来、著作、居处、饮食、出入、书信等项记载,"至月底用小结,岁终用总结,则一年之举动行为了如指掌"①,相当于一种逐日记录的"功过格"。晚清时代预印日记版仍相当流行。② 但具体到每日记载之时,预先印好的各项空格,往往不能填满。《绵绵穆穆之室日记》几乎每天都有栏目空出,"静坐"项甚至被借来记录睡眠状况,与刻版原意不无出入。惟有"读书"一栏的记载较为持久且充实。《曾文正公年谱》揭示此期日记突出"读书"一项,其实另有渊源:

> 至是公乃仿**程氏《读书日程》**之意,为日记曰《绵绵穆穆之室日记》。③

格式化的读书功程本是南宋以降书院教学的普遍手段,《绵绵穆穆之室日记》则有意模仿元儒程端礼的《程氏家塾读书分年日程》。程氏日程敷

---

① 唐秉钧《文房肆考图说》(乾隆四十三年嘉定唐氏序刻本)卷八,第31a—33b页。
② 曾国藩同时代的"日记版"用例,如上海图书馆藏咸同之际《王海客日记》(图2),版格即分为天时、人事、德业三栏,"德业"栏又分为敬、怠、义、欲等列,供人圈填,类似功过格;上海松江区图书馆藏同光间《订顽日程》,版格分为天时、人事、自修、酬酢、著作、函牍、出纳等栏。此外,清末文廷式、严修等人的日记也都采用了预印的版格,严修日记的版格式样尤多,甚至曾借人翻刷。参见陈鑫整理《严修日记》(天津:天津古籍出版社,2015),《前言》,第9—10页。
③ 黎庶昌(曹耀湘代)编《曾文正公年谱》(传忠书局光绪二年夏刊本)卷一,第27a页。

演"朱子读书法",不仅是一套分年递进的教程,更细化到每日自早至晚各个时段温、看、浏览的程序,循环往复,不断增益,从字训、小学书入门,最终掌握包括经传、史鉴、古文、性理书在内的理学知识统一体。与曾国藩日记中的读书描写尤为接近的是,程氏日程针对各段学程和不同类别、功能的书籍,早就区分了"**倍读**"、"**看读**"、"**讽诵**"、"**暗诵**"、"**句读**"、"**点抹**"等不同读法,尤其强调通过"倍读"即出声温诵熟书来贯彻朱子读书法"熟读精思"、"虚心涵泳"的教旨。① 元刊本《读书分年日程》附有读经、读看史、读看文、读作举业、小学五种日程版格,区分早、午、晚时段和读、温、倍、看、玩索等读法,各标起止之处,供学者摹刻翻印后每日填写,尤与晚清人刻印"日记版"填写读书课程的用意类似(图3)。

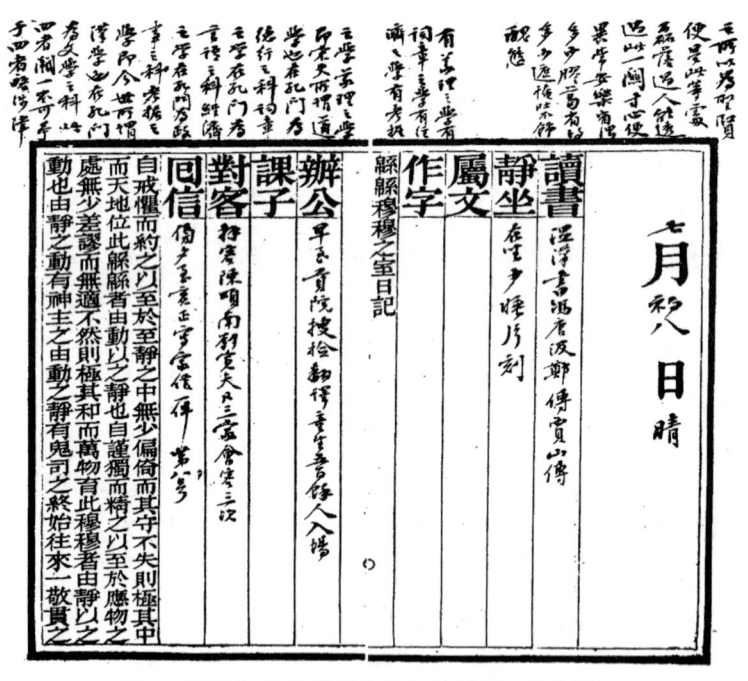

图 1 曾国藩《绵绵穆穆之室日记》版格(咸丰元年)

① 程端礼《程氏家塾读书分年日程》(《丛书集成初编》本,上海:商务印书馆,1936)卷之一,第2页。

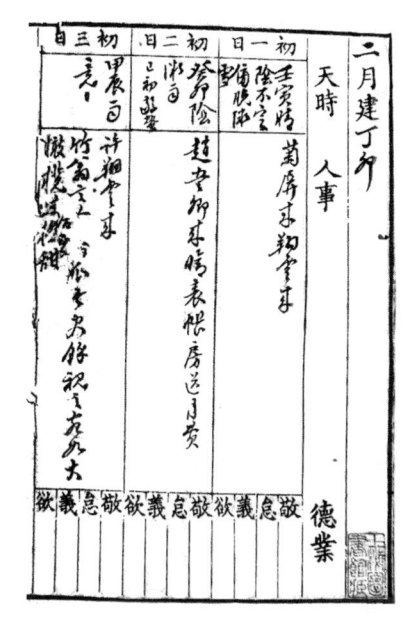

图2 《王海客日记》版格（咸丰九年） 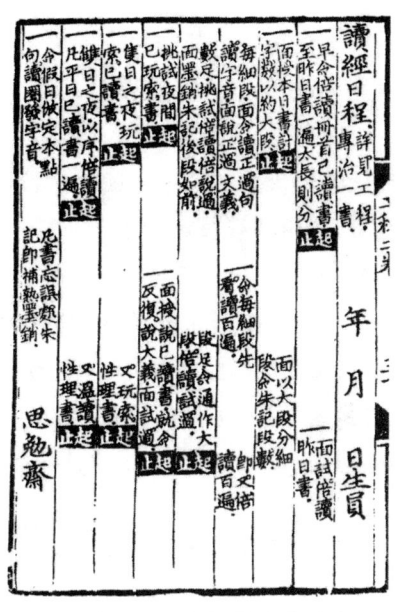　　图3 元刊《程氏家塾读书分年日程》所附"读经日程"版格

按预印格式填写的《绵绵穆穆之室日记》现仅存不到一年的长度，此后曾氏日记的主体便是咸丰八年六月起直到其易箦前一日近14年无间断的记事体。就记事性质和读者预设来看，咸丰八年服阕复出前、后的日记确实有所不同。是年七月，曾国藩致信曾国荃，称"兄此出立有日记簿……此后凡寄家书，皆以此法行之，庶逐一悉告，不至遗漏"；同时与曾纪泽书，亦提到"将日记封每次家信中，闻林文忠（则徐）家书即系如此办法"。① 曾国藩京官时期就有抄副日记寄家的习惯②，咸丰八年以后致子、弟书中频现"余详日记中"等语，有意识地将日记作为家书的补充，每月乃至每旬托折差或专勇带回。③ 咸同时期日记的记事密度有所增强，且不轻易付外人传看。④ 但也不能忽视曾国藩凭借日记为家人确立修

---

① 分别见钟叔河编校《曾国藩往来家书全编》，中卷，第253页；上卷，第240页。
② 钟叔河编校《曾国藩往来家书全编》，中卷，第4、8页。
③ 钟叔河编校《曾国藩往来家书全编》，下卷，第311、317、504页。
④ 钟叔河编校《曾国藩往来家书全编》，中卷，第396；下卷，第172、376页。

身楷模的用心。其中关于读书功程的详尽描写,既是"自讼"功程,又是在胞弟、子侄这些小范围日记读者的仰视目光中宣示的生活典范。①

咸丰八年以后日记中的"读书功程",并没有随着格式简化或记事增密而遭到削弱。读书记载在后期日记中反而更为丰富,甚至有时军事、公牍、应酬等行事竟成了读书间隙的点缀。后期日记仍延续了《读书分年日程》的框架,每日分早起、饭后、傍夕、灯后等时段载录阅、诵、批、圈等读书行为,时而自省读书的功过得失。最能说明咸丰八年以后日记"读书功程"性质的,是日记中不断订立的"日课"。现存曾氏日记一共有 11 次"立日课"的记载,除了京官时期四次(1.42、1.48、1.138 及《绵绵穆穆之室日记》第 3279—3283 页),咸丰八年以后七次日课中涉及读书的内容有:

1. 咸丰八年三到四月(补记):读书二卷(卯初至午初);**诵诗、古文**(酉正至亥正)(1.241)

2. 咸丰八年十月初六日附记:**温熟书,览生书**……(申酉戌亥)(1.310)

3. 咸丰九年八月十九日附记:中饭后看书,极少十页,极多不过三十页……灯后,**温熟古文**一篇,千字以内者十遍,千字以外者五遍。(1.411)

4. 咸丰十年七月初六日:**夜涵泳熟书**,不办公事。(1.519)

5. 同治元年八月十九日:留心文事,须从恬吟声调、广征古训下手。每日……灯后于文事加意……夜间,**温诗古文**,核批札稿,查应奏事目。(2.780)

6. 同治四年十一月十三日:将分内职事定一常课,作口诀曰:午前治己事,午后治公文……**二更诵诗书,高吟动鬼神**。(2.1206—7)

7. 同治八年二月初六日:灯后看书,**诵古文**。(3.1612)

---

① 同治八年正月二十日曾国荃《致伯兄》:"十四日得十二月十八日所发十三日安报并日记册……每日仍不废看书数卷,古之所称天授,颂曰神人,岂不兼而有之欤?"钟叔河编校《曾国藩往来家书全编》,下卷,第 504 页。

这七次日课涵盖了曾国藩从重出治军到平定太平天国后治理两江、直隶的各个时段，说明读书工夫在曾氏中年以后的修身功程中仍占有重要位置。而日记所记录的每日读书是否"有恒"，正是对这些"日课"贯彻与否的检证。此外，后期读书日课越来越强调夜间高声温诵熟书的工夫，所读内容则突显"诗古文"，更可窥见在摆脱了京师理学圈的视线后，曾氏读书理念和学问取向的新境界。

二、读书行为的动态分布与"读法"的分化

作为读书规划的"日课"并不能涵盖日常阅读实际，只有将每日记录的读书行为与预订的"日课"相对照，才能衡量曾国藩读书修身的成败。因此，有必要将"日课"落实到每日读书活动的记载，统计现存日记中所见读书行为的动态分布。在排日记载的体裁之下，具体读书行为的变化与分化，更可揭示有意识主张背后一些"见之于行事"的隐微趋势。

归纳读书行为分布和趋势的前提，是确定统计单位。阅读史研究多以书为中心，关注阅读书目及其种类、数量的变化。但各类书籍性质、功能、读法有别，更有部头大小之异：重要典籍需要长期、深度阅读，同一部书可能在不同时空或以不同方式阅读多次；另一些书籍却只是一过性浏览乃至翻看。有意义的数据不是读了多少种书，而是可感的阅读次数，且应纳入每次阅读不同的环境、动机、方式等作为变量。**本文以同一日内同一时段（早、午、晚等）以同种方式（看、温、诵、批等）读同种书为"一次"读书**，作为基本统计单位①，在现存曾国藩日记中共计得读书活动**6529 次**。曾国藩由书生而服官治军，日记所见读书生涯亦可按生平大致分成三时期：a) 咸丰八年以前片段日记反映的京官时期，共有 910 次

---

① 同一时间结合多种读法读同一种书，如"看"的同时"圈"、"校"之类，仅计一次；短时间内以同一读法兼读多种书，如同治十年三月十六日有人送来《起礼诗集》、《花甲闲谈》、《馀冬录》，曾氏"将此三书略一翻阅"(3.1844)，亦合计一次；同一天中以同一读法断续读同种书，如同治九年四月二十三日"早饭后……阅纪公《[阅微草堂]笔记》……午刻再阅《笔记》……中饭后……屡次阅纪公《笔记》……夜仍阅纪公《笔记》"(3.1745)，仍计为一次。

读书记录;b) 咸丰八年至同治三年服阕复出与太平军作战时期,计1887次;c) 同治四年至十一年二月谢世的晚年,计3732次。这一粗略分期只是为了呈现变化趋势。每次读书活动具体的统计项目,则包括:(一)**读书时段**,(二)**所读书籍类型**,(三)**读书方式**,(四)**读书空间**,(五)**读书频率**等。惟曾氏对读书空间着墨极少,京官时期日记偶尔提及湖广会馆等场所(见道光二十三年二、三月日记),中年以后则多记载外出途中于轿、车、船内读书,往往待住店后再增补批识。至于读书频率,日课中曾计划每日看新书"极少十叶,极多不过三十叶"(1.411),但每为他务打断,加之记载阙略,且不同类型书籍阅读进度有别,统计意义不大。下面仅就前三项进行分类,归纳每项中各类别在曾氏人生不同时期读书行为中的占比,以及三项之间各类对应的分布。

(一)每日读书时段

以《程氏家塾读书分年日程》为代表,理学读书功程将每日分为若干时段,强调在固定时段内按特定方式读毕预定书目。① 曾国藩在日记中记载读书活动,同样有很强的时段意识。按其生活习惯,基本上可以把午饭(未初或未正)和晚饭(酉初)作为两个区分点,每日分为三段。**1. 早段**:包括"早起"、"早间"、"早饭后"、"饭后"、"上半日"、"午饭前"等词汇以及未初以前的时刻。**2. 中段**:如"午后"、"下半天"、"傍夕前"等,及未刻到酉初以前的时刻。**3. 晚段**:"傍夕"、"夜"、"灯初"、"灯时"、"灯后"以及"更初"、"二更"等更点标示的晚间时段。根据这些时间描述,统计每日读书时段在各时期分布,大致可知:曾氏京官时期以早间读书为主,晚间次之;咸丰八年后,晚间读书次数遽然上升,占到一半以上;晚年早间读书稍恢复,但仍以晚间为主。各时段午后读书次数都相对较少。此外,在一天内多个时段连续读同一种书的现象也不少见:

---

① 又如王应麟记邵雍《劝学》:"二十岁之后,三十岁之前:朝经、暮史、昼子、夜集。"见翁元圻注,栾保群等校点《困学纪闻》(上海:上海古籍出版社,2008)卷二十,第2173页。

	京官时期		征伐太平军时期		平定太平军以后	
	次数	占同期比	次数	占同期比	次数	占同期比
早段（午饭前）	509	**55.9%**	319	**16.9%**	1113	**29.8%**
中段（午饭后）	49	**5.4%**	291	**15.4%**	382	**10.2%**
晚段（酉正后）	176	**19.3%**	1017	**53.9%**	1631	**43.7%**
跨时段及不明	176	**19.3%**	260	**13.8%**	606	**16.2%**

注：由于四舍五入，本文各表所计占比总和可能不等于100%。

曾国藩曾屡次在家信中慨叹早年读书"无恒"，中年再出从戎始能"有恒"。①咸丰八年以后所立"日课"中，仅有一次要求早间读书（"卯初至午初"），一次订"中饭后看书"（1.241、310），其余则均突出申、酉以后的夜间，甚至规定"灯后"、"二更后"为专属吟诵的时段。日后门生回忆曾氏军中生活的节律，亦念念不忘"酉初晚餐后即读经史古文，至亥正止，高诵朗吟，声音达十室以外"。②与理学读书功程中终日诵书或早起温熟书的惯例不同，咸丰八年以后曾氏日记中的读书时段多在晚间。除了白天军务、公务的排挤，恐怕也跟所读书籍类型和读法的分化有关。日记中夜间诵书最晚可以持续到三更后，"二更"更是一个标志性的时间点，隔开了此前相对公开的阅读活动和此后较为私密的温诵功程。有时候，二更后温书还要刻意"入内室"（2.805—836、3.1397），时段和空间的转换正是为了区隔不同的阅读状态。

（二）所读书籍类型

读书内容向来是阅读史研究的重点，但要说明阅读行为背后的思想变化，必须对书籍进行有效分类，观察各类别的升降。在曾国藩生活的

---

① 钟叔河编校《曾国藩往来家书全编》，上卷，第191、230；下卷，第355页。
② 此唐文治转述吴汝纶语，见《桐城吴挚甫先生文评手迹跋》，《茹经堂文集三编》（台北：文海出版社，1974年影印本）卷五，第24b页。

时代,四部分类固然是由官方确立而且曾氏本人也较为熟悉的分类法,但道咸以降学术风气的变化,又使某些类别在四部之中格外突出,比如乾嘉考据学成就仍对道咸同时代的士大夫保有压力,另一方面则是理学复兴以及典制、经世乃至洋务书籍的兴起。身处汉、宋之间,曾国藩更主张以"三礼之学"缓和考据与经世的紧张。礼学、典志、经世、理学乃至清儒经说训诂考据等门类,有必要在四部之外另行统计,才能凸显当时学术新变的趋势。故将曾国藩所读书分为以下几类,分别统计在其人生各时期的分布:

	总次数	京官时期		征伐太平军时期		平定太平军以后	
		次数	占同期比	次数	占同期比	次数	占同期比
经书(不含礼书)	931	144	15.8%	310	16.4%	477	12.8%
训诂考据	278	1	0.1%	134	7.1%	143	3.8%
史书(不含典志)	1303	290	31.9%	271	14.4%	742	19.9%
礼学	463	7	0.8%	76	4.0%	380	10.2%
典志经世	493	47	5.2%	161	8.5%	285	7.6%
古子	108	8	0.9%	84	4.5%	16	0.4%
理学	228	34	3.7%	15	0.8%	179	4.8%
诗文	2534	321	35.3%	808	42.8%	1405	37.6%
小说笔记	157	9	1.0%	30	1.6%	118	3.2%
其他	108	66	7.3%	10	0.5%	32	0.9%

注:书籍性质重复者,如理学家、考据家的诗文集,则于理学、考据类下与诗文类互见;典志与经世书不易分别,并为一类;少数佛道书并入古子;编抄入《经史百家杂钞》等诗文总集的经史子书仍按诗文统计;丛书及不易分类的书籍归入"其他"。

咸丰十一年三月,曾国藩于休宁围城中留下遗命,自称"惟古文与诗,二者用力颇深,探索颇苦……古文尤确有依据,若遽先朝露,则寸心所得遂成广陵之散"。[①] 由上表可见,在曾国藩现存日记所表现的整个读书生涯中,诗文类书籍的确居于主导,占阅读总次数的 38.8%;其次为

---

① 钟叔河编校《曾国藩往来家书全编》,上卷,第 178 页。

史书、经书(不含礼书,下同);礼学、典志、经世等反映学术新变类型也占一定比重。相形之下,反而是其素所服膺的理学书并不十分突出。而从动态变化看:经书阅读在三个时期占比稳定;史书在京官时期较吃重,咸丰八年以后占比减少;礼学和考据类书的数据,都是在咸丰八年后大幅增加,礼学书剧增的势头一直持续到晚年。诗文类在第二期最为密集,小说笔记类阅读总次数甚少,但横向比较的话,则可见其占比在第三期大增。再看各类书籍在每日各时段的分布:

	经书 (不含礼)	训诂 考据	史书 (除典志)	礼学	典志 经世	古子	理学	诗文	小说 笔记
早段	**219**	125	621	313	211	21	65	**387**	40
中段	**55**	52	149	39	107	17	42	**227**	36
晚段	**555**	55	250	29	66	36	84	**1718**	37
跨时段等	**102**	46	283	82	109	34	37	**202**	44

注:本文列表中数据,除特别注明外,单位均为次。

各书籍类别的读书时段在早、晚之间出现了明显分化:史书、训诂考据、礼学、典志经世等类的阅读均偏向早间;经书、诗文类阅读则集中在夜间。尤其是诗文的晚段阅读占到该类总次数的67.8%,"夜间温诗、古文"的日课确实得到了切实贯彻。

(三) 读书方式的分化

活用各种动词来具体描写读书方式,是曾国藩日记区别于同时期其他士大夫日记读书记载的一大特色。继承朱子读书法"熟读精思"的宗旨,曾国藩强调针对不同的阅读目的、对象、环境必须区分读法:"看者涉猎,宜多宜速;读者讽咏,宜熟宜专……二者截然两事,不可缺亦不可混。"①然而,曾氏日记对"读"这个概念的实际运用,却并没有如此严格。早年日

---

① 见咸丰九年六月廿四日《复邓汪琼》,《曾国藩全集·书信》,第1010页;又参咸丰八年七月廿一日《与纪泽书》、同治十年十月廿三日《与澄、沅书》,钟叔河编校《曾国藩往来家书全编》,上卷,第140—141,下卷,第385页。

记有"读"《史记》各年表的记载(1.233—4),此类表谱显然只能充当"看"的对象;又如咸丰八年日记首列课程,"卯初至午初"的"读书二卷"与"酉正至亥正"的"诵诗古文"分为两条(1.241),"读"反而与"诵"对立。事实上,日记中单独使用的"读"字涵盖了所有读书活动,本身并无统计意义。但围绕看读、温读、诵读、批读等不同读书方式,在"读"之外却有相当丰富的描写词汇,大致可分为七类:

1. 看读:使用最频繁的是"阅"字,此外如"看"、"览"、"观"等,一般都指单纯用眼而不出声的默读。

2. 温读:主要以"温"字表示,即反复阅读同一篇章或书籍。曾国藩日记中多次反复阅读的现象相当普遍,如经书中的《四书》、《诗》、《易》、《左传》,史书中的《史记》、《汉书》、《通鉴》,皆曾温读数过,贯穿一生;晚年则更以温诵《十八家诗钞》、《经史百家杂钞》、《古文四象》等自编选本为乐。

3. 诵读:包括记背和吟咏在内,最常用的描写词汇是"诵"和"朗诵",此外有"默诵"、"循诵"、"讽诵"、"温诵"、"背诵"、"高吟"、"朗吟"、"微吟"、"恬吟"、"讽咏"、"密咏"、"涵泳"等。曾国藩对此类读法阐释最丰,构成其诗文声调之学的实践基础。(详下节)

4. 批读:包括"圈"、"点"、"批"、"朱圈"、"丹黄"、"批注"、"乙识"、"题识"等在阅读中"过笔"的活动。曾国藩文集中对"评点之学"多有鄙薄之词①,但早年为京官时却"日抱兔园册子,习常蹈故,以从事于批点"②。道光二十二至二十六年间,曾用胭脂圈批《史记》、《韩文》、《韩诗》、《杜诗》、《震川集》、《山谷集》及康刻《古文辞类纂》等书,"首尾完毕"③;还曾圈过一部《通鉴》,日后反复推荐给儿子作为读法示范④。其

---

① 参见《谢子湘文集序》、《经史百家简编序》,王澧华校点《曾国藩诗文集·文集》(上海:上海古籍出版社,2005),卷二、三,第256、316页。
② 见王定安《求阙斋弟子记·文学》(光绪二年都门刻本)下,卷二十二,第19a页。
③ 钟叔河编校《曾国藩往来家书全编》,上卷,第230页。
④ 钟叔河编校《曾国藩往来家书全编》,上卷,第159、163—164、174页。

最初接触《古文辞类纂》和方、姚文集，也是凭借圈点为门径。① 中年从军、为督抚以后，仍免不了每日批阅公牍文件、幕僚拟奏乃至科场程文、书院课卷。晚年编选或重订诗文选本，常批、校并行，但有时"无善本可校"，只能"以意批点"（3.1488），则"批"又兼有校勘考证和鉴赏批评两重功能。

5. 分类标选：指分门别类进行编次、选辑、抄录、"识目"等活动。曾国藩素来强调"分类抄记"之法，早年摘录《茶余偶谈》即分为德行、学问、经济、艺术等门，日后更在训子书中指出："大抵有一种学问，即有一种分类之法；有一人嗜好，即有一人摘抄之法。"②其分类注重系统性和对称性，多取《易》数敷演，如为学有"四科"、"四法"，处世有"四知"、"八本"，文有"四象"、"八境"，"圣哲"有三十二人等。除了诗文选本的分类编集，中年以后温读《周易》、《诗经》、《左传》、《孟子》等经书或看读《通鉴》等史书时，更常常分类条记事项，识于书面或目录，或倩人分类抄出。如同治二年十一月十八日温《孟子》，"分类记出，写于每章之首：如言心言性之属，目曰'性道至言'；言取与出处之属，目曰'廉节大防'；言自况自许之属，目曰'抗心高望'；言反躬刻厉之属，曰'切己反求'"（2.951）之类。

6. 校对查抄：查阅、对勘、誊录不同文本的考据型读书，如"校"、"对"、"查"、"誊"、"抄记"等。最常见的情况是校勘，如以戴震《水经注校本》校汪世铎《水经注图》（2.745—9），以戴氏《考工记图》中"车制图"与阮元《车制图考》对勘（2.936）；或者对读相关文献，补充题识，如校对《文献通考·舆地》与《读史方舆纪要》，"将《纪要》题识册面"（2.980）之类。同治初，金陵书局校刊《船山全书》，曾国藩躬与其役，《礼记章句》等书"辨论经义者半，校出错讹者半"（2.1276），则又不限于文字对勘，亦有经义考辨。这种高强度的研究式阅读，尤其适用于曾国藩素所看重的"礼学"类书籍。同治五年九月廿一日至次年二月十四日，曾氏连续校读《仪礼》一过，以张尔岐《仪礼郑注句读》、张惠言《仪礼图》为主，参看徐乾学、

---

① 钟叔河编校《曾国藩往来家书全编》，中卷，第49、166页。
② 钟叔河编校《曾国藩往来家书全编》，上卷，第73页。

江永、秦蕙田诸书,颇得清代经儒治三礼的要领(2.1304、3.1351);遇"制度苦思不得之处",则命儿子或幕宾"代为筹思"(2.1312)。从此类读法中,颇能窥见曾国藩预流经学考据的努力。

7. **粗翻涉猎**:随意、偶然或极短暂的翻看、诵读等活动,多用"翻"、"涉猎"等词表示,或在"阅"、"看"、"诵"等动词前加上"粗"、"泛"、"略"、"偶"、"杂"、"间"等前缀。

需要说明的是,以上七种"读法"并非互相排斥。如"温读"的具体方式可能是看读,更有可能是吟诵;圈点、分类、校对也经常同时进行;涉猎型阅读多为看读,但也有个别"偶诵"的记载,故另辟一类。事实上,根据晚近阅读生理学研究,没有一种读法可以离开视觉,"看读"(silent reading)和"诵读"这一对立本身就值得反省。① 但就理学"读书法"原则和曾国藩的学术意识而言,"看"、"诵"、"温"、"批"等读法的分化至关重要,故仍就曾氏日记中的描写做出区分。首先统计各种读法的总次数及其在曾氏人生各时期的分布:

	总次数	京官时期		征伐太平军时期		平定太平军以后	
		次数	占同期比	次数	占同期比	次数	占同期比
看读	3360	301	33.1%	810	42.9%	2249	60.3%
温读	1848	36	4.0%	865	45.8%	947	25.4%
诵读	349	26	2.9%	84	4.5%	239	6.4%
批读	523	112	12.3%	43	2.3%	368	9.9%
分类标选	108	15	1.6%	12	0.6%	81	2.2%
校对查抄	148	8	0.9%	47	2.5%	93	2.5%
粗翻涉猎	195	18	2.0%	49	2.6%	128	3.4%
"读"	461	409	44.9%	31	1.6%	21	0.6%

注:最后一栏"读"类,指单独用一"读"字标示的读书活动。由日记中个别次读书未记读法,本表中各期读书总次数与前表略有差值。

---

① A. K. Gavrilov, "Techniques of Reading in Classical Antiquity," in *The Classical Quarterly* 47, no. 1 (1997): 56-73.

值得注意的是,京官时期日记中七种读法总占比才刚过50%(内中还有部分重复),大量的读书行为以泛化的"读"字记载,可见曾国藩早年对各种读法的区分还不是特别敏感。而在咸丰八年以后的日记中,单独使用"读"字的情况减少到几乎绝迹,读法的多样化描写占了绝大多数,表明其读法区分意识已相当明确。各种读法中,"看读"类总次数最多,各时期占比不断上升,可以从中想见曾国藩一生知识范围的扩充。其次是"温读"类,但各阶段比例有所波动:京官时期甚少,咸丰八年后陡然增加,在第二期甚至超过了同时期"看读"的占比。相较之下,"诵读"、"批读"这两类高强度读法的次数则偏少。"诵读"类虽总体占比不高,却在三个时期中不断攀升;与之相反,圈点批读在京官时期较为频繁,咸丰八年以后则大幅减少。

再看每日早、中、晚各时段的读法分布:

	看读	温读	诵读	批读	分类标选	校对查抄	粗翻涉猎
早段	1380	**127**	**13**	255	**26**	65	46
中段	492	**86**	**9**	72	**8**	21	48
晚段	841	**1523**	**316**	97	**51**	45	62
跨时段等	647	**112**	**13**	99	**23**	17	39

各种读法的读书时段亦趋向两极:"看读"、"批读"、"校对查抄"三类均偏向早间到午饭前的早段;而"温读"、"诵读"则基本上集中在夜间,"分类标选"也以夜间为最多。吟诵被多次"日课"确立在晚间,固不待言。重要的是,读法时段的两极分化与前述书籍类型的时段分布颇为重合,提示了读法与书籍类型之间的对应关系:

	经书(不含礼)	训诂考据	史书(除典志)	礼学	典志经世	古子	理学	诗文	小说笔记
看读	**132**	248	887	361	431	76	201	**912**	155
温读	**595**	1	175	56	5	17	2	**1009**	0
诵读	**91**	1	6	0	0	1	1	**251**	0

续　表

	经书（不含礼）	训诂考据	史书（除典志）	礼学	典志经世	古子	理学	诗文	小说笔记
批读	3	8	124	37	27	4	4	**311**	0
分类标选	**38**	0	28	0	0	0	0	**41**	0
校对查抄	5	23	16	14	21	1	1	**74**	0
粗翻涉猎	13	24	22	3	16	5	17	**91**	2

根据上表，训诂考据、理学、典志经世、小说笔记四类书在压倒多数情况下都采"看读"法，史书、礼学、古子三类书也以"看读"为主，但"温读"仍占一定比例；与之相对，经书、诗文两类则最多采用"温读"，"看"、"诵"次之。横向来看："看读"法最为普遍，"温读"极少用于考据、理学两类，"批读"多施于史书和诗文；各种出声的"诵读"法基本上只用来读经书和诗文集，阅读其他类书籍时几乎没有运用。读书方式按书籍类别分化，正是曾国藩区分"看读浏览"与"讽诵涵泳"两种读法的应有之义。他在咸丰八年训子书中举看读之例，为《史记》、《汉书》、**韩文**、《近思录》、《周易折中》；讽诵涵泳之书，则为《四书》、《诗》、《书》、《周易》、《左传》诸经，以及《昭明文选》、李杜韩苏之诗、**韩欧曾王之文**。所谓"非高声朗诵则不能得其雄伟之概，非密咏恬吟则不能探其深远之韵"，针对的主要就是经书本文和包括《文选》、古文、唐宋诗在内的诗文。①

三、诵读声调与知识统一体的安顿

曾国藩尝归纳君子有三乐，首先便是"读书声出金石"之乐（1.421），又曾教子弟以"八本"之说，前两条是"读书以训诂为本，诗文以声调为本"（1.485）。在看读处理的训诂考据之外，尤其注重以读、作诗文为中

---

① 钟叔河编校《曾国藩往来家书全编》，上卷，第140页。注意其中《韩文》既被列为看读浏览之书，又属于讽诵涵泳对象的"韩欧曾王之文"。

心的声调之学。然而,较之"看读"、"温读"、"批读"等其他读法,"诵"、"吟"、"讽"、"咏"等词汇标记的诵读活动在上节读书行为统计中似乎并不占多数。这一方面是因为诵读功课的确常有间断,如咸丰九年四月廿六日记:"夜读《伯夷列传》,朗诵之,不诵书已近一年矣。"(1.381)对照咸丰八年三、四月间功课中"诵诗古文"一条,则这条日课基本上没有执行。此后日记中的诵读记载也是时断时续,疏者数月一次,密者连日吟诵。另一方面,也有必要考虑单纯统计"次数"可能带来的偏差。如同治四年十月十五日记:"二更后倦甚,不能诵书。"(2.1197)详其文义,则似平日二更后诵书是常态,只是因为过于重复而未体现在日记中,故此夜的"不能诵书"反而要特别记出。无论如何,回到日记的文脉之中,诵读活动往往伴随关于诗文义法的评论或读书成败的反省,夜间诵读更是几次"日课"中有意凸显的环节,即便不一定每日坚持,仍是曾国藩读书理想所寄。

  曾国藩的诵读习惯从何时发端?现存道光十九至二十五年曾氏最初日记中,出声诵读的记载仅4次,其中3次在早间,与日后集中在夜晚的吟诵显然有别。早期日记中最显眼的读法并非诵读,而是来自"明人评点古文之法"的各种批、点、圈、识。不过,大约从道光二十六年前后起,曾氏对"评点之学"的批评逐渐浮现。① 在道光二十五年复刘蓉信中,曾氏自称"浅鄙之资,兼嗜华藻,笃好司马迁、班固、杜甫、韩愈、王安石之文章,**日夜以诵之不厌也**"②,诵读开始取代批点,成为治诗文的主导方式。到咸丰元、二年间《绵绵穆穆之室日记》中,出声吟诵几乎都在夜间,已成惯例。由此推论,夜间诵读的习惯大概形成于道光二十五年至咸丰元年这五六年之间。这段时间也正是曾国藩透过梅曾亮、戴钧衡

---

  ① 曾国藩于道光二十三年向座师季芝昌借书,后取其中《震川集》"加丹黄焉,效明人评点古文之法,识之以朱围、著之以褒讥"。二十六年还书时颇为自责,遂题识数语,分古人读书之方为"注疏"、"校正"、"评点"三种,认为评点之学起于明代科场,深讥其陋。见前揭《求阙斋弟子记》卷二十二,第1707—1709页。
  ② 见《曾国藩全集·书信》,第22页。

等桐城后学接触方、姚绪论的时期。① 可惜此数年日记中断,无从探索影响的路径,但从《绵绵穆穆之室日记》正文与眉批的呼应中,已能窥见诵读习惯对古文声气论的启发:

〔读书〕……读《汉书》《景十三王传》后二叶、《李广传》,夜朗诵《李广传》。

〔眉批〕为文全在气盛,欲气盛,全在段落清。每段分束之际,似断不断,似咽非咽,似吞非吞,似吐非吐,古人无限妙境,难于领取。每段张起之处,似承非承,似提非提,似突非突,似纾非纾,古人无限妙用,亦难领取。②

此段眉批后被摘入《求阙斋日记类钞》,单看的话似乎只是讲"为文"时的段落接续;但查该日日记版格中"属文"一栏为空,所谓断、咽、吞、吐、承、提、突、纾之法,更可能是从"读书"栏所记"朗诵《李广传》"的工夫中领取的"妙用"。咸丰八年以后日记中此类从夜诵而得的声气体会更多。咸丰九年九月十七日夜温韩愈《柳州罗池庙碑》,"觉情韵不匮,声调铿锵,乃文章中第一妙境。情以生文,文亦足以生情;文以引声,声亦足以引文。循环互发,油然不能自已,庶渐渐可入佳境"(1.420);咸丰十一年十二月廿四日酉刻温苏诗,"朗诵颇久,有声出金石之乐,因思古人文章,所以与天地不敝者,实赖气以昌之,声以永之。故读书不能求之声、气二者之间,徒糟魄耳"(1.698)。

除了在吟咏中体悟诗文声气,曾国藩日记所录诵读习惯的另一特点,是常以选本为对象,尤其是中年后对自编选本的利用。曾氏早年所读诗文总集,有《国朝二十四家文钞》、《斯文精萃》、《文选》等,雅俗杂糅,殊无法度。道光二十五年起圈读康刻《古文辞类纂》,咸丰元年始出现朗

---

① 关于道光末年曾国藩与梅曾亮古文圈子交游的考辨甚多,最新的讨论可参考谢海林《曾国藩与桐城派古文家梅曾亮之关系发微》,载《广西师范大学学报》2017年第4期。

② 《湘乡曾氏文献》(台北:学生书局,1965),第6册,第3291—3292页。

诵《古文辞类纂》篇目的记载，同时编有《曾氏读古文抄》、《曾氏读诗抄》二种，后者即《十八家诗钞》。① 咸丰九年十月二十七日夜，曾国藩"将古文抄一目录，分为十一属，每属分阴、阳，以别文境；其一属之中为体不同者，又分为上编、下编"(1.431)，是为《经史百家杂钞》之初步成书，每类境分阴、阳，又包含后来《古文四象》的思路。从咸丰十年七月开始，曾国藩日记中经常出现温诵"古文"某类、某属或某篇的记载，所谓"古文"并非泛称，而是专指曾氏自己编抄的古文选本。如咸丰十年以后温读"古文"传志、杂记、书牍、哀祭、论著、词赋等，实即《经史百家杂钞》各类；而如"二更一点后温古文《庄子》、《离骚》"(2.1119)、"夜温《汉书·艺文志》"(2.755)、"朗诵《系辞》上下传"(2.1214)等，亦可根据语境，判断其所温诵并非经、史、子原本，而是《杂钞》所载篇目。同治四年十月初五日"二更后整理新抄古文"，初七日夜"旋温'识度'数首"(2.1195)，实即编选《古文四象》的发端。次年十月初一日"编成目录，以为三复之本"(2.1306)。此后日记中"古文某某之属"的记录，则多指《古文四象》。② 此外还有偶尔出现的"古文简本"或"古文简编"，即从《经史百家杂钞》中摘选的《经史百家简编》。③ 晚年又抄杜、韦、白、苏、陆五家闲适诗。二者都是专供"朝夕讽诵"的简本(1.486、3.1925)。日记中的"古文"篇目亦不限于曾国藩在其他场合宣示的狭义"古文"范围。举凡经、史、百家（诸子、理学、别集）、古文门类、十八家诗，只要"有文

---

① 《湘乡曾氏文献》，第6册，第3281—3282页。又咸丰二年正月初二日记眉批："是日思诗既选十八家矣，古文当选百篇抄置案头，以为揣摩。因自为之记曰：为政十四门，为学十五书；钞文一百首，钞诗十八家。"

② 日记中的"古文"偶也有指代《古文辞类纂》的情况，如同治八年六月廿八日记"夜阅'古文'奏议类王介甫文三首二十一叶"(3.1657)，《经史百家杂钞》奏议类仅收王文一首，《古文辞类纂》则收有三首，通行的康刻本正好是21叶，因知此前后日记中的"古文"当指《古文辞类纂》。

③ 按：《经史百家简编》虽是从《经史百家杂钞》中抄出，但今本二者分类编次略有不同，各篇的圈点和分段、评注也颇有出入。

气"可诵读的篇章①,都可纳入"古文四象"的框架。② 可以说是在姚鼐文体、文境分类基础上,以"讽诵涵泳"的读法为范围,重构了一个知识统一体。除了诗、古文选外,曾氏晚年日记还载录了分类摘抄《诗经》、《孟子》、《左传》等经书读本的尝试。同治六年二月二十一日,曾国藩将《诗经》"选八十篇,分为十种,每种八篇,以便讽咏玩味"(3.1353)。次年六月廿九日又记:"将《诗经》分列兴、观、群、怨之属,胪为八类,共八十篇,开单将抄出,以备讽咏。"(3.1527)仍是出于日常诵读的需要。③

在声调、节奏、气象这些"古文"标准之下,文章选本中的经、史、子、理学、典制等书籍类型原先适配的阅读层次被消解了,某种程度上都成了平等的吟诵材料。曾国藩尝教诸弟涵泳之法:"凡读书有难解者,不必遽求甚解,有一字不能记者,不必苦求强记,只须从容涵泳,今日看几篇,明日看几篇,久久自然有益。"④幕友回忆曾氏在安庆军中每日诵读《毛诗》,常说:"余于《诗》,讽咏而已,其不可解者,不强解也。"⑤这种不求强解的讽咏,似乎提示在文义的理解、记忆以及著作类型的层次之外,诵读声音本身就带有独立的、均质的价值。曾国藩平生爱诵《尚书》中《吕刑》一篇,咸丰元年九月已悟出"昌黎诸文皆学《书经》"⑥,九年九月十五日思《吕刑》,于句法若有所会"(1.419),十一年六月廿三日夜再温,指出

---

① 曾国藩曾在教子书中罗列"七篇三种成诵之文",但特别注明其中顾祖禹《州域形势叙》"排列某州某郡无文气者亦不必读"。可见"有文气"是诵读的基本条件。见钟叔河编校《曾国藩往来家书全编》,上卷,第207页。

② 参见《文章各得阴阳之美表》,钟叔河编校《曾国藩往来家书全编》,上卷,第227页。关于"四象"与诵读声气的对应关系,民国以后唐文治颇有发挥,见氏撰《论读文法》,《国专月刊》第5卷第5号(1937年6月15日)。

③ 按:今本《古文四象》目录在"少阴情韵"之下收有《诗》八十篇,分为"可兴上"、"可兴下"、"可观上(美)"、"可观下(刺)"、"可群"、"可怨"、"义理"、"气势"、"情韵"、"趣味"十类,若兴、观上下合并则为八类。如此则《诗经》八十篇选本均已收入今本《古文四象》。

④ 见钟叔河编校《曾国藩往来家书全编》,中卷,第166页。

⑤ 方宗诚《节录曾文正公遗书跋》,《柏堂集后编》卷六,杨怀志、方宁胜点校《方宗诚集》(合肥:安徽教育出版社,2014),第526页。

⑥ 见《湘乡曾氏文献》,第6册,第3501页。

"《吕刑》篇于后世古文家蹊径最近",却惋惜自己"不能尽通其读"(1.635),①至是年七月间得到戴钧衡的《书传补商》,才对其文义加深了理解。(1.642)然而,字义训诂的隔膜并未妨碍曾氏此前吟诵并理解《吕刑》的"安章宅句"之法。早在道光末叶,曾国藩就接受了很可能来自桐城的诗文声音之学,但连接字句之间的"词气之缓急,韵味之厚薄",仍被限定为"明先王之道"的媒介。② 其对于文章声调超乎文义和文类(著作类型)的把握,反而近于阮元从骈文立场提出的"文言说"。只不过阮氏所论"声音即文"基于考据得来的音韵,且与经、史、子等"笔语"区隔;③曾氏的"声调"体会则来自长年吟咏选本的功程,涵纳了经史百家各种著作类型,却时而漂浮在经史百家字、句之外。

　　诵读行为与声调之学、诗文选本互相生发的关系,还应回到包括看、温、诵、批、校等多种读法在内的阅读全景中来理解。发掘声调实践独立于文义、文类的"超越性",并非否认曾氏对诗文以外知识的广泛兴趣,曾国藩的眼界、阅历和功业也绝不容许他停留于诗文家的"能事"。④ 正如上节读书行为统计所呈现,在"诵读"、"温读"为主的经书本文、诗文选本世界之外,另有一个通过"看读"、"校读"把握并处在不断扩充之中的专书世界。曾国藩早年从唐鉴那里接受了义理、考核、词章、经济的知识整

---

① 曾国藩《经史百家简编·吕刑》篇末总评亦云:"安章宅句,与后世卿、云、马、班、韩、柳诸人蹊径相近,**惜不能尽通其读**耳。"见《经史百家杂钞》(传忠书局同治十三年季夏校刊本)卷上,第32b页。

② 见《致刘蓉》(道光二十三年),《曾国藩全集·书信》,第6页。

③ 阮元《文言说》、《书梁昭明太子文选序后》、《文韵说》等篇,阮元著,邓经元点校《揅经室集》(北京:中华书局,1993),下册,第605—606、608—609、1064—1066页。按:咸、同之际,曾国藩训子书一度尝试以《文选》为中介沟通"训诂精确"与"声调铿锵",但似并不成功。参见钟叔河编校《曾国藩往来家书全编》,上卷第167—169、192页。

④ 参见刘大櫆《论文偶记》三,《历代文话》,第4册,第4107页。按:曾国藩对诵读声气的"超越性"的某些理解,确有合于刘大櫆等桐城文家关于行文"材料"与"能事"之分的阐发,与刘氏反对文章"专以理为主"的立场接近,曾国藩及其门人也反复申说古文"不宜说理"。然而,现存曾国藩日记未见阅读刘大櫆著作的记载,反而对刘氏"不免人之见者存"不无微词(1.325);曾国藩认为姚鼐《古文辞类纂》阑入刘大櫆为"稍涉私好",晚年复信吴敏树,亦称"刘氏诚非有过绝辈流之诣"。参见《曾国藩全集·书信》,第1096、7495页。

体观,最初强调"义理之学"为统率(1.92)①,但很快又兼纳训诂考据和诗文声气的视野。他竭力在四大知识领域间保持平衡,自称"于四者略涉津涯,天质鲁钝,万不能造其奥窔"②;又说"吾生平读书百无一成,而于古人为学之津途,实已窥见其大"③。虽然强调"掘井九仞"的深度阅读,但就读书实际而言,曾国藩自知不可能达到乾嘉经儒的专精,故更看重全体各门类的完整性与对称性。早年学术孤陋带来的心头"大堑",更使其阅读生活在诵读守约的门面背后,留下了大量骛博泛览的尝试。④

运用"看"、"温"、"诵"、"校"、"批"各种方式分别对治经、史、子、理学、诗文、考据、典志、经世等不同门类的书籍,多层次的读书功程多少体现了道咸以降学术重塑知识统一体的诉求。然而,以曾国藩的学术功底、身体素质和日常精力,特别是在中年从军、为督抚以后,知识完整性的维持日益成为一项艰巨的任务。日记中记载的读书功程多有胶着、落空乃至失败之处,而各种读书困难带来的反复"自讼",又加剧了他"志学不早"的心理阴影。晚年日记随处可见"一无所成"、"无可挽回"、"败叶满山"、"全无归宿"等语,在他人看来许是功成名就之后的谦退,在曾氏内心则是掌握知识统一体这一极高期许无望达成的痛苦写照。曾国藩日记中的读书困难来自主、客各方面:如"涉猎悠忽"、"东翻西翻"、"心外驰"、"满腔逸惰之气"、"神气昏倦"、"方寸纷乱"等词汇所描述的,皆为主观上的懒惰或难以集中精力。但这些主观困难的背后则是各种客观障碍,如时间、精力的不足,公差、应酬的干扰,以及气候寒暑、疾病侵寻、老年遗忘等自然因素的作用。自道光二十三年正月间吐血继而"眼蒙"以后(1.153),"目蒙不敢看书"等语屡屡出现,眼病的烦恼贯穿了整部曾氏日记,更对日常"看读"特别是夜间看新书造成极大障碍。这可能也是曾

---

① 又参见道光二十三年正月十七日《与诸弟书》,钟叔河编校《曾国藩往来家书全编》,中卷,第17页。
② 咸丰元年七月初八、九日《绵绵穆穆之室日记》眉批,《湘乡曾氏文献》,第6册,第3280—3281页。
③ 钟叔河编校《曾国藩往来家书全编》,中卷,第293—294页。
④ 钟叔河编校《曾国藩往来家书全编》,下卷,第362—363页。

国藩中年以后将温诵熟书安排在灯后的一大因素,并从反面促进了夜间诵读习惯的形成。此外,如耳鸣、癣疾、头晕等其他疾病,以及亲友故去、战况胶着、官场倾轧造成的"心绪恶劣",都可能是读书中断的理由。出于礼学经世的理念,曾国藩晚年曾用很大力气研读三礼及典志类书籍。同治五年十月十六日读至《仪礼·丧服》,"中饭后即不敢再阅,因医言腰疼由于用心太过也",旋即换看《明史》,"盖读史本易于读经,而《丧服》尤经中之极精深者,是以病中阅之吃力"(2.1311);六年三月到八年六月间连续研读《五礼通考》,但有时又得换看他书,因为"《五礼通考》义蕴较深,病中难于用心"(3.1393)。可见不同类型书籍带来的困难也有程度之别,看读礼学、考据、典志等类的"生书"尤被认为是伤身之举。① 同治十年八月初九日,已接近生命终点的曾国藩立下誓愿:"以后当不作文、不看生书。"但"温读"、"诵读"不在其列,当晚即又"温《孟子·梁惠王》上下,取其熟也"(3.1884)。

一方面是"看读"、"校读"新书的师老力疲,知识整体的把握遥遥无期;另一方面则是讽诵吟咏带来沉浸式体验,温习熟书"如逢故人"(3.1348)。无声校阅与有声温诵两极之间的平衡被打破。读书可以被用来去乏解闷、排遣悲怀、舒缓压力甚至逃避公务。曾国藩的"读书乐"不仅来自偶尔一阅的小说、笔记、杂著等休闲读物,更时而在经书和诗文吟诵的声调中获得。诵读不仅是"自讼"功程,也可以充当"自怡"、"自娱"的手段(1.585、2.864、2.1062—3、2.1063)。正是在这一转化过程中,曾国藩将取自外部的诗文声调之学"内化"成了自家身心的诉求。而在日常诵读的实践中,能否诵出"金石之声",也是曾国藩验证自家身心状态的指标。有时"倦甚"则"不能抗声朗诵"(2.1061、1088、1197),乃至"朗诵几不能成声"(2.1176);若状态好则可放声朗诵,"音节清越,有如金石"(2.1157)。选择夜间甚至主要在入睡前的深夜(二更以后)进行温诵,固

---

① 曾国藩晚年日记中阅读这几类书籍的经验往往是痛苦而又执着,但也有一些例外,如同治八年四月廿四日记:"因孙儿、孙女痢疾,忧闷殊甚,迭次小睡,在床阅《经义述闻》、黄树斋诗集之类,心绪甚不安也。……夜又阅《经义述闻》,借以遣愁。"(3.1638)可见读书的苦乐也是相对而言,在更大的悲伤或痛苦面前,《经义述闻》之类考据书也可以成为排遣愁闷的手段。

然有白天公务挤压和晚年眼病加剧的因素;但如其日课口诀"二更诵诗书,高吟动鬼神"所云,精神语笑,通微合莫,则似又有某种超验体会在内。同治八年六月廿八日,曾国藩在日记中有一段读书生涯的自我反省:"念余生平虽颇好看书,总不免好名好胜之见参预其间,是以无《孟子》'深造自得'一章之味,无杜元凯'优柔餍饫'一段之趣。"不断扩张的知识边界和反复自讼的读书功程,未必出于存养的内在需要,而恰是外铄之"名"驱动的产物。因此曾氏决心在"敬、静、纯、淡"四字上加功,"但养得胸中一种恬静书味,亦稍足自适矣"(3.1657)。这是曾国藩晚年读书的进境。

小结

曾国藩日记中的"读法"描写具有思想史和文学史的双重意义:既体现着道咸以降士大夫在经世风潮下扩充知识边界、统合学术整体的不懈努力,又启示了从日常吟诵工夫中发生声音内在体验的实践过程。曾氏早年深受京师理学圈修身风气濡染,源自宋元道学家的"读书法"和"读书功程"奠定了他后半生记录读书活动的基本格式:将每日读书行为按几个时段分别记载,在书目、卷数、版本等基本信息之外,更针对经、史、诗文、典志、经世、理学乃至小说、笔记等书籍门类和具体时空环境中各异的读书目的,有意识地区分看、温、诵、批、校等不同读法,偶尔提示阅读环境,时而抒写主观感受或考证新得。

按照每日读书时段、书籍类型、阅读方式三个维度,归纳曾国藩日记中读书活动的分布规律和历时变化趋势,各类知识按"读法"的不同显著分化为两极。"看读"、"校读"等一过式或研究式阅读,主要针对经说、史书、训诂考据、典章制度等类知识性书籍,注重量的扩张,贯穿曾氏生涯各阶段,反映了曾国藩一生不断追赶学术潮流、把握知识整体的雄心。与之相对,"温读"、"诵读"等反复阅读或出声涵泳,则集中于夜间,专门用来对治经书本文和诗文选本,在曾氏中年以后成为日益重要的修身功课。作为道咸以降经世之学追求知识完整性的表现,读书行为的两极既相区分又须兼顾。

然而,为官从戎之余的读书,往往受制于精力、学养、兴趣等因素,在各类读法之间保持平衡绝非易事。应用或研究型阅读(看读、批点、校勘)固然是经世致用和学术预流不可或缺的手段,曾国藩晚年却越来越倾向于把读书当作舒缓情绪、逃避压力的一个出口。吟咏声调的意义于兹显露。从"自讼"之苦到"自适"之乐,正是在每日二更前后的"高诵朗吟"或"密咏恬吟"中,曾氏独有的声调之学逐渐成型。作为温诵对象的文章选本兼包"经史百家",日记中的"古文"亦涵纳了义理、考核、词章、经济在内的知识整体,却也有可能在吟诵中消解各类书籍原先适配的多元阅读层次,使之成为平等的吟诵材料。日复一日的吟咏实践更为曾国藩带来了超越文字表面的内在体验。这种沉浸于声音本身的内在体验有时甚至独立于篇章义理和字面训诂,诗文声调之学因此又渐有从知识整体中超脱出来的趋势。以有无"文气"(可否付诸吟咏)为标准,新的知识界限正在形成。

词体革命：创作思路与理论建构

倪春军

19世纪后半叶，是中国社会发生巨变的时期，这种巨变体现在政治、经济、军事、文化等各个方面。文学自然也不能例外。面对新的社会环境，旧体文学的出路成为时人关注的话题。其中尤以梁启超等人发起的一系列文体革命影响最大。但是，当梁启超等人轰轰烈烈地进行各种文体革命的时候，词这种文体似乎被历史遗忘。诗界革命、小说界革命、文界革命、戏曲改良，革命的思想惟独没有触及词体。

那么，词究竟是否参与了这次文体革命？判断词体革命缺席或在场的标准是什么？词为何缺席这次革命？后来是否又进行了革命？词的革命经过了哪些探索？取得了哪些经验？本文试在这几个方面做一些探索。

一、词体缺席与是非之争

1899年12月25日，梁启超在《夏威夷游记》中提出"新意境"、"新语句"和"旧风格"，被认为是"诗界革命"的纲领性文字。几乎同时，在谈到日本政论家德富苏峰的著作时，他又提出了"文界革命"的口号。1902年，梁启超创办《新小说》杂志，并在创刊号上发表了《论小说与群治之关系》一文，被认为是小说界革命的开始。从"诗界革命"到"文界革命"，再到"小说界革命"，短短三年时间，梁启超就在文体三界展开了一系列革新运动。然而，作为旧体文学的代表，词这种文体却没有进入梁氏的革命视野。

于是,有一部分学者认为,在梁启超的革命运动中,词体确实处于缺席的状态。较早提出这一观点的是陈铭:"十九世纪七八十年代以后,文坛改革呼喊甚嚣,维新运动的人们先后倡言'诗界革命'、'小说界革命'、'戏曲革命',及至五四新文化运动中的白话文运动。然而,似乎没有一个词人敢于提出'词界革命'的口号。相反,梁启超曾把诗词曲称为'陈设之古玩',诗界可以革命,最后的词真的成为'古玩文艺'了。"①稍后,袁进也表达了同样的观点。②张宏生师《诗界革命:词体的"缺席"与"在场"》则是第一篇对此现象深入探讨的论文,该文认为"'诗界革命'所提倡的主张,在词这种文体身上,却体现得并不是太充分","诗界革命"的参与者,"在填词的时候,并没有完全表现出作诗时的追求,也看不出革新词体的要求"。③

然而,也有一部分学者对"词体缺席"产生过质疑。比如曹辛华就认为陈铭的观点是有失审慎的,依据是梁启超作于1902年至1907年间的《饮冰室诗话》,他认为"诗话中论及当时词人词作的不乏其例,也足以证明这一纲领同样可适用于'词界革命'"。④杨柏岭不仅以《饮冰室诗话》中所载词话为据,认为"诗界革命"的"诗"是包括词体在内的广义的"诗",而且以其晚年白话词为例,说明梁启超在形式上已经对词体有所革新。⑤

造成上述分歧的原因就在于思考问题的角度不同。因此,有必要明确标准,统一角度,重新判断"词体革命"的缺席或存在。

首先,必须明确是谁缺席了"词体革命"?从词的创作角度而言,当时尚不乏一些反映新事物、运用新语句、表达新意境的词作。因此,"词

---

① 陈铭《晚清词论转变的核心:以诗衡词》,载《浙江学刊》1993年第3期,第78页。
② 袁进认为:"文学体裁的变革并不是没有例外,'词'就是最重要的一种。从近代到现代,在中国其他文学体裁急剧变化之时,'词'却依然坚守着传统复古的壁垒,与'革命'无缘。"见袁进《中国文学观念的近代变革》(上海:上海社会科学院出版社,1996),第185页。
③ 张宏生《清词探微》(上海:上海古籍出版社,2008),第358—359页。
④ 曹辛华《20世纪中国古代文学研究史·词学卷》(上海:东方出版中心,2006),第96页。
⑤ 杨柏岭《晚清民初词学思想建构》(合肥:安徽大学出版社,2004),第381页。

体革命"的缺席主体不应当是当时的所有人群,而仅仅指发起并参与"诗界革命"的梁启超、黄遵宪、夏曾佑等人。张宏生认为:"'诗界革命'的主要参与者大多也是词人,令人不解的是,他们在填词的时候,并没有完全表现出作诗时的追求,基本看不出有革新词体的要求。倒是另外一些词人能够把'诗界革命'的精神接过来,在内容上显示出和诗歌的某些呼应,从而一定程度上体现出新境界。"①明确指出未能革新词体的是"诗界革命"的参与者,而不是"另外一些词人",后者反而能够接过"诗界革命"的精神。

其次,缺席的内容是什么? 梁启超发起三界革命的时候,都有明确的纲领性文字作为革命的指导,继而辅之以创作实践。我们判断三界革命的标准,也是以他的理论建设为依据。前文已经指出,在创作方面,当时并不缺乏革新词体的尝试,"但是,这种抒写并不是一种理论上的自觉,多为士大夫'国家有难,匹夫有责'之忧患意识的体现"。② 因此,词体缺乏的并不是创作意识,而是革新词体的理论自觉。从这个层面上讲,"词体革命"的"理论缺席"更胜于"创作缺席"。

再次,缺席了多长时间? 缺席是一种状态,状态只有在相对的时间范围内产生意义。因此,"词体革命"的缺席在时间上不可能是绝对的。我们认为,"词体革命"的缺席,是相对于"诗界革命"、"文界革命"和"小说界革命"的存在而言的,"缺席"与"存在"是相互依存的,没有"三界革命"的存在,就无从谈论"词体革命"的缺席。因此,缺席的时间上限自然以1899年梁启超明确提出"诗界革命"的纲领为准。从1898年到1903年,是梁启超思想发展史上的黄金时代,③也是"三界革命"开展最为热烈的时期。此后,随着他思想的转变,他领导的"三界革命"也出现了衰

---

① 张宏生《清词探微》,第358—359页。
② 沙先一、张晖《清词的传承与开拓》(上海:上海古籍出版社,2008),第335页。
③ 郭延礼著《中国近代文学发展史(第二卷)》:"可以这样说,1898年至1903年的5年间,是梁启超思想发展史上的黄金时代,而他在思想文化战线上所做的大量的、卓有成效的启蒙工作也正在此时。"见郭延礼《中国近代文学发展史》(北京:高等教育出版社,2001),第174页。

颓之势。1906年,《新小说》停办;1907年,《新民丛刊》停办。再加上资产阶级革命派登上历史舞台,以梁启超为首的资产阶级维新派逐渐式微。1907年以后的这一段时期,虽然"三界革命"的辉煌已经过去,但其余波未尽,而且,也没有出现新的革命思想取而代之,故仍可以视为"后三界革命"时期。直到1917年1月,胡适在《新青年》发表《文学改良刍议》,发起白话文运动,标志着另一场革命的到来,梁启超发起的"三界革命"才彻底宣告结束。因此,大致从1899年到1917年,这近20年的时间,是词体革命缺席的时间范围。至于为何以胡适的白话文运动为下限,胡适进行了怎样的词体革新,胡适的革新有何意义?这些问题将在后文论述。

这样,我们就得到了一个共同的语境来探讨词体革命的缺席。简而言之:以梁启超等人为代表的"诗界革命"的参与者,没有进行词体的革命,这不仅表现为创作的贫乏,更表现为理论的缺失。这种词体缺席的状态,起于1899年的"诗界革命",迄于1917年的文学革命。

那么,梁启超作于1902—1907年间的《饮冰室诗话》中的词话又如何解释呢?如果我们对这些词话稍做分析,就不难发现,《饮冰室诗话》中的词话,虽然有评论词品词格,①但绝大部分的词话不在于论词,而在于论人,即援引当时词人的词作,存其作品,论其性情。如第二十一、二十二条略云:

> 武陵何铁笛烈士来保,余未获识面,顾凤闻谭浏阳称其为人,谓生平肝胆交,除绂臣外,君为第一,因此相神交者数年矣。……铁笛复有《满江红》一阕,其自序云:"庚子党祸再作,亡命桃源,遂游桃源洞,黑箐鬼语,苍桐狌啼,魂凄魄僵,非复人间世也。援笔赋此。"其词云(词略)。②

---

① 如第四十五条评蒋万里词"气象壮阔,神思激扬,洵足起此道之衰"。见梁启超《饮冰室诗话》(北京:人民文学出版社,1959),第89—90页。

② 梁启超《饮冰室诗话》,第16页。

以上词话,并未论及词人创作,也未论及作品风格,仅仅是录而存之罢了。类似的例子还有第十五条、第一五九条等。所以,《饮冰室诗话》虽然提到了当时的词人词作,但并没有从词体革命的角度去阐述他的主张。如果仅仅凭借存录时人的几首词作,就断定梁启超已经有了在诗话中宣传词体革命的意识,显然是比较牵强的。至于把"诗界革命"的"诗"作为包含词体在内的广义的"诗"来理解,似求之过深,并缺少足够的证据。梁启超在1909年5月25日《致梁启勋》的信中说:"兄废此半年,近两旬颇复有所怅触,拉杂成数章(诗多,词仅二耳),辄录以相愉悦。"①其中,"诗多,词仅二耳"是梁启超的自注,特别强调诗与词的不同。又如1909年7月24日《致梁启勋》的信中也说:"兄年来颇学为诗,而词反不敢问津。"②可见,"诗"与"词"的概念在他那里是泾渭分明的,并不存在广义的"诗"的概念。至于以他后期所作的白话词为据,认为梁启超有了革新词体的思想,则是1917年以后的事了。以后期的思想来判断早期的主张,确实是"执后以律前"了。

以上,对"词体缺席"的语境作了阐释,并对某些观点进行了辩解。还有一个问题就是:为什么梁启超没有提出"词界革命"?袁进认为:

> 这或许是由于词体受到尊重,摆脱了"诗余"的地位,如同文学中的"新贵",而这种"新贵"地位使词的创作"自重身份",必须严守自己的格律,拒绝在新形式下作出通融。或许是由于文学体裁的"革命"与政治家对文学体裁的宣传价值的认识有关,他们觉得"雅文学"中有了"诗界革命"、"文界革命"就够了,"词"不通俗,在普通百姓中影响不大,所以不必再提"词界革命"。③

从词体的角度进行考察,确实具有一定的合理性,但这种猜测,仅仅是建

---

① 梁启超著,沈鹏主编《梁启超全集》(北京:北京出版社,1999),第5979页。
② 梁启超著,沈鹏主编《梁启超全集》,第5980页。
③ 袁进《中国文学观念的近代变革》,第186页。

立在宏观的逻辑推理层面,脱离了梁启超本人的思想背景。另外,认为词的通俗程度不及诗文,也缺乏足够的证据。张宏生师对此的猜测是:"这或许是由于他们仍受传统观念的影响,不以词为重。如康有为'不以词名家';梁启超'好填词,然不自以为工。随手弃去'。"[1]这种解释虽然有一定的说服力,但也存在问题。因为,除诗文以外,在传统观念中,小说和戏曲也是不受重视的。从一定意义上而言,小说和戏曲所受的轻视程度,反甚于词。同样都是不受传统观念重视的文体,小说和戏曲都成了梁启超改革和改良的对象,词却没有。这又如何解释呢?

因此,从梁启超本人的思想出发,把握他对词体的态度,也许是解决问题的关键。梁令娴在1908年编的《艺蘅馆词选》里说:"家大人于十五年前,好填词。然不自以为工,随手弃去。令娴从诸父执处裒集,得数十首。"[2]也就是说,1895年左右的梁启超对词的创作是非常热情的。但是,这种创作热情在十五年后发生了根本的转变。他在1909年7月24日《致梁启勋》的信中说:

> 弟词之精进,前次所寄数阕,煞有可诵者,但总不免剽滑之病,句未能炼,意未能刻。入此事诚难,兄虽知之而不免自犯此病,大约此事千秋无我席矣。弟若嗜此,当下一番刻苦功夫,非可率尔图成,今寄上《梦窗全集》一部,以资模仿,幸察收。兄年来颇学为诗,而词反不敢问津。[3]

从这里可以看到,梁启超对词的创作失去了信心,遂发出了"此事千秋无我席"的喟叹,表达了自己与词无缘的感慨。那么,究竟是什么原因使得十五年前"好填词"的梁启超,如今"反不敢问津"呢?答案就在这两段文字中。梁启超把词"随手弃去",并非"词学小道"传统观念的影响,从梁

---

[1] 张宏生《清词探微》,第358页。
[2] 梁令娴《艺蘅馆词选》(广州:广东人民出版社,1981),第275页。
[3] 梁启超著,沈鹏主编《梁启超全集》,第5979—5980页。

令娴的表述来看,他弃词的真正原因是"不自以为工"。换言之,梁启超对词的字句、意境、格律等各方面都有严格要求。这种要求,在他与梁启勋的其他书信中也有体现。如1909年5月25日《致梁启勋》:"近尚有填词否?前寄示数阕,意态雄杰,远过初况,所寄惟琢句尚有疵类,宜稍治梦窗以药之。"1909年7月24日《致梁启勋》:"秋后三日一书,并《解连环》词,悉收。词中下半阕第三句'乱鸦无限','鸦'字失律,此处必当用仄声也。"①梦窗词善于用典、雕琢字句,梁启超以梦窗词为学习对象,追求精工,其实就是走典雅的道路。从他前期词的创作来看,也确实在字句、典故和寄托上下过功夫。典雅精工,是南宋词体渐尊的一种表现,谢桃坊认为:"在尊体意识的影响下,南宋词的发展一方面扩大了题材,重视了社会功能;另一方面则走上典雅的道路,艺术表现趋于精巧工致了。"②南宋词人推尊词体的两种方式,被梁启超选择性地运用于不同的文体。对于诗文和小说,梁启超走的是前一条道路,因而能够借助"社会功能"发起文体三界革命;对于词体,他选择的却是"典雅"的道路,所以就不可能进行词体革命。这也许是词体革命缺席的内在原因。相反,白话文运动以后的梁启超,在创作白话词时表现出极大的热情,不仅打破文字和典故的形式束缚,创作了许多白话词,还提出了"学樵歌辟出新国土"的革新理论。所以,正如学界所指出的那样,大约以1920年为限,梁启超的前后期思想发生了明显的转变。

二、文学革命与白话词体

1917年,胡适在《新青年》发表《文学改良刍议》,提出"文学八事",标志着文学革命的开始。其实,在发表《文学改良刍议》之前,胡适就已经初步形成了文学改良的大致框架。在1916年《寄陈独秀》的书信中,他就提出了文学改革的八个方面:

---

① 梁启超著,沈鹏主编《梁启超全集》,第5978—5979页。
② 谢桃坊《中国词学史》(成都:巴蜀书社,2002),第26页。

年来思虑观察所得，以为今日欲言文学革命，须从八事入手。八事者何？

一曰，不用典。二曰，不用陈套语。三曰，不讲对仗（文当废骈，诗当废律）。四曰，不避俗字俗语（不嫌以白话作诗词）。五曰，须讲求文法之结构。此皆形式上之革命也。六曰，不作无病之呻吟。七曰，不摹仿古人，语语须有个我在。八曰，须言之有物。此皆精神上之革命也。①

这通书信的价值在于，胡适有意识地把"八事"分为形式与精神两个层面，这是《文学改良刍议》所没有体现的。梁启超在发动三界革命时曾说："过渡时代，必有革命，然革命者，当革其精神，非革其形式。"②显然，胡适的文学革命，是继承了梁启超的革命精神的。那么，胡适在发起文学革命的同时，是否考虑到词的革命呢？文学革命的"文学"，是否包含词体在内呢？

首先，胡适在谈到文学革命的时候，经常举古代的各种文体为例，来叙述中国的白话文学史。词，是他常用的例子。比如，《文学改良刍议》就说："诗至唐而极盛，自此以后，词曲代兴，唐、五代及宋初之小令，此词之一时代也；苏、柳（永）、辛、姜之词，又一时代也；至于元之杂剧传奇，则又一时代矣。"③可见，胡适所谓的文学，是包含诗、词、曲等各种文体在内的。又，在谈到"务去烂调套语"时，他举胡先骕的词为反例，认为"此词骤观之，觉字字句句皆词也，其实仅一大堆陈套语耳"。④表现出他对词体弊病的不满和改革愿望。

其次，当钱玄同、刘半农等人反对作词的时候，胡适坚决主张填词。这与梁启超所表现出来的对词的不自信很是不同，也足以说明胡适对词有改革的信心。他在《答钱玄同书》中说：

---

① 胡适著，季羡林主编，《胡适全集（一）》（合肥：安徽教育出版社，2003），第3页。
② 梁启超《饮冰室诗话》，第51页。
③ 胡适著，季羡林主编《胡适全集（一）》，第6页。
④ 胡适著，季羡林主编《胡适全集（一）》，第9页。

> 先生与刘半农先生都不赞成填词,却又都赞成填西皮二簧。古来作词者,仅有几个人能深知音律。其余的词人,都不能歌。其实词不必可歌。由诗变而为词,乃是中国韵文史上一大革命也。五言七言之诗,不合语言之自然,故变而为词。词旧名长短句。其长处正在长短互用,稍近语言之自然耳。……作词而不能歌之,不足为病。①

他并不因为词不能歌而放弃填词,反而认为词的长短互用,符合语言自然的原则。语言自然,又是他文学革命的主要目标,所以,词在胡适心中占有比较高的地位。胡适认为,中国文学史的中心部分就是白话文学史,而词又是白话文学的代表:唐代的律诗,虽然是一种白话韵文,但是,因为律诗有字数和句数的限制,尚不能称作白话最适宜的体裁。词的句式可以长短变化,从而打破了律诗的限制,成为最有代表性的白话文体,"白话韵文的进化到了长短句的小词,方才可说是寻着了他的正路"。②因此,胡适对词的改革手段,就是以白话为词,作白话词。

1921年11月到12月,胡适在教育部第三届国语讲习所讲国语文学史,讲义结集为《国语文学史》。其中,《晚唐五代的词》、《北宋的词》和《南宋的白话词》三章,可视为他对"白话词"的阐释。他认为宋人的白话词有两个好处:

> 长短不齐的体裁和说话的自然口气接近多了。这是第一好处。有许多词曲是几个词人替乐工做的,替歌妓做的,是要大家懂得,要大家爱唱爱听的。因此,他们用的是小儿女的情感,是平民的材料,是小百姓的语言。这是第二长处。故宋人白话词真可以代表那时代民间文学。③

---

① 胡适著,季羡林主编《胡适全集(一)》,第41页。
② 胡适著,季羡林主编《胡适全集(十一)》,第94页。
③ 胡适著,季羡林主编《胡适全集(十一)》,第159—160页。

胡适不仅表现出追求自然的审美情趣,还以宋人白话词为例,提出了白话词的三个特点。从词的情感而言,白话词所表达的应该是"小儿女的情感",即平常的感情。从词的取材而言,白话词所表现的应该是日常生活的事物。从词的语言而言,白话词的语言应该是百姓的语言,即晓畅明白。普遍的情感,日常的事物,浅近的语言,是宋人白话词的三大特点。

胡适不仅在理论上有所建树,在具体创作中,他也进行着白话词的尝试。1916年9月12日,胡适作《虞美人·戏朱经农》:

先生几日魂颠倒。他的书来了。虽然纸短却情长。带上两三白字又何妨。　　可怜一对痴儿女。不惯分离苦。别来还没几多时。早已书来细问几时归。

此词全用白话而成,浅显易懂,胡适自注:"此为吾所作白话词第一首。"①如果说胡适早期的白话词还遵守词律,那么,发展到后来,胡适在创作白话词的时候更为大胆,除了舍弃文言、改用白话,他把词律也置之度外了。对于《词谱》的规定,他基本上采取"推倒重来"的做法②,任意改变词的句式和字数。他之所以废弃词的谱律,彭玉平认为:"这正体现胡适以词为诗的尝试,或者说从旧诗到新诗的过渡中,词正是一个重要的桥梁。只是由按谱填写长短一定的词变为不拘谱系长短无定的新诗。"③

胡适的白话词改革,引起了梁启超的兴趣。他不仅学习作白话词,也把自己的白话词寄给胡适评点。且看梁启超的这首《沁园春·送汤佩松毕业游学》:

---

① 胡适著,季羡林主编《胡适全集(二十八)》,第461页。
② 施议对《胡适词点评(增订本)》(北京:中华书局,2006),第172页。
③ 彭玉平《中国分体文学学史·词学卷》(太原:山西教育出版社,2013),下册,第507页。

可怜阿松,万恨千忧,无父儿郎。记而翁当日,一身殉国,血横海峤,魂恋宗邦。今忽七年,又何世界,满眼依然鬼魅场。泉台下,想朝朝夜夜,红泪淋浪。　　松兮躯已昂藏。学问算爬过一道墙。念目前怎样,脚跟立定,将来怎样,热血输将。从古最难,做名父子,松汝箴心谨勿忘! 汝行矣,望海云生处,老泪千行。

很难想象,早期提倡学习《梦窗词》的梁启超,会写出这样的白话词。他在信中说:"顷为一小词,送故人汤济武之子游学。(此子其母先亡,一姊出家,更无兄弟,孤子极矣。)即用公写法录一通奉阅,请一评,谓尚要得否? (下阕庄语太多,题目如此,无法避免,且亦皆心坎中语也。)"① 所谓"公写法",就是指胡适白话词的作法,从他强调"下阕庄语太多"来看,他是意识到了白话和文言的选择的。但他又说这都是"心坎中语",则是对胡适"不作无病呻吟"、"言之有物"的最好回应。可见,梁启超在形式和精神两方面都有意识地贯彻胡适的革命思想。短短四日后,他意犹未尽,又寄给胡适白话词两首,可见当时梁启超对白话词创作的热情。

但是,正如施议对指出的那样,"从一十年代直到四十年代,三四十年间,胡适的尝试,始终是,同志太少,须单枪匹马而往"。② 胡适的白话词改革没能引起全面的关注,他的追随者实在太少,他的白话词也屈指可数。但是,不可否认的是,胡适提出"白话词"的理论,应该是现代文学史上词体的第一次革命。然而,我们也应该看到,胡适提出词体革命,是伴随着文学革命一起出现的。换言之,此时的词体革命,是文学革命的附庸。真正以词为主体的革命运动要到20世纪30年代发生。在创作上,虽然胡适也能进行白话词的尝试,并引起了梁启超等少数人的注意,但是,他"以词为诗"的思想使他忽视了格律的要求,这种改革未免有些矫枉过正了。

---

① 梁启超著,沈鹏主编《梁启超全集》,第6054—6055页。
② 施议对《胡适词点评(增订本)》,第168页。

三、词体自觉与词体解放

　　胡适的白话词革命,没能在当时引起太大的反响。于是,到了20世纪30年代,一批有志于词体改革的知识分子,又开始酝酿了一场有组织、有规模的词体革命。这场改革名曰"词的解放运动",发起并领导这场革命的人名叫曾今可。

　　曾今可(1901—1971),江西泰和人,笔名君荷、金凯荷。早年赴日本留学。回国后参加北伐。1931年在上海创办新时代书局,并出版《新时代月刊》。抗日战争胜利后以《申报》特派员身份到台北工作,1971年病逝。作品有短篇小说集《爱的逃避》,诗集《爱的三部曲》,词集《落花》。

　　对于胡适发起的文学革命,曾今可认为:

> 　　如果在中国旧有文化方面有什么值得保存和应该改善的,"词"应当是其中之一。但二十年来,"词"似乎是被人忘却了。……"诗"早已被解放了,由胡适之一度"尝试"而成功了;"词"也应该解放。①

　　诗界革命,经过梁启超到胡适等人的努力,已经取得了成功。但是,曾今可指出,二十年来,词似乎被人遗忘了。由此可见,胡适的白话词革命在当时确实没有引起太大的影响。于是,他认为,解放词体的时间也应该来临了。曾今可的呼喊,在词体发展史上具有里程碑的意义。梁启超没有喊出词体革命,胡适也只是在文学革命的时候顺带着提出了"白话词"的理论。曾今可提出"词的解放",是直接针对词体而言的。这是"诗界革命"以来,第一次以词为主体的词体革命,是词体自觉的革命。

　　1933年2月1日,曾今可主办的《新时代月刊》出版了《词的解放运动专号》。这期专号,刊登了一系列关于"词的解放"的论文和创作,吹响

---

① 曾今可《词的解放运动》,《新时代月刊》1933年第4卷第1期,第6页。该文最早发表于1932年11月20日上海《时事新报》,后又刊载于《新时代月刊》1933年第4卷第1期。

了词体革命的号角,成为词体革命的理论阵地。那么,究竟什么是"词的解放"?"词的解放"要从哪些方面下手?且看曾今可对"解放"的解释:

> 这里的所谓解放是相当的解放,不是完全的解放。我个人的主张是三分之一五的解放,即:
> (一)"词"一定要有谱。否则与诗无异。因为"词"是有音乐关系,所以
> (二)"词"必须要讲平仄;但可不讲阴平阳平,不论平上去入。
> (三)"词"句完全用白话,或近于白话式的浅近的文言,绝对不用古典和比较深奥陈腐的文言。①

与胡适"以词为诗"、废弃谱律所不同的是,曾今可对律谱非常重视。他认为,词与诗的不同之处,就是因为词有谱律。所以,他坚持词一定要有谱。但是,对此他又做了适当的让步,即在格律上只讲平仄,而不讲四声阴阳。另外,在语言上,他继承了胡适"白话词"的理论,主张以白话或浅近的文言填词,反对典故与陈言。遵守格律,使用白话,可以说是曾今可解放词体的理论核心。但是,正如他自己所说的那样,这是"三分之一五"的解放,遵守词谱却可以废弃阴阳四声,提倡白话却可以使用浅近文言。曾今可解放词体,并不是摧枯拉朽的推倒重建,而是因地制宜的人性改革。

曾今可此文一出,激起了巨大的反响,不断有人去信与之商讨"词的解放"问题。尤其是在词律的问题上,形成了"半解放"、"全解放"和"不解放"三派不同的意见。"半解放"派讲求平仄、废弃阴阳四声;"全解放"派废弃平仄、词牌,创作活体诗;"不解放"派认为新诗即是解放的词,故词无须解放②。总之,这次运动掀起了一场关于如何解放词体的大讨论。

---

① 曾今可《词的解放运动》,《新时代月刊》1933年第4卷1期,第6—7页。
② 关于三派的理论主张,详见曹辛华《20世纪中国古代文学研究史·词学卷》,第382页。

与胡适白话词改革应者寥寥形成鲜明对比的是,"词的解放"运动不仅开辟了阵地,聚集了人群,收获了理论,还生产了一大批作品。余慕陶在阶段性总结中历数了取得成功的一批创作:

> 我们现在站在这一个暂时的阶段来说话罢。首先有章衣萍的《看月楼词》,其次有曾今可的《落花》,最后便有《文艺茶话》诸作家的努力写作。在这些人的作品当中,林庚白及王礼锡两人的作品的确是很好的,这便是他们在想利用着旧的格式装饰些新的情调。例如:林庚白的《浣溪纱》及《忆旧》,王礼锡的《西江月》及《如梦令》等。这会使得读者一读便知道是现代人的作品。①

从余慕陶的话中可以看到,不仅有以章衣萍《看月楼词》和曾今可《落花》为代表的个人词别集,还有以《文艺茶话》《新时代月刊》为阵地的词选集,更有林庚白、王礼锡等人的名篇名作。这仅仅是数量上的反映。从当时的发行和出版来看,他们的创作也是非常受到关注的。"章衣萍的《看月楼词》出版后,居然不少的人去买,这可以证明喜欢读'词'的人是不在少数"②;《新时代月刊·词的解放专号》作为一本期刊,在短短一个月内就进行了重印;曾今可的《落花》在不到半年时间就进行了再版:足见他们的作品在当时的受关注程度。特别是这次运动的发起人曾今可,其作品更受到特别推崇,"曾今可亦是在这方面追求的。他始终不失为一个追求真善美的文学作家。他的词比以前越见时代化,是到了近代都市的风格了。我想,各位朋友要写词的话,就要这样写。"③请看《落花》中的这首《桃源忆故人·如此良宵》:

安琪儿是多情种。如此良宵曾共。若问离愁轻重。现在心还

---

① 余慕陶《让它过去罢》,《新时代月刊》1933年第4卷第1期,第16页。
② 曾今可《词的解放运动》,《新时代月刊》1933年第4卷第1期,第7页。
③ 余慕陶《让它过去罢》,《新时代月刊》1933年第4卷第1期,第16—17页。

痛！　更残漏尽难成梦。如此良宵何用。谁把怀娥铃（violin）弄。断续声相送。①

首先，这首词的格律完全符合词调的平仄原则。其次，全词不用典故陈语，语言以白话为主，掺以少量的浅近文言。第三，以安琪尔、怀娥铃等新名词入词，且达到了与全词风格统一的效果。《落花》在旧风格和新名词上都做了有益的尝试，却在主题上落于单调，内容多为闲情思怨，风格以清丽缠绵为主，"上口酥甜，如吃烤山芋"②，为一些日本小姐喜爱。③如《新时代月刊·词的解放运动专号》刊载了曾今可《画堂春》一首：

一年开始日初长。客来慰我凄凉。偶然消遣本无妨。打打麻将。　都喝干杯中酒，国家事管他娘。樽前犹幸有红妆。但不能狂！④

这首词中"打打麻将"、"国家事管他娘"等语句，表达了非常消极的生活态度，这与当时的国情是很不相称的。鲁迅先生对曾今可的这首词非常不满，先后在《伪自由书》、《准风月谈》、《且介亭杂文》、《集外集拾遗补编》等书所收的杂文中强烈批评了这种只顾个人消遣、不关心国事的心态。面对鲁迅先生的批评，曾今可也进行了反攻，鲁、曾之间又展开了一场争论，这与词体革命无关，故不提。但是，应该可以看到，鲁迅先生所指出的问题是非常深刻的。梁启超在诗界革命中所提的纲领，曾今可很好地做到了两项，却没有展现出反映时代气息的新意境。虽然，也有人认为他的词作"富有现代情调和现代描写"⑤，但这种情调，用当下的时髦语即为小资，而非时代精神。其实，如果从总体创作来看，除了柳亚子

---

① 曾今可《落花》（上海：上海新时代书局，1932），第57—58页。
② 张凤《关于活体诗的话》，《新时代月刊》1933年第4卷1期，第24页。
③ 崔万秋评语，曾今可《落花》附录《好评一束》，第72页。
④ 曾今可《新年词抄》，《新时代月刊》1933年第4卷1期，第58页。
⑤ 云峰评语，曾今可《落花》附录《好评一束》，第75页。

能学习苏辛,反映时代气息,"词的解放"运动的其他参与者,在创作上都不免落入狭小的都市空间。

总而言之,曾今可发起的这场"词的解放"运动,是"诗界革命"以来,以词为主体的第一次革命,是词体自觉的革命,因而具有非常重要的意义。这次革命,拥有固定的人群,开辟专门的阵地,具备一定的规模,展开激烈的论争,取得了理论和实践的双重丰收。但是,因为充斥着强烈的都市气息和小资情调,未能领会诗界革命"新意境"的内涵,从而脱离了时代气息。

四、旧辞新境与《中兴鼓吹》

同样生活在都市之中,曾今可等人没有意识到的"新意境",在稍后的李冰若、卢冀野等人那里得到了重视。

李冰若(1899—1939),原名锡炯,自号栩庄主人,湖南新宁人。1923年入南京东南大学国文系,师事文坛名宿吴梅、陈中凡,同学有卢前、苏拯、唐圭璋等。1930年后在上海国立暨南大学国文系任教多年,1939年病逝于重庆。李冰若先生一生研究古典文学,著有《花间集评注》、《中国文学史》(讲稿)及学术论文多篇,稿已散佚。自印出版的有《苌楚轩诗》、《闲庐余事》、《绿梦庵词》各一卷,均收入《李冰若诗文集》。

李冰若《中世纪我国的新文学》是一篇专门讨论词体起源和发展的词学论文。文章分为"词的起源及其成立"、"词的发达及其衰落"、"词的组织与其特色"、"词往何处去"等四个章节。在"词往何处去"一节中,他对词的发展提出了四个方向:

> 上文说过,词在修辞上有他的成功,他即以此成功,而延长着他的体裁,保持他的余势。我们今日欢喜看词,无异看古代合乐的诗。其音乐是同样的丧失,然文字仍然打动我们的情感。自从新诗运动以来,作品不可谓不多,求其能合乐的百无一二,能作徒歌——有些新诗还可念,有些连念也不便,更谈不及歌了——的十有四五。可

是并不因此宣告新诗的绝望。于词,不妨用看,用念新诗的态度,去欣赏他文字的美妙。此为词的去处之一。其次,假如有妙习音乐的人,能熟谱能读词,不妨取文字极工表现极好之词,为之订谱,等于自度新腔,亦是快意之事,且省下自己造词之烦。此为词的去处之二。又其次,假如通音乐之人;或有通音乐之友,于研求之余,采取名曲,自造伟词,连谱带字,公诸世人,自开新词途径;或剪取旧词名作,附和新腔,以抒写个人心情,或发扬国民意气,亦学人之一乐,当代之所需的。此词的去处之三。万一爱看词甚至爱作词,则不妨屏弃一切阴阳怪气的谱律,假旧词的格式与昔人的技巧,来写现代精神的感动,使长短句法之词中,含有新时代的生气,在我国徒歌中,当然有其存在之可能,亦不失为旧皮袋中盛新酒之办法,此为词的去处之四。[1]

首先,李冰若借新诗的发展,来讨论词的发展。虽然词的音乐性已经丧失,但这并不能宣告词的灭亡。文字,是词赖以生存的根本之一。因此,抛开音乐,欣赏文辞,是词的一种发展方式。然后,他又从词与曲的角度提出了两种发展模式,一是为旧词谱新曲,二是依名曲造新词。第四种则是"旧皮袋中盛新酒"的发展模式,即用词的形式来发扬国民意气,抒写时代精神。

在这四种发展模式中,第四种"旧皮袋中盛新酒"的模式值得我们注意。因为,这其中包含了"词体革命"的理论意识。"旧皮袋",按照李冰若的说法,就是"旧词的格式与昔人的技巧"。旧词的格式,自然指词在句法、平仄和押韵等方面的形式要求。所谓"昔人的技巧",应该就是指唐宋词的创作手法和艺术特色,也就是词的传统风格。一切阴阳怪气的谱律可以屏弃,但是,词的传统风格必须继承。因此,"昔人的技巧"类似于梁启超所说的"古人之风格"。那么,"旧皮袋"中如何"盛新酒"? 装什么酒? 这是李冰若所要回答的另一个问题。李冰若的回答是:抒写个人

---

[1] 李冰若《中世纪我国的新文学》,《国民文学》1935年第1卷第6期,第63页。

心情,发扬国民意气,表现时代精神,传播时代生气。也就是梁启超所谓的"新意境",这正是"词的解放"运动所缺失的精神。

作为传统文人,并深受吴梅、唐圭璋、龙榆生等词学家的影响,李冰若对于词的组织特色有着明确的认识与主张。一方面,他非常重视词的音乐性,选调填词,要符合声情相称的原则;另一方面,他也非常重视词的修辞与词句,力求精美。他说:

> 词的根本在合乐,故其组织第一是重在选调——选声情相称之调;第二是修辞,修辞中尤重在选宜于本调之音韵及其词藻。第三是布局造句,在在求其精美。然后成为声情并美,辞意两适之作品;然后成为第一流之词。①

于是,为了语词的精美,"新语句"自当回避;为了消亡的音乐性,"新乐曲"呼之欲出。

所以,在形式上,李冰若与梁启超存在相似的思维定式,即不可能从语言上去改革词体。于是,他把词乐作为革新的对象。他认为,虽然词乐已经消亡,但词的文字还在,如有精通音乐的人,为旧词谱新曲,亦不失为良策。因此,李冰若的"词体革命"理论核心可概括如下三点:新乐曲、新意境、旧风格。

李冰若对文学革命持非常肯定的态度,他认为梁启超、胡适等人发起的这场革命,对我国文学的发展具有十分积极的意义。在另一篇论文《我国国民文学的回顾与展望》中,他是这样评价这场革命的:

> 近三十年来最值得纪念的,一是文学的革命运动;一是古代俗文学的发现和民间文学的研究进展。前者为我国国民文学打开一个新局面;后者增加不少研究国民文学的资料与兴趣。②

---

① 李冰若《中世纪我国的新文学》,《国民文学》1935年第1卷第6期,第62页。
② 李冰若《我国国民文学的回顾与展望》,《国民文学》1934年第1卷第1期,第21页。

所谓"古代俗文学的发现和民间文学的研究进展",就是指敦煌文献的发现。李冰若把文学革命的意义提升到敦煌文献的高度,足见他对"革命"的积极态度和坚定信心。李冰若对革命精神的贯彻,在他自己的诗歌创作中有所体现。在他的诗集中,有许多以时事为对象、表现时代气息的作品。如《初乘飞机示嘉礼十三弟》中的二首:

> 风回吹羲驭,云车送客还。窗前太古月,座下六朝山。南北何从辨,星辰俨可攀。浮生三十载,初度脱尘寰。

> 昔怀霞外想,今作云中君。鼓翼天风怒,狂歌上帝闻。山河争一瞬,海陆称三分。飞将怜余季,英年靖寇氛。①

全诗没有使用新的语词,却非常形象地表现了飞机起飞、飞行以及乘机的感觉,应该说是"新意境"和"旧风格"的完美结合。又如长篇歌行《珠江曲》,以一个珠江岸边女子的口吻,控诉粤军叛变和战争疾苦:

> 自言本是掌中珍,兵燹家倾归不得。衰亲稚弟共俜伶,托命惊涛度妙龄。忆昨粤军频叛变,几回血浪胶孤舲。健儿养贼正私喜,逆贼天亡岂干己。括帛搜金意未厌,多少蛾眉刀下死。②

李冰若生活在中国遭受列强欺辱、事关民族存亡的动荡年代。作为时代青年,他具有强烈的爱国情感,他在《花间集评注自序》中说:"今者世变方殷,河山破碎。民有偕亡之愤,士无致果之勇。而江南歌舞,宛若承平。幕燕釜鱼,为欢能几。昔人一念精微,遂使神州陆沉。玄言可诵,贤哲尤讥。矧乃笺注鱼虫,得毋玩物丧志?"③在山河破碎、国破

---

① 李冰若《芟楚轩诗》,《李冰若诗文集》(北京:中国文联出版社,2011),第61页。
② 李冰若《少作集》,《李冰若诗文集》,第42页。
③ 李冰若《花间集评注自序》,《花间集评注》(上海:开明书店,1935),自序第1页。

家亡的年代,为《花间集》作评注在他看来是玩物丧志的行为。所谓"天下兴亡,匹夫有责",李冰若认为,大丈夫当以国家存亡、民族复兴为己任。因此,时代环境是他提出"新意境"的外部条件,对词体的准确把握,则是他扬弃"新语句",提出"新乐曲"的学理基础。"文学革命"是李冰若"词体革命"的思想来源。遗憾的是,李冰若的词稿毁于战火,目前仅赖其婿陈贻焮教授辑录得十余首,从中很难判断"词体革命"对其创作的影响。

这种遗憾,通过他的同窗卢前得到了弥补。1937年,抗战全面爆发,卢前以笔代枪,创作了《中兴鼓吹》,激起了李冰若的同感,李遂填《鹧鸪天》一首为序:

七宝楼台炫目迷。田荒玉老费东菑。谁将慷慨幽并调,洗净缠绵儿女词。　新煮境,旧文辞。心兵百炼出雄奇。凭君高唱中兴乐,鼓吹光华复旦时。①

"新煮境,旧文辞",正是对《中兴鼓吹》的最好诠释。卢前认为:"词体比较狭隘,我们既要给他注入新生命,还要顾及词特有的体格。使他上不似诗,下不似曲,而又成为'民国之词',的确不是容易的事。"②可见,他对"新材料入词"有过认真的思考。《中兴鼓吹》在这方面做了有效的尝试,并取得了很好的效果,"用通俗美妙的文字,写成动人心弦的诗词来鼓励前方将士,为国奋斗牺牲,争取最后的胜利"。③ 关于卢前《中兴鼓吹》在创作方面的特色与成就,可参看沙先一、张晖合著《清词的传承与开拓》相关内容④。因此,在重拾"新意境"的过程中,李冰若和卢冀野各自承担并完成了理论和创作的艰巨使命。

---

① 卢前《中兴鼓吹》(重庆:独立出版社,1939),第12页。
② 卢前《卢前文史论稿》(北京:中华书局,2006),第278页。
③ 卢前《卢前文史论稿》,第326页。
④ 详见沙先一、张晖《清词的传承与开拓》,第十三章《论卢冀野的词学成就及其特色》。

五、文体创造与词体定位

列宁曾说:"没有革命的理论,就不会有革命的运动。"[①]前文已经阐明,词体革命在晚清的缺席,主要表现就是革命理论的缺失。因此,讨论现代以来的词体革命,必须兼顾理论和创作两个方面。我们描述近现代以来词体革命的历史进程,主要就是依据理论和实践的双重标准。因此,虽然有些词家在创作上体现出革新词体的愿望,或在理论建设上提出过革新词体的构想,但是,如果不能将这两者有机地结合,则一概不纳入词体革命的讨论范畴。

从梁启超到卢冀野,词体革命大致经过了如下四个阶段。第一阶段(1899—1916):词体革命缺席。第二阶段(1917—1930):词体白话运动。第三阶段(20世纪30年代前期):词体解放运动。第四阶段(20世纪30年代后期):词境开拓革新。这四十年中,前二十年基本是沉寂的年代,后二十年则是聚集了三次革命的风云年代。20世纪30年代,是"词学自觉"[②]年代,正是这种词学的自觉意识,促成两次意义深远的词体革命。前者是"诗界革命"以来,以词为主体的第一次革命,后者则是最接近"诗界革命"精神的词体革命。

但是,我们也应该看到,近现代以来的几次诗歌运动,创造了"新诗"这一文体,词体革命却始终给人以"雷声大、雨点小"的感觉。这三次词体革命,都没能创造出一种为时代所接受、被后世所认可的新词体,这又是什么原因呢?这与文学体裁的创造机制有直接联系。

童庆炳认为,"体裁是文本基本要素(在新诗中,主要指白话、韵律和诗情三者)在相互作用中所形成的和谐的、相对稳定的特殊关系,正是文

---

① 列宁《列宁全集(第6卷)》(北京:人民出版社,1986),第23页。
② 施议对认为,20世纪30年代,"词学之作为一门新的学科,已进入自觉发展的轨道。自觉的词学,与盲目的词学相对应。自觉,是一种提升,认识上的提升及方法上的提升"。参见施议对《百年词学通论》,载《文学评论》2009年第2期,第30页。

本诸要素的完美结合,构成了某一体裁的独特的审美规范","文学体裁的形成是长期的创造实践的结果,也是一代代人探索的结果,体裁犹如语言中的语法规则,不是某个人的规定,而是一种经过长期实践后的约定俗成"。① 也就是说,一种新文学体裁的诞生,是建立在文本诸要素的完美结合之上,而不是对其中某一要素的刻意强调。诗歌运动做到了这一点,把白话、韵律和诗情三者有机地结合在一起,创造了新体诗。词体革命却没能做到这一点。我们可以清楚地看到,词体革命的发起者,为了强调自己的理论主张,通常是各执一端,而不是兼容并蓄。胡适强调白话,却忽视韵律;曾今可强调韵律,却忽视词情;李冰若和卢冀野重视词情,却忽视了白话。这种"捡了芝麻、丢了西瓜"的行为,永远不可能做到文本要素的完美结合,自然也就不可能创造出新的词体。那么,导致这种行为的思想根源又是什么呢?

词体定位,是词产生以来贯穿词史的永恒话题。杨柏岭指出:"晚清民初词家对词体地位及体性的认识是一个由多种因素相互作用的立体结构,而尊词观念只属于其中的一个极为显豁的层面。"因此,"惟有从词体定位意识的角度分析晚清民初词家关于词体地位及体性的思考,方能做到客观而全面的解读,才能真正透彻地剖析出其中尊词观念的实质"。② 词体革命的时间从晚清延续到民国,从梁启超到胡适,再到曾今可、李冰若、卢冀野,词体革命的接力棒经过了三代学人的传递。"一代有一代之文学",一代也有一代之学术,三代学人的学术背景不同,研究方法不同,使每一次的革命都呈现出非常鲜明的时代特色和群体特征。因此,有必要从词体定位的角度出发,来考察这三代学人的尊词实质。

前文已经指出,梁启超从"雅化"的角度推尊词体,是导致词体革命缺席的内在原因。所以,"雅化"是梁启超尊词的实质。胡适在文学革命运动中,以词为中国白话文学的代表,词的地位已高于诗文。可见,胡适

---

① 童庆炳《文体与文体的创造》(昆明:云南人民出版社,1994),第105—106页。
② 杨柏岭《晚清民初词学思想建构》,第111—112页。

是从新文学的角度尊词,这是词史上所不曾有过的。谢桃坊指出:"由于将词体文学认作是代表一个时代精神的文学,他是文学史上的活文学,从而是中国白话文学的渊源之一;这样从新文学建设的观点来认识,词体文学的新的价值被发现了,真正达到了尊崇词体的目的。"[①]所以,"新文学"是胡适尊词的思想核心。曾今可发起词的解放运动,反复强调词谱和格律,认为这是诗词本质的区别,显然是从词的"本色"角度来尊词的。因为,李清照《词论》就已经指出词的本质就是"协音律"。到了李冰若、卢冀野,一方面继续从"本色"的角度强调词乐的重要性,另一方面则是从开拓词境的角度推尊词,这直接可以追溯到苏轼。因此,同样是尊词,同样是改革,运用词体定位的观念,就不难发现四者在本质上的差异,示意如下表:

	词体定位	思想渊源	理论核心	革命成果
梁启超	雅化	张炎	雕琢字句、刻画意境	不革命
胡适	新文学	文学革命	白话入词	白话词
曾今可	本色	李清照	格律半解放	词的解放运动
李冰若、卢前	本色、词境	李清照、苏轼	新乐曲、新词境	《中兴鼓吹》

词体定位的严重差异,导致他们各执一端,不可能综合吸收别家的理论主张,也就无法创造出诸要素完美结合的新词体。

但是,尊体的同时,必然伴随着破体。对于自己的理论主张,他们各自又有让步的余地。梁启超后期创作白话词,显然是冲破了他前期"雅化"的尊词思想。这是历时层面的破体。胡适推尊白话词,但也不排斥浅近的文言;曾今可坚持词的本色,却废弃阴阳四声;卢前创作《中兴鼓吹》,间有婉约之作:这些都是共时层面的破体。因此,这一系列词体革命的实质就是:从各自不同的角度出发,推尊词体,达到改革词体的目的;同时,适当采取破体的手段,以达到改革的平衡。

---

① 谢桃坊《中国词学史》,第488页。

进入20世纪40年代,复古之风渐起,诗词被认为是"最高深之文字","辞藻则求之古人之文章","词笔以柔曲为贵"①,词体革命似乎又缺席了这个年代。同时,随着对姜白石旁谱研究的不断深入,恢复词乐成为当时的热点关注。1940年,龙榆生在南京创办《同声月刊》,经常以五线谱的形式,在卷首刊载为旧词新谱的词乐,以达到恢复词乐的目的。但是,这属于词学的研究层面,而不在词体革命的范畴之内。1949年以后,从事旧体诗词创作的人群发生了很大的变化,从而产生了"干部体"、"解放体"②等新的词体形式。这种新变在词史上究竟有何意义,尚留待时间的证明。但是,可以肯定的是,词体革命的风云年代在民国,词体革命的黄金时期在20世纪30年代。我们回顾这段历史,不仅仅是为了梳理历史,更是为了思考历史。语言、格律、意境、风格……这些词体革命反复涉及的概念,不正是当代词学应该思考的重要命题吗?

附记

本文写于2009年。当时我正在南京大学张宏生先生门下求学,先后拜读了宏生师新著《清词探微》和沙先一、张晖两位师兄合著的《清词的传承与开拓》,便对晚清民国"词体革命"这一文学现象产生了研究兴趣。为了查阅相关的文献资料,多次邮件往还,请教正在中国台湾访学的张晖师兄,并得到了他的重要帮助和启发。文章写成后,先提交"2009上海·中国词学国际研讨会"宣读,后经修改发表于《兰州大学学报》2012年第1期,《新华文摘》予以论点摘编。

我与张晖师兄先后问学于宏生师门下,但因各种原因,竟未曾谋面,仅有的几次交往都是通过邮件联系,而第一封邮件就是向他请教"词体革命"的学术问题。回顾这一段写作历程,"词体革命"这一问题先由宏

---

① 冬士《为初学说诗词门径》,《同声月刊》1941年第1卷11号,第1—2页。
② 施议对是这样定义"干部体"和"解放体"的:"所谓干部体,或称白话体、解放体。这是大陆当代诗词创作队伍中一大批退居二线的老革命所共同创造的新诗体。"见施议对《胡适词点评(增订本)》附录《一帜新张,收拾烟云入锦囊》,第216页。

生师揭出,又经沙、张两位师兄深拓,我才能在他们的研究基础上再做发挥。为了纪念这一段在南大的学习经历,也为了体现师门的治学传统,谨以此旧文一篇,表达对师兄的深切怀念。

倪春军记于张晖师兄去世十周年纪念前夕

附 录

可敬的小书

——张晖和《帝国的流亡》[*]

曾　诚

《帝国的流亡》的校样摆在案头,就要出书了。我不止一次想过,张晖如若见到这本新书的情景。这样的时候他一般不会多说什么,最可能的情况,也许只是淡淡地一笑。

大概是五六年前吧,他写《诗史》基本定稿之后,就总问我,下一个题目是这个,怎么样?过几个星期又问,做那个,你觉得如何?他当然知道,从我一个外行人这里全然得不到什么真正有价值的意见,但他正处在思考的状态中,要把所思所想传达出来,获得外界的某种印证。当他在寻找新问题的时候,需要集中地看很多书,几次调转选题方向,都要重新读一批书。也正是在这个过程里,他的思考慢慢从选做一个题目,转向更为基本的提问,为什么要做古典文学研究?意义何在?即使这个问题多年来一直植根在张晖心里,也只有到了这个时候,他才能通过自己下一个专题研究,对它真正有所回应。那是 2007 年前后,他在博士阶段的研究已经告一段落,也暂时离开了词学领域,前面即将展开的是大片的处女地,怎么走这一步,至为关键。那时候他说了不少在我听来是十分精彩的意见,经过了几年的提炼,相当一些都收在《古典文学研究的方向》一篇里。

---

[*] 本文为张晖遗著《帝国的流亡:南明的诗歌与战乱》(北京:中国社会科学出版社,2014)的"整理后记"。

这篇《古典文学研究的方向》，最初是张晖在"六合丛书"座谈会上的一次发言，后来由《南方都市报》发表出来。因为并不算长，又不是正式论文，多少容易被人忽略。张晖也会自谦地说，这样的文字"陈义太高"，自己的书难副其实。而我了解这些话的真实出处，形诸文字之后，不但坦诚、富于使命感，而且从张晖个人来说，确实正面地触及了古典文学研究的意义问题——学者应以纯粹的学术研究在更深的层面上回应时代和现实，应该以此为志业。撰写《帝国的流亡》，正是他解答自身困惑的尝试，这本书"是要写知识人如何坚守自己的信仰，并在行动中践行自己的信仰，直到生命结束"。这是全书内容的精炼提要。恰恰由于此书撰述过程的艰苦，这句话竟然不幸地一语成谶了！因此，张晖在文中所说的，某种程度上获得了他的亲证，也就不能说是"陈义太高"了。在整理编次遗稿时，我将《古典文学研究的方向》作为全书的开篇和"代自序"，希望读者能感受到作者著书的至诚。

张晖嗜书如命，也嗜吃甜品，相熟的朋友常常笑话他口味上的幼稚。去年夏天的一个晚上，我们外出吃晚饭，饭后又比较像模像样地吃了"满记"，他点的是芒果班戟还是红豆凉粉什么的。虽然据他说，北京的甜品和香港、广州根本没法比，但还是一副相当知足的样子，盘点了一下他想念的小甜食、冰激凌，和我慢慢走在西单大悦城的大堂里，又谈起他要写的书。他要做的题目，可比爱吃的甜品还要多得多！除了关于南明的三本书（"帝国三部曲"），多年前他曾提到有计划写一本《古典文学关键词》，大概是受了雷蒙·威廉斯《关键词》的影响，而他已经做完的"诗史"也是古典诗文评的核心观念之一。章黄学派是另一个他有多年积累的研究方向，也是他对龙榆生和近代学术史兴趣的延续，他曾经展开后又中断的一本书稿，是《章太炎诗校笺》。据他说，这应该是本并不厚的小书。但那天晚上，大悦城里灯光闪耀，穿着入时的男女匆匆走过，他这时跟我说的是一个从没提过的研究计划——乾隆皇帝的诗，他认为这是个值得深究的大题目。他已经开始看乾隆朝的实录和朱批，做一些最初的准备。他对乾隆的诗感兴趣，特别是当大臣的应制诗和"今上"诗对照着阅读的时候,体制、权力和现实政治在诗歌中的微妙意指,含义之曲折、用词之精准,只有身在体制之中的中国人才能欣赏、赞叹,并对此加以剖析和反思。以往的学术研究对这批诗常常是视而不见的,而他之所以选这个题目,也是缘于学术研究有必要更深层地回应时代、回应现实的初衷。

他讲的时候,语速像平时一样并不快,一点点展开,同时回答我的问题,显得很有把握。让我印象最深的,是这几句话,"你看,我做完'帝国三部曲',年纪已经不小了,再做这个乾隆的题目,做完之后基本就快到六十,快退休了。二十多年写不了几本书,一下就到了。退休以后也许还能做一两个题目,到时候就看身体了,说不好了"。我们俩慢慢地走着,他说这话的时候,我好像已经知晓了我们俩到老的时候的样子,我们到那时聊的话题。在一起多年,他的才能和抱负,我自然了解,在这个普通的晚上他一眼看到了学术生涯的尽头,我难免也和他一样抱有遗憾,但同时也感觉日子这样过,挺踏实。

又过了几个月,到了岁末年终的时候。张晖家搬到敞亮的新居,久拖未决的职称也终于下来了,又逢新年,处处都有否极泰来的喜气。见面聊天时和在电话里,他总说最近写书写了不少,喜不自禁。他在2013年年初所写,应该就是书中《奔赴行朝》、《生还》和《士大夫的绝命诗》这几部分,也是《帝国的流亡》中最为完整的章节。但是这期间如果有杂事打断他的写作,他就会显得特别懊丧和苦恼,甚至怒火中烧。

现在我们知道,在这个阶段他的身体情况已经非常不好,极度疲劳,缺乏休息,头疼,常常感冒。我们最后一次聊天,是3月10日礼拜天的晚上。那天我和妻女去张晖新家,坐新开通的6号线,出了站应该是张晖来接的,换成了张霖。张晖太累了,有点走不动。我们在家里聊了一个小时,他给我看了几本刚买到的新书,兴致颇高。又一起出门吃饭,饭馆里人不多,饭菜精细考究,说说笑笑十分愉快。小女刚会说完整的句子,她比张贞观大一岁多,贞观这时还只会蹦单字,小女就坐在张晖对面秀了几首刚背的唐诗,"松下问童子"云云,张晖笑眯眯的,一直在听,很鼓励的表情。但是吃饭中间,他总不时用右手拳头敲太阳穴和右侧的脑袋,说最近头疼比较严重。

当晚散席后,张晖、张霖送我们,一边聊一边往地铁站走。我几次劝他早回,在离地铁口还有四五百米的地方,他慢慢停下来,挥挥手就此道别了。当时天已经全暗了,我回头只见到一个高高个子、一只大手和向我半曲着的手臂。天寒路黑,我的道别一定非常潦草。这半年多来,我总是回想那个晚上、那顿晚饭,我觉得那天本来没有一丝遗憾,舒畅愉快,事后想,却充满了遗憾!

3月14日夜里,张晖深度昏迷,已在弥留之际。因为插管的需要,有段时间我一直握着他的手。张晖的手很有特点,手指又粗又长的一双大手,手纹重,很有力量,总是十分温暖。那一夜也是如此。他的大脑此时已经充满了血,那个饱读诗书、富于好奇心和自嘲、带着我们很多共同记忆的大脑,短短几个小时之间已变得一片死寂,可他的大手还是那么暖,甚至微微出着汗。张霖深情地给他额头擦着汗,张剑忙前忙后安排事情,我握着张晖的手,心中难过,舍不得他。好像正在拉着他,其实无能为力。谁也无能为力!

张晖去世后,张霖将他电脑里"帝国的流亡"文件夹中的遗稿转交给我,委托我编辑成书。这个文件夹一共有19个文档,我看到大多数都在2月底到3月初被修改过,他写这本书一直到他的最后一周。在整理成初稿时,章节的结尾处,都附注张晖最终修改的时间,我们不愿意斩断与原稿的最后一丝联系。虽然最终成书时,所有的附注都不得不略去了。我所做的整理工作,仅限于将张晖所写的文字和他单纯纂抄的文献区别开来,保留前者;将原稿中的部分残稿编次为可以通读的章节。原则是不擅改,在完整保留的原书框架之下尽可能呈现张晖遗作的原貌。

本书的后记倘由张晖来写的话,他必然还会向诸位业师表达由衷的感谢之情。他从游张宏生、张伯伟、陈国球、严志雄先生多年,深以得遇名师为幸,还有忘年好友陈建华先生,已故的施蛰存、卞孝萱先生等,他们朝夕论学、无话不谈,除了授业传道之外,更有近似亲情的相契。张晖的学术成长离不开这些老师的倾囊相授。张晖的父母、家人,为他的学术研究也做出了巨大而无声的奉献,正是家人的默默付出和无条件支持,造就了这位年少有成的学者。张晖总把肩负的责任看得极重,师长、家人所做的一切,相信他都记在心中,期待竭力报答。英年早逝,我想最令他憾恨的,就是再也无法回报至亲的恩情了!这本《帝国的流亡》的出版,但愿能给最为悲痛的家人、师长带来一点点慰藉。写书是张晖最爱做的事,化为一本小书也许就是他最合心意的存在方式。

张晖在书中《奔赴行朝》一篇的最后写道:"今日残存下来的零散的短章诗篇中,我们可以打捞出当时士人大规模奔赴行朝的一些片段,不至于令那些在苦难中忠于信念并付诸实践的伟大情怀彻底消逝在历史之中。还有他们的痛苦与欢乐,我们似乎也能藉此轻轻地触摸和感受。"本书虽然未能完成,但它凝聚了一位学者毕生的学术理想和众多友人的深厚情谊,相信能传之后世,让张晖不要在天际消失得太早、太快。在我们轻轻地触摸这本小书时,想必也能感受到这个可敬的年轻人的痛苦与欢乐!

张晖读书生活散记

张　霖

有时,朋友会问我,你眼中的张晖是什么样的。这问题,常常会难住我。时光真是无情物,他留在我脑中的印象并不见得比旁人清晰,反而是日日模糊下去的。于是,我苦苦在记忆中搜索着,而回忆所及之处,赫然发现,张晖在我脑中是有一个固定的形象的:无论行动坐卧,他的手上始终拿着一册书,正如诗人顾城头上始终戴着那顶帽子一样,那本书,在我记忆深处真实地凸现出来,且依然在我居室的四壁庞然地矗立着,成为一切虚无之后唯一的实有。

他所留给这世界的,除了他亲手敲击而成的十几册书籍之外,再没有别的什么。而我所能且愿讲述的,或者就是张晖,以及他与书的周边故事。

寂寞与书

张晖生长在上海崇明岛一个普通的工农家庭。在少年时代,除了四世同堂的大家庭带给他的传统人伦情感之外,他并无幼承庭训的优势。作为中国第一代乡村里的独生子,他很有些自嘲地告诉我:"你想得到么,一个乡下小孩最早的玩具是一只旧收音机。"

在张晖母亲的记忆中,张晖在识字之前,无论去到哪里,走亲戚也好,吃饭也好,睡觉也好,手里总是拿着一只收音机,几乎从不间断地播放着各种节目。音乐和故事,是他最喜欢的。乡村的独生子的寂寞,以及他强烈的好奇心,让他听坏了好几只收音机。这个嗜好招来了一些亲友善意的嘲笑,且这样的损失对于一个普通的乡村家庭来说也并非可以忽略不计。但张晖的父母是疼爱自己的孩子的,他们仍然继续给他买新的收音机。

直到我读到张晖的朋友冬冬(上海社会科学院出版社编辑,张晖遗著《陈乃文诗文集》的责编)在回忆张晖的文章中说,张晖看着崇明岛外的江水感到绝望。直到那时我才意识到,他还是一个孩子的时候就发现了人生的有限性,发现时空环境对于人生的重重阻隔。而收音机,就成为这个寂寞的乡村孩子可以打破时空限制,与外部世界沟通的唯一渠道。

2014年的春节,我带贞观回崇,在南门码头上,我指着黄浦江对他说:"当年你爸爸就是从这里走到外面去的。"小小的贞观望着宽阔的江水,用不甚完整的句子发出他的感叹:"好大的水啊。好远好远啊。"

我猜,这小孩子的眼睛里所见,或者就是他父亲当年的所见。

当一个朝夕相处的人离开时,你才会发现,其实你还不是完全知道他。比如,在整理张晖的遗稿时,我常有意外的发现。记得他的文档里有一篇我从来不知道且仅有存目的文章,题名为《猫的力量》。看到这题名,我忽然想起,在他的寂寞童年里,除了收音机外还有另一个慰藉他情感的伙伴——猫。

张晖先后养过六七只猫,每一只都是乡下常见的花猫,且名字都叫"咪咪"。乡下的猫不同于城市里的。它们有更为自由的生活空间。家,对它们来说只是一个提供食宿的免费旅馆。张晖爱它们,且给它们自由,无论它们在外面搞得多么脏,只要它们回来,不论晨昏,他一定提供最好的食宿给这些小伙伴。

张晖的母亲爱清洁,所以是不喜欢猫的。大概是张晖七八岁的时候,母亲因猫弄脏了床单,一气之下将猫从二楼的阳台上丢下去,没想到猫死了。张晖为之伤心了很久,他为那猫举行了葬礼,并长达一个月没有和母亲讲话。在这次扔猫事件之后，张晖不再养猫了。他爱猫，但更爱母亲。他不想因为猫与母亲再起争执。

戒了猫以后，张晖打发寂寞的办法渐渐变成了读书。张晖少年时代最爱的读物是当时的一本著名且廉价的杂志——《故事会》。这是他读书的初始，他在书籍的世界里找到了知识，也找到了快乐。从此以后，那个总是拿着一部旧收音机的乡下孩子不见了，变成了一个手里拿书的孩子。他爱书爱得痴迷，好像爱他的收音机和猫一样，他将所有的时间都花在上面。父母农忙时，来不及给他煮饭，让他放学后走到亲戚家去吃。张晖为了多读一会儿书而不愿意浪费时间在亲戚家里，便对他的母亲说："你把红薯放在猫洞里好了，我不用开门也可以吃到午饭。"

有关张晖与猫的故事，还有一则是严志雄老师告诉我的。

2008年，当张晖在台湾跟随"中央研究院"严志雄先生治明清诗文的时候，恰遇陪伴严老师十多年的爱猫南希离世。作为一个曾经的爱猫人，张晖明白那寂寞的心情。他陪了严老师一夜。而后来严老师告诉我，他和张晖去宠物医院看南希时，第一次见到张晖的南希居然拖着奄奄一息的病体站起来，向张晖走去，且一直好奇地望着他。南希的热情让张晖有些窘，他体恤着严老师的悲哀，便轻声对南希说："不要看我，看老师，看老师。"

我问老师：那一夜，你们聊什么？

老师说：聊聊南希陪伴我在美国读书的旧时光。

我微笑着想，张晖走到哪里，无论做什么，都带一本书在手边，正如老师十余年往复于东西半球，始终带他的南希在身边。两个爱猫的读书人，因为书而结缘，因为猫成莫逆。

我继续问：南希走了，谁陪伴你夜读呢？

他便苦笑着叹气。

我建议说：老师再养一只猫吧？

他口气坚决地答：不养。

有时我想，书是寂寞的，读书人也是寂寞的。只有读书，是排遣两厢寂寞的法子。以至于我甚至分不出，读书人和他们的书，到底谁陪伴谁，谁慰藉谁的寂寞。

平足与书

据张晖自己的描述，他小时候是很野的，又剃着光头，因而被四邻有些厌弃地称为"小和尚"。然而在他亲戚的印象里，却几乎没有什么他淘气的印象，只觉得他年纪愈长愈沉静，整日看书，甚至连楼也不下。我猜，除了天性的原因外，这或许还因为张晖是平足的缘故。

上世纪八九十年代，崇明的公共交通不发达，任凭到哪里去，都要靠走的，而他的脚底很平实，肉厚却不承重，加上人又高大，走路自然吃力，不如坐在家里神游来得轻松。

不过，只有买书的时候，他是愿意走路的。在读维舟的《平生风义兼师友》时常可以看到张晖去县城买书的记载，从张晖家到县城新华书店车程近40分钟，他总是坐一小段车再走一长段路，为了省钱多买点儿书。

崇明县新华书店的图书时常不能满足这少年的阅读需求，凭借儿时集火花的经验，张晖知道可以向远在城市的出版社索取出版书目来获取图书信息，邮购所需的书籍。方便的邮政为他省去了不少脚力，而那些写在信封上的书店与出版社的地址，也绘制出张晖心目中最初的城市地图。

张晖算是上海人，却不大熟悉上海。这是我跟随他路过最多的城市，却很少真正停留。在我有限的几次上海小驻中几乎没有张晖陪我逛外滩、浦东、淮海路、南京路的印象，他只肯陪我逛书店以及出版社云集的福州路，因此在我记忆中，偌大个上海，似乎只是一条福州路。

在南京读书的七年中，张晖周末主要的消遣就是率领班上的同学全城淘书。全城淘书活动在金陵求学的七年中几乎从未中断过：雨天去山西路长三角、湖南路的书城、杨公井古籍书店，晴天去朝天宫古旧市场、成贤街旧书肆，每日饭后散步就到南大旁边的先锋书店、南师大周边的大小书店寻"欢"。每次淘书完毕，同学们就站在湖南路上吃一串炸里脊、炸臭干、煮海带,再配一杯冰可乐;或者奢侈点儿,在绿柳居买几个香菇菜包,喝一碗鸡汁干子,要么在南师大旁的小爽酸菜鱼花20块钱吃一锅鱼,以示庆祝。然后背着一包新书或故纸满意而归,不亦乐乎。

二十世纪九十年代的南京,街道宽阔,人流车流亦不似今日之稠密。城区也不大,南大鼓楼校区地处市中心,随便去哪里都不甚远。如果是去山西路、湖南路,张晖时常要求徒步去,有时一逛就是一整天,却不听见他叫累,但若是改逛商场,每隔十分钟就要求停下来坐坐。有时我简直怀疑,他的平足和我父亲的耳聋一样,是选择性的。

张晖逛书店有个爱好,喜欢有人陪。所有跟他相熟的同学几乎人人都陪他逛过书店,而且不仅陪他逛,还要跟他买。如果看到一本好书,他自动担任推销员,从作者、内容、版本、装帧到相关学术史,抱着一本书在你耳边嘀嘀咕咕好半天,听得你肃然起敬,即便是完全不需要、不懂得的,也被他说得动了心,高高兴兴跟着买回一摞去,虽不一定读,只是随手翻过,亦有与鸿儒神交的身心清通之感。

我问他:人家都是一个人去买书的,你买书为什么总喜欢成群结队?

他答:独乐乐,不如众乐乐。况且,别人买了我也可以看么。

这话总让我想起另一件忍俊不禁的趣事。当年列文森的《儒教中国及其现代命运》(中国社会科学出版社,2000年,22元)的中译本刚出版,一时洛阳纸贵。那时一个研究生每月的生活补贴不足百元,22元的书价实在不菲,我和张晖看得心痒,却舍不得出手。而同来买书的小宝见张晖将这书拿起、放下好几次,生出了好奇,一问此书的好处便忍不住斥巨资买了一册。结果呢,张晖回宿舍立即抢来先读过一遍,还写了一篇书评《现代中国的文化走向——读列文森〈儒教中国及其现代命运〉》发表在《深圳特区报》上,不日换得两百元稿酬,惹得小宝同学好不心酸,悲叹:"我只懂得用钱去换纸,你却拿纸换来了钱。"张晖听了,非但不恼,反而抚掌大笑。因为他从小就被父亲嘲笑说:"我每日踩自行车辛苦赚来的钞票都被你用脚板走去换成了纸。"此话令他大有翻身之感,于是便用稿酬做东,请小宝等平日"陪公子买书"的朋友们挤在小爽酸菜鱼大快朵颐,一是对大家的热情相助表示感谢,二是庆读书境界更上层楼——从

"以钱换纸"的层次进入"以纸换钱"的新阶段。

2002年硕士毕业以后,张晖离开书香四溢的南京,先后在香港、台北游学。在这些富于现代感的亚洲都市里,他依然靠着一双平足,痛并快乐地,走出了一张又一张以书店为坐标的新城市地图。在异地他乡,不出一两个月,他就能在藏于香港旺角、台北温州街的闹市窄巷中的二楼、三楼乃至地下室中,觅得一间间逼仄却藏量丰富的小书店的踪影,那都是他踏破"平足"得来的乐园。每有师友同游,这些城市角落里的小书店,也自然成为他独家推荐的热门景点。

张晖也许真的对"书香"有敏感的嗅觉,无论地形怎样复杂,几乎没有他找不到的藏书之地。我曾陪张晖探访过藏在旺角旧唐楼里的小书店。这些书店挤在店铺中间的一条窄楼梯之上,楼门口贴着醒目的色情广告,我们经过一条黑暗的楼梯爬到三楼,有时还会遇见一些形迹可疑的男女。我颇有些提心吊胆,他却不以为意,照旧神态自若地走进去。用他的话说:"淘书和寻欢,不过是两种不可遏制的欲望罢了。"

在这样的探险之后,张晖不时会发现几家别致的小书店,连香港长大的陈国球老师在跟着他访书之后也不免惊奇:"这些书店你是怎样找到的?""走啊走啊就找到了。"张晖很轻松地答。在这世界上,只有书,可以让他忘记他本来不是个擅长走路的人。

可口可乐与书

读古代文学的人,大多会饮一点酒。不饮酒不读《离骚》,何以诗为?李白斗酒才能诗百篇,魏晋风度也要和药与酒发生关系才可保持的么。然而,认识张晖的朋友都知道,他是滴酒不沾的。不过,作为一个学术刊物的编辑,这个习惯难免妨碍杂志发展,不利于和作者增进感情。领导和同事曾从工作需要动员过他学着喝一点酒。然而,张晖却不应允。酒席上,常有敬酒的客人豪爽地来干杯。张晖从来不喝。是不是身体不好呢?是不是嫌我们学问不好看不起人呢?是男人就喝!是不是怕老婆?无论怎么劝,他都笑而不答。

若有应酬的场合,问他如何推脱,他说:"我告诉人家我是上海人。他们就懂了。"

上海人或许真的不擅饮酒,但实际上崇明人是饮酒的。崇明也是产酒的地方。崇明本地有一种有名的米酒,叫作"老白酒",其味和日本的清酒非常接近,色泽乳白,入口柔而甜,且后劲十足,大概十几度。我见过张晖喝这种酒,他可以喝一斤而不醉。

张晖不过是借了"北方大丈夫"对"上海小男人"的嫌弃和鄙夷,坚持着他自己的原则。

张晖的好友徐雁平素来是喝一点酒的,但张晖也从来没有和他喝过。张晖去世周年之际,正值他的遗著《帝国的流亡》出版,中国社会科学出版社为张晖举办了新书发布会邀请各方师友参加。会后,师友们小聚,饮了些黄酒,宴席八点即散。大家约定第二日去昌平景仰园公墓为张晖扫墓。清早,我在墓园班车集合地等大家。雁平早早来了,脸色却十分苍白,甚至连站都站不住,一直坐在地铁口的石台阶上。原来是饮黄酒饮醉了。他说昨夜一直在吐,几乎没有睡,扫墓当天仍然非常不舒服,下午即返南京。

一个月后,我再回南京,又遇雁平兄,问他那夜如何会宿醉如此?他亦不知,只说实在是很多年没有这样醉过了,况且喝得也并不多。他回宁后,差不多过了一周身体才复原。如今,他已经给自己下了禁酒令。我听着笑,想,也许是张晖在警示他的好朋友戒酒吧。

张晖是一个能饮而不好饮的人。他不好酒的理由有二:一是觉得酒的味道不好,非苦即辣;二是酒桌上人的状态不好,佯颠佯狂。我有时问他:众人皆醉你独醒,不觉得孤独么?他说:我喝可乐,我看他们是"非常可乐"。

人们常常说张晖是谦逊乖巧的,然而在一片狼藉的酒桌上,他始终与女同事们为伍,饮着各种甜味的饮料,大部分时候是可口可乐,有时是玉米汁,甚至是美容的木瓜汁也无所谓。在酒桌上喝可乐,或者就是他的狷介,是他对旧秩序的一点温和的、持久的、个人的抵抗。

张晖是一个不善言辞交际的乡下少年。他从崇明岛走出来,来到大陆上。他遇见了很多人,有的随和,有的狷介,有的狂妄,有的谦和,有的冷漠,有的热忱,有的虚伪,有的真挚,有的重利,有的重义,有的颓废,有的骄矜,有的位高权重,有的野鹤闲云……无论遇到什么样的人,他只和你讨论一件事:爱读书么?若爱读书,便是朋友;若不爱,便是路人。所以,他的世界简单得不能再简单了;所以,他的朋友多得令人惊奇。

在张晖身后,我再次遇到了他曾经遇到的人们,他们来自世界各地,以不同的方式向我致意,在张晖遗著的出版中给予我最大的帮助,在张晖的人文精神的传播中给予最热忱的呼应,以表达他们对张晖的敬意。这一切,都令我感奋莫名。张晖生前一直在追问文学在我们的时代是否还有力量,而今日,他以他的生命向我们揭示了这答案:文学的力量,不仅来自于知识,更来自于信念。它不是外在于我们的,而是内在于我们,内在于我们每一个知识人内心深处的人文情感的鼓动与感应。

2014年5月,承蒙吴盛青教授和孙康宜教授美意,耶鲁大学东亚图书馆正式接受了张晖的全部著作的捐赠。之后,我又托朋友向伦敦大学亚非学院图书馆、韩国釜山外国语大学图书馆、日本京都大学图书馆、早稻田大学图书馆捐赠张晖的著作。2016年10月,蒙布衣书局胡同兄相助,南京大学文学院《全清词》编纂研究室接受了张晖近千册明清研究的藏书。2021年张晖的《中国"诗史"传统》(修订版)入选国家社科基金中华学术外译项目,目前已经由对外经济贸易大学英语学院讲师唐薇博士负责英译工作。

我想,对一个人文知识分子来说,我们未曾到过的土地,未曾领略的人生,我们的书将带我们去,并与未曾谋面的朋友们在时光中永续思索的动力。这,或者就是一个人文知识分子可期待的幸福结局吧。

后　记

《千江有水千江月：张晖纪念文集》是为纪念中国古典文学界的杰出青年学者张晖逝世十周年而编辑的一本学术论文集。

张晖(1977—2013)，上海崇明人，南京大学文学学士、硕士，香港科技大学哲学博士，中国社会科学院文学研究所副研究员，中国近代文学学会理事，中国近代文学学会南社与柳亚子分会秘书长，新加坡南洋理工大学客座教授，台湾"中央研究院"文哲所博士后。他的主要研究领域为明清诗文、词学、近代文学和古代文论。在其短暂的一生中，张晖为中国古典文学研究做出了杰出贡献，代表作有《龙榆生先生年谱》、《中国"诗史"传统》、《无声无光集》等。

2023年3月是张晖君离开我们的第十个年头。张晖的师友共同提议，向海内外学人征集古典文学研究的最新学术代表作，以纪念并传承他的学术精神。本书编纂之际，恰逢南京大学120周年校庆，南京大学文学院系友匿名捐资设立"张晖奖学金"。此义举引发国内教育界之广泛关注。为感谢母校和系友对张晖的嘉奖和怀念，本书以讲述"张晖奖学金"设立过程的文章《时代的声光》为序言。

本书所征集到的论文多为学界巨擘、学术新秀近年来的学术代表作，论文内容涉及张晖取得过丰硕成果的明清诗文、词学、近代文学、古代文论等四大领域，论文顺序尽量依作者年龄排列，以期彰显文心共谱、薪火相传之意。书内还附录了两篇有关张晖读书、治学生活的回忆文章，寄托了亲友对他的思念。

在这些思念中，有一份思念最让人安慰，又最令人伤怀，那就是张晖唯一的儿子贞观对父亲的思念。在张晖冥诞45岁之际，贞观在一篇学校作文里写下了他对父亲生命的理解。我以为，小朋友纯真稚嫩的笔调，恰恰写出了这本纪念集的意义所在。因为文章不长，就抄在这里和读者朋友们分享：

盼

我很盼望有朝霞的早晨，我喜欢给那些美丽的云彩拍照。我也不知道自己为什么喜欢，或许就是因为我爸爸的名字叫张晖。但我对他的印象，似乎还没有我对朝霞的印象深。

记得在老家崇明的时候，我坐在爷爷的肩膀上，看着满天的朝霞，光芒万丈的太阳在云中若隐若现，明知还有一整天的时间，但它好像快要离开我了似的。我问奶奶："爸爸到哪儿去了？"奶奶说："爸爸出差了。"但我等了他好多天，他都没回来。

后来，又是在一个朝霞满天的早晨，我去问妈妈："我爸爸是去很远、很远的地方出差了吗？"她抱起我来，说："爸爸死了。""什么是死？"妈妈沉默了一阵，说："死，就是变成别的东西了。""变成什么了？"我问。妈妈指着天上的彩霞，说："爸爸变成那些漂亮的云了。"我呆呆地望着天空，觉得熟悉又陌生。

从那以后，我爱上了看彩云，因为爸爸就是天边美丽的云彩。不过，彩云离我太远了，就算我爬到铺满瓦片的房顶，也够不到他。所以，我总是盼着能找到一个离我近一点的、亲切一点的"爸爸"，一个永远不会改变的"爸爸"。

我问妈妈毛虫会变么？妈妈说毛虫会变成蝴蝶。蝌蚪会变么？蝌蚪会变成青蛙。种子会变么？种子会变成苹果。世界上好像真的没有一成不变的东西。我又问，蝴蝶还会变回毛虫吗？妈妈笑着说:"当然不会啦!小傻孩儿,这世上压根儿没有魔法。"我非常失望,看来我的爸爸再也变不回来了。

后来,我很少提起我爸爸,好像他从来没有在我的生活里出现过一样。但是,我的生活里经常出现一些我不认识的大人,他们带着各种各样的礼物来看我。我收到过巧克力、玩具、衣服、书、很长的信,还有热情的拥抱。他们都欣喜地看着我说:"这孩子真像张晖啊……"听到这话后,我常常会去照镜子,盼着从自己的脸上看到爸爸。也许妈妈说错了,蝴蝶还是可以变成毛虫,只不过是通过它们的孩子。

记得有一年万圣节,我和妈妈去看了一个动画片,叫《寻梦环游记》,讲的是一个小男孩儿在"亡灵故地"与亲人重聚的故事。电影里这么说道:"死亡不是生命的终点,遗忘才是。"我忽然发现,就算我长得像爸爸,但我并不记得他。于是我又开始问妈妈:"张晖是个什么样的人?"她好像早有准备似的,递给了我一本叫《末法时代的声与光》的一本书,书上印着我爸爸的照片。妈妈和我说,这是爸爸的老师和朋友们在十年前就写好的一本书,他们写这本书的一个原因就是为了解答我的问题。

在读这本书的时候,那个远在天边、够也够不着的爸爸渐渐变得真实起来。我看见了他中学时的笑容,我读到了他大学时的日记,我体验了他旅游时的快乐,我发现了他读书时的专注。我再也不用担心他会被忘记,不用担心他会变,他永远活在了这本书里。

我要告诉妈妈,我一直盼望的魔法,能把爸爸变回来的魔法,终于找到了。

正如贞观所发现的,一个学者的生命方式与毛虫不同,与蝌蚪不同,与苹果不同,他甚至不需要通过自己的孩子延续生命。文字会将我们短暂的生命形式保存下来,尽管我们都将死去,但文字的魔法还会将我们带回来;尽管我们天各一方,在文字的世界里我们随时都可以重逢。

最后,也是最重要的,本书的出版得到了龙榆生先生哲嗣龙英才先生慷慨资助和南京大学出版社的大力支持。同时,各位师友分担了征集、修改和整理文稿工作,付出了大量辛勤劳动,在此一并致以最诚挚的感谢。我所有的感谢也许只能用一句话来表达:

"千江有水千江月,万里无云万里天。"唯有文心永在,但愿学志长存。

张霖　谨识

2022 年 11 月 14 日